Nachhaltigkeit und Innovation

Nachhaltigkeit und Innovation

Bisher erschienen:

Hans J. Harloff et al. (Hrsg.)
Nachhaltiges Wohnen
2002. ISBN 3-7908-1508-X

Regine Barth · Christoph Erdmenger
Edeltraud Günther
(Herausgeber)

Umweltfreundliche öffentliche Beschaffung

Innovationspotenziale, Hemmnisse, Strategien

Mit 35 Abbildungen und 54 Tabellen

Physica-Verlag
Ein Unternehmen
von Springer

Regine Barth, Ass. jur.
Öko-Institut e.V.
Rheinstraße 95
64295 Darmstadt
r.barth@oeko.de

Dipl.-Geoök. Christoph Erdmenger
Council of Local Environmental Initiatives (ICLEI)
Leopoldring 3
79098 Freiburg
procurement@iclei-europe.org

Professor Dr. Edeltraud Günther
Technische Universität Dresden
Fakultät Wirtschaftswissenschaften
insbes. Betriebliche Umweltökonomie
Münchner Platz 1/3
01062 Dresden
bu@mailbox.tu-dresden.de

ISBN 3-7908-1570-5 Physica-Verlag Heidelberg

Bibliografische Information Der Deutschen Bibliothek
Die Deutsche Bibliothek verzeichnet diese Publikation in der Deutschen Nationalbibliografie; detaillierte bibliografische Daten sind im Internet über <http://dnb.ddb.de> abrufbar.

Physica-Verlag Heidelberg
ein Unternehmen von Springer Science+Business Media GmbH

springer.de

Umschlaggestaltung: Erich Kirchner, Heidelberg

SPIN 11370086 88/3153-5 4 3 2 1 0 – Gedruckt auf säurefreiem Papier

Vorwort

Im März 2004 hat der Deutsche Bundeskanzler die Innovationsinitiative „Partner für Innovation" ins Leben gerufen. Investitionen in Forschung und Entwicklung sind im globalen Wettbewerb Grundlage für Wohlstand und für eine nachhaltige Gesellschaft. Der Staat kann hier die Rahmenbedingungen schaffen, die Modernisierung des Landes auch in Richtung Nachhaltigkeit ist eine gesamtgesellschaftliche Aufgabe. Welchen Beitrag kann die öffentliche Beschaffung hier leisten? Diese Fragestellung war Anlass für die Veröffentlichung der Ergebnisse des Forschungsprojektes „NaBesI – Potenziale nachhaltiger Beschaffung und Instrumente zur Umsetzung". Das Buch will die wissenschaftliche Diskussion befördern, richtet sich aber auch gleichermaßen an Personen, die mit der Beschaffung in öffentlichen Einrichtungen betraut sind und an Unternehmen, die die öffentliche Hand als Kunden gewinnen möchten oder bereits gewonnen haben. Daneben können politische Entscheidungsträger wertvolle Hilfestellungen für ihre tägliche Arbeit gewinnen.

Der Leser kann sich den Inhalten auf zweierlei Weise nähern: Einerseits ist das Buch so gegliedert, dass die Kapitel aufeinander aufbauen. Andererseits können auch einzelne Kapitel für bestimmte Zielgruppen von besonderer Relevanz sein. Deshalb legten die Autoren Wert darauf, dass die Kapitel in sich geschlossene Einheiten bilden.

Das vorliegende Buch „Umweltfreundliche öffentliche Beschaffung. Innovationspotenziale, Hemmnisse, Strategien." spannt einen Bogen von den rechtlichen Rahmenbedingungen über die Akteure der öffentlichen Beschaffung bis hin zu den Umweltentlastungspotenzialen durch eine nachhaltige Beschaffung. Grundlage für die vorgestellten Ergebnisse waren

- die Analyse der Beschaffungsgewohnheiten deutscher Verwaltungen und der Umweltentlastungseffekte auf Basis von Statistiken und Interviews,
- die Auswahl und Analyse der relevanten deutschen, europäischen und internationalen rechtlichen Bestimmungen,
- zwölf Experteninterviews,
- die Antwort von 74 sächsischen Kommunen im Rahmen einer empirischen Untersuchung.

Dieses Buch wäre nicht ohne die Unterstützung zahlreicher Personen möglich gewesen, denen wir an dieser Stelle ganz herzlich danken möchten: Herrn Dr. Jens Hemmelskamp und Herrn Alexander Grablowitz danken wir als „Geburtshelfer" für das Projekt „NaBesI". Frau Helena Schulte to Bühne, verantwortlich für den Forschungsschwerpunkt „Rahmenbedingungen für Innovationen zum nachhaltigen Wirtschaften" beim Bundesministerium für Bildung und Forschung (BMBF), und Frau Kathrin Eggs, Herrn Dr. Manfred Gast sowie Herrn Thomas Schulz vom GSF-Forschungszentrum für Umwelt und Gesundheit, Projektträger des BMBF, danken wir für die Begleitung unseres Projektes. Die empirische Untersuchung sächsischer Kommunen wurde durch die maßgebliche Unterstützung des Geschäftsführers des Sächsischen Städte- und Gemeindetags, Herrn Ralf Leimkühler mit einer Rücklaufquote von (45,3%) zu einem großen Erfolg. Für die gute Zusammenarbeit mit der Stadt Stuttgart möchten wir Peter Bühle, Manfred Abele, Roland Schütze und Joachim von Zimmermann danken. Darüber hinaus haben Helfried Wollensak von der Stadt Ravensburg und Kai Fabig von der Hansestadt Hamburg wertvolle Impulse geliefert. Für das Finanzmanagement des Projektes danken wir Frau Beate Haupt, an weiteren Mitarbeitern in den beteiligten Instituten sind wir Ignacio Bustamante, Simon Clement, Birgit Dette, Vivien Führ, Dietlinde Quack, Elke Rick, Wolfgang Teubner und Ralf Wollmann zu Dank verpflichtet. Nicht zuletzt möchten wir Frau Katharina Wetzel-Vandai vom Springer-Verlag für die unkomplizierte Zusammenarbeit und die Unterstützung auch bei Detailfragen ganz herzlich danken. Wir wünschen allen Lesern viele Impulse und freuen uns auch auf einen direkten Meinungsaustausch.

Darmstadt, Freiburg, Dresden, im Oktober 2004

Regine Barth,
Christoph Erdmenger,
Edeltraud Günther.

Inhaltsverzeichnis

1 Die nachhaltige öffentliche Beschaffung in der politischen Diskussion

Regine Barth, Miriam Dross, Christoph Erdmenger, Edeltraud Günther, Ines Klauke, Lilly Scheibe

1.1 Nachhaltige öffentliche Beschaffung als Teil der Nachhaltigkeitsstrategie

Seit Beginn der achtziger Jahre ist vor allem durch die Aktivitäten des Umweltbundesamtes die umweltbewusste staatliche Beschaffungspolitik als umweltpolitisches Instrument gefördert worden. Über die Zeit wurden immer umfangreichere Informationen zu diesem Thema veröffentlicht und sind nun, mehr oder weniger ausgeprägt, Bestandteil der Strategien zur nachhaltigen Entwicklung.

Nachhaltigkeitsstrategie der Bundesregierung

Die Bundesregierung nennt in ihrer im April 2002 verabschiedeten Nachhaltigkeitsstrategie die öffentliche Beschaffung nicht als spezielles Tätigkeitsfeld. Allerdings werden die als relevant angesehenen Maßnahmen von Städten, Landkreisen und Gemeinden explizit genannt[1]. Gerade Maßnahmen im Energiebereich oder in der Verkehrsentwicklung erfordern Beschaffungsentscheidungen auf kommunaler Ebene. Politisch ist dieses Engagement in den Prozess der Lokalen Agenda 21 eingebettet, der 1992 auf der UN-Konferenz in Rio angestoßen wurde und dem sich in der Bundesrepublik zur Zeit 2.300 Kommunen[2] unterziehen. Weiterhin werden „Innovationen als Motor der Nachhaltigkeit" sowie „Nachhaltigkeit als Motor für Innovation" genannt.[3] Allerdings beschränkt sich die Bundesregierung nicht auf ein technisch-wissenschaftliches Verständnis von Innovationen, sondern bezieht auch „Neues Denken" ein. Das Thema dieses Forschungsvorhabens ordnet sich in die Zielsetzung ein, der Verwaltung Ermessensspielräume im Rahmen von Ziel-

[1] Vgl. BUNDESREGIERUNG (2000), S. 72 ff.
[2] Vgl. BUNDESREGIERUNG (2000), S. 73.
[3] Vgl. BUNDESREGIERUNG (2000), S. 276.

setzungen zu geben.[4] Denn nachhaltige Beschaffungspolitik erfordert einerseits klare Rahmenbedingungen in Form rechtlicher Vorgaben, aber auch in Form von Beschaffungsleitlinien, Schulungen und Anreizsystemen und andererseits Spielräume, um die für eine einzelne Kommune geltenden Erfordernisse berücksichtigen zu können.

Nachhaltigkeitsstrategie der EU

Auch die Europäische Union betont in ihrer Nachhaltigkeitsstrategie die Bedeutung von Innovationen für die Stärkung der Nachhaltigkeit. In ihrer Mitteilung „Nachhaltige Entwicklung in Europa für eine bessere Welt" betont die Europäische Kommission die Bedeutung des öffentlichen Auftragswesens zur Förderung umweltfreundlicher Waren und Dienstleistungen.[5]

Sechstes Umweltaktionsprogramm der EU vom Juli 2002

Die Bedeutung der öffentlichen Beschaffung zur Förderung einer nachhaltigen Entwicklung wurde bereits explizit im Sechsten Umweltaktionsprogramm der Europäischen Gemeinschaft angesprochen. Dabei geht es vorrangig um die Gewährleistung nachhaltiger Konsummuster, indem Verbrauch, Unternehmen und auch öffentliche Stellen in ihrer Rolle als Käufer besser über die Umweltauswirkungen von Verfahren und Produkten informiert werden. Die umweltfreundliche öffentliche Beschaffung wird als ein Instrument, neben Umweltzeichen und Produktangaben hervorgehoben.[6]

Gutachten des Sachverständigenrates 2002

Der Sachverständigenrat für Umweltfragen verweist in seinem Umweltgutachten 2002 sowohl indirekt als auch direkt auf die Bedeutung der öffentlichen Beschaffung im Rahmen der „ökologischen Modernisierung". Indirekte Hinweise finden sich bei der Betonung der Bedeutung von Maßnahmen zur Verbreitung von Umweltinnovationen[7] sowie bei der Darstellung des „Multi-Impuls-Ansatzes"[8], der besagt, dass die Vielzahl der Impulse handlungslösend ist und nicht ein einziger als besonders zielführend ausgewählt werden kann. Direkt wird bei der Darstellung der Bedeutung von „Lead-Märkten" die umweltfreundliche Beschaffung der öffentlichen Hand neben der umweltfreundlichen Einkaufspolitik von Industrie und Handel genannt.[9]

---

[4] Vgl. BUNDESREGIERUNG (2000), S. 277.
[5] Vgl. KOMMISSION DER EUROPÄISCHEN GEMEINSCHAFTEN (2001).S. 8f.
[6] Vgl. EUROPÄISCHES PARLAMENT UND RAT (2002), Art. 3 Ziff. 6.
[7] Vgl. DER RAT VON SACHVERSTÄNDIGEN FÜR UMWELTFRAGEN (2002), S. 75.
[8] Vgl. DER RAT VON SACHVERSTÄNDIGEN FÜR UMWELTFRAGEN (2002), S. 80.
[9] Vgl. DER RAT VON SACHVERSTÄNDIGEN FÜR UMWELTFRAGEN (2002), S. 82 f.

Förderschwerpunkt FONA

Vom BMBF wird der Förderschwerpunkt *Rahmenbedingungen für Innovationen zum nachhaltigen Wirtschaften* (RIW) gefördert, der eingebunden ist in die Forschungsinitiative *Forschung für Nachhaltigkeit – fona*. Das FORSCHUNGSPROJEKT NABESI „Potenziale Nachhaltiger Beschaffung und Instrumente zur Umsetzung", auf dessen Ergebnissen die Ausführungen in diesem Buch beruhen, war Teil dieses Förderschwerpunktes, der sich in die Nachhaltigkeitsstrategie der Bundesregierung einordnen lässt.

Es wird ersichtlich, dass in allen vorgestellten Strategien zur Nachhaltigkeit sowohl auf europäischer als auch auf nationaler Ebene das öffentliche Beschaffungswesen als Instrument für eine nachhaltige Entwicklung thematisiert wird oder zumindest als ein Themenschwerpunkt betrachtet werden könnte.

Nachhaltigkeit der Beschaffung im Forschungsprojekt NaBesI

Nicht nur die politische Nachhaltigkeitsdebatte, sondern auch die Erkenntnis möglicher irreversibler Fehlentwicklungen bei singulärer Betrachtung einer der drei Wertkategorien der Nachhaltigkeit (ökonomisch, ökologisch, sozial) machen zwar eine gemeinsame Betrachtung aller drei Wertkategorien im Sinne eines Sustainable Development erforderlich. Allerdings wird eine Aggregation zu einer eindimensionalen Größe von den Autoren zum jetzigen Zeitpunkt für die Bestimmung des Innovationspotenzials von Beschaffung als nicht zielführend erachtet. Daher legt dieses Buch den Schwerpunkt auf die Betrachtung der Potenziale durch umweltfreundliche Beschaffung.

Pareto-Verbesserung. In den Ausführungen innerhalb der Kapitel dieses Buches liegt der Schwerpunkt auf der Analyse der ökonomischen und ökologischen Wertkategorie der Nachhaltigkeit. Eine Verbesserung in einer oder den beiden untersuchten Kategorien bei Konstanz der dritten führt somit nach der hier vorgestellten Einordnung zu einer Pareto-Verbesserung[10] im Vergleich zum Ausgangszustand. Nach Meinung der Autoren können die vorgestellten Methoden (wenn auch nicht notwendigerweise die Ergebnisse) auf die soziale Dimension übertragen werden. Werden Kommunen nun als Promotoren, also Innovationen aktiv fördernde Einrichtungen, angenommen, so kann durch umweltfreundliche kommunale Beschaffung[11] eine Pareto-Verbesserung, ein Schritt in Richtung Sustainable Development

---

[10] Als Pareto-effizient oder Pareto-optimal werden Zustände bezeichnet, bei denen sich die Lage eines oder mehrerer Wirtschaftssubjekte nicht verbessern lässt, ohne die mindestens einen zu verschlechtern. BLUM, U. (1992), S. 7.

[11] Die Beschaffung umweltfreundlicher Produkte und Dienstleistungen durch öffentliche Beschaffer, stellt für die betroffenen Organisationen eine subjektive Innovation dar. Dies resultiert daraus, dass die Produkte und Dienstleistungen der beschaffenden Institution als neu erscheinen, allerdings, damit sie von ihnen beschafft werden können, bereits am Markt verfügbar, also erfolgreich eingeführt, sein müssen. D. h. es liegt keine objektive Innovation im Sinne einer erstmaligen Nutzung vor. Vielmehr können Kommunen nur

geleistet werden. Wie dies erreicht werden kann, wie der aktuelle Status Quo des Promotors Kommune im Hinblick auf umweltfreundliche Beschaffung ist, welche Umweltpotenziale damit ausgeschöpft werden könnten, welche Hemmnisse dem Ziel entgegen stehen (sowohl real als auch wahrgenommen) und schließlich welche Potenziale für die Kommunen und für die Umwelt daraus resultieren können, tragen die in diesem Buch vorliegenden Beiträge zusammen.

1.2 Nachhaltige Beschaffung als Instrument der Umweltpolitik

Öffentliche Beschaffung als umweltpolitisches Instrument

Nachhaltige Beschaffung als Instrument ersetzt nicht andere politische Steuerungsformen, ebenso wenig können andere Formen die umweltfreundliche Beschaffung ersetzen. Programme und Maßnahmen zur umweltfreundlichen Beschaffung und die Beschaffungsvorgänge selbst stehen aber in einem Kontext mit anderen Umweltpolitiken: sie können sowohl andere Instrumente beeinflussen als auch von ihnen beeinflusst werden.[12]

Ziele des Instrumentes

Ein Ziel der staatlichen umweltorientierten Beschaffungspolitik ist es, durch den zielgerichteten Einsatz des staatlichen Nachfragepotenzials nach Produkten, Verfahren und Dienstleistungen, die Ökologieorientierung der Unternehmen zu fördern. Über die realen Entlastungseffekte für die Umwelt hat die umweltfreundliche Beschaffung durch staatliche Institutionen bei jeder konkreten Vergabe auch eine Steuerungswirkung. Innovationspotenziale können freigesetzt und die Etablierung von Standards befördert werden. Staatliche Institutionen können mit Art und Umfang der Berücksichtigung bestimmter (Umwelt)aspekte bei der Vergabe öffentlicher Aufträge die Umsetzung (umwelt)politischer Zielsetzungen fördern oder hemmen. Öffentliche Beschaffung ist mehr als der Einkauf von Gütern oder Dienstleistungen. Sie ist immer auch Politikinstrument und zwar im mehrfachen Sinn: Sie hat konkrete Umweltauswirkungen, sie beeinflusst den Markt und sie kann Vorbildfunktionen bis hin zur faktischen Etablierung von Standards haben.

Doppelrolle des Staates

Dem Staat kommt dabei eine Doppelrolle zu: Er legt einerseits in unterschiedlichen Verantwortlichkeiten die Rahmenbedingungen für die Vergabe öffentlicher

jene, bereits am Markt verfügbaren Innovationen beschaffen und damit fördern. WITTE, L. (1999), S. 11.

[12] Vgl. OECD (HRSG.) (2003), S. 13.

Aufträge fest. Dies reicht vom Vergabeverfahren, der Eingrenzung berücksichtigungsfähiger Ausschreibungskriterien bis hin zu Anforderungen bei der Auswahl von Bietern oder der Definition von Zuschlagskriterien. Im Rahmen der europäischen Vorgaben legt vor allem der Bund fest, welche Spielregeln bei der öffentlichen Auftragsvergabe und damit auch bei der umweltfreundlichen Beschaffung eingehalten werden müssen. Gleichzeitig ist der Staat in Form der verschiedenen Institutionen, die öffentliche Aufträge vergeben, aber auch Adressat dieser Rahmenvorgaben und ausführender Akteur. Umweltpolitische Ambitionen können daher sowohl bei der Rahmensetzung als auch bei der Durchführung verfolgt werden.

Abgrenzung zu ordnungspolitischen Instrumenten

Innerhalb der umweltpolitischen Instrumente nimmt die umweltfreundliche Beschaffung eine eigenständige Rolle wahr und enthält Funktionselemente unterschiedlicher Steuerungsformen. Im Vergleich zu ordnungsrechtlichen Instrumenten werden keine umweltbezogenen Ge- und Verbote formuliert, sondern ein Angebot ausgesprochen, zu dessen Annahme niemand verpflichtet ist. Ein Unterschied zum Ordnungsrecht liegt auch darin begründet, dass durch die Formulierung ehrgeizigerer Zuschlagskriterien Anreize für die Erfüllung von Standards über bestehende Grenzwerte hinaus geschaffen werden können.

Abgrenzung zu anreizorientierten Instrumenten

Anders als viele anreizorientierte Instrumente sind Ausschreibungen in der Regel auf einzelne oder wenige Anbieter ausgerichtet, während z. B. Abgaben, Subventionen oder handelbare Zertifikate in der Regel eine unbestimmte Zahl von Adressaten haben. Dennoch gibt es deutliche Parallelen zu den genannten ökonomischen Instrumenten, da ebenso Marktbedingungen beeinflusst werden. Dies gilt insbesondere, wenn nicht die einzelne Ausschreibung betrachtet wird, sondern der auszuschreibende staatliche Gesamtbedarf von besonders häufig nachgefragten Produkten oder Dienstleistungen und wenn die verschiedenen ausschreibenden Stellen vergleichbare Kriterien verwenden.

Öffentliche Beschaffung als informatorisches Instrument

Öffentliche Beschaffung kann auch Elemente der Zielsetzungen von informatorischen Instrumenten enthalten, wenn z. B. im Sinne der Umweltbildung die Umwelteigenschaften der eingekauften Produkte oder Dienstleistungen für die Allgemeinheit sichtbar werden oder die Existenz bestimmter Umweltlabels einer größeren Zahl von Akteuren bekannt gemacht wird.

1.3 Die Bedeutung der öffentlichen und der kommunalen Beschaffung

Öffentliches Beschaffungsvolumen

Die öffentliche Beschaffung betrug in den Mitgliedstaaten der europäischen Union im Jahr 2002 ungefähr 1500 Mrd. €.[13] Dabei ist keine große Änderung zu den Vorjahren zu verzeichnen. So betrug das Volumen der öffentlichen Aufträge in den Jahren davor jährlich zwischen 1.000 und 1.300 Mrd. €.[14] Damit machte die öffentliche Beschaffung in der Europäischen Union zwischen 11 und 16% des europäischen Bruttoinlandsproduktes aus[15], wobei die Kommunen mit bis zu 60 % der bedeutendste öffentliche Auftraggeber sind.[16]

In Deutschland erteilen öffentliche Auftraggeber - Bund, Länder, Kommunen und kommunale Unternehmen[17] Aufträge über ungefähr 250 Mrd. € pro Jahr für die Beschaffung von Gütern und Leistungen sowie Baumaßnahmen. Dies entspricht ca. 11 bis 12% des deutschen Bruttoinlandsproduktes (2.110,4 Mrd. € in 2002).[18] Das Beschaffungsvolumen errechnet sich dabei aus den Positionen *Laufender Sachaufwand* und *Sachinvestitionen* (inklusive Bauinvestitionen) entsprechend der Haushaltsystematik. Laufender Sachaufwand umfasst hierbei den Unterhalt des beweglichen Vermögens (Instandhaltung von Gebäuden, Grundstücken und Anlagen sowie Straßen und Brücken), militärische Beschaffungen und den sonstigen laufenden Sachaufwand (Bewirtschaftung der Grundstücke und Gebäude in Form von Heizung, Beleuchtung, Entsorgung, Mieten, Pachten, Verbrauchs-

[13] Vgl. EUROPEAN COMMISSION (2004), S. 4.

[14] Vgl. EUROPÄISCHE KOMMISSION (2001), S. 6.

[15] Vgl. EUROPÄISCHE KOMMISSION (2001), S. 6. Nicht alle Bereiche der öffentlichen Beschaffung fallen unter die EU-Richtlinien. Einige Bereiche (z. B. Kriegsmaterial) sind ausgenommen. Ebenso sind Vergaben, die die Schwellenwerte zur Anwendung der EU-Richtlinien unterschreiten nicht erfasst. Daher ist die Schätzung des Anteils der öffentlichen Beschaffung der öffentlichen Vergaben gemäß öffentlicher Ausschreibung sehr schwierig. Die Europäische Kommission geht davon aus, dass nur 16% der öffentlichen Beschaffungen in der EU im Jahr 2002 öffentlich ausgeschrieben waren. Vgl. EUROPEAN COMMISSION (2004), S. 4.

[16] HERMA, M. (2002), S. 8.

[17] Zu den öffentlichen Haushalten hinzuzurechnen sind in privatrechtlichen Rechtsformen geführte Unternehmen, die wegen ihrer besonderen Staatsnähe vom Vergaberecht ebenfalls zu öffentlichen Auftraggebern erklärt werden. Vgl. BESCHAFFUNGSAMT DES BUNDESMINISTERIUMS DES INNERN (HRSG.) (2002), S. 7.

[18] Vgl. Im Jahr 2002 wurden für laufende Sachausgaben 217,9 Mrd. € und für Baumaßnahmen 28,1 Mrd. € aufgewendet. Baumaßnahmen machen also 11% aller Beschaffungen aus. Vgl. STATISTISCHES BUNDESAMT (HRSG.) (2003a). Zum Bruttoinlandsprodukt vgl. STATISTISCHES BUNDESAMT (HRSG.) (2003b).

mittel oder Geschäftsbedarf). Zu den Sachinvestitionen zählen neben dem Erwerb von Sachvermögen vor allem die Bauinvestitionen.[19]

Kommunales Beschaffungsvolumen

Die Verteilung des öffentlichen Beschaffungsvolumens auf Bund, Länder und Gemeinden zeigt, dass wertmäßig der höchste Anteil bei den Gemeinden und Gemeindeverbänden liegt. Von den jährlichen Gesamtausgaben des Bundes, der Länder und der Gemeinden entfielen im Jahr 2001 ca. 44% auf kommunale Beschaffungen (vgl. Tabelle 1.1.).

Tabelle 1.1. Ausgaben des Bundes der Länder und der Gemeinden/Gemeindeverbände 1999 bis 2001.

	1999	2000	2001
Bund			
Laufender Sachaufwand	15,5	15,7	17,7
Sachinvestitionen	7,1	6,7	6,9
- davon Bauinvestitionen	-[20]	-	-
Länder			
Laufender Sachaufwand	17,7	18,3	19,0
Sachinvestitionen	7,9	8,2	8,0
- davon Bauinvestitionen	-	-	-
Gemeinden/ Gemeindeverbände			
Laufender Sachaufwand	27,5	28,0	28,6
Sachinvestitionen	24,7	24,6	24,2
- davon Bauinvestitionen	18,9	18,9	18,4

Wie ebenfalls aus Tabelle 1.1. ersichtlich, betrifft ein hoher Teil des Beschaffungsvolumens nach wie vor die Sachinvestitionen und hier insbesondere die Baumaßnahmen. Die Vermutung, dass aufgrund des relativ großen Nachfragevolumens erhebliche Potenziale in einer umweltfreundlicheren öffentlichen Beschaffung liegen, wird seit vielen Jahren geäußert.

1.4 Kosten-Nutzen-Überlegungen zur nachhaltigen öffentlichen Beschaffung

Zunehmend wird für juristische Entscheidungen eine „Law and Economics“-Analyse gefordert. Diese würde voraussetzen, dass „die diversen, zum Teil intangiblen und stark wertgebundenen gesellschaftlichen und politischen Kosten und Nutzen

[19] Vgl. HILSE, T. (1996), S. 24.
[20] Keine Angaben.

messbar, vergleichbar und auch interpersonal aufrechenbar sind."[21] Demgegenüber bezieht eine Kosten-Nutzen-Analyse Wirtschaftlichkeitserwägungen erst ein, wenn politische Vorentscheidungen getroffen sind. Davon ausgehend, dass die Grundentscheidung, die Umwelt zu schützen als erstrebenswertes gesellschaftliches Ziel anerkannt ist, das seinen Niederschlag in Art. 20a Grundgesetz gefunden hat, sind Kosten-Nutzen-Aspekte auch für die umweltfreundliche Beschaffung relevant. In eine solche Bewertung sollten verschiedene Erwägungen einbezogen werden, so z. B. der Marktanteil der öffentlichen Beschaffung, die finanzielle Belastung für Produzenten, Anreize, die die öffentliche Beschaffung für Produktinnovationen schafft und Belastungen, die für öffentliche Haushalte geschaffen werden.

Bedeutung der öffentlichen Beschaffung am Markt

Hinsichtlich des Marktanteils, den Strategien umweltfreundlicher Beschaffung anvisieren, sind die Auswirkungen einer „grünen" Beschaffungspolitik um so größer, je größer der Marktanteil der öffentlichen Beschaffung an der Gesamtökonomie ist.[22] Im Unterschied zu marktorientierten Instrumenten, gesetzlichen Regelungen und Informationsprogrammen, die alle Produzenten und Konsumenten erreichen sollen, ist aus dieser Perspektive die umweltfreundliche Beschaffung weniger effektiv, denn die öffentliche Beschaffung betrifft nur einen Teil des gesamten Marktes.

Umweltentlastungen durch öffentliche Beschaffung

Die konkreten Umweltentlastungen, die sich durch eine umweltfreundliche Beschaffung ergeben werden in Kapitel 10 untersucht. Die Umweltentlastungen, die sich für ausgewählte Produktbereiche ergaben, sind erheblich.[23] Das genaue Beschaffungspotenzial durch die kommunale Beschaffung lässt sich allerdings nur unzureichend bestimmen, so dass konkrete Auswirkungen auf dem Markt nicht quantitativ bestimmt werden können.

---

[21] PETERS, A. (2001).

[22] 1998 betrugen die Ausgaben der OECD-Länder für Konsum und Investitionen 20% des jeweiligen BSP (und in Nicht-OECD-Ländern ca. 15%). Dieser Anteil rangiert zwischen 17% in Japan und 33% in Schweden. Diese Zahlen schließen allerdings die Vergütung für Angestellte ein, die keine Relevanz für umweltfreundliche Beschaffungsprogramme haben. Die geschätzten Ausgaben von Regierungen abzüglich der Bezahlung von Angestellten betragen im Schnitt etwas mehr als 9% des BSP, mit 5% des BSP in Belgien und 18% in Ungarn. AUDET, D. (2003) zitiert nach JOHNSTONE, N.; ERDLENBRUCH, K. (2001), S. 10f.

[23] Zu der gleichen Schlussfolgerung kommt auch die Untersuchung verschiedener internationaler Beschaffungspolitiken Renetta Siemens, A Review and Critical Evaluation of Selected Greener Public Purchasing Programmes and Policies, in: OECD (HRSG.) 2003, S. 59 ff.

Anreize für Innovationen

Zu einem der wichtigsten Effekte gehören die Anreize, die für Produktinnovationen geschaffen werden.[24] Ist die staatliche Nachfrage ausreichend groß, so bestehen wichtige Anreize für Anbieter, neue umweltfreundliche Produkte und Produktionsmethoden zu entwickeln. Ein Beispiel war die Ausschreibung abgasarmer Fahrzeuge durch 10 europäische Städte.[25] Im Gegensatz zu anderen Instrumenten, wie Steuern oder gesetzlichen Regelungen, können umweltfreundliche Beschaffungspolitiken daher als *direkter* Anreiz zur Entwicklung von umweltfreundlichen Innovationen wirken. Dieser Aspekt kann auch im Zusammenspiel mit anderen Politikinstrumenten genutzt werden: Eine Regierung kann ihre eigene Beschaffung als „Versuchsgelände" für Umweltpolitiken und umweltfreundliche Produkte nutzen, um diese später durch andere Mittel zu fördern.

Vorreiterrolle der öffentlichen Hand

Multiplikatorenpotenzial besitzt das Instrument auch durch die Vorreiterrolle der öffentlichen Hand: Wie das UBA darlegt, können durch die Weitergabe von Erfahrungen mit umweltfreundlicher Beschaffung etwa 20% der Bevölkerung erreicht werden.[26] Die öffentliche Hand kann auch durch ihre Vorbildwirkung einen Einfluss auf beschaffende Privatpersonen haben (sogenannte „soft effects").

Mögliche Belastung von Produzenten bzw. Anreize für Konsumenten

Des weiteren stellt sich die Frage nach einer möglichen Belastung für Produzenten, die sich aus einer umweltfreundlichen Beschaffungspolitik ergeben, aber auch nach den Anreizen, die für Konsumenten geschaffen werden. Während Produzenten, insbesondere wenn sie innovative Produkte herstellen, durch eine umweltfreundliche Beschaffungspolitik gefördert werden können, bedeuten zwingende Anforderungen in der Beschaffungspolitik gleichzeitig einen Innovationsdruck auf weniger innovative Unternehmen. Solche Innovationen, die durch staatliche Unterstützung geschaffen wurden, stehen in der Folge allen Konsumenten zur Verfügung; folglich können langfristig die Preise für umweltfreundliche Produkte durch die Beschaffungspolitiken gesenkt werden.

---

24 UMWELTBUNDESAMT (HRSG.) (1999), S. 3.

25 Ein bekanntes Beispiel dafür war die ZEUS-Initiative von 120 europäischen Städten, gemeinsam abgasarme Fahrzeuge zu beschaffen, um einen großen Markt für diese Erzeugnisse zu schaffen, siehe <http://www.zeus-europe.org/FILES/lissabon.pdf> (14. März 2003).

26 UMWELTBUNDESAMT (HRSG.) (1999), S. 3.

Mögliche finanzielle Belastung durch umweltfreundliche Beschaffungspolitik

Die Belastungen für die öffentlichen Haushalte durch umweltfreundliche Beschaffungspolitiken hängen von dem Bestehen sogenannter „Win-win"-Situationen ab. „Win-win"-Situationen reduzieren die Kosten der öffentlichen Beschaffung und erlauben es dem Staat, die ersparten Gelder für andere öffentliche Zwecke zu verwenden. „Win-lose"-Situationen führen zu höheren Kosten für die Verwaltung und haben damit ähnlich nachteilige Effekte wie Beihilfen oder regulatorische Ansätze. Die pauschale Annahme, umweltfreundliche Beschaffung würde automatisch zu höheren Kosten führen, ist allerdings nicht gerechtfertigt. Die Europäische Kommission kommt zu dem Ergebnis, dass Umweltanforderungen in der Regel die Preise für Produkte und Dienstleistungen nicht erhöhen.[27] Allerdings ist dieser Aspekt bislang nicht ausreichend untersucht.[28] In einer Untersuchung verschiedener umweltfreundlicher Beschaffungsprogramme wird aber darauf hingewiesen, dass sie in vielen Fällen zu direkten Kostenersparnissen führten.[29] Andere Programme wiesen auch generelle ökonomische Vorteile auf. Dazu gehören Einsparungen durch Verbesserungen der Buchhaltungs- und Finanzpraktiken, aber auch durch eine genauere Bedarfsanalyse.[30] Insbesondere die Kostenersparnis durch die Vermeidung externer Kosten ist allerdings umstritten, sowohl was die tatsächliche Ersparnis als auch was die rechtliche Zulässigkeit betrifft.[31]

Zusammenfassend ist festzustellen, dass gegenwärtig die ökonomischen Effekte umweltfreundlicher Beschaffungspolitiken noch unzureichend untersucht sind. Neben direkten Umweltentlastungseffekten sind aber vor allem die Innovationseffekte „grüner" Beschaffung von Bedeutung. Sie rechtfertigen regelmäßig den Einsatz von umweltfreundlichen Beschaffungspolitiken als zusätzliches Instrument zur Förderung des Umweltschutzes.

---

[27] EUROPEAN COMMISSION (2004), S. 21.

[28] SIEMENS, R. (2003), S. 65.

[29] SIEMENS, R. (2003), S. 51 ff.

[30] Zu den Synergien zwischen Haushaltsreformen, Buchhaltungs- und Finanzpraktiken und der Einbeziehung von Umweltkriterien in die öffentliche Beschaffung vgl. JOHNSTONE, N. (2003), S. 127 ff.

[31] Dazu im Einzelnen: KROHN, W. (2003), S. 30 ff. Einige der untersuchten Programme führten zu höheren Kosten für die öffentlichen Hand. Im Fall des kanadischen „Green Power"-Programms rechtfertigte die Einbeziehung von Umwelt-Externalitäten diese zusätzlichen Kosten. Vgl. SIEMENS, R. (2003), S. 65.

1.5 Nachhaltige Beschaffung als Untersuchungsgegenstand

Um die Potenziale nachhaltiger öffentlicher Beschaffung als Treiber für die Innovationstätigkeit der Wirtschaft zu bestimmen, vorliegendes Buch folgenden Aspekten mit unterschiedlichen Methoden:

- Stand der nachhaltigen Beschaffung in Kommunen basierend auf einer Potenzialanalyse der Stadt Stuttgart und einer Befragung sächsischer Kommunen,
- Markt für umweltfreundliche Produkte und Dienstleistungen anhand ausgewählter Beispiele,
- Förderung von Innovationen durch eine nachhaltige kommunale Beschaffung anhand von Fallstudien,
- Wahrnehmung von Hemmnissen einer nachhaltigen kommunalen Beschaffung mit Hilfe eines Selbstevaluationstools,
- rechtlicher Rahmen für eine nachhaltige kommunale Beschaffung auf internationaler, europäischer und nationaler Ebene,
- Umweltentlastungspotenziale einer nachhaltigen Beschaffung,
- Potenziale durch eine marktorientierte Sicht sowie
- Strategieempfehlungen für eine nachhaltige kommunale Beschaffung.

Diese Aspekte werden in den nachfolgenden Kapiteln dieses Buches erläutert.

Literatur

BESCHAFFUNGSAMT DES BUNDESMINISTERIUMS DES INNERN (Hrsg.) (2002): Tätigkeitsbericht 2000/2001 des Beschaffungsamtes des BMI. Online im Internet unter: http://www.bescha.bund.de/wir/publikationen/taetigkeitsbericht_de.pdf. Abfrage: 5.10.2003.

BLUM, U. (1992): Volkswirtschaftslehre. München 1992.

BUNDESMINISTERIUM DER FINANZEN (2003): Finanzbericht 2003. Stand und voraussichtliche Entwicklung der Finanzwirtschaft im gesamtwirtschaftlichen Zusammenhang. Abgeschlossen am 18.08.2003 Berlin 2003.

BUNDESREGIERUNG (2000): Perspektiven für Deutschland – Unsere Strategien für eine nachhaltige Entwicklung. Online im Internet als pdf verfügbar: http://www.bundesregierung.de/Anlage585668/pdf_datei.pdf. Abfrage am 12.05.2004.

DER RAT VON SACHVERSTÄNDIGEN FÜR UMWELTFRAGEN (2002): Umweltgutachten 2002, Stuttgart 2002.

EUROPÄISCHE KOMMISSION (2001): Interpretierende Mitteilung der Kommission über das auf das Öffentliche Auftragswesen anwendbare Gemeinschaftsrecht und die Möglichkeiten zur Berücksichtigung von Umweltbelangen bei der Vergabe öffentlicher Aufträge vom 04.07.2001 (KOM) (2001) 274 endg.), AblEG Nr. 333 v. 28.11.2001, S. 12.

EUROPÄISCHES PARLAMENT UND RAT (2002): Beschluss Nr. 1600/2002/EG des Europäischen Parlamentes und des Rates vom 22. Juli 2002 über das sechste Umweltaktionsprogramm der Europäischen Gemeinschaft. Veröffentlicht im ABl. EG L/242/1.

EUROPEAN COMMISSION (2004): A report on the functioning of public procurement markets in the EU: Benefits from the application of EU directives and challenges for the future. Working paper 03/02/04. Online im Internet unter: http://europa.eu.int/comm/internal_market/en/publproc/general/public-proc-market-final-report_en.pdf. Abfrage am 19.04.2004, 12.25 Uhr.

HAUSCHILDT, J.; GEMÜNDEN, H. G. (1999): Promotoren. Champions der Innovation, Wiesbaden 1999.

HERMA, M. (2002): Auftragsvergaberecht als Mittel zur Durchsetzung von Umweltschutz und Umweltrecht, Natur und Recht 2002, S. 8ff.

JOHNSTONE, N. (2003): The Implications of Budget systems for the Environmental Characteristics of Public Procurement. in: OECD (Hrsg.) (2003) S. 127 ff.

JOHNSTONE, N.; ERDLENBRUCH, K. (2003): Introduction in: The Environmental Performance of Public Procurement, Issues of Policy of Coherence. in OECD (Hrsg.) (2003) S.9ff.

KOMMISSION DER EUROPÄISCHEN GEMEINSCHAFTEN (2001): Nachhaltige Entwicklung in Europa für eine bessere Welt: Strategie der Europäischen Union für die nachhaltige Entwicklung. Mitteilung der Kommission vom 15.05.2001. KOM (2001) 264 endgültig. Brüssel 2001.

KROHN, W. (2003): Öffentliche Auftragsvergabe und Umweltschutz, Köln 2003.

OECD (Hrsg.) (2003): The Environmental Performance of Public Procurement, Paris 2003.

PETERS, A. (2001): Die Ausfüllung von Spielräumen der Verwaltung durch Wirtschaftlichkeitserwägungen, DÖV 2001, S. 749.

SIEMENS, R. (2003): A Review and Critical Evaluation of Selected Greener Public Purchasing Programmes and Policies, in: OECD (Hrsg.), 2003, S. 59 ff.

STATISTISCHES BUNDESAMT (Hrsg.) (2003a): Veröffentlichung der vierteljährlichen Kassenergebnisse der öffentlichen Haushalte, 1.–4. Vierteljahr 2002, Statistisches Bundesamt, Fachserie 14/Reihe 2 vom Juni 2003.

STATISTISCHES BUNDESAMT (Hrsg.) (2003b): Wichtige gesamtwirtschaftliche Größen, Bruttoinlandsprodukt und Bruttowertschöpfung. Stand: 21.8.2003. Online im Internet unter www.destatisde/cgi-bin/printview.pl, Abfrage 5.10.2003.

UMWELTBUNDESAMT (Hrsg.) (1999): Handbuch Umweltfreundliche Beschaffung, 4. Auflage. München 1999.

WITTE, L. (1999): Das Promotorenmodell. In: HAUSCHILDT, J.; GEMÜNDEN, H. G. (1999): Promotoren. Champions der Innovation, Wiesbaden 1999. S. 9–41.

2 Die Förderung umweltfreundlicher Beschaffung auf internationaler Ebene

Christoph Erdmenger

2.1 Einleitung

Für eine Reihe von Ländern gehört es seit mehr als 10 Jahren zum Repertoire ihrer Umweltpolitik, die umweltfreundliche öffentliche Beschaffung zu fördern. Für die 80er Jahre können Bundes- und Landesregierungen in Deutschland zwar mit Recht die Rolle des Vorreiters für sich beanspruchen, spätestens seit Mitte der 90er Jahre kann in anderen Ländern eine breitere Förderung (und Umsetzung) beobachtet werden. In Europa sind hier in erster Linie die Erfahrungen skandinavischer Länder zu nennen: Dänemark und Schweden haben das Instrument in erster Linie im Zuge ihrer Förderpolitik für umweltfreundliche (einheimische) Produktion – sogenannte Integrierte Produktpolitik – eingesetzt. In Österreich wurde nicht nur ein Informationsdienst für Verwaltungen etabliert, sondern ein national einheitlicher Kriterienkatalog erstellt. Aber auch außerhalb Europas wird das Instrument erfolgreich eingesetzt. Das nordamerikanische Erfolgsmodell EnergyStar ist inzwischen auch in Europa zum Standard geworden. Ein bedeutendes internationales Beispiel ist hingegen Japan, wo die Regierung durch die Förderung eines *Green Purchasing Network* die Akteure aus Verwaltung und Wirtschaft nicht nur an einen Tisch, sondern auch zu selbstständigem systematischem Handeln bewegt hat. Die folgenden Absätze sollen diese Beispiele etwas näher ausführen.[1] Dies wird anschließend durch die Vorstellung der aktuellen Politik der Europäischen Kommission abgerundet.

2.2 Deutschland

Bereits zu Beginn der 80er Jahre wurde umweltfreundliche öffentliche Beschaffung ein Thema in Deutschland. Zahlreiche Kommunen etablierten in dieser Zeit

[1] Für Informationen über Schweden, Österreich, Dänemark, Japan und Nordamerika, vgl. auch ERDMENGER, C.; FÜHR, V. (2001).

kommunale Umweltberater in ihren Verwaltungen, die die Aufgabe hatten, die Bevölkerung zu umweltfreundlicherem Verhalten zu ermuntern und sie dabei zu beraten. In dieser Aufgabe mussten sich Umweltberater auch selbst mit den von ihnen verwendeten Produkten auseinandersetzen – Aufrufe zur Benutzung von Recyclingpapier machten sich schlecht, wenn sie selbst auf weißem Papier gedruckt waren.

Zu etwa der gleichen Zeit entwickelte das deutsche Umweltbundesamt das erste staatliche Umweltzeichen Europas, den Blauen Engel. Erste Erfahrungen zeigten, dass mehr Nachfrage nach den Produkten geschaffen werden musste, um Produzenten für eine Registrierung ihrer Produkte bei dem Umweltzeichen zu motivieren. So wurde bereits 1987 die erste Ausgabe des *Handbuches Umweltfreundliche Beschaffung* herausgegeben.[2] Bis zum Jahr 1999 wurde dieses Werk insgesamt viermal neu aufgelegt und stellt nach Kenntnis des Autors auch heute noch die umfassendste und wissenschaftlich fundierteste Quelle von produktspezifischem Wissen zur umweltfreundlichen Beschaffung dar.

Eine Reihe von Städten hat umweltfreundliche Beschaffung in den 90er Jahren konsequent als Instrument der Umweltpolitik ausgebaut. Besonders zu nennen sind hier die Städte Hannover[3], Düsseldorf und Stuttgart, letzteres Beispiel wird in diesem Buch ausführlich beschrieben. Teilweise gehen diese Initiativen auf politische Beschlüsse, teilweise auf die Initiative einzelner sowie die gute Kooperation zwischen beschaffenden Ämtern und Umweltbehörden zurück. Im Zuge der andauernden Krise öffentlicher Finanzen in den Jahren 2002–2004 in Deutschland, ist das Interesse deutscher Verwaltungen allerdings deutlich zurückgegangen. Als Ausnahmen zu nennen sind die Beteiligung der Stadt Stuttgart an den FORSCHUNGSPROJEKTEN NABESI und RELIEF. Darüber hinaus haben sich Bodenseegemeinden aus Österreich, Schweiz und Deutschland zu einem Interreg-Projekt zusammengetan, bei dem die Kooperation bei der umweltfreundlichen Beschaffung erprobt wurde.[4]

Einen gesetzlichen Anreiz für umweltfreundliche Beschaffung setzte die Novelle der Abfallwirtschaftsgesetzgebung zum Kreislaufwirtschafts- und Abfallgesetz. Es verpflichtet Unternehmen dazu, für ihre Produkte auch über die Nutzung hinaus Verantwortung zu übernehmen. Dies kann nur sichergestellt werden, wenn bereits in Beschaffungsentscheidungen spätere Entsorgungsaspekte einfließen.[5] Darüber hinaus wurde in das Gesetz ein Passus aufgenommen, der öffentliche Verwaltungen dazu verpflichtet, Produkte im Sinne des Kreislaufgedankens zu beschaffen. Allerdings konnte diese rechtliche Verpflichtung keinen besonders großen Einfluss auf die Beschaffungspolitik der Verwaltungen entfalten. Zum Teil ist dies sicher auf die weitverbreitete Unkenntnis des Gesetzes unter Beschaffungs-

---

[2] Vgl. zur kontinuierlichen Bearbeitung des Themas durch das Umweltbundesamt: UMWELTBUNDESAMT (Hrsg.) (1987); UMWELTBUNDESAMT (Hrsg.) (1999).

[3] Vgl. MÖNNINGHOFF, H.; KONERDING, R.; WAHLE, H. (1999).

[4] Vgl. ÖKOLOGIE-INSTITUT (2003)

[5] §4 Abs. 2 KrWAbfG lautet: „Maßnahmen zur Vermeidung von Abfällen sind insbesondere die anlageninterne Kreislaufführung von Stoffen, die abfallarme Produktgestaltung sowie ein auf den Erwerb abfall- und schadstoffarmer Produkte gerichtetes Konsumverhalten."

verantwortlichen zurückzuführen, zum anderen Teil jedoch sicher auch darauf, dass im Gesetz keinerlei Sanktionen verankert sind.[6]

Informationen in gedruckter Form haben den Nachteil, dass sie unter Umständen schnell veralten. Dies gilt in erster Linie für produktbezogene Informationen bei Produkten mit kurzer Innovationsfolge, z. B. der IT-Industrie. Darüber hinaus sind gedruckte Informationen als statisches Medium nicht geeignet, den Austausch von Ideen zu befördern. Daher gibt es mehr und mehr internetgestützte Informationen zur umweltfreundlichen Beschaffung. Der Bundesverband für Umweltberatung e.V. (bfub) hat im Auftrag des Umweltbundesamtes eine Internetserviceseite für Beschaffer entwickelt, die laufend überarbeitet wird.[7] Darüber hinaus stellt eine Vielzahl von Organisationen Informationsmaterial für umweltfreundliche Beschaffung im Internet bereit.[8] Des Weiteren gibt es mittlerweile etablierte umweltorientierte Unternehmensverbände, die sich dieses Themas angenommen haben[9], wie den Bundesdeutschen Arbeitskreis für umweltbewusstes Management, (B.A.U.M.) sowie den Förderkreis Umwelt Future.[10]

2.3 Schweden

In Schweden ist die Einführung von Umweltkriterien in der Beschaffung auf Initiativen einzelner Kommunen zurückzuführen. Federführend waren hierbei die drei großen Städte Göteborg, Malmö und Stockholm, die ihre eigene Beschaffung systematisch auf umweltfreundliche Produkte umstellten. Als ein herausgehobenes Beispiel der Integration mit weitergehenden politischen Zielen kann die Verkehrspolitik in Malmö gelten. Hier wurde im Rahmen einer Gesamtstrategie die Verbreitung von Niedrigemissionsfahrzeugen gefördert. Ein Baustein war dabei die Beschaffung eben solcher Fahrzeuge für die Stadtverwaltung.[11]

Die größte nationale Ausstrahlung entwickelte allerdings die Region Västernorland rund um Göteborg. Sie veröffentlichte als erste konkrete Produktkriterien, die im Anschluss in ganz Schweden aufgegriffen wurden. Auf diese Entwicklung reagierte die schwedische Regierung 1998 mit der Einsetzung einer *Kommission für ökologisch nachhaltige Beschaffung*. Diese hat in den folgenden Jahren in einem intensiven Dialog mit Industrie- und Umweltverbandsvertretern die Kriterien zu einem nationalen Konsens weiterentwickelt. Im Anschluss an die Arbeit der Kom-

---

[6] Vgl. Kapitel 8.

[7] Vgl. UMWELTBUNDESAMT (2004).

[8] Z. B. in Deutschland: www.informatik.uni-hamburg.de/Info/Umwelt/ubeschaff.html. Vgl. auch Anhang Kapitel 5.

[9] Vgl. UMWELTBUNDESAMT (Hrsg.) (1999), S. 6.

[10] Beispiele unter http://www.baumev.de/baumev/projekte/projekte.php; http://www.future-ev.de/projekte/projekte.html.

[11] Vgl. BUNDESMINISTERIUM FÜR LAND- UND FORSTWIRTSCHAFT, UMWELT UND WASSERWIRTSCHAFT (BMLFUW) ÖSTERREICH; BUNDESMINISTERIUM FÜR BILDUNG, WISSENSCHAFT UND KULTUR (BMBWK) ÖSTERREICH U.A. (Hrsg.) (2001).

mission wurden die Aktualisierung der Kriterien in die Hand des *Umweltmanagementrates* gelegt, eine von Regierung, Kommunen und Industrie gegründete Organisation zur Beförderung des betrieblichen Umweltmanagements nach EMAS oder ISO 14000.

Eine nationale Besonderheit in Schweden ist, dass die Beschaffungsabteilungen der Kommunen häufig privatisiert wurden. Obwohl die Verwaltungseinheiten somit entscheiden können, ob sie bei der Beschaffungsstelle beschaffen, selber beschaffen oder einen privaten Dritten beauftragen, werden in der Praxis die allermeisten Beschaffungsvorgänge über dieses Unternehmen abgewickelt. Dies führt zum einen zu einer klar effizienzorientierten Organisationsstruktur, zum anderen jedoch zu einer klaren Aufgabenteilung mit der Politik: Nur solche Umweltanforderungen an die Beschaffung finden Anwendung, die zuvor von der Politik explizit benannt wurden.

2.4 Dänemark

Dänemark war eines der ersten Länder, das erkannte, dass Umweltpolitik nicht nur an der Kontrolle von Produktionsanlagen ansetzen darf, sondern Produkte in ihrem gesamten Lebenszyklus verfolgen muss. Diese Politik wurde in den 90er Jahren systematisch entwickelt und gilt als Vorläufer der europäischen integrierten Produktpolitik. Später wurde sie auch in der Wirtschaftspolitik aufgegriffen, in der Erkenntnis, dass umweltfreundliche Produkte, die auf dem heimischen Markt ihr Potenzial bewiesen hatten, sich auch gut zum Export eignen würden.

Ein zentrales Instrument der integrierten Produktpolitik ist auch in Dänemark die öffentliche Beschaffung. Die nationale Umweltbehörde hat daher bis zum Jahr 2002 regelmäßig Kriterienkataloge für Produkte veröffentlicht und aktualisiert.[12]

Parallel zu dieser nationalen Entwicklung haben zahlreiche Kommunen in Dänemark eine Politik der umweltfreundlichen Beschaffung entwickelt. Das international herausragende Beispiel ist dabei die Stadt Kolding, die im Rahmen ihrer Agenda 21 beschlossen hat, bis zum Jahr 2002 alle Beschaffungsvorgänge für Produkte und Dienstleistungen umweltfreundlich zu gestalten. Parallel wurde dabei das Beschaffungswesen zentralisiert und ein verbindliches Verfahren zur Definition von Umweltkriterien etabliert. Dabei erstellt das Umweltamt vor jedem Beschaffungsvorgang die Kriterienliste samt Auswertungsverfahren. Das Beschaffungsamt wendet diese Kriterienliste dann an und kann so auf den Aufbau eigenen Fachverstandes im Umweltfragen weitgehend verzichten.

Zum internationalen Beispiel wurde Dänemarks Politik der umweltfreundlichen Beschaffung dann als die Initiativen der Kommunen und der nationalen Ebene zusammengeführt. In einer Vereinbarung verpflichteten sich 1998 die nationale Regierung und die Kommunalverbände zu konkreten Schritten. Während sich die na-

[12] Im Jahr 2002 erfolgte mit einem Regierungswechsel eine erhebliche Kürzung der Mittel der Behörde. Nach Kenntnis des Autors wurde die Arbeit an Kriterienkatalogen seit dem eingestellt.

tionale Regierung verpflichtete, von allen Ministerien und untergeordneten Verwaltungseinheiten eine eigene *Umweltbeschaffungspolitik* entwickeln zu lassen, verpflichteten sich die Kommunalverbände, dies bei ihrem Mitgliedskommunen zu veranlassen. In einer Umfrage aus dem Jahr 2001 stellte sich heraus, dass bereits 50% aller Kommunen dabei seien, solche Politiken zu entwickeln oder bereits in ihrer Umsetzung begriffen waren. Zudem verpflichtete sich die Regierung, Fortbildungen für alle Verwaltungsangestellten anzubieten, die dies wollten.

2.5 Österreich

Gegen Ende der 90er Jahre wurde das Thema umweltfreundliche Beschaffung auch in Österreich aufgegriffen. Die nachfolgende Entwicklung kann auf die Formel *Spät, aber mit Konsequenz* gebracht werden. Während es zunächst das Bundesland Vorarlberg (bzw. der Umweltverband der dortigen Kommunen) sowie die Stadt Wien waren, die die umweltfreundliche Beschaffung ins Zentrum rückten, sind auch verschiedene Initiativen auf nationaler Ebene bemerkenswert.

Vorarlberg ist nicht nur als Bundesland verhältnismäßig klein (es hat bspw. weniger Einwohner als die meisten deutschen Landkreise), sondern auch die dortigen Kommunen sind klein oder allenfalls mittlerer Größe. Die Hauptstadt Bregenz hat etwa 40.000 Einwohner. Somit waren es nicht die Kommunalverwaltungen selbst, die die Initiative ergriffen, sondern der Umweltverband Vorarlberg, ein ursprünglich zur Abfallwirtschaft gegründeter Verband der Vorarlberger Gemeinden. Diese Organisation übernahm es, im Jahr 1998 zwei Leitfäden mit Umweltkriterien zu entwickeln (zu Büromaterialien und Bauen) sowie ein Netzwerk der kommunalen Beschaffer ins Leben zu rufen. Zu den jüngsten Aktivitäten gehörte der Aufbau des ÖkoBeschaffungsService Vorarlberg, der im Jahr 2002 1,3 Mio. € umgesetzt hat. Anfang 2003 zog der Umweltverband Bilanz und hat dazu auch eine externe Zwischenevaluierung durch die Uni St. Gallen vorgelegt. Sie bescheinigt Einsparungen bei den Produktpreisen von 10–20% und bei der Arbeitszeit von 30–50%.[13]

International zu den aktivsten Städten im Feld gehört auch die Stadt Wien. Bemerkenswert ist neben dem systematischen und zielgerichteten Aufbau ihrer umweltfreundlichen Beschaffung im Programm *Ökokauf*, dass sie auch finanzielle Auswirkungen dokumentiert.[14]

Auf nationaler Ebene wurden diese beiden Initiativen aufgegriffen, als in den Jahren 1999–2001 der Kriterienkatalog Check It entwickelt wurde. Hier wurden erstmals in deutscher Sprache nicht nur umfassende Informationen über verschiedene Produktgruppen zusammengetragen, sondern diese durch die Bereitstellung von Kriterienlisten direkt für Beschaffer nutzbar gemacht. Als Indikator für die

[13] Vgl. TAKE IT (2003a)

[14] So sparte sie durch den Einbau von Wassereinsparamaturen insgesamt 1,5 Mio. €. Dem stehen Investitionen in Lohn und Materialkosten von 135.000 € gegenüber. Zudem wurden 360.000 m^3 Wasser und 12.667 MWh Energie zur Warmwasseraufbereitung gespart. Vgl. TAKE IT (2003b).

Beispielhaftigkeit dieser Initiative mag dienen, dass in der Zwischenzeit die Schweizer Regierung eine angepasste Version dieses Leitfadens erstellt hat.[15]

2.6 Nordamerika

In den USA und in Kanada gibt es zahlreiche Initiativen, die umweltfreundliche Beschaffung fördern. Sie sind in starkem Maße auf lokale Programme zum Abfallrecycling zurückzuführen, die unter dem Stichwort *Buy Recycled* für den Absatz der entsprechenden Rohstoffe sorgen wollten.

Eine Reihe von Kommunen hat dabei bemerkenswerte und konsequente Programme entwickelt. Hervorgehoben werden sollen hier die Städte Toronto und Santa Monica. Während Toronto in Kanada als Taktgeber lokaler und regionaler Initiativen in dem Feld gelten kann, fällt die kalifornische Stadt Santa Monica vor allem dadurch auf, dass Beschaffung nur ein Teil einer umfassenden Strategie für nachhaltige Entwicklung darstellt, die zum Beispiel auch die Finanzinvestitionspolitik der Rentenvorsorgefonds der Stadt einschließt.

Auf nationaler Ebene sind es vor allem die nationalen Umweltbehörden[16], die Informationsvermittlung betreiben. Sie werden von den – hier privaten – Ökolabels GreenSeal und EnvironmentChoice unterstützt. Die United States of America Environmental Protection Agency hat dabei nicht nur eine große Menge an Praxisbeispielen veröffentlicht und eine Internetdatenbank mit Kriterien entwickelt, sondern fördert auch die Vernetzung von aktiven Verwaltungen in dem Bereich.

Bemerkenswerte Erfolge hat vor allem das zweite Hauptthema umweltfreundlicher Beschaffung in den USA hervorgebracht: Die Förderung energieeffizienter Geräte durch das EnergyStarLabel. Sichtbarste Auswirkung ist hierbei, dass heutzutage so gut wie alle Personal Computer weltweit eine automatische Ruhefunktion (Stand-By) aufweisen. Dies war Anfang der 90er Jahre noch keine Selbstverständlichkeit. Erst durch eine Direktive des damaligen Präsidenten Bill Clinton wurde es möglich, dass US-Bundesbehörden nur noch nach EnergyStar zertifizierte Computer kauften.

2.7 Japan

Japanische Umweltpolitik bleibt internationalen Beobachtern häufig aufgrund von Sprachproblemen verborgen. So ist es zu erklären, dass das wahrscheinlich ehrgeizigste Programm zur Förderung der umweltfreundlichen Beschaffung kaum bekannt ist.

Die Anfänge wurden auch in Japan von Kommunen gelegt. Die Präfektur Shiga zwischen Kyoto und Tokyo hat hierbei eine Vorbildfunktion übernommen. Sie

[15] Vgl. BESCHAFFUNGSKOMMISSION (2004).

[16] Zum Beispiel in Kanada: www.ec.gc.ca/eog-oeg/greenerprocurement/GreenerProcurement.htm, Zugriff am 8.1.2003.

verlangte nicht nur in ihren eigenen Ausschreibungen ökologische Anstrengungen, sondern war es auch, die die nationale Regierung 1995 dazu brachte, die Gründung des *Green Purchasing Network* großzügig finanziell zu unterstützen. Angesiedelt bei der Trägergesellschaft des (privaten) Ökolabels, wuchs das Netzwerk bis zum Jahr 2003 auf mehr als 2000 Unternehmen, 400 Kommunen und etwa 500 weiteren Organisationen an. Es hat damit Dimensionen erreicht, die kein anderes OECD-Land aufweisen kann. Dabei ist zu bemerken, dass sich das Netzwerk zunächst ausschließlich auf Büromaterialien und -elektronik konzentriert hat.

Aktivitäten des Netzwerkes beinhalten neben der Organisation von Konferenzen und Umfragen, auch die Informationsvermittlung. So unterhält das Netzwerk eine Internetdatenbank von Produkten, die mit Öko-Labels ausgestattet sind. Darüber hinaus veröffentlicht es regelmäßig Informationsbücher zu den Umwelteigenschaften von auf dem Markt erhältlichen Geräten. Hier wird deutlich, dass der andere rechtliche Rahmen in Japan auch die Instrumente für umweltfreundliche Beschaffung beeinflusst: Auf der Basis dieser Informationskataloge wählen japanische Beschaffer offenkundig häufig bereits Marke und Modell eines Produktes aus, bevor sie den Leistungsauftrag ausschreiben. Eine weitere Aktivität des Netzwerkes besteht darin, im Dialog zwischen Beschaffern, Umweltorganisationen und Industrie gemeinsame Beschaffungsleitlinien zu entwickeln, die zwar relativ allgemein sind, nach Ansicht des Netzwerkes jedoch eine hohe Bindungskraft in die Industrie hinein haben und die Produktentwicklung beeinflussen.

Neueste Errungenschaft der japanischen Politik für umweltfreundliche Beschaffung ist ein Gesetz zu eben diesem Thema aus dem Jahr 2001. Es verpflichtet alle Bundesbehörden, ein eigenes Programm zur Verbreitung umweltfreundlicher Beschaffung im eigenen Verwaltungsbereich zu erstellen. Darüber hinaus werden die Behörden verpflichtet, an einem jährlichen Monitoring teilzunehmen. Dabei sollten unter anderem die beschafften Mengen bzw. prozentualen Anteile von etwa 400 *grünen* Produkten gezählt werden, die in einer Liste umweltfreundlicher Produkte niedergelegt wurden. Kommunen und Unternehmen werden aufgefordert, sich freiwillig an dem System zu beteiligen. Leider liegen bisher keine Ergebnisse zu den Auswirkungen des Gesetzes vor.

2.8 Initiativen der Europäischen Kommission

In Europa ist es vor allem die Generaldirektion Umwelt der Europäischen Kommission, die sich des Themas angenommen hat. Besonders unter der Leitung der schwedischen Kommissarin Margot Wallström wurden hier eine Vielzahl von Aktivitäten initiiert. Nicht eingegangen werden soll in diesem Abschnitt jedoch auf Fragen des rechtlichen Rahmens, da dies ausführlich in Kapitel 9 dieses Buches behandelt wird. Auch auf die zahlreichen Projektförderungen zum Thema[17], soll hier nicht näher eingegangen werden.

[17] Bspw. wurden im Rahmen des Programms SAVE Projekte zur energieeffizienten Beschaffung von Fahrzeugen (ZEUS), von Strom und Gebäudetechnik (PROMISE), zur

Umweltfreundliche Beschaffung ist heute in verschiedenen Politiken integriert. So sollen Organisationen, die ihr Umweltmanagementsystem nach EG-Öko-Audit-Verordnung validieren oder DIN EN ISO 14001 zertifizieren lassen wollen, Umweltaspekte bei Beschaffungsentscheidungen berücksichtigen.[18] Weiterhin wird auch die neue Chemikalienverordnung der EU, die im Entwurf 2003 verabschiedet wurde, Einfluss auf Beschaffungsentscheidungen nehmen. Sie fordert die Übermittlung von Daten an eine zentrale Datenbank, falls ein Unternehmen mehr als eine Tonne einer chemischen Substanze (per annum) herstellt oder importiert.[19] Auch die *Integrierte Produktpolitik* hebt Beschaffung als zentrales Instrument hervor[20], ebenso wie das Programm zur Förderung von Umwelttechnologie[21].

Zur konkreten Hilfestellung für Beschaffer erarbeitete die EU Kommission 2004 ein *Handbuch*, dass in erster Linie rechtlich nicht zu beanstandende Wege zu umweltfreundlicher Beschaffung aufweisen soll. Darüber hinaus wurde eine Datenbank mit möglichen Kriterien entwickelt, die zur Zeit allerdings vor allem auf den verschiedenen Umweltzeichen fußt und damit viele Produkte nicht abdeckt.

2.9 Internationale Kooperation

Auf internationaler Ebene ist es bisher vor allem die OECD, die den Dialog zum Thema organisiert. Dies überrascht angesichts der Liste der aktivsten Länder, die ausschließlich OECD-Mitglieder beinhaltet, allerdings wenig. Eine OECD-Arbeitsgruppe trägt dabei zum Informationsaustausch und zur Politikformulierung bei. Sichtbarste Zeichen nach außen waren dabei die Green Goods Konferenzen, zuletzt 1999 in Biel/Bienne, Schweiz sowie ein Ratsbeschluss aus dem Jahr 2002, in dem sich die OECD-Mitglieder verpflichten, Fortbildung, Informationen und ein Monitoring über nationale Aktivitäten bereitzustellen.[22]

Das Städtenetzwerk ICLEI[23] hat bereits 1996 die European Eco-Procurement-Initiative gestartet. Sie kann inzwischen auf vier Säulen aufbauen: die EcoProcura Konferenzserie, das *Buy it green*-Netzwerk umweltfreundlicher Beschaffer in Europa (BIG-Net), die Procura$^+$ Kampagne und eine Reihe von Forschungsarbeiten und praktischen Veröffentlichungen. Auch außerhalb Europas entwickelt das Netzwerk Initiativen. Neben Nordamerika, Australien und Japan, ist ICLEI im

Beleuchtung (PICOLight) und im allgemeinen (PROST) unterstützt. Im 6. Forschungsrahmenprogramm wurde das Projekt RELIEF gefördert und im Rahmen von LIFE-Umwelt wurden Projekte in Italien (GPP-Net), Griechenland und Portugal (GreenMed) unterstützt.

[18] Vgl. EUROPÄISCHES PARLAMENT UND DER RAT DER EUROPÄISCHEN UNION (2001); NAGUS (1996).

[19] Vgl. COMMISSION OF THE EUROPEAN COMMUNITIES (2003).

[20] Vgl. KOMMISSION DER EUROPÄISCHEN GEMEINSCHAFTEN (2003b).

[21] Vgl. KOMMISSION DER EUROPÄISCHEN GEMEINSCHAFTEN (2004).

[22] Vgl. OECD (2002).

[23] ICLEI- Local Governments for Sustainability, www.iclei.org/procurement.

Moment eine der wenigen Organisationen, die das Instrument auf die Bedürfnisse von Entwicklungsländern anzuwenden versucht.

Auf UN-Ebene findet neben Einzelaktivitäten vor allem ein Informationsaustausch in Rahmen der *Working Group on Environmentally and Socially Responsible Procurement* statt. Hier sind neben den UN-Organisationen UNEP, UNDP, UNOPS auch die multilateralen Entwicklungsbanken (Weltbank, Asian Development Bank, Inter-American Development Bank) sowie internationale NGOs vertreten (Global Eco-Labelling Network, Consumder Choice Council). Auch das bei UNDESA angesiedelte Sekretariat der UNCSD organisiert den Erfahrungsaustausch zwischen nationalen Regierungen im Rahmen der Umsetzung der Beschlüsse des Weltgipfels für nachhaltige Entwicklung in Johannesburg.[24]

2.10 Zusammenfassung

In den OECD-Ländern kann umweltfreundliche Beschaffung als erprobtes und bewährtes Instrument betrachtet werden. Die Herausforderung liegt dabei in der Regel darin, nicht nur Pioniere, sondern die breite Zahl der öffentlichen Verwaltungen für umweltfreundliches Handeln zu gewinnen. An diesem Punkt haben lediglich Japan, Dänemark und Schweden bemerkenswerte Erfolge nachzuweisen. Diese Erfolge sind auf eine Kombination von hoher politischer Wertschätzung für das Instrument mit der gezielten Bereitstellung von Informationen und der Förderung der Vernetzung von Erfahrungen zurückzuführen.

Literatur

BESCHAFFUNGSKOMMISSION (2004): Check It! Ökologische Produktkriterien, Beschaffungskommission des Bundes, Schweizer Bundesanstalt für Bauten und Logistik, unter http://www.beschaffung.admin.ch/de/beschaffungswesen_bund/themen_trends/oekologie.htm#stand_gueter, Letzter Zugriff des Autors am 9.5.2004.

COMMISSION OF THE EUROPEAN COMMUNITIES (2000): Economic Reform: Report on the functioning of Community product and capital markets, COM (2000) 881 final, Report From The Commission, Brussels, 27.12.2000.

COMMISSION OF THE EUROPEAN COMMUNITIES (2003): Proposal for a Regulation of the European Parliament and of the Council concerning the Registration, Evaluation, Authorisation and Restriction of Chemicals (REACH), establishing a European Chemicals Agency and amending Directive 1999/45/EC and Regulation (EC) {on Persistent Organic Pollutants}. 2003/0256(COD), 2003/0257(COD), vom 29. Oktober 2003, Brüssel 2003.

COUNCIL OF THE EUROPEAN UNION (2002): Integrating environmental protection and sustainable development into internal market aspects of competitiveness policy –

[24] UNEP – UN Environmental Programme, UNDP - UN Development Programme, UNOPS – United Nations Operations, Project Services, UNDESA – UN Department of Economic and Social Affairs, UNCSD – UN Commission on Sustainable Development.

Report on the follow-up to the European Council in Göteborg and to the summit in Johannesburg, 13978/02 MI 239 ENV 645, Brussels, 8 November 2002.

ERDMENGER, C., FÜHR, V. (2001): The World buys green, International Survey on National Green Procurement Practices, ICLEI Europasekretariat, Freiburg 2001.

KOMMISSION DER EUROPÄISCHEN GEMEINSCHAFTEN (2003b): MITTEILUNG DER KOMMISSION AN DEN RAT UND DAS EUROPÄISCHE PARLAMENT, Integrierte Produktpolitik Auf den ökologischen Lebenszyklus-Ansatz aufbauen, KOM (2003) 302 endgültig

KOMMISSION DER EUROPÄISCHEN GEMEINSCHAFTEN (2004): Stimulation von Technologien für nachhaltige Entwicklung: Ein Aktionsplan für Umwelttechnologie in der Europäischen Union, KOM(2004) 38 endgültig.

MÖNNINGHOFF, H.; KONERDING, R.; WAHLE, H. (1999): Ökologische Beschaffungspolitik - Erfahrungen in Hannover, UVP-Report 2/99.

OECD (2002), Recommendation of the Council on Improving the Environmental Performance of Public Procurement, 23 January 2002 - C(2002)3.

BUNDESMINISTERIUM FÜR LAND- UND FORSTWIRTSCHAFT, UMWELT UND WASSERWIRTSCHAFT (BMLFUW) ÖSTERREICH; BUNDESMINISTERIUM FÜR BILDUNG, WISSENSCHAFT UND KULTUR (BMBWK) ÖSTERREICH U.A. (Hrsg.) (2001): check it! - Kriterienkatalog zur umweltfreundlichen Beschaffung. Online im Internet: <www.oekoeinkauf.at> Stand Juli 2001.

ÖKOLOGIE-INSTITUT (2003): Ökologische Beschaffung in der Bodenseeregion, http://www.ecology.at/projekt/projekt.php?projektID=286&back=%2Fprojekt%2Frefe renz.php%2329, letzter Zugriff des Autors am 9.5.2004.

TAKE IT (2003a): Take It 1/2003, Aktuelle Information zum umweltfreundlichen Einkauf, Herausgegeben vom IFZ/BeschaffungsService Austria.

TAKE IT (2003b): Take It 2/2003, Aktuelle Information zum umweltfreundlichen Einkauf, Herausgegeben vom IFZ/BeschaffungsService Austria.

UMWELTBUNDESAMT (Hrsg.) (1987): Umweltfreundliche Beschaffung. Handbuch zur Berücksichtigung des Umweltschutzes in der öffentlichen Verwaltung und im Einkauf. Wiesbaden 1987.

UMWELTBUNDESAMT (UBA) (Hrsg.) (1999): Handbuch Umweltfreundliche Beschaffung: Empfehlungen zur Berücksichtigung des Umweltschutzes in der öffentlichen Verwaltung und im Einkauf. 4. völlig neubearb. Aufl. München 1999.

UMWELTBUNDESAMT (2004): Beschaffungsinfo, unter www.beschaffung-info.de, letzter Zugriff des Autors am 9.5.2004.

ZIMMERMANN, M.; WELTE, C. (1992a): Forschungsprojekt "Umweltfreundliche Beschaffung in Kommunen" im Auftrag des Umweltbundesamtes, Teil I. Berlin 1992.

ZIMMERMANN, M.; WELTE, C. (1992b): Forschungsprojekt "Umweltfreundliche Beschaffung in Kommunen" im Auftrag des Umweltbundesamtes, Teil II. Berlin 1992.

3 Umweltfreundliche Beschaffung in Europa - Ergebnisse einer Befragung unter öffentlichen Beschaffern

Amalia Ochoa, Dirk Günther

3.1 Warum eine Befragung auf europäischer Ebene?

Umweltfreundliche Beschaffung als die Integration von Anforderungen des Umweltschutzes in den Beschaffungsprozess ist in einigen Mitgliedsstaaten der Europäischen Union schon seit den frühen achtziger Jahren zu beobachten. Sie wird immer häufiger als Teil der Umweltpolitik in der Europäischen Union eingesetzt. Allerdings ist diese Entwicklung bis heute nicht von einer Bestandsaufnahme an Informationen begleitet worden, die für eine genaue Analyse der Effekte von bereits bestehenden und der Potenziale von weiteren Aktivitäten in diesem Feld notwendig wären. Da diese Form der öffentlichen Beschaffung an politischer und praktischer Bedeutung voraussichtlich weiter gewinnen wird, sind solche Informationen aber insbesondere für Policy-Maker von Bedeutung.

Das FORSCHUNGSPROJEKT NABESI hat einige der Informationslücken geschlossen. Eine von der Europäischen Kommission finanzierte und vom Europasekretariat des Internationalen Rates für Kommunale Umweltinitiativen durchgeführte Befragung unter europäischen Kommunen sollte im Jahr 2003 diese Erkenntnisse mit quantitativen Daten über die Anzahl der in Europa in diesem Feld tätigen Kommunen und ihrer Aktivitäten ergänzen.

Dabei war das Ziel der Befragung, eine Momentaufnahme des Standes von umweltfreundlichen Beschaffungsaktivitäten und von umgesetzten Politikansätzen in diesem Bereich in öffentlichen Verwaltungen und Behörden in den Mitgliedsstaaten der Europäischen Union wiederzugeben. Die Ergebnisse sollten ein besseres Verständnis darüber ermöglichen, was für eine verbesserte Zielsetzung von zukünftigen Plänen zur Steigerung der Bekanntheit von umweltfreundlicher Beschaffung bei Policy-Makern und anderen relevanten Akteuren notwendig ist.

Für den Zweck dieser Studie wurde unter öffentlicher Verwaltung jede Institution des Staates verstanden, die nach den EU-Richtlinien 92/50 EEC, 93/36 EEC oder 93/37 EEC Güter, Arbeiten oder Dienstleistungen beschafft. Öffentliche Versorgungsbetriebe, die unter die Direktive 93/38 EEC fallen, wurden nicht in die Untersuchung eingeschlossen.

3.2 Die Methodik der Erhebung

Da die Untersuchung mittels Fragebogen durchgeführt werden sollte, wurde in einem ersten Schritt die Zielgruppe der Befragung definiert, um eine effiziente und möglichst umfassende Erhebung von Kontaktadressen und -details zu ermöglichen. Dabei lag eine erste Priorität auf den Leitern der jeweiligen Beschaffungsabteilungen oder aber den Beschaffern, die zu einer Einheit für umweltfreundliche Beschaffung gehörten. In Fällen bei denen zu vorgenannten Personen keine Kontaktdetails gefunden werden konnten oder in denen die jeweilige Verwaltung keine separate Beschaffungsabteilung hatte, wurde die Zielgruppe auf Verwaltungsleiter ausgedehnt. Wenn auch damit kein zufriedenstellendes Ergebnis erzielt werden konnte, wurde auf die Kontakte in der Umweltabteilung, der Finanzverwaltung oder in der Öffentlichkeitsabteilung bzw. Presseabteilung zurückgegriffen. Dadurch sollte, soweit möglich, ein gleichwertiger Fokus auf geografische Repräsentativität, Sicherstellung der Abdeckung der gesamten Europäischen Union, Größe, Verwaltungsebene (lokal, regional, national) und Funktion der Behörde gelegt werden.

In einer ersten Runde konnten so rund 4000 Adressen durch verschiedene Medien (u.a. Adressdatenbanken, nationale Beschaffungsverbände) erhoben werden. Im zweiten Schritt wurden in Zusammenarbeit mit der Europäischen Kommission zwei Fragebögen ausgearbeitet, die an die ermittelten Kontaktpersonen versandt wurden. Ein erster, sehr kurzer Fragebogen enthielt lediglich prinzipielle Fragen zu umweltfreundlichen Beschaffungsaktivitäten und Haushaltsinformationen (im Bezug zu den o.g. Indikatoren). Er wurde an alle identifizierten öffentlichen Einrichtungen per Post versandt und sollte vor allem die Behörden herausfiltern, die in umweltfreundliche Beschaffung eingebunden sind. Ein zweiter, wesentlich detaillierterer Fragebogen wurde anschließend per Email oder Fax an jene Behörden gesandt, die auf den ersten Fragebogen geantwortet hatten und Umweltkriterien in ihre Beschaffungsaktivitäten integrieren. Dieser zweite Fragebogen umfasste Fragen zu spezifischen Umweltkriterien in Ausschreibungen für einzelne Produktgruppen, zur Nutzung von Umweltzeichen, zu Umweltmanagement-Systemen. Für 10 Produktgruppen, die gewöhnlich von öffentlichen Verwaltungen beschafft werden, wurden bis zu fünf Umweltkriterien zur Auswahl gestellt. Zusätzlich konnten die Befragten zwei weitere Kriterien hinzufügen.

Beide Fragebögen wurden in alle 11 offiziellen EU-Sprachen übersetzt und vor dem Versand an die jeweiligen Kontakte von Teilnehmern des *Buy it Green*-Netzwerkes kommunaler Beschaffer in Europa (BIG-Net) getestet.

Zusätzlich zum Versand der Fragebögen konnten Verwaltungen beide Fragebögen (in Englisch, Französisch, Spanisch, Italienisch und Deutsch) auch in einem Onlineformular im Internet ausfüllen. So sollte eine möglichst breite Durchdringung der Grundgesamtheit unter europäischen öffentlichen Beschaffungsinstitutionen erreicht werden.

Um mehrere Antworten aus derselben Behörde (z. B. durch verschiedene Abteilungen) identifizieren zu können, wurde jeder Behörde ein individueller Identifizierungscode zugeordnet. So konnte verhindert werden, dass Behörden mehrfach in die Untersuchung eingingen.

3.3 Ergebnisse der Befragung

Noch innerhalb der Rücksendephase für Fragebogen 1 zeigte sich, dass die Rücklaufquoten aus einigen Ländern (namentlich Frankreich, Griechenland, Portugal und Spanien) sehr gering waren. Für diese vier Länder wurde der Stichprobenumfang noch einmal mit zusätzlichen, hauptsächlich lokalen, Adressen erweitert. Auch während der Rücklaufphase des zweiten Fragebogens wurde nochmals ein Follow-Up für einige Länder durchgeführt. Insgesamt wurden an 2224 neue Kontakte Fragebögen per Email oder Fax versandt. Tabelle 3.1. zeigt den quantitativen Umfang des Versands beider Fragebögen und des Rücklaufs.

Tabelle 3.1. Zusammenfassung der Ergebnisse (Anzahl und Prozentanteil) vom 9. Juli 2003 auf der Ebene der Europäischen Union und der Mitgliedsstaaten

	versandte Fragebögen 1 (A)	Rücklauf Frage-bogen 1 (B)	(B)/(A)	Einführung von Umwelt-kriterien (C)	(C)/(B)	Rücklauf Frage-bogen 2 (E)	(E)/(C)
EU	6342	611	10%	520	85%	200	38%
Belgien	156	34	22%	30	88%	12	40%
Dänemark	166	48	29%	46	96%	12	26%
Deutschland	844	127	15%	121	95%	56	46%
Finnland	75	21	28%	21	100%	10	48%
Frankreich	1906	43	2%	23	53%	12	52%
Griechenland	470	8	2%	3	38%	3	100%
Großbritannien	540	79	15%	68	86%	20	29%
Irland	38	19	50%	14	74%	6	43%
Italien	470	41	9%	29	71%	9	31%
Luxemburg	2	1	50%	1	100%	1	100%
Niederlande	248	27	11%	23	85%	11	48%
Österreich	145	32	22%	27	84%	9	33%
Portugal	369	12	3%	9	75%	6	67%
Schweden	348	87	25%	85	98%	25	29%
Spanien	565	32	6%	20	63%	8	40%

Von den insgesamt 6342 in die 15 Mitgliedsstaaten der Europäischen Union versandten ersten Fragebögen kamen 611 oder rund 10% zurück. Die Rücklaufquote variiert unter den 15 Mitgliedsstaaten erheblich zwischen 2% (Frankreich und Griechenland) und 50% (Irland). Da die Erhebungsdatenlage insofern recht schmal war und weit variiert, kann nicht von einem repräsentativen Ergebnis für die Mitgliedsstaaten ausgegangen werden.

Die zweite Phase der Untersuchung, d.h. die Bearbeitung des zweiten Fragebogens, war wesentlich detaillierter und damit zeitaufwendiger als die erste Phase. Dies wird auch von den Ergebnissen des Rücklaufs auf den zweiten Fragebogen unterstützt. Wie in Tabelle 3.1. dargestellt, antworteten europaweit ca. 38% (oder 200 absolut) derjenigen öffentlichen Verwaltungen auf den zweiten Fragebogen, die den ersten Fragebogen beantwortet hatten und angaben, Umweltkriterien in den Beschaffungsprozess einzubinden. Hier wird die Varianz zwischen den 15 Mitgliedsstaaten aber deutlich enger.

Im Folgenden sollen einige spezifische Ergebnisse der Befragung beispielhaft dargestellt werden. Eine komplette Darstellung aller Ergebnisse ist in diesem Rahmen nicht möglich. Die folgenden Ergebnisse beziehen sich immer auf Verwaltungen, die Umweltkriterien in Ausschreibungen einsetzen und damit nicht auf öffentliche Verwaltungen generell.

3.3.1 Umsetzung umweltfreundlicher Beschaffung

Ein wesentliches Ziel der Befragung war, ein Bild davon zu bekommen, wie verbreitet umweltfreundliche Beschaffung unter öffentlichen Verwaltungen in Europa ist. Die Ergebnisse der Befragung stellen, wie erwähnt, kein repräsentatives Ergebnis dar. Bei 85% (oder 520 absolut) aller Antworten auf Fragebogen 1 wurde angegeben, Umweltkriterien in Beschaffungsausschreibungen zu integrieren. Immerhin 200 Befragte machten nähere Angaben zu ihren Aktivitäten. Dies sind etwa 38% der Kommunen mit Aktivitäten zur umweltfreundlichen Beschaffung, aber nur ca. 3% der ursprünglich befragten Behörden.

Auffällig ist, dass hier keine so hohe Varianz wie beim Gesamtrücklauf zu beobachten ist. Zwei Vermutungen können hier angestellt werden. 1. haben vorwiegend Behörden geantwortet, die Umweltkriterien benutzen und 2. könnte man vermuten, dass das Ausmaß der real durchgeführten Maßnahmen umweltfreundlicher Beschaffungsaktivitäten von den Verwaltungsmitarbeitern zunächst überschätzt wurde. Die erste These wird auch von den hohen Rücklaufquoten aus Ländern wie Schweden, Dänemark und Deutschland unterstützt, die in diesem Feld als recht aktiv gelten, wie Abb. 3.1. zeigt. Die Abbildung macht deutlich, dass ein großer Zuspruch zu umweltfreundlicher Beschaffung vor allem in Schweden und Dänemark besteht. Deutschland, Österreich und Großbritannien platzieren sich aber immer noch über dem europäischen Durchschnitt von 19%.

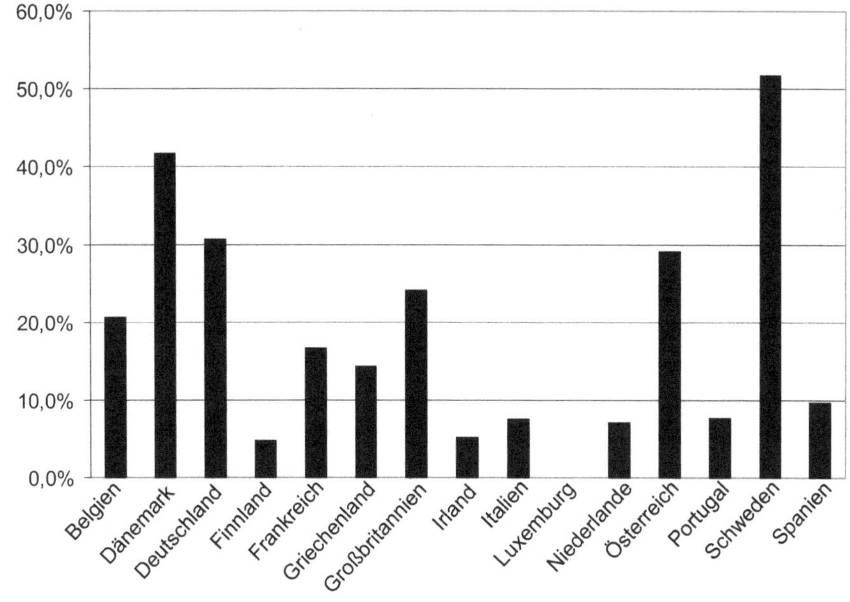

Abb. 3.1. Anteil der Verwaltungen, die Umweltkriterien für mehr als 50% ihrer Käufe benutzen

Sieht man sich die regionale Verteilung an, so können Hinweise dafür gefunden werden, dass umweltfreundliche Beschaffung eher in nordeuropäischen Ländern verbreitet ist und weniger im Mittelmeerraum. Aber ein deutlicher statistisch valider Trend in Bezug auf Ländergruppen kann nicht feststellt werden, da es einige deutliche Ausreißer in der Befragung gibt, wie etwa Griechenland auf der einen und Finnland und Irland auf der anderen Seite.

In der Regel werden die Aktivitäten zur umweltfreundlichen Beschaffung auch von einem offiziellen politischen Dokument begleitet und unterstützt, das ein Bekenntnis der Verwaltung zu umweltfreundlicher Beschaffung deutlich macht. Hier stechen wiederum Dänemark mit über 80% der befragten Kommunen und Großbritannien, Österreich und Schweden mit jeweils über 60% der befragten Kommunen hervor.

3.3.2 Hürden umweltfreundlicher Beschaffung und Unterstützung

Um zukünftige Politikentscheidungen zur Förderung von umweltfreundlicher Beschaffung zu unterstützen, ist es wichtig zu wissen, wo die Haupthindernisse für deren Umsetzung liegen und welche Unterstützung notwendig ist.

Die beiden Haupthindernisse für eine Ausweitung der Aktivitäten sind, nach Einschätzung der Kommunen, ein Mangel an Informationen zu Kriterien und Möglichkeiten der umweltfreundlichen Beschaffung und ein Mangel an (finanziellen) Ressourcen. Verwaltungen mit einem Anteil an Ausschreibungen mit Umweltkriterien von weniger als 5% gaben in der Mehrzahl an, dass es ihnen an Know-how zu Umweltkriterien und deren Entwicklung mangelt. Im Gegensatz dazu gaben Verwaltungen, die aktiver in umweltfreundlicher Beschaffung sind, die mangelnden finanziellen Ressourcen als Haupthindernis an. Beide Resultate erscheinen plausibel. Behörden mit einem geringen Anteil an umweltfreundlicher Beschaffung, können sich auf Produkte beziehen, mit denen auch finanzielle Einsparungen möglich sind (wie stromsparende Elektrogräte, usw.).

Ermutigend ist, dass nur jeweils etwa 20% der Befragten Mangel an Interesse und rechtliche Bedenken als Hindernisse für umweltfreundliche Beschaffung anführten.

Um die genannten Hindernisse zu überwinden, wurden in allen drei Kategorien von Verwaltungen[1] der Zugang zu schriftlichen Informationen und eine Online-Datenbank mit Kriterien als wesentlich genannt. Ein weiterer wichtiger Schritt, um mit Aktivitäten zu beginnen oder sie weiter zu entwickeln, ist der Austausch mit Vorreitern in diesem Feld. Abbildung 3.2. zeigt auch, dass die Unterschiede zwischen erfahrenen Institutionen und solchen, die gerade erst beginnen, nicht sehr ausgeprägt sind, wenn es darum geht, Maßnahmen zu unterstützen.

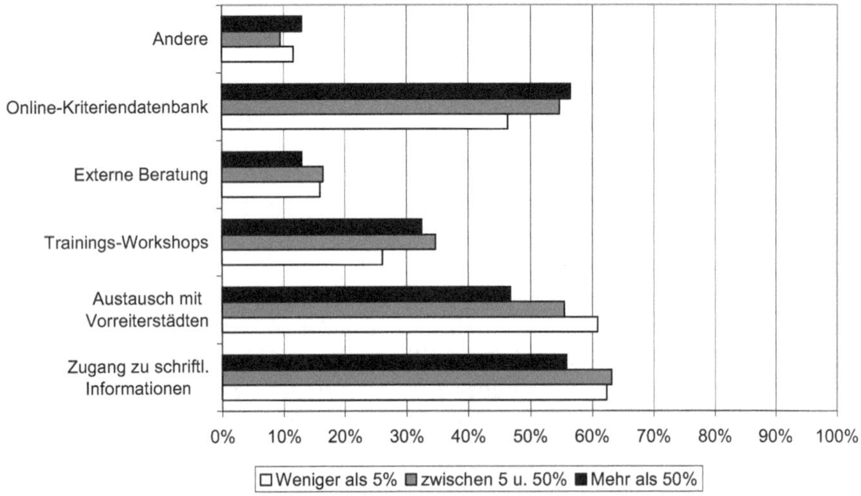

Abb. 3.2. Maßnahmen zur Unterstützung der Entwicklung von Aktivitäten der umweltfreundlichen Beschaffung nach dem Anteil der umweltfreundlichen Beschaffung an der Gesamtbeschaffung

[1] Die Verwaltungen wurden eingeteilt nach ihrem Anteil der umweltfreundlichen Beschaffung an der Gesamtbeschaffung in weniger als 5%, zwischen 5% und 50% und mehr als 50% Anteil an der Gesamtbeschaffung.

3.3.3 Produkte für die umweltfreundliche Beschaffung

Wie bereits erläutert, untersuchte der zweite Fragebogen die angewandten Kriterien für Ausschreibungen in der öffentlichen Beschaffung detaillierter. Generell konnte festgestellt werden, dass es große Unterschiede in der Anwendung von Umweltkriterien für verschiedene Produkte(-gruppen) in verschiedenen Ländern gibt. Die Werte für bestimmte Kriterien variierten von *wird nicht angewandt* bis hin zu *60% der Verwaltungen wenden dieses Kriterium an.* Bemerkenswert ist, dass es kein einziges Kriterium gibt, dass uneingeschränkt von allen befragten Verwaltungen in einem Mitgliedsstaat oder gar in der EU angewandt wird. Trotzdem finden einzelne Kriterien eine generelle Anwendung in allen Staaten. So wird z. B. das EnergyStar-Label für Computer-Bildschirme und das Vorhandensein von Stand-by Modi in EDV-Systemen in allen Mitgliedsstaaten von vielen Behörden als Kriterium in der technischen Beschreibung der Ausschreibung angewandt.

Ein Vergleich der Kriterien zwischen verschiedenen Produktgruppen ergibt einen klaren Trend für die Anwendung von Umweltkriterien für die Produktgruppen Papier, Computer und Fahrzeuge. Dies erscheint auch durchaus plausibel, da es sich hier sicherlich um die relevantesten Produktgruppen einer öffentlichen Verwaltung handelt.

3.3.4 Anwendung von Umweltzeichen

In der Diskussion über die Anwendung von Umweltzeichen in der öffentlichen Beschaffung ist interessant, dass die Untersuchung ihre Anwendung als allgemeine Praxis, mit den genannten statistischen Einschränkungen, in Europa aufgedeckt hat.

Der Fragebogen 2 fragte, ob eine Auswahl von Umweltzeichen in den technischen Beschreibungen von Ausschreibungen genutzt wird.

Das Ergebnis (vgl. auch Abb. 3.3.) ergab eine eher geringe Anwendung in Frankreich, Griechenland, Irland, Portugal und Spanien. In den skandinavischen Staaten, Deutschland und Österreich finden Umweltzeichen eine durchaus starke Anwendung. Je nach nationalem bzw. regionalem Schwerpunkt sind die Labels EnergyStar, Nordic Swan und der Blauen Engel die meist angewandten Umweltzeichen. Aber auch das EU-Umweltzeichen „EU-Flower“ wird bereits in vielen Behörden wahrgenommen. Dieses Ergebnis legt die These nahe, dass in Staaten mit keinem eigenen bzw. wenig bekannten Umweltzeichen auch die Anwendung ebensolcher in der Verwaltung schwierig ist. Hier sei wieder auf das Hindernis der mangelnden Informationen und Kriterien für umweltfreundliche Beschaffung verwiesen. Bemerkenswert ist auch, die internationale Anwendung von zunächst primär eher nationalen Umweltzeichen, wie dem Blauen Engel oder Nordic Swan.

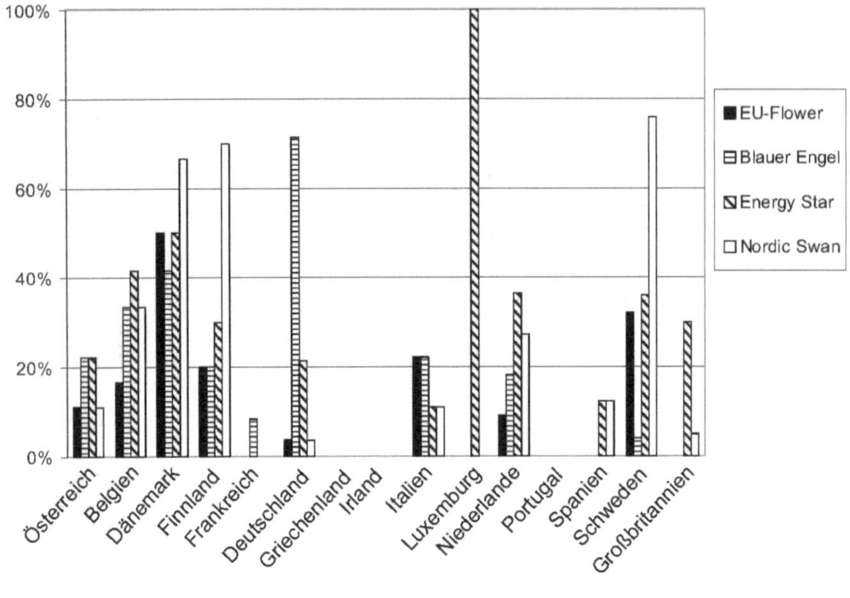

Abb. 3.3. Verwendung von Umweltzeichen

3.3.5 Umweltfreundliche Beschaffung und Umweltmanagementsysteme

Umweltmanagementsysteme (UMS) sind in den letzten Jahren bei öffentlichen Einrichtungen in Europa sehr populär geworden. Eine Aktivität, die UMS fordern, ist die umweltfreundliche Beschaffung. Daher liegt die Vermutung nahe, dass es eine enge Beziehung zwischen der Existenz eines UMS und umweltfreundlicher Beschaffung gibt. Diese Annahme konnte mit der Untersuchung nicht bestätigt bzw. nur unzureichend bearbeitet werden, da nicht Verwaltungen, die ein UMS installiert haben, gefragt wurden, ob sie umweltfreundlich beschaffen, sondern es wurden umgekehrt Verwaltungen mit umweltfreundlichen Beschaffungsaktivitäten nach der Implementierung von UMS gefragt. Aus dieser Perspektive konnte indes kein starker Zusammenhang zwischen UMS und umweltfreundlicher Beschaffung festgestellt werden.

Relativ weit verbreitet sind UMS in Schweden, Großbritannien, Spanien, Italien und Dänemark. Das verbreitetste System ist hierbei die ISO 14001. In Dänemark allerdings herrscht EMAS[2] vor, während Belgien, Österreich und Spanien andere Systeme bevorzugen, die allerdings nicht näher spezifiziert wurden.

3.4 Schlussfolgerungen

Durch die Befragung konnte eine Reihe von interessanten Analysen im Hinblick auf umweltfreundliche Beschaffung erstellt werden. So geben die Ergebnisse zu den Hindernissen und erwünschten Förderungen für umweltfreundliche Beschaffung interessante Anhaltspunkte für die zukünftige Politik auf allen politischen Ebenen.

Eine entscheidende Einschränkung der Aussagekraft der Untersuchung ist allerdings die unzureichende Datenlage, sowohl für ökonomische Vergleichdaten auf nationaler Ebene als auch aus dem Rücklauf der Befragungen. Daher können die Ergebnisse keinen Anspruch auf Repräsentativität erheben, sondern sollten eher als Anhaltspunkt bzw. Trendlinien für die Umsetzung von umweltfreundlicher Beschaffung in Europa dienen.

Ein zweites wichtiges Ergebnis, das die Untersuchung erbracht hat, ist die Notwendigkeit neuer Instrumente für umweltfreundliche Beschaffung, die die EU-Kommission gerade entwickelt und unterstützt: ein Handbuch zur umweltfreundlichen Beschaffung, eine Online-Datenbank für Produktkriterien in Ausschreibungen und die Unterstützung von Vernetzungen.

Ihre volle Aussagekraft erhält die Untersuchung aber sicherlich erst, wenn sie zukünftig wiederholt wird und diese Ergebnisse verglichen werden. Nach der Einführung dieser neuen Instrumente sollte in Zweijahresfrist eine neue Befragung zur Entwicklung der umweltfreundlichen Beschaffung durchgeführt werden. Mit den genannten Einschränkungen kann jedoch schon jetzt festgestellt werden, dass die öffentlichen Verwaltungen in Europa diesem Thema sehr interessiert und aufgeschlossen gegenüber stehen. Mehr und mehr entdecken die Mitgliedsstaaten der EU umweltfreundliche Beschaffung als kraftvolles und effizientes Instrument für die Umsetzung von nachhaltiger Entwicklung. Tatsächlich, haben sich alle OECD Staaten, d.h. auch alle EU Mitgliedsstaaten, zur Unterstützung von umweltfreundlicher Beschaffung auf ihren nationalen, regionalen und lokalen Verwaltungsebenen bekannt.

[2] Verordnung (EG) Nr. 761/2001 des Europäischen Parlaments und des Rates vom 19.März 2001 über die freiwillige Beteiligung von Organisationen an einem Gemeinschaftssystem für das Umweltmanagement und die Umweltbetriebsprüfung (EMAS).

4 Umweltfreundliche Beschaffung in der Praxis – Erfahrungen der Stadt Stuttgart

Christoph Erdmenger, Michaela Winter

4.1 Einleitung

Die Stadt Stuttgart kann auf viele Jahre Erfahrung im Bereich umweltfreundliche Beschaffung zurückblicken. Schon seit 1985 werden Umweltkriterien in den Beschaffungsprozess einbezogen. Vor allem die zentrale Beschaffungsstelle verfügt über ein umfangreiches Wissen zum Thema Umwelt und setzt dieses Wissen auch gezielt ein.

Im Jahr 1995 beschloss der Stadtrat die Einführung von Umweltrichtlinien bei der Stadt Stuttgart. Demzufolge müssen Umwelterwägungen bei allen Planungs- und Entscheidungsprozessen in Betracht gezogen werden (siehe Kasten). Diese Richtlinien gelten für alle städtischen Angestellten und sind auf alle Aufgabenbereiche der Stadt anzuwenden, öffentliche Beschaffung eingeschlossen.

Um eine Beurteilung der bisherigen Erfahrungen der Stadt Stuttgart im Bereich umweltfreundlicher Beschaffung vornehmen zu können, werden zuerst die vorhandenen Beschaffungsstrukturen und relevante Regelungen betrachtet. Inwieweit sich nun schon die Anwendung umweltfreundlicher Kriterien beim Beschaffungsprozess durchgesetzt hat, welche Erfolge dadurch schon erzielt wurden und inwieweit noch Handlungsbedarf besteht, wird anschließend anhand ausgewählter Produktgruppen aufgezeigt. Die Informationen über die Praxis der Stadt wie auch die Verbesserungsvorschläge durch das ICLEI Europasekretariat beruhen dabei auf der im Zuge des FORSCHUNGSPROJEKTES NABESI ausgeführten Potenzialanalyse[1].

[1] CLEMENT, S. U.A. (2003).

Stadt Stuttgart: Leitlinien für den Umweltschutz

Umweltschutz ist eine gemeinschaftliche Aufgabe für Einzelpersonen, Unternehmen und öffentliche Verwaltungen. In den gesetzlichen und behördlichen Regelungen sind Unternehmen wie Kommunen vorrangig zum Schutz der Umwelt aufgefordert. Die gesellschaftlichen und ökologischen Rahmenbedingungen und die Belastungen der Umwelt durch Bevölkerungs- und Produktionswachstum erfordern ein neues Selbstverständnis für das kommunale Denken und Handeln. Die Auswirkungen sämtlicher Handlungsfelder der Stadtverwaltung auf die natürlichen Lebensgrundlagen müssen im Interesse einer dauerhaften und umweltgerechten Entwicklung ganzheitlich betrachtet und in die kommunalen Planungs- und Entscheidungsprozesse einbezogen werden.

Umweltschutz ist daher ein wesentliches Ziel der Kommunalverwaltung und eine herausragende Aufgabe der Verwaltungsführung.

Als Grundlage für die Umsetzung kommunalen Umweltschutzes gelten folgende Umweltleitlinien. Sie sind für alle Mitarbeiterinnen und Mitarbeiter verpflichtend und gelten für alle kommunalen Handlungsfelder der Stadtverwaltung.

1. Ziel ist
   - Ressourcen zu schonen und sparsam einzusetzen,
   - Umweltschäden zu vermeiden und
   - Umweltauswirkungen so gering wie möglich zu halten.

2. Die Mitarbeiterinnen und Mitarbeiter der Stadt sind die wichtigsten Partner beim Schutz der Umwelt. Sie werden über die Bedeutung ihrer Tätigkeit für die Umwelt informiert und geschult.

3. Die Stadt Stuttgart verwendet möglichst umweltschonende Produkte und Herstellungsverfahren und berücksichtigt in vorausschauender Beurteilung die ökologischen Kriterien bei ihren kommunalen Entscheidungen und Planungen.

4. Die Arbeitsplätze und Betriebsstätten der Stadtverwaltung werden möglichst umweltschonend eingerichtet und betrieben. Die Umweltauswirkungen werden regelmäßig ermittelt und beurteilt.

5. Die Stadtverwaltung bezieht die Bürgerinnen und Bürger sowie ihre Geschäfts- und Vertragspartner in ihre Bemühungen um den Umweltschutz ein.

6. Die Stadtverwaltung informiert die Öffentlichkeit regelmäßig über umweltrelevante Vorgänge im Bereich der Stadtverwaltung und bekennt sich zum offenen und vertrauensvollen Dialog mit den Bürgerinnen und Bürgern, den Behörden und zuständigen Organisationen.

Im einzelnen bemerke ich zu den Umweltleitlinien noch folgendes:

Die Umweltleitlinien sind in erforderlicher Weise im Rahmen der bestehenden Verwaltungs- und Entscheidungsprozesse zu berücksichtigen. Insbesondere ist das gesamte planerische Instrumentarium für eine umweltbewusste langfristige und dauerhafte Entwicklung einzusetzen.

Die Mitarbeiterinnen und Mitarbeiter der Stadtverwaltung sollen den Bürgerinnen und Bürgern Vorbild im umweltgerechten Verhalten sein. Die Umweltleitlinien als Verwaltungsziel sind ein wichtiger Ausgangs- und Orientierungspunkt für das kommunale Handeln der Stadt und ihrer Mitarbeiterinnen und Mitarbeiter. Die leitenden Mitarbeiterinnen und Mitarbeiter sind gehalten, das Umweltbewusstsein zu fördern, das Verständnis für Umweltschutzmaßnahmen zu schaffen und zu weiterem umweltschützenden Handeln zu ermutigen.

Ich bin zuversichtlich, dass alle Mitarbeiterinnen und Mitarbeiter die Maßnahmen zur Verbesserung des Umweltschutzes unterstützen und damit deutlich machen, dass sich die Stadtverwaltung der Zielsetzung einer dauerhaften und umweltgerechten Entwicklung stellt zum Wohl der Bürgerinnen und Bürger.

Stuttgart, 26. Februar 1997

GZ: OB 1500

Dr. Wolfgang Schuster

Oberbürgermeister

4.2 Die Organisation der Beschaffung in Stuttgart

Die öffentliche Beschaffung der Stadt Stuttgart umfasst alle Sach- und Dienstleistungen, die täglich in der Stadtverwaltung oder in den städtischen Einrichtungen, wie z. B. Schulen, Kindergärten oder Müllbeseitigung, Anwendung finden. Die Ausgaben der Stadt Stuttgart im Bereich Beschaffung belaufen sich jährlich auf 55 Mio. €, Gebäudeinstandsetzung, Baumaterial und beratende Ingenieurleistungen nicht eingeschlossen. Dies ist ein beträchtlicher Anteil der städtischen Ausgaben, dessen Potenzial für die Umwelt genutzt werden kann.

Die Abwicklung der Beschaffung wird durch die Beschaffungsordnung geregelt, die am 1. Februar 2000 eingeführt wurde. Darin werden Rahmenbedingungen festgelegt, Verantwortungsbereiche der einzelnen Ämter definiert und Grundsätze erläutert, die bei der Beschaffung in Stuttgart Anwendung finden. Wie in vielen Städten wird die Beschaffung in Stuttgart teils zentral und teils dezentral vorgenommen. Aufgabe der im Haupt- und Personalamt angesiedelten zentralen Beschaffungsstelle ist die Koordinierung der beschaffungsbezogenen Angelegenheiten, Beratung bei der Anwendung der Beschaffungsordnung und die Beschaffung genereller Sach- und Dienstleistungen für die Stadtverwaltung. Im Allgemeinen ist die zentrale Beschaffungsstelle zuständig für die Beschaffung von IT-Ausstattung, Büromöbeln, Nahrungsmitteln (mit Ausnahme der Produkte, die durch das Schulverwaltungsamt beschafft werden), Reinigungsmitteln, Büromaterial inklusive Papier, sowie Toilettenpapier. Soweit die Beschaffung von bestimmten Sach- und Dienstleistungen nicht durch die zentrale Beschaffungsstelle vorgesehen ist, liegt die Verantwortung dafür bei den einzelnen Ämtern und städtischen Einrichtungen selbst. So fallen Gebäudeneubauten und -renovierungen, Ausstattung mit Heizgeräten, Beleuchtung, Bodenbeläge, Elektrohaushaltsgeräte oder beispielsweise sanitäre Einrichtungen in den Zuständigkeitsbereich des Hochbauamtes. Energie wird in Stuttgart zentral durch das Amt für Umweltschutz beschafft. Dies gilt seit der Liberalisierung des Energiemarktes auch für leitungsgebundene Energie, wie Strom. Jedes Amt verfügt demnach über eine eigene zentrale Beschaffungsstelle, um die Güter zu beschaffen, die in seinen Verantwortungsbereich fallen. Die zentralen Beschaffungsstellen innerhalb der Ämter besitzen das notwendige technische und rechtliche Wissen, um deren Aufgaben bestmöglich auszuführen.

Der Vorteil einer dezentralen Beschaffung besteht darin, dass die einzelnen Ämter ihre eigenen Anforderungen festlegen können. So kann die Beschaffung besser an ihren tatsächlichen Bedarf angepasst werden und somit zu einer höheren Effizienz führen. Jedoch besteht der Nachteil dieses Ansatzes in der Schwierigkeit, Mengen von beschafften Gütern zu erfassen und so den Überblick zu behalten. Somit wird die Erhebung von genauen Daten zu Produktmengen erheblich erschwert und es können nur ungenaue Aussagen dazu getroffen werden, inwieweit umweltfreundliche Beschaffungskriterien schon Anwendung bei der Stadt finden. Hinzu kommt, dass der Anteil umweltfreundlicher Produkte an der gesamten Beschaffung und der Anteil der Ausgaben für Beschaffung, sowie Folgekosten nicht kontrolliert werden können. Für 80% der beschafften Sach- und Dienstleistungen wurden Rahmenverträge mit den Anbietern vereinbart und in einem *Produktkata-*

log gesammelt, der von der zentralen Beschaffungsstelle herausgegeben wurde. Es werden zwar darin keine bestimmten Abnahmebedingungen festgelegt, jedoch können diese Verträge den städtischen Ämtern und Einrichtungen bei ihren direkten Verhandlungen mit Anbietern als Grundlage dienen. So wird z. B. mit Hilfe der Verträge die Berücksichtigung von Umweltkriterien bei der Beschaffung vereinfacht. Im Rahmen der dezentralen Ressourcenverantwortung sind die städtischen Verbraucher in Stuttgart jedoch nicht dazu verpflichtet, diese Verträge zu nutzen.

4.3 Die Analyse spezifischer Produktgruppen

Bei der Analyse umweltfreundlicher Beschaffungsprozesse wird sehr schnell deutlich, dass es erhebliche Unterschiede bei den Produktgruppen gibt. Der folgende Abschnitt geht daher im Einzelnen auf spezielle Produktgruppen ein, beschreibt Erfolge, die bisher schon in Stuttgart erzielt wurden, und identifiziert Bereiche, bei denen das Potenzial der umweltfreundlichen Beschaffung noch nicht ausgeschöpft wurde. Dabei werden die Praxis in Stuttgart und die Vorschläge des ICLEI Europasekretariats zur weiteren Verbesserung für jedes Produkt gemeinsam dargestellt.

Bei den untersuchten Produktgruppen handelt es sich um Papier und Büromaterial, Büromöbel, Beleuchtung, Computer, Elektrohaushaltsgeräte, Reinigungsmittel, sanitäre Anlagen, Nahrungsmittel, Neubauten und Renovierungen, Bodenbeläge, Energie, Kraftwagen für den Personentransport und Lastkraftwagen. Die Auswahl der zu untersuchenden Produktgruppen wurde von den Mitarbeitern der Stadt Stuttgart gemäß ihrer eigenen Einschätzung der Relevanz der Produkte vorgenommen.

Papier und Büromaterial sind oft die ersten und symbolischsten Produkte, um auf umweltfreundlichere Produkte umzusteigen. In Stuttgart werden Papierprodukte auf der Basis der Bedürfnisse der einzelnen Abteilungen zentral beschafft. 1985 wurde in einer kommunalen Dienstvorschrift festgelegt, dass alle beschafften Papierprodukte umweltfreundlich sein müssen; das bedeutet, dass sie entweder recycelt oder grundsätzlich chlorfrei gebleicht sein müssen. Diese Dienstvorschrift wurde durch Schulungen und eine Informationskampagne ergänzt, die die Vorteile einer derartigen Strategie vermitteln. Erfahrungsgemäß liegt bei der Papiernachfrage der Ämter und Abteilungen das Verhältnis zu etwa einem Drittel bei weißem chlorfrei gebleichtem Papier, das vornehmlich für offizielle Dokumente benutzt wird, und zu zwei Dritteln bei Recyclingpapier, das v.a. für interne Angelegenheiten benutzt wird. Dieses Verhältnis beruht größtenteils auf einer Informationskampagne und weniger auf Vorgaben.

Ein zusätzliches Potenzial für Umweltentlastungen bietet sich nach Einschätzung des ICLEI Europasekretariats in der Ausweitung der Informationskampagne, die das Bewusstsein schärft und eine positive Einstellung gegenüber Verhaltensänderung bei den Angestellten hervorruft. Büromaterial wie beispielsweise Stifte könnten mehr Akzeptanz erlangen, wenn umweltfreundliche Produkte als solche mit einer natürlichen Eleganz präsentiert würden (z. B. Stifte ohne Lackierung).

Es könnte zudem in Erwägung gezogen werden, ob der Anteil an umweltfreundlichen Alternativen, der von den verschiedenen Abteilungen beschafft wird, durch entsprechendes Monitoring der Rahmenverträge kontrolliert werden kann.

In Stuttgart werden *Büromöbel* zentral auf Basis von Rahmenverträgen beschafft, so dass sichergestellt ist, dass Umweltbelange berücksichtigt werden. Bei der letzten Ausschreibung wurden solche Produkte favorisiert, welche die Kriterien des deutschen Umweltzeichens *Blauer Engel* erfüllten. Wenn dies nicht der Fall war, wurden die Anbieter dazu aufgefordert, Informationen zu verschiedenen Punkten bereitzustellen, wie Ressourcenschutz, Vermeidung giftiger Materialien und Umweltpolitik des Anbieters. Stuttgarts zentrale Beschaffungsabteilung stellt sicher, dass die vom Gemeinderat verabschiedeten Richtlinien erfüllt werden und legt einige spezifische Kriterien auf, wie natürliche, auf Castoröl basierende Metalllacke, lösungsmittelfreie Holzoberflächenbehandlung und die ausschließliche Verwendung europäischer Hölzer.

Um jedoch eine informiertere Auswahl treffen zu können, bietet sich nach Ansicht des ICLEI Europasekretariats ein Ansatz an, der von der Stadt Malmö verwendet wird: Bei diesem Ansatz wird ein differenziertes Ratingsystem für Möbel bereitgestellt, das die Auswahl vereinfacht. Es kann an dieser Stelle allerdings nicht ausführlich dargestellt werden.[2]

Bei der *Beleuchtung* liegt erfahrungsgemäß das größte Potenzial zur Energieeinsparung in der Nutzungsphase. Es scheint Standard in Stuttgart zu sein, dass Energiesparbirnen und -röhren gekauft werden, wenn alte durch neue ersetzt werden. Diese Standards sind für die Errichtung oder Umrüstung neuer Gebäude im Energieerlass[3] sogar vorgeschrieben. Für die Bereitstellung und Unterhaltung der Straßenbeleuchtung ist in Stuttgart derzeit ein privates Unternehmen zuständig.

Nach Meinung des ICLEI Europasekretariats könnten weitere Vermeidungspotenziale in diesem Bereich durch die komplette Auslagerung der Lichtversorgung an eine dritte Partei mit Anreizen zum Energiesparen im Vertrag (Contracting)[4] erreicht werden.

Stuttgart hat einen progressiven Ansatz bei der Anschaffung von *PCs und Kopierern* gewählt. Bei den zentralen Ausschreibungsverfahren werden einige strenge ökologische Kriterien angewandt. Nach Beratung mit der Umweltbehörde wurde beschlossen, dass die Übertragung der Kriterien des deutschen Ökolabels *Blauer Engel* und des schwedischen Strahlungslabels *TCO* ein geeigneter Ansatz ist. Grundlegende Kriterien sind der Energieverbrauch bei verschiedenen Betriebsweisen von PCs, Monitoren und Kopierern. Hinzu kommt das Verbot von bestimmten Materialien bei der Produktion und Verpackung, wie halogenhaltige Polymere, krebserregende und erbgutschädigende Bestandteile, sowie die Langlebigkeit der Produkte und die geeignete Entsorgung durch den Anbieter. Kopierer müssen dem Gebrauch von Recyclingpapier angepasst werden. Bei allen Geräten muss die Energiesparfunktion nach der Anschaffung effektiv benutzt werden.

---

[2] CLEMENT, S. U.A. (2003b), S.69 ff.

[3] Nähere Informationen unter www.stuttgart.de/sde/publ/gen/3318.htm / Stand September 2003.

[4] UMWELTBUNDESAMT (Hrsg.) (1999), S.424 f.

Jedoch könnte gemäß den Empfehlungen des ICLEI Europasekretariats durch gehobene Einsparungsstandards die Energiebilanz zusätzlich verbessert werden. Wenn die etwa 1000 Computer, die jährlich von der Stadt Stuttgart angeschafft werden, statt den Mindestanforderungen des EnergyStar-Labels gehobenen Energiesparstandards entsprechen würden und zudem statt mit CRT Monitoren mit Flachbildschirmen ausgerüstet wären, würde dies die Atmosphäre um etwa 293 Tonnen CO_2 (eq) und 1.500 kg SO_2 (eq) entlasten.[5]

In Stuttgart gibt es strenge Anforderungen an den Energieverbrauch in neuen und renovierten Gebäuden (siehe Abschnitt "Neubauten und Gebäuderenovierungen"). Eine Maßnahme neben anderen Energieeinsparmöglichkeiten ist die Installation energiesparender *Elektrohaushaltsgeräte.* In Stuttgart müssen von der Gemeinde angeschaffte Elektrohaushaltsgeräte die Kriterien des Energieeffizienzlabels der Klasse A/B erfüllen.

Die Beschaffung von *Reinigungsmitteln* für 600–800 Einrichtungen in Stuttgart wird durch die zentrale Beschaffungsstelle vorgenommen. So werden im Jahr etwa 150.000 € für diesen Bereich ausgegeben. In Stuttgart gibt es öffentliche und durch Private abgedeckte Reinigungsdienstleistungen. Sowohl für Produkte als auch für Dienstleistungen werden eine Reihe Bedingungen angewandt, die sich auf einfach biologisch abbaubare Oberflächenreiniger und weniger giftige Zusatzstoffe beziehen. Obwohl dies erfolgreich war, als Produkte und Dienstleistungen zentral beschafft wurden, handeln viele Abteilungen unabhängig und beschaffen Reinigungsmittel eigenständig. Damit wird nicht nur die Festlegung von einheitlichen Umweltkriterien erschwert, sondern auch die Erhebung von relevanten Daten, die für die Bestimmung des Umweltentlastungspotenzial wichtig sind. Mit der bestehenden Vorgehensweise konnte die Verwendung von schädlichen Reinigungsmitteln weitgehend auf den notwendigen Umfang beschränkt werden. Die Autoren der Potenzialanalyse konnten aber keinen Hinweis dafür finden, dass wichtige Prinzipien beim Gebrauch der Reinigungsmittel, insbesondere die Maximalportionierung von Reinigern, tatsächlich angewendet werden. Programme, wie der Wechsel von bestehenden Reinigungsdiensten zu *Reinigen bei Bedarf*– Konzepten oder die Nutzung von Mikrofasertüchern wie z. B. in der Stadt Zürich[6], haben ihren Erfolg in der Praxis schon erwiesen und bieten somit einfach einzuführende Fortschritte für Stuttgart.

Bei *sanitären Anlagen* scheinen Wassersparstandards allgemein bei Neukäufen angewendet zu werden. Würden in Stuttgart alle Schultoiletten mit wassersparenden Installationen ausgerüstet, könnten pro Jahr etwa 160.000 m^3 Wasser gespart werden. Allerdings gibt es in Stuttgart keine Trinkwasserknappheit. Daher wird die Fortführung der bisherigen Praxis empfohlen, da sie ökonomischen Nutzen bedeutet, ohne den eher geringen ökologischen Nutzen überzubetonen. Bei Hygienepapierprodukten wird in Stuttgart sichergestellt, dass sämtliches Toilettenpapier,

---

[5] Diese und alle nachfolgenden Berechnungen folgen der in Kapitel 10 beschriebenen Methodik. Die Mengenangaben zu den beschafften Produkten basieren auf Angaben der Stadt Stuttgart.

[6] Ausführlichere Informationen hierzu finden sich in der Potenzialanalyse von CLEMENT, S. U.A. (2003a).

welches zentral beschafft wird, aus Recyclingmaterial hergestellt ist und den Anforderungen des deutschen Ökolabels *Blauer Engel* entspricht.

Nahrungsmittel umfassen viele Produkte, die aus unterschiedlichen Komponenten hergestellt werden und deren Produktion unterschiedlich komplex ist. Folglich sind die Auswirkungen auf die Umwelt entsprechend unterschiedlich. Negative Auswirkungen auf die Umwelt können sich somit aus verschiedenen Bereichen, wie der Landwirtschaft, der Nahrungsmittelverarbeitung und des Nahrungsmitteltransports ergeben. Berechnungen haben gezeigt, dass Nahrungsmittel, die mit Luftfracht transportiert werden, um den Faktor 100 höhere Auswirkungen auf die Umwelt haben als *normale* Produkte, die lediglich per Frachtschiff oder LKW transportiert wurden. Auch Treibhausprodukte haben etwa 15 mal höhere Umwelteffekte. Bei der Einführung von Umweltkriterien im Beschaffungsprozess von Nahrungsmitteln hat Stuttgart bisher einen eher passiven Ansatz gewählt. Dies ist vor allem auf die dezentrale Beschaffung und die Budgeteinschränkungen zurückzuführen, die es schwer machen, auf Bioprodukte umzusteigen, da diese oft erheblich teurer sind als herkömmliche Produkte.

Die signifikanten Umweltauswirkungen fordern nach Meinung des ICLEI Europasekretariats jedoch ein aktiveres Vorgehen in diesem Bereich. So wäre die Umstellung auf Beschaffung aus ökologischem Landbau und Bezug von regionalen Produkten empfehlenswert. Eine Zentralisierung der Einkäufe wäre hierbei zu erwägen. Während es nach Beschaffungsrecht nicht möglich ist, direkt regionale Produkte zu verlangen, kann ein begleitender Dialog mit regionalen Produzenten sicherstellen, dass das notwendige Angebot tatsächlich vorhanden ist.

Aufgrund der signifikanten Ausgaben bei *Neubau und Renovierung*, kommt diesem Bereich beim Ressourcenverbrauch, sowohl während der Bau- als auch in der Nutzungsphase, eine besondere Rolle zu. Hier können die größten Einsparungen gemacht werden.[7] Die Auswirkungen auf die Umwelt hängen von den jeweiligen Eigenschaften der Gebäude und deren Bestandteilen ab. Der Energieverbrauch, und damit zusammenhängend die Versauerung des Bodens und die Emission von Treibhausgasen, sind die wichtigsten Auswirkungen.

In Stuttgart besteht ein gut ausgebautes kommunales Energiemanagement[8], das die öffentlichen Gebäude zum wesentlichen Inhalt hat. Neben organisatorischen Maßnahmen zur Optimierung des Energieverbrauchs in der Nutzungsphase (zum Beispiel laufende Überwachung von Verbrauchsdaten und Beratung von Hausmeistern), werden bereits seit 1997 für Neubauten hohe Energiedämmstandards verlangt. Als Antwort auf die Verschärfung der gesetzlichen Standards in Deutschland im Rahmen der Energiesparverordnung[9] beschloss der Gemeinderat im Jahr 2000, eine 20%ige Unterschreitung der vorgeschriebenen Werte zu überprüfen. Für Gebäudesanierungen sind in Stuttgart U-Werte für einzelne Bauteile festgelegt, die deutlich niedriger liegen als die gesetzlichen Mindestanforderungen. Obwohl Stuttgart schon in vielerlei Hinsicht Anstrengungen unternommen

---

[7] Vgl. Kapitel 10 in dieser Publikation.

[8] KIENZLEN, V. (1997) oder www.stuttgart.de/sde/item/gen/15976.htm / Stand September 2003.

[9] BUNDESGESETZBLATT (2001), 3085 ff.

hat, Ressourcen einzusparen, sind noch nicht alle Potenziale ausgeschöpft. Dies trifft vor allem auf bezogene Dienstleistungen bei Renovierungen zu.

Adäquate, politische Rahmenbedingungen sowie die notwendigen Strukturen liegen nach Erkenntnis der Autoren der Potenzialanalyse vor, jedoch sollte die frühestmögliche Einbeziehung von Energiesparspezialisten bei der Planung geprüft werden.

Bei der Beschaffung von *Energie* ist es grundsätzlich die Energiequelle, welche beeinflusst werden kann, da energieeinsparende Maßnahmen durch andere Produktgruppen abgedeckt werden. So wird, wie oben angeführt, eine Effizienzverbesserung bei Neubauten und Renovierungen angestrebt. Stuttgart hat hier einige Energieleistungsverträge initiiert, durch die für Investitionen in Energieeffizienz mit den gemachten Einsparungen bezahlt wird (Intracting).[10]

Um im Bereich Energie den höchst möglichen ökologischen Effekt zu erzielen, sollte nach Meinung des ICLEI Europasekretariats Elektrizität aus erneuerbaren Quellen bezogen werden, die ein Zertifikat darüber haben, zusätzlich zu existierenden Kraftwerkskapazitäten erneuerbarer Energien errichtet worden zu sein. Da umweltfreundliche Elektrizität teurer sein kann als konventionelle, ist beim Wechsel zu diesen Elektrizitätsquellen ein schrittweises Vorgehen ratsam. Würden jedoch in Stuttgart nur 5% der jährlich eingekauften Elektrizität von erneuerbaren Energieträgern eingekauft, ergäbe sich eine Ersparnis von 5.125 t CO_2 im Jahr.

Personentransport bezieht sich auf den Transport von städtischen Mitarbeiter(innen) oder bestimmter Bürger(innen) wie Schulkindern. Die Auswirkungen auf die Umwelt von Personentransporten entstehen grundsätzlich während der Nutzungsphase. In Stuttgart erfolgt, abgesehen vom ÖPNV, die Fahrzeugbeschaffung im Eigenbetrieb 'Abfallwirtschaft Stuttgart'. Dieser ist auch für die Beschaffung von Lastkraftwagen zuständig. Die bisherigen Umweltkriterien umfassen Katalysatoren, Lacke auf Wasserbasis, PCB-freies Motoröl.

Jedoch werden nach Meinung des ICLEI Europasekretariats die Kriterien Treibstoffeffizienz, Abgasreduktion, alternative Brennstoffe oder organisatorische Veränderungen nicht in Betracht gezogen. Daher gäbe es hier noch ein signifikantes Potenzial auszuschöpfen. So könnte die Stadt Stuttgart bei Ausschreibungen für Personentransport oder ÖPNV dem Betreiber im Vertrag Anreize geben, die pro Person ausgestoßenen Treibhausgasemissionen auf ein Minimum zu reduzieren. Beschaffte Kraftwagen sollten zudem nicht überdimensioniert sein und zu den treibstoffeffizientesten auf dem Markt gehören.

Im Vergleich zum Personentransport wurden *Lastkraftwagen*, z. B. zur Müllbeseitigung, anscheinend nicht auf ihre Emissionseinsparpotenziale untersucht. Stuttgart hat bestimmte Bedingungen festgelegt, wie z. B. niedrige Lärmemission und PCB-freies Motoröl. Diese Maßnahmen können jedoch nur als Spitze des Eisbergs bezüglich des Verbesserungspotenzials betrachtet werden. Lediglich ein Müllfahrzeug wird im Rahmen eines Versuchs mit Erdgas betrieben.

Die Tatsache, dass Stuttgart jährlich mindestens 5 Mio. € für Lastkraftwagen ausgibt, deutet nach Meinung der Potenzialanalyse darauf hin, dass für diese spezielle Produktgruppe größere Anstrengungen unternommen werden sollten. Bei

[10] KIENZLEN, V. (1997).

der Möglichkeit, von Diesel auf Erdgas umzusteigen, wäre bei der Beschaffung eine Kooperation mit anderen Gemeinden günstig, da derartige Kraftwagen derzeit auf dem Markt noch nicht üblich sind. In jedem Fall sollten die in Stuttgart bereits gesammelten Erfahrungen berücksichtigt werden.

4.4 Zusammenfassung

Zusammenfassend stellt die Potenzialanalyse fest, dass die Beschaffungspraxis in Stuttgart aus Umweltsicht in vielen Punkten vorbildhaft ist. Die Beschaffungsstrukturen werden im Allgemeinen als ausgewogen empfunden, da sowohl die Vorteile der zentralen Beschaffung genutzt werden, gleichzeitig aber den Ämtern mit ihrem spezifischen Bedarf genug Raum gelassen wird. Zahlreiche Aktivitäten in verschiedenen Produktgruppen mit innovativen, umweltfreundlichen Erzeugnissen wurden ermittelt. Dies bezieht sich insbesondere auf die Beschaffung von Büromaterial, Papier, verwendete (oder nicht verwendete) Reinigungsmittel und das Energiemanagement der städtischen Gebäude.

Im Laufe der Untersuchungen zeichnete sich jedoch auch ein gewisser Handlungsbedarf in verschiedenen Bereichen ab. Im Bezug auf die Beschaffungsstrukturen lässt sich feststellen, dass neben dem Fehlen einen politischen Beschlusses, auch ein Informationsdefizit herrscht. So werden Informationen über Vorteile und über Umsetzung von umweltfreundlicher Beschaffung unzureichend bereitgestellt. Zudem sind verschiedene Verwaltungseinheiten nur unzureichend in diese Praxis einbezogen. Bei der Untersuchung der Produktgruppen kann man beobachten, dass wichtige Beschaffungsaktivitäten Umweltbelange nicht zu berücksichtigen scheinen. Erstaunliche Defizite wurden in den Produktgruppen Lastkraftwagen, Strom (zwei Produktgruppen, für die Stuttgart einen Großteil seiner Mittel ausgibt), Beleuchtungstechnik und Nahrungsmittel festgestellt.

Literatur

BUNDESGESETZBLATT (2001): Verordnung über energiesparenden Wärmeschutz und energiesparende Anlagentechnik bei Gebäuden (Energieeinsparverordnung - EnEV) vom 16. November 2001, verkündet im Bundesgesetzblatt (BGBl) Teil I Nr. 59 vom 21. November 2001.

BUCHERT, M. (1996): Stoffstromanalyse des Baubereichs. In: EBERLE, U.; GRIESSHAMMER, R. (1996): Ökobilanzen und Produktlinienanalyse. Freiburg 1996, S. 44–56.

CLEMENT, S., ERDMENGER, C. (2003a): Potenzialanalyse - Perspektiven umweltfreundlicher Beschaffung, EU-Forschungsprojekt RELIEF, ICLEI, Freiburg 2003.

CLEMENT, S.; PLAS, G.; ERDMENGER, C. (2003b): Local Experiences - Green Purchasing Practices in Six European Cities, in: ERDMENGER, C. (Hrsg.) (2003): Buying into the environment, Greenleaf publishing, Sheffield 2003.

EBERLE, U.; GRIESSHAMMER, R. (1996): Ökobilanzen und Produktlinienanalyse. Freiburg 1996.

FACHSTELLE FÜR NACHHALTIGES BAUEN: Bau und Ökologie, Jährlich erscheinende Sammlung, Zürich.

ERDMENGER, C. (Hrsg.) (2003): Buying into the environment, Greenleaf publishing, Sheffield 2003.

KIENZLEN, V. (1997): 20 Jahre kommunale Energiewirtschaft. In: Gesundheits-Ingenieur – Haustechnik – Bauphysik – Umwelttechnik 118, Heft 6, S. 319–324.

5 Umweltfreundliche Beschaffung in sächsischen Kommunen

Edeltraud Günther, Ines Klauke

5.1 Hintergrund der Untersuchung

Öffentliche Verwaltungen agieren als Akteure am Markt. So gestaltet öffentliche Beschaffung den Markt, wird aber auch beeinflusst durch die Marktmechanismen. Dabei ist die öffentliche Beschaffung charakterisiert durch ihren Beschaffungsprozess mit spezifischen rechtlichen Rahmenbedingungen und bürokratischen Strukturen. Sollen nun die Kommunen als Konsument am Markt für umweltfreundliche Produkte und Dienstleistungen betrachtet werden, so muss in einem ersten Schritt die derzeitige Situation der kommunalen Beschaffung allgemein und auch im Hinblick auf die Einbeziehung umweltrelevanter Kriterien untersucht werden. Daher entschlossen sich die Autorinnen, eine empirische Untersuchung mittels einer standardisierten schriftlichen Befragung vorzunehmen.

Mit der Befragung sollte der Ist-Zustand der kommunalen Beschaffung von umweltfreundlichen Produkten und Dienstleistungen bezüglich Hemmnissen, Instrumenten und Strategien untersucht werden. Folgende Fragestellungen waren handlungsleitend:

- Wie lässt sich die kommunale Beschaffung in der Praxis charakterisieren?
- Welche Hemmnisse gibt es im kommunalen Beschaffungsprozess bezüglich der Beschaffung umweltfreundlicher Produkte und Dienstleistungen?
- Welche Strategien und Instrumente wenden Kommunen für eine Markterkundung an?
- Welche Anforderungen werden an die Lieferanten gestellt, d.h. welche Kriterien erachten die Kommunen zur Bewertung der Angebote als wichtig?
- Welche ökologischen Kriterien beziehen Kommunen ein?
- Können Einkaufsgemeinschaften eine umweltfreundliche Beschaffung befördern?

Der vorliegende Beitrag erläutert zunächst den theoretischen Hintergrund, der zur Generierung der Forschungsfragen diente, und das Forschungsdesign. Im Anschluss daran werden die Ergebnisse der Befragung dargestellt.[1]

5.2 Theoretische Grundlagen der Befragung

5.2.1 Der kommunale Beschaffungsprozess

Kommunale oder öffentliche Beschaffung wird überwiegend von der verwaltungswissenschaftlichen Betrachtungsweise dominiert, wobei es vorrangig um die Abbildung der Anwendung der Vergabevorschriften und der Ausgestaltung der einzelnen Vergabeverfahren geht.[2] Diese Sichtweise wurde deshalb durch Anwendung des entscheidungsorientierten Ansatzes bei der Betrachtung des Beschaffungsprozesses erweitert.[3]

Mit der Diskussion um Verwaltungsmodernisierung und Neues Steuerungsmodell in den 90er Jahren[4] wurden auch Forderungen an den öffentlichen Beschaffungsprozess laut.[5] Hier ging es vorrangig um die Frage der zentralen oder dezentralen Organisation der Beschaffung. Hinzu kommt der Trend in Richtung E-Procurement, d.h. der elektronischen Vergabe und Beschaffung.[6] Hierunter fallen alle Geschäftsbeziehungen zwischen Lieferant und Kunde, also die Abwicklung der gesamten Prozesskette der Beschaffung; vom Ausschreibungs- und Vergabeprozess, über Vertragsabwicklung und ggf. Lieferung, Qualitätskontrolle bis zur Zahlungsanweisung.[7] Diese Entwicklung ist vor allem deshalb sehr interessant, weil die Einführung von E-procurement in die öffentliche Beschaffung die Untersuchung des Beschaffungsprozesses und seiner Effizienz, aber auch die Betrachtung der Kommune als Nachfrager am Markt voraussetzt.

Öffentliche Beschaffung wird bereits seit langem wie folgt definiert:[8] „Unter dem Begriff der *öffentlichen Beschaffung* lassen sich allgemein all diejenigen Tätigkeiten zählen, die auf die Bereitstellung der für die Aufgabenerfüllung der öffentlichen Verwaltung notwendigen Produktionsfaktoren abzielen. Hierzu gehören

---

[1] Für die Darstellung der detaillierten Auswertung wird auf den deskriptiven Auswertungsbericht verwiesen: GÜNTHER, E.; KLAUKE, I. (2004).

[2] Vgl. SACHER, P. (1992), S. 12, 357; HILSE, T. (1996), S. 75.

[3] Vgl. HILSE, T. (1996), S. 76.

[4] Vgl. BANDEMER, S. von; BLANKE, B.; WEWER, G. (Hrsg.) (1998); KÖNIG, K.; SIEDENTOPF, H. (Hrsg.) (1997); NASCHOLD, F.; BOGUMIL, J. (Hrsg.) (1998).

[5] Vgl. BLUMENTHAL, C.; MATTHEIS, H.; REIME, W. (2000), S. 143.

[6] Vgl. die vielfältige Literatur zu dem Thema und Studien, z. B. KOMMUNALE GEMEINSCHAFTSSTELLE FÜR VERWALTUNGSVEREINFACHUNG (KGST) (2003), GEHRMANN, F.;. SCHINZER, H.; TACKE, A. (2002), BUNDESVERBAND FÜR MATERIALWIRTSCHAFT, EINKAUF UND LOGISTIK (BME) (2000), HIRSCH & GAYER CONSULTING (1998) und (2000), KPMG (Hrsg.) (2000).

[7] Vgl. KGST (2003), S. 13.

[8] SCHAFFER, M.; WOLLMANN, H. (1989), S. 6.

in der öffentlichen Beschaffung *Sachgüter, Dienstleistungen, Arbeitskräfte, Informationen, Handelswaren, Kapital* und *Rechte*." Zusätzlich werden oft *Bauleistungen* als eigenständiges Beschaffungsobjekt genannt.[9]

In diesem Beitrag wird die in der allgemeinen Beschaffungsliteratur übliche Beschränkung auf den Begriff der *öffentlichen Beschaffung i.e.S.* vorgenommen. Denn, wie auch in Unternehmen gibt es in der öffentlichen Verwaltung Abteilungen, die sich z. B. direkt mit der Personalrekrutierung oder der Behandlung von Rechten oder der Kapitalbeschaffung befassen. Zur *öffentlichen Beschaffung (i.e.S.)* zählen also alle Tätigkeiten zur Versorgung mit benötigten, aber nicht selbst erstellte Sachgütern, Dienstleistungen und Bauleistungen.[10]

Die KOMMUNALE GEMEINSCHAFTSSTELLE FÜR VERWALTUNGSVEREINFACHUNG (KGST) (2003) versteht unter *öffentlichem Beschaffungsmanagement* „... die zielgerichtete Planung, Organisation, Durchführung und Kontrolle aller auf den Einkauf von Gütern und Dienstleistungen gerichteten Aktivitäten in der öffentlichen Verwaltung."[11]

Im Gegensatz zu privatwirtschaftlichen Unternehmen existiert für die öffentliche Beschaffung ein Regelwerk, dass in groben, immer wiederkehrenden Zügen den Ablauf jeder öffentlichen Beschaffung regelt.[12] Das öffentliche Beschaffungswesen ist hierbei jedoch nicht nur durch Gesetze, wie z. B. das Gesetz gegen Wettbewerbsbeschränkungen[13] oder das Haushaltsgrundsätzegesetz[14] geregelt, sondern durch Richtlinien und Verordnungen auf europäischer und nationaler Ebene.[15] Des Weiteren ist die kommunale Beschaffung an das kommunale Haushaltsrecht gebunden, das sich in den Gemeindehaushaltsverordnungen[16] und den Gemeindeordnungen der Länder[17] wiederfindet. Insgesamt enthält das Recht der öffentlichen Auftragsvergabe die „Summe der Regeln und Vorschriften, die dem

---

[9] Zusätzlich zu den von SCHAFFER, M.; WOLLMANN, H. genannten Beschaffungsobjekten nehmen WITTMANN, W. u.a. explizit Bauleistungen mit auf. Vgl. WITTMANN, W. u. a. (1993), S. 311.

[10] BME (2000), S. 11.

[11] KGST (2003), S. 14. Vgl. auch KGST (1997), S. 19.

[12] Vgl. Kapitel 9.

[13] GESETZ GEGEN WETTBEWERBSBESCHRÄNKUNGEN (GWB) (2002).

[14] GESETZ ÜBER DIE GRUNDSÄTZE DES HAUSHALTSRECHTS DES BUNDES UND DER LÄNDER (Haushaltsgrundsätzegesetz – HGrG).

[15] Dies sind in Deutschland: Verordnung über die Vergabe öffentlicher Aufträge (Vergabe-VgV) vom 11.Februar 2003, Verdingungsordnung für Leistungen (VOL) vom 17. September 2002, Verdingungsordnung für Bauleistungen (VOB) vom 12. September 2002, Verdingungsordnung für freiberufliche Leistungen (VOF) vom 26. August 2002. Auf europäischer Ebene sind folgende grundlegende Richtlinien zur Zeit in Kraft: Lieferantenkoordinationsrichtlinie, Richtlinie 93/36/EWG des Rates vom 9. August 1993 Baukoordinationsrichtlinie, Richtlinie 93/37/EWG des Rates vom 9. August 1993, Dienstleistungskoordinationsrichtlinie, Richtlinie 92/50/EWG des Rates vom 24. Juli 1992, alle drei geändert durch die Richtlinie 97/52/EG des Europäischen Parlamentes und des Rates vom 30.Oktober 1997. Gesetz gegen Wettbewerbsbeschränkungen (GWB).

[16] Vgl. z. B. Verordnung des SMI über die Haushaltswirtschaft der Gemeinden (Gemeindehaushaltsverordnung – GemHVO).

[17] vgl. z. B. Gemeindeordnung für den Freistaat Sachsen (SächsGemO).

Staat, seinen Untereinheiten und Institutionen sowie den Unternehmen unter seinem Einfluss eine bestimmte Vorgehensweise beim Einkauf der Güter und Leistungen vorschreibt, die sie zur Erfüllung ihrer Aufgaben brauchen."[18] Das gesamte deutsche öffentliche Haushaltswesen ist traditionell geprägt von den Grundsätzen der Sparsamkeit und Wirtschaftlichkeit. Während der Grundsatz der Sparsamkeit ausschließlich auf geringes Ausgabenvolumen abstellt, wird Wirtschaftlichkeit durch das Verhältnis von Aufwand und Ertrag beschrieben.[19] Diese Grundsätze gelten auch für die Deckung des Bedarfs an Sachgütern und Dienstleistungen.[20]Der kommunale Beschaffungs- bzw. Vergabeprozess ist somit geprägt von diesen rechtlichen Regelungen. Entscheidungen im Rahmen dieses Beschaffungsprozesses sind eng an die rechtlichen Vorgaben gebunden. Idealtypisch kann der öffentliche Beschaffungsprozess aus betriebswirtschaftlicher Sicht in vier Phasen – Bedarfsmanagement, Beschaffungsmarktforschung, Beschaffungsvergabe, Beschaffungsabwicklung – untergliedert werden (vgl. Abb. 5.1.).[21]

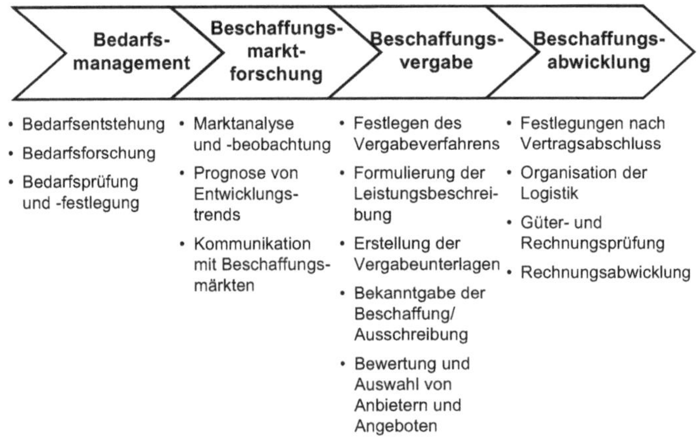

Abb. 5.1. Der öffentliche Beschaffungsprozess[22]

[18] MARX, F. (1999) S. 1.

[19] Vgl. SCHWARTING, G. (1993), S. 45. Als wirtschaftlich gilt jene Maßnahme, bei der mit dem geringsten Aufwand ein vorgegebenes Ziel (Minimalprinzip) oder bei gegebenem Aufwand das beste Ergebnis (Maximalprinzip) erreicht wird.

[20] Vgl. HILSE, T. (1996), S. 47.

[21] BME (2000), S. 14. HILSE, T. (1996) unterscheidet fünf Phasen: Bedarfsentstehung, Bedarfskonkretisierung, Beschaffungsverfahren, Beschaffungsentscheidung und Beschaffungsabwicklung. Die Phasen „Bedarfsentstehung und -konkretisierung entsprechen inhaltlich der Phase „Bedarfsmanagement". Die Phase Beschaffungsverfahren deckt zum Teil die Bereiche Marktforschung und Beschaffungsvergabe ab. Die Beschaffungsentscheidung liegt bei BME (2000) bereits in der Beschaffungsvergabe. Die Beschaffungsabwicklung ist bei beiden gleich.

[22] (BME) (2000), S. 14.

Die **Beschaffungsmarktforschung** beinhaltet die systematische Suche, Sammlung und Aufbereitung aller aktuellen und zukünftig beschaffungsrelevanten Informationen. Eine solche Informationspolitik führt zur Erhöhung der Transparenz für den Beschaffer und damit zur besseren Vorbereitung von beschaffungspolitischen Entscheidungen.[23] Bei der Beschaffungsmarktforschung sollten daher die öffentlichen Auftraggeber durch *Marktanalyse, Marktbeobachtung, Kommunikation mit den am Markt befindlichen Anbietern* und *der Pflege bei vorangegangenen Markterkundungen gewonnenen Daten,* Marktchancen identifizieren und gegebenenfalls Potenziale aufdecken (*Prognose von Entwicklungstrends*).[24] Bei der *Marktanalyse und -beobachtung* werden u. a. die Struktur der Anbieter, Umsatzzahlen, Marktanteile sowie Produkte und Technologien untersucht. Quellen für die Beschaffungsmarktanalyse stellen die Primärforschung und die Sekundärforschung dar.[25] Die *Kommunikation mit Beschaffungsmärkten* und somit Suche nach potentiellen Lieferanten erfolgt in der öffentlichen Beschaffung durch die unterschiedlichen Möglichkeiten bei den Vergabeverfahren. Durch die Wahl des Verfahrens wird der „Kreis möglicher Lieferanten" quasi implizit festgelegt.[26] Der *Prognose von Entwicklungstrends* wird aufgrund der schwierigen und aufwendigen Prognoseleistung bisher nur ein geringer Stellenwert in der öffentlichen Beschaffung beigemessen.[27]

Die bereits erwähnten rechtlichen Rahmenbedingungen für die öffentliche Beschaffung spiegeln sich im Beschaffungsprozess vor allem in der Phase der **Beschaffungsvergabe** wider. Sie dienen an dieser Stelle der Vermeidung der Übervorteilung der öffentlichen Hand und dem Schutz der privatwirtschaftlichen Marktteilnehmer vor der in bestimmten Bereichen bestehenden monopolistischen Nachfragestellung der öffentlichen Hand.[28] Zunächst muss vom öffentlichen Auftraggeber eine Auswahl hinsichtlich des Auftragsgegenstandes getroffen werden. Dies ist Grundlage für das weitere Ausschreibungsverfahren und die Auswahl des Vergabeverfahrens.[29]

Bei den Vergabeverfahren unterscheidet man *öffentliche Ausschreibung, beschränkte Ausschreibung* oder *freihändige Vergabe.*[30] Innerhalb der Europäischen Union wurden für öffentliche Aufträge sogenannte Schwellenwerte, die den geschätzten Kosten der Leistung entsprechen sollen, vorgegeben: Übersteigt die Auftragssumme 200.000 € für Liefer- und Dienstleistungsaufträge und

[23] Vgl. BME (2000), S. 17.
[24] Vgl. BME (2000), S. 7.
[25] Vgl. BME (2000), S. 17f. Vgl. auch Kapitel 7.
[26] Vgl. BME (2000), S. 18.
[27] Vgl. BME (2000), S. 18.
[28] Vgl. SCHAFFER, M.; WOLLMANN, H. (1989), S. 9.
[29] Vgl. ausführlich Kapitel 9.
[30] Vgl. BME (2000), S. 11; KOSILEK, E.; UHR, W. (2002), S. 34f. Die für die Verfahrensarten relevanten Grundlagen sind das Gesetz gegen Wettbewerbsbeschränkungen (GWB) 4. Teil, die VgV und die VOL/A Abschnitt 2 bis 4.

5.000.000 € für Bauaufträge, muss EU-weit ausgeschrieben werden.[31] Bei EU-weiter Ausschreibung muss eine Veröffentlichung in regionalen und überregionalen Informationsmedien sowie im Europäischen Amtsblatt erfolgen. Ist die Vergabesumme kleiner als 200.000 €, so finden die deutschen Vergaberegelungen Anwendung. Sowohl innerhalb des deutschen als auch des europäischen Vergaberechts ist grundsätzlich die öffentliche Ausschreibung anzuwenden, um so öffentliche Aufträge unter größtmöglichem Wettbewerb zu vergeben.[32] Bei einer öffentlichen Ausschreibung werden Leistungen im vorgeschriebenen Verfahren, nach öffentlicher Aufforderung einer unbeschränkten Zahl von Unternehmen zur Einreichung von Angeboten, vergeben.[33]

Die sich an die Erstellung der Vergabeunterlagen und die Veröffentlichung der Ausschreibung anschließende Vergabeprozedur beinhaltet die Aufforderung zur Angebotsabgabe, den Eingang der Angebote, deren Registrierung und Öffnung, mögliche Preisverhandlungen (bei freihändiger Vergabe) und die abschließende Prüfung der Angebote. Bei der *Bewertung und Auswahl von Bietern und Angeboten* werden in einem ersten Bewertungsschritt durch eine formelle Prüfung Angebote, aufgrund von z. B. fehlenden wesentlichen Preisangaben, verspäteten Eingängen oder anderen Formmängeln, ausgeschlossen. Anschließend ist die Eignung der verbleibenden Anbieter im Hinblick auf erforderliche Fachkunde, Leistungsfähigkeit und Zuverlässigkeit zu prüfen. In der dritten Bewertungsphase erfolgt die inhaltliche Prüfung, insbesondere eine Prüfung der Angemessenheit der Preise und die Auswahl des „wirtschaftlichsten" Angebots, wobei in den Vergabeordnungen keine konkreten Kriterien zur Bestimmung des wirtschaftlichsten Angebots festgelegt werden. In jedem Fall ist für die nachfolgende *Zuschlagserteilung* aktenkundig zu vermerken, welche Gründe zur Vergabeentscheidung führten.[34]

Ist die Entscheidung für einen Bieter gefallen, erfolgt die **Beschaffungsabwicklung**. Das Ende des Beschaffungsprozesses bildet das wirksame *Zustandekommen des Vertrages und seine Erfüllung*. Grundlage der Erfüllung der Leistung sind die *Organisation der Logistik* (Lieferung nach Frist), die *Güter- und Rechnungsprüfung* sowie die *Rechnungsabwicklung*.[35]

Die hier dargestellten Phasen des Beschaffungsprozesses waren die Grundlage für die Struktur der Befragung und der Auswertung. Des weiteren wurde untersucht, welche anderen Studien im Bereich der kommunalen Beschaffung sich mit dem Thema aus betriebswirtschaftlicher Sicht befassen.

---

[31] In den europäischen Richtlinien werden die Verfahren bezeichnet als: „offenes Verfahren" (= öffentliche Ausschreibung), „nichtoffenes Verfahren" (= beschränkte Ausschreibung) oder „Verhandlungsverfahren" (= freihändige Vergabe).

[32] Vgl. VOL/A §3 (4) Nr. 2.; Vgl. RICHTLINIE 93/36/EWG DES RATES VOM 14. JUNI 1993 ÜBER DIE KOORDINIERUNG DER VERFAHREN ZUR VERGABE ÖFFENTLICHER LIEFERAUFTRÄGE (1993), Art. 6 (2).

[33] VERDINGUNGSORDNUNG FÜR LEISTUNGEN (2002), § 3 Nr. 1 (1) VOL/A.

[34] Vgl. VOL/A (2002) § 25; BME (2000), S. 20; HILSE, T. (1996), S. 219.

[35] Vgl. BME (2000), S.14ff.; HILSE, T. (1996), S. 220.

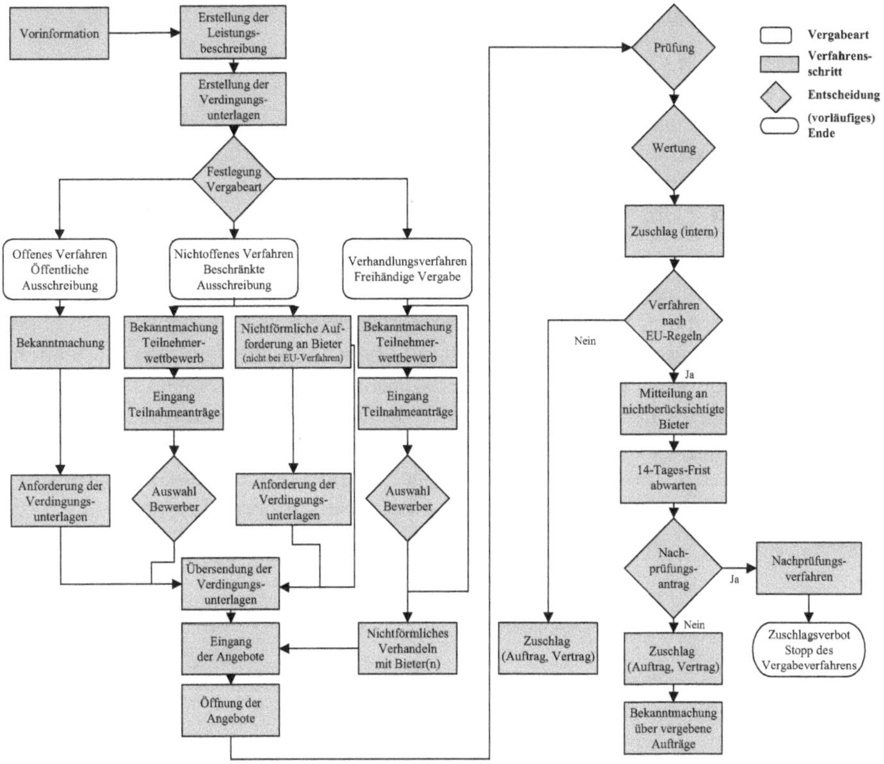

Abb. 5.2. Flussdiagramm zum Ablauf des Verfahrens bei der Vergabe öffentlicher Aufträge[36]

5.2.2 Vorliegende empirische Studien

Bisher wurden nur sehr wenige empirische Untersuchungen im Bereich öffentliche umweltfreundliche Beschaffung durchgeführt. Will man einen einzelnen Aspekt kommunaler Beschaffung, wie im vorliegenden Forschungsprojekt deren Innovationspotenzial, z. B. für umweltfreundliche Produkte und Dienstleistungen untersuchen, so müssen die oben dargestellten neuen Entwicklungen einbezogen werden. Diese Entwicklungen aus betriebswirtschaftlicher Sicht zielen, wie bereits erwähnt, auf Effizienzbetrachtungen im Rahmen des Neuen Steuerungsmodells

[36] BUNDESMINISTERIUM DES INNERN (BMI) (Hrsg.) (o.J.).

und des E-Procurements in der öffentlichen Beschaffung.[37] Die meisten empirischen Untersuchungen in den letzten fünf Jahren beziehen sich dabei auf den Bereich E-Procurement. Untersucht wurden die folgenden Studien mit empirischen Analysen zur Thematik „öffentliche Beschaffung:

- Dr. Hirsch & Gayer Consulting (1998)
- Dr. Hirsch & Gayer Consulting (2000)
- Bundesverband für Materialwirtschaft, Einkauf und Logistik e.V. (BME) in Zusammenarbeit mit Booz, Allen & Hamilton (2000)
- Graßl, S. (2001)
- Kosilek, E.; Uhr, W. (2002)

Allen Studien ist gemeinsam, dass sie den Ist-Zustand der Beschaffung in öffentlichen Einrichtungen erfassen, um daraus Aussagen über eine mögliche Effizienzsteigerung durch E-Procurement abzuleiten. Die Studien untersuchen u.a. beschaffungsrelevante Kriterien, Beschaffungs- bzw. Vergabemethoden, die Durchführung der Vergabe, die Effizienz der Beschaffung, den Zentralisierungsgrad, die Aufteilung der Beschaffungsausgaben und die Nutzung von Informationsmedien. Die für die Analyse interessanten Ergebnisse der Studien sind in den Tabellen 5.1 bis 5.5 zusammengefasst. Diese werden nach Vorstellung des Forschungsdesigns für die von den Autorinnen durchgeführte Analyse mit deren Ergebnissen verglichen.

[37] Vgl. KOMMUNALE GEMEINSCHAFTSSTELLE FÜR VERWALTUNGSVEREINFACHUNG (KGST) (2003).

Tabelle 5.1. Empirische Studien zum E-Procurement in öffentlichen Verwaltungen: Hirsch & Gayer Consulting (1998)

Hirsch & Gayer Consulting (1998)	
Forschungsdesign	Experteninterviews bei Entscheidungsträgern (Hauptämter, Bauämter, Schulverwaltungsämter) regional verteilt.
Stichprobe	1.498 Gemeinden > 10.000 Einwohner davon Random per Selection: 650 Gemeinden. durchgeführte Interviews: 113 davon 32 Interviews bei Kommunen > 50.000 Einwohner, 81 Interviews bei Kommunen 10.000–50.000 Einwohner (Neue Bundesländer sind unterrepräsentiert).
Repräsentativität	Rücklauf: 17,4 %. Jedoch wird die Repräsentativität eingeschränkt durch die Repräsentativität in den Gemeindegruppen. Stat. Jahrbuch 1997: 84 Gemeinden mit > 100.000 Einwohner, 1414 Gemeinden mit 10.000–100.000 Einwohner.
Wichtigste Ergebnisse für die Untersuchung	Abfrage von kaufentscheidenden Faktoren: Qualität, Preis, Leistungsfähigkeit, Ersatzteile, Deadline, Lieferschnelligkeit, Fachkunde, Reklamationsverhalten, Sicherheit, After Sales Service, Betriebskosten, Rentabilität, Überwachung, Langfristigkeit, deutsche Sprache, Renomee, Ästhetik, ortsansässig.

Tabelle 5.2. Empirische Studien zum E-Procurement in öffentlichen Verwaltungen: BME (2000)

BME (2000)	
Forschungsdesign	Keine Angaben.
Stichprobe	Nettoetatisierte öffentliche Unternehmen (Versorgungsunternehmen und Krankenhäuser). 1.150 potentielle Teilnehmer wurden angeschrieben, 57 Antworten.
Repräsentativität	Aussagen sind bei der Auswahl der Grundgesamtheit nicht repräsentativ.
Wichtigste Ergebnisse (Auswahl der für die vorliegende Untersuchung relevanten Ergebnisse)	Orientierung am Beschaffungsprozess (Bedarfsmanagement, Beschaffungsmarktforschung, Beschaffungsvergabe, Beschaffungsabwicklung). Kriterien, die die Lieferantenauswahl und -auswertung beeinflussen. Methoden zur Bewertung der Angebote.

Tabelle 5.3. Empirische Studien zum E-Procurement in öffentlichen Verwaltungen: Hirsch & Gayer Consulting (2000)

Hirsch & Gayer Consulting (2000)	
Forschungsdesign	Empirisch induktive Wirtschaftsforschungsmethode. Datenerhebung mittels halbstandardisierter qualitativer Experteninterviews. Standardisierter Fragebogen mit geschlossenen und offenen Fragen.
Stichprobe	Nach Größen- und Branchencluster ausgewählt (nicht näher erläutert): Einkäufer aus der Privatwirtschaft, dazu zählten KMU und große Unternehmen, verschiedene Sektoren und verschiedene Branchen: Soll-Wert: n=175, Antworten: n=205. Öffentliche Beschaffer: Soll-Wert n=25, Antworten n=35, davon Kommunen: Soll-Wert n=10, Antworten n=13.
Repräsentativität	nicht repräsentativ, aufgrund der Experteninterviews aber aussagekräftige Hinweise und Trends.
Wichtigste Ergebnisse für die Untersuchung	Betrachtung der Einkaufsmethoden der öffentlichen Hand (gelten für die n Kommunen). Erlangung des Marktüberblicks durch Fachpublikationen, Messen, direkter Kontakt/ Vertreter, Pflege langfristige Lieferbeziehungen bei 63 % der Kommunen (Vermutung: bei Kommunen vorrangig wegen der Abwicklung häufig wiederkehrender Aufträge). Gründe: Vertrauensverhältnis, Preissicherheit, Service/ Reklamationen/ Abwicklung Wovon ist die Wahl des Vergabeverfahrens abhängig? Von internen Richtlinien, Auftragswert. Ausschreibung und offenes Verfahren sind der Regelfall. Wer wird bei der beschränkten Ausschreibung aufgefordert? 38% fordern nur bekannte Lieferanten auf, 31% auch neue Lieferanten, 15% sowohl als auch. Art der Leistungsbeschreibung: 85% der Kommunen geben an, die detaillierte Leistungsbeschreibung zu wählen (die detaillierte Leistungsbeschreibung hat den Vorteil, dass sie den Bedarf genau spezifiziert. Sie lässt aber nach Meinung der Autoren keinen Spielraum für Innovationen). Hierarchieebenen der Einkaufsentscheidung: Unterschiedliche Orderzuständigkeiten durch die Auftragswertgrenzen. Diese unterscheiden sich von Kommune zu Kommune aufgrund der unterschiedlichen Beschaffungsvolumina bei den hier befragten Kommunen.

Tabelle 5.4. Empirische Studien zum E-Procurement in öffentlichen Verwaltungen: Graßl, S. (2001).

Graßl, S. (2001) (Diplomarbeit)	
Forschungsdesign	Schriftliche Befragung, qualitativer Fragebogen.
Stichprobe	Die je 150 größten Kommunen (Kommunalverwaltungen) in Bayern und Nordrhein-Westfalen (NRW) (Teilerhebung): n=300; Unterteilung in klein (< 20.000 Einwohner), mittel (20.000–100.000 Einwohner) und groß (> 100.000 Einwohner). 108 Rückmeldungen = 36%.
Repräsentativität	Keinerlei Anspruch auf Repräsentativität, da ungleiche Verteilung unter den je 150 größten Kommunen (Bayern: groß=8, mittel=54, klein=88; NRW: groß=29, mittel=121, klein=0) und ungleiche Verteilung des Rücklaufs (Bayern: groß=1, mittel=22, klein=35; NRW: groß=10, mittel=40, klein= keine befragt).
Wichtigste Ergebnisse (Auswahl der für die vorliegende Untersuchung relevanten Ergebnisse)	Anzahl der Mitarbeiter in der Beschaffung. Organisation der Beschaffung (zentral, dezentral, kombiniert) hauptsächlich kombiniert in beiden Bundesländern. Eigenverantwortliches Budget in den dezentralen Organisationseinheiten liegt in beiden Bundesländern vor. Wie beurteilen Sie die Effizienz der Beschaffung (administrativer Aufwand im Vergleich zum Wert der Güter)? In beiden Bundesländern vom Großteil als verbesserungsfähig eingeschätzt. Größte Probleme in den Kommunen: Kostendruck, mangelnder Datenaustausch intern, ineffiziente Abläufe (z. B. hoher Zeit- und Ressourcenbedarf, Intransparenz der Märkte, Zuständigkeiten und Verantwortlichkeiten unklar geregelt). Können Sie sich vorstellen, sich mit anderen Kommunen zu Käufergemeinschaften zusammenzuschließen? 65% ja.

Tabelle 5.5. Empirische Studien zum E-Procurement in öffentlichen Verwaltungen: Kosilek/Uhr (2002)

Kosilek/ Uhr (2002)	
Forschungsdesign	Schriftliche Befragung.
Stichprobe	Alle deutschen Kommunen > 10.000 Einwohner. (Orientierung an Mitgliedsverzeichnissen des DST, DStGB und Statistisches Jahrbuch) Identifikation von 1560 potentiellen Untersuchungsobjekten. 395 Rückmeldungen, 227 auswertbare Fragebögen = 14,5%.
Repräsentativität	Statistisch nicht repräsentativ. Rücklaufquote unterschiedlich je Gemeindegröße und je Bundesland. Starke Zurückhaltung der kleinen und mittleren Kommunen.
Wichtigste Ergebnisse (Auswahl der für die vorliegende Untersuchung relevanten Ergebnisse)	Zentralisierungsgrad der Beschaffungsabwicklung: Nur ca. 21% der Gemeinden verfügen über eine zentrale koordinierende VOL-Vergabestelle. Es besteht hierbei kein Zusammenhang zwischen Zentralisierungsgrad und der Größe einer Gemeinde. Aufschlüsselung der kommunalen Auftragsvolumina nach Ausgaben bzgl. der geltenden Vergabeordnung: (durchschn.) Ausgaben nach VOL bzgl. Gemeindeklassen 10.000–25.000 Einwohner: 481.100 DM für Lieferungen, 265.800 DM für Leistungen. 25.000–50.000 Einwohner: 8.100 DM für Lieferungen, 6.400 DM für Leistungen. 50.000–100.000 Einwohner: 2.040.600 DM für Lieferungen, 9.954.800 DM für Leistungen. Aufteilung der VOL Ausgaben nach Vergabeverfahren (Volumenmäßig): Meist genutzte Verfahren sind „öffentliche Ausschreibung“ und „beschränkte Ausschreibung“. Aufteilung der VOL Ausgaben nach Vergabeverfahren (Anzahl der Vorgänge): „Freihändige Vergabe“ wird am meisten durchgeführt. Monetäre Grenzen, ab denen VOL Beschaffungsvorhaben (beschränkt) ausgeschrieben werden: Unterschiedliche Schwellenwerte in den einzelnen Bundesländern und abhängig von der Gemeindegröße. Zur Publikation der Ausschreibung genutzte Medien: Regionale Zeitungen, Amtsblatt, Nationale Zeitungen. Landesausschreibungsblatt, Bundesausschreibungsblatt, EU-Datenbank TED. Geografische Einordnung der Anbieter: 80,7% an lokale und regionale Anbieter, 18,9% nationale Anbieter, 0,3% ausländische Firmen. Geografische Einordnung der Gemeindegröße: Unterschiede zwischen den Größenklassen erkennbar.

5.3 Forschungsdesign

5.3.1 Struktur der Befragung

Für die Struktur des Fragebogens und die Auswertung der Befragung stand die Leitfrage des FORSCHUNGSPROJEKTES NABESI nach dem Innovationspotenzial kommunaler Beschaffung im Vordergrund.[38] Dabei wurden einerseits die Vorarbeiten der oben vorgestellten Studien berücksichtigt. Andererseits wurden Ergebnisse aus den anderen Arbeitspaketen des Projektes berücksichtigt. Daraus ergaben sich die folgenden detaillierten Fragestellungen:

- Beschaffen die Kommunen eher zentral oder eher dezentral?
- Sehen die Kommunen (mit weniger als 50.000 Einwohnern) die Bildung von Käufergemeinschaften mit anderen Kommunen als sinnvoll an?
- Welche wichtigsten Anforderungen werden an die Anbieter gestellt?
- Nutzen die Kommunen die Auftragsberatungsstelle als Multiplikator in die Wirtschaft?
- Welche Medien nutzen die Kommunen, um sich über neue Produkte und Dienstleistungen zu informieren?
- Welche Instrumente werden für die Entscheidung über die Auswahl eines Lieferanten angewandt?
- Welche Hemmnisse sehen die Kommunen für eine umweltfreundliche Beschaffung?
- Nutzen die Kommunen für die ausgewählten Produktgruppen und Dienstleistungen ökologische Kriterien?

Darüber hinaus sollte folgende These über alle Fragestellungen hinweg überprüft werden:

> Zwischen den jeweils zu untersuchten Fragestellungen und der Größe der Kommune besteht ein Zusammenhang.

Diese These wurde bei den Auswertungen zu den jeweiligen Fragestellungen geprüft. Für die deskriptive Auswertung des Datenmaterials wurden Häufigkeitstabellen aus SPSS verwendet. Für die Untersuchung der These wurde der Rangkorrelationskoeffizient von Spearman (ρ)[39] angewandt. Der Wert des Signifikanzniveaus (Sig.), ab dem Hypothesen angenommen bzw. zurückgewiesen wurden, wurde auf 0,05 festgelegt.

---

[38] Vgl. Kapitel 1.

[39] Da die Gemeindeklassen mit Werten „von" „bis" angegeben wurden, liegen ordinal skalierte Daten vor. Vgl. VOß, W. (2000), S. 151. Bortz, J,; Döring, N. (2002), S. 509. Bei den Fragen A 9 und A10 liegen die Daten künstlich dichotomisiert (0,1) vor. Daher kann hier ebenfalls von einem Ordinalskalenniveau ausgegangen werden (Min. = 0; Max. = 1), Vgl. BACKHAUS, K. (2003), S. 3.

5.3.2 Zielgruppe und Grundgesamtheit der Befragung

Die Befragung richtete sich an kommunale Entscheidungsträger der Verwaltung. Sie wurden zum Bereich Beschaffung allgemein und darüber hinaus speziell bezüglich ausgewählter Produkte und Dienstleistungen befragt. Die Befragung beschränkte sich hierbei auf sächsische Kommunen, damit eine vergleichbare Grundgesamtheit, v.a. bezüglich der rechtlichen und wirtschaftlichen Rahmenbedingungen, gegeben ist.[40]

Für die Analyse wurden die Gemeindeklassen ab 5.000 Einwohner (Erhebungsjahr 2000) ausgewählt, so dass n = 171 ist. Eine Stadt wurde im Jahr 2000 eingemeindet, so dass sich die Grundgesamtheit für die Befragung auf n = 170 reduzierte. Die Verteilung der Grundgesamtheit auf die Gemeindeklassen und der Rücklauf sind in Tabelle 5.6. dargestellt.[41]

Tabelle 5.6. Rücklauf für die durchgeführte Befragung sächsischer Kommunen

	Grund-gesamtheit	Anteil in %	Antworten	Anteil in %
Gemeindeklasse 5.000 – 9.999:	100	59	43	43,0
Gemeindeklasse 10.000 – 19.999:	41	24	22	53,6
Gemeindeklasse 20.000 – 49.999:	22	13	8	36,4
Gemeindeklasse 50.000 – 99.999:	3	2	2	66,6
Gemeindeklasse 100.000 und mehr:	4	2	2	50,0
	170	100	77	45,3

Die letzten drei Gemeindeklassen wurden für die Auswertung zu einer Gruppe zusammengefasst. Für diese drei Gemeindeklassen sind aufgrund ihres geringen Anteils auch in der Grundgesamtheit (insgesamt 29 von 170 Kommunen) keine allgemeingültigen Aussagen ableitbar.

5.3.3 Auswahl der zu betrachtenden Produkte und Dienstleistungen

Die Befragung sollte anhand spezieller Produktgruppen vorgenommen werden, da sich in den anderen Untersuchungen gezeigt hatte, dass die Beschaffungsprozesse für einzelne Produktgruppen bzw. Dienstleistungen sehr unterschiedlich sein können.

[40] Der Kritikpunkt an den o.g. Studien war meist, dass die Gemeindeklassen nicht vergleichbar waren, da die einzelnen Bundesländer unterschiedlich stark berücksichtigt waren. Die Gemeindestrukturen können aufgrund unterschiedlicher rechtlicher Rahmenbedingungen unterschiedlich sein.

[41] Die Städte und Gemeinden der genannten Größenklassen wurden mit Hilfe des Statistischen Jahrbuchs Sachsen 2002 ausgewählt. Zur Ermittlung der Adressen wurde das Internetportal „Kommunales InformationsNetz Sachsen" Online im Internet unter http://www.kin-sachsen.de) verwendet. Zusätzlich wurden die Gemeinden in der Zeit von Februar bis März 2003 angerufen und um Angabe eines Ansprechpartners gebeten.

Für die Befragung wurden die Produktgruppen *Informationstechnologie (IT), Büromöbel, Innenbeleuchtung, Gebäude, Strom* sowie als Dienstleistung *Reinigungsdienstleistungen* ausgewählt. Die Auswahl der in die Befragung aufgenommenen Produktgruppen und Dienstleistungen wurde in Anlehnung an das europäische FORSCHUNGSPROJEKT RELIEF getroffen, in dem die Produktgruppen *personal computers, Buses, photocopiers, furniture (wooden tables), electricity, water saving devices, food* ausgewählt wurden. Im ersten Schritt wurden dort für die am Projekt teilnehmenden Kommunen die aktuellen Ausgaben nach Produktgruppen erhoben. In einem zweiten Schritt sollten die am Projekt teilnehmenden Kommunen und wissenschaftlichen Partner die Bedeutung der in Schritt eins eruierten Produktgruppen angeben. Ein Vergleich und die Diskussion im Projekt ergaben dann die o.g. Eingrenzung der Produktgruppen.[42]

Für die hier vorliegende Analyse wurden Busse nicht als sinnvoll erachtet, da der Öffentliche Personennahverkehr (ÖPNV) in den sächsischen Kommunen meist ausgegliedert ist, die Beschaffung von Lebensmitteln kann eventuell in Schulen eine Rolle spielen, jedoch gibt es kaum von den Kommunen betriebene Kantinen. Die Beschaffung von wassersparenden Einrichtungen wurde nicht gesondert betrachtet. Zusätzlich wurden allerdings in der vorliegenden Analyse die Bereiche Gebäude und *Innenbeleuchtung* mit aufgenommen. Für beide Bereiche wurde ein hohes ökonomisches Potenzial von den Autorinnen vermutet, was mit der Befragung überprüft werden sollte.

5.4 Ergebnisse der Untersuchung

Die Auswertung der Untersuchung erfolgte auf vier Ebenen: Zunächst wurden allgemeine Angaben, wie z. B. die Größe der Kommunen ausgewertet (1). Dann erfolgte die Auswertung für die einzelnen Stufen des Beschaffungsprozesses, nämlich Bedarfsmanagement, Beschaffungsmarktforschung und Beschaffungsvergabe (2). Die Beschaffungsabwicklung wurde nicht gesondert betrachtet, da sie von den Autorinnen für die Frage nach dem Potenzial kommunaler umweltfreundlicher Beschaffung nicht als vorrangig relevant angesehen wurde. Anschließend wurden die Ergebnisse zu den sechs Produktgruppen ausgewertet (3). Schließlich wurde die Relevanz ökologischer Kriterien mit den allgemeinen Beschaffungskriterien verglichen (4).

Im vorliegenden Kapitel sollen die Ergebnisse der Analyse dargestellt werden, die für die Bestimmung des Potenziale einer umweltfreundlichen Beschaffung am relevantesten sind. Daher werden im Folgenden Ergebnisse zur Organisation der Beschaffung, zu den Instrumenten der Beschaffungsmarktforschung und zur Beschaffungsvergabe, zur Bildung von Einkaufsgenossenschaften und zu den Hemmnissen einer umweltfreundlichen Beschaffung erläutert. Außerdem wird der Stand der Berücksichtigung umweltrelevanter Kriterien mit Fokus auf die ausge-

[42] Vgl. ERDMENGER, C. (2003), S. 117ff.

wählten Produktgruppen und Dienstleistungen in den sächsischen Kommunen dargestellt.[43]

5.4.1 Ergebnisse zum Beschaffungsprozess allgemein

Organisation der Beschaffung

Mit der Diskussion um Verwaltungsmodernisierung und Neues Steuerungsmodell in den 90er Jahren[44] wurden auch Forderungen an den öffentlichen Beschaffungsprozess laut.[45] Hier ging es vorrangig um die Frage der zentralen oder dezentralen Organisation der Beschaffung. Die zu untersuchende Fragestellung war daher im Rahmen der Befragung, ob die Beschaffung in den sächsischen Kommunen zentral oder dezentral durchgeführt wird. Außerdem sollte untersucht werden, ob die Größe der Kommune Einfluss auf die Organisation (zentral/dezentral) der kommunalen Beschaffung hat.

KOSILEK/UHR (2002) stellten in ihrer Befragung fest, dass eine zentrale Beschaffung in Form einer koordinierenden Vergabestelle nicht mehr so häufig, wie bei früheren Untersuchungen anzutreffen ist.[46] Sie stellten auch fest, dass zwischen der Größe der Gemeinde und dem Zentralisierungsgrad kein Zusammenhang besteht. Da aber die Grundgesamtheit in dieser Befragung sehr heterogen war, sollte dieser Zusammenhang noch einmal in der hier vorliegenden Analyse für eine regional abgeschlossene Gruppe geprüft werden.

Darüber hinaus war die Frage für die Analyse auch deshalb entscheidend, weil durch eine stark dezentralisierte Beschaffung, z. B. die Weitergabe von Informationen über die Umweltfreundlichkeit von Produkten oder Dienstleistungen erschwert wird bzw. Informationen eventuell doppelt beschafft werden.[47]

In der Befragung wurde daher als erstes nach einer zentralen koordinierenden Beschaffungs-/Ausschreibungsstelle gefragt. Die Mehrheit der befragten Kommunen (81,8%) gab dabei an, keine zentrale koordinierende Beschaffungs-/Ausschreibungsstelle zu besitzen. Jedoch wurde, bei der Frage, welche Stellen stattdessen die Beschaffungsaufgaben wahrnehmen, vor allem das Hauptamt genannt, oft in Verbindung mit anderen Ämtern, z. B. Finanzamt, Kämmerei, Bauamt und Schulverwaltung. Die Autorinnen fragten des weiteren nach der verantwortlichen Beschaffungsstelle für die ausgewählten Produktgruppen und Dienstleistungen. Für die meisten Produkte ist nach den vorliegenden Ergebnissen das Hauptamt

---

[43] Für die ausführliche Beschreibung der empirischen Analyse und der detaillierten Ergebnisse vgl. GÜNTHER, E.; KLAUKE, I. (2004).

[44] Vgl. BANDEMER, S. von; BLANKE, B.; WEWER, G. (Hrsg.) (1998); KÖNIG, K.; SIEDENTOPF, H. (Hrsg.) (1997); NASCHOLD, F.; BOGUMIL, J. (Hrsg.) (1998).

[45] Vgl. BLUMENTHAL, C.; MATTHEIS, H.; REIME, W. (2000), S. 143.

[46] Vgl. KOSILEK, E., UHR, W. (2002), S. 28. Sie hatten als Grundlage für ihre Analyse SACHER, P. (1992), S.186ff. angeführt, der in seiner Untersuchung noch ein deutliches Maß an Zentralisierung in einer oder wenigen zentralen Beschaffungsstellen feststellen konnte. Vgl. SACHER, P. (1992), S.186ff.

[47] Vgl. auch KGST (1997), S.18f.

oder eine ähnliche Abteilung in Verbindung mit speziellen Ämtern und das Bauamt oder eine ähnliche Abteilung für die Koordinierung der Beschaffung zuständig. Für eine Verstärkung der umweltfreundlichen Beschaffung muss man folglich zuerst die koordinierenden Stellen gewinnen und dann eine Weiterleitung an die speziellen Ämter durchsetzen.

Instrumente der Beschaffungsmarktforschung

Durch die Beschaffungsmarktforschung sollen, wie bereits erwähnt, alle beschaffungsrelevanten Informationen gesammelt und aufbereitet werden. Als entscheidende Punkte für die Umsetzung einer umweltfreundlichen Beschaffung wurden die Nutzung der Auftragsberatungsstelle und die Nutzung bestimmter Informationsquellen zur Markterkundung gesehen. Der Grund hierfür liegt in der Annahme der Autorinnen, dass vorhandene oder nicht vorhandene Informationen Transaktionskosten sowohl in der Kommune als auch auf der Anbieterseite verursachen, die die Durchsetzung einer umweltfreundlichen Beschaffung behindern.

Nutzung der Auftragsberatungsstelle Sachsen e.V. Auftragsberatungsstellen sind eine Besonderheit in der deutschen öffentlichen Vergabe. Sie sollen als Vermittler zwischen dem öffentlichen Auftragswesen und den Unternehmen agieren.[48] Sie sollen Unternehmen bei der Beteiligung an öffentlichen Ausschreibungen durch Informationen zum öffentlichen Auftragswesen, z. B. zu Ausschreibungen, zur Erstellung der Angebotsunterlagen, zur Abwicklung von Aufträgen oder zu Beschaffungstendenzen unterstützen. Die Kommunen können, wie in §4 (2) VOL/A festgelegt, von der Auftragsberatungsstelle geeignete Bewerber benennen lassen.[49] Die Auftragsberatungsstelle bekommt die vorliegende Leistungsbeschreibung der Kommune und sucht in einer Datenbank mit gelisteten Unternehmen geeignete Lieferanten. Diese werden dann angeschrieben und zur Angebotsabgabe aufgefordert. Die Auswertung/Bewertung der Angebote nimmt die Kommune selbst vor.[50]

Für die Untersuchung der umweltfreundlichen Beschaffung in Kommunen ist diese Auftragsberatungsstelle bzw. ihre Nutzung durch die Kommunen von besonderem Interesse. Sie kann ein geeignetes Medium darstellen:

- zur Information der Kommunen über Lieferanten, die umweltfreundliche Produkte oder Dienstleistungen anbieten, bzw.
- zur Information der Anbieter über den Bedarf an umweltfreundlichen Produkten und Dienstleistungen in Kommunen.

---

[48] Vgl. SÄCHSISCHES STAATSMINISTERIUM FÜR WIRTSCHAFT UND ARBEIT (SMWA) (Hrsg.) (2001), S. 12.

[49] Vgl. VOL/A (2002) §4 (2).In der VOB können die Kommunen geeignete Dritte heranziehen, z.B. Architekten, die die Ausschreibung vorbreiten und die Angebote begutachten.

[50] Vgl. SÄCHSISCHES STAATSMINISTERIUM FÜR WIRTSCHAFT UND ARBEIT (SMWA) (Hrsg.) (2001), S. 13.

Die Frage war daher, ob die Auftragsberatungsstelle von Kommunen in den ausgewählten Produktgruppen und Dienstleistungen genutzt wird. KOSILEK/ UHR(2002) stellten in ihrer Analyse fest, dass eine Rücksprache mit den Auftragsberatungsstellen nur selten vorgenommen wird.[51]

Mit der vorliegenden Analyse lässt sich feststellen, dass über alle Produktgruppen hinweg ca. 10% der Kommunen die Auftragsberatungsstelle nutzen (vgl. Tabelle 5.7.). Daraus kann abgeleitet werden, dass diese Kommunen diese Form der Unterstützung ihrer Beschaffungsmarktforschung bereits schätzen. Es bleibt zu prüfen, wie die Zahl der Nutzer erweitert werden kann.

Tabelle 5.7. Nutzung der Auftragsberatungsstellen in den befragten Kommunen

	immer	oft	selten	nie	keine Antwort
Computer	5,2 %	2,6 %	20,8 %	59,7 %	13,0 %
Büromöbel	3,9 %	2,6 %	15,6 %	67,5 %	10,4 %
Innenbeleuchtung	2,6 %	1,3 %	10,4 %	70,1 %	15,6 %
Gebäude	5,2 %	3,9 %	14,3 %	55,8 %	20,8 %
Strom	1,3 %	10,4 %	0,0 %	68,8 %	19,5 %
Reinigungsdienstleistungen	3,9 %	1,3 %	15,6 %	64,9 %	14,3 %

Informationsquellen zur Markterkundung. Eine weitere entscheidende Frage für die Umsetzung einer umweltfreundlichen Beschaffung war die Frage, welche Informationsquellen die Kommunen zur Markterkundung heranziehen. So können sich Hinweise darauf ergeben, welche Informationsmedien für die Multiplikation einer umweltfreundlichen Beschaffung eingesetzt werden sollten.

Die Untersuchung dieser Frage wurde bereits in einigen der erwähnten Studien zum E-Procurement vorgenommen: HIRSCH & GAYER CONSULTING (2000) fanden heraus, dass Messen und Fachpublikationen und der direkte Kontakt der kommunalen Einkäufer als die wichtigsten Medien zur Erlangung des Überblicks über die Beschaffungsmärkte gesehen werden.[52] Die Studie von KOSILEK/ UHR (2002) bestätigt dieses Bild.[53] Jedoch werden in beiden Studien keine Unterschiede nach den Beschaffungsobjekten.

Bei der hier vorliegenden Analyse wurde zusätzlich der Teilnehmerwettbewerb als Alternative angegeben. Wenden die Kommunen die beschränkte Ausschreibung oder freihändige Vergabe mit Teilnehmerwettbewerb an, so müssen sie die Unternehmen durch Bekanntmachungen in Tageszeitungen, amtlichen Veröffentlichungsblättern oder Fachzeitschriften auffordern, sich um die Teilnahme zu bewerben. Die Bewerber stellen zunächst einen Teilnehmerantrag. Dieser wird von der Vergabestelle auf die Erfüllung formaler Kriterien und von dem Bedarfsträger nach inhaltlichen Kriterien untersucht. Bei positivem Ergebnis erhält und bearbei-

---

[51] Vgl. KOSILEK, E./ UHR, W. (2002), S. 53.

[52] Vgl. HIRSCH & GAYER CONSULTING (2000), S. 71.

[53] Vgl. KOSILEK, E.; UHR, W. (2002), S. 52f.

tet der Bewerber die Vergabeunterlagen und reicht sein Angebot ein.[54] Insofern stellt diese Form der Vergabe auch eine Art der Informationsbeschaffung dar.

Die in Tabelle 5.8. zusammenfassend dargestellten Ergebnisse zeigen, dass auch in der hier durchgeführten Befragung der *persönliche Kontakt* das Hauptinstrument zur Beschaffung von Informationen im Rahmen der Markterkundung von Kommunen darstellt. Dies bedeutet, dass Unternehmen, die umweltfreundliche Produkte oder Dienstleistungen anbieten, gezielt auf die Kommune zugehen und ihr Angebot vorstellen sollten.

Tabelle 5.8. Informationsquellen in der Beschaffungsmarktforschung

	Computer	Büromöbel	Innen-beleuchtung	Gebäude	Strom	Reinigung
Persönlicher Kontakt	71,4 %	72,3 %	52,0 %	52,0 %	39,0 %	63,6 %
Teilnehmerwettbewerb	48,1 %	48,1 %	31,2 %	31,2 %	13,0 %	52,0 %
Internet	47,0 %	13,0 %	6,5 %	6,5 %	9,1 %	24,7 %
Fachzeitschrift	41,6 %	22,1 %	6,5 %	6,5 %	7,8 %	5,2 %
Lieferantenverzeichnis	22,1 %	31,2 %	28,6 %	28,6 %	7,8 %	2,6 %
Messe	14,3 %	2,6 %	1,3 %	1,3 %	1,3 %	0,0 %

Beschaffungsvergabe

In der Phase der Beschaffungsvergabe wird die Art des Ausschreibungsverfahrens festgelegt.[55] Für die Unternehmen ist in dieser Phase die Bewertung und Auswahl der Bieter und der Angebote interessant. Außerdem stellte sich bei der Betrachtung der aktuellen Entwicklung in der öffentlichen Vergabe für die vorliegende Analyse die Frage, ob die Kommunen grundsätzlich bereit sind, Käufergemeinschaften zu bilden.

Verfahren zur Auswertung der Zuschlagskriterien (der Angebote). Die wichtigsten Instrumente der öffentlichen Beschaffung sind die Leistungsbeschreibung und die Art des Vergabeverfahrens.[56] In der Studie des BME (2000) wurde herausgefunden, dass lediglich ein Viertel der dort befragten öffentlichen Auftraggeber standardisierte Bewertungsmethoden, wie Scoringmethoden und Checklisten verwenden, um die eingehenden Angebote der Unternehmen zu bewerten.[57]

Private Unternehmen nutzen hier verschiedene Lieferantenbewertungsmethoden. GLANTSCHIG (1994) unterteilt bei den wichtigsten Lieferantenbewertungsverfahren in quantitative (Bilanzanalyse, Preis-Entscheidungsanalyse, Kosten-Entscheidungsanalyse, Optimierungserfahren, Kennzahlenverfahren) und qualitative Bewertungsverfahren (Profiltechnik, Checklistenverfahren, Lieferantentypologien, Portfoliomethode, Notensysteme, Punktbewertungsverfahren, Matrix Approach,

[54] Vgl. SÄCHSISCHES STAATSMINISTERIUM FÜR WIRTSCHAFT UND ARBEIT (SMWA) (Hrsg.) (2001), S. 8.

[55] Vgl. Abschnitt 5.2.1.

[56] Vgl. BME (2000), S. 19.; GRAẞL, S. (2001), S. 54.

[57] Vgl. BME (2000), S. 20.

Nutzwertanalyse, Geldwertmethode)[58], von denen die nachfolgenden in der Befragung erhoben wurden.[59]

1. Qualitative Bewertungsverfahren
- *Kriterienkatalog/ Checkliste:* Die Checkliste ist das in der Praxis am häufigsten angewandte Verfahren.[60] In der öffentlichen Verwaltung stellt eigentlich die Leistungsbeschreibung bereits die Checkliste dar. Dabei werden alle Selektionskriterien, die für die Beurteilung der Lieferanten Berücksichtigung finden sollen, aufgelistet und entweder einfach mit „ja/nein" oder mehrstufig, z. B. mit einer fünfstufigen Präferenzskala, bewertet.[61]
- *Punktwertverfahren/Nutzwertanalyse:* Beim Punktwertverfahren werden die Selektionskriterien entsprechend ihrer Bedeutung mit Höchstpunktzahlen gewichtet. Die Erfüllung der entsprechenden Kriterien für jedes der alternativen Angebote drückt sich dann in der Punktzahl im Verhältnis zur Höchstpunktzahl aus, die für jedes Kriterium vergeben wird.[62] Hierbei gibt es verschiedene Methoden.[63] Eine der bekanntesten ist die Nutzwertmethode, bei der die einzelnen Angebotsalternativen in ihrer Gesamtheit danach zu bewerten sind, wie groß ihr Beitrag zur Erreichung des Beschaffungsziels sein könnte.[64]
- *Gegenüberstellung der Vor- und Nachteile:* Die Gegenüberstellung von Vor- und Nachteilen in Form einer Argumentenbilanz[65] stellt kein Auswahlverfahren im Sinne eines Instrumentes dar. Es ist vielmehr eine einfache Methode für die Gegenüberstellung mehrerer Alternativen.

2. Quantitative Bewertungsverfahren
- *Preis-Entscheidungsanalysen:* Die Bewertung des Beschaffungspreises ist im Rahmen der Lieferantenbewertung von großer Bedeutung.[66] GLANTSCHIG nennt hierfür drei Möglichkeiten: Die Preisstrukturanalyse untersucht den Beschaffungspreis eines Lieferanten auf seine Kosten- sowie Gewinnbestandteile.[67] Allerdings benötigt das beschaffende Unternehmen Kenntnis über das Kalkulationsverfahren beim Lieferanten.[68] Die Preisbeob-

[58] Vgl. GLANTSCHIG, (E.) (1994). Diese Aufstellung der Lieferantenbewertungsmethoden wird auch aktuell noch zitiert. Vgl. z.B. bei KOPPELMANN, U. (2004), S. 260ff.

[59] Die Auswahl wurde bei mehrmaligen Besprechungen zum Fragebogen vorgenommen.

[60] Vgl. GLANTSCHIG, E. (1994), S. 34f.

[61] Vgl. GLANTSCHIG, E. (1994), S. 34f.

[62] Vgl. GLANTSCHIG, E. (1994), S. 42f.

[63] z.B. Punktbewertungsverfahren, Prozentbewertungsverfahren, Scoring-Methode. Vgl. GLANTSCHIG, E. (1994), S. 42f.

[64] Vgl. GLANTSCHIG, E. (1994), S. 48.

[65] Vgl. BLOECH, J.; GÖTZE, U. (1993), S. 133–141.

[66] Vgl. GLANTSCHIG, E. (1994), S. 26.

[67] Diesen Weg gehen auch die bereits 1953 eingeführten Leitsätze für die Preisermittlung aufgrund von Selbstkosten, die heute noch gültig sind. Vgl. Anlage zur Verordnung PR Nr. 30/53 vom 21. November 1953: Leitsätze für die Preisermittlung aufgrund von Selbstkosten.

[68] Vgl. GLANTSCHIG, E. (1994), S. 26.

achtung untersucht den Preis im Zeitverlauf und soll Prognosen ermöglichen.[69] Beim Preisvergleich werden Preise verschiedener Lieferanten miteinander verglichen und das günstigste Angebot wird ermittelt.

- *Kosten-Nutzenanalysen/Kostenwirksamkeitsanalysen:* Mit der Kosten-Nutzenanalyse wird versucht, sämtliche wesentliche Folgewirkungen aufzuspüren und monetär zu bewerten, auch dann, wenn keine unmittelbar bewirkten Ein- und Auszahlungen vorliegen. Die Kostenwirksamkeitsanalyse bewertet dagegen nur die negativen Wirkungen von Handlungen monetär. Die positiven Wirkungen werden nur beschrieben.[70]
- *Kostenvergleich:* Im Rahmen des Kostenvergleichs werden die durch die Bewertung des Lieferanten entstehenden Kosten bezüglich Qualität, Lieferung und Service, z. B. Besuchskosten, Prüfkosten, Kosten für Nacharbeiten, Lieferkosten, Servicekosten untersucht.[71]

Tabelle 5.9. zeigt, dass in den Kommunen der *Kostenvergleich* (93,4% aller befragten Kommunen) und die einfache *Gegenüberstellung von Vor- und Nachteilen* (51,3% aller befragten Kommunen) am häufigsten benutzt werden. Das zeigt, dass Kommunen nicht nur den Preis als entscheidendes Kriterium sehen, sondern auch andere Faktoren einbeziehen. Welche Faktoren dies sind, wird im folgenden Abschnitt erläutert.

Tabelle 5.9. Verfahren zur Auswertung der Zuschlagkriterien

	alle befragten Kommunen	5.000–9.999 Einwohner	10.000–19.999 Einwohner	20.000 Einwohner und mehr
Kostenvergleich	92,2 %	90,7 %	69,0 %	100,0 %
Gegenüberstellung der Vor- und Nachteile	50,6 %	41,9 %	51,7 %	50,0 %
Kosten-Nutzenanalysen/ Kostenwirksamkeitsanalysen	36,4 %	39,5 %	20,7 %	41,7 %
Kriterienkatalog/ Checkliste	32,5 %	25,6 %	31 %	41,7 %
Preis-Entscheidungsanalysen	31,2 %	30,2 %	17,2 %	50,0 %
Punktwertverfahren/ Nutzwertanalyse	9,1 %	2,3 %	13,8 %	16,7 %

Kriterien für die Beschaffungsentscheidung. Die VOL, VOF und VOB legen als allgemeine Kriterien für einen öffentlichen Beschaffungsvorgang Preis, Fachkunde, Leistungsfähigkeit und Zuverlässigkeit fest.[72] Welche speziellen Kriterien für den Beschaffungsvorgang herangezogen werden, wird dabei jedoch nicht ver-

[69] Vgl. GLANTSCHIG, E. (1994), S. 26.
[70] Vgl. GLANTSCHIG, E. (1994), S. 26.
[71] Vgl. GLANTSCHIG, E. (1994), S. 28.
[72] VOL/A §2 Nr. 3. “Leistungen sind unter ausschließlicher Verantwortung der Vergabestellen an fachkundige, leistungsfähige und zuverlässige Bewerber zu angemessenen Preisen zu vergeben“.

tiefend ausgeführt. In der Untersuchung von HIRSCH & GAYER CONSULTING (1998) wurden die öffentlichen Auftraggeber nach sogenannten kaufentscheidenden Faktoren befragt. In der Untersuchung des BME (2000) wurde nach Kriterien gefragt, die die Lieferantenauswahl und –auswertung beeinflussen können. KOSILEK/UHR (2002) untersuchten die Relevanz von Entscheidungskriterien im Rahmen der Produkt- und Lieferantenauswahl. Tabelle 5.10. zeigt die in den o.g. Studien abgefragten Kriterien. Die Kriterien sind sortiert nach der Gewichtung, die in den jeweiligen Analysen herausgefunden wurden.
Die Studien analysierten jedoch nicht die Unterschiede zwischen einzelnen Produktgruppen oder Dienstleistungen. Folgende dreizehn Kriterien wurden nach der Diskussion der Kriterien aus den o.g. Studien für den Fragebogen ausgewählt, wobei von den Autorinnen eine Aufteilung in produkt- und lieferantenbezogene Kriterien vorgenommen wurde. Zu den produktbezogenen Kriterien gehörten:

- Leistungsfähigkeit des Produktes
- Langlebigkeit
- Reparaturfreundlichkeit
- (Geräte-) Sicherheit
- Betriebskosten

Den lieferantenbezogenen Kriterien wurden zugeordnet:

- Wirtschaftlichstes Angebot
- Fachkunde des Lieferanten
- Liefergenauigkeit
- Lieferschnelligkeit
- Wartungs- und Installationsdienstleistungen
- Reklamationsverhalten, Beschwerdemanagement
- Garantieleistungen

Die produktbezogenen Kriterien *Leistungsfähigkeit des Produktes*, *Langlebigkeit*, *Reparaturfreundlichkeit* und *(Geräte-) Sicherheit* geben hierbei nach Meinung der Autorinnen die Qualität des Produktes wieder. Der Preis wird durch das Kriterium *wirtschaftlichstes Angebot* dargestellt. Das *wirtschaftlichste Angebot* wird allerdings in einigen Produktgruppen auch über die Betriebskosten definiert, so dass der Preis bei diesen Produktgruppen nicht das alleinige Kriterium für das *wirtschaftlichste Angebot* sein kann. Daher wurden die *Betriebskosten* zusätzlich als einzelnes Kriterium angegeben.

Hierbei ist zu beachten, dass nicht für alle Produkte und Dienstleistungen die Kriterien gleichermaßen sinnvoll sind. Daher wurde bei der Auswertung der Antworthäufigkeiten auch die Sinnhaftigkeit des Kriteriums für die Beschaffung berücksichtigt.

Tabelle 5.11. zeigt die ausgewerteten Prozenthäufigkeiten für die einzelnen Beschaffungskriterien zusammenfassend. Es zeigte sich, dass das Kriterium *wirtschaftlichstes Angebot* derzeit das wichtigste Kriterium für eine Beschaffungsentscheidung in sächsischen Kommunen darstellt.

Tabelle 5.10. Kriterien der Produkt- bzw. Lieferantenauswahl in bisherigen Studien

Untersuchung von Hirsch & Gayer Consulting (1998)[a]	Studie von BME (2000)[b]	Studie von Kosilek/Uhr (2002)
Qualität (4,93)	Nennung von Kriterien zu	Betriebskosten (99,5%)
Preis (4,84)	(1) Versorgungssicherheit:	Produktqualität (99,5%)
Leistungsfähigkeit (4,75)	Termintreue (82%)	Zuverlässigkeit des Anbieters
Liefergenauigkeit (4,61)	Lieferzeit (78%)	(98,6%)
Ersatzteile (4,52)	Flexibilität (67%)	Beschaffungskosten (98,6%)
Deadline (4,47)	Lieferantenunabhängigkeit	Kundendienst des Anbieters
Lieferschnelligkeit (4,46)	(23%)	(97,6%)
Fachkunde (4,45)	Produktspektrum (13%)	Leistungsfähigkeit des Anbie-
Reklamationsverhalten (4,37)	Kapazität (13%)	ters (96,8%)
Sicherheit (4,33)		(Für die folgenden Kriterien
After Sales Service (4,32)	(2) Qualität:	wurden keine %-Angaben
Betriebskosten (4,28)	Qualitätsniveau (78%)	gemacht)
Rentabilität (4,23)	Qualitätskonstanz (75%)	Sicherheit von Ersatzteilliefe-
Überwachung ((3,80)	Produkterfahrung (53%)	rungen
Langfristigkeit (3,75)	ISO 9000 Zertifizierung	Lieferzeiten des Lieferanten
deutsche Sprache (3,73)	(32%)	Flexibilität des Anbieters
Renomee (3,31)	Probeauftrag (23%)	Reklamationsverhalten des
Ästhetik (2,81)		Anbieters
ortsansässig (2,63)	(3)Allgemeine Kriterien	Verfügbarkeit ausführlicher
	Technologie/ Know how	Produktinformationen
	(86%)	Verfügbarkeit von Produkt-
	Kooperationsfähigkeit (65%)	zertifikaten
	Mitarbeiterqualifikation	Verständlichkeit der Bedie-
	(48%)	nungsunterlagen
	Umweltgerechte Leistung	Verfügbarkeit ausführlicher
	(36%)	Informationen über den An-
	Reputation (26%)	bieter
		bereits bestehende Lieferbe-
		ziehungen zum Anbieter
		Renommee des Anbieters
		Produktdesign

[a] Mittelwerte ausgewertet, bei einer Skala von 1–5
[b] Anteil der öffentlichen Auftraggeber; Mehrfachnennungen möglich

Die anderen Kriterien variieren je nach Produktgruppe: Während *Langlebigkeit* bei den Produktgruppen Büromöbel, Innenbeleuchtung und Gebäude als sehr wichtig angesehen wird, ist dieses Kriterium für die Produktgruppen IT, Strom und Reinigungsdienstleistungen eher unerheblich. *Betriebskosten* spielen v.a. in den Bereichen Bau, Innenbeleuchtung und Strom eine Rolle. Als wichtig über alle Produktgruppen werden die *(Geräte-) Sicherheit, Fachkunde des Lieferanten* und die *Leistungsfähigkeit des Produktes* erachtet.

Tabelle 5.11. Die Bedeutung der Beschaffungskriterien für die einzelnen Produktgruppen

Kriterien	IT	Büro-möbel	Innen-beleuch-tung	Gebäude	Strom	Reinigungs-dienst-leistungen
Wirtschaftlichstes Angebot	80,5%	83,1%	64,9%	67,5%	55,8%	80,5%
Fachkunde des Lieferanten	63,6%	51,9%	49,4%	57,1%	36,4%	67,5%
Leistungsfähigkeit des Produktes	77,9%	51,9%	55,8%	45,5%	39,0%	54,5%
Liefergenauigkeit	31,2%	40,3%	31,2%	45,5%	36,4%	46,8%
Lieferschnelligkeit	20,8%	29,9%	23,4%	35,1%	36,4%	44,2%
Wartungs- und Installations-dienstleistungen	68,8%	23,4%	48,1%	37,7%	27,3%	15,6%
Reklamationsverhalten, Beschwerdemanagement	58,4%	42,9%	40,3%	44,2%	28,6%	46,8%
Garantieleistungen	77,9%	64,9%	53,2%	51,9%	23,4%	33,8%
Betriebskosten	53,2%	32,5%	64,9%	59,7%	41,6%	40,3%
Langlebigkeit	57,1%	76,6%	66,2%	61,0%	--	--
(Geräte-)Sicherheit	58,4%	53,2%	61,0%	49,4%	6,5%	27,3%
Reparaturfreundlichkeit	37,7	33,8%	44,2%	39,0%	--	--

Käufergemeinschaften

Die Möglichkeit, kommunale Einkaufsgemeinschaften zu bilden, wird immer häufiger untersucht.[73] Durch die Bildung von Einkaufskooperationen können Kommunen ihre Beschaffungsausgaben senken.[74] SCHMIDT (2002) gibt an, dass ca. 15% bei den Beschaffungsausgaben eingespart werden könnten, wenn die Nachfrage gebündelt würde.[75] Allerdings ist die Bildung von kommunalen Einkaufsgemeinschaften nur in Grenzen zulässig, da die öffentliche Hand eine starke Marktmacht besitzt und somit die Existenz kleinerer Lieferanten bedrohen könnte.[76] §1 GWB, der wettbewerbsbeschränkende Vereinbarungen verbietet, ist auch

[73] Vgl. Urteil des Bundesgerichtshofes zur Zulässigkeit von Einkaufskooperationen vom 12.11.2002, AZ KZR 11/01. Dieses Urteil beschäftigt sich mit der Zulässigkeit von kommunalen Einkaufsgemeinschaften. Einkaufsgemeinschaften werden nach diesem Urteil als zulässig angesehen. Gegenstand des Urteils war die Ausschreibung von Ausrüstungsgegenständen für Feuerlöschzüge. Diese Ausschreibung wurde von einer Gesellschaft des Niedersächsischen Städte- und Gemeindebundes vorgenommen. Diese Gesellschaft bietet den Mitgliedsgemeinden an, über sie den Bezug von bestimmten Waren vorzunehmen. Wird sie dann beauftragt, sammelt sie die ihr von den Gemeinden übermittelten Bestellungen und führt hierzu gemeinsame Ausschreibungen durch.

[74] Vgl. GEHRMANN, F.; SCHINZER, H. (2002), S. 19. SCHMIDT, M. (2002), S. 313.

[75] Vgl. SCHMIDT, M. (2002), S. 312. SCHMIDT geht hierbei von einer Zahl von jährlich ca. 52 Milliarden € für kommunale Beschaffungen in Deutschland aus, wobei nicht erläutert wird, wie sich diese Zahl zusammensetzt.

[76] Vgl. KGST (2003), S. 40.

auf kommunale Vergabestellen anwendbar. Kleinere und mittlere Gemeinden können sich jedoch auch auf §4 Abs. 2 GWB berufen.[77]

Die Thematik der Käufergemeinschaften ist vor allem im Hinblick auf die Beschaffungsoptimierung zu sehen.[78] Aber auch für eine umweltfreundliche Beschaffung können Käufergemeinschaften ein Potenzial darstellen, um die Nachfragemacht der Kommunen und somit die Nachfrage nach umweltfreundlichen Innovationen zu erhöhen. Kommunale Einkaufsgemeinschaften können sich so gestalten, dass sich zwei oder mehrere Kommunen zusammenschließen, um gemeinsam Ausschreibungen zu tätigen, und um damit eine bessere Verhandlungsposition bei den Anbietern/Lieferanten zu erzielen. [79]

In der Studie des BME (2000) gaben 35% der befragten öffentlichen Auftraggeber an, dass sie Kooperationen zur Bündelung des Einkaufsvolumens eingehen.[80] Bei der Befragung von GRAßL (2002) konnten sich 65% der befragten Kommunen vorstellen, sich mit anderen Kommunen zu solchen Käufergemeinschaften zusammenzuschließen. 23% konnten sich das nicht vorstellen. 12% nahmen mit „weiß nicht" eine zurückhaltende Stellung ein.[81]

Bei beiden Analysen wurden keine Unterschiede bei den Produktgruppen bzw. Dienstleistungen untersucht. Daher wurde in der vorliegenden Analyse bei der Frage „Halten Sie es für sinnvoll, sich mit anderen Kommunen zu Käufergemeinschaften zusammenzuschließen?" eine Unterteilung nach Produktgruppen vorgenommen.

Zwischen 45 und 67% der befragten Kommunen, die weniger als 50.000 Einwohner haben[82], waren der Meinung, dass Käufergemeinschaften in den ausgewählten Produktgruppen und Dienstleistungen nicht sinnvoll seien (vgl. Tabelle 5.12.). 11 bis 28% der befragten Kommunen waren immerhin der Meinung dass Käufergemeinschaft (eventuell) sinnvoll sein können.[83] Bei der Produktgruppe Strom waren die meisten der befragten Kommunen (19,2 %) der Meinung, dass Käufergemeinschaften sinnvoll seien. Die Frage, die sich hier stellt, ist, warum den Kommunen gerade Strom als eher geeignet für Käufergemeinschaften erscheint. Dies sollte weiter untersucht werden.

Interessant ist, dass die erste Gruppe (5.000 bis 9.999 Einwohner) für die Mehrzahl der Produktgruppen und Dienstleistungen Käufergemeinschaften stärker be-

[77] Vgl. KGST (2003), S. 40. Diese Auffassung wird auch vom BUNDESKARTELLAMT (2001), S. 45 geteilt.

[78] Vgl. GRAßL, S. (2002), S. 84.

[79] Vgl. GRAßL, S. (2002), S. 84.

[80] Vgl. BME (2000), S. 26.

[81] Vgl. GRAßL, S. 85.

[82] Aufgrund eines Hinweises des stellvertretenden Geschäftsführers des Sächsischen Städte- und Gemeindetages, dass Kommunen mit mehr als 50.000 Einwohnern eine zu große Nachfragemacht darstellen würden, wenn sie sich mit mehreren größeren Kommunen zusammenschließen, wurden nur Kommunen mit weniger als 50.000 Einwohner zur Beantwortung der Frage aufgefordert.

[83] Berücksichtigt werden muss bei dem Bereich „Gebäude", dass es sich hierbei um eine sehr heterogene Produktgruppe handelt, bei der die Auftragsvergabe unterschiedliche Bereiche betreffen kann.

fürwortet als die Kommunen mit 10.000 bis 19.999 Einwohnern und 20.000 bis 49.999 Einwohnern. Die Ursache hierfür könnte darin liegen, dass für kleinere Kommunen Käufergemeinschaften eher sinnvoll sind, da sich für sie Kostenvorteile und eventuell eine Verringerung des Personalaufwandes ergeben.[84]

Tabelle 5.12. Bereitschaft zur Bildung von Käufergemeinschaften

	ja	eventuell	nein	keine Meinung/ keine Antwort
Computer/Notebooks/Laptops	2,7	23,3	56,2	12,8 %
Büromöbel	2,7	16,4	67,1	13,7 %
Innenbeleuchtung	4,1	6,8	64,4	24,6 %
Gebäude(Neubauten)	1,4	13,7	57,5	26,0 %
Strom	19,2	9,6	45,2	26,0 %
Reinigungsdienstleistungen	8,2	17,8	54,8	19,1

Hemmnisse einer umweltfreundlichen Beschaffung

Um mögliche Potenziale einer umweltfreundlichen Beschaffung ausschöpfen zu können, ist es notwendig zu wissen, welche Hemmnisse die Umsetzung einer umweltfreundlichen Beschaffung behindern. Die in der Befragung angeführten Hemmnisse *fehlendes Interesse, Unsicherheiten bezüglich der Rechtslage bei der Beschaffung umweltfreundlicher Produkte, fehlendes Umweltwissen sowie Know-how zur Entwicklung von Umweltkriterien, fehlende finanzielle Ressourcen* geben die wichtigsten Hemmnisse wieder, die in bereits vorliegenden Untersuchungen herausgefunden wurden.[85] Die gleichen Antwortkategorien wurden in einer EU-weiten Befragung im Rahmen einer Studie im Auftrag der EU-Kommission[86] verwendet. Somit konnte ein Vergleich der hier vorliegenden Ergebnisse mit den dortigen vorgenommen werden.

In der Befragung der sächsischen Kommunen gaben 85,3% finanzielle Ressourcen als das größte Hemmnis für eine umweltfreundliche Beschaffung an. Nur 30,1% hielten fehlendes Umweltwissen und Know How zur Entwicklung von Umweltkriterien für ein bedeutendes Hemmnis. Das oft vermutete Hemmnis der Unsicherheiten bezüglich der Rechtslage bei der Beschaffung umweltfreundlicher Produkte wurde zwar von 15,1% als Hemmnis gesehen, stellte aber aus der Sicht der Kommunen nicht das Haupthemmnis dar. Als geringstes Hemmnis wurde fehlendes Interesse wahrgenommen.

Das bedeutet, dass in den Kommunen ein Interesse besteht, eine umweltfreundliche Beschaffung durchzuführen, jedoch die Umsetzung daran scheitert, dass nach Wahrnehmung der Probanden die finanzielle Lage dies nicht zulässt. Allerdings beruht diese Wahrnehmung auf der Annahme, dass die Berücksichtigung

[84] Ein statistischer Zusammenhang zwischen den Gemeindegröße und der Bereitschaft, Käufergemeinschaften zu bilden, kann jedoch nicht nachgewiesen werden.

[85] Vgl. Kapitel 8.

[86] Vgl. Kapitel 3.

von Umweltaspekten eine finanzielle Mehrbelastung bei den Anschaffungsausgaben oder bei den laufenden Betriebskosten bedeutet. Speziell im Bereich der Innenbeleuchtung[87] gibt es Studien, die nachweisen, dass es sich hierbei um ein wahrgenommenes, aber nicht um ein reales Hemmnis handelt.

Als weitere Hemmnisse wurden *Bürokratie, Kosten, Preis der umweltfreundlichen Produkte/ zu hoher Preis im Vergleich zu qualitätsgleichen Normalprodukten (z. B. Kopierpapier), Vergabekriterien der öffentlichen Hand, Vergaberecht/ Vergaberecht i.V.m. Preisgestaltung* genannt.

Der Vergleich der Ergebnisse der hier vorliegenden Befragung mit den Ergebnissen der erwähnten EU-weiten Befragung ergab, dass auch in der vorliegenden Befragung fehlende finanzielle Ressourcen als großes Hemmnis eingestuft wurden. EU-weit wurde allerdings dem Hemmnis fehlendes Umweltwissen/know how ein höherer Stellenwert eingeräumt. Die Befragten innerhalb Deutschlands bewerteten dieses Hemmnis nicht so hoch. Auch von den befragten sächsischen Kommunen wurde fehlendes Umweltwissen nicht als Problem gesehen. Ebenfalls wird die Unsicherheit bezüglich der rechtlichen Lage EU-weit als wichtiger eingeschätzt als in Deutschland und Sachsen.

5.4.2 Einbeziehung von Umweltkriterien bei der Beschaffung

Es gibt einige Best-Practice-Beispiele für jede der untersuchten Produktgruppen und Dienstleistungen in Deutschland oder europaweit, die zeigen, dass Kommunen umweltfreundliche Beschaffung umsetzen. Jedoch liegt gerade in Ostdeutschland aufgrund der wirtschaftlichen Lage der Kommunen[88] die Vermutung nahe, dass ökologische Kriterien bei der Beschaffung der ausgewählten Produktgruppen eine eher geringe Rolle spielen. Daher sollte untersucht werden, wie sich dies für die ausgewählten Produktgruppen und Dienstleistungen gestaltet.

Hierfür werden zunächst die wichtigsten Umweltauswirkungen der Produktgruppen und Dienstleistungen dargestellt. Die Auswahl der umweltrelevanten Kriterien für den Fragebogen beruht auf Informationshilfen zum Bereich umweltfreundliche Beschaffung in Kommunen[89] und auf dem EU-weiten FORSCHUNGSPROJEKT RELIEF. Daran anschließend werden die wichtigsten Ergebnisse kurz dargestellt.

[87] GÜNTHER, T.; KRIEGBAUM, C. (1999), S. 232ff.

[88] Vgl. DEUTSCHER STÄDTE- UND GEMEINDETAG (DSTGB) (2003); HEIMANN, P. (2003).

[89] BUNDESMINISTERIUM FÜR LAND- UND FORSTWIRTSCHAFT, UMWELT UND WASSERWIRTSCHAFT (BMLFUW) ÖSTERREICH; BUNDESMINISTERIUM FÜR BILDUNG, WISSENSCHAFT UND KULTUR (BMBWK) ÖSTERREICH u.a. (Hrsg.) (2001): Check it! – Kriterienkatalog umweltfreundliche Beschaffung; Umweltbundesamt (UBA) (Hrsg.) (1999): Handbuch umweltfreundliche Beschaffung.

Umweltauswirkungen und Auswahl der umweltrelevanten Kriterien für die ausgewählten Produkte/ Dienstleistungen

Umweltauswirkungen durch Computer, Laptops und Monitore. Zur IT-Ausstattung zählen unterschiedliche Gerätegruppen, wie Personalcomputer, Laptops/ Notebooks, Drucker, Photokopierer, Faxgeräte oder Multifunktionsgeräte mit mehreren Funktionen, wie Drucken, Faxen, Scannen oder Kopieren.[90] In der vorliegenden Untersuchung wurde eine Beschränkung auf PCs, Laptops und Monitore vorgenommen.

In einer Untersuchung von SCHMIDT, A.; FRYDENDAL, J. (2003) wurden zur Analyse der Umweltauswirkungen von Computern verschiedene Eco-Labels[91], die Green Purchasing Guidelines für Dänemark[92] und eine LCA-Analyse[93] herangezogen. Während die reinen Energielabel unter den Eco-Labeln nur den Energiekonsum in der Nutzungsphase betrachten, stellen Umweltzeichen, wie Blauer Engel, Nordic Swan und EU-Flower[94] auch Anforderungen an die Lebensdauer, die Nutzung gefährlicher Substanzen, Verpackung etc.. Für die Entwicklung der Green Purchasing Guidelines wurden die Umwelteinwirkungen über den Lebenszyklus untersucht, wobei dieser in die Materialbeschaffungsphase, die Herstellungsphase, die Nutzungsphase und die Entsorgungsphase unterteilt wurde. Analysiert wurden der Materialverbrauch, der Energieverbrauch, die entstehenden Umwelteinwirkungen und die gesundheitlichen Einwirkungen. Die in dieser Untersuchung gewonnenen Erkenntnisse sind in Tabelle 5.13 dargestellt. Die angesprochene LCA-Analyse ergab wiederum, dass die meisten Umwelteinwirkungen, wie globale Erderwärmung, Versauerung oder Ozonabbau, in der Nutzungsphase verursacht werden und vorrangig durch deren Energieverbrauch entstehen.[95] Zusammenfassend zeigte sich bei der Untersuchung von SCHMIDT, A.; FRYDENDAL, J. (2003), dass für IT-Produkte der Energieverbrauch in der Nutzungsphase und die damit verbundenen Umweltauswirkungen am umweltrelevantesten sind.[96] Daher betrachtet die hier vorgenommene Untersuchung diesen Aspekt als wichtigsten Aspekt.

[90] Vgl. Kapitel 10.

[91] Nordic Swan, TCO 99, EU-Flower, Blauer Engel und Energielabel (GEEA-Label, Energy-Star).

[92] DANISH EPA (1998) zitiert nach SCHMIDT, A.; FRYDENDAL, J. (2003), S. 147.

[93] ATLANTIC CONSULTING AND IPU (1998). Vgl. SCHMIDT, A.; FRYDENDAL, J. (2003), S. 149.

[94] Die Kriterien für Computer und Laptops sind noch immer in Revision. Europäische Kommission (2004).

[95] Vgl. SCHMIDT, A.; FRYDENDAL, J. (2003), S. 150.

[96] SCHMIDT, A.; FRYDENDAL, J. (2003), S. 150.

Tabelle 5.13. Prozesse, Materialien und Substanzen mit signifikanten Umwelteinwirkungen und Wirkungen auf die Gesundheit über den Lebenszyklus[97]

Lebenszyklusphasen	Einwirkungen
Materialbeschaffungsphase	Nutzung nicht erneuerbarer Ressourcen (z. B. Erdöl für die Herstellung von PVC), Umwelteinwirkungen z. B. durch die Entstehung von Schwefeldioxid bei der Produktion von Metallen und Wirkungen auf die Gesundheit bei der Produktion der Einsatzstoffe, wie Stahl, Aluminium oder Plastik
Herstellungsphase	Ozonabbau durch den Herstellungsprozess und Wirkungen auf die Gesundheit durch ergonomische Aspekte
Nutzungsphase	Energieverbrauch, Umweltwirkungen durch globale Erderwärmung, Versauerung, Ökotoxizität, Wirkungen auf die Gesundheit durch ergonomische Aspekte, Lärm, Flammschutzmittel, elektrische und magnetische Strahlung
Entsorgungsphase	Wiederverwendung von Plastik und elektronischen Teilen, Umwelteinwirkungen durch Toxizität und Ökotoxizität (Schwermetalle in den Teilen) sowie Versauerung (HCl durch Verbrennung von PVC)

Umweltkriterien Monitore, Computer und Laptops. Für die Auswahl der relevantesten Kriterien wurden Informationsdienste zur umweltfreundlichen Beschaffung, verfügbare Umweltzeichen und Energielabel herangezogen (vgl. Anhang Tabellen 5.26.–5.28.). Zusätzlich zu Kriterien, die v.a. den Energieverbrauch betreffen, wurden Kriterien, wie Rücknahmegarantie und Modernisierung der Komponenten über mehrere Jahre als wichtig von den Autorinnen erachtetet. Die Tabellen 5.14 und 5.15. geben die Kriterien und ihre Bedeutung für die Umwelt (Umweltrelevanz) an, die im Fragebogen abgefragt wurden.

Umweltauswirkungen durch Büromöbel. Büromöbel sind langlebige Investitionsgüter mit wichtigen Funktionen: Sie unterstützen die Arbeitsprozesse, erhalten Arbeitskraft und Gesundheit und können auch die Motivation durch gestalterische Ausstrahlung und ergonomische Werte steigern.[98]

Als die wichtigsten Aspekte bei Büromöbeln werden vom BUNDESMINISTERIUM FÜR LAND- UND FORSTWIRTSCHAFT, UMWELT UND WASSERWIRTSCHAFT (BMLFUW) ÖSTERREICH; BUNDESMINISTERIUM FÜR BILDUNG, WISSENSCHAFT UND KULTUR (BMBWK) ÖSTERREICH U.A. (Hrsg.) (2001a) genannt:[99]

[97] Basierend auf DANISH EPA 1998, in Anlehnung an SCHMIDT, A.; FRYDENDAL, J. (2003), S. 147.

[98] Vgl. VERBAND BÜRO-, SITZ- UND OBJEKTMÖBEL E.V. (BSO) (2003).

[99] Vgl. BMLFUW ÖSTERREICH; BMBWK ÖSTERREICH U.A. (Hrsg.) (2001), S. 83.

- die möglichst weitgehende Freiheit von Schadstoffen, insbesondere von flüchtigen organischen Verbindungen aus der Oberflächenbeschichtung und von Formaldehyd, insbesondere bei den verwendeten Holzwerkstoffen,
- die ergonomische Eignung,
- die intelligente Konstruktion mit leicht zerlegbaren Verbindungen,
- die Materialreduktion und Verringerung der Stoffvielfalt,
- die Oberflächenbehandlungen und
- die Entsorgung

Die auf eine möglichst lange Lebenszeit ausgerichtete Konstruktion ist eine der wichtigsten Voraussetzungen, damit die meisten dieser Aspekte von vornherein berücksichtigt werden können.[100]

Umweltkriterien Büromöbel. Im Anhang Tabelle 5.29. und 5.30. sind die wichtigsten Anforderungen der verwendeten Informationshilfen zusammengefasst, an denen sich auch die Auswahl der umweltrelevanten Kriterien, dargestellt in Tabelle 5.16. orientiert.

Umweltauswirkungen durch Innenbeleuchtung. Dem Energieverbrauch in der Nutzungsphase von Gebäuden durch die Innenbeleuchtung wird eine große Bedeutung zugesprochen.[101] Durch die Gestaltung einer Beleuchtungsanlage, z. B. durch die Auswahl der Lampen- bzw. Leuchtenarten, die Auswahl der Vorschaltgeräte, die Wahl der Beleuchtungsstärken oder die Berücksichtigung von Tages- und Sonnenlichteinfall kann die Energieeffizienz der Beleuchtungsanlage entscheidend beeinflusst werden. [102]

Umweltkriterien Innenbeleuchtung. Welche Kriterien im Rahmen der Befragung als wichtig erachtet wurden, zeigt Tabelle 5.17. Dabei wird, wie auch bei den vorherigen Produktgruppen auf Informationshilfen zurückgegriffen, die in Anhang Tabelle 5.31 und 5.32. dargestellt sind.

Umweltauswirkungen durch Gebäude. Eine besondere Rolle kommt dem Neubau von Gebäuden beim Ressourcenverbrauch, sowohl während der Bau- als auch in der Nutzungsphase zu. Die wichtigsten umweltrelevanten Aspekte und auch Kostenfaktoren sind in der Betriebsphase zu finden, insbesondere bei:

- Energie (Strom, Heizen und Kühlen),
- Reinigung,
- Inspektion und Wartung,
- werterhaltendem Bauunterhalt.[103]

In Deutschland entfallen ungefähr ein Drittel der CO_2-Emissionen auf den Energieverbrauch bei Beheizung, Kühlung und Beleuchtung von Gebäuden[104], also den Energieverbrauch in der Nutzungsphase des Gebäudes. Die größte Rolle spielt

[100] Vgl. VERBAND BÜRO-, SITZ- UND OBJEKTMÖBEL E.V. (BSO) (2003).
[101] Vgl. BUNDESAMT FÜR BAUWESEN UND RAUMORDNUNG (2001), S. 9.
[102] Vgl. BUNDESAMT FÜR BAUWESEN UND RAUMORDNUNG (2001), S. 9.
[103] Vgl. BUNDESAMT FÜR BAUWESEN UND RAUMORDNUNG (2001), S. 9.
[104] Vgl. BUNDESAMT FÜR BAUWESEN UND RAUMORDNUNG (2001), S. 9.

hier der Heizenergieverbrauch: Die öffentliche Hand ist mit 5–6% erheblich am Energieverbrauch in Deutschland beteiligt. Dabei werden alleine 75% in Form von Wärmeenergie zur Raumbeheizung und Warmwasserbereitung verbraucht. Bei geeigneten Maßnahmen schätzt der AMEV (1999) die möglichen Einsparungen auf bis zu 50%.[105]

Umweltkriterien Gebäude. Da der Bereich Bauen ein sehr komplexer Bereich ist, wurden im Fragebogen nur ausgewählte Kriterien abgefragt (vgl. Tab. 5.18.). Im FORSCHUNGSPROJEKT RELIEF wurde ebenfalls die Ansicht vertreten, dass der Energiebedarf das wichtigste Kriterium darstellt.[106]

Umweltauswirkungen durch Strom. Jede Art von Energieerstellung kann negative Umweltauswirkungen haben – jedoch in unterschiedlichem Maße: So verursachen fossile Brennstoffe bei ihrer Verbrennung das Treibhausgas CO_2 sowie Stäube und Schadstoffe, insbesondere Schwefeldioxid (SO_2) und Stickstoffoxide (NO_X) und durch Kernenergie entstehen z. B. radioaktive Abfälle.[107] Durch eine Verringerung der CO_2-Emissionen, wie bereits beim Bereich „Gebäude" erwähnt, kann ein entscheidender Beitrag für den Klimaschutz geleistet werden.[108] Diese Verringerung der CO_2-Emissionen kann aber tendenziell nur durch eine Reduktion des Energieverbrauchs oder durch die Erschließung und Nutzung erneuerbarer Energieträger geleistet werden.[109] Im Rahmen der Befragung wurde daher die Nutzung von Ökostrom in Kommunen untersucht.

Umweltkriterien Strom. Die Festlegung einzelner Umweltkriterien wie bei den anderen Produktgruppen wurde hier nicht vorgenommen. Stattdessen wurden die Kommunen gefragt, ob sie „grünen Strom" (im Sinne von Ökostrom) beziehen. Entscheidend für eine umweltfreundliche Beschaffung bezogen auf das Produkt Strom ist, das „grüner Strom" bzw. „Ökostrom" aus erneuerbaren Energieträgern, wie z. B. Wasserkraft, Windenergie, Photovoltaik oder Biomasse stammt. Ökostrom kann entweder zu 100% aus erneuerbaren Energieträgern oder aus einem Mix an erneuerbaren Energien und Kraft-Wärme-Kopplung erzeugt werden, wobei der Anteil der Kraft-Wärme-Kopplung nicht mehr als 50% betragen darf.[110] In Deutschland existieren drei Label, die eine Zertifizierung von Ökostrom nach bestimmten Kriterien, vorrangig nach der Zulässigkeit der Energieträger, vornehmen.

Die Kriterien der drei Label - *Grüner Strom Label* in Gold und Silber, *VdTÜV 1303 Standard* vom TÜV Deutschland und *ok-power-Label* von Öko-Institut und WWF Deutschland - sind in Anhang Tabelle 5.33 und 5.34. dargestellt.

---

105 Vgl. ARBEITSKREIS MASCHINEN- UND ELEKTROTECHNIK STAATLICHER UND KOMMUNALER VERWALTUNGEN (AMEV) (Hrsg.) (1999).

106 Die Gründe hierfür wurden bereits in Abschnitt 5.3.3 dargelegt.

107 Vgl. LOREK, S./LUCAS, R. (2003), S. 43. Vgl. STAIß, F. (2003), S. I-13. BMU und UBA (Hrsg.) (2001), S. 92.

108 Vgl. BMU und UBA (2001), S. 91.

109 Vgl. BMU und UBA (2001), S. 91.

110 Vgl. BUND (2004).

Umweltauswirkungen durch Reinigung. In öffentlichen Gebäuden sind kontinuierliche Reinigungsarbeiten zum Einhalten hygienischer Standards und zur Instandhaltung der Gebäude Voraussetzung. Aufgrund der zunehmenden Beauftragung von privaten Gebäudereinigungsfirmen (Fremdreinigung) steht nicht mehr die Beschaffung der Reinigungsmittel durch die Kommunen selbst im Vordergrund der Betrachtung, sondern die Berücksichtigung von Umweltschutzerfordernissen in den Ausschreibungen zu Reinigungsdienstleistungen und in der Vertragsgestaltung selbst.[111]

Werden allein die Reinigungsprodukte betrachtet, so ergeben sich Umweltwirkungen v.a. durch die in den Produkten verwendeten chemischen Inhaltsstoffe, z. B. flüchtige organische Verbindungen oder Lösungsmittel, die eine schädliche Wirkung auf Gesundheit und Umwelt, insbesondere im Umweltmedium Wasser haben, da auch nach der Abwasserreinigung noch chemische Rückstände im Wasser verbleiben.[112]

Umweltkriterien Reinigungsdienstleistungen. Für die Kriterienauswahl (vgl. Tab. 5.19.) dienten die Erkenntnisse aus dem FORSCHUNGSPROJEKT RELIEF, in dem nach Abwägen der unterschiedlichen Meinungen der beteiligten Wissenschaftler, Minimalkriterien festgelegt wurden, um eine Einheitlichkeit zu erreichen.[113]

Der Ausschluss der Benutzung gefährlicher Substanzen stellt den Mindeststandard für eine umweltfreundliche Beschaffung dar. Wird auch der Ausschluss weiterer unnötiger Substanzen berücksichtigt, so steigt der Standard für eine umweltfreundliche Beschaffung.[114]

Tabelle 5.14. Umweltrelevante Kriterien zur Beschaffung von Monitoren

Kriterien für Monitore	Umweltrelevanz
Energy star label/ GEEA Label	Energieeinsparung, Ressourcenschonung
TCO 92/95/99	Verringerung von Emissionen (insb. Strahlung)
Blauer Engel	Berücksichtigt einige der einzeln genannten Kriterien und einige darüber hinaus Energieeinsparung, Ressourcenschonung, Verringerung von Emissionen, Abfallvermeidung, -verminderung, -verwertung
Automatisches Einschalten des Stand-by-Modus	Energieeinsparung, Ressourcenschonung
Energieverbrauch im Stand-by-Modus	Bei niedrigem Verbrauch: Energieeinsparung, Ressourcenschonung
Rücknahmegarantie	Abfallverminderung, -verwertung
Art des Monitors	Entsorgungsproblematik

[111] Vgl. UBA (2003) und Anhang Tabelle 5.35.
[112] Vgl. BMLFUW ÖSTERREICH; BMBWK ÖSTERREICH u.a. (Hrsg.) (2001a). S. 63ff.
[113] Vgl. Kapitel 13.
[114] Vgl. BMLFUW ÖSTERREICH; BMBWK ÖSTERREICH u.a. (Hrsg.) (2001a), S. 93.

Tabelle 5.15. Umweltrelevante Kriterien zur Beschaffung von Computern/Systemeinheiten und Laptops/Notebooks

Kriterien für Computer/ Systemeinheit	Umweltrelevanz
Energy star label/ GEEA Label	Die Energielabels legen bestimmte Energieverbrauchswerte für elektronische Geräte fest. Energieeinsparung, Ressourcenschonung
TCO 92/95/99	Verringerung von Emissionen (insb. Strahlung)
Blauer Engel	Berücksichtigt einige der einzeln genannten Kriterien und einige darüber hinaus Energieeinsparung, Ressourcenschonung, Verringerung von Emissionen, Abfallvermeidung, -verminderung, -verwertung
Automatisches Einschalten des Stand-by-Modus	Energieeinsparung, Ressourcenschonung
Energieverbrauch im Stand-by-Modus	Bei niedrigem Verbrauch: Energieeinsparung, Ressourcenschonung
Rücknahmegarantie	Abfallverminderung, -verwertung
Modernisierung der Komponenten über mehrere Jahre	Abfallverminderung, Ressourcenschonung

Tabelle 5.16. Umweltrelevante Kriterien zur Beschaffung von Büromöbeln

Kriterien für Büromöbel	Umweltrelevanz
Langlebigkeit Garantieleistung Sicherheit Ersatzteilverfügbarkeit Reparaturfreundlichkeit Rücknahme der Tische nach Gebrauch	Ressourcenschonung, Abfallverminderung, -verwertung
Blauer Engel (RAL UZ 38 – Emissionsarme Produkte aus Holz und Holzwerkstoffen, z. B. Formaldehyd)	Verringerung von gesundheitsschädigenden Emissionen, die z. B. bei Verwendung von VOC, Isozyanaten oder Formaldehyden entstehen.
Vollholz aus zertifiziertem Holz (FSC Siegel)	Ressourcenschonung
Lösemittelgehalt beschichteter Tischplatten <0,1 ppm Formaldehyd	Verringerung von gesundheitsschädigenden Emissionen.
Verschleißteile sind mindestens 10 Jahre erhältlich	Ressourcenschonung, Abfallverminderung, -verwertung
Die Verpackung wird vom Lieferanten mitgenommen und wiederverwendet bzw. –verwertet	Ressourcenschonung, Abfallvermeidung, -verminderung, -verwertung,
Wartungs- und Pflegevertrag	Ressourcenschonung, Abfallverminderung, -verwertung
Ergonomie	Gesundheitlicher Aspekt

Tabelle 5.17. Umweltrelevante Kriterien zur Planung der Innenbeleuchtung

Kriterien für die Beleuchtungsanlage	Umweltrelevanz
Lebensdauer	Ressourcenschonung
Einsatz von Energiesparlampen, die das europäische Umweltzeichen haben.	Ressourcenschonung durch geringen Energieverbrauch Minimierung des Gehaltes von Quecksilber erhöhte Qualitätskontrolle und erhöhte Haltbarkeit des Produkts geringes Abfallaufkommen durch Gebrauch recyclefähiger Verpackung
Leistung	Energieeffizienz, Ressourcenschonung
Beleuchtungsstärke	Die Auswahl der richtigen Beleuchtungsstärke beeinflusst das Nutzerverhalten.
Leuchtstoffarten	Bestimmte Leuchtstoffarten haben ein besseres Leuchtverhalten als andere. Dies beeinflusst die Beleuchtungsstärke.
Art der Vorschaltgeräte	Die Art der Vorschaltgeräte beeinflusst Lebensdauer und Nutzungsverhalten.
Verlustarme Vorschaltgeräte	Diese konventionellen Vorschaltgeräte sind nicht energieeffizient.
Elektronische Vorschaltgeräte nach RAL UZ 81	Ressourcenschonung durch Energieeffizienz Forderungen zur Entsorgung (Recycling, Wiederverwendung, stoffliche Verwertung)
Dimmbare elektronische Vorschaltgeräte	Dimmbare elektronische Vorschaltgeräte sind Vorraussetzung für eine taglicht- und benutzerabhängige Beleuchtung.
Einsatz einer tageslicht- und benutzerabhängigen Beleuchtung	Steuerung der Anlage unabhängig von Benutzern ermöglicht die optimale Ausnutzung und damit Energieeffizienz.
Anforderungen an Blendungen und Sonnenschutz Tageslichtnutzung Integration von Tages- und Kunstlicht	Gebäude müssen so konzipiert sein, dass das Tageslicht optimal ausgenutzt wird. Sonnenschutz sollte so ausgewählt sein, dass er den Raum nicht zu sehr verdunkelt und dadurch die Lichtverhältnisse wieder verschlechtert und Kunstlicht erforderlich macht.
Energieeffizienz	Ressourcenschonung, Verringerung von CO_2 Emissionen.

Tabelle 5.18. Umweltrelevante Kriterien zur Planung von Gebäuden

Kriterien für den Neubau von Gebäuden	Umweltrelevanz
Energiebedarf in der Nutzungsphase	Ressourceneinsparung, Verringerung von CO_2-Emissionen
Energiebedarf bei der Herstellung der Baumaterialien	Ressourceneinsparung, Verringerung von umweltschädigenden Emissionen
Ausschluss bestimmter Substanzen/ Stoffe, wie ...	
... Weich-PVC ... Hart-PVC ... Farben mit hohem Lösungsmittelgehalt ... Fluorkohlenwasser stoffe (H-FKW)	Vermeidung von umwelt- und gesundheitsschädigenden Substanzen, Risikominimierung, Vermeidung von Emissionen, Ressourcenschonung, Berücksichtigung der späteren Entsorgung
Ausschluss von Tropenholz ohne FSC-Zertifikat	Verringerung des Treibhauseffektes

Tabelle 5.19. Umweltrelevante Kriterien bei Reinigungsdienstleistungen

Kriterien für Reinigungsdienstleistungen	Umweltrelevanz
Ausschluss der Benutzung gefährlicher Substanzen, z. B. karzenogene, mutagene Substanzen, aromatische oder halogenisierte Kohlenwasserstoffe, Formaldehyd oder chlorbleichende Mittel	
Ausschluss der Benutzung unnötiger Substanzen, z. B. Abflussreiniger, Reiniger mit Desinfektionsmitteln, Spraydosen	Ressourcenschonung Gesundheitlicher Aspekt

Berücksichtigung der Kriterien in den sächsischen Kommunen

Ziel der Befragung war es nun zu untersuchen, ob die kommunalen Entscheidungsträger die Kriterien in den Vergabeprozess einbeziehen.

Monitore, Computer und Laptops. Die Ergebnisse der Befragung in dieser Produktgruppe zeigen, dass insbesondere gängige Label, wie TCO oder EnergyStar, sowohl bei der Beschaffung von Monitoren als auch von Computern und Laptops, von ca. 30–70% der Kommunen als wichtig erachtet wurden. Verglichen dazu wird der Blaue Engel nur von etwa einem Drittel der befragten Kommunen bei der Beschaffung berücksichtigt. Der Energieverbrauch im Stand-by-Modus wird für Monitore als wichtiger erachtet als für Computer und Laptops. Bei diesen Kategorien ist demgegenüber entscheidend, dass die Komponenten über mehrere Jahre modernisiert werden können. Nur ca. 34% der Kommunen berücksichtigen die Gewährleistung einer Rücknahme aller Teile durch den Anbieter. Außerdem machte die Befragung deutlich, dass ein großer Teil der Kommunen CRT-Bildschirme besitzt und auch immer noch beschafft. LCD-Bildschirme werden jedoch immer preiswerter. Unternehmen sollten stärker Vorteile, wie geringeren Energieverbrauch, lange Lebensdauer und ergonomische Aspekte, wie geringere Belastung der Augen machen.

Für Computer und Monitore zeigte sich im Vergleich der Antworthäufigkeiten bei den Beschaffungskriterien mit denen für die ausgewählten Umweltkriterien,[115] dass Kriterien zum Energieverbrauch bisher nur eine untergeordnete Rolle spielen.[116] Die Forderung für Computer, Komponenten sollten über mehrere Jahre modernisiert werden können, ist allerdings fast ebenso wichtig, wie die Beschaffungskriterien Betriebskosten und Langlebigkeit.

Büromöbel. Für die Produktgruppe Büromöbel kann festgestellt werden, dass Kommunen bereits relativ viele umweltrelevante Kriterien einbeziehen. Am wichtigsten wurde die lange Lebensdauer der Möbel eingestuft (85% der Kommunen hielten dies für wichtig). Weiterhin bedeutend sind nach der Befragung die Ergonomie (58% „wichtig“), die Rücknahme und Wiederverwertung bzw. –verwendung der Verpackung durch den Hersteller (51% „wichtig“), die Verfügbarkeit von Verschleißteilen über einen längeren Zeitraum (48% „wichtig“), die Reparaturfreundlichkeit und der Einsatz von beschichteten Tischplatten mit einem minimalen Lösemittelgehalt[117] (35% „wichtig“). Der Blaue Engel erfährt dagegen mit 22,8% nur eine geringe Akzeptanz bei den Kommunen. Hier müssen die Vorteile stärker kommuniziert werden. Da aber die Kommunen viele der Kriterien, die auch der Blaue Engel berücksichtigt (z. B. Langlebigkeit, Garantie, Sicherheit), bereits einbeziehen, kann die Nichtbeachtung des Blauen Engels auch bedeuten, dass es für die Kommunen einfach ist, das „umweltfreundliche Produkt“ ausfindig zu machen. Obwohl bei der Entsorgung von Bürotischen auch Entsorgungskosten für die Kommunen anfallen, wird dieser Aspekt kaum berücksichtigt. 38% der befragten Kommunen halten diesen Aspekt für unwichtig, 47% für eher unwichtig.

Das Kriterium „Langlebigkeit“ wird am Ende von den Kommunen doch wichtiger eingeschätzt, als bei der Abfrage der Beschaffungskriterien vermutet.[118] Während Langlebigkeit bei den Beschaffungskriterien an zweiter Stelle stand, wurde dieses Kriterium bei den Umweltkriterien als wichtigstes Kriterium genannt. Im Vergleich mit den Beschaffungskriterien steht Langlebigkeit (als Umweltkriterium) noch vor dem Kriterium „wirtschaftlichstes Angebot“. Ansonsten stehen Umweltkriterien, wie der Blauer Engel (RAL UZ 38), Vollholz aus zertifi-

[115] Für diese Produktgruppe wurden die Beschaffungskriterien zusammenfassend abgefragt. Bei den Umweltkriterien wurde eine Unterteilung zwischen den drei Gruppen Computer, Monitore und Laptops vorgenommen. Bei den „Laptops“ ist aufgrund der hohen Nichtbeantwortung der Frage deutlich geworden, dass die Kommunen momentan tendenziell keine Laptops beschaffen.

[116] Bei Computern und Monitoren stand dieses Kriterium im Vergleich zu den Beschaffungskriterien an letzter bzw. vorletzter Stelle; bei Monitoren an mittlerer.

[117] von kleiner 0,1% Formaldehyd.

[118] Manche der Beschaffungskriterien wurden auch bei den Umweltkriterien für Büromöbel abgefragt.

ziertem Holz (FSC- Siegel) oder die Rücknahme der Tische nach Gebrauch, in der Rangfolge an hinterer Stelle.

Innenbeleuchtung. Auch bei der Produktgruppe Innenbeleuchtung werden bereits einige wichtige umweltrelevante Aspekte berücksichtigt. Bei der Planung von Beleuchtungsanlagen werden von den befragten Kommunen *Lebensdauer (66%), Beleuchtungsstärke (65%)* und *Leistung (58%)* als wichtige Kriterien angesehen. Dies sind, wie bei der Herleitung der Umweltkriterien bereits deutlich wurde, eher ökonomische als ökologische Kriterien. Gerade für die Beleuchtungsstärke und die Leistung gibt es Vorgaben, nach denen sich die Kommunen aus Arbeitssicherheitsgründen richten müssen.[119]

Tageslichtnutzung, Anforderungen an Blendungen und Sonnenschutz und die Integration von Tages- und Kunstlicht sind ebenfalls Kriterien, die in die Planung von Beleuchtungsanlagen eingehen sollten und auch von 70–80% der befragten Kommunen als (eher) wichtig eingestuft. Ungefähr 40% der befragten Kommunen sehen allerdings den Einsatz einer tageslicht- und benutzerunabhängigen Steuerung bisher als (eher) unwichtig an. Dies liegt eventuell daran, dass die Wirtschaftlichkeit des Einsatzes einer Tageslichtsteuerung vom Benutzerverhalten abhängig ist. Die Stromeinsparungen durch Tageslichtsteuerungen können zwischen 30 und 75% betragen.[120] Notwendig hierfür ist allerdings die zusätzliche Ausstattung von Leuchten mit dimmbaren Vorschaltgeräten. Dies erklärt möglicherweise die häufige Ablehnung dieser Vorschaltgeräte in der Befragung. Ca. 57 % der befragten Kommunen sahen diese als (eher) unwichtig an.

Obwohl aus Energieeffizienzgründen elektronische Vorschaltgeräte (EVG) besser sind, da bei ihnen die elektrischen Verluste stärker reduziert werden können und die Lichtausbeute zunimmt[121], gaben nur ca. 40,3% an, dass dieses Kriterium bei der Planung von Beleuchtungsanlagen (eher) wichtig ist. Die Nutzung der konventionellen verlustarmen Vorschaltgeräte scheint bisher eher verbreitet, wenn Vorschaltgeräte eingesetzt werden (müssen). Möglich ist, dass die Kommunen bisher keine Vorschaltgeräte einsetzen, da ein Großteil der Beleuchtung immer noch mit alten T12-Leuchtstoffröhren erfolgt, für die keine Vorschaltgeräte eingesetzt werden.[122] Interessant ist auch, dass zwar der Einsatz von Energiesparlampen an erster Stelle bei 65% der befragten Kommunen steht, jedoch das Umweltzei-

---

[119] Vgl. DIN-INSTITUT (1990): DIN 5035-2 1990-09: Beleuchtung mit künstlichem Licht; Richtwerte für Arbeitsstätten in Innenräumen und im Freien.

[120] Vgl. BMLFUW ÖSTERREICH; BMBWK ÖSTERREICH u.a. (Hrsg.) (2001b). S. 92; ARBEITSKREIS MASCHINEN- UND ELEKTROTECHNIK STAATLICHER UND KOMMUNALER VERWALTUNGEN (AMEV) (2000), S. 40f.; TÖNSING, E. (1999), S. 83f.

[121] Vgl. BMLFUW ÖSTERREICH; BMBWK ÖSTERREICH u.a. (Hrsg.) (2001b), S. 104, AMEV (2000), S. 33 und S. 42.

[122] In der Befragung wurde direkt nach dem Einsatz von Lampentypen gefragt. Ca. 61% gaben an, T12 Leuchtstoffröhren einzusetzen. Energieeffiziente T5 Leuchtstoffröhren werden allerdings auch schon von 47% der Befragten eingesetzt. Hier müsste man genau die Gebäudestruktur in den betrachteten Kommunen untersuchen, um einen eindeutigen Rückschluss vornehmen zu können.

chen hier für die Auswahl nicht entscheidend ist (19,5% „wichtig", 33,8% „eher wichtig").

Wie bei den Büromöbeln wurden auch bei der Produktgruppe Innenbeleuchtung einige Kriterien sowohl als Beschaffungs- als auch als umweltrelevante Kriterien abgefragt. Hier liegen die ähnlichen Kriterien ungefähr an gleicher Stelle. Langlebigkeit bzw. Lebensdauer, Beleuchtungsstärken, wirtschaftlichstes Angebot und Betriebskosten werden als die wichtigsten Kriterien im Vergleich gesehen.

Gebäude. Die Ergebnisse der Befragung unterstützen die Auswahl des Kriteriums Energiebedarf in der Nutzungsphase als wichtigstes umweltrelevantes Kriterium für umweltorientiertes Bauen. 84% der befragten Kommunen geben an, dass der Energieverbrauch in der Gebrauchtphase „wichtig" bzw. „eher wichtig" ist. Nur wenige Kommunen (18%) beziehen dagegen den Energiebedarf bei der Herstellung der Baumaterialien in ihre Entscheidungen ein. Damit wird deutlich, dass die Einbeziehung des Kriteriums Energiebedarf in der Gebrauchsphase eher auf wirtschaftliche Überlegungen zurückzuführen ist als auf Umweltschutzüberlegungen. Der Ausschluss von Tropenholz ohne FSC-Zertifikat, von Hart-PVC und von Farben mit hohem Lösungsmittelgehalt wird von relativ vielen Kommunen als wichtig erachtet.

Der Energieverbrauch in der Gebrauchsphase (64% der befragten Kommunen) ist für den Bereich Gebäude ähnlich wichtig wie die Auswahl nach dem wirtschaftlichsten Angebot (65%). Andere umweltrelevante Kriterien sind allerdings weniger bedeutend für die Kommunen. Der Schwerpunkt liegt also aus der Sicht der Kommunen bei der Gebäudeplanung auf der Energieeffizienz in der Nutzungsphase. Daher sind Konzepte im Bereich Heiztechnik, Beleuchtung oder im Gebäudemanagement erforderlich, die die Kommunen weiter unterstützen.

Strom. Ein großer Teil der Kommunen in Sachsen nimmt scheinbar bisher keine Ausschreibung von Strom vor. Die Kommunen sollten generell prüfen, wie sie im Rahmen der bestehenden gesetzlichen und vertraglichen Möglichkeiten den Anteil an Ökostrom in ihrem eigenen Wirkungsbereich erhöhen können.[123]

Reinigungsdienstleistungen. Bei der Vergabe von Reinigungsdienstleistungen wird von den meisten Kommunen auf einen Mindeststandard für eine umweltfreundliche Reinigung geachtet. Wenn die Kommunen bei der Ausschreibung der Reinigungsdienstleistung nicht von selbst auf einen höheren Standard setzen, so können eventuell Impulse von den Herstellern von Reinigungsmitteln ausgehen, die sich auf die Reinigungsfirmen richten.

Die Wirtschaftlichkeit des Dienstleistungsangebotes, aber auch die Fachkunde des Dienstleisters wurden bei den Beschaffungskriterien als besonders wichtig erachtet. Wichtig scheint den Kommunen aber auch der Ausschluss gefährlicher Substanzen bei der Reinigung.

[123] Für die Produktgruppe Strom kann kein Vergleich der Umweltkriterien mit den Beschaffungskriterien durchgeführt werden, da die Antwortkategorien bei den beiden Fragen unterschiedlich waren.

Zusammenfassend stellen die Tabellen 5.20 – 5.25 die Einbeziehung der *umweltrelevanten Kriterien* bei den ausgewählten Produkten und Dienstleistungen dar.

Tabelle 5.20. Einbeziehung von Umweltkriterien bei IT

	Computer	**Monitore**	**Laptops**
	Anteil der Kommunen, die diese Aspekte für wichtig halten		
Energy star/GEEA	35,1%	41,6%	33,3%
TCO 92/95/99	48,1%	70,1%	50,0%
Blauer Engel	23,4%	28,6%	25,0%
Bei Nichtbenutzen schaltet sich der Stand-by-Modus automatisch ein.	20,8%	28,6%	27,3%
Im Stand-by-Modus soll der Energieverbrauch weniger als 5 Watt betragen	15,6%	39,0%	19,5%
Der Anbieter übernimmt eine Rücknahmegarantie für alle Teile.	33,8%	16,9%	10,%
Komponenten sollen über mehrere Jahre modernisiert werden können.	50,7	--	26,0%

Tabelle 5.21. Einbeziehung von Umweltkriterien bei Büromöbeln

Büromöbel (Schreibtische)	Anteil der Kommunen, die diese Aspekte für wichtig halten
Langlebigkeit	84,4%
Garantieleistung	81,8%
Sicherheit	74,0%
Ergonomie	59,7%
Verpackung wird zurückgenommen, wiederverwendet oder -verwertet	50,6%
Verschleißteile min. 10 Jahre erhältlich	48,1%
Ersatzteilverfügbarkeit	42,9%
Reparaturfreundlichkeit	42,9%
beschichtete Tischplatten mit Lösungsmittelgehalt < 0,1 Formaldehyd	35,1%
Blauer Engel (RAL UZ 38)	20,8%
Wartungs- und Pflegevertrag wird angeboten	6,5%
Vollholz aus zertifiziertem Holz (FSC- Siegel)	2,6%
Rücknahme der Tische nach Gebrauch	1,3%

Tabelle 5.22. Einbeziehung von Umweltkriterien bei Innenbeleuchtung

Innenbeleuchtung	Anteil der Kommunen, die diese Aspekte für wichtig halten
Lebensdauer	66,2%
Beleuchtungsstärken	64,9%
Leistung	58,4%
Tageslichtnutzung	53,2%
Anforderungen an Blendungen und Sonnenschutz	46,8%
Integration von Tages- und Kunstlicht	37,7%
Einsatz von Energiesparlampen mit europäischem Umweltzeichen	23,4%
Leuchtstoffarten	19,5%
Elektronische Vorschaltgeräte nach RAL UZ 81	19,5%
Art der Vorschaltgeräte	16,9%
Einsatz einer taglicht- und benutzerunabhängigen Beleuchtung	14,3%
Dimmbare elektronische Vorschaltgeräte	10,4%

Tabelle 5.23. Einbeziehung von Umweltkriterien bei Gebäuden

Gebäude	Anteil der Kommunen, die diese Aspekte für wichtig halten
Energiebedarf in der Gebrauchsphase (Heizung, Kühlung, etc.)	64,9%
Ausschluss von Tropenholz ohne Zertifikat	44,2%
Ausschluss von Hart-PVC	33,8%
Ausschluss von Farben mit hohem Lösemittelgehalt	31,2%
Energiebedarf bei der Herstellung der Baumaterialien	16,2%
Ausschluss von Weich-PVC	15,6%
Ausschluss von Flurchlorkohlenwasserstoff	7,8%

Tabelle 5.24. Einbeziehung von Umweltkriterien bei Strom

Strom	Anteil der Kommunen, die diese Aspekte für wichtig halten
Beschaffung von Ökostrom/ Grünem Strom	2,6%

Tabelle 5.25. Einbeziehung von Umweltkriterien bei Reinigung

Reinigung	Anteil der Kommunen, die diese Aspekte für wichtig halten
Ausschluss der Benutzung gefährlicher Substanzen	54,5%
Ausschluss der Benutzung unnötiger Substanzen	27,3%

5.5 Schlussfolgerungen aus der Untersuchung

Mit der eigenen Befragung sollte der Ist-Zustand der kommunalen Beschaffung von umweltfreundlichen Produkten und Dienstleistungen bezüglich Hemmnissen, Instrumenten und Strategien untersucht werden, um darauf aufbauend Potenziale einer umweltfreundlichen Beschaffung innerhalb von Kommunen ableiten zu können.

Hierbei zeigte sich, dass Potenziale für einzelne Stufen des Beschaffungsprozesses untersucht werden müssen. So können sowohl die Aufbauorganisation als auch die Ablauforganisation entscheidenden Einfluss ausüben: Bezüglich der Aufbauorganisation ist die organisatorische Einbindung der Beschaffung entscheidend. Öffentliche Beschaffung kann abhängig vom Beschaffungsobjekt und von den organisationalen sowie rechtlichen Rahmenbedingungen sowohl zentralisiert als auch dezentralisiert organisiert sein.[124] In der Befragung wurde deutlich, dass in den sächsischen Kommunen noch eher eine zentrale Beschaffung vorliegt, jedoch mit Tendenz zur Dezentralisierung. Für eine umweltfreundliche Beschaffung wäre allerdings eine zentralisierte Beschaffung von Vorteil. So könnten Informationen über Produkte und Dienstleistungen besser an die einzelnen Bedarfsträger weitergeleitet werden.

Bei der Ablauforganisation liegen die Potenziale in der effizienten Durchführung des Beschaffungsprozesses. Wichtig aus marktorientierter Sicht ist bereits die Beschaffungsmarktforschung.[125] Sie beinhaltet die systematische Suche, Sammlung und Aufbereitung aller aktuellen und zukünftig beschaffungsrelevanten Informationen. Als entscheidende Instrumente für die Umsetzung einer umweltfreundlichen Beschaffung in der Beschaffungsmarktforschung wurden die Nutzung der Auftragsberatungsstelle und die Nutzung bestimmter Informationsquellen (Persönlicher Kontakt, Teilnehmerwettbewerb, Internet, Fachzeitschriften, Lieferantenverzeichnis, Messe) identifiziert. Der Grund hierfür lag nach Meinung der Autorinnen darin, dass unvollständige Informationen Transaktionskosten, insbesondere

124 Vgl. KOMMUNALE GEMEINSCHAFTSSTELLE FÜR VERWALTUNGSVEREINFACHUNG (KGST) (1997), S. 9f.

125 Vgl. KOPPELMANN, U. (1994), S. 211 ff.; GLANTSCHIG, E. (1993), S. 124; ARNOLD, U. (1993), Sp. 333.

Informationskosten, sowohl in der Kommune als auch auf der Anbieterseite verursachen,[126] die die Durchsetzung einer umweltfreundlichen Beschaffung behindern.

Die erwähnten Auftragsberatungsstellen sollen als Vermittler zwischen den öffentlichen Auftraggebern und den Unternehmen agieren, indem sie Unternehmen bei der Beteiligung an öffentlichen Ausschreibungen, z. B. durch Informationen zu öffentlichen Ausschreibungen, zur Erstellung der Angebotsunterlagen, oder zu Beschaffungstendenzen unterstützen.[127] In der durchgeführten Befragung zeigte sich, dass über alle Produktgruppen hinweg ca. 10% der befragten Kommunen[128] die Auftragsberatungsstelle nutzen. Daraus kann abgeleitet werden, dass diese Kommunen diese Form der Unterstützung ihrer Beschaffungsmarktforschung bereits schätzen. Für eine umweltfreundliche Beschaffung könnten die Auftragsberatungsstellen folgende Funktionen erfüllen:

- Die Auftragsberatungsstellen können konkrete Informationen zu umweltfreundlichen Produkten und Dienstleistungen bei Unternehmen, die sich listen lassen, anfordern (im Rahmen der rechtlichen Rahmenbedingungen).
- Umweltorientierte Kommunen können die Auftragsberatungsstellen über ihre Anforderungen an umweltfreundliche Produkte und Dienstleistungen nicht erst durch die Leistungsbeschreibung, sondern bereits vorher über einbezogene Umweltkriterien informieren (z. B. durch Information über eigene Beschaffungsleitfäden o.ä.)
- Unternehmen können sich vor der Ausschreibung über den neuesten Stand der Anforderungen der Kommunen an die Umweltfreundlichkeit von Produkten und Dienstleistungen informieren.

Interessant sind aber auch die weiteren von den Kommunen genutzten Informationsquellen, da nur der Einsatz des richtigen Mediums eine verstärkte umweltfreundliche Beschaffung adäquat unterstützen kann. Sowohl vorherige Studien als auch die dargestellte Analyse ergaben, dass neben Messen und Fachpublikationen v.a. das persönliche Gespräch zwischen kommunalem Einkäufer und Anbietern wichtig ist. Für die Umsetzung einer umweltfreundlichen Beschaffung in Kommunen könnten folgende Potenziale von Bedeutung sein:

- Die Anbieter umweltfreundlicher Produkt- und Dienstleistungsinnovationen müssen die Möglichkeit des persönlichen Gesprächs, z. B. auf Messen, aktiv nutzen.

---

[126] Dies können z.B. Informationskosten, Verhandlungs- und Entscheidungskosten oder Kosten für die Durchsetzung vereinbarter Leistungen sein. Vgl. NEUS, W. (2001), S. 91f.

[127] Vgl. SÄCHSISCHES STAATSMINISTERIUM FÜR WIRTSCHAFT UND ARBEIT (SMWA) (Hrsg.) (2001), S. 12.

[128] Die Befragung wurde von August bis Oktober 2003 durchgeführt. Für die Analyse wurden die Gemeindeklassen ab 5.000 Einwohner (Erhebungsjahr 2000) ausgewählt. Die Grundgesamtheit betrug 170 Kommunen. Insgesamt haben sich 77 Kommunen (45,3%) an der Befragung beteiligt.

- Umweltorientierte Kommunen müssen stärker andere Medien, z. B. Informationsdienste zur umweltfreundlichen Beschaffung, Informationen von Institutionen, wie dem UBA, Informationen über umweltfreundliche Produkte oder Dienstleistungen im Internet (green eBusiness), nutzen.
- Informationsdienste zur umweltfreundlichen Beschaffung müssen die Kommunen noch stärker über ihr konkretes Angebot informieren. Zu überlegen wäre, inwieweit sie auch Informationen zur direkten Marktsituation von umweltfreundlichen Produkten und Dienstleistungen sammeln und regelmäßig erneuern können.

Bezüglich des Prozesses der Beschaffungsvergabe wurde deutlich, dass in den Kommunen der Kostenvergleich und die einfache Gegenüberstellung von Vor- und Nachteilen (Argumentenbilanz) am häufigsten benutzt werden. Im Rahmen des Kostenvergleichs werden die durch die Bewertung des Lieferanten entstehenden Kosten bezüglich Qualität, Lieferung und Service, z. B. Besuchskosten, Prüfkosten, Kosten für Nacharbeiten, Lieferkosten, Servicekosten untersucht.[129] Dagegen werden Methoden, wie die Nutzwertanalyse (Scoringmethode) nur von wenigen Kommunen genutzt. Die Prozessstufe der Beschaffungsvergabe könnte aus folgenden Gründen für eine umweltfreundliche Beschaffung interessant sein:

- Die Nutzwertanalyse (Scoringmethode) kann helfen, umweltrelevante Kriterien zu berücksichtigen, in dem sie die zu bewertenden Alternativen anhand von Kriterien vergleicht. Dabei werden die Bewertungskriterien entsprechend ihrer relativen Bedeutung durch Faktoren gewichtet.[130]
- Umweltfreundliche Beschaffung erfordert die Berücksichtigung des gesamten Lebenszykluses eines Produktes oder einer Dienstleistung. Daher sollten die Kommunen soweit es der vergaberechtliche Spielraum erlaubt, die Kosten über den gesamten Produktlebenszyklus einbeziehen.

Die Bildung von Käufergemeinschaften wurde in der Befragung im wesentlichen über die hier ausgewählten Produktgruppen und Dienstleistungen abgelehnt. Deshalb sollte dieses Thema weiter verfolgt werden, da ein Zusammenschluss von öffentlichen Nachfragern umweltfreundlicher Produkte und Dienstleistungen in Einkaufsgemeinschaften zur Verstärkung der Nachfrage dienen können (im Rahmen der rechtlichen Möglichkeiten, die dafür bestehen). Somit kann die Einkaufsmacht erhöht werden. Da die meisten Kommunen im Bereich Strom Käufergemeinschaften als geeignet ansahen, sollte zuerst für diesen Bereich untersucht werden, welche Möglichkeiten bestehen.

Ein Interesse in den Kommunen, eine umweltfreundliche Beschaffung durchzuführen, besteht zwar, jedoch wird als größtes Hemmnis für die Umsetzung die fi-

[129] Vgl. GLANTSCHIG, E. (1994), S. 28.

[130] Die Methode wird bereits im check it! – Katalog des BUNDESMINISTERIUM FÜR LAND- UND FORSTWIRTSCHAFT, UMWELT UND WASSERWIRTSCHAFT (BMLFUW) ÖSTERREICH; BUNDESMINISTERIUM FÜR BILDUNG, WISSENSCHAFT UND KULTUR (BMBWK) ÖSTERREICH U.A. (Hrsg.) (2001) vorgeschlagen und erscheint den Autorinnen praktikabel.

nanzielle Lage der Kommunen gesehen. Daher sollten zur Durchsetzung einer umweltfreundlichen Beschaffung v.a. die Eigenschaften der umweltfreundlichen Produktalternativen hervorgehoben werden, die auch einen Kostenvorteil erbringen, z. B. Energieeffizienz. Außerdem sollten die Kosten über den gesamten Lebenszyklus eines Produktes verglichen werden. Dies kann allerdings auch auf die Unsicherheit zurückzuführen sein, die diesbezüglich vorherrscht. Denn häufig führt die finanzielle Lage der Kommunen dazu, dass neue Überlegungen bereits in den Kinderschuhen stecken bleiben und deren langfristige Vorteile nicht ausgeschöpft werden.

Die Befragung zeigte auch, dass die befragten Kommunen durchaus umweltrelevante Kriterien einbeziehen. Den Kommunen sollte aber verstärkt die Möglichkeit zum Informationsaustausch zum Thema umweltfreundliche Beschaffung, z. B. in Netzwerken gegeben werden. Außerdem muss stärker auf bereits vorhandene Informationsdienste zur umweltfreundlichen Beschaffung hingewiesen werden.

Anhang

Tabelle 5.26. Informationsdienste zu umweltrelevanten Kriterien bei IT

Informationsdienste	Für die Produktgruppe interessante Inhalte
UBA-Handbuch[a]	Bei der Beschaffung von Geräten sollten die Anforderungen zur Vergabe des Umweltzeichens für Arbeitsplatzcomputer (Rechner, Monitore, Tastatur) entsprechend RAL-UZ 78 zugrunde gelegt werden. Bei tragbaren Computern sollte die entsprechende RAL-UZ 93 herangezogen werden. Vor der neuen Beschaffung von Streuereinheiten/ Rechnern sollte überprüft werden, ob diese noch aufrüstbar sind. Bei der Beschaffung von Computern und Monitoren sollte die Liste der Geräte mit geringem Energieverbrauch der Gemeinschaft Energielabel Deutschland beachtet werden.
Check it![b]	Berücksichtigung der Kriterien: Langlebigkeit Konstruktion und Materialauswahl Recyclinggerechte Konstruktion Materialauswahl bei Gehäuse Flammschutzmittel Verpackung und Information Verpackung Gebrauchsanweisung Energieverbrauch
Beschaffung-info.de[c]	Recycling gerechte Konstruktion Entsorgung der Altgeräte Energieverbrauch Gesundheitliche Aspekt Verweis auf standardisierten Fragebogen ‚Öko-Daten'- Interessengemeinschaft Ökologische Beschaffung, Schweiz (IGÖB); Generelle Fragen zum Hersteller und zum Importeur (Umwelt-Zertifikat, Verwendete Materialien, Reparatur, Wiederverwendung zurückgenommener marktgängiger Geräte, Verpackung, Transport, Entsorgung und Recycling von Altgeräten Fragen zur PC-Basis-Einheit (Material, Betrieb, Energiesparkonzepte, Peripherie, Nachrüstbarkeit, Garantie, Reparatur, Batterie) Fragen zum Bildschirm (Material, Betrieb, Energiesparkonzepte, Garantie, Reparatur)

[a] Herausgeber: UBA (Hrsg.) (1999)
[b] Herausgeber: BMLFUW ÖSTERREICH; BMBWK ÖSTERREICH u.a. (Hrsg.) (2001)
[c] Herausgeber: BUNDESVERBAND FÜR UMWELTBERATUNG E.V. (BFUB) (Hrsg.) (2003) in Zusammenarbeit mit dem UBA.

Tabelle 5.27. Umweltzeichen für IT

Umweltzeichen	Kriterien
Blauer Engel für Arbeitsplatz – Computer RAL-UZ 78 und für Tragbare Computer RAL-UZ 93	Der Geltungsbereich der RAL-UZ 78 umfasst Steuereinheiten/ Rechner, Monitore und Tastaturen. Die Vergabegrundlagen enthalten allgemeine Anforderungen zu Langlebigkeit der Geräte, Recyclinggerechte Konstruktion, Vermeidung von schadstoffhaltigen Materialien im Gerät, Gewährleistung und Garantie, Reparatursicherheit, Rücknahme der Geräte, Verpackung. Anforderungen an Bedienungsanleitungen/ Verbraucherinformationen. spezifische Anforderungen zu Leistungsaufnahme von Systemeinheit und Anzeigeneinheit: Vermeidung von nichtstofflichen Emissionen, Geräuschemission, Energieverbrauch, Strahlungsemissionen (MPR II, TCO 92, TCO 95, TCO 99), Lärm- und Schadstoffemissionen
Umweltzeichen der EU für PC und tragbare Computer	Energieeinsparung bei Systemeinheit und Bildschirm, Verlängerung der Lebensdauer bei Systemeinheit und Bildschirm, Quecksilbergehalt von Bildschirmen mit Flüssigkristallanzeige (LCD), Geräuschentwicklung, Elektromagnetische Strahlung, Rücknahme und Wiederverwertung, Gebrauchsanleitung, Umwelterklärung.
Nordic Swan	recyclingfähige Konstruktion, Energieverbrauch von Systemeinheit, Monitor und Laptop, Anforderungen an das Material: Das Gehäuse sollte kein chlorhaltige PVC enthalten, außer, wenn es sich um recycelte Materialien handelt. Quecksilber, Kadmium und Blei dürfen nur bis zu einem bestimmten Grenzwert in den Batterien und Akkumulatoren enthalten sein. Es darf kein Kadmium und Quecksilber in den Bildröhren bei CRT Bildschirmen enthalten sein. Anforderungen an Chemikalien bei der Produktion, Garantie- und Ersatzteilregelungen, Anforderungen an das Recycling, Gebrauchsinformationen.

Tabelle 5.27. Fortsetzung

Eco-Kreis für PC, Bildschirme und Tastaturen	Das Zeichen setzt über die gesetzlichen Vorgaben hinaus gehende Standards für die Ergonomie, Lärmemission, elektromagnetische Verträglichkeit, Recyclingfähigkeit, Verständlichkeit der Gebrauchsanweisung, Schadstoffarmut und den Energieverbrauch von Computern
TCO (Tjänstemännens Central-Organisation)	TCO 92: Anforderungen an die Strahlungsarmut von Monitoren, Anforderungen an Energiesparmodi. TCO 95: Erweiterung um ergonomische Kriterien (Darstellungsqualität) und um Anforderungen an die Umweltverträglichkeit. TCO 99: Anpassung der Kriterien, Anforderung hinsichtlich des Einflusses magnetischer Störfelder, In mehrjährigen Abständen werden die Kriterien für umweltgerechte und ergonomische Computer erneuert. Neu: TCO 2003 auch für Laptops/Notebooks.

Tabelle 5.28. Energielabel für IT

Energielabel	Inhalt
GEEA	Festlegungen für den Energieverbrauch im Ruhezustand und im Schein-Aus (bei Computern: Bereitschaft 5 W, Schein-Aus 3W: bei integrierten PC-Systemen: Bereitschaft 5W, Schein-Aus: 3W, bei Monitoren (LCD und CRT): Bereitschaft 1W, Schein-Aus 1W) Europaweit gültig
Energy star	Festlegungen für den Energieverbrauch im Ruhezustand (bei Computern 15 W, bei integrierten PC Systemen 35 W, bei Monitoren(CRT) 15 W) in Europa nur für Bürogeräte gültig weltweit gültig

Tabelle 5.29. Informationsdienste für Büromöbel

Informationsdienste	relevante Inhalte
UBA-Handbuch	Beachtung des RAL UZ 38, Berücksichtigung regionaler Hersteller, Verwendung von zertifiziertem Holz bei Vollholzmöbeln, Rücknahmeversicherung des Herstellers zur stofflichen Wieder-verwertung, Produkte aus Recycle-Materialien.
Check-it![a]	festgelegter Anteil von Hartholz und Weichholz in den Möbeln, umweltfreundliche Oberflächenbehandlung, Austauschbarkeit von Verschleißteilen, Alter des Möbels bei der Anlieferung (wegen Ablüftung), Wiederverwendung bzw. –verwertung der Verpackung, Wartung, Berücksichtigung der Entsorgung, Modularer Aufbau, Nutzungsdauer mindestens 20 Jahre, Ergonomie.
Beschaffung-info.de Informationsdienst für umweltfreundliche Beschaffung[b]	Beachtung des RAL UZ 38, Gebrauchstauglichkeit, Langlebigkeit, Holzmöbel aus einheimischen Hölzern (FSC), Möbel aus Recycle-Materialien, Zerlegbarkeit, Stablität, Modularer Aufbau, Austauschbarkeit von Verschleißteilen

[a] BMLFUW ÖSTERREICH; BMBWK ÖSTERREICH u.a. (Hrsg.) (2001a), S. 83ff.
[b] BUNDESVERBAND FÜR UMWELTBERATUNG E.V. (BFUB) (Hrsg.) (2003).

Tabelle 5.30. Umweltzeichen Büromöbel

Umweltzeichen	Kriterien
Blauer Engel (RAL UZ 38 für Emissionsarme Produkte aus Holz und Holzwerkstoffen)	zur Herstellung der Produkte und ihrer Werktstoffe, zur Nutzungsphase, zur Verwertung und Entsorgung von gebrauchten Produkten aus Holz und Holzwerkstoffen sowie von Altmöbeln und Verpackungen, zur Information der Verbraucher über die Möbel.
Österreichisches Umweltzeichen UZ 06 für Holzmöbel (Wohnbereich, Büro- und Objektmöbel, Schulmöbel)	Rohstoffeinsatz (Holz- und bei Holzwerkstoffen sowie Materialien der Einbauten, Arbeitsplatten etc.), Oberflächenbehandlung bzw. –beschichung, Produktion und anlagenbezogene Emissionswerte, Langlebigkeit und Abfallreduktion durch Reparatur und Pflegeservice oder Ersatzteilgarantie für Verschleißteile von mindestens 10 Jahren oder Aufbau eines Rücknahmesystems, Verpackung, Gebrauchstauglichkeit (Qualität, Langlebigkeit, Ergonomie).
EU Ecolabel (in Vorbereitung) Entwurf	Allgemeine Anforderungen an: Stoffbilanzen, gefährliche Substanzen. Spezielle Forderungen: Vollholz (sustainable forest management, Impregnierungen, Beschichtungen), Holzfaserplatten (sustainable forest management), Gebrauch von Gefahrstoffen und Mischungen bei der Produktion, Einsatz von Abfallholz, Emissionen in das Abwasser, Formaldehyd in den Platten Aluminium- und Stahlteile müssen leicht demontierbar sein, Plastikteile (Beinhaltung von Gefahrstoffen, Flammschutzmittel, PVC, Kennzeichnung), Textilien, Leder, Glas, Polyurethan and Latexschaum, etc., Oberflächenbeschichtung bei Holzmaterialien, (VOC, Gefahrstoffe, Formaldehyd, Beschichtung), Oberflächenbeschichtung für Metalle (VOC, Gefahrstoffe, Formaldehyd, Beschichtung, Lösungsmittel), Klebstoffverbindungen. Kriterien für das Produkt: Langlebigkeit und Sicherheit, Gebrauchstauglichkeit, Wartung, Recycling und Wiederverwendung, Konsumenteninformationen, Verpackung, Gebrauchsanweisung, Hinweise zur Nutzung.

Tabelle 5.30. (Fortsetzung)

Nordic Swan	Anforderungen an: Produktion, Nutzungsphase und Entsorgung von Möbeln, Gebrauch von Gefahrstoffen, Langlebigkeit, Rezyklierbarkeit, Holz, Holzfaserplatten, Metall- und Plastikteile, Beschichtungen, Imprägnierungen, Klebstoffe, Füllmaterialien, Textilien und Glas, Verpackung, Gebrauchsinformationen. Der Nordic Swan hat im Prinzip dieselben Kriterien wie das EU-Eco Label.

Tabelle 5.31. Informationsdienste Innenbeleuchtung

Informationsdienste	Relevante Inhalte
UBA-Handbuch	Zur Verbesserung der Beleuchtungsstärke prüfen, ob an der Beleuchtungsanlage Reflektorflächen verrostet, verstaubt oder veraltet sind. Überflüssige Lampen entfernen. Auf Temperaturstrahler (Glühlampen und Halogen-Glühlampen) in allen Beleuchtungsanlagen verzichten. Es gibt energiesparendere und langlebigere Alternativen (z. B. die Kompakt-Leuchtstofflampen) mit höherer Lichtausbeute bei denen sich die höheren Beschaffungskosten amortisieren. Für bestimmte Zwecke sollte man bestimmte Leuchtstoffarten einsetzen. Bei der Verwendung von Leuchtstofflampen in Büros sollten Spiegelrasterleuchten mit 3-Bandenleuchtstofflampen eingesetzt werden. Bei Leuchtstofflampen elektronische Vorschaltgeräte verwenden. Insbesondere bei Kompakt-Leuchtstofflampen sollten elektronische Vorschaltgeräte als Adapter installiert werden. Für diese Vorschaltgeräte existiert ein deutsches Umweltzeichen RAL-UZ 81. Es sollte bei allen Beleuchtungsanlagen überprüft werden, ob selbständig wirkende Steuerungs- oder Regelungsanlagen installiert werden können, so dass man zum Beispiel eine tageslicht- oder benutzerabhängige Beleuchtung hat. Auf eine getrennte Sammlung und Entsorgung gebrauchter Leuchtstoffröhren ist zu achten. Natriumdampf-Niederdrucklampen müssen wegen ihres Gehalts an metallischem Natrium gesammelt und einer speziellen Entsorgung zugeführt werden.

Tabelle 5.31. (Fortsetzung)

Check it!	Anforderungen an die Beleuchtungsstärken in Abhängigkeit von der Tätigkeit und Farbwiedergabeeigenschaften von Lampen, Anforderungen an Blendungen und Sonnenschutz (Jalousien, Prismaplatten, Gitterraster, Lichtschwerte, Fensterscheiben mit speziell geformten Lamellen zwischen den Scheiben), Erhöhung der Taglichtnutzung, Integration von Tages- und Kunstlicht, Weniger Ressourcenverbrauch durch intelligente Planung, PVC Verzicht bei Elektroinstallationen, Grundsätze für die energiesparenden Betrieb einer Beleuchtungsanlage: Die Betriebsdauer soll den effektiven Bedürfnissen angepasst werden. Leistung und Intensität sind bei neuen Beleuchtungsanlagen oft zu hoch. Das liegt meist an der ungenügenden Planung der Aufstellung der Schreibtische/ Arbeitstische. Moderne Betriebsgeräte (EVG) und tageslichtunabhängige Steuerung können den Energieverbrauch bei gleicher Lichtqualität um 75% senken. Bei der Sanierung ohne Tageslichtsteuerung sollten nicht nur EVGs zum Einsatz kommen, sondern dimmbare elektronische Vorschaltgeräte. Lampen: Glühlampen sollten nicht verwendet werden.Als Alternative dienen Energiesparlampen. Energiesparlampen sollten im größeren Maße eingesetzt werden. Kriterien sind hier die Lebensdauer und der Gehalt von Quecksilber. Einhalten der Umweltrichtlinien für Energiesparlampen

Tabelle 5.32. Umweltzeichen Innenbeleuchtung

Umweltzeichen	Kriterien
Blauer Engel (RAL UZ 81 für Elektronische Vorschaltgeräte von Leuchtstofflampen)	Forderungen zur Einhaltung verschiedener technischer Normen (z. B. DIN EN 60929 –Bedingungen für die Arbeitsweise oder DIN EN 55015 (Funkstörungen)) oder technische Daten (Lampenbetriebsfrequenz, Nennnetzspannungen, Systemleistung, Konstanz des Lichtstroms), Forderungen zur Entsorgung (Recycling, Wiederverwendung, stoffliche Verwertung).
Österreichisches Umweltzeichen UZ 47 für Energiesparlampen	„Die Produktgruppe ‚Lampen' umfasst: Lampen mit einseitigem Anschluss (sämtliche Allgebrauchslampen mit einseitigem Bajonett-, Schraub- oder Stiftsockel), Lampen mit zweiseitigem Anschluss (sämtliche Allgebrauchslampen mit Anschlüssen an beiden Seiten, d.h. sämtliche geradlinigen Leuchtstoffröhren) Kriterien: Energieeffizienz, Lebensdauer, Lichtstromverhältnis und Quecksilbergehalt, Ein-/Ausschaltvorgänge, Farbwiedergabeindex, Flammschutzmittel, Verpackung, Hinweise für Benutzer, Informationen, die auf dem Umweltzeichen erscheinen.
EU Ecolabel	Bisher nur Lampen für den häuslichen Gebrauch. Kriterien: Geringer Energieverbrauch, orientiert am EC Energy Label, Gehalt von Quecksilber (max. 6 mg für single ended lamps und max. 7,5 mg für double ended lamps) Erhöhte Qualitätskontrolle und erhöhte Haltbarkeit des Produkts, Geringes Abfallaufkommen durch Gebrauch recyclefähiger Verpackung (bei double ended lamps muss wenigstens 80% des Gesamtgewichts des Materials recyclingfähig sein), Bessere Information der Verbraucher über die optimale Nutzung der Leuchten, Der Anteil der Lampen, die diese Vorgaben bisher erfüllen, wird auf 5% geschätzt.
Nordic Swan	umfasst Lampen und Leuchtstoffröhren mit Halterung auf einer oder auf beiden Seiten, mit angebautem oder integriertem Vorschaltgerät Kriterien betreffen: Farbwiedergabe, Energieverbrauch, Quecksilbergehalt und Lebensdauer, Verpackung, Sammlung alter Röhren, Informationen für den Nutzer (ähnlich dem EU Ecolabel).

Tabelle 5.33. Label für Öko-Strom

Label für Öko-Strom	Kriterien
Grüner Strom Label „gold" oder „silber"	Energieträger: Photovoltaik, Windenergie, Wasserkraft, Klärgas (nicht jedoch Deponiegas), Grubengas und geothermische Quellen. Der Stromlieferant darf keine Kernkraftwerke besitzen bzw. an Unternehmen beteiligt sein, die welche besitzen. „Zuschussmodell" (Fondmodell): Der Kunde zahlt einen Aufschlag auf den regulären Stromtarif des Anbieters und garantiert, dass er den Überschuss für Investitionen in neue Stromerzeugungsanlagen für erneuerbare Energien verwendet.
VdTÜV 1303 Standard	Energieträger: Deponiegas, Biomasse, Geothermie, Wasserkraft, Windenergie und Sonnenenergie. Ein Teil des Gewinns muss wieder in Investitionen in Stromanlagen für erneuerbare Energien umgewandelt werden. TÜV Süd: Hier werden neben dem Standard VdTÜV 1303 noch vier weitere Standards unterschieden: Im Bereich der erneuerbaren Energien (EE) setzt der TÜV Süd eine Produktion des Stroms aus 100 % erneuerbaren Energien voraus. Im Bereich der umweltfreundlichen Energien (UE) wird ein Anteil der Stromerzeugung von maximal 50 % aus fossil befeuerten Anlagen mit Kraft-Wärme-Kopplung zugelassen. Unterscheidung in Vollversorgung und Teilversorgung: Teilversorgung: Am Ende eines Jahres wurde genauso viel Grüner Strom erzeugt, wie im gleichen Jahr an die Verbraucher verkauft wurde. Vollversorgung: Über eine Stunde gemittelt wird genauso viel Strom erzeugt, wie die Verbraucher im gleichen Moment abnehmen.
Ok power Label	Händlermodell: Der Kunde wird vertraglich mit Strom aus erneuerbaren Energien beliefert. Zwei Drittel des Stroms müssen aus Anlagen kommen, die nicht älter als drei Jahre sind. Die Hälfte dieser Neuanlagen sollen außerhalb des Förderbereichs des Erneuerbare Energien Gesetzes entstehen. Zuschussmodell (Fondmodell): Der Kunde zahlt einen Aufschlag auf den regulären Stromtarif des Anbieters und garantiert, dass er den Überschuss für Investitionen in neue Stromerzeugungsanlagen für erneuerbare Energien verwendet. Die Verwendung der Fördermittel wird überwacht und die Mindestanforderungen an die Förderwirkungen festgelegt.

Tabelle 5.34. Informationsdienste für Reinigungsdienstleistungen

Informationsdienste	Relevante Informationen
UBA-Handbuch	Hinweise zu Wirkung, Umweltproblemen, gesundheitlichen Aspekten, Produktinformationen zu Reinigungsmittelarten und Verbrauch, Umweltzeichen, Entwicklung einer Konzeption zu einer umweltfreundlichen Gebäudereinigung, Schulung und Kontrolle der Mitarbeiter, Vermeidung von Verschmutzungen z. B. durch Schmutzauffangmatten, niedrige Dosierung von Reinigungsmitteln, Ausrichtung der Ausschreibung von Reinigungsdienstleistungen an der o.g. Konzeption.
Check it!	Hinweise zur Wirkung und Beurteilung der Inhaltsstoffe bei Wasch- und Reinigungsmitteln (z. B. Tenside, Bleichmittel, Lösungsmittel, Säuren, Alkalien, Desinfektionswirkstoffe) Grundsätze für die Auswahl: Welche Unterlagen zur Entscheidungsfindung gibt es? (z. B. Sicherheitsdatenblätter) Welche Reinigungsmittel sind unnötig oder bedenklich? Sind Verpackung, Entsorgung und Transport ökologisch vertretbar? Basisunterlagen für die Entscheidungsfindung beim Einkauf, Entwicklung von Bausteinen für die Ausschreibung, Aufführung von Umweltzeichen und Labels
Beschaffung-info.de Informationsdienst für umweltfreundliche Beschaffung	Hinweise: Bei Sanierung und Planung von Gebäuden Berücksichtigung einer nachhaltigen Reinigung bereits bei der bautechnischen Gestaltung der verschiedenen Funktionsräume Beschaffung umweltfreundlicher Reinigungsmittel und –geräte Planung geeigneter Reinigungs- und Pflegeverfahren und –intervalle Optimierung des Reinigungsmittelverbrauchs Personal- und Mitarbeiterschulungen, Reduzierung des Verpackungsaufkommens, Reduzierung der Energieverbräuche. Die Internetseite gibt Informationen zur Berücksichtigung von ökologischen Kriterien bei Herstellung, Ge- und Verbrauch, zu Label, zur Ausschreibung von Reinigungsleistungen und zur Beschaffung von Reinigungsmitteln in Eigenregie.

Tabelle 5.35. Umweltzeichen für Reinigungsmittel

Umweltzeichen für Reinigungsmittel	Kriterien
Österreichisches Umweltzeichen UZ 30 für Reinigungsmittel	Begrenzung der Menge an potentiell schädlichen Inhaltsstoffen für die Gesundheit und Umwelt, Informationen zum sachgemäßen Gebrauch, Aufführung ausgeschlossener Inhaltsstoffe, Begrenzung für eingesetzte, für Wasserorganismen schädliche Stoffe, Einsatz von Bioziden.
EU Ecolabel für Allzweckreiniger und Reinigungsmittel für sanitäre Einrichtungen (2001/523/EG)	Festlegung des Gesamtgehalt an Phosphat von nicht mehr als 0,2 g/Einheitsmenge (vom Hersteller empfohlene Dosierung des Produktes in Gramm für 1 Liter Lauge), Der in dem Produkt grenzflächenaktive Stoff muss unter anaeroben Bedingungen leicht abbaubar sein. Das Produkt darf kein Parfum mit Nitromoschus- oder polyzyklischen Moschusverbindungen enthalten. Bei Allzweckreinigern muss der Wasseranteil weniger oder gleich 90 % (G/G) betragen. Sprühprodukte, die Treibgase enthalten, sind nicht zulässig. Das Produkt muss gebrauchstauglich sein und die Anforderungen der Verbraucher erfüllen.
Nordic Swan für Allzweckreiniger und Sanitärreiniger und für Reinigungsdienstleistungen	Generelle Anforderungen, wie z. B. Klassifizierung der Stoffe bzgl. der Gefährdung der Gesundheit, Anforderungen an bestimmte Stoffgruppen, Toxizität der Produkte, Abbaubarkeit der Stoffe, Anforderungen an Effektivität der Produkte, Qualitätsanforderungen an Hersteller, Reinigungsdienstleistungen, Anforderungen an Chemikalienverbrauch, Transport und Abfallerzeugung, Allzweckreiniger und Sanitärreiniger.

Literatur

ARBEITSKREIS MASCHINEN- UND ELEKTROTECHNIK STAATLICHER UND KOMMUNALER VERWALTUNGEN (AMEV) (Hrsg.) (1999): Hinweise zur Sicherstellung einer wirtschaftlichen, umweltverträglichen und sparsamen Verwendung von Energie und Wasser, insbesondere bei Betrieb und Nutzung öffentlicher Gebäude (Energie 2000). Wermelskirchen 1999.

ARBEITSKREIS MASCHINEN- UND ELEKTROTECHNIK STAATLICHER UND KOMMUNALER VERWALTUNGEN (AMEV) (Hrsg.) (2000): Hinweise für die Innenbeleuchtung mit künstlichem Licht in öffentlichen Gebäuden. (Beleuchtung 2000). Berlin 2000.

ARNOLD, U. (1993): Beschaffungsinformation. In: WITTMANN, W. (Hrsg.) (1993): Handwörterbuch der Betriebswirtschaft. 5. Aufl. Stuttgart 1993. Sp. 325–338.

ATLANTIC CONSULTING AND IPU (1998): EU Ecolabels for Personal Computers, LCA Study (Version 1.0) January 1998.

BACKHAUS, K. (2003): Multivariate Analysemethoden – eine anwendungsorientierte Einführung. Berlin, Heidelberg u.a. 2003.

BANDEMER, S. von; BLANKE, B.; WEWER, G. (Hrsg.) (1998): Handbuch Verwaltungsreform. Opladen 1998.

BLOECH, JÜRGEN; GÖTZE, UWE (1993): Investitionsrechnung – Modelle uns Analysen zur Beurteilung von Investitionsvorhaben. Berlin 1993.

BLUMENTHAL, C.; MATTHEIS, H.; REIME, W. (2000): Beschaffung im öffentlichen Bereich – Spezifika und Entwicklungstendenzen. In: KPMG (Hrsg.) (2000): Jahrbuch der Beschaffung. Beschaffung im Spannungsfeld von Tradition und e-Commerce. Competence Center Beschaffung der KPMG Consulting AG. Frankfurt/ Main, 2000. S. 123–149.

BORTZ, J.; DÖRING, N. (2002): Forschungsmethoden und Evaluation: für Human- und Sozialwissenschaftler. 3. überarb. Auflage, Berlin 2002.

BUCHERT, M. (1996): Stoffstromanalyse des Baubereichs. In: Ökobilanzen und Produktlinienanalyse. U. Eberle und R. Griesshammer. Freiburg im Breisgau 1996, S. 44–56.

BUND (2004): Was ist Öko-Strom?. Online im Internet: <http://www.bund-strominfo.de/Okostrom/okostrom.html> Stand Februar 2004. Abfrage 12.01.2004 18.33 Uhr.

BUNDESAMT FÜR BAUWESEN UND RAUMORDNUNG (2001): Leitfaden Nachhaltiges Bauen. Im Auftrag des Bundesministeriums für Verkehr, Bau- und Wohnungswesen. Stand Januar 2001, 2. Nachdruck (mit redaktionellen Änderungen).

BUNDESKARTELLAMT (2001): Tätigkeitsbericht 1999/2000. BT-Drucksache 14/6300 vom 10.07.2001.

BUNDESMINISTERIUM FÜR LAND- UND FORSTWIRTSCHAFT, UMWELT UND WASSERWIRTSCHAFT (BMLFUW) ÖSTERREICH; BUNDESMINISTERIUM FÜR BILDUNG, WISSENSCHAFT UND KULTUR (BMBWK) ÖSTERREICH u.a. (Hrsg.) (2001): Kriterienkatalog zur umweltfreundlichen Beschaffung. Modul 5 –Elektrische Geräte. Online im Internet: <www.oekoeinkauf.at> Stand Juli 2001. Abfrage 27.02.2004, 13.35 Uhr.

BUNDESMINISTERIUM FÜR LAND- UND FORSTWIRTSCHAFT, UMWELT UND WASSERWIRTSCHAFT (BMLFUW) ÖSTERREICH; BUNDESMINISTERIUM FÜR BILDUNG, WISSENSCHAFT UND KULTUR (BMBWK) ÖSTERREICH u.a. (Hrsg.) (2001a): check it! – Kriterienkatalog zur umweltfreundlichen Beschaffung. Modul 7 – Innenausstattung. Online im Internet: <www.oekoeinkauf.at> Stand Juli 2001. Abfrage 27.02.2004, 17.40 Uhr.

BUNDESMINISTERIUM FÜR LAND- UND FORSTWIRTSCHAFT, UMWELT UND WASSERWIRTSCHAFT (BMLFUW) ÖSTERREICH; BUNDESMINISTERIUM FÜR BILDUNG, WISSENSCHAFT UND KULTUR (BMBWK) ÖSTERREICH u.a. (Hrsg.) (2001b): check-it! – Kriterienkatalog zur umweltfreundlichen Beschaffung. Modul 10 – Elektrische und haustechnische Anlagen – Technische Gebäudeausstattung. Online im Internet: <www.oekoeinkauf.at> Stand Juli 2001. Abfrage 27.02.2004, 18.20 Uhr.

BUNDESMINISTERIUM FÜR LAND- UND FORSTWIRTSCHAFT, UMWELT UND WASSERWIRTSCHAFT (BMLFUW) ÖSTERREICH; BUNDESMINISTERIUM FÜR BILDUNG, WISSENSCHAFT UND KULTUR (BMBWK) ÖSTERREICH u.a. (Hrsg.) (2001c): check-it! – Kriterienkatalog zur umweltfreundlichen Beschaffung. Modul 8 - Reinigung. Online im Internet: <www.oekoeinkauf.at> Stand Juli 2001. Abfrage 27.02.2004, 15.45 Uhr.

BUNDESUMWELTMINISTERIUM FÜR UMWELT, NATURSCHUTZ UND REAKTORSICHERHEIT (BMU) UND UMWELTBUNDESAMT (UBA) (Hrsg.) (2001): Handbuch Umweltcontrolling der öffentlichen Hand. München 2001.

BUNDESVERBAND FÜR MATERIALWIRTSCHAFT, EINKAUF UND LOGISTIK (BME)/ BOOZ - ALLEN & HAMILTON (2000): Chancen und Entwicklungen im Public Procurement. Eine Studie des Bundesverbandes für Materialwirtschaft, Einkauf und Logistik e.V. in Zusammenarbeit mit Booz-Allen & Hamilton, Berlin, 2000.

BUNDESVERBAND FÜR UMWELTBERATUNG E.V. (BFUB) (Hrsg.) (2003): Informationsdienst für umweltfreundliche Beschaffung. Online im Internet <http:// www.beschaffung-info.de/web/php/produkte.php4?produktid=15&lang=d> Stand o.A. Abfrage 11.12.2003 15.30 Uhr

COENENBERG, A.; GÜNTHER, E.; BAUM, G. (1999): Betriebliche Umweltökonomie in Fällen. Band I: Anwendung betriebswirtschaftlicher Instrumente. München, Wien 1999.

DANISH (EPA) (Environmental Protection Agency) (1998): Baggrund: Kontorelektronik. Miljostyrelsen (Backround documentation for green purchasing guidelines for electronic office equipment. Copenhagen 1998.

DEUTSCHER STÄDTE- UND GEMEINDEBUND (DSTGB) (2003): Städte und Gemeinden fallen immer mehr als Investor aus – Dramatische Finanzlage spitzt sich weiter zu. Pressemitteilung vom 12.06.2003.

DIN-INSTITUT (1990): DIN 5035-2 1990-09: Beleuchtung mit künstlichem Licht; Richtwerte für Arbeitsstätten in Innenräumen und im Freien. Berlin 1990.

ERDMENGER, C. (2003): The financial power and environmental benefits of green purchasing. In: ERDMENGER, C. (Ed.) (2003): Buying into the environment. Sheffield 2003.

ERDMENGER, C. (Ed.) (2003): Buying into the environment. Sheffield 2003.

EUROPÄISCHE KOMMISSION (2004): Established product groups for European Eco-Label. Online im Internet: < http://europa.eu.int/comm/environment/ecolabel/producers/productgroups.htm> Stand Februar 2004. Abfrage 25.02.2004. 10.55 Uhr.

FORSCHUNGSPROJEKT „RELIEF – Environmental relief potential of urban action on avoidance and detoxification of waste streams through green public procurement – Umweltentlastungspotential städtischer Aktivitäten im Bereich umweltfreundlicher Beschaffung mit Blick auf die Detoxifikation und Reduzierung von Abfallströmen“ Auftraggeber: Europäische Kommission, Projektleitung: International Council for Local Environmental Initiatives (ICLEI), Europasekretariat, Bereich Umweltfreundliche Beschaffung, Freiburg, Deutschland. Laufzeit 01/2001–10/2003.

GEHRMANN, F. (2002): Public E-Procurement: netzbasierte Beschaffung für öffentliche Auftraggeber. München 2002.

GEHRMANN, F.; SCHINZER, H. (2002): Public E-Procurement-Potenziale und Rahmenbedingungen einer netzbasierten Beschaffung für öffentliche Auftraggeber. In: GEHRMANN, F. (2002): Public E-Procurement: netzbasierte Beschaffung für öffentliche Auftraggeber. München 2002. S. 14–24.

GLANTSCHIG, E. (1994): Merkmalsgestützte Lieferantenbewertung. Köln 1994.

GRAßL, S. (2001): Die Auswirkungen des E-Procurement auf die Organisation der Beschaffung der Kommunalverwaltung - Möglichkeiten und Grenzen der Einbindung von E-Procurement in das New Public Management. Diplomarbeit an der Universität Konstanz. Konstanz 2001.

GÜNTHER, E.; KLAUKE, I. (2004): Umweltfreundlichen Beschaffung in sächsischen Kommunen. Auswertung einer Befragung. Dresden 2004. (= Dresdner Beiträge zur Betriebswirtschaftslehre. 82) Parallel als wissenschaftliches elektronisches Dokument veröffentlicht auf dem Hochschulschriftenserver der Sächsischen Landesbibliothek - Staats- und Universitätsbibliothek Dresden (SLUB) unter: http://hsss.slub-dresden. de/hsss/servlet/hsss.urlmapping.MappingServlet?id=1080136741765-6190.

GÜNTHER, T.; KRIEGBAUM, C. (1999): Life Cycle Costing. Ein Instrument zur Unterstützung der ökologieorientierten Kostenrechnung. In: COENENBERG, A.; GÜNTHER, E.; BAUM, G. (1999): Betriebliche Umweltökonomie in Fällen. Band I: Anwendung betriebswirtschaftlicher Instrumente. München, Wien 1999.

HEIMANN, P. (2003): Kommunen können Steuersenkungen nicht verkraften. Interview der Sächsischen Zeitung mit DSTGB-Präsident Oberbürgermeister Christian Schramm vom 28.6.03.

HILL, H.; KLAGES, H. ((1996): Controlling im Neuen Steuerungsmodell. Düsseldorf 1996.

HILSE, T. (1996) Der öffentliche Beschaffungsprozess: Ansätze einer effizienzorientierten Analyse kommunaler Güterbeschaffung. Stuttgart 1996.

HIRSCH & GAYER CONSULTING (2000): Optimierung der Methode des Einkaufs der öffentlichen Hand. Abschlußbericht. Angefertigt für: Bundesministerium für Wirtschaft und Technologie; Referate I B 3 und I A 2. Rheinbreitenbach/ Essen 2000.

HIRSCH & GAYER CONSULTING (1998): Public Procurement in der Bundesrepublik Deutschland. Kaufentscheidende Kriterien institutioneller (öffentlicher) Entscheidungsträger. Rheinbreitenbach/ Essen 1998.

INSTITUT FÜR ENERGIE- UND UMWELTFORSCHUNG HEIDELBERG (IFEU) (2004): Hinweise zur energieeffizienten Nutzung und Beschaffung von Computern. Online im Internet. http://www.ifeu.de/energie/pdf/Hinweisblaetter_1-4.pdf> Stand Februar 2004, Abfrage 24.02.2004, 14.36 Uhr.

KOMMUNALE GEMEINSCHAFTSSTELLE (KGST) (1997): Organisation des Einkaufs – KGSt-Bericht Nr. 1/1997. Köln 1997.

KOMMUNALE GEMEINSCHAFTSSTELLE (KGST) (2003): Elektronische Vergabe und Beschaffung in Kommunalverwaltungen – KGSt-Bericht Nr. 4/2003. Köln 2003.

KÖNIG, K.; SIEDENTOPF, H. (Hrsg.) (1997): Öffentliche Verwaltung in Deutschland. Baden-Baden 1997.

KOPPELMANN, U. (1994): Prozessorientierte Beschaffung. Stuttgart 1994.

KOPPELMANN, U. (2004): Beschaffungsmarketing. 3. Auflage. Berlin 2004.

KOSILEK, E.; UHR, W. (2002): Die kommunale elektronische Beschaffung. Bericht zum Forschungsprojekt „KeB", Dresdner Beiträge zur Wirtschaftsinformatik 37, Dresden 2002.

KPMG (Hrsg.) (2000): Jahrbuch der Beschaffung. Beschaffung im Spannungsfeld von Tradition und e-Commerce. Competence Center Beschaffung der KPMG Consulting AG. Frankfurt/ Main, 2000.

LOREK, S./LUCAS, R. (2003): Towards sustainable market strategies. A case study on eco-textiles and green power. Wuppertal Papers No. 130 June 2003.

LOSKE, R.; BLEISCHWITZ, R. (1996): Zukunftsfähiges Deutschland – Ein Beitrag zu einer nachhaltigen Entwicklung. Herausgegeben von BUND und Misereor. Basel, Boston, Berlin 1996.

JESTAEDT, T.; KEMPER, K.; MARX, F.; PRIEß, H.-J.: Das Recht der Auftragsvergabe. Neuwied 1999.

NASCHOLD, F.; BOGUMIL, J. (1998): Modernisierung des Staates - New Public Management und Verwaltungsreform. Opladen 1998.

NEITZEL, H.; LANDMANN, U.; u.a. (1994): Das Umweltverhalten der Verbraucher – Daten und Tendenzen, Berlin, Umweltbundesamt 1994.

NEUS, W.: Einführung in die Betriebswirtschaftslehre aus institutionenökonomischer Sicht. 2., erg. Aufl. Tübingen 2001.

REINERMANN, H. (1993): Kosten/Nutzen-Analyse. In: CHMIELEWICZ, K.; SCHWEITZER, M. (Hrsg.) (1993): Handwörterbuch des Rechnungswesens. Band 3. 3., völlig neu gestaltete und erg. Aufl. Stuttgart 1993.

SACHER, P. (1992): Die Beschaffungspraxis öffentlicher Verwaltungen: eine verwaltungswissenschaftliche Untersuchung am Beispiel ausgewählter Kommunalverwaltungen. Frankfurt a.M. 1992.

SÄCHSISCHES STAATSMINISTERIUM FÜR WIRTSCHAFT UND ARBEIT (SMWA) (Hrsg.) (2001): Ratgeber für das öffentliche Auftragswesen im Freistaat Sachsen. Dresden 2001.

SCHAFFER, M.; WOLLMANN, H. (1989): Reichweiten, Chancen und Hindernisse einer umweltfreundlichen Beschaffung der öffentlichen Verwaltung in Berlin. Berlin 1989.

SCHMIDT, A.; FRYDENDAL, J. (2003): Methods for calculating the environmental benefits of 'green products'. In: ERDMENGER, C. (Ed.) (2003): Buying into the environment. Sheffield 2003.

SCHMIDT, M. (2002): Kommunale Einkaufsgemeinschaft. In: GEHRMANN, F. (2002): Public E-Procurement: netzbasierte Beschaffung für öffentliche Auftraggeber. München 2002. S. 312–319.

SCHWARTING, G. (1993): Der kommunale Haushalt. Berlin 1993.

STAIß, F. (Hrsg.) (2003): Jahrbuch erneuerbare Energien 02/03. Radebeul, 2003.

TÖNSING, E. (1999): Stromsparende Beleuchtungssysteme - mehr Licht für weniger Kosten. In: RADGEN, P. ;JOCHEM, E.; Fraunhofer-Institut für Systemtechnik und Innovationsforschung – ISI – , Karlsruhe : Energie effizient nutzen – Schwerpunkt Strom. Modellvorhaben und Fachartikel Karlsruhe 1999, S.79–92.

UMWELTBUNDESAMT (UBA) (Hrsg.) (1999):Handbuch Umweltfreundliche Beschaffung: Empfehlungen zur Berücksichtigung des Umweltschutzes in der öffentlichen Verwaltung und im Einkauf. 4. völlig neubearb. Aufl. München 1999.

UMWELTBUNDSAMT (UBA) (2003): Nachhaltiger Konsum – Umweltbewusster Umgang mit Wasch- und Reinigungsmitteln. Online im Internet: < http://www.umweltbundesamt.de/uba-info-daten/daten/wasch/nachhalt.htm> Stand 17.12.2003. Abfrage 25.02.2004 18.47 Uhr.

VERBAND BÜRO-, SITZ- UND OBJEKTMÖBEL E.V. (BSO) (2003): Ökologie. Online im Internet <www.bueroforum.de/content/con2/hersteller/umweltgerecht/glossar/index_html.> Stand September 2003. Abfrage vom 23.09.03 14.23 Uhr.

VERDINGUNGSORDNUNG FÜR FREIBERUFLICHE LEISTUNGEN (VOF). Ausgabe 2002 i.d.F. der Bekanntmachung vom 26. August 2002. BAnz Nr. 203a vom 30. Oktober 2002.

VERDINGUNGSORDNUNG FÜR LEISTUNGEN (VOL) Teil A – Allgemeine Bestimmungen zur Vergabe von Leistungen – Ausgabe 2002 i.d.F. der Bekanntmachung vom 17. September 2002, BAnz Nr. 216a vom 20. November 2002.

VERGABE- UND VERTRAGSORDNUNG FÜR BAULEISTUNGEN (VOB) (2002): Teil A: Allgemeine Bestimmungen für die Vergabe von Bauleistungen vom 12. September 2002. BAnz Nr.202a vom 29. Oktober 2002.

VOß, W. (2000): Praktische Statistik mit SPSS. 2. aktualisierte Auflage. München 2000.

WALTHER, N.; BRÜCKMANN, F. (1996): Controllinggrundlagen und Controllingerfahrungen in Offenbach. In: HILL, H.; KLAGES, H. ((1996): Controlling im Neuen Steuerungsmodell. Düsseldorf 1996.

WITTMANN, W. (Hrsg.) (1993): Handwörterbuch der Betriebswirtschaft. 5. Aufl. Stuttgart 1993.

6 Innovationen und kommunale Beschaffung

Christoph Erdmenger, Ines Klauke

6.1 Begriffe und Ziele von Innovationen

Der Begriff der Innovation durchdringt seit Mitte der siebziger Jahre in immer stärkerem Maße breite Schichten unserer Gesellschaft und ist seit einigen Jahren wesentlicher Bestandteil wirtschaftswissenschaftlicher und wirtschaftspolitischer Diskussionen. Der Begriff Innovation wird in der Literatur und unternehmerischen Praxis vielseitig interpretiert und variiert je nach Verwendungskontext. Innovationen müssen auf jeden Fall eine Neuheit darstellen. Dies ist allen Definitionen gemeinsam.[1]

Einen Grundstein in der Innovationsforschung hat SCHUMPETER (1939) gelegt. Innovationen im SCHUMPETERschen Sinne sind somit

- zum einen alle Aktivitäten,"... die der Entwicklung neuer Produkte und Verfahren (Invention), ihrer Markteinführung bzw. ihrer ersten Anwendung (Innovation im engeren Sinne) oder ihrer allgemeinen Ausbreitung (Diffusion) dienen." Das sind meist technisch-ökonomische Innovationen. Es können aber auch Veränderungen im organisatorischen oder institutionellen Bereich innerhalb oder außerhalb sein.
- zum anderen können Innovationen auch institutionelle oder soziale Neuerungen in Unternehmen und anderen Lebensbereichen darstellen, Veränderungen in der Organisation des Wirtschaftens, in Rechtsbeziehungen, in individuellen Verhaltensmustern (Innovationen im weiteren Sinne).[2]

KLEMMER, u.a. (1999) unterscheidet drei Phasen der Innovation:

1. die Entstehung von Wissen (bei SCHUMPETER „Invention")
2. die Ausbreitung bzw. erstmalige Anwendung (die Adaption, die von SCHUMPETER als die „eigentliche" Innovation bezeichnet wird) und

[1] Vgl. BÖTTCHER, S. A. (2000), S. 26. zur Definition von Innovation siehe unter anderem BARNETT, H. G. (1953); BROCKHOFF, K. (1994), S. 28. auch HEMMELSKAMP, J. (1999), S. 13.

[2] Vgl. KLEMMER, P.; LEHR, U.; LÖBBE, K. (1999), S. 28.; Vgl. auch NILL, J.; EINACKER, I.; KORBUN, T U.A. (2002), S. 44.

3. die allgemeine Verwendung (Diffusion) des neuen Wissens in Form eines neuen Produkts, eines neuen Verfahrens oder neuer institutioneller Arrangements bzw. Verhaltensmuster.[3]

Weit verbreitet in der Innovationsforschung ist die Unterscheidung in Basisinnovationen und inkrementelle Innovationen.[4] Basisinnovationen sind durch technologische Änderungen, also Änderungen der Technologie und des Produktionssystems (z. B. Erzeugung von Strom durch Photovoltaik), gekennzeichnet. Inkrementelle Innovationen können zu kontinuierlichen Verbesserungen (z. B. weitere Erhöhung der Energieeffizienz, Verringerung des spezifischen Schadstoffausstoßes) führen. Integrierte Umwelttechnologien stellen nicht selten Basisinnovationen und additive Technologien eher inkrementelle Innovationen dar.[5]

Innovationen werden oft nach der technologischen Dimension von Innovationen (also Veränderung der Technologie und des Produktionssystems) und den Markt-Akteurs-Beziehungen (d.h. Veränderungen der Marktbedingungen und der organisatorisch-sozialen Faktoren) unterschieden in:

- Inkrementelle Innovationen,
- Radikale Innovationen, die mit bestehenden Produktionsstrukturen ex-ante nicht kompatibel sind, und
- Systeminnovationen als Kombination technischer, organisatorischer und sozialer Innovationen, die neue Akteurskonstellationen von Anbietern, Nutzern und Intermediären zur Voraussetzung haben.[6]

Inkrementelle Innovationen sind, wie bei KLEMMER (1999) erwähnt, relativ kleine Veränderungen von Prozessen und Produkten. Diese finden in allen Wirtschaftszweigen mehr oder weniger kontinuierlich statt.[7] *Radikale Innovationen* treten diskontinuierlich auf und sind eher Ergebnisse gezielter FuE-Aktivitäten. Radikale Innovationen können Produkt-, Prozess-, oder organisatorische Innovationen oder auch eine Kombination dessen sein. Durch radikale Innovationen wird ein quantitativer oder qualitativer Leistungssprung erreicht.[8] Unter *Systeminnovationen* werden weitreichende technologische Veränderungen verstanden, die mehrere Sektoren betreffen und auch zur Entstehung völlig neuer Sektoren führen.[9]

[3] Vgl. KLEMMER, P.; LEHR, U.; LÖBBE, K. (1999), S. 32.

[4] Vgl. KLEMMER, P.; LEHR, U.; LÖBBE, K. (1999), S. 34. Die Innovation setzt dabei entweder am Produkt oder am Produktionsprozess an. Zu beachten ist, dass die Herstellung eines neuen Produktes oft auch mit der Änderung des Prozesses einhergeht. Die Prozessänderung stellt in vielen Fällen eine Innovation dar, kann aber nicht immer den Umweltinnovationen zugerechnet werden. Als umweltrelevante Prozessinnovation kann deshalb nur eine solche verstanden werden, die ein bestehendes oder ein neues Produkt unter geringerem Ressourceneinsatz oder Schadstoffausstoß herstellt.

[5] Vgl. KLEMMER, P.; LEHR, U.; LÖBBE, K. (1999), S. 34.

[6] Vgl. NILL, J.; EINACKER, I.; KORBUN, T U.A. (2002), S. 46, KONRAD, W.; NILL, J. (2001). Sie sehen für die Unterscheidung das Element der Kombination verschiedener Innovationen bzw. Innovationstypen als entscheidend an.

[7] Vgl. NILL, J.; EINACKER, I.; KORBUN, T U.A. (2002), S. 45f.

[8] Vgl. NILL, J.; EINACKER, I.; KORBUN, T U.A. (2002), S. 46.

[9] Vgl. NILL, J.; EINACKER, I.; KORBUN, T U.A. (2002), S. 46.

Systeminnovationen basieren auf einer Kombination von inkrementellen und radikalen Innovationen in Verbindung mit organisatorischen Innovationen.[10]

Außerdem kann man Innovationen einteilen in Produkt-, Prozess- und organisatorische Innovationen. HEMMELSKAMP (1999) erläutert, dass diese Unterteilung nicht nur für die Produktion, also das verarbeitende Gewerbe, gilt, sondern auch für Dienstleistungen.[11] Produktinnovationen im verarbeitenden Gewerbe sind zum einen die Markteinführung von Produkten, die eine Neuheit darstellen und grundlegend verändert sind. Zum anderen können Produktinnovationen technische Leistungsverbesserungen darstellen, durch die Verwendung neuer Materialien, Betriebsstoffe oder einzelner Bestandteile. Prozessinnovationen beziehen sich auf das Produktionsverfahren und organisatorische Innovationen sind Anwendung und Nutzung neuer Organisationsformen, Managementmethoden, Absatzwege oder Beschaffungsmärkte. Produktinnovationen im Dienstleistungsgewerbe können neue verbesserte Dienstleistungen sein, die dem Kunden angeboten werden. Prozessinnovationen beziehen sich auf die Verfahren, mit denen die Dienstleistung erbracht wird. Organisatorische Maßnahmen sind, wie bei verarbeitenden Betrieben, Verbesserungen in der Aufbau- oder Ablauforganisation im Dienstleistungsunternehmen.[12]

Neben dem allgemeinen Innovationsbegriff ist eine Klärung erforderlich, was als Umweltinnovation verstanden werden soll. Für das dargestellte FORSCHUNGSPROJEKT NABESI waren die Arbeiten von KLEMMER maßgeblich, der feststellt: „Als Umweltinnovationen sollen alle Maßnahmen der relevanten Akteure ... angesehen werden, mit denen neue Ideen und Verhaltensweisen, Produkte und Produktionsverfahren entwickelt, angewendet und eingeführt werden, und die Umwelt entlastet bzw. zu einer ökologisch bestimmten Nachhaltigkeit beigetragen wird.“[13] „Aus [der] Gesamtmenge [der Innovationen] greifen Umweltinnovationen jene technisch-ökonomischen, institutionellen und/oder sozialen Neuerungen heraus, die zu einer Verbesserung der Umweltqualität führen. Der Begriff der Umweltinnovation ist damit final definiert; er umfasst alle Innovationen, die der Verbesserung der Umwelt dienen, gleichgültig, ob diese Innovation auch unter anderen – namentlich – ökonomischen Gesichtspunkten vorteilhaft wären.“[14]

Technisch ökonomische Innovationen können z. B. durch die Entwicklung und Vermarktung neuer Produkte und die Erschließung neuer Ressourcen und Inputbestände (produktbezogene Innovationen bzw. Extrahierungsinnovationen) oder durch die Entwicklung und Anwendung neuer Produktionsverfahren bei der Herstellung von Gütern und Dienstleistungen und bei der Nutzung natürlicher Ressourcen (Prozess- bzw. Ressourceninnovationen) auftreten.[15] Institutionelle Innovationen können entstehen durch die Neugestaltung der gesamtgesellschaftlichen Rahmenbedingungen und Ordnungsprinzipien. Soziale Innovationen sind solche

[10] Vgl NILL, J.; EINACKER, I.; KORBUN, T U.A. (2002), S. 46.
[11] Vgl. HEMMELSKAMP, J. (1999), S. 15.
[12] Vgl. HEMMELSKAMP, J. (1999), 15f.
[13] Vgl. KLEMMER, P. (Hrsg.) (1999), S. 10.
[14] Vgl. KLEMMER, P.; LEHR, U.; LÖBBE, K. (1999), S. 29.
[15] Vgl. KLEMMER, P.; LEHR, U.; LÖBBE, K. (1999), S. 29.

Entwicklungen, die mit der Herausbildung (neuer) entscheidungsprägender Normen bzw. Verhaltensweisen verbunden sind und sich auch in der praktischen Anwendung neuer Lebensstile ausdrücken, soweit diese die anthropogen bestimmten Umweltnutzungen vermindern, indem sie z. B.

- zur Einsparung von Energie und Rohstoffen,
- zur Reduzierung des Flächenverbrauchs,
- zur Verminderung von Emissionen und Abfällen beitragen oder
- ein gegebenes Landschaftsbild und eine gegebene Artenvielfalt erhalten.

Betrachtet man den Neuerungsgrad einer Innovation, so kann diese von geringfügigen Veränderungen am bestehenden Objekt bis hin zu fundamentalen Neuerungen variieren. In der Literatur wird zwischen subjektivem und objektivem Neuigkeitsgrad unterschieden. Subjektive Neuheit liegt vor, wenn ein Produkt oder ein Prozess für ein Individuum als neu erscheint.[16] WITTE (1973) beschreibt dies folgendermaßen: „Für eine Unternehmung ist eine Innovation dann zu konstatieren, wenn sie eine technische Neuerung erstmals nutzt, unabhängig davon, ob andere Unternehmungen den Schritt vor ihr getan haben oder nicht."[17] Objektive Neuheit ist hingegen die erstmalige Nutzung eines Produktes oder eines Prozesses. Der Neuigkeitsgrad ist höher, wenn die Einführung auf einem Gebiet erstmalig geschieht und je mehr die subjektiv empfundenen Veränderungen wahrgenommen werden.[18]

6.2 Öffentliche Beschaffung zur Innovationsförderung

Innovation kann – soll und muss – ein vielschichtiger Prozess sein, indem neben den innovativen technischen Aufgabenstellungen auch die rechtlichen und organisatorischen Aufgabenstellungen angesprochen werden. Hier wurde ein umfassenderer Innovationsbegriff zu Grunde gelegt. Im Bereich der öffentlichen Beschaffung sind nicht nur wissenschaftliche oder technische Innovationen von Interesse. Vor allem organisatorische und soziale Aspekte spielen eine große Rolle dabei, ein innovationsfreundlicheres Umfeld zu schaffen. So stellt sich vor allem die Frage, welche institutionellen Voraussetzungen dem Gelingen von Innovationen förderlich sind oder entgegenstehen und welche Folgen daraus entstehen können.

Umweltfreundliche Beschaffung kann im Ergebnis zu einem verringerten Ressourcenverbrauch je Nutzen- und/oder Qualitätseinheit für die beschaffende Institution führen. Bestimmen lässt sich dieser Effekt wie folgt:

$$\textbf{Ökologischer Erfolg einer Innovation} = f(I, O, N) = \textbf{Umweltleistung } x_0 (I, O, N) - \textbf{Umweltleistung } x_1 (I, O, N) \quad (6.1)$$

[16] Vgl. PÖLZL, A. (2002), S. 17.
[17] Vgl. HAUSCHILDT, J.; GMÜNDEN, H.-G. (1999), S. 11.
[18] Vgl. PÖLZL, A. (2002), S. 17.

mit

x_i = Umweltleistung einer Leistung i (Produkt oder/und Dienstleistung)
I = bewerteter Input einer bestimmten Qualität,
O = bewerteter Output einer bestimmten Qualität und
N = Maß der Nutzungsintensität.

Dieser Effekt wird zur Zeit vornehmlich über die Auswahl öko-effizienterer Produkte und Dienstleistungen erzielt. Damit zielt das Instrument vor allem auf die Diffusionsphase der Innovationen ab. In dem hier dargestellten Forschungsprojekt wird der Wirkungsbereich des Instruments allerdings auf die vorgeschalteten Phasen der Innovation, die Inventions- und Adaptionsphase ausgeweitet. Durch die Identifikation von Produktbereichen, in denen Marktmacht gebündelt zu verändertem Investitionsverhalten der Anbieter führen kann, wird die erste Anwendung (Adaptionsphase) eines Verfahrens begünstigt. Darüber hinaus setzt die Untersuchung über die Kombination von Beschaffungs- und Vergabevorgängen mit anderen Instrumenten an der Inventionsphase von Innovationen an.

Umweltfreundliche Beschaffung zielt auf Innovationen unterschiedlicher Natur.[19] Sie führt zu technisch-ökonomischen Innovationen, indem sie bestimmten Produktentwicklungen zum Marktdurchbruch verhilft. Darüber hinaus fördert sie institutionelle Innovationen erstens im Zusammenspiel der Kommunen, also die Innovation in kooperativem bzw. gleichgerichteten Handeln von Marktakteuren. Zweitens können intermediäre Akteure zur Vernetzung der Marktakteure beitragen und drittens sind institutionelle Innovationen auch in den Verwaltungen selbst notwendig. Soziale Innovationen betreffen bspw. das Berufsverständnis kommunaler Beschaffer ebenso, wie die Orientierung an gemeinsamen Umweltkriterien auf Europäischer Ebene.

Von den Gebieten der Umweltinnovation[20] betrifft die umweltfreundliche Beschaffung in erster Linie das Gebiet der Ressourceneffizienz (dargestellt in I) und das Gebiet der Emissionsminderung (dargestellt in O). Darüber hinaus wird die Lebensdauer (dargestellt in N) von Gütern erhöht und der Wiederverwertung (dargestellt in N) weitere Perspektiven eröffnet.

Was wird in der Literatur über die Rolle der öffentlichen Hand geschrieben? Im Bezug auf Innovationen im Allgemeinen sehen mache Autoren deren Einflussmöglichkeit als begrenzt an. Als wichtiger Grund hierfür wird die Tatsache angesehen, dass Verantwortliche in der öffentlichen Beschaffung häufiger zu einer Risikovermeidung neigen[21]. So erklärte ROESSNER, dass lokale Behörden Risiken eher scheuen.[22] Trotzdem weisen einige Autoren der öffentlichen Beschaffung eine wichtige (potenzielle) Rolle zu, unter bestimmten Bedingungen Innovationen zu begünstigen. LICHTENBERG zufolge hat öffentliche Beschaffung einen posi-

[19] Zur Abgrenzung vgl. KLEMMER, P.; LEHR, U.; LÖBBE, K. (1999), S. 29.
[20] Vgl. KLEMMER, P.; LEHR, U.; LÖBBE, K. (1999), S. 30.
[21] Vgl. EDQUIST, C. ; HOMMEN, L.; TSIPOURI, L. (2000), S. 301.
[22] Vgl. ROESSNER, J. D. (1979), S. 342.

tiven und quantitativ wichtigen Effekt auf private FuE.[23] GEROSKI unterstellt sogar, dass Beschaffungspolitik ein effizienteres Instrument zur Stimulierung von Innovationen darstellen kann als FuE-Förderungen.[24]

Eine weitere Einschränkung ergibt sich aus dem Umstand, dass das Ausmaß von innovativer Beschaffung zwangsläufig auf die Sach- und Dienstleistungen beschränkt ist, welche der öffentliche Sektor in großen Mengen bezieht. Darüber hinaus sind laut ROESSNER lokale Behörden selten in jene Märkte involviert, die durch einen hohen Grad an FuE und einen großen öffentlichen Sektoranteil gekennzeichnet sind. Er führt weiter an, dass die meisten Industriezweige, die für Kommunen produzieren, zumeist niedrige Gewinnspannen aufweisen und geringe Investitionen in FuE tätigen.[25] Jedoch gibt es auch andere Hinweise. So fanden z. B. DALPE u.a. heraus, dass für bestimmte Fertigungszweige, wie z. B. für den Fahrzeugbestand der Bahn, Kommunikationsausstattung, wissenschaftliche Ausstattungen und Büromöbel, der öffentliche Sektor in der Tat ein wichtiger erstmaliger Nutzer für Innovationen, Patente und Produkte ist.[26] Besonders im Hinblick auf ‚grüne' öffentliche Beschaffung können sich laut MARRON nur bedeutende Auswirkungen auf Innovationen ergeben, wenn es sich dabei um Produkte handelt, die durch den privaten Verbraucher nachgefragt werden und die er sich leisten kann. Demnach erweist sich öffentliche Beschaffung am vielversprechendsten, wenn auf Produkteigenschaften, wie z. B. Energieeffizienz, fokussiert wird, die von offensichtlichem Interesse für den privaten Verbraucher sind.[27] EDQUIST u.a. folgert unter anderem, dass die Schaffung von geeigneten institutionellen Rahmenbedingungen und organisatorischen Formen, welche Nutzer und Hersteller von Produkten mit ausreichend Kompetenzen ausstattet, die Grundvoraussetzung für innovationsfördernde, öffentliche Beschaffung darstellt. In deren Sicht ist eine enge Zusammenarbeit zwischen Beschaffern und Herstellern ein notwendiger Bestandteil einer effektiven „Technologiebeschaffung"[28].

Kommunen, die sich für innovationsfördernde, umweltfreundliche Beschaffung engagieren wollen, befinden sich in vielerlei Hinsicht in einer speziellen Situation. Das vorhandene Engagement von Kommunen, die schon aktiv umweltfreundliche Beschaffung betreiben, resultiert aus einem größeren Interesse, Entwicklungen und Markteinführungen von grüneren Produkten und Dienstleistungen anzuregen. Hinzu kommt, das umweltfreundliche Beschaffung politische Unterstützung voraussetzt, die in Kommunen aufgrund der größeren Nähe zwischen Bürgern, Politikern und Verwaltung eher zu erwarten ist. Ein weiterer Faktor, der sich positiv auswirken kann, ist der Umstand, dass es in relativ kleinen Kommunen zuweilen recht einfach ist, bürokratische Hindernisse zu überwinden, welche Initiativen zur Innovationsförderung hindern könnten. Diese Gründe veranlassen die Autoren

[23] Vgl. LICHTENBERG, F. R. (1988), S. 550ff.
[24] Vgl. GEROSKI, P. A. (1990), S. 182ff.
[25] Vgl. ROESSNER, J. D. (1979), S. 343ff.
[26] Vgl. DALPÉ, R.; DE BRESSON, C.; XIAOPING, H. (1992), S 251ff.
[27] Vgl. MARRON, D. (2001), S.15.
[28] Vgl. EDQUIST, C. ; HOMMEN, L.; TSIPOURI, L.(2000), S. 307f.

dieses Beitrages, zu Optimismus, dass Kommunen eine wichtige Rolle spielen, um Innovationen durch das Instrument der öffentlichen Beschaffung zu fördern.

Wird der Innovationsbegriff auf die konkrete Situation in Kommunen übertragen, ergeben sich zwei mögliche Felder der Innovationsorientierung. Der engere Innovationsbegriff, der sich auf die (technologische) Entwicklung von innovativen Produkten oder Dienstleistungen beschränkt, wirft die Frage auf, ob Kommunen als Nachfrager dieser Produkte auftreten (Innovation der beschafften Leistungen). Der weitere Innovationsbegriff, der den ganzen Prozess der Entstehung einer Innovation und ihres organisatorischen Umfeldes im Blick hat, fügt dem die Frage hinzu, wie Beschaffungspolitik nicht nur vom Inhalt, sondern auch von den Instrumenten so gestaltet werden kann, dass Innovationen gefördert werden (Innovation der Beschaffung).

Um die Bedeutung und Einflussmöglichkeiten öffentlicher Beschaffung zur Innovationsförderung weiter zu untermauern, wurden zwei Fallbeispiele angefertigt, die erfolgreiche Beispiele innovativer Beschaffung darstellen. Das erste Beispiel illustriert dabei die Innovation der Beschaffung, während das zweite Beispiel die Innovation des beschafften Produktes betrachtet:

6.3 Fallstudien zur Innovationsförderung durch Beschaffung

6.3.1 Fallstudie 1: Energiespar-Contracting in Schulen

Um das Energie- und Kosteneinsparpotenzial zu nutzen, das in der Modernisierung der Heiz- und Beleuchtungssysteme öffentlicher Gebäude steckt, müssen hohe Summen investiert werden. Häufig fehlen den öffentlichen Kassen jedoch die Mittel für solche Maßnahmen. Dementsprechend oft werden ökologisch notwendige und wirtschaftlich eigentlich sinnvolle Modernisierungen hintenangestellt.

Die angespannte Haushaltslage des Jahres 1996 veranlasste den Gemeinderat der Stadt Kaarst in Nordrhein-Westfalen, im städtischen Gebäudebestand Energiesparmaßnahmen vorzunehmen und so die Kassen zu entlasten.[29] Die notwendigen Investitionen sollten durch *Energiespar-Contracting* von einem externen Investor übernommen werden. Dabei handelt es sich um ein standardisiertes Dienstleistungskonzept, das die Bündelung einer Vielzahl von Leistungskomponenten zur Darstellung einer Versorgungsleistung umfasst. So soll die Effizienz der Energieumwandlung und -nutzung in allen Verbrauchsbereichen durch Drittfinanzierung gesteigert werden. Entscheidendes Merkmal ist, dass nicht der Gebäudeeigner selbst, sondern ein externer Contractor die Energieversorgungssysteme anschafft, betreibt und wartet. Als Contractors kommen verschiedene Akteure in Betracht:

[29] ENERGIEAGENTUR NRW (2001).

Hersteller von Heizsystemen, Anbieter von Energietechnologien oder örtliche Energieversorgungsunternehmen.[30]

Verantwortlich für Anschaffung, Betrieb und Wartung der Energieerzeugungs- und Versorgungsanlagen ist der Contractor. Der Kunde - in diesem Fall die Kommune - bezieht nur die Energie, die zur Erbringung der vereinbarten Dienstleistung, also Heizung und/oder Strom, erforderlich ist. Doch nicht nur die Installation moderner Energieerzeugungsanlagen, sondern auch die Entwicklung von Energieeinsparmaßnahmen gehören zum Contracting. Unterschieden werden zwei Varianten: *System-Contracting* und *Performance-Contracting*[31].

Als Pilotprojekt bot sich das Georg-Büchner-Gymnasium an, da die Bausubstanz des Gebäudes selbst in gutem Zustand, die Versorgungssysteme jedoch renovierungsbedürftig waren. Im Jahr 1996 begann die Stadt Kaarst, mit Unterstützung der Energieagentur NRW[32] den Ausschreibungsprozess, um einen geeigneten Contractor zu finden. Im Fall des Georg-Büchner-Gymnasiums entschied die Stadt sich für die Performance-Variante:

Da der Gewinn des Contractors direkt mit der eingesparten Energie korreliert, ist der Anreiz zur Installation eines maximal energiesparenden Systems für ihn entsprechend hoch. Das Projekt wurde in zwei Schritten angegangen: Zuerst führten die Projektanwärter eine Bestandsaufnahme des Gebäudes durch. Der schließlich ausgewählte Contractor erstellte danach ein detailliertes Projektkonzept. Von Seiten der Stadt gab es bestimmte Leistungsvorgaben. Gleichfalls analysiert wurde die Betriebsweise des Gebäudes. Alle Angebote wurden von der Stadt zusammen mit der Energieagentur NRW ausgewertet. Den Zuschlag erhielt schließlich die DeTe Immobilien, ein Unternehmen der Deutschen Telekom. Sie prognostizierte für die Schule eine Energieeinsparung von 40%. Um die Prognosen auch garantiert umsetzen zu können, war ein detailliertes Projektkonzept erforderlich. Das Ergebnis war ein Vertrag mit folgenden Leistungsmerkmalen:

- Garantie von 40% Energieeinsparung ohne Komfortverlust durch die DeTe Immobilien.
- Monatlich von der Stadt zu entrichtende Contracting-Gebühr in Höhe eines Durchschnittsreferenzwerts für die Energiekosten der letzten fünf Jahre.
- Verpflichtung des Contractors zu Energiesparinvestitionen im Sinne einer verbindlichen Einspargarantie.
- Jährliche Kostenerstattung an die Stadt Kaarst in Höhe von DM 10.000 (davon 50% an das Georg-Büchner-Gymnasium).

---

[30] Diese Einsparungsmethode kann auch zur Wassereinsparung angewendet werden. Siehe hierzu http://www.state.ma.us/cam/statewide/sw-energyconserv02.html/Stand September 2003.

[31] Während beim System-Contracting die Bezahlung des Contractors nicht von der Energieeinsparrate abhängt, kann er beim Performance-Contracting seine Investitionen direkt über die eingesparte Energie amortisieren.

[32] Die Energieagentur NRW ist eine unabhängige Institution des Bundeslandes Nordrhein-Westfalen. Sie entstand mit dem Ziel der Beratung von Kommunen und Unternehmen hinsichtlich erneuerbarer Energien, Energiesparmaßnahmen und rationeller Energienutzung.

- Am Ende der Vertragslaufzeit Übergang der Anlagen ohne jegliche Ausgleichszahlungen in den Besitz der Stadt.

Die DeTe Immobilien entwarf ein Konzept, das die Schule nicht als ein Konglomerat aus Einzelkomponenten, sondern als Gesamtsystem betrachtete. In diesem innovativen Ansatz fanden sämtliche Aspekte von der Heizanlage bis zum Nutzerverhalten Berücksichtigung. Im Rahmen des Projekts wurden die raumlufttechnische Anlage und die Kesselsteuerung optimiert sowie eine bewegungsgesteuerte Beleuchtungstechnik eingebaut. Das gesamte Gebäude wurde wärmegedämmt (Außenhülle und Rohrleitungen). In den Klassenzimmern wurde eine Einzeltemperaturregelung zur vollautomatischen Wärmezufuhr installiert. Diese Einzelraumsteuerung war das eigentlich Innovative des Contracting-Konzepts. Es handelt sich hierbei um ein so genanntes Gebäude- und Energiedienstleistungssystem. Die gesamte Gebäudetechnik des Gymnasiums kann so von der DeTe Immobilien zentral computergesteuert werden, wobei die einzelnen Komponenten zeit- und raumunabhängig voneinander angesprochen werden.

Das Contracting-Konzept allgemein sowie das Projekt im Einzelnen erwiesen sich für die Stadt Kaarst als ein überzeugender Erfolg. Lagen die jährlichen Energiekosten der Stadt vor dem Contracting noch bei rund 200.000 DM, so wurden sie nach der Projektumsetzung auf rund 120.000 DM reduziert. Durch die Investitionen konnten somit jährlich 41% Gas und 42% Strom gespart werden, d.h. dass alleine dieses Projekt die CO_2-Emissionen jährlich um 253 t senkte. Die hier vorgestellte Finanzierungsmethode (Übernahme der Investitionen und des Finanzierungsrisikos durch Dritte) ist ein innovativer Ansatz zur Haushaltsentlastung bei gleichzeitiger Modernisierung des öffentlichen Gebäudebestands. Die eigentliche Neuerung in dem Projekt war jedoch das so genannte Gebäude- und Energiedienstleistungssystem, mit dem sich die Einzelkomponenten unabhängig voneinander steuern lassen.

Das Projekt lief als Pilotprojekt für Schulen in Nordrhein-Westfalen und Deutschland. Die Merkmale des Projekts sind nicht an einem spezifischen Kontext gebunden und wären sicherlich problemlos sowohl auf andere öffentliche Gebäude in Deutschland, als auch in anderen europäischen Kommunen übertragbar.

6.3.2 Fallstudie 2: Solarsysteme in öffentlichen Freibädern

In der Regel wird das Wasser öffentlicher Bäder aus Komfortgründen geheizt. Angesichts des direkten Wärmeaustauschs bei derart großen Wasserflächen sind beträchtliche Heizkosten die logische Folge. Die hohen Energiekosten für die Wassererwärmung brachten Anfang der 80er Jahre viele deutsche Kommunen dazu, nach innovativen Ansätzen zur Kostensenkung und damit Entlastung ihrer Haushaltskassen zu suchen, um somit die Bäder vor der drohenden Schließung zu bewahren. Mit annähernd 30% stellen die Energiekosten einen der größten Posten unter den Folgekosten von Schwimmbädern dar. Im Jahr 1983 startete die Europäische Kommission zusammen mit dem Bundesministerium für Forschung und Technologie ein Modellprojekt, um konventionelle Wassererwärmung durch solare (Absorbertechnik) zu ersetzen.[33] Ziel des Demonstrationsprojekts war, sechs öffentliche Bäder auf solare Wassererwärmung umzustellen.

Zu Beginn des Projekts existierten viele Solarwärmesysteme nur als Prototypen und waren noch entsprechend teuer. Die ständig steigende Nachfrage der letzten Jahre hat die Kollektorpreise jedoch stark zum Sinken gebracht. Inzwischen sind große Solaranlagen zu Quadratmeterpreisen zwischen 75–125 € zu haben. Von den eigentlichen Kollektor- bzw. Absorberkosten abgesehen, müssen noch Kosten für die Steuerung und den Anschluss an das Umwälz- und Filtersystem eingerechnet werden. Diese liegen in aller Regel bei 20–30% der Gesamtkosten. Entscheidend ist auch die Systemsteuerung, die entsprechend präzise arbeiten muss, um unnötige Energieverluste zu vermeiden. An der Elektronik zu sparen, wäre also auf keinen Fall sinnvoll. Einfacher lassen sich Kosten und Energie schon durch Absenken der Wassertemperatur einsparen. Der Wärmeverlust wächst mit steigender Wassertemperatur überproportional. So würde etwa die Beheizung eines Beckens auf 28°C dreimal so viel Energie wie das gleiche Becken mit nur 22°C verbrauchen. Solare Wassererwärmung ist nur bei mäßigen Wassertemperaturen von um die 23°C sinnvoll. Ein Freibadbecken von 2000 Quadratmetern Wasserfläche und einer Solltemperatur von 23°C beispielsweise kann ohne konventionelle Unterstützung komplett solar beheizt werden. Auf ein zusätzliches Heizsystem könnte so verzichtet werden - eine Ersparnis von 75.000 l Heizöl bzw. 150 t CO_2 pro Badesaison.

Im Jahr 1998 wurden die im Rahmen des Projekts installierten Anlagen einer Folgebewertung unterzogen. Dabei stellte sich heraus, dass die Umstellung zu beträchtlichen Energie- und Kostensenkungen geführt hat. Während der Projektlaufzeit wuchs auch in anderen Kommunen das Interesse an Solarsystemen. Gegen Ende der 80er Jahre nahmen immer mehr der 6.000 öffentlichen Schwimmbäder Deutschlands die solare Umstellung ihrer Wassererwärmung vor.[34] Inzwischen werden ca. 9% der öffentlichen Freibäder solar beheizt, was einer Wasserfläche von 225.000 m^2 entspricht.

Zweifellos hat die verstärkte kommunale Nachfrage nach Solarsystemen der Solartechnik für Bäder einen positiven Entwicklungsschub beschert. Dank Massenproduktion und steigender Anbieterzahl haben moderne Absorbersysteme in punkto Kosteneffizienz die erste und damals noch wesentlich teurere Generation der 80er Jahre weit hinter sich gelassen. Bei Energiekosten von 2,5–5 Cent/kWh sind heutige Solarsysteme eine ernsthafte Alternative zu konventioneller Technik. Ein Maximum an Kosteneffizienz wäre dann erreicht, wenn der Badbetreiber ganz auf ein mit fossilen Brennstoffen befeuertes Zweitsystem verzichten würde. Ein solches Zusatzsystem lässt sich streng genommen auch nicht sinnvoll begründen, denn die Zahl der Freibadbesucher korreliert mit dem Wetter, sprich den täglichen Sonnenstunden. An kühlen und bedeckten Tagen sind die Besucherzahlen entsprechend niedrig, womit eine zusätzliche Beheizung sich erübrigt. Dies gilt allerdings nicht unbedingt für Freizeit- und Erlebnisbäder.

[33] Vgl. BINE INFORMATIONSDIENST (1993).
[34] Vgl. BINE INFORMATIONSDIENST (1998); ENERGIEAGENTUR NRW (1999).

Der Umstand, dass steigende Nachfrage nach einer Technik sich kostensenkend und gleichzeitig entwicklungsfördernd auswirkt, lässt sich in der Regel problemlos auf andere Situationen, Länder oder Akteure übertragen. Solarsysteme sind etwas, woran Kommunen besonderes Interesse zeigen. Von der Übertragbarkeit der Ergebnisse auf Kommunen anderer Länder kann also ausgegangen werden. Voraussetzung ist natürlich, dass das jeweilige Energiepreisgefüge ein Anreiz zum Entwickeln neuer Kostensparmodelle darstellt. Die Umstellung öffentlicher Bäder auf Solarbetrieb sollte den Kommunen unmittelbar einleuchten, sowohl in ökologischer als ökonomischer Hinsicht, dies umso mehr, wenn sowieso ein Austausch des Heizsystems ansteht. Für die Planung, Finanzierung und Installation eines Solarsystems sollte in der Kommunalverwaltung eine gewisse Vorlaufzeit eingeplant werden, die sich natürlich in den Gesamtkosten niederschlägt. Ein rechtzeitiger Planungsbeginn trägt diesem Umstand Rechnung und ist demnach empfehlenswert.

Wie oben angeführt, kann die Beschaffung der Markteinführung einer Innovation, zumeist einer technologischen Innovation, dienen, indem entsprechende Kriterien in die Ausschreibung aufgenommen werden. Dies war der Fall bei den Kommunen, die Ende der 80er Jahre anfingen, für ihre Freibäder Sonnenkollektoren zur Warmwassererhitzung zu kaufen. Dieser Kauf in einer besonders profitablen Nische (Schwimmbadbenutzung geht mit den Tagen höchster Sonnenscheinintensität einher) führte zu entsprechenden Preissenkungen für die Kollektoren, so dass diese in der Zwischenzeit auch häufig im Privatsektor anzutreffen sind. Ein interessantes Beispiel anderer Natur wurde von niederländischen Wissenschaftlern untersucht: die Beschaffung von Recyclingpapier in den 90er Jahren. Dies ist ein Beispiel, bei dem der Innovationsbeitrag der öffentlichen Hand nicht nachgewiesen werden konnte: Recyclingpapier wird zum allergrößten Teil im Verpackungs- und Tageszeitungsbereich und nicht bei Schreibwaren eingesetzt.

Die zweite Richtung innovationsfreundlicher Beschaffung liegt, wie oben angeführt, bei Innovationen im Beschaffungsprozess selbst. Der Gedanke ist hier, dass der Beschaffer nicht selbst entscheidet, welches das innovativste Produkt ist (das es dann zu bestellen gilt), sondern dem Anbieter entsprechende Anreize setzt. Untersucht wurde hier der Fall von Gebäude-Energie-Contracting, bei dem eine Schule von privater Seite mit neuer Energietechnologie ausgestattet wurde (Fallbeispiel 1). Der Anreiz dazu bestand in der vertraglich vereinbarten Aussicht, von den Energieeinsparungen finanziell zu profitieren. Ähnlich verhält es sich bei den ÖPNV-Ausschreibungen der Stadt Göteborg[35]. Diese verlangt einerseits hohe Umweltstandards bei den eingesetzten Fahrzeugen (erster Fall innovationsfreundlicher Beschaffung), andererseits werden jedoch Anreize im Vertrag verankert, das Fahrgastaufkommen sowie die Kundenzufriedenheit zu steigern (zweiter Fall innovationsfördernder Beschaffung).

[35] Nähere Informationen über die Beschaffungspraxis der Stadt Göteborg im Bereich Personennahverkehr in: ICLEI (2002).

6.4 Zusammenfassung

Umweltinnovationen beschränken sich nicht auf bloße technologische Entwicklungen, sondern können vielerlei Formen annehmen. Davon ist der Beschaffungsprozess an verschiedenen Punkten betroffen, sei es bei der Identifikation innovativer Produkte und Dienstleistungen oder bei Verbesserungen des Beschaffungsprozesses selbst. Die größten Potenziale zur Innovationsförderung durch öffentliche Beschaffung dürften bei Produkten und Dienstleistungen bestehen, die die öffentliche Hand in großer Menge nachfragt. Eine wichtige Voraussetzung ist allerdings koordiniertes Handeln, sei es mit anderen Marktakteuren, sei es die Vernetzung verschiedener Beschaffungsstellen.

Aus den untersuchten Beispielen lässt sich folgern, dass es durchaus Möglichkeiten gibt, durch Beschaffung Innovationen zu fördern. Die Erwartung, Innovationschancen zu identifizieren, allerdings an die Adresse der Beschaffer zu richten, wäre nicht angebracht. Beschaffer sind von ihrer Ausbildung und ihren täglichen Arbeitsanforderungen nicht darauf vorbereitet, eine solche Aufgabe zu übernehmen. Stattdessen war in jedem untersuchten Beispiel immer eine verwaltungsinterne oder verwaltungsexterne dritte Stelle mit der Identifikation der Innovation beschäftigt. Als weiterer notwendiger Erfolgsfaktor wurde identifiziert, dass es bei der Beschaffung zu Skaleneffekten kommen muss, weil sich sonst die Preise als zu hoch erweisen könnten. Das gemeinsame Beschaffen durch viele Gebietskörperschaften auf dem Europäischen Markt bietet sich hier als Ausweg an. Zusammengenommen machen die Ergebnisse deutlich: Wenn die Möglichkeiten von Umweltinnovationen durch Beschaffung ausgeschöpft werden sollen, braucht es eine (oder mehrere) zentrale Innovationsagenturen, die Entwicklungen bei Technologie und Markt verfolgen, Beschaffer zusammenbringen und Beratung zu Vertragsgestaltungen geben können.

Literatur

BALZER, I.; WÄCHTER, M. (Hrsg.): Sozial-ökologische Forschung. Ergebnisse der Sondierungsprojekte aus dem BMBF-Förderschwerpunkt. München 2001.

BARNETT, H. G. (1953): Innovation: The basis of cultural change. New York u.a. 1953.

BINE INFORMATIONSDIENST (1993): Projekt-Info Service Erfahrungen mit solarbeheizten Schwimmbädern, Bonn 1993.

BINE INFORMATIONSDIENST (1998): Einsatz der Solarenergie in Freibädern, Bonn 1998.

BINE INFORMATIONSDIENST (1998): Kollektor- und Absorberanlagen zur Schwimmbadwassererwärmung in öffentlichen Bädern in Deutschland, Bonn 1998 BINE INFORMATIONSDIENST (1998): Kollektor- und Absorberanlagen zur Schwimmbadwassererwärmung in öffentlichen Bädern in Deutschland, Bonn 1998.

BÖTTCHER S. A. (2000): Strategisches Technologiemanagement zur Förderung ökologischer Innovationen, St. Gallen 2000.

BRANDER, L.; FÜHR, V.; OLSTHOORN, X. (2003): Views from the green public procurement community. In: ERDMENGER, C. (Hrsg.) (2003): Buying into the Environment. Experiences, opportunities and potential for Eco-Procurement. Sheffield (Greenleaf) 2003. p. 232–240.
BROCKHOFF, K. (1994): Forschung und Entwicklung: Planung und Kontrolle. 4., erg. Aufl. München, Wien 1994.
COUNCIL OF THE EUROPEAN UNION (2002): Integrating environmental protection and sustainable development into internal market aspects of competitiveness policy – Report on the follow-up to the European Council in Göteborg and to the summit in Johannesburg, 13978/02 MI 239 ENV 645, Brussels, 8. November 2002.
DALPÉ, R.; DE BRESSON, C.; XIAOPING, H. (1992) : The Public Sector as first user of Innovations, in: Research Policy 21, S. 251–263.
EDQUIST, C.; HOMMEN, L.; TSIPOURI, L. (Hrsg.) (2000): Public Technology Procurement and Innovation, Kluwer, Boston/Dordrecht/London 2000.
ENERGIEAGENTUR NRW (1999): Energieeinsparungen in Hallen- und Freibädern, Wuppertal 1999.
ENERGIEAGENTUR NRW (2001): Performance-Contracting für Schulen – Ganzheitliches Energiesparkonzept im Georg-Büchner-Gymnasium in Kaarst, Wuppertal 2001.
GEROSKI, P. A. (1990): Procurement Policy as a Tool of Industrial Policy, International Review of Applied Economics 4.2, S. 182–198, Leeds, 1998.
GETZINGER, G.; ASCHEMANN, R. (1990): Umweltfreundliche Beschaffung und kommunale Infrastrukturinnovationen 1. Teil. Interuniversitäres Forschungszentrum für Technik, Arbeit und Kultur, Graz 1990.
GETZINGER, G.; ASCHEMANN, R. (1991): Umweltfreundliche Beschaffung und kommunale Infrastrukturinnovationen 2. Teil. Schriftenreihe des Interuniversitären Forschungszentrums für Technik, Arbeit und Kultur (IFZ), Issue 13, Graz, 1991.
GRUPP, H.; SCHMOCH, U. (1995): Beschreibung und Erklärung innovationsgerichteter Vorgänge, in: HALFMANN, J.; BECHMANN, G.; RAMMERT, W. (Hrsg.): Technik und Gesellschaft, Frankfurt/Main 1995, S. 227-243.
HALFMANN, J.; BECHMANN, G.; RAMMERT, W. (Hrsg.): Technik und Gesellschaft, Frankfurt/Main 1995, S. 227-243.
HAUSCHILDT, J.; GEMÜNDEN, H.-G. (Hrsg.) (1999): Promotoren: Champions der Innovation. 2., erw. Aufl. Wiesbaden. 1999.
HEMMELSKAMP, J. (1997): Environmental Policy Instruments and their Effects on Innovation, European Planning Studies, Heft 5.2, S. 177–194.
HEMMELSKAMP, J. (1999): Umweltpolitik und technischer Fortschritt : eine theoretische und empirische Untersuchung der Determinanten von Umweltinnovationen. Heidelberg 1999.
ICLEI (2002): Public Urban Transport Services Procurement in Göteborg, case study published at www.iclei.org/procurement/relief, accessed on 5.4.2003, Freiburg, 2002.
KLEMMER, P. (1999): Innovationen und Umwelt: Fallstudien zum Anpassungsverhalten in Wirtschaft und Gesellschaft. Berlin 1999.
KLEMMER, P.; LEHR, U.; LÖBBE, K. (1999): Umweltinnovationen : Anreize und Hemmnisse. Berlin 1999.
KONRAD, W.; NILL, J. (2001): Innovationen für Nachhaltigkeit. Ein interdisziplinärer Beitrag zur konzeptionellen Klärung aus wirtschafts- und sozialwissenschaftlicher Perspektive. Schriftenreihe des IÖW 157/01. Berlin 2001.
LICHTENBERG, F. R. (1988): The Private R&D Investment Response to Federal Design and Technical Competitions, American Economic Review 78.3, S. 550–559.

MARRON, D. (2001): Greener Public Procurement as an Environmental Policy Instrument, OECD Workshop on Financial, Budget and Accounting Issues in Greener Public Purchasing, Wien, 29.–30. Oktober 2001.

MEISSNER, W. (1989): Innovation und Organisation - Die Initiierung von Innovationsprozessen in Organisationen, Stuttgart 1989.

NILL, J.; EINACKER, I.; KORBUN, T. U.A. (2001): Politische Strategien für eine nachhaltige Dynamik sozial-ökologischer Transformationen. In: BALZER, INGRID; WÄCHTER, MONIKA (Hrsg.): SOZIAL-ökologische Forschung. Ergebnisse der Sondierungsprojekte aus dem BMBF-Förderschwerpunkt. München 2001. S. 175–196.

PÖLZL, A. (2002) Umweltorientiertes Innovationsmanagement: Eine theoretische und empirische Analyse. Sternenfels 2002.

ROESSNER, J.D. (1979): The Local Government Market as a Stimulus to Industrial Innovation, Research Policy, Heft 8, S. 340–362.

UMWELTBUNDESAMT (UBA) (Hrsg.) (1999): Handbuch Umweltfreundliche Beschaffung: Empfehlungen zur Berücksichtigung des Umweltschutzes in der öffentlichen Verwaltung und im Einkauf., 4. völlig neubearb. Aufl. München 1999.

7 Untersuchung des Marktes für ausgewählte Produktgruppen

Edeltraud Günther, Ines Klauke

7.1 Die Kommune als Akteur am Markt

Die Ausgaben der öffentlichen Hand für Beschaffungen zeigen, dass öffentliche Auftraggeber eine große Nachfragemacht ausüben können.[1] Möchte man jedoch untersuchen, welche Marktwirkung eine verstärkte Beschaffung umweltfreundlicher Produkt- oder Dienstleistungsinnovationen hervorbringen kann, so ist es nicht ausreichend, nur die öffentliche Hand als einen Akteur am Markt zu untersuchen. Vielmehr müssen alle Marktakteure und die Rahmenbedingungen am Markt in die Betrachtung einbezogen werden.

In dieser Analyse wird der öffentliche Auftraggeber als Akteur am Markt, speziell als Nachfrager, gesehen, der Einfluss auf die Entwicklung des Angebots konventioneller und umweltfreundlicher Produkte und Dienstleistungen hat. Wenn somit das Angebot von Produkten und Dienstleistungen im Mittelpunkt der Analyse steht, so bezieht sich die Betrachtung auch auf das Unternehmen, das diese Produkte und Dienstleistungen anbietet. Ziel der Marktanalyse ist somit, Potenziale für eine umweltfreundliche Beschaffung auf dem Markt zu bestimmen. Hierzu wird zunächst die Marktstruktur im allgemeinen untersucht, anschließend werden ausgewählte Produktgruppen näher beleuchtet.

7.2 Analyse der Marktstruktur

Um die Marktstellung umweltfreundlicher Produkte und Dienstleistungen am Markt zu bestimmen, müssen aus der Sicht des Unternehmens die Marktstruktur und insbesondere die Konkurrenzsituation für diese Produkte und Dienstleistungen analysiert werden. Ziel einer Markt- und Konkurrenzanalyse ist es, Einblick in

---

[1] Bis zu 12% des Bruttoinlandsprodukts von Industriestaaten werden durch öffentliche Beschaffung erwirtschaftet. Der größte Teil davon entsteht durch die Beschaffung von Kommunen. Vgl. Kapitel 1.

die aktuelle Wettbewerbs- bzw. Marktsituation zu bekommen und mögliche Entwicklungen abzuleiten.[2] Der vorliegende Beitrag analysiert zunächst den Markt aus strategischer Sicht und grenzt dann die Analyse auf ausgewählte, wesentliche Aspekte ein.

7.2.1 Analyse des Marktes aus strategischer Sicht

Die strategische Sichtweise betrachtet das Unternehmen akteursbezogen in seinem komplexen Unternehmensumfeld. Dieses Umfeld wird sowohl vom aufgabenspezifischen Umfeld des Unternehmens als auch vom generellen globalen Umfeld bestimmt (vgl. Abb. 7.1.).[3] Im aufgabenspezifischen Umfeld werden neben den Wettbewerbern Kunden, Lieferanten, Kreditgeber, Anteilseigner, Mitarbeiter, Staat und Öffentlichkeit untersucht.[4]

Die Analyse des Marktes konzentriert sich auf die Wettbewerber, Kunden und Lieferanten (vgl. Abb. 7.1.). Hier wird die Wettbewerbsintensität als wesentlicher Faktor zur Beschreibung der Marktstrukturen herangezogen.[5]

Das Branchenstrukturmodell (Fünf-Kräfte-Modell) von PORTER charakterisiert diese, indem es die derzeitige Wettbewerbsintensität in einem Markt anhand von fünf Faktoren[6]

- Markteintritt neuer Konkurrenten,
- Gefahr durch neue (Substitutions-)Produkte oder auch Technologien,
- Verhandlungsmacht der Abnehmer,
- Verhandlungsmacht der Lieferanten und
- Rivalität unter den vorhandenen Wettbewerbern (vgl. auch Abb. 7.1.) [7]

untersucht.

Für den Markt der öffentlichen Beschaffung werden Wettbewerbskräfte um den Faktor „Einfluss des Staates“ erweitert. Aufgrund der besonderen Rolle rechtlicher Rahmenbedingungen widmet sich ein ganzes Kapitel dieses Buches diesem Thema.[8]

---

[2] Vgl. SCHREYÖGG, G. (2002), Sp. 1255.

[3] Vgl. KUBICEK, H./ THOM, N. (1976), Sp. 3988; GÜNTHER, E. (1994), S. 24. BAUM, H.-G.; COENENBERG, A.; GÜNTHER, T. (2004), S. 94.

[4] Vgl. STEGER, U. (1992), S. 94.

[5] Vgl. SCHREYÖGG, G. (2002), Sp. 1256.

[6] Vgl. PORTER, M. E. (2000), S. 28f.

[7] Vgl. PORTER, M. E. (2000), S. 28f.; HOMBURG, C.; KROHMER, H. (2003), S. 167; BAUM, H.-G.; COENENBERG, A.; GÜNTHER, E. (1999), S. 60ff.

[8] Vgl. Kapitel 9.

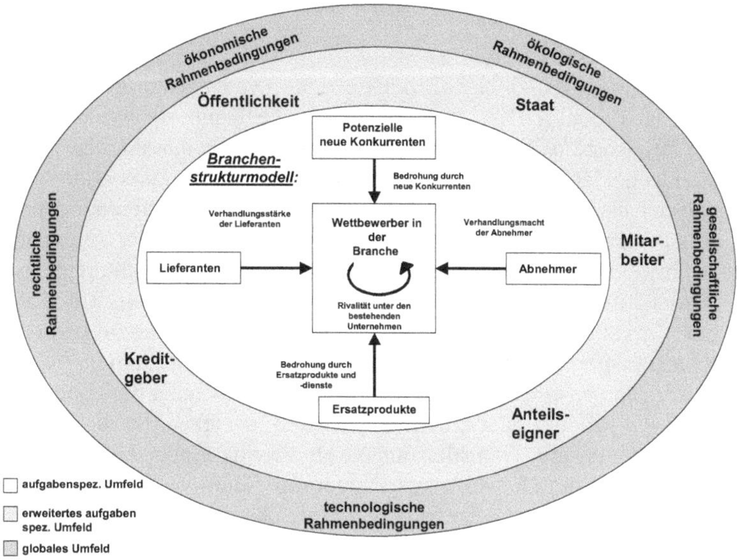

Abb. 7.1. Strukur des Unternehmensumfeldes[9]

Die Stärke des Zusammenwirkens der fünf bzw. sechs Faktoren entscheidet über den Erfolg eines Unternehmens (z. B. gemessen am Return on Investment (RoI) oder dem Unternehmenswert) in einer Branche. Je höher die Wettbewerbsintensität in einer Branche ausfällt, desto geringer wird tendenziell die durchschnittliche Rentabilität der Anbieter in der Branche sein. Die Stärke der Wettbewerbsintensität ist in jeder Branche unterschiedlich und kann sich mit der Branchenentwicklung verändern.[10]

Im folgenden soll die Analyse auf den hier zu untersuchenden Sachverhalt „*Bestimmung der Potenziale durch eine umweltfreundliche Beschaffung in Kommunen*" eingegrenzt werden.

7.2.2 Eingrenzung für das vorliegende Problemfeld

Für die Bestimmung der Potenziale einer umweltfreundlichen Beschaffung in Kommunen grenzt sich das in Abbildung 7.1 dargestellte Problemfeld somit auf die Betrachtung

- umweltfreundlicher Produkte und Dienstleistungen am Markt und
- der Kommunen als Nachfrager am Markt ein.

Für die Betrachtung umweltfreundlicher Produkte und Dienstleistungen ist – wie nachfolgend dargestellt – die Differenzierung des Marktes entscheidend.

---

[9] BAUM, H.-G.; COENENBERG, A.; GÜNTHER, E. (1999), S.14.
[10] Vgl. PORTER, M. E. (2000), S. 29.

Differenzierung des Marktes für umweltfreundliche Produkte und Dienstleistungen

Ein Anbieter umweltfreundlicher Produkte oder Dienstleistungen muss wissen, wie die eigenen Produkte/Dienstleistungen und die Konkurrenzprodukte/-dienstleistungen am Markt positioniert sind, um daraus Strategien ableiten zu können. Hierbei ist entscheidend, wie sich das umweltfreundliche Produkt oder die Dienstleistung von der herkömmlichen Alternative abgrenzt. Die Differenzierungen umweltfreundlicher Produkte oder Dienstleistungen können auf der Angebots- oder auf der Nachfrageseite erfolgen. Angebotsseitig können die Gütereigenschaften variiert werden, indem Produkte und Dienstleistungen in einer Vielzahl unterschiedlicher Varianten produziert werden. Auf der Nachfrageseite unterscheiden sich die Konsumenten hinsichtlich der nachgefragten Eigenschaften.[11] Die unterschiedlichen Varianten eines Gutes können sich dabei auch auf die Umweltauswirkungen durch ein Produkt oder eine Dienstleistung beziehen. So werden umweltfreundliche Produkte oder Dienstleistungen als Produkte oder Dienstleistung beschrieben, bei denen die Umweltauswirkungen über den gesamten Lebenszyklus, d. h. Herstellung, Nutzung und Entsorgung vergleichsweise gering sind.[12]

Durch die Betrachtung der Umweltauswirkungen bei der Definition von Produkten oder Dienstleistungen ergeben sich zwei weitere Dimensionen (vgl. Abb. 7.2.) für eine Analyse möglicher Differenzierungen am Markt: Zum einen kann sich die Funktion des Produktes oder der Dienstleistung verändern, zum anderen können neue Anbieter auf den Markt kommen.

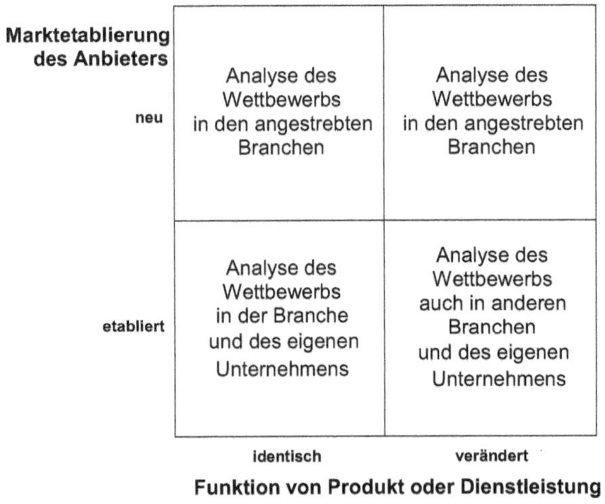

Abb. 7.2. Dimensionen der Wettbewerbsanalyse

[11] Vgl. KUHN, M. (1996), S. 480.
[12] Vgl. KOMMISSION DER EUROPÄISCHEN GEMEINSCHAFTEN (2001), S. 6.

Nachfolgend sollen zwei der aufgespannten Felder beispielhaft interpretiert werden: Erfüllt das umweltfreundliche Produkt oder die Dienstleistung dieselbe Funktion wie die konventionelle Alternative, ist die Umweltfreundlichkeit somit eine zusätzliche Eigenschaft, die für eine bestimmte Abnehmergruppe/ Kundengruppe einen Zusatznutzen darstellt.[13] Wenn der Anbieter der umweltfreundlichen Alternative bereits durch konventionelle Produkte und Dienstleistungen am Markt etabliert ist, liegt der Schwerpunkt hier auf der *Analyse der Wettbewerber in der Branche, aber des eigenen Unternehmens.* Zum Beispiel kann ein Anbieter von Büromöbeln für eine seiner Produktlinien ein Umweltzeichen[14] vorweisen. Die umweltfreundlichen Büromöbelreihen an sich stehen jedoch immer noch in Konkurrenz zu den Büromöbelreihen, die kein Umweltzeichen haben. Somit können auch Kannibalisierungseffekte innerhalb der eigenen Produktpalette auftreten.

Alternativ kann das umweltfreundliche Produkt oder die umweltfreundliche Dienstleistung eine Neuheit am Markt darstellen, die darüber hinaus von einem Unternehmen angeboten wird, das bisher nicht am Markt vertreten war. Der Anbieter ist also ein potenzieller Neuanbieter und somit ein potenzieller neuer Konkurrent für die am Markt etablierten Anbieter. Werden also z. B. am Markt neuartige umweltfreundliche Reinigungsmittel von einem Hersteller angeboten, der bisher nicht am Markt vertreten war, so ist für diesen Neuanbieter interessant, wie der Reinigungsmittelmarkt strukturiert ist und ob eventuelle Markteintrittsbarrieren (z. B. längerfristige Rahmenverträge) vorhanden sind, die ihm den Marktzutritt erschweren. Darüber hinaus ist zu untersuchen, ob für die Wettbewerbsanalyse weitere Märkten zu betrachten sind. Da Reinigungsdienstleistungen häufig ausgelagert sind, könnte für das Unternehmen auch eine Analyse des Reinigungs*dienstleistungs*marktes von Interesse sein.

Kommune als Nachfrager am Markt

Aufgrund der Betrachtung der kommunalen Beschaffung liegt ein weiterer Schwerpunkt der Betrachtung aus Unternehmenssicht auf der Frage, welche Anforderungen die Kommunen als Abnehmer an die Anbieter stellen, das heißt, wie die Kommunen ihre Lieferanten bewerten. Diese Bewertung ist eng verknüpft mit dem Vergabeprozess. Da die öffentlichen Auftraggeber die Leistungen in der Regel öffentlich ausschreiben müssen, ist die Leistungsbeschreibung das wichtigste Instrument bei der Vergabe. In ihr wird die Leistung, die erbracht werden soll präzisiert.[15] In den öffentlichen Bekanntmachungen, die die öffentlichen Auftraggeber vornehmen müssen, sind Angaben über die zu erbringende Leistung enthalten, aber auch Bestimmungen, die den Prozess an sich betreffen, z. B. die Art der Vergabe, etwaige Vorbehalte wegen der Teilung in Lose, Bestimmungen über die Ausführungsfrist etc.. Außerdem sind die Unterlagen präzisiert, die ggf. vom Auftraggeber für die Beurteilung der Eignung (Fachkunde, Leistungsfähigkeit und Zu-

[13] Vgl. ROTHENBERGER, D.; MARKARD, J. (2000), S. 61.
[14] Z. B. Blauer Engel, Nordic Swan, EU-Umweltzeichen.
[15] Vgl. Kapitel 5.

verlässigkeit[16]) des Bewerbers verlangt werden.[17] Welche Unterlagen das sein können bzw. welche Angaben die Auftragnehmer zu ihrer Eignung anführen müssen, hängt von der jeweiligen Leistung ab. In Kapitel 5 „Umweltfreundliche Beschaffung in sächsischen Kommunen" wurde dargestellt, welche Kriterien die Kommunen zur Bewertung des Angebotes heranziehen. Interessant ist jedoch für die hier vorliegende Sicht, wie die Unternehmen die Situation aus ihrer Sicht einschätzen, d. h. wie sie die Anforderungen der Kommunen wahrnehmen. Wie diese Wahrnehmung der Anforderungen untersucht wurde, wird an späterer Stelle dargelegt.[18] Die Verlagerung der Schwerpunkte der Analyse der Marktstruktur im Vergleich zur klassischen Vorgehensweise ist noch einmal in Abbildung 7.3. dargestellt. Diese Eingrenzung des Problemfeldes spiegelt sich in der hier durchgeführten Untersuchung des Marktes wieder.

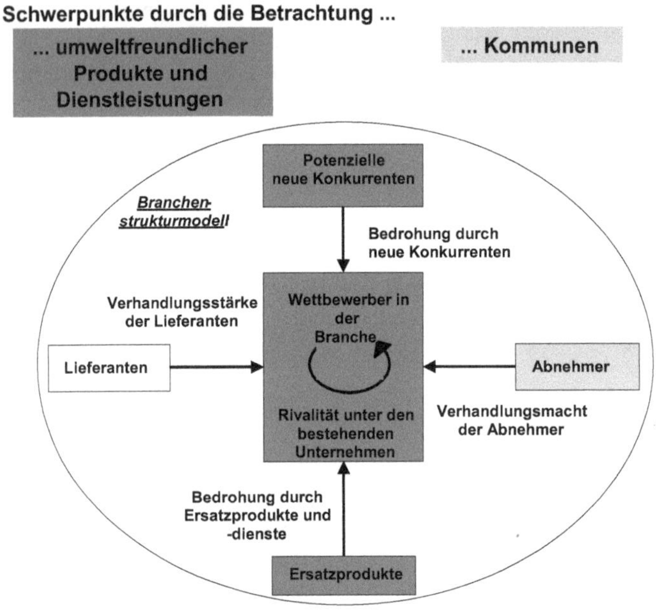

Abb. 7.3. Eingrenzung der Marktanalyse für die vorliegende Fragestellung[19]

[16] VOL/A §2 Nr. 3. "Leistungen sind unter ausschließlicher Verantwortung der Vergabestellen an fachkundige, leistungsfähige und zuverlässige Bewerber zu angemessenen Preisen zu vergeben."

[17] Vgl. SÄCHSISCHES STAATSMINISTERIUM FÜR WIRTSCHAFT UND ARBEIT (SMWA) (Hrsg.) (2001), S.9.

[18] Vgl . Abschn. 7.3.2 und 7.3.4.

[19] In Anlehnung an BAUM, H./COENENBERG, A./GÜNTHER; E. (1999), S.14.

7.3 Die Untersuchung des Marktes für ausgewählte Produkte

7.3.1 Ziel der Untersuchung und Auswahl der Produkte

Ziel der Untersuchung war es, den Markt für umweltfreundliche Produkte und Dienstleistungen unter Berücksichtigung der oben dargestellten Eingrenzung zu untersuchen. Die Auswahl der Produkte und Dienstleistungen orientierte sich an der Befragung sächsischer Kommunen zur umweltfreundlichen Beschaffung.[20] Dort wurden als Produktgruppen

- Informationstechnologien, insbesondere Computersysteme, Laptops und Monitore,
- Büromöbel, insbesondere Büroschreibtische,
- Innenbeleuchtung, insbesondere Leuchten,
- Gebäude (Neubauten),
- Strom

und als Dienstleistung

- Reinigungsdienstleistungen

analysiert. Für die vorliegende Untersuchung wurde eine Eingrenzung auf die Produkte IT, Büromöbel, Innenbeleuchtung und Strom vorgenommen. Der Bereich „Gebäude (Neubauten)“ wurde aus der Betrachtung ausgeschlossen, da dieser Bereich ein komplexes Vorhaben darstellt, das sich aus vielen einzelnen Bausteinen zusammensetzt[21], für die der jeweilige Markt getrennt untersucht werden muss (z. B. Heizungsanlagen, Wärmedämmung). Der Bereich Innenbeleuchtung stellt einen solchen Baustein für den Neubau von Gebäuden dar, wenn man die Planung von Beleuchtungsanlagen betrachtet. Die Ergebnisse in diesem Bereich können also durchaus auch von Interesse für den Bereich Gebäude sein. Der Bereich Reinigungsdienstleistung wurde ausgeschlossen, weil für diesen Bereich von der Kommune nicht einzelne Reinigungsprodukte nachgefragt werden, sondern die Leistung „Reinigung“ insgesamt. Hier müssen individuelle Anforderungen in der Kommune beachtet werden.[22]

7.3.2 Vorgehensweise für die Analyse

Nachfolgend soll nun die einheitliche Vorgehensweise für die Marktanalysen der einzelnen Produkte vorgestellt werden (vgl. auch Abb. 7.4.):

Im *ersten Schritt* der Analyse soll für das jeweilige Produkt der Markt abgegrenzt werden. Hierfür wird die Produktgruppe, die untersucht werden soll, kurz

---

[20] Vgl. Kapitel 5.

[21] Vgl. Umweltbundesamt (UBA) (Hrsg.) (1999), S. 376.

[22] Siehe gesonderte Studie der TU Dresden hierzu unter http://www.tu-dresden.de/wwbwlbu/forschung/download/frame.htm.

beschrieben. Außerdem wird die Relevanz der Produktgruppe für die Umwelt und damit für eine umweltfreundliche Beschaffung deutlich gemacht. Dies erfolgt unter Rückgriff auf unterschiedliche Veröffentlichungen und auf die Beschreibungen der Umweltrelevanz dieser Produktgruppen in der o.g. Befragung sächsischer Kommunen. Im *zweiten Schritt* wird der Markt untersucht, wobei folgende Teilschritte vorgenommen werden:

- *Teilschritt 1 - Beschreibung der Marktsituation*:
  Zunächst wird die Situation der Branche, der das Produkt zugeordnet werden kann, dargestellt, um einen Überblick über die Situation am Markt zu bekommen. Die Betrachtung der Marktsituation wird, soweit möglich, auf die in Schritt 1 vorgenommene Differenzierung des Marktes für die entsprechende Produktgruppe bezogen.
- *Teilschritt 2 - Darstellung des Innovationspotenzials des eingegrenzten Marktes*:
  Da die Untersuchung, wie bereits dargestellt, auf umweltfreundliche Produkte als Innovationen am Markt eingegrenzt wurde, wird hier das allgemeine Innovationspotenzial in der Branche untersucht. Hier werden Beispiele vorgestellt, die das Innovationsgeschehen in der Branche für die ausgewählten Produktgruppen widerspiegeln. Die Stärke des Innovationspotenzials (hoch, mittel oder niedrig) wird dann anhand der Einschätzungen von Experten[23] und anhand der genannten Beispiele abgeschätzt.
- *Teilschritt 3 - Darstellung möglicher Umweltinnovationen auf dem Markt*:
  Hier wird das Angebot an umweltfreundlichen Produkten am Markt untersucht. Betrachtet man den Neuerungsgrad einer Innovation, so kann diese von geringfügigen Veränderungen am bestehenden Objekt bis hin zu fundamentalen Neuerungen variieren. In der Literatur wird hier zwischen subjektivem und objektivem Neuigkeitsgrad unterschieden. Subjektive Neuheit liegt vor, wenn ein Produkt oder ein Prozess für ein Individuum als neu erscheint, dass heißt, wenn eine Organisation, z. B. eine Kommune, eine Produktneuerung erstmals nutzt unabhängig davon, ob andere Institutionen diese schon vor ihr genutzt haben.[24] Somit stellt eine erstmalige Nutzung durch eine einzelne Kommune für diese eine Innovation im subjektiven Sinne dar.

Für die Untersuchung des Marktes wurde zunächst versucht, Sekundärquellen heranzuziehen. Sofern die erhobenen Sekundärquellen für die hier vorzunehmende Analyse nicht geeignet waren, wurde die Vorgehensweise für eine Primärerhebung begründet und erläutert. In Bezug auf die anfangs vorgenommene Eingrenzung der Marktbetrachtung werden im *dritten Schritt* die Erfahrungen von Unternehmen mit Kommunen als Auftraggeber untersucht. Hier sollte auf die subjektive Einschätzung von Unternehmen zurückgegriffen werden. Daher wurde hier ebenfalls die Primärerhebung gewählt. Diese wurde gemeinsam mit der Primäranalyse in Schritt zwei durchgeführt.

---

[23] Die Vorgehensweise der Analyse wird an späterer Stelle beschrieben.

[24] Vgl. PÖLZL, A. (2002), S. 17; HAUSCHILDT, J.; GEMÜNDEN, H.-G. (Hrsg.) (1999).

Schritt 1: Abgrenzung der Märkte für die Produkte
Datenmaterial aus Veröffentlichungen und aus der Befragung von GÜNTHER, E.; KLAUKE, I. (2004)
- Beschreibung der Produktgruppe
- Bedeutung für die Umwelt

Schritt 2: Untersuchung des Marktes
Datenmaterial aus Sekundär- und Primärforschung

Teilschritt 1: Beschreibung der Marktsituation
- Branchenzugehörigkeit
- Darstellung der Situation in der Branche

Teilschritt 2: Darstellung des Innovationspotenzials im eingegrenzten Markt

Teilschritt 3: Darstellung möglicher umweltfreundlicher Innovationen für den eingegrenzten Markt

Schritt 3: Erfahrungen der Unternehmen mit Kommunen als Auftraggeber
Datenmaterial aus Primärforschung

Abb. 7.4. Vorgehensweise für die Analyse des Marktes ausgewählter umweltfreundlicher Produkte

7.3.3 Beschaffung der Informationen für eine Analyse des Marktes

Die für eine Analyse der Marktstruktur notwendigen Informationen können durch Sekundärerhebung und/oder Primärerhebung beschafft werden.[25] Die Sekundärerhebung betrifft die Sammlung und Analyse von Daten, die für andere Zwecke und zu einem früheren Zeitpunkt erhoben wurden. Bei der Primärerhebung werden neue Daten erhoben und analysiert.[26] In den folgenden beiden Abschnitten wird kurz erläutert, wie diese beiden Varianten der Datenbeschaffung für die hier durchgeführte Untersuchung genutzt wurden.

Sekundärerhebung

Daten für die Sekundärforschung können unternehmensintern in verschiedenen Unterlagen zur Verfügung stehen. Bei unternehmensexternen Daten kann auf öffentliche Daten, aber auch kommerziell erwerbbare Daten zurückgegriffen werden.[27]

[25] Vgl. ERICHSON, B.; HAMMANN, P. (2001), S. 358.
[26] Vgl. ERICHSON, B.; HAMMANN, P. (2001), S. 358.
[27] Vgl. HOMBURG, C.; KROHMER, H. (2003), S. 216f.

Tabelle 7.1. Übersicht über Quellen von Sekundärdaten im Rahmen der Marktforschung[28]

Unternehmensinterne Datenquellen	Unternehmensexterne Datenquellen
Buchhaltungsunterlagen Unterlagen der Kostenrechnung (Absatz- und Vertriebskosten, Deckungsbeiträge) allgemeine Statistiken (z. B. Umsätze insgesamt, nach Produktgruppen, Artikeln, Vertretern, Gebieten, Perioden) Kundenstatistiken Berichte und Meldungen des Außendienstes frühere Primärerhebungen	Statistiken und sonstige Veröffentlichungen amtlicher Institutionen (OECD, EU, UNO) Veröffentlichungen von Wirtschaftsverbänden und -organisationen Veröffentlichungen von Banken und Sonderdiensten Veröffentlichungen von Verlagen Veröffentlichungen von Werbeträgern und Werbemittelherstellern Veröffentlichungen von Wettbewerbern Informationsmaterial von Adressverlagen, speziellen Informationsdiensten, Beratungsfirmen und Marktforschungsinstituten

Theoretisch sollte der Ausgangspunkt für die Analyse der Marktstruktur, auch für umweltfreundliche Produkte, die Auswertung der amtlichen Statistiken sein. HAUFF/HORBACH (2001) haben die Möglichkeiten der amtlichen Statistik zur Erfassung von Marktbedingungen (z. B. Marktanteile der Anbieter, Konzentration am Markt) für umweltfreundliche Produkte auf deutscher und europäischer Ebene untersucht. Die wichtigste amtliche Datenquelle zur Beschreibung der Marktbedingungen umweltfreundlicher Produkte stellen nach ihrer Darstellung Produktionsstatistiken nach Gütern und Branchen dar.[29] Grundlage hierfür ist das Güterverzeichnis für Produktionsstatistiken.[30] Das Verzeichnis dient dazu, Daten über produzierte Güter aus den Bereichen Bergbau, Gewinnung von Steinen und Erden, verarbeitendes Gewerbe sowie Energie- und Wasserversorgung nachzuweisen.[31] Im Rahmen der Produktionsstatistik wird die zum Absatz bestimmte Produktion (für den Markt vorgesehener Produktionsausstoß und der Eigenverbrauch) und die Gesamtproduktion (neben der Absatzproduktion auch die zur Weiterverarbeitung im berichtenden oder einem anderen Betrieb) nach Menge und Wert erfasst, die zur Darstellung der Marktstruktur genutzt werden können.[32] HAUFF/HORBACH (2001) kommen zu dem Ergebnis, dass in der amtlichen Statistik nicht immer vollständige Daten vorliegen. Gerade bei tiefer disaggregierten Daten taucht des öfteren das Problem auf, dass keine Daten verfügbar oder die verfügbaren Daten nicht aktuell sind und somit eine Analyse für umweltfreundliche Produkte mit Produktionsstatistiken nicht möglich ist.[33]

[28] HOMBURG, C.; KROHMER, H. (2003), S. 217. Alle genannten Quellen können für eine Analyse im Bereich Beschaffung relevant sein.

[29] Vgl. HAUFF, M.; HORBACH, J. (2001), S. 13f.

[30] Das Güterverzeichnis für Produktionsstatistiken wurde letztmalig 2002 angepasst. Vgl. STATISTISCHE ÄMTER DES BUNDES UND DER LÄNDER (2002).

[31] Vgl. STATISTISCHE ÄMTER DES BUNDES UND DER LÄNDER (2002).

[32] Vgl. HAUFF, M.; HORBACH, J. (2001), S. 16.

[33] Vgl. HAUFF, M.; HORBACH, J. (2001), S. 23.

Für die vorliegende Analyse besonders relevant ist jedoch, dass in der amtlichen Statistik keine umweltspezifischen Produkteigenschaften wiedergegeben sind. Ein Bürotisch, der aus nachwachsendem Holz hergestellt ist, wird trotzdem in der Klassifikation „Holzschreibtische mit einer Höhe von 80 cm oder weniger, für Büros" erfasst.[34] Die fehlende Wiedergabe umweltfreundlicher Produkte und Dienstleistungen in der amtlichen Statistik ist auch ein Ausdruck der fehlenden Markttransparenz, d. h. fehlender Daten (Güterart und -qualität, Preise, Konditionen) für die Preisbildung bei umweltfreundlichen Produkten.[35] Eine mögliche Marktintransparenz kann bei umweltfreundlichen Produkten darauf zurückzuführen sein, dass es keine konkreten Informationen für die Einkäufer gibt, auf welche Umwelteigenschaften besonders zu achten ist.[36] Gerade durch die Vielfalt der Umweltzeichen und -label, die oft auch noch in Konkurrenz zueinander stehen, wird die Transparenz erschwert. [37] Der Nachfrager wird neben den direkten Kosten für das Produkt mit zusätzlichen, meist hohen Such- und Informationskosten (ex ante) und Kontrollkosten (ex post) konfrontiert, damit er die Umweltfreundlichkeit eines Produktes identifizieren und beurteilen kann.[38] Dies zeigte sich auch in ersten Untersuchungen im Rahmen eines Projektes, das die Nutzung von eBusiness für umweltfreundliche Produkte analysiert.[39] Hier konnte festgestellt werden, dass für herkömmliche Produkte die Möglichkeiten des Internets bereits weitgehend ausgeschöpft werden, um die Beschaffungsabläufe effizient und kostengünstig abzuwickeln.[40] Mit den herkömmlichen Beschaffungsplattformen werden bisher folgende Ziele erreicht: [41]

- Reduktion der Beschaffungskosten und Effizienzsteigerung im Beschaffungsprozess
- Erhöhung der Transparenz (nach innen und außen)
- Stärkung des Wettbewerbs
- Förderung der Kundenorientierung der Beschaffungsstellen

Die vorhandenen Plattformen sollten aber nach Meinung der an der Untersuchung beteiligten Forscher in gleichem Maße die Umweltorientierung der Unternehmen, der öffentlichen Hand und auch privater Nachfrager fördern. In dem Projekt wurden deutsche Internetseiten zum Thema umweltfreundliche Beschaffung/

[34] Vgl. Statistische Ämter des Bundes und der Länder (2002).

[35] Vgl. HAUFF, M./ HORBACH, J. (2001), S. 8.

[36] Vgl. KOMMISSION DER EUROPÄISCHEN GEMEINSCHAFTEN (KOM) (Hrsg.) (2001): S. 18; ROTHENBERGER, D.; MARKARD, J. (2000), S. 61.

[37] Vgl. HAUFF, M./HORBACH, H. (2001) S.8.

[38] ROTHENBERGER, D.; MARKARD, J. (2000), S. 61.

[39] Der vollständige Titel des Projektes, das an der TU Dresden durchgeführt wird, lautet „Green eBusiness - Entwicklung eines Erklärungsmodells für die Marktdurchdringung ökologischer Produkte auf Basis einer Hemmnisanalyse und Entwicklung geeigneter e-Business-Konzeptionen zur Überwindung der identifizierten Hemmnisse auf der Basis von Szenarien". Informationen unter : www.tu-dresden.de/wwbwlbu/forschung/laufende_projekte/green_ebusiness/.

[40] Vgl. BESCHAFFUNGSKOMMISSION DES BUNDES (2003).

[41] Vgl. BESCHAFFUNGSKOMMISSION DES BUNDES (2003).

umweltfreundliche Produkte und deutsche Internetseiten, auf denen umweltfreundliche Produkte auch käuflich erworben werden können, untersucht. Dabei zeigte sich, dass eine große Vielfalt von Informationen unterschiedlicher Qualität vorliegen, die zwar teilweise Produkte zu den jeweiligen Themen benennen und die Vorteile der ökologischen Produkte hervorheben, jedoch keine Vergleiche mit herkömmlichen Produkten ermöglichen.[42]

Aufgrund der hier dargestellten Schwierigkeiten wurde deutlich, dass durch die Sekundäranalyse nicht genügend Datenmaterial bereitgestellt wird. Daher wurde die Datenbeschaffung durch eine Primäranalyse ergänzt. Hierfür kamen Erhebungen in Form von Befragungen in Betracht, wobei man entweder standardisierte Befragungen oder freie Befragungen, schriftlich oder als Interview, durchführen kann.[43] Für die Primäranalyse wurde die Expertenbefragung als Analysemethode gewählt.

Primärerhebung mittels Expertenbefragung[44]

Das Experteninterview ist eine Form der qualitativen Befragung zur Datenerhebung, mit der Experten zu einem vorgegebenen Bereich oder Thema offen oder teilstandardisiert befragt werden.[45] Ziel solcher Interviews ist es, bereits vorhandenes Wissen einzelner Experten zusammenzutragen. Hierfür eignet sich das Experteninterview besonders gut, da man ein Gerüst für die Datenerhebung und Datenanalyse erhält, das Ergebnisse unterschiedlicher Interviews vergleichbar macht. Es lässt aber immer noch genügend Spielraum, um spontan aus dem Interview heraus neue Fragen und Themen einzubeziehen.[46] Im *ersten Schritt* wurden Branchenverbände, denen die Produkte zugeordnet werden konnten, mit Hilfe des Internets ausgewählt und kontaktiert (*zweiter Schritt*), da die Autoren davon ausgingen, dass in den Branchenverbänden entsprechendes Expertenwissen gebündelt vorliegt (z. B. in entsprechenden Fach- oder Arbeitsgruppen) und Auskunftsbereitschaft durch ein Interesse an Öffentlichkeitsarbeit vorhanden ist. Nach einer ersten Kontaktaufnahme wurden per E-mail Informationen zum Projekt sowie ein Fragenkatalog für die entsprechende Produktgruppe mit der Bitte um Rückmeldung versandt.

Der Fragenkatalog für die entsprechende Produktgruppe gliederte sich in drei Themenkomplexe, die sich an der beschriebenen Vorgehensweise (vgl. Abb. 7.4.) orientieren:

---

[42] Die vollständige Untersuchung sowie die für das Projekt daraus abgeleiteten Erkenntnisse sind im Endbericht des Projektes „Green eBusiness - Beurteilung der Marktdurchdringung ökologischer Produkte auf Basis einer Hemmnisanalyse (GeB)“, das Herbst 2004 beendet wurde, veröffentlicht.

[43] Vgl. ERICHSON, B.; HAMMANN, P. (2001), S. 360ff; HOMBURG, C.; KROHMER, H. (2003), S. 195 ff. Andere Erhebungsmethoden sind die Beobachtung oder das Experiment.

[44] Die Interviews wurden in der Zeit vom April 2003 bis Mai 2004 durchgeführt.

[45] Vgl. BORTZ, J.; DÖRING, N. (2002), S. 314.

[46] Vgl. BORTZ, J.; DÖRING, N. (2002), S. 315.

- Marktsituation allgemein:
  Beschreibung der Marktsituation (*Teilschritt 1 der Analyse*).
- Einschätzung der Innovationstätigkeit in der Branche:
  Darstellung des Innovationspotenzials im eingegrenzten Markt (*Teilschritt 2 der Analyse*)
- Einschätzung zur Existenz von umweltfreundlichen Innovationen in der Branche und Nennung beispielhafter Innovationen und Unternehmen:
  Darstellung möglicher umweltfreundlicher Innovationen für den eingegrenzten Markt (*Teilschritt 3 der Analyse*)
- Einschätzung der Beteiligung von Unternehmen an öffentlichen Ausschreibungen und der Hemmnisse für eine Beteiligung:
  Erfahrungen der Unternehmen mit Kommunen als Auftraggeber (*Schritt 3 der Analyse*)

Der Fragenkatalog für den Vertreter des Branchenverbandes der Produktgruppe Innenbeleuchtung sah beispielsweise folgende Fragen vor:

1. Wie schätzen Sie die momentane Marktsituation (Umsatz, Gewinn, künftiges reales Marktwachstum, Marktvolumen, etc.) für Leuchten (Leuchtstoffröhren) ein?
2. Wie schätzen Sie die Innovationstätigkeit der Branche ein, also zum Beispiel die Entwicklung neuartiger Produkte im Bereich Innenbeleuchtung aber auch die Entwicklung von Beleuchtungssystemen bzw. -konzepten?
3. Können Sie hier hervorragende Beispiele und besonders innovative Unternehmen nennen?
4. Gibt es hier Beispiele, die Sie auch als umweltfreundlich bezeichnen würden? Wenn ja, welche und warum sind diese Ihrer Meinung nach umweltfreundlich?
5. Wie unterstützt Ihr Branchenverband seine Mitglieder bei der Entwicklung umweltfreundlicher Produkte und Dienstleistungen in der Branche?
6. Was denken Sie sind die wichtigsten Kriterien, die ein Unternehmen beachten sollte, wenn es Aufträge der öffentlichen Hand erhalten will?
7. Wie unterstützt Ihr Branchenverband seine Mitglieder bei der Beteiligung an öffentlichen Aufträgen?
8. Haben Sie bzw. Ihnen bekannte Unternehmen Erfahrungen speziell mit kommunalen Beschaffern?

Die Interviews mit den Branchenverbänden wurden im *vierten Schritt* ausgewertet, um einen ersten Überblick über die Branchensituation zu bekommen. Ziel der Befragung der Branchenverbände war es außerdem, Kontakte zu Unternehmen für weitere Befragungen herzustellen, um die o.g. Themenkomplexe zu vertiefen. Diese Kontaktaufnahme (*fünfter Schritt*) konnte in zwei Varianten vorgenommen werden: In der *1. Variante* wurden Unternehmen von den Branchenverbänden benannt und konnten somit kontaktiert werden. In der *2. Variante* erhielten die Kontaktpersonen der Branchenverbände, sofern die Bereitschaft bestand, die Fragenkataloge in Verbindung mit einem Anschreiben an die Verbandsmitglieder, das sie dann an die Verbandsmitglieder weiterleiten konnten. Wenn keine Bereitschaft zu erkennen war, wurden selbst Unternehmen ausgewählt und kontaktiert.

Der Fragenkatalog für Unternehmensvertreter der bereits angeführten Produktgruppe Innenbeleuchtung gestaltete sich folgendermaßen:

1. Wie schätzen Sie die momentane Marktsituation (Umsatz, Gewinn, künftiges reales Marktwachstum, Marktvolumen, etc.) für Lampen und Leuchten bzw. die von Ihnen hergestellten Teile ein?
2. Hat Ihr Unternehmen in letzter Zeit innovative Produkt- bzw. Systemlösungen im Bereich Innenbeleuchtung auf den Markt gebracht? Wenn ja, beschreiben Sie diese bitte kurz!
3. Hat Ihr Unternehmen in letzter Zeit umweltfreundliche innovative Produkt- bzw. Systemlösungen im Bereicht Innenbeleuchtung auf den Markt gebracht? Wenn ja, welche und warum sind diese Ihrer Meinung nach umweltfreundlich?
4. Haben Sie als Unternehmen Erfahrungen speziell mit kommunalen Beschaffern? Wenn ja, wie gestalten sich diese? Was sehen Sie als positiv und was als negativ an?
5. Was denken Sie, sind die wichtigsten Kriterien, die ein Unternehmen beachten muss, wenn es Aufträge der öffentlichen Hand erhalten will?

Bei den selbstkontaktierten Unternehmen wurden die Interviews entweder per Telefon durchgeführt oder die Ansprechpartner schickten den beantworteten Fragenkatalog per E-mail oder Post zurück (*Schritt 6*).

Bei der Auswertung (*Schritt 7*) wurde den telefonisch Interviewten ein Gesprächsprotokoll zugesandt, in dem die wichtigsten Antworten zu den Fragenkomplexen zusammengefasst waren. Die interviewten Personen konnten so noch einmal überprüfen, welche Informationen sie zur Veröffentlichung zulassen wollten. Waren Antworten bei den schriftlich beantworteten Fragenkatalogen unklar, wurde die betreffende Person noch einmal telefonisch kontaktiert und um Präzisierung gebeten. Ansonsten wurden die Antworten direkt für die Auswertung verwendet. Abbildung 7.5. fasst die beschriebene Vorgehensweise für die Analyse der einzelnen Produktgruppen zusammen.

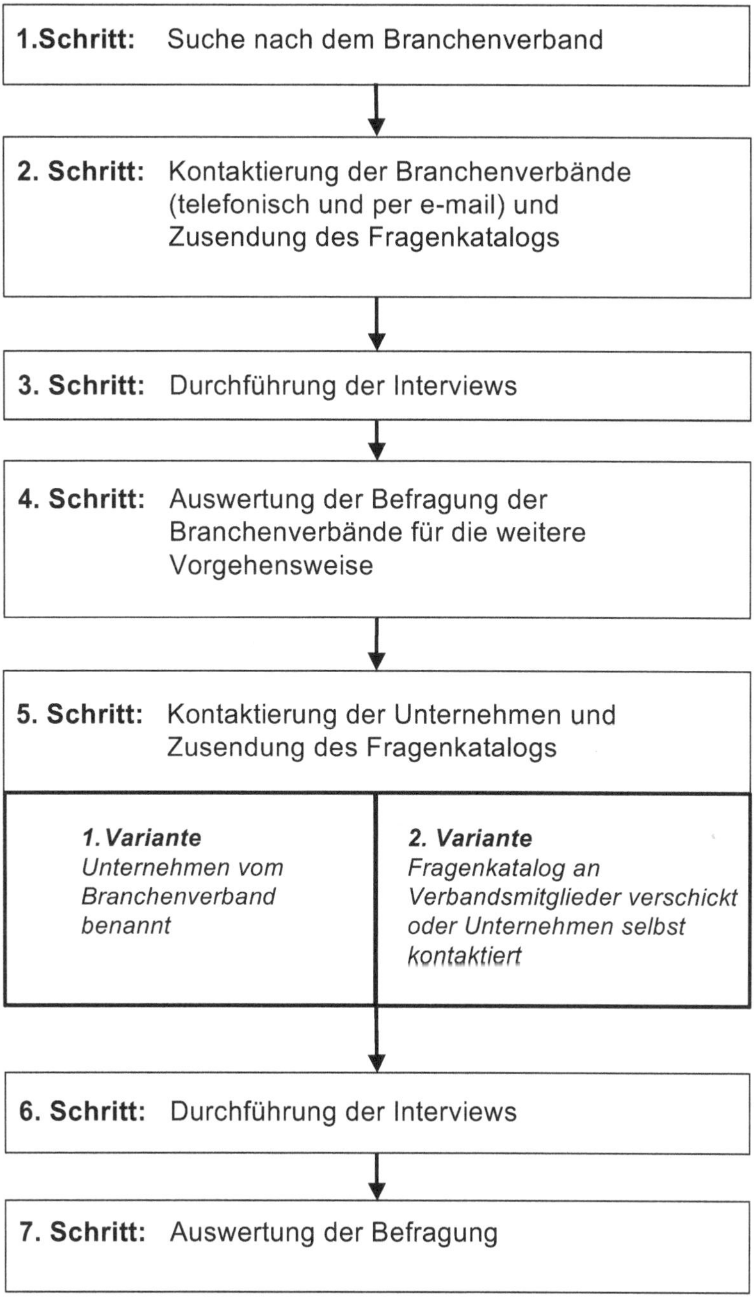

Abb. 7.5. Vorgehensweise für die Primärerhebung.

7.3.4 Ergebnisse der Untersuchung

Für jede der Produktgruppen (IT, Büromöbel, Innenbeleuchtung und Strom) wurde eine ausführliche qualitative Analyse der Ergebnisse vorgenommen. Folgende Themenbereiche wurden hier diskutiert:

- Kurze Beschreibung der Produktgruppe,
- Beschreibung der Marktsituation für die Produktgruppe
- Beschreibung des Innovationspotenzials
- Beschreibung umweltfreundlicher Innovationen
- Beschreibung der bisherigen Erfahrungen der Unternehmen bei der Beteiligung an öffentlichen Aufträgen.[47]

Auf die Beschreibung der jeweiligen Produktgruppen soll hier im einzelnen verzichtet werden, da der Beitrag einen Überblick über Vorgehensweise und wichtigste Ergebnisse geben soll. Die Autoren gehen davon aus, dass die Besonderheiten der Produktgruppen dem betroffenen Personenkreis bekannt sind.[48]

(Erwartete) Marktsituation für die ausgewählten Produktgruppen

Die Antworten der Experten in den offenen Interviews wurden nach Durchsicht des Materials in einzelne Kategorien zusammengefasst, die als Kriterien zur Beschreibung der *(erwarteten) Marktsituation* für die hier durchgeführte Analyse festgelegt werden können. Dies sind:

- erwartetes Marktwachstum,
- erwartete und derzeitige Regulierung,
- konjunkturelle Entwicklung in Deutschland und Europa,
- erwartete und derzeitige Konzentration der Wettbewerber,
- erwartetes und derzeitiges Nachfrageverhalten der Kunden,
- erwartete und vorhandene Markteintritts- und Marktaustrittsbarrieren.

Innenbeleuchtung.[49] Die momentane Situation wird hier als eher schlecht beschrieben. Die Umsätze in der Elektroindustrie sind auch 2003 zurückgegangen und es waren Nachfragerückgänge bei privaten Haushalten aber auch bei der Systembeleuchtung (Technische und Architekturbeleuchtung) zu verzeichnen. Es zeigte sich, dass die Beleuchtungsindustrie, insbesondere Bürobeleuchtung, direkt von der Bauindustrie abhängig ist, bei der keine neuen Wachstumsimpulse zu erwarten waren. Eine hinreichende Geschäftsgrundlage für die Lichtindustrie durch Sanierungen und Renovierungen von Altanlagen scheint jedoch zur Zeit der Be-

---

[47] Die gesamte Analyse der Ergebnisse findet sich im Auswertungsbericht: GÜNTHER, E.; KLAUKE, I. (2004).

[48] Die ausführliche Beschreibung findet sich in dem bereits erwähnten Auswertungsbericht.

[49] Die Beschreibung der Produktgruppe beruht auf Experteninterviews mit dem Zentralverband Elektrotechnik und Elektronikindustrie e.V. (ZVEI) und Unterlagen, die von einem der Branchenvertreter zur Verfügung gestellt wurden. Vgl. GÜNTHER, E.; KLAUKE, I. (2004).

fragung gegeben. Insgesamt kann von einer *eher negativen (erwartete) Marktsituation* ausgegangen werden.

Büromöbel.[50] In der Büromöbelbranche waren in den letzen Jahren Umsatzeinbrüche zu verzeichnen. Zur Zeit der Befragung wurde auch keine Umsatzsteigerung für das darauffolgende Jahr erwartet. Die Experten der Branche erwarteten ein Marktwachstum mit zeitlicher Verzögerung zur Konjunktur. Hier wurde eine negative (erwartete) Marktsituation beschrieben.

IT.[51] Das Marktwachstum stagnierte laut Aussagen der Experten im Jahre 2003 auf dem europäischen und insbesondere auf dem deutschen Markt für Informations- und Kommunikationstechnik (IKT). Für 2004 wurde eine leichte Belebung der Konjunktur erwartet. Es kann von einer negativen bis positiven (erwarteten) Marktsituation ausgegangen werden.

Strom.[52] Zum Zeitpunkt der Analyse konnte trotz der Liberalisierung des Strommarktes 1998 wieder eine nachlassende Wettbewerbsaktivität beobachtet werden. Wie aus den Statistiken ersichtlich wurde, ging die Zahl neuer Stromanbieter in den letzten Jahren weiter zurück. Die vier großen Elektrizitätsversorgungsunternehmen bestimmen durch vertikale Konzentration (z. B. Beteiligungen an Stadtwerken) immer noch den deutschen Markt. Die bisherige Regelung des Netzzuganges über Netznutzungsentgelte wurden von den Experten als Marktbarriere für neue Stromanbieter gesehen. Es wurde eine negative (erwartete) Marktsituation prognostiziert.

Innovationspotenzial

Unter *Innovationspotenzial* werden hier in Anlehnung an HÜBNER (1989) „Voraussetzungen und Mittel, um eine Innovationsfähigkeit zu gewährleisten, welche für das Erreichen der angestrebten Position im Innovationswettbewerb erforderlich ist.“[53] verstanden. Die *Innovationsfähigkeit* stellt hierbei das Ergebnis des Zusammenwirkens einer Vielzahl von Innovationspotenzialen dar.[54] Daher wurde das *Innovationspotenzial für Produkte* in der vorliegenden Betrachtung durch die Faktoren Innovationstätigkeit der Branche, rechtliche Impulse und vorhandene Produkt- und Systeminnovationen in der Branche bestimmt.

[50] Informationen des Verbandes Büro-, Sitz- und Objektmöbel e.V. (BSO) (2003) und aus zwei Marktstudien des CSIL MILANO FURNITURE INDUSTRY RESEARCH INSTITUTE aus dem Jahre 2001.

[51] Hier konnte auf Statistiken der EUROPEAN ECONOMIC INTEREST GROUP (EEIG) zurückgegriffen werden, die einen jährlichen Bericht zur weltweiten IKT-Branche herausgeben, und auf Statistiken des BUNDESVERBAND INFORMATIONSWIRTSCHAFT, TELEKOMMUNIKATION UND NEUE MEDIEN E.V. (BITKOM).

[52] Hier konnte, wie beim IT-Markt, auf Sekundärstatistiken, insb. des BUNDESMINISTERIUM FÜR WIRTSCHAFT UND ARBEIT (BMWi) und des VERBANDES DER ELEKTRIZITÄTSWIRTSCHAFT (VDEW), zurückgegriffen werden.

[53] HÜBNER, H. (2002), S. 151.

[54] Vgl. HÜBNER, H. (2002), S. 151.

Innenbeleuchtung.[55] Bezüglich der *Innovationstätigkeit der Branche* zeigte sich, dass eine große Vielfalt von Innovation bei den führenden Herstellern vorhanden sind. Innovationen in der Branche werden beeinflusst durch neue Lampentechnologien, neue und verbesserte Materialien, ergonomische Veränderungen und Weiterentwicklungen in der Arbeitswelt. *Rechtliche Impulse* für (umweltfreundliche) Innovationen in der Branche ergeben sich hauptsächlich durch die Richtlinie 2002/96/EG des europäischen Parlaments und des Rates vom 27. Januar 2003 über Elektro- und Elektronik-Altgeräte (WEEE-Richtlinie). *Produkt- oder Systeminnovationen* wurden in der Branche allgemein oder in den befragten Unternehmen untersucht. Die Branche an sich zeichnet sich zum Zeitpunkt der Analyse durch Innovationen bei den Lichtquellen (Leuchtstofflampen, Entladungslampen, Halogenglühlampen, LED-Lichtquelle), bei den Vorschaltgeräten) und auch bei Lichtsteuerungssystemen (Digital Adressable Lighting Interface (DALI)) aus. Das befragte Unternehmen betrachtet innovative Entwicklungen nicht nur unter ökonomischer Effizienz, sondern auch unter ökologischer Effizienz. Daher wurden die entsprechenden Beispiele für Innovationen bei den umweltfreundlichen Innovationen genannt. Allgemein war ein *hohes Innovationspotenzial* erkennbar.

Büromöbel.[56] Die *Innovationstätigkeit* in dieser Branche ist als eher gering einzustufen. Das bedeutendste Thema für Innovationen war zum Zeitpunkt die Arbeitsplatzgestaltung. Hier zeichnete sich laut Experten ein Trend zu flexiblen und offenen Systemen (job rotation) ab. Entwicklungen bei den Büromöbeln selbst gibt es aber kaum. *Produkt- oder Systeminnovationen* wurden von den befragten Unternehmen v.a. für Tischsysteme, Bürodrehstühle sowie für Büromöbelsysteme und –konfigurationen benannt. Es zeichnete sich insgesamt ein *niedriges bis mittleres Innovationspotenzial* ab.

IT.[57] Die IT-Branche ist durch eine hohe Innovationsgeschwindigkeit aufgrund der kurzen Produktlebenszyklen gekennzeichnet[58], was eine hohe *Innovationstätigkeit* in der Branche impliziert. Vielversprechende Forschungsfelder sind v.a. neue Computertechnologien (z. B. Molekularcomputer, organische Halbleiter oder Bio-Computer) und Technologien im Bereich Bildschirme z. B. LCD, OLED, flexible und beschreibbare Displays, E-paper). Bezüglich *Produkt- oder Systeminnovationen* gab ein befragtes Unternehmen Beispiele im Bereich PCs, PC-Systemen und Media Center an. *Rechtliche Impulse* für (umweltfreundliche) Innovationen setzen insbesondere die Richtlinie 2002/96/EG des europäischen Parlaments und des Rates vom 27. Januar 2003 über Elektro- und Elektronik-Altgeräte (WEEE-Richtlinie) und die Richtlinie 2002/95/EG des europäischen Parlaments und des Rates vom 27. Januar 2003 zur Beschränkung der Verwendung bestimmter ge-

---

[55] Informationen des (ZVEI) und zweier Unternehmen, die sich für eine Befragung bereit erklärt hatten.

[56] Informationen beruhen auf einem Experteninterview mit dem Branchenverband BSO e.V. und Antworten von Unternehmen. Der Branchenverband hatte sich bereit erklärt, Fragebögen an seine Mitglieder zu versenden. 4 von 64 Unternehmen haben sich beteiligt.

[57] Informationen aus der jährlichen Studie des EEIG und eines befragten Unternehmens.

[58] Vgl. SCHUH, H.; SCHILL, O. u.a. (1998).

fährlicher Stoffe in Elektro- und Elektronikgeräten, deren Umsetzung in deutsches Recht weiterverfolgt werden muss. Die Branche zeichnet sich allgemein durch ein *hohes Innovationspotenzial* aus.

Strom.[59] Bei der Betrachtung der *Innovationstätigkeit* in der Branche zeigt sich, dass die Nutzung erneuerbarer Energien (z. B. Fotovoltaik, Biomasse, Geothermie) weiter intensiviert wird. Gleichzeitig wird versucht, die Effizienz der Nutzung nicht erneuerbarer Energien (z. B. Kraft-Wärme-Kopplung) zu steigern. *Rechtliche Impulse* für (umweltfreundliche) Innovationen ergeben sich insbesondere aus dem Gesetz für den Vorrang Erneuerbarer Energien (Erneuerbare-Energien-Gesetz – EEG) vom 29. März 2000. Auch hier kann von einem *hohem Innovationspotenzial* zum Zeitpunkt der Untersuchung ausgegangen werden.

Umweltfreundliche Innovationen am Markt

In der Analyse konnten umweltfreundliche Innovationen an den Märkten beispielhaft ausgemacht werden:

Innenbeleuchtung. Die befragten Unternehmen nannten hier insbesondere eigene innovative Produktreihen, Innovationen zu Lampentypen, (z. B. IRC-Halogenlampen, Energiesparlampen, Leuchtstofflampen mit Dreibanden-Leuchtstoff, Halogen-Metalldampflampe) sowie zu speziellen Lichtsystemen (z. B. Lichtsysteme mit T5-Leuchtstofflampen, Lichtsysteme mit hocheffizienten Spiegelrasterleuchten und tageslichtabhängiger Steuerung).

Büromöbel. Umweltaspekte werden von einem großen Teil der Verbandunternehmen bei der Herstellung der Produkte berücksichtigt.[60] Beispiele zeigen, dass der modulare Aufbau von Arbeitsplatzsystemen im Vordergrund steht.

IT. Die bereits genannten Innovationen berücksichtigen bereits Energieeffizienz, als einen Umweltaspekt. Wegen der WEEE-Richtlinie müssen die Hersteller beachten, dass Neugeräte unter Berücksichtigung der verfügbaren und ökonomisch wie ökologisch sinnvollen Recycling- und Verwertungsverfahren so gestaltet werden, dass sie die Entsorgung weiter erleichtern. Von dem befragten Unternehmen wurde als Beispiel eine Produktserie angeführt, die bei der Produktentwicklung, den gesamten Produktlebenszyklus berücksichtigt.

Strom. Eine Analyse von Ökostromtarifen hat gezeigt, dass das Angebot sehr vielseitig ist. Neben drei Öko-Stromlabeln gibt es auch unterschiedliche Tarifmodelle einzelner Stadtwerke zu Öko-Strom.[61]

---

[59] Informationen aus der Literatur [Vgl. LOREK, S./LUCAS, R. (2003), STAIß, F. (Hrsg.) (2003)] und von Experteninterviews mit Stromanbietern.

[60] Hier wurde eine Analyse der Internetseiten der Verbandsunternehmen des BSO e.V. durchgeführt.

[61] STIFTUNG WARENTEST (2004).

Bisherige Erfahrungen der Unternehmen bei der Beteiligung an öffentlichen Aufträgen

Als weiterer Aspekt war die Wahrnehmung der Unternehmen bezüglicher der Anforderungen der Kommunen an die nachgefragten Leistungen von Interesse. Von Anbieterseite her ist es nach Meinung der Autorinnen wichtig, welche Anforderungen die Kommunen an die Anbieter bzw. an die Produkte oder Dienstleistungen stellen.
Über alle diese Produktgruppen waren sich die Unternehmen einig, dass der Preis das wichtigste Kriterium ist, nach dem die Kommunen Aufträge vergeben. Der persönliche Kontakt ist die wichtigste Art der Information für die Kommunen.

Innenbeleuchtung. Im Bereich *Innenbeleuchtung* wurde angesprochen, das vor allem Kleine und Mittelständische Unternehmen (KMU) mit dem Vergabeprozess oft überfordert sind, da dieser sehr undurchsichtig ist. Sie müssten immer mehr Nachweise erbringen (z. B. vom Finanzamt, Einhaltung von Normen, technische Spezifikationen). Außerdem wirke sich die finanzielle Lage der Kommunen negativ auf Vergabe aus.

Büromöbel. Im Büromöbelbereich wurde betont, dass Kommunen verlässliche Partner darstellten. Kommunen würden als gute Vertragspartner, z. B. wegen ihrer guten Zahlungsmoral, der Vergabe von Rahmenverträgen, direkter Verhandlungen, unkomplizierter Zusammenarbeit sowie direkter Ansprache von regionalen Unternehmen, wahrgenommen. Gleichzeitig wurde aber wiederum bemängelt, dass die Leistung oft im regionalen Umkreis vergeben würde. Es würde kommunale Fehlentscheidungen zu umweltfreundlichen Gesichtspunkten geben und Ausschreibungen seien oft zu spezifisch. Kriterien, die Unternehmen beachten müssen wären z. B. der Preis bzw. ein ausgewogenes Preis-Leistungsverhältnis, eine Zertifizierung nach DIN EN ISO 9000 ff., ein Umweltmanagementsystem nach DIN EN ISO 14001, die Einhaltung von Tarifverträgen, guter Service, aussagekräftige Referenzobjekte sowie 100%ige Erfüllung der Bestimmungen der Ausschreibungen.

IT. Als positiv wird von dem befragten Unternehmen wahrgenommen, dass Zusammenschlüsse der Gemeinden zur gemeinsamen Abwicklung von Aufträgen möglich sind und sich die öffentliche Hand an faire Vergabeverfahren/ Ausschreibungen hält. Durch langjährige Zusammenarbeit ist das Wissen über die öffentlichen Abläufe und Verfahren für das Unternehmen gesichert.
Negativ erscheint dem Unternehmen, dass Kommunen jeweils eigenständig und nicht in Kooperation beschaffen und dass sie trotzdem versuchen, für sich die besten Konditionen zu bekommen. In Bereichen, in denen ein Unternehmen bisher nicht Lieferant ist, sei es schwer, Konkurrenten abzulösen. Ausschreibungen seien mit großem Aufwand verbunden, Rahmenverträge seinen nicht möglich und Gewinnspannen zu gering. Als Anforderungen an Unternehmen sieht das befragte Unternehmen Kontinuität, langfristige Positionierung als Informationstechnik-Berater im Vorfeld der Ausschreibung, beweisbare Kompetenz in der Umsetzung, Kundenvertrauen, beste Preise sowie wettbewerbsfähige Produkte.

Strom. Auf dem Strommarkt ist die Beziehung zwischen Kommunen und Stromanbieter differenzierter zu betrachten. Für Sachsen zeigt sich hier, dass Kommunen bisher Strom nicht ausschreiben. Hier spielt das Beziehungsgeflecht zwischen den Kommunen und den Stadtwerken durch entsprechende Beteiligungen eine große Rolle.[62]

7.4 Schlussfolgerung der Untersuchung

Die anhand von einigen Produktgruppen beispielhaft durchgeführte Marktanalyse sollte deutlich machen, dass zur Bestimmung von Potenzialen der kommunalen Beschaffung umweltfreundlicher Innovationen, das Innovationspotenzial und die (erwartete) Marktsituation für die entsprechenden Zielmärkte untersucht werden müssen. So kann abgeschätzt werden, ob eine entsprechend große kommunale Nachfrage auch auf das entsprechende Angebot an umweltfreundlichen Produkten und Innovationen trifft.
Aus der vorstehenden Analyse ergeben sich folgende Ergebnisse:

- *Innenbeleuchtung*: negative (erwartete) Marktsituation, hohes Innovationspotenzial;
- *Büromöbel*: negative (erwartete) Marktsituation, niedriges bis mittleres Innovationspotenzial;
- *IT*: negative bis positive (erwartete) Marktsituation, hohes Innovationspotenzial;
- *Strom*: negative (erwartete) Marktsituation, hohes Innovationspotenzial.

Die einzelnen Produktgruppen können so nach den Dimensionen gruppiert und in eine Potenzialmatrix eingeordnet werden.

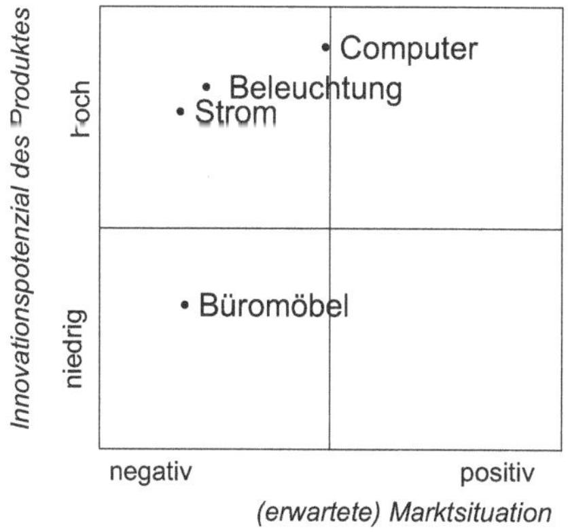

Abb. 7.6. Innovationspotenzial-(erwartete) Marktsituation-Matrix

[62] Ein Experte verwies im Interview darauf, dass bei Ausschreibungen im Bereich Strom noch ein großes Potenzial liege, das Thema allerdings noch nicht „hoffähig" sei.

Die bisherige Analyse zeigte, wie hoch das Innovationspotenzial in den einzelnen Bereichen ist. Um nun eine Abschätzung des Nachfragepotenzials im Bereich umweltfreundlicher Innovationen vornehmen zu können, wurden diese beispielhaft an den Märkten ausgemacht. So kann letztendlich abgeschätzt werden, ob eine entsprechend große kommunale Nachfrage auch auf das entsprechende Angebot an umweltfreundlichen Produkten und Innovationen trifft.

Literatur

BAUM, H./COENENBERG, A./GÜNTHER; E. (1999): Betriebliche Umweltökonomie in Fällen. Band I: Anwendung betriebswirtschaftlicher Instrumente. München, Wien 1999.

BAUM, H.-G.; COENENBERG, A.; GÜNTHER, T. (2004): Strategisches Controlling. 3. völlig neugestaltete Auflage. Stuttgart 2004.

BESCHAFFUNGSKOMMISSION DES BUNDES (2003): E-Procurement. Im Internet online unter < http://www.beschaffung.admin.ch/de/beschaffungswesen_bund/themen_trends/e_procurement.htm> Stand Dezember 2003. Abfrage 1.12.2003, 21.00 Uhr.

BORTZ, J.; DÖRING, N. (2002): Forschungsmethoden und Evaluation: für Human- und Sozialwissenschaftler. 3. überarb. Aufl. Berlin 2002.

CSIL MILANO FURNITURE INDUSTRY RESEARCH INSTITUTE (2001): The European Market for office furniture. Trends 1996 – 2000 and forecast 2001. Milano 2001.

CSIL MILANO FURNITURE INDUSTRY RESEARCH INSTITUTE (2001a): The Furniture Industry of the European Union. Part VII: The Furniture Industry in Germany. Milano 2001.

DEUTSCHES INSTITUT FÜR NORMUNG (DIN) (Hrsg.) (1996): DIN ISO 14001. Ausgabe 1996-10. Umweltmanagementsysteme - Spezifikationen mit Anleitung zur Anwendung. Berlin 1996.

DEUTSCHES INSTITUT FÜR NORMUNG (DIN) (Hrsg.) (2000): DIN EN ISO 9000. Ausgabe 2000-12. Qualitätsmanagementsysteme - Grundlagen und Begriffe. Berlin 2000.

ERICHSON, B.; HAMMANN, P. (2001): Beschaffung und Aufbereitung von Informationen. In: Bea, F.; Dichtl, E.; Schweitzer, M. (Hrsg.) (2001): Allgemeine Betriebswirtschaftslehre. Band 2: Führung. 8. neubearb. und erw.Aufl. Stuttgart 2001.

EUROPEAN ECONOMIC INTEREST GROUP (EEIG) (2003): European Information Technology Observatory (EITO) 2003. Frankfurt a.M. 2003.

FORSCHUNGSPROJEKT RELIEF - Environmental relief potential of urban action on avoidance and detoxification of waste streams through green public procurement. Projektleitung International Council for Local Environmental Initiatives (ICLEI), Europasekretariat, Bereich Umweltfreundliche Beschaffung, Freiburg im Breisgau, Deutschland. Auftraggeber: Europäische Kommission. Projektlaufzeit: 01/2001 – 10/2003.

GROCHLA, E./WITTMANN, W. (Hrsg.): Handwörterbuch der Betriebswirtschaft, 4. Auflage, Stuttgart 1976.

GÜNTHER, E. (1994): Ökologieorientiertes Controlling. Konzeption eines Systems zur ökologieorientierten Steuerung um empirischen Validierung , Diss. München 1994.

GÜNTHER, E.; KLAUKE, I. (2004): Untersuchung des Marktes für umweltfreundliche Produkte – Auswertungsbericht einer qualitativen Analyse im Rahmen des Projektes NaBesI. Veröffentlichung im November 2004.

HAUFF, M.; HORBACH, J. (2001): Methoden zur Erfassung der Marktbedingungen für umweltfreundliche Produktalternativen. Teilgutachten für das RELIEF Forschungsprojekt. Stuttgart 2001.

HAUSCHILDT, J.; GEMÜNDEN, H.-G. (Hrsg.) (1999): Promotoren: Champions der Innovation. 2., erw. Aufl. Wiesbaden. 1999.

HÜBNER, H. (2002): Integratives Innovationsmanagement: Nachhaltigkeit als Herausforderung für ganzheitliche Erneuerungsprozesse. Berlin 2002.

HOMBURG, C.; KROHMER, H. (2003): Marketingmanagement. Strategie – Instrumente – Umsetzung – Unternehmensführung. Wiesbaden 2003.

KOMMISSION DER EUROPÄISCHEN GEMEINSCHAFTEN (KOM) (Hrsg.) (2001): Grünbuch zur integrierten Produktpolitik. KOM (2001) 68. Brüssel, 2001.

KUBICEK, H./THOM, N. (1976): Umsystem, betriebliches. In: GROCHLA, E./WITTMANN, W. (Hrsg.): Handwörterbuch der Betriebswirtschaft, 4. Auflage, Stuttgart 1976, Sp. 3977 –4017.

KUHN, M. (1996): Produktdifferenzierung und Sustainable Development. Was kann die Industrieökonomik zu den Ansätzen der Umweltökonomie beitragen? In: KÖHN, J.; WELFENS, M. (Hrsg.) (1996): Neue Ansätze der Umweltökonomie. Marburg 1996. S. 479 – 505.

KÜPPER, H.; WAGENHOFER, A. (Hrsg.) (2002): Handwörterbuch Unternehmensrechnung und Controlling. 4. völlig neu gest. Aufl. Stuttgart 2002.

LOREK, S./LUCAS, R. (2003): Towards sustainable market strategies. A case study on ecotextiles and green power. Wuppertal Papers No. 130 June 2003.

PÖLZL, A. (2002): Umweltorientiertes Innovationsmanagement : eine theoretische und empirische Analyse. Sternenfels 2002.

PORTER, M. E. (2000): Wettbewerbsvorteile. Spitzenleistungen erreichen und behaupten. 6. Auflage. Frankfurt a. M. 2000.

RICHTLINIE 2002/95/EG DES EUROPÄISCHEN PARLAMENTS UND DES RATES vom 27. Januar 2003 zur Beschränkung der Verwendung bestimmter gefährlicher Stoffe in Elektro- und Elektronikgeräten. Amtsblatt der Europäischen Union, Teil L 37/19 vom 13.2.2003.

RICHTLINIE 2002/96/EG DES EUROPÄISCHEN PARLAMENTS UND DES RATES vom 27. Januar 2003 über Elektro- und Elektronik-Altgeräte. Amtsblatt der Europäischen Union, Teil L 37/24 vom 13.2.2003.

ROTHENBERGER, D.; MARKARD, J. (2000): Informationsasymtetrien auf dem Markt für Grünen Strom. Öko-Labelling als Lösungsansatz? UmweltWirtschaftsForum (uwf), 8. Jg., Heft 1, März 2000.

SÄCHSISCHES STAATSMINISTERIUM FÜR WIRTSCHAFT UND ARBEIT (SMWA) (Hrsg.) (2001): Ratgeber für das öffentliche Auftragswesen im Freistaat Sachsen. Dresden 2001.

SCHILL, O. SCHUH, H. u.a. (1998): Ökologieorientierte Beschaffung von Notebooks. Auswertungsbericht 03.03.1998. Dresden 1998.

SCHREYÖGG, G. (2002): Markt- und Konkurrenzanalyse. In: KÜPPER, H.; WAGENHOFER, A. (Hrsg.) (2002): Handwörterbuch Unternehmensrechnung und Controlling. 4. völlig neu gest. Aufl. Stuttgart 2002.

STAIß, F. (Hrsg.) (2003): Jahrbuch erneuerbare Energien 02/03. Radebeul, 2003.

STATISTISCHE ÄMTER DES BUNDES UND DER LÄNDER (2002): Güterverzeichnis für Produktionsstatistiken, Ausgabe 2002 (GP 2002). Im Internet online unter <http://w3gewan.bayern.de/klasswww/klassg02/gp0201.htm> Stand Januar 2002. Abfrage am 27.02.2004, 15.36 Uhr.

STIFTUNG WARENTEST (2004): Strompreise – „Grüner Strom" im Überblick. Stand 17.02.2004.

UMWELTBUNDESAMT (UBA) (Hrsg.) (1999): Handbuch umweltfreundliche Beschaffung. München 1999.

VERBAND BÜRO-, SITZ- UND OBJEKTMÖBEL E.V. (BSO E.V.) (2003a): Marktberichte und Statistiken (Statistische Eckdaten, Produktionsstatistiken, Europäische Statistiken, Export - Import). Amtliche Produktionsstatistik 2001, 2002 und l. Quartal 2003. Online im Internet unter: http://www.buero-foum.de/content/con1/infoservice/branchenberichte/statistik/index_html?query_start=1#760. Stand: o.A. Abfrage: 23.09.2003, 14.53 Uhr.

8 Analyse der Hemmnisse

Edeltraud Günther, Lilly Scheibe

8.1 Das Ziel der Hemmnisanalyse

Bis zu 12% des Bruttoinlandsprodukts von Industriestaaten werden durch öffentliche Beschaffung erwirtschaftet. Der größte Teil davon entsteht durch die Beschaffung von Kommunen. Folglich haben deren Beschaffungsentscheidungen ein großes Potenzial umweltfreundliche Denkweisen zu initiieren und zu unterstützen.

Im Rahmen des dem in dieser Veröffentlichung dargestellten FORSCHUNGSPROJEKTES NABESI vorausgehenden europäischen FORSCHUNGSPROJEKT RELIEF wurden Hemmnisse in der öffentlichen Beschaffung identifiziert, die umweltfreundliche Beschaffung behindern, um Strategien zu deren Überwindung zu generieren.

Resultierend daraus wurden unter Verwendung einer entscheidungsorientierten Sichtweise die Methode der Hemmnisanalyse entwickelt, wahrgenommene Hemmnisse mittels eines standardisierten Fragebogens identifiziert sowie deren Relevanz (in den am Projekt teilnehmenden Städten) bewertet. Dabei war es nicht das Ziel, nur Daten zu erheben, sondern es sollte eine Methode entwickelt werden, mit deren Hilfe öffentliche Einrichtungen ihre Hemmnisse im Hinblick auf umweltfreundlichere Beschaffung identifizieren und gegebenenfalls überwinden können.

Daher wurde nach den ersten Erfahrungen, die im FORSCHUNGSPROJEKT RELIEF gesammelt worden waren, die Methode im FORSCHUNGSPROJEKT NABESI weiterentwickelt. Dies geschah durch die Ausweitung der Anwendung auf weitere Städte sowie in der Fallstudie zu diesem Forschungsprojekt. Aufgrund der durch diese Anwendungen gesammelten Erfahrungen und Ergebnisse, die den Schluss nahe legten, dass es, resultierend aus einer sehr unterschiedlichen Wahrnehmung von Hemmnissen, keine einheitliche Strategie zu deren Überwindung geben kann, wurde das Selbstevaluations-Tool im FORSCHUNGSPROJEKT NABESI entwickelt. Ziel des Selbstevaluations-Tool ist es, Kommunen bei der Bewertung und im Umgang mit ihren Hemmnissen zu unterstützen.[1]

[1] Vgl. Kapitel 11.

Die ersten Kapitel dieses Beitrages widmen sich der Vorstellung der Methodik der Hemmnisanalyse mit ihren Annahmen und besonderen Restriktionen aufgrund des Untersuchungsobjekts Kommune und dessen speziellen Charakteristika als öffentlichem Beschaffer. Im zweiten Teil wird die praktische Entwicklung und Anwendung der Methodik beschrieben während im dritten Teil das Selbstevaluations-Tool vorgestellt wird. Schlussendlich wird noch einen Ausblick für mögliche Weiterentwicklung geben.

Ausgangspunkt der gesamten vorzustellenden Untersuchungen war dabei die Erkenntnis, dass es Faktoren geben muss, die umweltfreundliche Beschaffung behindern, die Hemmnisse; dass nichtsdestotrotz aber schon Möglichkeiten existieren, diese zu erkennen und zu überwinden. Die Hemmnisanalyse soll somit einen Beitrag leisten, öffentliche Beschaffer bei der Identifikation und Handhabung ihrer Hemmnisse zu leiten und zu unterstützen.

8.2 Die Methodik der Hemmnisanalyse

8.2.1 Öffentliche Beschaffung – eine entscheidungsorientierte Sicht

Um Beschaffungsentscheidungen fällen sowie diese anschließend auch umsetzen und kontrollieren zu können, folgen Entscheidungsträger im Bereich der öffentlichen Beschaffung, ebenso wie im Bereich unternehmerischer Beschaffung, einem Entscheidungsprozess, der sich aus verschiedenen Schritten zusammensetzt.

Die Entscheidungsträger sind sich nicht immer dieses Prozesses und seiner Relevanz[2] bewusst. Daher kann es effektiv sein, den Beschaffungsprozess zu modellieren, um den Entscheidungsprozess ebenso wie die daraus möglicherweise resultierenden Hemmnisse bewusst zu machen sowie Wege zur Überwindung dieser Hemmnisse anzustoßen.

Eine Entscheidung kann als der Prozess der Vorbereitung und des Treffens einer Auswahlentscheidung sowie deren Durchführung und Kontrolle definiert werden und besteht aus den in Abbildung 8.1. dargestellten Elementen und deren Verknüpfungen miteinander.

[2] Vgl. SCHNEIDER, D. (1996), S. 1.; HEINEN, E. (1976), S. 19 ff. grenzen reale Entscheidungen und Routineentscheidungen ab.

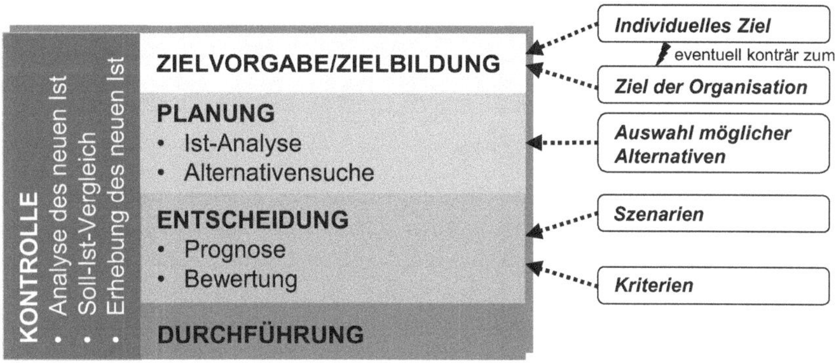

Abb. 8.1. Entscheidungsprozess[3]

- **Zielvorgabe/Zielbildung:** Ausgangspunkt jeder Entscheidung ist, dass ein Gap zwischen der bestehenden und einer angestrebten/gewünschten Situation entdeckt wird. Resultierend aus diesem Gap werden Ziele abgeleitet, die es zu erreichen gilt. Solche Ziele können sowohl offensichtlich als auch versteckt sein. Prinzipiell kann zwischen zwei Arten von Zielen unterschieden werden.

  a) Jede Organisation bzw. jedes Unternehmen verfolgt organisationale Ziele (wie z. B. die Erfüllung von Kundenwünschen oder die Existenzsicherung).
  b) Jede Person innerhalb einer Organisation/ eines Unternehmens (Akteur im Entscheidungsprozess) ist bestrebt, individuelle Ziele zu erreichen (wie z. B. Sicherheit, Karriere oder Selbstverwirklichung).

  Individuelle und organisationale Ziele müssen ausbalanciert sein, um eine Identifikation der Entscheidungsträger mit den Zielstellungen der Organisation zu erreichen.[4] Aus diesem Grund müssen individuelle Ziele identifiziert und organisationale Ziele (z. B. durch die Erstellung von Leitfäden) kommuniziert werden. Die Komplexität des Zielsystems muss reduziert und Informationen systematisch weitergegeben werden.
  Ein möglicherweise relevantes Hemmnis für umweltfreundliche Beschaffung im Element der Zielvorgabe/Zielbildung wäre beispielsweise das Fehlen (sowohl organisational als auch individuell) jeglicher Intention, Umweltaspekte in Beschaffungsentscheidungen einzubeziehen, da aus Sicht der Akteure kein Gap existiert, das es zu überwinden gilt.

- **Planung:** Nach der Zielfestlegung sind mögliche Handlungsalternativen zu deren Erreichung zu suchen. Die Suche nach Alternativen kann sehr zeitaufwendig sein, insbesondere wenn es sich um die Implementierung von Innovationen

[3] In Anlehnung an RAU, T. (1994), S. 3; PERIDON, L.; STEINER, M. (1999), S. 31.
[4] Vgl. HEINEN, E. (1976), S. 191ff.; SIMON, H. A. (1997), S. 140ff.

handelt.[5] Sie verlangt weiterhin eine gewisse Kreativität sowie die Fähigkeit die Alternativensuche von der logischen Bewertung der Alternativen zu trennen. Ein mögliches Hemmnis in diesem Schritt könnte z. B. in der Ablehnung umweltfreundlicher Produkte aufgrund des rechtlichen Rahmens, der als sehr restriktiv empfunden wird, bestehen.

- **Entscheidung:** Um eine Entscheidung treffen zu können, müssen die ausgewählten Alternativen bewertet werden. Eine variierende Anzahl von Personen (in Abhängigkeit von der Entscheidung), die sogenannten Entscheidungsträger, sind Teil dieses Bewertungsprozesses. Ihre individuellen Informationen und Erfahrungen fließen ebenso wie ihre persönliche Evaluation, die sowohl auf organisationalen Zielen als auch auf individuellen Zielen basieren,[6] in den Entscheidungsfindungsprozess ein. Unter Beachtung der bestehenden Szenarien (wie z. B. die aktuelle Rechtslage) sowie der Prognose möglicher zukünftiger Entwicklungen werden Entscheidungskriterien ausgewählt, anhand derer die Alternativen bewertet werden. Die Alternative, die die Kriterien am besten erfüllen kann, sollte am Ende ausgewählt werden. Ein Hemmnis in diesem Schritt könnte in einer fehlenden Integration ökologischer Aspekte in ökonomische Entscheidungen bestehen.

- **Durchführung:** Nachdem eine Alternative ausgewählt wurde, ist die Entscheidung umzusetzen. Die Planung dieser Umsetzung ist ein wichtiger Schritt im Entscheidungsprozess,[7] da sich dort oft der Erfolg entscheidet (insbesondere bei der Einführung von Innovationen). Ein detaillierter Plan zur Umsetzung der Entscheidung ist zu entwickeln. Resultierende Maßnahmen müssen beschrieben, Verantwortlichkeiten festgelegt, finanzielle Ressourcen sowie Fristen festgesetzt werden.[8] Die betroffenen Personen müssen aktiv informiert, integriert und motiviert werden. Ein Fehlen klarer Verantwortlichkeiten kann z. B. zu einem Hemmnis bei der Umsetzung der Entscheidung (z. B. Einführung einer Innovation) werden.

- **Kontrolle:** Die Effektivität und Effizienz der Umsetzung einer Entscheidung sowie deren Erfolg muss einer kontinuierlichen Kontrolle unterliegen, die auch ein Feedback an die Akteure innerhalb des gesamten Prozesses vorsieht. Idealerweise sollten Erfahrungen in einem Feedforward in den nächsten Entscheidungsprozess weitergegeben werden, um diesen für alle nachfolgenden Entscheidungen zu verbessern. Um diese Aufgabe zufriedenstellend zu lösen, kann externe Unterstützung sinnvoll sein. Eine Strategie, um ungenügenden Erfolg bisher durchgeführter umweltfreundlicher Beschaffungen zu überwinden stellt beispielsweise ein Blick zurück und damit verbunden eine Ursachenanalyse dar.

---

[5] Vgl. BROOKFIELD, S. D. (1987), S. 111ff. zu Techniken der Alternativensuche.

[6] Vgl. WITTMANN, W. U. A. (1993), S. 326 und S. 910.

[7] Vgl. ALTIER, W. J. (1999), S. 79ff.

[8] Ein Umweltprogramm als Teil eines Umweltmanagementsystems gibt praktische Hinweise, wie all diese Anforderungen erfüllt werden können, vgl. EMAS II.

8.2.2 Analyse des Entscheidungsprozesses

Umweltkriterien in die öffentliche Beschaffung zu integrieren meint nicht nur einen neuen Entscheidungsparameter „Umweltaspekt“ einzuführen, selbst wenn er spezifiziert ist. Vielmehr müssen sich die Entscheidungsparameter, die Entscheidungsinstrumente, die Entscheidungsträger (Akteure) die Entscheidungspunkte im Entscheidungsprozess (dort wo Entscheidungen getroffen werden), sowie die Ziele an die neue Situation anpassen bzw. angepasst werden. Dieses Zusammenspiel kann in einer Entscheidungspyramide strukturiert werden (vgl. Abb. 8.2.).

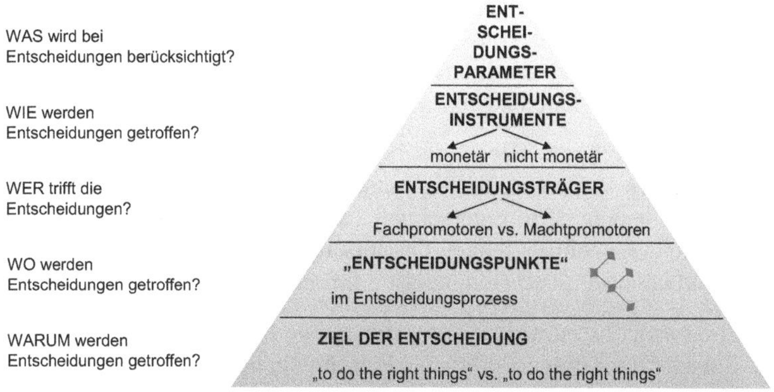

Abb. 8.2. Entscheidungspyramide

Die Pyramide soll darstellen, dass häufig – auch bei umweltfreundlicher Beschaffung – nur über die Entscheidungsparameter (z. B. Kriterien eines Umweltzeichens) diskutiert wird. Doch diese können nur wirken, wenn sie auf ein Fundament gründen. Zunächst müssen sie in ein Entscheidungsinstrument eingebunden sein. Dieses muss wiederum von den Entscheidungsträgern angewendet werden, die um die Stellen wissen müssen, an denen Entscheidungen wirklich getroffen werden sowie klare Ziele haben und verfolgen müssen. Ausgehend vom Fundament der Pyramide, werden nun die einzelnen Ebenen von unten nach oben dargestellt.

- **Ziel der Entscheidung:** Um Entscheidungen klassifizieren zu können, ist eine Unterscheidung in strategische und operative Ziele, die mit diesen Entscheidungen erreicht werden sollen, sinnvoll.[9] Strategische Ziele fragen nach Effektivität: „Are we doing the right things“ („Machen wir die richtigen Dinge?“). Beispielsweise „Ist umweltfreundliche Beschaffung der richtige Weg zur Entlastung und Erhaltung unserer Umwelt?“ oder auf einer detaillierteren Ebene: „Fokussieren wir auf die richtigen Faktoren (Produkte, Dienstleistungen) zu umweltfreundlicher Beschaffung?“ Operationale Ziele fragen nach der Effizi-

[9] Vgl. BEA, F. X.; DICHTL, E.; SCHWEITZER, M. (2000), S. 112.

enz: „Are we doing the things right?“ („Machen wir die Dinge richtig?“). Beispielsweise „Ist unsere Organisation optimal, um umweltfreundliche Beschaffung zu unterstützen?“ oder auf einem detaillierteren Level: „Welche Kriterien sollten gewählt werden, um umweltfreundliche Produkte auszuwählen?“. Beide, Effektivität und Effizienz, sind mögliche Ausgangspunkte für Entscheidungen.

- **„Entscheidungspunkte“:** Die Elemente einer Entscheidung folgen einer Chronologie von der ersten Idee über die Implementierung bis zur Kontrolle. Innerhalb dieser Elemente wirken verschiedene Hierarchien (strategisches/ operatives Level), verschiedenen Bereiche (z. B. Finanzen, Beschaffung, Umwelt) und zum Teil sogar andere Organisationen (z. B. Kunden, Anbieter, Wettbewerber) zusammen. Das bedeutet, dass jedes Element ein Zusammenspiel all dieser Akteure mit ihren unterschiedlichen Fähigkeiten, Fertigkeiten und deren Bereitschaft, umweltfreundlich zu beschaffen, ist.
- **Entscheidungsträger:** Die „Entscheidungspunkte“ sind charakterisiert durch die handelnden Personen, die die Entscheidung auf ihre Art und Weise beeinflussen und lenken. Ihre unterschiedliche Rolle in der Hierarchie, den Bereichen sowie den beeinflussenden Organisationen definiert ihre Einflussmöglichkeiten und kann somit zu Hemmnissen führen.
- **Entscheidungsinstrumente:** Um existierende Alternativen zu bewerten, stehen den Entscheidungsträgern verschiedene monetäre sowie nicht-monetäre Auswahlinstrumente zur Verfügung, wobei nicht-monetäre Entscheidungsinstrumente neben quantitativen Aspekten auch qualitative berücksichtigen.[10]
- **Entscheidungsparameter:** Entscheidungsinstrumente nutzen verschiedene Parameter im Hinblick auf Kriterien und Szenarien, um ein Framework für mögliche Entscheidungen zur Verfügung zu stellen. Die Auswahl der entsprechenden Parameter ist entscheidend für die abschließende Alternativenwahl.

Diese Ausführungen zeigen, dass die Auswahl der richtigen Parameter eine notwendige jedoch nicht hinreichende Bedingung ist.

Ziele öffentlicher Beschaffung

Entscheidungstheorien, wie auch die Betriebswirtschaftslehre im Allgemeinen, fokussieren eher auf private Unternehmen als auf öffentliche Verwaltungen. Daher können bestehende Theorien aufgrund existierender Unterschiede nicht ohne Weiteres übernommen werden. Die Zielsetzung stellt hierbei einen der Hauptunterschiede dar.[11] In Unternehmen dominieren strategische die operativen Ziele, während bei öffentlichen Auftraggebern operative Ziele im Vordergrund stehen. So müssen diese beispielsweise Pflichtleistungen, z. B. in der Jugendhilfe, anbieten,

---

[10] Ein Beispiel hierfür ist die Nutzwertanalyse, bei der qualitative Aspekte über die Gewichtungsfaktoren einfließen, vgl. BEA, F. X.; DICHTL, E.; SCHWEITZER, M. (1997).

[11] Vgl. SÄCHSISCHER STÄDTE- UND GEMEINDETAG (SSG) (Hrsg.), S. 20ff.

auch wenn finanzielle Restriktionen bestehen. Ein weiteres Hauptziel im öffentlichen Sektor stellt die Schaffung von Allgemeinwohl dar. Somit entstehen die meisten Ziele aus externen Interessen (z. B. Interesse der Gesellschaft). Auch wenn die finanzielle Lage kritisch ist, müssen Wege gefunden werden, diese gesellschaftlichen Aufgaben zu erfüllen. Weitere Schwierigkeiten bereitet die größtenteils nicht vorhandene Mess- und damit Evaluierbarkeit der Ziele (wie z. B. Garantie der Wettbewerbsfreiheit[12]) bzw. das Nichtvorhandensein eines Marktes für die angebotenen Leistungen (z. B. Ausgabe von gültigen Dokumenten).

Ziele öffentlicher Verwaltungen sind weiterhin immer von den geltenden rechtlichen Rahmenbedingungen abhängig. Ein weiterer wichtiger Punkt für die Zielsetzung ist, dass die Einwohner („Kunden“) die öffentlichen Gremien wählen und somit über ihre Wahlentscheidungen auch die Zielbildung beeinflussen können. Die soziale sowie die ökonomische Situation beeinflusst daher auch die Ziele der öffentlichen Gremien. Exogene Ziele werden von Seiten übergeordneter Institutionen vorgegeben, während endogene Ziele durch die Organisation selbst gesetzt werden. Umweltfreundliche Beschaffung kann sowohl ein exogenes als auch ein endogenes Ziel darstellen.

Potenziale umweltfreundlicher Beschaffung im öffentlichen Bereich

Die Potenziale, die in einer umweltfreundlicheren öffentlichen Beschaffung aufgrund des relativ großen Nachfragevolumens (ca. 12% des Bruttoinlandsproduktes[13]) liegen, sind seit vielen Jahren bekannt. Die öffentliche Beschaffung bietet daher große Einflussmöglichkeiten z. B. auf nachhaltigere Produktion, Kreislaufwirtschaft sowie Abfallmanagement. Die umweltorientierte Materialwirtschaft stellt beispielsweise schon länger ein bedeutendes Handlungs- und Forschungsfeld dar. Verwiesen sei hier zum Beispiel auf bereits Ende der 80er Jahre veröffentlichte Handbücher zur Praxis der umweltorientierten Unternehmensführung.[14] Institutionen, Regierungen, Unternehmen und Kommunen haben in den letzten zwanzig Jahren zahlreiche Initiativen zur umweltfreundlichen Beschaffung durchgeführt. Einige, vorwiegend deutsche, seien an dieser Stelle beispielhaft herausgegriffen:

- Seit mehr als 15 Jahren bearbeitet das Umweltbundesamt das Thema und hat unter anderem Leitfäden zur umweltfreundliche Beschaffung erarbeitet.[15]
- Unternehmen, die ihr Umweltmanagementsystem nach EG-Öko-Audit-Verordnung validieren oder DIN EN ISO 14001 zertifizieren lassen wollen, müssen Umweltaspekte bei Beschaffungsentscheidungen berücksichtigen.[16]

---

[12] Vgl. BREDE, H. (1998), Sp. 1868.

[13] Vgl. EUROPEAN COMMISSION (1997), S. 111.

[14] Stellvertretend sei hier WINTER, G. (1987) genannt.

[15] Vgl. zur kontinuierlichen Bearbeitung des Themas durch das Umweltbundesamt: UMWELTBUNDESAMT (Hrsg.) (1987); UMWELTBUNDESAMT (Hrsg.) (1999).

[16] Vgl. EUROPÄISCHES PARLAMENT UND DER RAT DER EUROPÄISCHEN UNION (2001); NORMENAUSSCHUSS GRUNDLAGEN DES UMWELTSCHUTZES (NAGUS) IM DIN - DEUTSCHES INSTITUT FÜR NORMUNG E.V. (1996).

- Das Kreislaufwirtschafts- und Abfallgesetz verpflichtet Unternehmen dazu, für ihre Produkte auch über die Nutzung hinaus Verantwortung zu übernehmen. Dies kann nur sichergestellt werden, wenn bereits in Beschaffungsentscheidungen spätere Entsorgungsaspekte einfließen.[17] Weiterhin wird auch die neue Chemikalienverordnung der EU, die im Entwurf 2003 verabschiedet wurde, Einfluss auf Beschaffungsentscheidungen nehmen. Sie fordert die Übermittlung von Daten an eine zentrale Datenbank, falls ein Unternehmen mehr als eine Tonne einer chemischen Substanze (per anno) herstellt oder importiert.[18]
- Das Städtenetzwerk ICLEI[19] hat bereits 1996 die European Eco-Procurement-Initiative gestartet. Sie kann inzwischen auf vier Säulen aufbauen: die Eco Procura Konferenzserie, das EcoProcura Magazin, das „Buy it green"-Netzwerk umweltfreundlicher Beschaffer in Europa (BIG-Net) und eine Reihe von praktischen Projekten (u.a. FORSCHUNGSPROJEKT RELIEF, FORSCHUNGSPROJEKT NABESI).
- Der Bundesverband für Umweltberatung e.V. (bfub) hat eine Internetserviceseite für Beschaffer entwickelt, die laufend überarbeitet wird.[20] Ähnliche Initiativen zu umweltfreundlicher Beschaffung gibt es auch in anderen Ländern. Diese befassen sich mit Informationsangeboten, dem Angebot von Checklisten sowie Bestrebungen des Öko-Labeling.[21]
- Der Rat für Nachhaltige Entwicklung führt ein Projekt durch, das sich mit der Änderung des Konsumverhaltens befasst. Hierbei soll der zur Bemessung der Lebenshaltungskosten verwendete Warenkorb zu einem „Nachhaltigen Warenkorb" umgewandelt werden, indem langfristig eine Substitution konventioneller durch nachhaltige Produkte innerhalb der kompletten Produktpalette angestrebt wird.[22]
- Über den Bereich der Industrie hinaus haben sich auch der Handel und das Handwerk des Themas angenommen. Hier sei das Positionspapier „Nachhaltige Entwicklung" der Bundesarbeitsgemeinschaft der Mittel- und Großbetriebe des Einzelhandels (BAG) genannt.
- Des Weiteren gibt es mittlerweile etablierte umweltorientierte Unternehmensverbände, die sich dieses Themas angenommen haben[23], wie den Bundesdeut-

[17] §4 Abs. 2 KrWAbfG lautet: „Maßnahmen zur Vermeidung von Abfällen sind insbesondere die anlageninterne Kreislaufführung von Stoffen, die abfallarme Produktgestaltung sowie ein auf den Erwerb abfall- und schadstoffarmer Produkte gerichtetes Konsumverhalten."

[18] Vgl. COMMISSION OF THE EUROPEAN COMMUNITY (2003).

[19] Vgl INTERNATIONAL COUNCIL FOR LOCAL ENVIRONMENTAL INITIATIVES (ICLEI), www.iclei.org.

[20] Internetadresse: www.beschaffung-info.de.

[21] Z. B. in Deutschland: www.informatik.uni-hamburg.de/Info/Umwelt/ubeschaff.html; in Kanada: www.ec.gc.ca/eog-oeg/greener_procurement/Greener_Procurement.htm; in Österreich: www.oekoeinkauf.at/; in der Schweiz: www.umwelt-schweiz.ch/buwal/eng/fach gebiete/fg_produkte/umsetzung/oeffentliche_beschaffung/, in Luxemburg: www.uneptie.org/pc/sustain/procurement/green.asp.

[22] Für nähere Informationen vgl. www.nachhaltigkeitsrat.de/projektforum/warenkorb/.

[23] UMWELTBUNDESAMT (Hrsg.) (1999), S. 6.

schen Arbeitskreis für umweltbewusstes Management, (B.A.U.M.) oder den Förderkreis Umwelt Future e.V..[24]

- Auch im neuen Feld des eCommerce entwickelten sich in den letzten Jahren Initiativen und Plattformen zur Unterstützung umweltfreundlicher Beschaffung (Green eBusiness[25]).[26]

In Deutschland hat trotz all dieser Bemühungen umweltfreundliche Beschaffung im Allgemeinen sowie umweltfreundliche Beschaffung im öffentlichen Bereich im Speziellen eine geringere Bedeutung als in anderen europäischen Ländern, wie z. B. den skandinavischen Ländern oder Österreich.[27] Doch selbst in den aufgeführten Ländern existieren noch ungenutzte Potenziale. So stellt sich die Frage: Warum bestehen Hemmnisse bei umweltfreundlicher öffentlicher Beschaffung insbesondere in Kommunen?

Öffentliche Beschaffung als spezieller Entscheidungsprozess

Beschaffung ist nicht gleich Einkaufen. „While procurement is generally regarded as the responsibility of the purchasing department, it is, in fact, a shared function in that all areas of management... are involved."[28] Auch wenn diese Aussage bereits 25 Jahre alt ist, hat sie noch heute ihre Berechtigung. Da der Beschaffungsprozess ein übergreifender Prozess, ist es notwendig, eine Verknüpfung zwischen dem Beschaffungsprozess auf der einen und den Akteure innerhalb dieses Prozesses auf der anderen Seite angestrebt werden.

Der Beschaffungsprozess. Eine Beschaffungsentscheidung steht am Ende eines Entscheidungsprozesses,[29] der sich aus verschiedenen Elementen zusammensetzt. Öffentliche Beschaffungsprozesse stellen zudem spezielle Entscheidungsprozesse

---

[24] Vgl. http://www.baumev.de/baumev/projekte/projekte.php; http://www.future-ev.de/projekte/projekte.html.

[25] Unter Green eBusiness soll hier in Anlehnung an REBSTOCK; HILDEBRAND die Unterstützung einer umweltfreundlichen Beschaffung durch neue elektronische Kommunikationsmedien verstanden werden, vgl. REBSTOCK, M.; HILDEBRAND, K. (Hrsg.) (1999), S. 17.

[26] Für einen ersten Überblick über die bereits bestehenden Green eBusiness-Konzeptionen und die bereits existierenden Internetseiten zu umweltfreundlicher Beschaffung dient Tabelle 8.2. im Anhang.

[27] Dort wurde in den letzten Jahren neben Informationsangeboten auch an gemeinsamen Richtlinien gearbeitet. Das Ziel dabei ist, die Anwendung der zum Teil komplizierten Produktanforderungen aus ökologischer Sicht zu erleichtern. So wurde in einem Verbundprojekt in Österreich z. B eine Internet-Plattform geschaffen, die Hilfestellungen zur Integration ökologischer Aspekte in Beschaffungsvorgänge gibt. BUWAL U. A. (Hrsg.) (2001).

[28] Vgl. COREY, E. R. (1978) , p. 116.

[29] Zu weiterführenden Informationen zu Beschaffung (Definitionen, Beschreibung des Prozesses etc.) vgl. ARNOLD, U. (1997); KOPPELMANN, U. (1994); KOSILEK, E.; UHR, W. (2002); LARGE, R. (1999).

dar, da sie, wie bereits ausgeführt, nicht allein wirtschaftlichen Anforderungen gerecht werden müssen (vgl. Abb. 8.3.).[30]

Abb. 8.3. Der öffentliche Beschaffungsprozess[31]

- **Bedarfsmanagement:** Dieser Schritt korrespondiert mit der Zielvorgabe/Zielbildung des allgemeinen Entscheidungsprozesses. Nutzeranforderungen (Erfüllung bestimmter Funktionen wie z. B. Beleuchtung) sowie beschaffungstechnische Rahmenbedingungen (wie z. B. finanzielle Ressourcen, rechtliche Vorgaben, Umweltaspekte) müssen koordiniert werden. Weiterhin sind die individuellen und die organisationalen Ziele auszubalancieren. Die öffentlichen Auftraggeber verfolgen beispielsweise organisationale Ziele wie die effiziente und effektive Ressourcennutzung. Demgegenüber strebt jede Person nach Erreichen ihrer eigenen individuellen Ziele. Aus diesem Grund muss jeder Einzelne innerhalb einer Organisation vom positiven Effekt umweltfreundlicher Beschaffung überzeugt sein, um die Entstehung von Hemmnissen zu vermeiden.
- **Beschaffungsmarktforschung:** Dieser Schritt entspricht der Planungsphase im allgemeinen Entscheidungsprozess. Hierbei ist es auf der einen Seite möglich, dass eine umfangreichere Auswahl umweltfreundlicher Produkte am Markt angeboten wird, als im öffentlichen Bereich bekannt ist. Auf der anderen Seite kann es jedoch auch sein, dass der Markt nicht in der Lage ist, die angeforderte Produktpalette überhaupt in entsprechender Anzahl zur Verfügung zu stellen. Daher ist eine Marktanalyse notwendig, um alternative Handlungsmöglichkeiten aufzuzeigen. So können im Folgenden Signale an den Markt gesendet werden, indem die öffentliche Hand umweltfreundliche Produkte und Dienstleistungen nachfragt, sowie bedingt durch das relativ hohe Nachfragevolumen ihre

[30] Vgl. BME (2000), S.14; SCHAFFER, M.; WOLLMANN, H. (1989), Teil A, S. 7 sowie ZIMMERMANN, M.; WELTE, M. (1992a), Teil E, S. 31.

[31] BME (2000), S. 14.

Verhandlungsmacht zur Förderung umweltfreundlicher Produkte und Dienstleistungen nutzt.

- **Beschaffungsvergabe:** Im allgemeinen Entscheidungsprozess ist die Entscheidung das Pendant zu diesem Schritt. Im Rahmen des existierenden Szenarios (bestimmt durch beispielsweise gesetzliche Regelungen etc.) sind Kriterien für die Ausschreibung festzulegen, Alternativen zusammenzustellen und zu bewerten. Schließlich folgt die Auswahl/Entscheidung für eine Alternative.[32]
- **Beschaffungsabwicklung:** Dieser Schritt korrespondiert mit der Durchführungsphase des allgemeinen Entscheidungsprozesses. In diesem Schritt muss die Entscheidung ihre Umsetzung finden. Idealer Weise erfolgt ein Feedforward, um die Erfahrungen in die nächsten Entscheidungen einfließen zu lassen, sowie ein Feedback, um die vorangegangenen Schritte zu optimieren.

In den beschriebenen Elementen des Beschaffungs(entscheidungs)prozesses sind, wie bereits in Bezug auf den allgemeinen Entscheidungsprozess ausgeführt, verschiedene Akteure angesiedelt, deren Handlungen, Einstellungen und Ziele bei einer solchen Entscheidung zusammenspielen.

Die Akteure innerhalb der öffentlichen Beschaffung. In jedem Schritt des beschriebenen Prozesses agieren externe Stakeholder sowie (interne) Entscheidungsträger einer Kommune oder eines anderen öffentlichen Auftraggebers. Vor der endgültigen Entscheidung fällt jeder Akteur entlang dieses Prozesses Entscheidungen, die sowohl den Prozess als auch dessen Ergebnis beeinflussen. Nur durch die Analyse der verschiedenartigen Beziehungen zwischen externer und interner Sichtweise (Politik und öffentlicher Verwaltung) kann ein umfassender Eindruck gewonnen werden. Dieser ganze Komplex der politischen, strategischen und operativen Aktivitäten wird als politisch-administratives System bezeichnet.[33]

Bei öffentlichen Auftraggebern können folgende Bereiche intern eine Rolle spielen:

- der Beschaffungsbereich bzw. die unterschiedlichen Bereiche, die für eine dezentralisierte Beschaffung verantwortlich sind,
- der Umweltbereich,
- der Finanzbereich sowie
- die Nutzer innerhalb der öffentlichen Verwaltung.

Jeder dieser Bereiche besteht dabei aus einer operativen Ebene (den Spezialisten = Fachpromotoren[34]) und einer strategischen Ebene (den Bereichsleitern/ Poli-

[32] Eine Untersuchung der vorliegenden gesetzlichen Regelungen und ihrer Möglichkeiten, Umweltaspekte in Beschaffungsentscheidungen einfließen zu lassen, wurde im Rahmen dieses Forschungsprojektes zur Identifikation eventuell real vorliegender Hemmnisse umweltfreundlicher Beschaffung durchgeführt, vgl. hierfür Kapitel 9.

[33] Vgl. GORNAS, J.; BEYER, W. (1991), S. 1.

[34] Unter *Fachpromotoren* verstehen HAUSCHILDT; GEMÜNDEN „diejenige Person, die einen Innovationsprozess durch objektspezifisches Fachwissen aktiv und intensiv fördert." HAUSCHILDT, J.; GEMÜNDEN, H. G. (1999), S. 17.

tikvertretern = Machtpromotoren[35]). Insbesondere auf der strategischen Ebene können politische Entscheidungsträger, z. B. der Bürgermeister, Einfluss auf Beschaffungsprozesse nehmen. Externe Stakeholder im öffentlichen Beschaffungsprozess sind:

- der Staat (Bund, Land oder EU) durch das Verfassen von Gesetzen, Richtlinien und Normen
- der Markt durch das Angebot an passenden Produkten und der Festlegung der Preise
- die Bürger, die ihren Einfluss über ihr Wahlverhalten geltend machen.

Abbildung 8.4. zeigt das Zusammenspiel der unterschiedlichen Entscheidungsträger, die in eine öffentliche Beschaffungsentscheidung eingebunden sind.

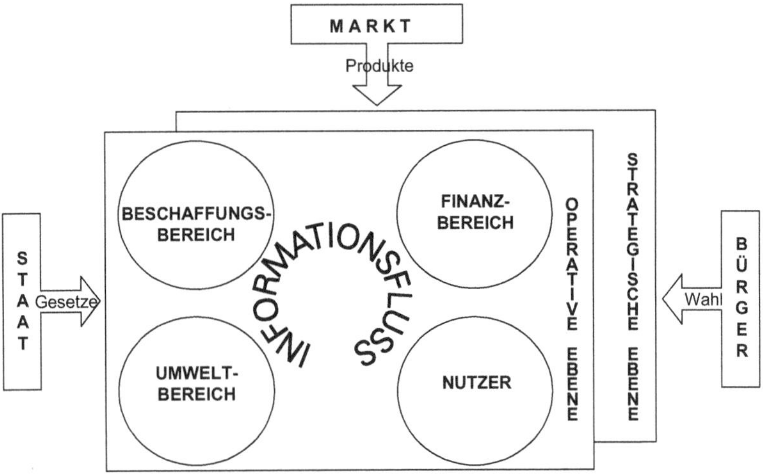

Abb. 8.4. Akteure umweltfreundlicher Beschaffung

8.3 Hemmnisse in öffentlicher Beschaffung

Jede der Stufen des Beschaffungsprozesses (vgl. Abb. 8.3.) und jeder Akteur (vgl. Abb. 8.4.) sind eine mögliche Quelle für „Störfaktoren",[36] die eine umweltfreund-

[35] *Machtpromotoren* werden ebenfalls nach HAUSCHILDT; GEMÜNDEN als „diejenigen Personen, die einen Innovationsprozess durch hierarchisches Potenzial aktiv und intensiv fördern", definiert. HAUSCHILDT, J.; GEMÜNDEN, H. G. (1999), S. 16.

[36] Zu Störgrößen im Entscheidungsprozess vgl. KAHLE, E. (1998), S. 159 - 206; KIRSCH, W. (1988), S. 122. Die Forschergruppe um WITTE; HAUSCHILDT; GEMÜNDEN analysiert seit den 70er Jahren Ursachen für „Störgrößen" bei Entscheidungen. Bei ihren Un-

liche Beschaffung verlangsamen, behindern oder sogar völlig blockieren können. Diese Faktoren werden im Folgenden Hemmnisse genannt. Auf der einen Seite können Hemmnisse in einem Schritt der Entscheidung auftreten (z. B. Konflikte zwischen individuellen und organisationalen Zielen) oder sie treten zwischen den Schritten auf (z. B. die Ziele werden nicht ausreichend kommuniziert, sodass in der Planung bestimmte Alternativen nicht ins Kalkül gezogen werden). Auf der anderen Seite können Hemmnisse in einem Bereich existieren (z. B. im Finanzbereich, der meint, umweltfreundliche Produkte wären zu teuer) oder aber zwischen einzelnen Bereichen entstehen (z. B. zwischen Umweltbereich und Finanzbereich). Können die Hemmnisse genau einem Schritt bzw. einem Bereich zugeordnet werden, so wird von *intra-elementaren Hemmnissen* gesprochen. Sind mehrere Schritte und/oder mehrere Bereiche involviert entstehen *inter-elementare Hemmnisse*. Im Hinblick auf die Hemmnisanalyse führt die Existenz der beschriebenen Hemmnisse beider Typen zur Behinderung der Beachtung von Umweltaspekten in öffentlicher Beschaffung. Die Ziele der Hemmnisanalyse sind damit zu sehen in

- der Identifikation und Lokalisierung von Hemmnissen,
- der Bewertung ihrer Relevanz sowie
- der Entwicklung von Strategien zu deren Überwindung

Das Thema „Störgrößen" im Entscheidungsprozess (Hemmnisse) ist seit vielen Jahren bereits Untersuchungsfeld der Wissenschaft. Es entstand eine Vielzahl von Ansätzen, die sich mit der Beschreibung und Erklärung verschiedener der oben genannten Hemmnisarten befassen.[37] Um nun umweltfreundliche Beschaffung zu etablieren ist es notwendig, die existierenden Hemmnisse zu kennen, denn ohne die Überwindung der Hemmnisse können die beschriebenen Potenziale umweltfreundlicher Beschaffung nicht genutzt werden. Beispielsweise kann ein öffentlicher Auftraggeber Umweltkriterien für seine Ausschreibung festlegen. Wenn der Nutzer jedoch Vorurteile gegenüber solchen Produkten oder Dienstleistungen hat und diese ablehnt, ist eine solche Umweltkriterienliste nutzlos. Die Hemmnisanalyse will daher Ansatzpunkte für eine weitere Implementierung umweltfreundlicher Beschaffung im öffentlichen Bereich generieren, denn nur wenn Hemmnisse proaktiv gehandhabt werden, kann die Kluft zwischen dem Ziel von mehr umwelt-

---

tersuchungen zum Promotorenmodell, vgl. HAUSCHILDT, J.; GEMÜNDEN, H. G. (1999), identifizieren sie die Willensbarriere und die Fähigkeitsbarriere als Ursachen für die Hemmung bei der Einführung von Innovationen. Sie identifizieren verschiedene Schlüsselpersonen mit bestimmten Eigenschaften, die in der Lage sind, diese Hindernisse zu setzen, aber auch abzubauen. Die Hemmnisanalyse im Beschaffungsprozess soll ein Beitrag leisten, solche Schlüsselpersonen zu identifizieren, um gezielt auf eine ökologischere Beschaffung hinwirken und damit Barrieren abbauen zu können. Eine solche Förderung ist zum Beispiel durch bessere Informationen der Schlüsselpersonen über umweltfreundliche Produkte bzw. die Setzung von Anreizen denkbar.

[37] Stellvertretend seinen hier genannt: für die Prinzipal-Agent-Theorie KLEINE, A. (1996); für Transaktionskostenansätze WILLIAMSON, O. E. (1996); für die Stakeholdertheorie FREEMAN, R. E. (1984); für die Promotorentheorie HAUSCHILDT, J.; GEMÜNDEN, H. G. (1999) und für die Theorie der Machtbasen FRENCH, J. P. R., JR.; RAVEN, B. H. (1959).

freundlicher Beschaffung und dem bisher erreichten Zustand überbrückt werden. Dafür müssen auf der einen Seite die kritischen Elemente (Prozessschritte und Akteure) identifiziert und auf der anderen Seite aktiv gesteuert werden, um den Prozess im Ganzen zu verbessern. Es wird jedoch auch Hemmnisse geben, die von einem öffentlichen Auftraggeber selbst nicht abgebaut werden können (insbesondere im Bereich rechtlicher Aspekte). Hier ist dann nach alternativen Wegen und Maßnahmen zur Überwindung zu suchen (z. B. Lobbying oder die Bildung von Einkaufsgemeinschaften[38]).

Es existieren unterschiedliche Verzerrungen, die für das Entstehen von Hemmnissen entlang dem vorgestellten Entscheidungsprozess verantwortlich sein können. Diese beschreiben den potenziellen Einfluss, den Umfeldbedingungen auf Beschaffungsentscheidungen haben können. Im Folgenden werden die bisher identifizierten Verzerrungen vorgestellt und kurz beschrieben, da es, um Hemmnissen proaktiv begegnen zu können, notwendig ist, zu wissen, warum und wo Hemmnisse im öffentlichen Beschaffungsprozess entstehen können.

8.3.1 Entstehung von Hemmnissen in öffentlichen Verwaltungen

Komplexität, Zentralisation, Zuständigkeiten, Macht, Routinen und persönliches Engagement wurden als Ursachen für Hemmnisse identifiziert. Diese können den *Akteuren und/oder den Bereichen* zugerechnet werden. Zum Beispiel Komplexität und Zentralisation bestimmen die Anzahl der in den Beschaffungsprozess involvierten Akteure/Bereiche. Zuständigkeiten und Macht sind wichtig bei der Interaktion zwischen den Akteuren/Bereichen. Hier können *inter-elementare* Hemmnisse entstehen. Routine und persönliches Engagement beeinflussen die Abläufe innerhalb eines Bereiches. Hieraus können *intra-elementare* Hemmnisse entstehen.

Ursachen in Abhängigkeit der am Beschaffungsprozess beteiligten Akteure/Bereiche

Komplexität. Die Komplexität des Entscheidungsfeldes beeinflusst die Anzahl der Ziele, deren Hierarchie, mögliche Konflikte sowie den Ort der Entscheidung (Entscheidungsendpunkt). Je mehr interne Entscheidungsträger und externe Stakeholder in einen Entscheidungsprozess involviert sind, desto schwerer ist es, Alternativen auszuwählen, Verantwortlichkeiten festzulegen sowie Innovationen (wie beispielsweise umweltfreundliche Beschaffung) zu implementieren.[39] Eine hohe Komplexität von Entscheidungsproblemen erhöht die Transaktionskosten der Entscheidungsfindung, da ein Nebeneffekt hoher Komplexität die Suboptimalität ist. In Situationen komplexer Entscheidungsprobleme werden oft Teilprozesse in verschiedenen Bereichen oder durch unterschiedliche Akteure parallel zueinander optimiert. Die Summe dieser optimierten Teilprozesse muss jedoch nicht zwingend

[38] Dieser Sachverhalt wird im Rahmen der Befragung Sächsischer Kommunen ebenfalls näher beleuchtet, vgl. hierzu Kapitel 5.

[39] Vgl. ZIMMERMANN, M.; WELTE, C. (1992a), Teil B, S. 39.

für die Gesamtentscheidung optimal sein. Hohe Komplexität und, verbunden damit, fehlende Transparenz und Kommunikation sowie Dopplungen stellen Gründe für diese Suboptimalität dar.[40] Die Größe einer Kommune kann beispielsweise als Indikator für die Komplexität des Beschaffungsprozesses herangezogen werden. Je kleiner eine Kommune ist, desto weniger komplex können Beschaffungsprozesse gestaltet werden. Folglich sind weniger Akteure beteiligt, was zu geringeren Transaktionskosten führen kann.

Es ist teilweise möglich, dass verschiedene Schritte des Entscheidungsprozesse durch ein und dieselbe Person ausgeführt werden. Somit ist das Kommunikationshemmnis (möglicherweise) als geringer einzustufen.

Zentralisation. Öffentliche Beschaffung kann in Abhängigkeit vom Beschaffungsobjekt innerhalb eines öffentlichen Auftraggebers sowohl zentralisiert als auch dezentralisiert sein. Die Vor- und Nachteile beider Möglichkeiten sind bei der Entscheidung über die Organisation der Beschaffung in Abhängigkeit von den existierenden Rahmenbedingungen abzuwägen.

Kann beispielsweise für Produkte und Dienstleistungen aufgrund sehr spezifischer Nutzeranforderungen bzw. möglicher Bedarfsschwankungen keine allgemeingültige Charakterisierung des Beschaffungsobjektes vorgenommen werden, so ist von einer Dezentralisierung der Beschaffung auszugehen (dies gilt z. B. für Schulmöbel, Grünflächenbedarf[41]). Handelt es sich demgegenüber um standardisierbare Beschaffungsobjekte, für die sich bei einer Nachfragebündelung weiterhin eine Preisreduktion ergibt, wird eine Zentralisierung angestrebt (z. B. Büromöbel, Bürobedarf, Gebäudereinigung, Computer[42]). Weitere Einflussfaktoren sind in Tabelle 8.1. dargestellt.[43]

---

[40] Vgl. LIED, W. (1999), S. 131.

[41] KOMMUNALE GEMEINSCHAFTSSTELLE FÜR VERWALTUNGSVEREINFACHUNG (KGST) (1997), S. 9f.

[42] (KGST) (1997), S. 9f.

[43] Die von GÜNTHER, E.; KLAUKE, I. (2004) durchgeführte Befragung sächsischer Kommunen zeigt die Tendenz, dass die Beschaffung eher dezentral erfolgt.

Tabelle 8.1. Einflussfaktoren der Beschaffung – Zentralisation/ Dezentralisation

Dezentralisierung	Zentralisierung
Große Betroffenheit bestimmter Abteilungen durch Beschaffungsentscheidungen.	Große Gemeinsamkeiten in den Nutzungen, Möglichkeit zu standardisieren.
Großer Bedarf, zugekaufte Inputströme mit den (Produktions-)plänen zu verknüpfen.	Interesse an langfristiger Lieferverfügbarkeit, hoher Grad unternehmerischer Bindung.
Großer Bedarf an lokalen Diensten zwecks kleiner Mengen und nicht prognostizierbarer Nutzungsmuster.	Notwendigkeit der Sicherung von Verhandlungsmacht zur Absicherung von Lieferbeziehungen und –preisen.
Nutzerspezifische Anforderungen.	Politische Sensitivität.
Signifikanter Einfluss des Kunden auf Lieferquellen und Lieferantenauswahl.	Hohe Ansprüche an das Personal im Bereich Beschaffung, spezialisiertes Wissen und Fähigkeiten.

in Anlehnung an Correy, E.R. (1978), p. 101

Ursachen in Abhängigkeit der Interaktion zwischen den beteiligten Akteuren/Bereichen.

Regelung der Zuständigkeiten. In Kommunen sind die Kommunale Vertretung[44] und Kommunalverwaltung direkt an Entscheidungsprozessen beteiligt. Die Kommunalen Vertretungen repräsentieren hierbei die Interessen der Bürger. Sie setzen die Ziele und geben die Rahmendaten vor. Ihnen obliegt weiterhin die Kontrolle der Ausführung und die Vermeidung von Ineffizienzen. Sie sind daher für die strategischen Aufgaben und Ziele innerhalb einer Kommune verantwortlich, wie z. B. Planen, Entscheiden, Entscheidungskontrolle zur Umsetzung der Interessen der Bürger.[45] Die Kommunalverwaltung hingegen beschäftigt sich eher mit den operationalen Aufgaben und Zielstellungen, z. B. mit der Umsetzung der in der Volksvertretung getroffenen Entscheidungen. Dennoch ist eine klare Zuteilung der Zuständigkeiten hinsichtlich der Aufgaben und Kompetenzen zwischen Politik und Verwaltung notwendig, die in vielen Fällen so nicht gegeben ist.[46] So ist es möglich, dass ein Bürgermeister neben seiner politischen Rolle auch Leiter eines der vorgestellten Bereiche ist. Ein weiteres Problem besteht darin, dass die Verwaltung die Entscheidungen vorbereitet und die Alternativen auswählt, während die politische Ebene dann nur noch zwischen einigen wenigen Alternativen entscheidet, deren Auswahlprozess sie jedoch nicht unbedingt kennt. Dies kann zu Suboptimalität führen, wenn beispielsweise der Verwaltung politische sowie strategische Ziele nicht vorliegen oder auf der anderen Seite Politiker bei ihren Entscheidungen zu sehr auf Details von Alternativen (Effizienz) fokussieren und strategische Aspekte (Effektivität) aus den Augen verlieren.[47]

---

[44] Die Kommunalvertretung, also der Rat, setzt sich aus Partein und Gruppierungen zusammen. In einigen Gemeindeordnungen wird der Rat auch als Gemeinderat, Stadtrat oder Magistrat bezeichnet, vgl. KLAUKE, I. (2000), S. 7.

[45] Vgl. SCHÜCKHAUS, U. (1996), S. 21.

[46] Vgl. SCHÜCKHAUS, U. (1996), S. 21..

[47] Vgl. GOLLA, B. (1996), S. 39.

Macht. Innerhalb eines öffentlichen Auftraggebers aber auch im Zusammenhang mit externen Partnern kann die Verhandlungsmacht einen Einflussfaktor für umweltfreundliche Alternativen darstellen.[48] Macht kann aufgrund unterschiedlicher Ressourcen entstehen, z. B. durch Wissen, durch die hierarchische Position, durch die Größe des öffentlichen Beschaffers, z. B. einer Kommune. Verschiedene Akteure sind mit verschieden großer Macht ausgestattet, die sie zur Einführung bzw. gegen die Einführung von Innovationen verwenden können.[49]

Ursachen in Abhängigkeit vom Prozess, in den die Akteure/Bereiche eingebunden sind

Routine. Objektive rechtliche Kriterien determinieren die öffentliche Beschaffung. Im Zusammenspiel mit dem Fakt, dass Prozesse oft wiederholt werden, ist die öffentliche Beschaffung ein gutes Beispiel für Routinen. Routinen charakterisieren Entscheidungen mit einer limitierten Anzahl von Alternativen. Zwei Arten von Routinen können unterschieden werden:

- *Organisationale Routinen* sind Prozesse, die immer demselben Schema aufgrund organisationaler sowie rechtlicher Vorgaben folgen.
- *Individuelle Routinen* meinen, dass jede Person zur Erfüllung ihrer Aufgaben eigene Routinen entwickelt, die die persönlichen Werte und Präferenzen repräsentieren.[50]

Routinen können genauso restriktiv wirken, wie rechtliche Bestimmungen. Ein Beispiel hierfür ist das Phänomen, dass die öffentliche Ausschreibung, die eigentlich das Standardvergabeverfahren in Deutschland sein sollte, regelmäßig umgangen wird.[51] Routinen werden umso wichtiger, wenn es an die Umsetzung von Veränderungen geht. Wann immer die aktuelle Situation nicht die Ziele reflektiert, muss die sich eröffnende Lücke überwunden werden. Hierzu sind Veränderungen notwendig. Ob ein Akteur gewillt ist, die Zielsituation zu akzeptieren, ist von den damit zusammenhängenden Anreizen bzw. Unannehmlichkeiten abhängig.[52]

Wann immer individuelle Ziele mit der angestrebten Situation gut übereinstimmen, ist der Wille zur Veränderung eher vorhanden. Im Gegensatz dazu, wenn beide Ziele konträr sind, wird der jeweilige Akteur an seinen Routinen festhalten (sowohl an den organisationalen als auch an den individuellen) und es ist zu vermuten, dass die Veränderung nicht so einfach umgesetzt werden kann.

Persönliches Engagement. Die Handlungen von Personen in hierarchisch höheren Positionen haben Einfluss auf den Entscheidungsprozess. Fehlendes persönliches Engagement (z. B. im Hinblick auf umweltfreundliche Beschaffung) der strategischen Ebene kann somit zu Unsicherheit der Akteure auf der operationalen

[48] Vgl. JÄNICKE, M.; KUNIG, P.; STITZEL, M. (1999), S. 81.
[49] Vgl. FRENCH, J., R., P. JR.; RAVEN, B. (1959), S. 156ff.; vgl. auch WITTE zum Thema Machtpromotoren, vgl. HAUSCHILDT, J.; GEMÜNDEN, H. G. (1999), S. 16f.
[50] Vgl. SCHAFFER, M.; WOLLMANN, H. (1989), S. 30.
[51] Vgl. BME (2000), S. 11.
[52] Vgl. BRAUN, G. E. (1988), S. 65.

Ebene führen. Daher ist es sinnvoll, auf den einzelnen Akteur zu fokussieren und seine Rolle innerhalb der Institution, den sich für diese Rolle eröffnenden Aktionsraum sowie dessen Nutzung in die Überlegungen einzubeziehen.[53] Alle Mitarbeiter und jede kleine Verwaltungseinheit beeinflussen die Entscheidung durch:

- ihr Wissen,
- ihre Fertigkeiten,
- ihre Bereitschaft bzw. Motivation,
- ihre Befugnisse.

Die Ausprägung der genannten Punkte ist von Akteur zu Akteur unterschiedlich. Sie ist von dessen persönlichen Fähigkeiten und Fertigkeiten und seinen individuellen Zielen, wie Machtstreben, Einkommen, Prestige, Sicherheit, Komfort, Loyalität oder Stolz, abhängig. All dies fließt in die zu treffenden Entscheidungen ein. Natürlich beeinflussen die existierenden Rahmenbedingungen die individuellen Ziele sowohl positiv als auch negativ. Aus diesem Grund ist es sinnvoll, zu untersuchen, wie Entscheidungen über die Schaffung bestimmter Rahmenbedingungen beeinflusst werden können. Jeder der vier Punkte kann beeinflusst werden: Wissen kann vermittelt werden und Fertigkeiten können trainiert werden. Durch das Setzen von Anreizen (Belohnung/Bestrafung) können die Bereitschaft und die Motivation erhöht werden und klare Befugnisse führen zur Ausnutzung der Freiräume. Somit kann das persönliches Engagement erhöht werden, indem die individuellen Ziele auf allen Verwaltungsebenen beeinflusst beziehungsweise die Rahmenbedingungen angepasst werden.

8.3.2 Hemmnisse umweltfreundlicher Beschaffung

Die im vorangegangenen Abschnitt vorgestellten Verzerrungen können zu Hemmnissen führen, die verschiedenen Hemmnisgruppen zugeordnet worden sind. Dabei kann ein Hemmnis nur aus einer Ursachenkategorie, aber auch aus mehreren resultieren. Folgende Hemmnisgruppen wurden bisher identifiziert (vgl. auch Abb. 8.5.):

- fehlende Ziele,
- fehlende Regelungen,
- fehlende Informationen,
- fehlendes Wissen,
- fehlendes Anreiz- und Sanktionssystem.[54]

[53] Vgl. JÄNICKE, M.; KUNIG, P.; STITZEL, M. (1999), S. 66 sowie S. 95.
[54] Vgl. FRENCH, J. P. R., JR.; RAVEN, B. H. (1959), S. 150–167.

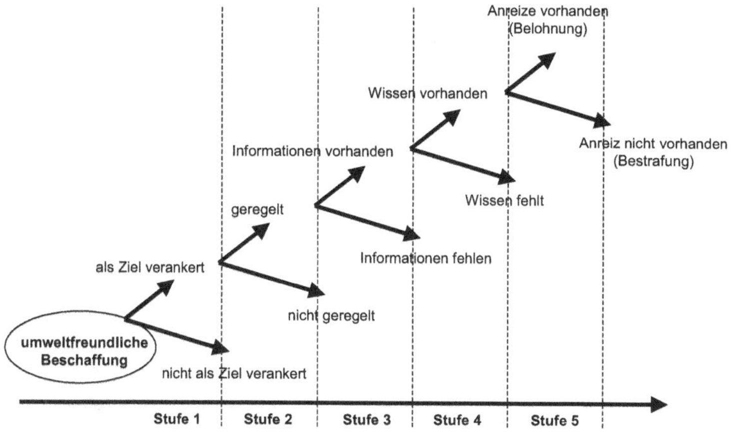

Abb. 8.5. Mögliche Hemmnisse einer umweltfreundlichen Beschaffung

Anhand der durch theoretische Analysen gewonnenen Kenntnisse[55] zu Hemmnissen als „Störgrößen" und unter der Annahme, dass, wie bereits weiter oben ausgeführt, solche „Störgrößen" auf jeder Stufe des Beschaffungsprozesses und durch jeden Akteur entstehen können, wurde eine erste Hemmnismatrix erarbeitet (vgl. Abb. 8.6.), die der Struktur des Beschaffungsprozesses sowie der Akteure folgt. Diese Hemmnismatrix zeigt die Vielzahl möglicher Hemmnisse auf und klassifiziert sie entsprechend den Akteuren/Bereichen sowie entlang des Entscheidungsprozesses. Jedes dieser Hemmnisse basiert auf einem oder mehreren der bereits erläuterten Verzerrungen und kann genau einer Hemmnisgruppe zugeordnet werden.

Die Zuordnung der Hemmnisse zum Entscheidungsprozess und dessen Akteuren ist lediglich ein erster Vorschlag, um Hemmnisse besser steuern zu können. Sie ist in Abhängigkeit zur jeweils beim öffentlichen Beschaffer vorhandenen Situation anzupassen.

Der erste Schritt besteht also in der Zuordnung der Hemmnisse und der zweite in der Überlegung, wie dieses überwunden werden können. Hierzu ist zunächst die Relevanz der Hemmnisse in der betrachteten Organisation zu bestimmen.

[55] Diese Analysen beinhalteten die Untersuchung existierender Studien, vgl. GETZINGER, G. U.A. (1990); GETZINGER, G. U.A. (1991); SCHAFFER, M.; WOLLMANN, H.(1989); WALDMANN, A.; SEIFRIED, D. (2000); ZIMMERMANN, M.; WELTE, C.(1992a); ZIMMERMANN, M.; WELTE, C.(1992b), sowie die Untersuchung von Entscheidungstheorien, die Einarbeitung der Promotorentheorie sowie der Theorie der Machtbasen.

	Markt	Staat	Politiker / Leiter	Nahtstelle Politiker / Leiter und Spezialisten	Beschaffungs-bereich	Umwelt-bereich	Finanzbereich	Nutzer	Informations-fluss
Individualziele			• Bemühungen nicht sinnvoll		• Bemühungen nicht sinnvoll	• Bemühungen nicht sinnvoll	• Bemühungen nicht sinnvoll	• Bemühungen nicht sinnvoll • Vorurteil	
Ziel der Kommune			• Fehlendes Ziel • Ausweitung von Spielräumen	• Unter-schiedliche Sichtweisen	• Fehlende Unterstützung durch Richtlinien	• Mangelnder Einfluss	• Kein Primärziel	• Kein Primärziel	• Information über Ziel • Information über Möglichkeiten
Optionen	• Identifikation der Produkte • Verfügbarkeit der Produkte		• Fehlende Zustimmung • Nutzung von Spielräumen	• Fehlende Möglichkeiten	• Fehlende Zustimmung • Nutzung von Spielräumen	• Fehlende Zustimmung • Nutzung von Spielräumen	• Fehlende Zustimmung • Nutzung von Spielräumen	• Fehlende Zustimmung • Nutzung von Spielräumen	• Information über Alternativen • Identifizierung
Entscheidungs-kriterien	• Preis der Produkte • Funktionalität der Produkte	• Keine Subventionen • Keine Steuer-senkung	• Fehlende Zustimmung		• Zusätzliche Arbeit • Mangelnder Einfluss	• Mangelnder Einfluss	• Preis der Produkte • Rechenmethode • Kostensteige-rung/-senkung	• Funktionalität der Produkte	• Information über Relevanz
Szenarien	• Nachfrage-volumen	• Unsicherheit der Rechtslage • Komplexität • Behinderung						• Nachfrage-volumen	• Unsicherheit der Rechtslage
Entscheidung			• Fehlende Zustimmung	• Verwaltungs-prozess	• Möglich-keiten nicht genutzt	• Möglich-keiten nicht genutzt	• Möglich-keiten nicht genutzt	• Möglich-keiten nicht genutzt	

Abb. 8.6. Aktuelle Hemmnismatrix

8.3.3 Relevanz der Hemmnisse

Wie bereits hervorgehoben, besteht eines der Ziele der Hemmnisanalyse darin, identifizierten Hemmnissen zu begegnen und diese anschließend proaktiv zu managen. Um die Ergebnisse der Analyse evaluieren zu können, sind folgende Unterscheidungen zu treffen:

- Sind die Hemmnisse real oder „nur" wahrgenommen?
- In welchem zeitlichen bzw. planungstechnischen Zusammenhang (Sequenz) stehen sie?

Reale vs. wahrgenommene Hemmnisse

Wenn Akteure angeben, es gäbe keine umweltfreundlichen Alternativen oder die rechtliche Situation erlaube keine umweltfreundliche Beschaffung, so handelt es sich zunächst um wahrgenommene Hemmnisse des befragten Akteurs. Für ihn ist dies dann in jedem Fall ein Hemmnis. Es muss jedoch nicht zwingend auch ein real existierendes Hemmnis sein. Die rechtliche Situation z. B. kann durchaus real restriktiv sein, aber es kann auch sein, dass der Akteur einfach zu wenig über die aktuelle Rechtslage weiß. Reale Hemmnisse können mittels einer Rechtsanalyse (vgl. Kapitel 9.) sowie mit Hilfe von Marktanalysen (vgl. Kapitel 7) und Potenzialanalysen (vgl. Kapitel 10) identifiziert werden. Wahrgenommene Hemmnisse können durch die Befragung der relevanten Akteure festgestellt und bewertet werden.

Die Hemmnisanalyse fokussiert auf wahrgenommene Hemmnisse, die mittels einer Befragung abgefragt und mit den Untersuchungen zur realen Situation abgeglichen werden.

Sowohl Fragebögen als auch Interviews beinhalten den Nachteil von Verzerrungen aufgrund der subjektiven Sichtweise der Befragten.[56] Beide Verfahren können folglich nur Wahrnehmungen widerspiegeln. Somit ist in diesem Fall der generelle Nachteil von Vorteil, da die Wahrnehmung Entscheidungen beeinflusst und daher diese untersucht werden soll. Aus diesem Grund finden Befragungen Anwendung.

Hemmnissequenz

Bei der Analyse wahrgenommener Hemmnisse ist es nicht nur wichtig, existierende Hemmnisse zu untersuchen. Vielmehr kann es zur Bewertung dieser Hemmnisse von Vorteil sein, zu wissen, welche Hemmnisse in der Vergangenheit bereits erfolgreich abgebaut wurden bzw. welche nie bestanden haben. Kenntnisse in diesem Punkt stellen einen guten Ausgangspunkt für Best Practice Sharing mit anderen Beschaffern dar. Dennoch sollten Hemmnisse nicht nur für vergangene Ereignisse betrachtet werden, sie sollten vielmehr in zukünftige Planungen einbezogen werden. Teilweise können zukünftige Ereignisse durch gegenwärtige Entscheidungen beeinflusst werden, dennoch spielt auch die Entwicklung der Rahmenbedingungen, die sowohl Chancen, aber auch Risiken bergen kann, eine entscheidende Rolle.

8.4 Der Ansatz der Hemmnisanalyse

Ziel der Methodenentwicklung zur Hemmnisanalyse war, ein Instrument zu erhalten, das es öffentlichen Auftraggebern ermöglicht, ihre Hemmnisse selbst zu identifizieren und zu bewerten. Als Prämisse wurde festgelegt, dass Berater nicht notwendig sein sollten, um die Anwendung des Tools zu unterstützen. Dennoch können sie unter Umständen nützlich sein, um eine externe, oft neutralere Sichtweise einzubringen. Die Methode der Hemmnisanalyse, wie sie für das FORSCHUNGSPROJEKT RELIEF entwickelt und im Laufe der Arbeit verfeinert wurde, besteht aus den folgenden Schritten:

1. Aufstellen eines Hemmniskatalogs für umweltfreundliche Beschaffung.
2. Definieren der Akteure/Bereiche, die in (umweltfreundliche) Beschaffung eingebunden sind.
3. Untersuchen von Hemmnissen mittels eines standardisierten Fragebogens.
4. Analysieren der Hemmnisse mittels strukturierter Interviews.
5. Auswertung und Strategiefindung.

[56] BORTZ, J.; DÖRING, N. (2002), S. 230ff.

Der Ansatz der Hemmnisanalyse wird aufgrund der Herangehensweise im FORSCHUNGSPROJEKT RELIEF[57] anhand von Kommunen erläutert. Er kann jedoch auch für öffentliche Einrichtungen im Allgemeinen Anwendung finden.

8.4.1 Der Hemmniskatalog umweltfreundlicher Beschaffung

Abgeleitet aus den als möglich identifizierten Hemmnissen in der Hemmnismatrix wurde ein Hemmniskatalog als Grundlage für den standardisierten Fragebogen erarbeitet, der im Zuge der Weiterentwicklung der Methode kontinuierlich angepasst und verbessert wurde. Der zum Zeitpunkt dieser Veröffentlichung aktuellste Hemmniskatalog enthält die folgenden Aussagen:

- Bemühungen umweltfreundliche Beschaffung einzuführen, sind nicht sinnvoll.
- Mitarbeiter sind nicht hinreichend über die Ziele umweltfreundlicher Beschaffung informiert.
- Die Beschaffung von umweltfreundlichen Produkten und Dienstleistungen ist nicht Ziel der Organisation.
- Dieses Ziel ist nicht in Leitfäden für umweltfreundliche Beschaffung festgeschrieben.
- Bestehende Beschaffungsrichtlinien unterstützen umweltfreundliche Beschaffung nicht.
- Vorhandene Möglichkeiten zur umweltfreundlichen Beschaffung werden nicht ausgeschöpft.
- In der Organisation haben verschiedene Verwaltungsebenen unterschiedliche Meinungen was umweltfreundliche Beschaffung angeht.
- Es gibt Unsicherheiten bezüglich der rechtlichen Bestimmungen zur umweltfreundlichen Beschaffung.
- Die rechtlichen Bestimmungen zur Durchführung umweltfreundlicher Beschaffung sind sehr komplex..
- Die momentane Gesetzeslage verhindert umweltfreundliche Beschaffung.
- Die Mitarbeiter sind über die Umweltrelevanz beschaffter Produkte und Dienstleistungen nicht ausreichend informiert.
- Die Mitarbeiter sind über die Möglichkeiten umweltfreundlicher Beschaffung nicht ausreichend informiert.
- Die Mitarbeiter sind über umweltfreundliche Produkt- und Dienstleistungsalternativen nicht ausreichend informiert.

---

[57] Die Hemmnisanalyse wurde mit den am FORSCHUNGSPROJEKT RELIEF teilnehmenden Kommunen entwickelt und getestet. Dies fand mit Stuttgart im FORSCHUNGSPROJEKT NABESI sowie mit den britischen Kommunen seine Fortsetzung. Damit kann eine konsequente und konsistente Weiterentwicklung auf gleichbleibender Basis (Kommunalebene) gewährleistet und eine Methode entwickelt werden, die auch in anderen Bereichen Anwendung finden kann.

- Es ist schwierig, umweltfreundliche Produkte und Dienstleistungen auf dem Beschaffungsmarkt zu identifizieren.
- Viele Nutzer haben Vorurteile gegenüber umweltfreundlichen Produkten und Dienstleistungsalternativen.
- Umweltfreundliche Beschaffung wird durch Verwaltungsprozesse behindert (z. B. durch dezentrale Zuständigkeiten).
- Folgekosten (z. B. für Energie oder die Entsorgung) werden bei Beschaffungsentscheidungen nicht berücksichtigt.
- Umweltfreundliche Produkte haben gegenüber herkömmlichen Produkten eine eingeschränkte Funktionalität.
- Eine geringe Nachfrage nach umweltfreundlichen Produkt- und Dienstleistungsalternativen durch die Nutzer innerhalb der Verwaltungsbehörden verlangsamt/verhindert eine stärkere Ökologieorientierung bei der Beschaffung.
- Umweltfreundliche Produkte und Dienstleistungen sind zu teuer.
- Die umweltfreundliche Beschaffung bedeutet zusätzliche Arbeit.
- Umweltfreundliche Beschaffung verursacht höhere Kosten.
- Umweltfreundliche Beschaffung eröffnet Kosteneinsparpotenziale.
- In der Organisation fehlen ausreichend Möglichkeiten für umweltfreundliche Beschaffung.
- Im Beschaffungsmarkt gibt es kein ausreichendes Angebot an umweltfreundlichen Produkt- und Dienstleistungsalternativen.
- Vorhandene Spielräume zur Umsetzung umweltfreundlicher Beschaffung sind zu gering.
- Vorhandene Spielräume zur Umsetzung umweltfreundlicher Beschaffung werden nicht effektiv genutzt.

8.4.2 Definition der Akteure/Abteilungen

Im Allgemeinen sind folgende Informationsquellen zu Hemmnissen im Beschaffungsprozess denkbar:

- Wissen und die Erfahrungen der involvierten Akteure (Primärerhebungen) sowie
- Studien, Berichte und andere Materialien der Gemeinden (Sekundärerhebungen)

Ausgehend von der Idee, dass die Beschaffung von Produkten und Dienstleistungen das Resultat eines komplexen Entscheidungsprozesses ist, werden die Hemmnisse aus unterschiedlichen Blickwinkeln innerhalb der organisatorischen Struktur der Kommune analysiert. Potenzielle Teilnehmer an einer Hemmnisanalyse sind daher alle Personen, die direkt oder indirekt am Beschaffungsprozess beteiligt sind. Um diesen Multi-Akteurs-Prozess der öffentlichen Beschaffung korrekt zu analysieren, muss die zur Beteiligung ausgewählte Grundgesamtheit der Akteure alle involvierten Bereiche gleichermaßen abbilden. Und zwar:

1. die strategische Ebene durch:
   - politische Entscheidungsträger,
   - Entscheidungsträger im administrativen Bereich (z. B. Bereichsleiter) und
2. die operative Ebene durch:
   - die Sachbearbeiter in den jeweiligen Bereichen.

Die Auswahl der Akteure und – dadurch bedingt – die (limitierte) Anzahl der Befragten können hinsichtlich einer Analyse einige Limitationen als Nebeneffekt nach sich ziehen. In Abhängigkeit von der Zahl der Teilnehmer in einer solchen Hemmnisanalyse und dadurch bedingt vom (möglicherweise eingeschränkten) Einblick in das teilweise doch sehr komplexe Zusammenspiel der Akteure innerhalb der öffentlichen Beschaffung, ist keine abschließende, absolute sowie repräsentative Analyse möglich. Nichtsdestotrotz kann durch die Kombination aus den in der Befragung gesammelten Informationen und deren Bewertung mit Hilfe der Analysemethoden[58] sowie der Interviews ein aussagekräftiges Bild über den Entscheidungsprozess im Hinblick auf umweltfreundliche Beschaffung und damit verbundenen Hemmnissen gewonnen werden. Die Hemmnisanalyse umfasst – wie bereits ausgeführt – keine realen externen Konditionen wie Marktbedingungen und rechtliche Vorgaben, sie berücksichtigt jedoch die Wahrnehmung der Teilnehmer in diesen Bereichen. Diese Wahrnehmungen können mittels verschiedener Verfahren erfasst und bewertet werden.

8.4.3 Erfassung von Hemmnissen

Zur Erfassung der Hemmnisse umweltfreundlicher Beschaffung wurden zwei Verfahren der Befragung gewählt. Dies ist zum einen ein standardisierter Fragebogen und zum anderen ein Leitfadeninterview.[59]

Der standardisierte Fragebogen

Um einen Überblick über die persönlichen Einstellungen sowie die Wahrnehmung der Akteure innerhalb einer Kommune zum Beschaffungsprozesses und den damit einhergehenden Hemmnissen zu erlangen, wurde ein standardisierter Fragebogen entwickelt. Dieser Fragebogen wird durch jeden Teilnehmer der Hemmnisanalyse innerhalb einer Kommune ausgefüllt.

Zur Erreichung der Ziele, Hemmnisse zu identifizieren und diese dem Entscheidungsprozess und den Akteuren zuzuordnen, ist der Fragebogen in zwei Teilen konzipiert.[60] Und zwar in:

[58] Für eine ausführlichere Darstellung der Analysemethoden vgl. Abschnitt 8.4.4.

[59] Zu Vor- und Nachteilen verschiedener Befragungsmethoden, sowie Anforderungen an die Konzeption von Befragungen vgl. BORTZ, J.; DÖRING, N. (2002), S. 237ff.

[60] Der aktuelle Fragenbogen findet sich im Anhang.

1. Fragen zum Entscheidungsprozess als Multi-Akteurs-Prozess, um folgende Parameter bestimmen zu können:
   - Funktion des Befragten,
   - seine Wahrnehmung bzgl. des Einflusses verschiedener Akteure auf die Beschaffung umweltfreundlicher Produkte und Dienstleistungen,
   - die Bemühungen im Bereich umweltfreundlicher Beschaffungen sowie
   - den persönlichen Spielraum innerhalb der Beschaffung
2. Fragen zu den wahrgenommenen Hemmnissen

Um die auf Basis des standardisierten Fragebogens gewonnenen Erkenntnisse zu untermauern und/oder zu vertiefen, können in einem zweiten Schritt Interviews mit Akteuren im Beschaffungsprozess geführt werden. Hierbei können beispielsweise in einer ersten Analyse als „kritisch" identifizierte Bereiche eingehender betrachtet werden.

Das Leitfadeninterview

Zur Vertiefung und weiteren Unterlegung des Wissens um die Hemmnisse innerhalb einer Kommune können Interviews zum Einsatz kommen, die sich am standardisierten Fragebogen orientieren. Ziel solcher Interviews sollte es sein:

- den Prozess der Implementierung umweltfreundlicher Beschaffung zu rekonstruieren,
- interne Entscheidungsprozesse zu verstehen,
- die individuelle Sichtweise des Interviewpartners zu untersuchen,
- eine Selbstbewertung des Interviewpartners zu initiieren,
- Widersprüche aus den Beantwortungen des Fragebogens zu spezifizieren sowie
- offene Fragen zu klären.

Aus diesen Gründen wurde die Form des Interviews gewählt, um die individuellen Sichtweisen der Befragten mit der externen Sichtweise des Analysten zu verknüpfen.

Hierbei kommen keine standardisierten, sondern Leitfadeninterviews[61] zum Einsatz, um besser auf den jeweiligen Gesprächspartner sowie dessen Kernkompetenzen und individuelle Eigenschaften eingehen zu können und bei optimaler Gesprächsführung minimale Restriktionen zu erreichen.

Die Interviews folgen, wie bereits erwähnt dem Fragebogen. Ergänzend gibt es einen Interviewleitfaden, der folgende Aspekte beinhaltet:

- den Arbeitsbereich sowie die Verantwortlichkeiten des Befragten,
- die Entwicklung umweltfreundlicher Beschaffung innerhalb der Kommune,
- die Rolle des Interviewpartners im Beschaffungsprozess sowie dessen Motivation,

[61] Leitfadeninterviews sind sogenannte halb- bzw. teilstandardisierte Interviews, die sich mittels eines Leitfadens mit teils geschlossenen teils offenen Fragen der Ergründung eines Themas widmen, vgl. BORTZ, J.; DÖRING, N. (2002), S. 239 u. 314f.

- die Rollen, Motivation sowie die Verantwortlichkeiten anderer Akteure im Beschaffungsprozess (Politik, Management und Sachbearbeiter unterschiedlicher Bereiche sind hier von Interesse, wie z. B. Akteure des Finanzbereichs, des Beschaffungsbereiches, des Umweltbereichs),
- das wahrgenommene Zusammenspiel zwischen den Akteuren,
- Reaktionen der Nutzer und Bürger,
- Reaktionen von Anbietern sowie die Marktsituation,
- umweltfreundliche Produkte (einschließlich Beispiele),
- Vorgehensweise zur Festlegung umweltfreundlicher Kriterien,
- Informationsquellen,
- rechtliche Aspekte,
- Controlling, sowie die Bewertung der Implementierung,
- Anknüpfungspunkte für die weitere Entwicklung der Hemmnisse.

Nachdem durch die Durchführung der Befragungen Informationen zu Hemmnissen umweltfreundlicher Beschaffung gesammelt wurden, besteht der folgende Schritt in der Bewertung derselben hinsichtlich ihrer Relevanz.

8.4.4 Die Bewertung der Hemmnisse

Die Antworten, die durch die oben aufgeführten Befragungen zu den Hemmnissen gewonnen wurden, werden genutzt, um:

- die identifizierten Hemmnisse anhand ihrer mittleren Relevanz zu ordnen sowie
- die Streuungen und Abweichungen von dieser mittleren Relevanz zu analysieren.

Verschiedene Auswertungsmethoden können eingesetzt werden, um die die Hemmnisse betreffenden Teile zu analysieren und damit einhergehend Hemmnisse für eine Kommune zu identifizieren und zu bewerten.

Aufgrund der Ausrichtung und Zielsetzung der Hemmnisanalyse, den Kommunen ein Werkzeug an die Hand zu geben, das sie bei der Identifikation möglicher Hemmnisse umweltfreundlicher Beschaffung unterstützt, sowie um ihnen mittels einer ersten Analyse und Auswertung einen Eindruck zu vermitteln und Denkanstöße bzw. Strategievorschläge zu geben, wurden einfache Verfahren, die bei einer wiederholten Anwendung der Hemmnisanalyse innerhalb der Kommune auch durch die Kommune selbst durchgeführt werden können, ausgewählt. Sie dienen der Visualisierung der Befragungsergebnisse für die Kommunen, um sie bei ihrer weiteren Vorgehensweise zu unterstützen, eine Diskussionsgrundlage zu schaffen, sowie ihnen bei Wiederholung der Analyse Vergleichsmöglichkeiten zu bieten. Aufgrund der möglicherweise sehr unterschiedlichen Struktur der Befragungen (resultierend aus sich unterscheidender Struktur der Beschaffungsprozesse und daraus folgend sich unterscheidenden Grundgesamtheiten) ist nicht von einer Repräsentativität der Ergebnisse der Hemmnisanalysen im Vergleich verschiedener Kommunen auszugehen. Dennoch sind die gewählten Bewertungsverfahren, die sich auf Mittelwerte, Spannweiten und Abweichungen stützen, wissenschaftlich abgesichert, da ROHRMANN herausgearbeitet hat, dass diese Bewertungsverfahren auch bei ordinal vorliegenden Daten Anwendung finden können, solange diese äquidistant sind.[62] Diese Voraussetzung wird durch die Fragebogenkonzeption erfüllt.

Der erste Auswertungsschritt besteht in einer groben Klassifikation der Hemmnisse hinsichtlich ihrer mittleren Relevanz durch eine Bewertung mittels der Ampelmethode:

- **Rot** steht hierbei für ein großes Hemmnis. Die durchschnittliche Wahrnehmung des Hemmnisses liegt über der „Ich stimme eher zu"-Linie.
- **Gelb** werden Hemmnisse klassifiziert, die nur eine geringere Relevanz aufweisen oder die bereits teilweise überwunden werden konnten. Der Mittelwert liegt hierbei zwischen der „Ich stimme eher zu" und der „Ich stimme eher nicht zu"-Linie.
- **Grün** erhalten Hemmnisse, die in der Kommune als nicht relevant angesehen werden, weil sie entweder bereits beseitigt werden konnten oder nie existierten.

Als allgemeingültige Regel zum Umgang mit ihren Hemmnissen wird den Kommunen empfohlen, mit dem Abbau der als am relevantesten erkannten Hemmnisse zu beginnen. Es kann allerdings durchaus auch sinnvoll sein, von der durch diese erste Grobanalyse ermittelten Reihenfolge abzuweichen und stattdessen beispielsweise dem Entscheidungsprozess zu folgen bzw. mit Hemmnissen zu beginnen, die trotz geringen Aufwands zu deren Überwindung einen großen Erfolg versprechen. Hemmnisse, die die Rahmenbedingungen des Beschaffungsprozesses betreffen (wie z. B. rechtliche Regelungen), können meist nicht direkt durch eine Kommune beseitigt werden, außer die Wahrnehmung dieser Hemmnisse spiegelt nicht die Realität wider und eine Verbesserung der Informationslage in diesem Bereich kann dieses Hemmnis bereits (teilweise) abbauen.

Um Strategien zur Überwindung von Hemmnissen zu entwickeln, sollten sich Kommunen in einem zweiten Schritt mit der Beantwortung der folgenden Fragen befassen:

- *Welche Hemmnisse konnten bereits überwunden werden?* Wenn bei der Analyse ein Hemmnis als nicht relevant wahrgenommen wird, gibt es dafür zwei mögliche Erklärungen: Das Hemmnis hat in dieser Kommune nie existiert oder aber es wurde bereits überwunden. Im ersten Fall sind die Gründe für dieses Nicht-Existieren zu untersuchen (spezielle Richtlinien, motivierte Mitarbeiter, unterstützende Marktbedingungen[63]). In Fall zwei kann die betreffende Kommune als gutes Beispiel für andere Kommunen dienen, für die dieses Hemmnis noch relevant ist. Erfahrungen können im Sinne eines Best Practice Sharing ausgetauscht werden.

---

[62] Vgl. ROHRMANN, B. (1978), S. 227.

[63] So sind z. B. in Österreich umweltfreundlich erzeugte Lebensmittel in größeren Mengen vorhanden sowie vom Preis her akzeptabel.

- *Waren die Antworten aller Beteiligten relativ homogen?* Die Beantwortung dieser Frage ist wichtig für die mit Gelb bewerteten Hemmnisse. Hier ist es möglich, dass trotz eines Mittels zwischen „Ich stimme eher zu“ und „Ich stimme eher nicht zu“, die Antworten anteilsgleich zwischen „Ich stimme zu“ bzw. „Ich stimme nicht zu“ lagen. Ist dies der Fall, so kann auf ein Informationshemmnis geschlossen werden, das diese Spannweite erklärt. Eine weitere mögliche Ursache mag jedoch auch darin liegen, dass die organisationalen und individuellen Ziele unterschiedlich auseinander fallen, sodass das Ergebnis aus Widerständen der Befragten gegen Veränderungen resultieren kann, während andere sich bereits angepasst haben.[64] Aus diesem Grund sind die Antworten bei hoher Streuung eingehend zu analysieren (Problemanalyse).
- *Handelt es sich um ein reales Hemmnis,* (z. B. es existieren keine Produktalternativen) *oder wird es nur als solches vom Akteur wahrgenommen* (z. B. es existieren Produktalternativen, aber der Akteur hat nicht die entsprechenden Informationen)*?* Ausgehend von dieser Analyse sind interne Strategien zur Hemmnisüberwindung zu initiieren und weiter zu verfolgen (Entscheidungsanalyse).
- *Kann das identifizierte Hemmnis durch die Kommune überwunden werden?* So kann eine Kommune z. B. nicht ausreichend hohe Verhandlungsmacht besitzen, um den Markt oder die Gesetzgebung zu beeinflussen. Kommunen, die sich in (Einkaufs-) Gemeinschaften zusammenschließen, können ihre Verhandlungsposition stärken und somit Hemmnisse überwinden, die eine einzelne Kommune nicht hätte überwinden können (Chancen-Risiken-Analyse).

Um Hemmnisse und deren Relevanz innerhalb der Kommune zu visualisieren, wurden drei Bewertungsmethoden ausgewählt. Diese sollen der Kommune erste Ansatzpunkte zur Beantwortung der oben aufgeführten Fragen liefern, sowie sie bei der Generierung möglicher Strategien unterstützen,[65] um anschließend eine tiefergehende Analyse im Bereich der Hemmnisse anzustoßen.

Bewertungsmethode 1 – Das Hemmnisprofil

Diese Bewertungsmethode verwendet Mittelwerte und Streuungen, um erste Tendenzen im Hinblick auf eventuell in einer Kommune existierende Hemmnisse aufzuzeigen und diese hinsichtlich ihrer Relevanz zu bewerten (vgl. Abb. 8.7.).

---

[64] Zu den organisationalen und individuellen Zielen und deren Zusammenspiel vgl. Abschnitt 8.2.

[65] Die Autoren sind sich des nicht repräsentativen Charakters der Auswertungen aufgrund des Fallstudiencharakters sowie der sich stark unterscheidenden Grundgesamtheiten bewusst (vgl. vorangegangene Ausführungen), dennoch werden die Bewertungsmethoden als praktikables Hilfsmittel für Anwender der Hemmnisanalyse angesehen, um sie bei der Identifikation, Bewertung sowie Überwindung ihrer Hemmnisse zu unterstützen.

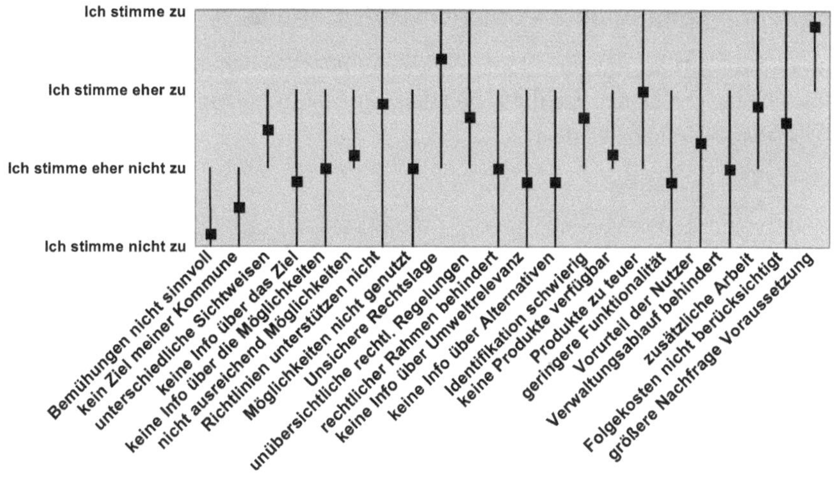

Abb. 8.7. Hemmnisprofil einer Stadt

Erste Erkenntnisse, die mittels dieser Auswertungsmethode gewonnen werden können:

- Potenzielle Hemmnisse (abgefragt mittels des Fragebogens) werden als Hemmnisse (nicht) wahrgenommen. Hierzu dient der Mittelwert als Indikator. Je höher er ist, desto größer/relevanter wird das Hemmnis gesehen.
- Unterschiedliche Wahrnehmungen hinsichtlich eines Hemmnisses innerhalb der Kommune existieren (nicht). Zu dieser Analyse wird die Streuung herangezogen. Je größer diese ist, desto mehr differieren die Wahrnehmungen im Hinblick auf ein Hemmnis innerhalb der Kommune.

Angestrebte Ergebnisse dieser Auswertungsmethode sind das Aufzeigen erster Trends (z. B. im Hinblick auf die von allen identisch wahrgenommenen Hemmnisse) sowie das Aufzeigen von Ansatzpunkten zur Analyse der Ursachen für Hemmnisse mit großer Streuung innerhalb der Antworten.

Diese Bewertungsmethode unterstützt die Kommune hauptsächlich bei der Beantwortung der Frage *Waren die Antworten aller Beteiligten relativ homogen?*. Sie liefert jedoch auch Informationen zur Beantwortung der Frage *Handelt es sich um ein reales Hemmnis oder wird es nur als solches vom Akteur wahrgenommen?* sowie der Frage *Welche Hemmnisse konnten bereits überwunden werden?*.

Bewertungsmethode 2 – Das Hemmnisportfolio

Diese zweite Bewertungsmethode verwendet die Mittelwerte sowie die Standardabweichung der Daten, um die Hemmnisse zu klassifizieren (vgl. Abb. 8.8.) sowie erste Strategien abzuleiten.

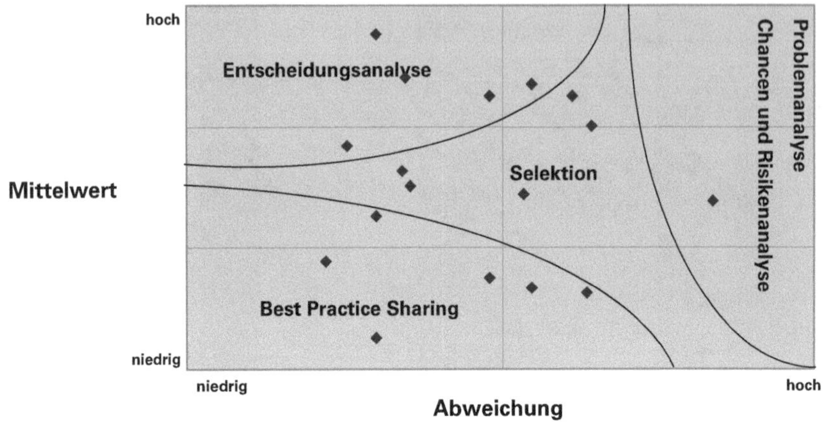

Abb. 8.8. Hemmnisportfolio einer Stadt

Ein Ergebnis dieser Bewertungsmethode kann die Identifikation von existierenden, nicht existierenden bzw. nicht mehr existierenden Hemmnissen darstellen. Dies entspricht den Feldern „Entscheidungsanalyse" sowie „Best Practice Sharing". Weiterhin ist eine Illustration von Unterschieden in der Wahrnehmung der Hemmnisse, abgebildet im Feld „Problemanalyse, Chancen- und Risikenanalyse", möglich.

Die Klassifikation ordnet diesen Hemmnissen erste Strategien zu (vgl. auch die Ausführungen der zu beantwortenden Fragen) bzw. zeigt Diskussionsbedarf im Hinblick auf ausgewählte Hemmnisse auf. Ein erster Katalog mit Vorschlägen für potenzielle Handlungsempfehlungen kann abgeleitet werden.

Das Hemmnisportfolio kann zur Beantwortung der Fragen *Welche Hemmnisse konnten bereits überwunden werden?*, *Waren die Antworten aller Beteiligten relativ homogen?* und *Handelt es sich um ein reales Hemmnis oder wird es nur als solches vom Akteur wahrgenommen?* dienen, wobei hier der Fokus auf der ersten und der dritten Frage liegt.

Bewertungsmethode 3 – Die Hemmnismatrix

Bei dieser Methode finden die Mittelwerte, die der entwickeltem Hemmnismatrix zugeordnet werden, Anwendung (vgl. Abb. 8.9.)

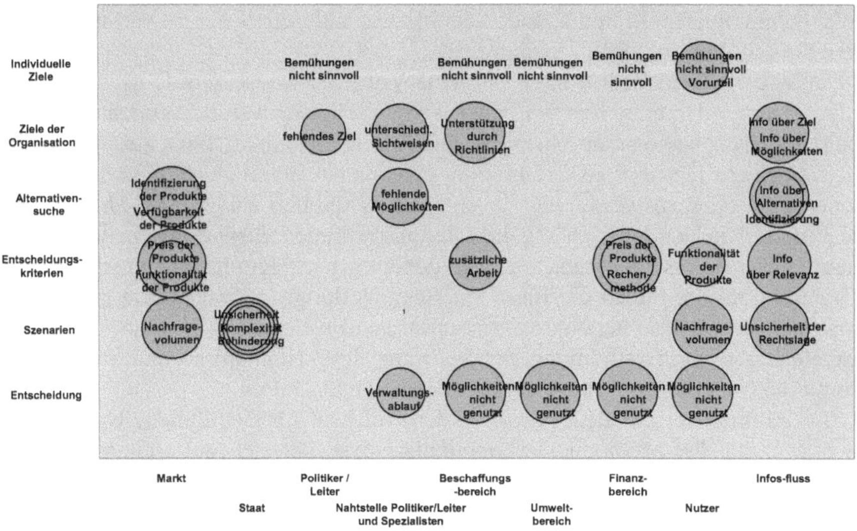

Abb. 8.9. Hemmnismatrix einer Stadt

Mit dieser Bewertungsmethode sollen die identifizierten Hemmnisse einerseits dem Beschaffungsprozess und andererseits den beteiligten Akteuren zugeordnet sowie noch einmal die jeweilige Hemmnisrelevanz aufgezeigt werden. Durch diese Zuordnung soll aufgezeigt werden, für welchen Akteur bzw. in welchem Element des Beschaffungsprozesses ein bestimmtes Hemmnis von Relevanz ist. Somit ist eine Zuordnung von Verantwortlichkeiten bzw. das Anstoßen von Diskussionsrunden innerhalb der Bereiche, aber auch zwischen den Bereichen sowie ein Erfahrungsaustausch möglich.

Mit dieser Bewertungsmethode kann die Beantwortung der Frage *Kann das identifizierte Hemmnis durch die Kommune überwunden werden?* unterstützt werden, sowie teilweise die Beantwortung der Frage *Handelt es sich um ein reales Hemmnis oder wird es nur als solches vom Akteur wahrgenommen?*.

8.5 Fazit

Wie die vorangegangenen Ausführungen aufzeigen, kann durch die Anwendung der Methodik der Hemmnisanalyse einerseits Klarheit über den Beschaffungsprozess öffentlicher Einrichtungen gewonnen werden, indem der Entscheidungsprozess „Beschaffung" betrachtet und dafür die Akteure, die an diesem maßgeblich beteiligt sind (Schlüsselpersonen), identifiziert werden und daraus die Teilnehmer für die Befragung bestimmt werden. Dies kann zur Organisationsentwicklung beitragen. Andererseits werden mittels der Befragungen Hemmnisse umweltfreundlicher Beschaffung, die innerhalb der Organisation aufgrund unterschiedlicher

Wahrnehmungen auftreten können, identifiziert und mittels der Bewertungsmethoden hinsichtlich ihrer Relevanz bewertet.

In einem letzten Schritt muss nun eine Vorgehensweise zum Umgang mit den identifizierten Hemmnissen erarbeitet werden. Hierfür werden Workshops innerhalb der Organisation empfohlen, die alle Akteure an einem Tisch zusammenbringen. In einem Diskussionsverfahren zwischen allen Beteiligten sollen dort Strategien und Vorgehensweisen entwickelt werden, die den zukünftigen Umgang mit identifizierten Hemmnissen regeln. Die ausgewählten Bewertungsmethoden dienen dabei der Visualisierung der wahrgenommenen Hemmnisse innerhalb einer Organisation. Sie bilden die Basis zur Beantwortung der Fragen, die zur Bewertung der Hemmnisse herangezogen wurden, und sollen die Kommunen bei ihren Bemühungen zur Bestimmung der Relevanz ihrer Hemmnisse unterstützen und somit die Generierung von Strategien anstoßen und fördern.

Im Rahmen verschiedener Projekte der Professur für Betriebliche Umweltökonomie wurde die Methodik der Hemmnisanalyse getestet und weiterentwickelt. Basierend auf in der Anwendung gewonnenen Erfahrungen erfolgte eine Weiterentwicklung zu einem Selbstevaluations-Tool, dass öffentliche Beschaffer, insbesondere Kommunen, zur Bestimmung und Bewertung ihrer Hemmnisse heranziehen können. Dieses Tool ist online verfügbar unter http://www.wwil.wiwi.tu-dresden.de/hurdles/.

Die Entwicklung des Selbstevaluations-Tools von seiner Idee bis zu ersten Umsetzungen wird im Kapitel 11 dargestellt, da das Tool als Potenzial zur Förderung umweltfreundlicher Beschaffung und damit Implementierung von Innovationen gesehen wird.

Anhang

Tabelle 8.2. Überblick über die existierenden Informationsquellen im Bereich umweltfreundlicher Beschaffung sowie über eBusiness Plattformen

Vorhandene E-Plattformen	Internetseiten zu umweltfreundlicher Beschaffung
www.beschaffen.de	www.beschaffung-info.de
www.beschaffung.de	www.oekoeinkauf.at
www.beschaffungswelt.de	www.blauer-engel.de
http://www.e-vergabe.bund.de	www.oekotest.de
www.allago.de	www.europa.eu.int/ecolabel
www.AVACOMM.de	www.igoeb.ch
www.atradapro.de	www.iclei.org/europe/ecoprocura/index.htm
www.chemifidence.com	
www.ebay.de	
www.intersource.de	
www.ausschreibungs-abc.de	
www.wlw.de	

Der standardisierte Fragebogen

1. In welcher Funktion arbeiten Sie in Ihrer Kommunalverwaltung in Hinsicht auf Beschaffungsentscheidungen? (Bitte ankreuzen!)
   - ❑ Lokalpolitiker, insbesondere Angehöriger des Stadtrates/der Stadtverordnetenversammlung/der Bürgerschaft
   - ❑ Verwaltung, verschiedene Verantwortungsbereiche:
     - ❑ Beschaffung
     - ❑ Offizielle Verantwortung für den Einkauf (Einkäufer)
     - ❑ Umwelt
     - ❑ Finanzen
     - ❑ Andere: Bitte Verantwortungsbereich eintragen.
     - ❑ Nutzer
     - ❑ Andere: Bitte Bezeichnung eintragen.

2. Wo innerhalb des gesamten Entscheidungsprozesses für die Beschaffung von Produkten und Dienstleistungen werden Ihrer Meinung nach in Ihrer Organisation die grundlegenden Entscheidungen für eine umweltfreundliche Beschaffung getroffen? (Bitte ankreuzen!)
   - ❑ Richtlinien der EU
   - ❑ Länderspezifische Gesetze und Richtlinien
   - ❑ Lokalpolitiker, insb. Stadtrat
   - ❑ Verwaltung, verschiedene Verantwortungsbereiche:
     - ❑ Beschaffung
     - ❑ Offizielle Verantwortung für den Einkauf (Einkäufer)
     - ❑ Umwelt
     - ❑ Finanzen
     - ❑ Andere: Bitte Verantwortungsbereich eintragen.
   - ❑ Nutzer
   - ❑ Andere: Bitte Bezeichnung eintragen.

3. Welche Entscheidungsebenen haben Einfluss auf die Einführung einer umweltfreundlichen Beschaffung? (Bitte ankreuzen!)

	Kein Einfluss	Wenig Einfluss	Mittlerer Einfluss	Großer Einfluss
Richtlinien der Europäischen Union	☐	☐	☐	☐
Länderspezifische Gesetze und Richtlinien	☐	☐	☐	☐
Lokalpolitiker, insb. Stadtrat	☐	☐	☐	☐
Verwaltung, verschiedene Verantwortungsbereiche:				
Beschaffung	☐	☐	☐	☐
Offizielle Verantwortung für den Einkauf (Einkäufer)	☐	☐	☐	☐
Umwelt	☐	☐	☐	☐
Finanzen	☐	☐	☐	☐

	Kein Einfluss	Wenig Einfluss	Mittlerer Einfluss	Großer Einfluss
Andere: Bitte Verantwortungsbereich eintragen.	☐	☐	☐	☐
Nutzer	☐	☐	☐	☐
Andere: Bitte eintragen.	☐	☐	☐	☐

4. Welche Entscheidungsebenen unternehmen Anstrengungen umweltfreundliche Beschaffung zu implementieren? (Bitte ankreuzen!)

	Kein Einfluss	Wenig Einfluss	Mittlerer Einfluss	Großer Einfluss
Richtlinien der Europäischen Union	☐	☐	☐	☐
Länderspezifische Gesetze und Richtlinien	☐	☐	☐	☐
Lokalpolitiker, insb. Stadtrat	☐	☐	☐	☐
Verwaltung, verschiedene Verantwortungsbereiche:				
Beschaffung	☐	☐	☐	☐
Offizielle Verantwortung für den Einkauf (Einkäufer)	☐	☐	☐	☐
Umwelt	☐	☐	☐	☐
Finanzen	☐	☐	☐	☐
Andere: Bitte Verantwortungsbereich eintragen.	☐	☐	☐	☐
Nutzer	☐	☐	☐	☐
Andere: Bitte eintragen.	☐	☐	☐	☐

5. Wie bewerten Sie die Höhe Ihres Einflusses auf die Implementierung einer ökologieorientierten Beschaffung? (Bitte ankreuzen!)

Kein Einfluss	Wenig Einfluss	Mittlerer Einfluss	Großer Einfluss
☐	☐	☐	☐

6. Welchen Einfluss haben die folgenden rechtlichen Rahmenbedingungen der öffentlichen Beschaffung auf ein ökologieorientiertes Beschaffungswesen? (Bitte ankreuzen. Mehrere Kreuze sind möglich.)

	Kein Einfluss	Wenig Einfluss	Mittlerer Einfluss	Großer Einfluss
Europäisches Recht	☐	☐	☐	☐
Wettbewerbsrecht	☐	☐	☐	☐
Haushaltsrecht	☐	☐	☐	☐

	Kein Einfluss	Wenig Einfluss	Mittlerer Einfluss	Großer Einfluss
Allgemeine Vertragsbedingungen	☐	☐	☐	☐
Andere: Bitte eintragen!	☐	☐	☐	☐

7. Bitte teilen Sie uns **Ihre Meinung** zu folgenden Aussagen mit! (Zutreffende Antwort bitte ankreuzen)

	Stimme nicht zu	Stimme eher nicht zu	Stimme eher zu	Stimme zu
Bemühungen umweltfreundliche Beschaffung einzuführen erachte ich als sinnvoll.	☐	☐	☐	☐
Ich bin hinreichend über die Ziele umweltfreundlicher Beschaffung informiert.	☐	☐	☐	☐
Die Beschaffung von umweltfreundlichen Produkten und Dienstleistungen ist ein Ziel meiner Kommune.	☐	☐	☐	☐
Wenn Sie (eher) zustimmen: Ist dieses Ziel in meiner Kommune in Leitfäden für umweltfreundliche Beschaffung festgeschrieben? ☐ ja ☐ nein ☐ weiß nicht				
Bestehende Beschaffungsrichtlinien meiner Kommune unterstützen umweltfreundliche Beschaffung.	☐	☐	☐	☐
Vorhandene Möglichkeiten zur umweltfreundlichen Beschaffung werden von meiner Kommune weitestgehend ausgeschöpft.	☐	☐	☐	☐
In meiner Kommune haben verschiedene Verwaltungsebenen unterschiedliche Meinungen was umweltfreundliche Beschaffung angeht.	☐	☐	☐	☐
Es gibt Unsicherheiten bezüglich der rechtlichen Bestimmungen zur umweltfreundlichen Beschaffung.	☐	☐	☐	☐
Die rechtlichen Bestimmungen zur Durchführung umweltfreundlicher Beschaffung sind sehr komplex.	☐	☐	☐	☐

	Stimme nicht zu	Stimme eher nicht zu	Stimme eher zu	Stimme zu
Die momentane Gesetzeslage verhindert umweltfreundliche Beschaffung.	□	□	□	□
Ich bin über die Umweltrelevanz beschaffter Produkte und Dienstleistungen informiert.	□	□	□	□
Ich bin über die Möglichkeiten umweltfreundlicher Beschaffung informiert.	□	□	□	□
Ich bin über umweltfreundliche Produkt- und Dienstleistungsalternativen informiert.	□	□	□	□
Es ist schwierig, umweltfreundliche Produkte und Dienstleistungen auf dem Beschaffungsmarkt zu identifizieren.	□	□	□	□
Viele Nutzer haben Vorurteile gegenüber umweltfreundlichen Produkten und Dienstleistungsalternativen	□	□	□	□
Umweltfreundliche Beschaffung wird durch Verwaltungsprozesse behindert (z. B. durch dezentrale Zuständigkeiten).	□	□	□	□
Folgekosten (z. B. für Energie oder die Entsorgung) werden bei Beschaffungsentscheidungen nicht berücksichtigt.	□	□	□	□
Umweltfreundliche Produkte haben gegenüber herkömmlichen Produkten eine eingeschränkte Funktionalität.	□	□	□	□
Eine höhere Nachfrage nach umweltfreundlichen Produkt- und Dienstleistungsalternativen durch die Nutzer innerhalb der Verwaltungsbehörden ist eine Voraussetzung für eine stärkere Ökologieorientierung bei der Beschaffung.	□	□	□	□
Umweltfreundliche Produkte und Dienstleistungen sind zu teuer.	□	□	□	□
Die umweltfreundliche Beschaffung bedeutet zusätzliche Arbeit.	□	□	□	□
Umweltfreundliche Beschaffung verursacht höhere Kosten.	□	□	□	□
Umweltfreundliche Beschaffung eröffnet Kosteneinsparpotenziale.	□	□	□	□
Es gibt in meiner Kommune ausreichend Möglichkeiten für umweltfreundliche Beschaffung.	□	□	□	□
Im Beschaffungsmarkt gibt es ein ausreichendes Angebot an umweltfreundlichen Produkt- und Dienstleistungsalternativen.	□	□	□	□

	Stimme nicht zu	Stimme eher nicht zu	Stimme eher zu	Stimme zu
Für die weitere Durchsetzung umweltfreundlicher Beschaffung ist es notwendig vorhandene Spielräume auszuweiten.	☐	☐	☐	☐
Für die weitere Durchsetzung umweltfreundlicher Beschaffung ist es notwendig vorhandene Spielräume besser zu nutzen	☐	☐	☐	☐

Vielen Dank!

Literatur

ADAM. D. (1996): Planung und Entscheidung, Modelle – Ziele – Methoden. Mit Fallstudien und Lösungen, 4. vollständig überarbeitete und wesentlich erweiterte Auflage. Wiesbaden 1996.

ALTIER, W.J. (1999): The Thinking Manager's Toolbox – Effective Processes for Problem Solving & Decision Making. New York 1999.

ARNOLD, U. (1997): Beschaffungsmanagement. 2. überarb. und erw. Aufl., Stuttgart 1997.

BEA, F. X.; DICHTL, E.; SCHWEITZER, M. (Hrsg.) (1997): Allgemeine Betriebswirtschaftslehre. Band 1: Grundfragen, 7. Neubearbeitet und erweiterte Auflage. Stuttgart 1997.

BEA, F.X.; DICHTL, E.; SCHWEITZER, M. (Hrsg.) (2000): Allgemeine Betriebswirtschaftslehre Band 1: Grundfragen. Stuttgart 2000.

BUNDESVERBAND FÜR MATERIALWIRTSCHAFT, EINKAUF UND LOGISTIK (BME) E.V.; BOOZ-ALLEN & HAMILTON (2000): Chancen und Entwicklungen im Public Procurement. Schriftenreihe zum öffentlichen Auftragswesen. Berlin 2000.

BORTZ, J.; DÖRING, N. (2002): Forschungsmethoden und Evaluation für Human- und Sozialwissenschaftler. 3., überarbeitete Auflage. Berlin / Heidelberg / New York 2002.

BRAUN, G. E.(1988): Ziele in öffentlicher Verwaltung und privatem Betrieb. Schriften zur öffentlichen Verwaltung und öffentlichen Wirtschaft 76. Baden-Baden 1988.

BREDE, H.: Ziele öffentlicher Verwaltungen Aus: CHMIELEWICZ, K.; EICHHORN, P. (Hrsg.) (1989): Handwörterbuch der öffentlichen Betriebswirtschaft. Stuttgart 1989. S. 1867–1877.

BROOKFIELD, S.D. (1987): Developing Critical Thinkers – Challenging Adults to Explore Alternative Ways of Thinking and Acting. San Francisco 1987.

BUNDESMINISTERIUM FÜR LAND- UND FORSTWIRTSCHAFT, UMWELT UND WASSERWIRTSCHAFT U. A. (BUWAL) (Hrsg.) (2001): Check it! – Der Kriterienkatalog zur umweltfreundlichen Beschaffung. Online im Internet www.oekoeinkauf.at, Stand 2001, Abruf 16.04.2003.

CARTWRIGHT, D. (1959): Studies in Social Power. Michigan 1959.

CHMIELEWICZ, K.; EICHHORN, P. (Hrsg.) (1989): Handwörterbuch der öffentlichen Betriebswirtschaft. Stuttgart 1989.

COMMISSION OF THE EUROPEAN COMMUNITIES (2003): Proposal for a Regulation of the European Parliament and of the Council concerning the Registration, Evaluation, Authorisation and Restriction of Chemicals (REACH), establishing a European Chemicals Agency and amending Directive 1999/45/EC and Regulation (EC) {on Persistent Organic Pollutants}. 2003/0256(COD), 2003/0257(COD), vom 29. Oktober 2003. Brüssel 2003.

COREY, E. R. (1978): Procurement Management – Strategy, Organization and Decision Making. Boston 1978.

EUROPÄISCHES PARLAMENT UND DER RAT DER EUROPÄISCHEN UNION (2001): Verordnung (EG) Nr. 761/2001 des Europäischen Parlaments und des Rates über die freiwillige Beteiligung von Organisationen an einem Gemeinschaftssystem für das Umweltmanagement und die Umweltbetriebsprüfung (EMAS), Stand: 19. März 2001. Brüssel 2001.

EUROPEAN COMMISSION (1997): Public Procurement. In: European Community (1997): The Single Market Review. Subseries III Dismantling of Barriers, Volume 2. Luxembourg 1997.

FORSCHUNGSPROJEKT „RELIEF – Environmental relief potential of urban action on avoidance and detoxification of waste streams through green public procurement – Umweltentlastungspotenzial städtischer Aktivitäten im Bereich umweltfreundlicher Beschaffung mit Blick auf die Detoxifikation und Reduzierung von Abfallströmen" Auftraggeber: Europäische Kommission, Projektleitung: International Council for Local Environmental Initiatives (ICLEI), Europasekretariat, Bereich Umweltfreundliche Beschaffung. Freiburg, Deutschland. Laufzeit 01/2001–10/2003.

FREEMAN, R. E. (1984): Strategic Management. A Stakeholder Approach. Marsfield Massachusetts 1984.

FRENCH, J. R. P, JR.; RAVEN, B. (1959): The Bases of Social Power. In: CARTWRIGHT, D. (1959): Studies in Social Power. Michigan 1959.

GETZINGER, G.; ASCHEMANN, R. (1990): Umweltfreundliche Beschaffung und kommunale Infrastrukturinnovationen 1. Teil. Interuniversitäres Forschungszentrum für Technik, Arbeit und Kultur, Graz 1990.

GETZINGER, G.; ASCHEMANN, R. (1991): Umweltfreundliche Beschaffung und kommunale Infrastrukturinnovationen 2. Teil. Schriftenreihe des Interuniversitären Forschungszentrums für Technik, Arbeit und Kultur (IFZ), Issue 13, Graz, 1991.

GOLLA, B. (1996): Kommunaler Wandel aus Sicht der Beschäftigten. Aus: SCHÜCKHAUS, U. (Hrsg.): Kommunen in Not – Wege aus der Krise Reformansätze aus der kommunalen Praxis. Stuttgart 1996. S. 37–51.

GORNAS, J.; BEYER, W. (1991): Betriebswirtschaft der öffentlichen Verwaltung. Systematische Darstellung der Besonderheiten der öffentlichen Betriebswirtschaftslehre. Köln, Stuttgart, Berlin u.a. 1991.

HAUSCHILDT, J.; GEMÜNDEN, H. G. (1999): Promotoren. Champions der Innovation, Wiesbaden 1999.

HEINEN, E. (1976): Grundlagen betriebswirtschaftlicher Entscheidungen, Wiesbaden 1976.

JÄNICKE, M.; KUNIG, P.; STITZEL, M. (1999): Umweltpolitik Politik, Recht und Management des Umweltschutzes in Staat und Unternehmen. Berlin 1999.

KAHLE, E. (1998): Betriebliche Entscheidungen. 5. Aufl., München 1998.

KIRSCH, W. (1988): Die Handhabung von Entscheidungsproblemen. Einführung in die Theorie der Entscheidungsprozesse, 3. völlig überarb. und erw. Aufl., München 1988.

KLAUKE, I. (2000): Kommunales Umweltmanagement. Dresdner Beiträge zur Lehre der Betrieblichen Umweltökonomie, 3/2000, Dresden 2003. Parallel als wissenschaftliches elektronisches Dokument veröffentlicht auf dem Hochschulschriftenserver der Sächsischen Landesbibliothek – Staats- und Universitätsbibliothek Dresden (SLUB) unter: http://hsss.slub-dresden.de/hsss/servlet/hsss.urlmapping.MappingServlet?id=10560332 01500-1175

KLEINE, A (1996): Entscheidungstheoretische Aspekte der Prinzipal-Agent-Theorie. Heidelberg 1996.

KOPPELMANN, U. (Hrsg.) (1994): Prozessorientierte Beschaffung. Stuttgart 1994.

KOSILEK, E.; UHR, W. (2002): Die kommunale elektronische Beschaffung. Bericht zum Forschungsprojekt „KeB", Dresdner Beiträge zur Wirtschaftsinformatik 37, Dresden 2002.

LARGE, R. (1999): Strategisches Beschaffungsmanagement. Eine praxisorientierte Einführung, Wiesbaden 1999.

LIED, W. (1999): Umweltcontrolling mit AUDIT und SAP/R3 am Beispiel Felix Schoeller Osnabrück. In: ST. GALLER UMWELTMANAGEMENT FORUM. St. Gallen, 1999, S. 128–140.

NORMENAUSSCHUSS GRUNDLAGEN DES UMWELTSCHUTZES (NAGUS) IM DIN DEUTSCHES INSTITUT FÜR NORMUNG E.V. (1996): Umweltmanagementsysteme. Spezifikation mit Anleitung zur Anwendung,. Berlin 1996.

REBSTOCK, M.; HILDEBRAND, K. (Hrsg.) (1999): E-Business für Manager, MITP, Bonn 1999.

ROHRMANN, B. (1978): Empirische Studien zur Entwicklung von Antwortskalen für die sozialwissenschaftliche Forschung. In: Zeitschrift für Sozialpyschologie, 9. Jg., 1978, H. 3, S. 222–245.

SCHAFFER, M.; WOLLMANN, H. (1989): Reichweite, Chancen und Hindernisse einer umweltdienlichen Beschaffungspolitik der öffentlichen Verwaltung in Berlin. Teil A, Berlin-Forschung der FU Berlin. Berlin 1989.

SCHNEIDER, D. (1995): Informations- und Entscheidungstheorie. München 1995.

SCHÜCKHAUS, U. (1996): Politikeinbindung im Rahmen der Neuen Steuerungsmodelle Aus: SCHÜCKHAUS, U. (Hrsg.): Kommunen in Not – Wege aus der Krise Reformansätze aus der kommunalen Praxis. Stuttgart 1996. S. 19–35.

SCHÜCKHAUS, U. (Hrsg.): Kommunen in Not – Wege aus der Krise Reformansätze aus der kommunalen Praxis. Stuttgart 1996.

SIMON, H.A. (1997): Administrative Behavior – A Study of Decision-Making Process in Administrative Organizations, 4th ed.. New York 1997.

UMWELTBUNDESAMT (Hrsg.) (1987): Umweltfreundliche Beschaffung. Handbuch zur Berücksichtigung des Umweltschutzes in der öffentlichen Verwaltung und im Einkauf. Wiesbaden 1987.

UMWELTBUNDESAMT (Hrsg.) (1999): Handbuch umweltfreundliche Beschaffung. Empfehlungen zur Berücksichtigung des Umweltschutzes in der öffentlichen Verwaltung und im Einkauf, 4. völlig neubearb. Auflage. München 1999.

WALDMANN, A.; SEIFRIED, D. (2000): Buy Efficient – Public Procurement and Energy Efficiency. Results of the European Expert Workshop. Strasbourg, France, September 2000.

WILLIAMSON, O. E. (1996): Transaktionskostenökonomik. 2. Auflage. Hamburg 1996.

WINTER, G. (1987): Das umweltbewusste Unternehmen – ein Handbuch der Betriebsökologie mit 22 Checklisten für die Praxis. München 1987.

WITTMANN, W. u.a. (Hrsg.) (1993): Handwörterbuch der Betriebswirtschaft. Band 1 A–H. 5. Auflage. Stuttgart 1993.

ZIMMERMANN, M.; WELTE, C. (1992a): Forschungsprojekt "Umweltfreundliche Beschaffung in Kommunen" im Auftrag des Umweltbundesamtes. Teil I, Berlin 1992.

ZIMMERMANN, M.; WELTE, C. (1992b): Forschungsprojekt "Umweltfreundliche Beschaffung in Kommunen" im Auftrag des Umweltbundesamtes. Teil II, Berlin 1992.

9 Analyse der rechtlichen Rahmenbedingungen im Hinblick auf die Berücksichtigung von Umweltkriterien bei der öffentlichen Auftragsvergabe[1]

Regine Barth, Miriam Dross, Almut Fischer

9.1 Beschaffung in Europa und in Deutschland

Die Bedeutung und das Volumen der öffentlichen Beschaffung ist in Kapitel 1 dargestellt worden. Das Auftragsvolumen dieses Sektors entspricht ungefähr dem gesamten grenzüberschreitenden Handel in der EG.[2] Bis Ende der 80er Jahre war die nationale Auftragsvergabe weitgehend gegenüber Anbietern anderer EG-Mitgliedstaaten abgeschottet; nur etwa 2 % der öffentlichen Aufträge in der Gemeinschaft wurden an Unternehmen anderer Mitgliedstaaten vergeben.[3]

Der Marktanteil öffentlicher Aufträge macht diesen Bereich zu einem der Kernthemen des gemeinschaftlichen Binnenmarktes. Das dem EG-Vertrag zugrunde liegende Prinzip der Nichtdiskriminierung[4] gebot wegen der fortdauernden Bevorzugung nationaler, regionaler oder lokaler Anbieter die Formalisierung des Vergabewesens. Eine erste Reihe von Richtlinien zum europäischen Vergaberecht, die neben dem eigentlichen Ziel des (nationalen) Vergaberechts - der sparsamen Verwendung von öffentlichen Haushaltsmitteln - vor allem transparente Verfahren und fairen Wettbewerb garantieren sollten, wurde bereits in den 70er Jahren erlassen.[5] Als die Kommission feststellen musste, dass diese frühen Vergaberichtlinien

---

[1] In diesem Kapitel wird die für juristische Veröffentlichungen übliche Zitierweise verwendet.

[2] STEHMANN, in GRABITZ/HILF, Das Recht der Europäischen Union, Kommentar Loseblatt, Stand 2002, E 28 Rdnr. 6.

[3] BOHAN/REDONNET, E. U. Procurement Legislation: Does the Emperor have Clothes? An Examination of the New Empirical Evidence, in: Public Procurement Law Review 1997, S. 155.

[4] Allgemein festgelegt in Art. 12 EG-Vertrag, speziell für die einzelnen Freiheiten z. B. in Art. 28 EG-Vertrag festgelegt (Warenverkehrsfreiheit) siehe unten 9.4.

[5] Man entschied sich für Richtlinien als Regelungsinstrument, damit nationale Praktiken und Eigenheiten bei der Vergabe öffentlicher Aufträge weiterhin berücksichtigt werden

weitgehend unbeachtet blieben, initiierte sie Ende der 80er und Anfang der 90er Jahre einen neuerlichen Gesetzgebungsprozess, der strengere Vergabeverfahren, aber auch eine effektivere Durchsetzung dieser Mechanismen zur Folge haben sollte.[6]

Auch in Deutschland hat die öffentliche Beschaffung erhebliche Bedeutung. Das deutsche Vergaberecht ist traditionell Haushaltsrecht und damit innenwirksames Recht, was sich erst nach und nach durch den Einfluss des europäischen Rechts änderte. Aber auch in Deutschland besitzen die öffentlichen Auftraggeber eine in manchen Bereichen wie zum Beispiel im Tiefbau erhebliche – wenn auch zersplitterte – Marktmacht, die das Instrument zur Nutzung politischer Ziele interessant macht.

In diesem Kapitel soll der rechtliche Rahmen für eine umweltfreundliche Beschaffung nach internationalem, europäischem und deutschem Recht dargestellt werden.

9.1.1 Arten und Schritte des Vergabeverfahrens

Zum besseren Verständnis der Möglichkeiten, Umweltkriterien in eine Vergabeentscheidung einzubeziehen, soll zunächst der Verlauf eines Vergabeverfahrens dargestellt werden. Das erlaubt es, ausgehend vom jeweiligen Verfahrensstadium konkrete Aussagen zu der rechtlichen Zulässigkeit zu machen. Das Vergabeverfahren gliedert sich in verschiedene Schritte. Zunächst muss der öffentliche Auftraggeber eine Auswahl hinsichtlich des Auftragsgegenstandes treffen. Je nachdem auf welchem Sektor er beschafft, sind verschiedene Vergaberichtlinien bzw. in Deutschland die Vergabe- und Verdingungsordnung für Bauleistungen (VOB /A), die Verdingungsordnung für Leistungen (VOL/A) oder die Verdingungsordnung für freiberufliche Leistungen (VOF)[7] anwendbar. Aus den dort niedergelegten Erfordernissen ergibt sich das einschlägige Vergabeverfahren. Nach EU-Recht sind das offene Verfahren, das nicht offene Verfahren und das Verhandlungsverfahren vorgesehen. Diese Begriffe entsprechen im Wesentlichen der im deutschen Recht üblichen Bezeichnung als öffentliche Ausschreibung, beschränkte Ausschreibung und freihändiges Verfahren. Hier soll zunächst auf das europaweite Vergabeverfahren eingegangen werden. Abweichende Besonderheiten des nationalen Vergabeverfahrens werden im Anschluss dargestellt.

Die Wahl des Vergabeverfahrens steht dem öffentlichen Auftraggeber nicht frei: § 101 Abs. 1-5 GWB stellt eine klare Verfahrenshierarchie auf. Danach ha-

---

konnten. BOVIS, The European Public Procurement Rules and the Interplay with International Trade, 31 Journal of World Trade: law, economics, public policy, 1997, S. 70.

[6] Zur Geschichte der Vergaberichtlinien vgl. z. B. ARROWSMITH, The community's legal framework on public procurement: „The way forward" at last? Common Market Law Review 1999, S. 13ff.

[7] VOB – Vergabe- u. Vertragsordnung für Bauleistungen i. d. F. der Bek. v. 12.9.2002 (BAnz. Nr. 202 a v. 29.10.2002), VOL – Verdingungsordnung für Leistungen i.d.F. der Bek. v. 17.9.2002 (BAnz. Nr. 216 a v. 20.11.2002), VOF – Verdingungsordnung für freiberufliche Leistungen i.d.F. der Bek. v. 26.8.2002 (BAnz. Nr. 203 a v. 30.10.2002).

ben öffentliche Auftraggeber das offene Verfahren anzuwenden, es sei denn, ihnen ist ausnahmsweise etwas anderes gestattet. Auf europäischer Ebene erfährt diese Aussage eine Einschränkung dadurch, dass das europäische Recht das offene Verfahren und das nichtoffene Verfahren grundsätzlich als gleichwertig ansieht, weil beim nicht offenen Verfahren im Gegensatz zum deutschen Recht zwingend ein öffentlicher Teilnahmewettbewerb vorgesehen ist. Welche Vergabeverfahrensart anzuwenden ist, richtet sich zudem nach den Besonderheiten des Falles. So kann beispielsweise im Fall besonderer Dringlichkeit oder eines Geheimhaltungsinteresses freihändig vergeben werden.[8]

Im offenen Verfahren erfolgt keine vorherige Einschränkung des Bieterkreises, vielmehr ergeht eine Aufforderung an eine unbestimmte Zahl von Unternehmern, ihre Angebote einzureichen, § 101 Abs. 2 GWB. Sind die Schwellenwerte des § 2 VgV erreicht,[9] ist die Ausschreibung europaweit bekannt zu machen. Dies erfolgt durch die Veröffentlichung der Ausschreibung im Supplement zum Amtsblatt der Europäischen Gemeinschaften und anschließend im Inland. Die Bekanntmachung enthält die Aufforderung zur Abgabe von Angeboten. Sie schließt eine Angebotsfrist ein, die für die Bearbeitung und Abgabe der Angebote gilt. Nach Ablauf der Frist (mindestens 52 Kalendertage) dürfen keine Angebote mehr entgegengenommen werden, die Bieter sind dann an ihre Angebote gebunden. Bis zum Eröffnungstermin müssen die Angebote geheim gehalten werden.

Nach Ablauf der Frist prüft der Auftraggeber die Angebote. Mit dem Eröffnungstermin beginnt auch die Zuschlagsfrist, in der die Eignung der Bieter geprüft wird. Zunächst sind die Angebote auszuschließen, die offensichtlich formell fehlerhaft sind. Als nächstes erfolgt die Prüfung der persönlichen und fachlichen Eignung des Bieters. Aus den verbleibenden Angeboten sind dann solche auszuschließen, die einen unangemessen hohen oder niedrigen Preis haben. Schließlich wird das wirtschaftlichste Angebot ausgesucht. Dabei ist im Fall der Vergabe von Bauaufträgen anhand vorab festgelegter Wertungskriterien vorzugehen, § 25 a VOB /A.

Wird die Ausschreibung nicht aufgehoben, endet sie mit der Erteilung des Zuschlags. Während und nach dem Vergabeverfahren ist Transparenzerfordernissen Rechnung zu tragen. Die Benachrichtigung der erfolglosen Bieter muss vor Erteilung des Zuschlags erfolgen (§ 13 VgV). Nach dem Zuschlag ist die Auftragsvergabe bekannt zu machen und ein Vergabevermerk anzufertigen. Die Vergabe ist binnen zwei Wochen im Amtsblatt der EG bekannt zu machen.

Bei einer nicht offenen Ausschreibung (§ 101 Abs. 3 GWB) erfolgt zunächst eine öffentliche Aufforderung zur Teilnahme. Sie ist nur in den abschließend vorgesehenen Ausnahmefällen der §§ 3 Nr. 4 VOB/A, VOL/A zulässig, insbesondere, wenn die Leistung nur von einem beschränkten Kreis von Unternehmen überhaupt durchgeführt werden kann, das Ergebnis einer öffentlichen Ausschreibung außer Verhältnis zum Aufwand stünde, eine solche kein Ergebnis gebracht hat oder wenn sie aus Gründen der Geheimhaltung unzweckmäßig ist. Aus dem Bewerberkreis wird dann eine eingeschränkte Anzahl von Unternehmen aufgefordert, ein

[8] VOB/A § 3 d) und f), VOL/A § 3 f) und g).

[9] Siehe unten unter 9.4.

Angebot abzugeben. Da die Bewerber keinen Anspruch darauf haben, zur Angebotsabgabe aufgefordert zu werden, erfährt hier der Wettbewerb eine erhebliche Einschränkung.

Eine Vergabe im Verhandlungsverfahren sieht kein förmliches Ausschreibungsverfahren vor. Der Auftraggeber wendet sich vielmehr an ausgewählte Unternehmen, um mit einem oder mehreren über die Auftragsbedingungen zu verhandeln. Dieses Verfahren kommt nur in Betracht, wenn es unter einen der abschließend geregelten Ausnahmetatbestände fällt, die in jedem Fall restriktiv auszulegen sind. Beim Verhandlungsverfahren ist weiter zu differenzieren zwischen dem mit vorheriger Vergabebekanntmachung (z. B. § 3 a Nr. 1 Abs. 4 VOL/A) und dem ohne vorherige Vergabebekanntmachung (z. B. § 3 a Nr. 2 VOL/A).

Unterhalb der Schwellenwerte, also im nationalen Vergabeverfahren, kommen nur die ersten Abschnitte der Verdingungsordnungen sowie das Haushaltsrecht zur Anwendung. Wesentliche Abweichungen bestehen in der erheblich kürzeren Angebotsfrist (10 Tage sind ausreichend) und der lediglich nationalen Bekanntmachung, die zudem nicht einmal bundesweit erfolgen muss. Die erfolgslosen Bieter können erst nach Erteilung des Zuschlags benachrichtigt werden. Wählt die Beschaffungsstelle eine beschränkte Ausschreibung, muss zuvor keine öffentliche Teilnahmeaufforderung erfolgen.

9.1.2 Umweltkriterien im Beschaffungswesen

Bedeutung des Instruments

Während die europäischen Vergaberichtlinien darauf abzielen, nach nationalen oder regionalen Präferenzen differenzierende Vergabepraktiken der Mitgliedstaaten zu unterbinden und damit einen fairen Wettbewerb im europäischen Auftragswesen sicherzustellen, dient das deutsche Vergaberecht allein der sparsamen und wirtschaftlichen Verwendung öffentlicher Mittel. Es ist jedoch seit jeher auch zur Verfolgung politischer Ziele genutzt worden. Neben dem primären Beschaffungszweck, nämlich der Ausstattung der öffentlichen Verwaltung mit dem notwendigen Arbeitsmaterial, wird mit der Vergabe öffentlicher Aufträge also auch die Erfüllung arbeitsmarktpolitischer, wirtschaftspolitischer, sozialer oder auch umweltpolitischer Zielsetzungen angestrebt.[10]

Bedenkt man die bedeutende Marktmacht, die von öffentlicher Beschaffung ausgeht, dann könnte umweltfreundliche Beschaffung in beträchtlichem Maße dazu beitragen, umweltpolitische Ziele zu fördern.[11] Außerdem kann umweltfreund-

[10] Vgl. z. B. HERTWIG, Praxis der öffentlichen Auftragsvergabe, München 2000, Rdnr. 6.

[11] Der Begriff „Umweltfreundlichkeit" wird hier in einem komparativen Sinn verstanden, bezeichnet also Produkte, Dienstleistung etc., die die Umwelt weniger belasten als vergleichbare „braune" Produkte. Vgl. dazu Krohn, Öffentliche Auftragsvergabe und Umweltschutz, 2003, S. 12 ff. Siehe zu den möglichen Zielen umweltfreundlicher öffentlicher Beschaffung Kapitel 1.

liche Beschaffung die Entwicklung innovativer und umweltfreundlicher Produkte bzw. Produktionsprozesse anschieben.[12]

Von einem europäischen Standpunkt aus wird gegen eine umweltfreundliche Beschaffung wie auch die Einbeziehung anderer Politikziele eingewandt, dass Mitgliedstaaten unter dem Deckmantel solcher Zielsetzungen öffentliche Aufträge an bestimmte Unternehmen vergäben und so den in den europäischen Vergaberichtlinien vorgesehenen fairen Wettbewerb unterliefen.[13]

Die Europäische Kommission und der Europäische Rat standen aus diesem Grund der Einbeziehung anderer Politikziele in das Auftragswesen grundsätzlich skeptisch gegenüber. Allerdings ist dieser Standpunkt deutlich relativiert worden. Die Union rückt nicht nur in wirtschaftlicher, sondern auch in sozialer und umweltpolitischer Hinsicht immer enger zusammen. Parallel dazu lässt sich ein sowohl sozialerer wie auch umweltfreundlicherer Kurs der Kommission ausmachen, den man an der *Interpretierenden Mitteilung der Kommission zur Einbeziehung von Umweltkriterien ins Vergabeverfahren* ablesen kann.[14] Besonders im Bereich der technischen Spezifikationen eröffnete die Interpretierende Mitteilung weitergehende Möglichkeiten der Berücksichtigung von Umweltkriterien im Vergabeverfahren, die freilich dem Ziel der Öffnung des EU-Binnenmarktes nicht widersprechen dürfen. Darüber hinaus akzeptierte die Kommission in der Interpretierenden Mitteilung grundsätzlich die Rechtssprechung des *EuGH* zur Einbeziehung von zusätzlichen Vergabekriterien in das Vergabeverfahren. Inzwischen kann aufgrund der Urteile *Concordia Bus Finland*[15] und *Wienstrom*[16] von einer gefestigten Rechtsprechung des *EuGH* bezüglich der Zulässigkeit von Umweltkriterien bei der Vergabe öffentlicher Aufträge ausgegangen werden.[17]

In der wissenschaftlichen Diskussion insbesondere in Deutschland ist die Förderung des Umweltschutzes durch Vergabe öffentlicher Aufträge nach wie vor

---

[12] UBA (Hrsg.), Handbuch Umweltfreundliche Beschaffung, München 1999, S. 3-4 sowie der Teil „Der Markt für umweltfreundliche Produkte und Dienstleistungen" in diesem Band.

[13] RITTNER, Die „sozialen Belange" i. S. der EG-Kommission und das inländische Vergaberecht, EuZW 1999, S. 677ff, Seidel, Zur Implementierung von Sekundärzielen, ZVgR, 4/2000, S. 195, 200.

[14] Interpretierende Mitteilung der Kommission über das auf das öffentliche Auftragswesen anwendbare Gemeinschaftsrecht und die Möglichkeiten zur Berücksichtigung von Umweltbelangen bei der Vergabe öffentlicher Aufträge vom 04.07.2001 (KOM (2001) 274 endg.), ABlEG Nr. C 333 v. 28.11.2001, im Folgenden: Interpretierende Mitteilung.

[15] Urteil des EuGH vom 17.10.2002, Rs. C-513/99, *(Concordia Bus Finland)*, Slg. 2002 I-7213.

[16] Urteil des EuGH vom 4.12.2003, Rs. C-448/01, EVN AG Wienstrom GmbH ./. Republik Österreich (*Wienstrom*), Slg. 2003 I-1.

[17] Zuvor hatten sich bereits die Urteile *Beentjes* und *Nord-Pas-de-Calais* mit der Zulässigkeit von sozialen Kriterien auseinandergesetzt. Urteil des EuGH vom 20.09.1988, Rs 31/87, Slg. 1988, 4635 = NVwZ 1990, 353, Beentjes ./.Niederländischer Staat (*Beentjes*) und Urteil des EuGH vom 26.09.2000, Rs. 225/98, Slg. 2000, I-7445 = EuGH, NJW 2000, 3629, Kommission ./. Französische Republik (*Nord-Pas-de-Calais*). Vgl. dazu RUST, GWB – Vergaberecht und soziale Standards, EuZW 1999, 453ff m. w. N.; RITTNER (siehe Fußnote 13) m. w. N.

umstritten. Die EU bemüht sich aber zunehmend, Kriterien zuzulassen, die dem Umweltschutz dienen. Dies ist auf die wachsende Bedeutung von Umweltschutzbelangen zurückzuführen, manifestiert vor allem in der Umweltintegrationsklausel des Art. 6 EG-Vertrag. Diese Klausel ist durch den Amsterdamer Vertrag vom Bereich Umweltschutz in den Grundsatzkatalog des EG-Vertrages aufgerückt und verdeutlicht die zunehmende Bedeutung des Umweltschutzes im europäischen Integrationsprozess. Nach Art. 6 EG-Vertrag müssen Erfordernisse des Umweltschutzes bei der Festlegung und Durchführung der in Art. 3 EG-Vertrag genannten Gemeinschaftspolitiken und -maßnahmen, insbesondere zur Förderung einer nachhaltigen Entwicklung einbezogen werden.[18] Die Kommission hat die Bedeutung des öffentlichen Auftragswesens für eine nachhaltige Entwicklung auch im 6. Umweltaktionsprogramm für die Jahre 2001 bis 2010 bestätigt. Die öffentlichen Auftraggeber könnten wegen ihres großen Nachfragepotentials einen wesentlichen Beitrag zur Entwicklung umweltfreundlicher Marktstrukturen leisten, wenn Umweltkriterien bei der Vergabe öffentlicher Aufträge berücksichtigt würden.[19]

Die Novellierung der europäischen Vergaberichtlinien führte zu einer breiten Diskussion auf europäischer Ebene über Umweltkriterien im Vergabeverfahren und stellte sich als einer der Punkte heraus, die für eine Einigung zwischen Parlament und Rat am schwierigsten auszuräumen waren. Die am 3. Februar 2004 in dritter Lesung vom Rat angenommenen Richtlinien über die Koordinierung der Verfahren zur Vergabe öffentlicher Lieferaufträge, Dienstleistungsaufträge[20] und Bauaufträge sowie die Richtlinie zur Koordinierung der Auftragsvergabe durch Auftraggeber im Bereich der Wasser-, Energie- und Verkehrsversorgung[21] hat dabei zu einer Klärung vieler offener Fragen geführt.

---

[18] Vgl. zu Art. 6 EG-Vertrag WASMEIER, The integration of environmental protection as a general rule for interpreting community law, Common Market Law Review 2001, S. 159ff; CALLIES, Die neue Querschnittsklausel des Art. 6 ex 3c EGV als Instrument zur Umsetzung des Grundsatzes der nachhaltigen Entwicklung, DVBl 1998, S. 559ff.

[19] Beschluss Nr. 1600/2002/EG des Europäischen Parlaments und des Rates vom 22. Juli 2002 über das sechste Umweltaktionsprogramm der Europäischen Gemeinschaft ABlEG Nr. L 242/1, 10.9.2002, Art. 3 Abs. 6 3. UA: „[Dies erfordert] die Förderung eines nach ökologischen Kriterien ausgelegten öffentlichen Beschaffungswesens, bei dem Umweltmerkmale berücksichtigt und möglicherweise Überlegungen bezüglich ökologischer Lebenszyklen einschließlich der Produktionsphase – unter Beachtung der gemeinschaftlichen Wettbewerbsregeln und der Regeln für den Binnenmarkt – in die Beschaffungsverfahren einbezogen werden können und das mit Richtlinien für die beste Praxis versehen ist; weiter erfordert dies den Beginn einer Prüfung der nach ökologischen Kriterien ausgelegten Beschaffungspolitik in den Organen der Gemeinschaft."

[20] Richtlinie 2004/18/EG des Europäischen Parlaments und des Rates vom 31. März 2004 zur Koordinierung der Verfahren zur Vergabe öffentlicher Bauaufträge, Lieferaufträge und Dienstleistungsaufträge, ABlEG Nr. L 134/114, 30.4.2004. Sie ist nach Art. 80 bis zum 31. Januar 2006 in nationales Recht umzusetzen.

[21] Richtlinie 2004/17/EG des Europäischen Parlaments und des Rates vom 31. März 2004 des Europäischen Parlaments und des Rates zur Koordinierung der Auftragsvergabe durch Auftraggeber im Bereich der Wasser-, Energie- und Verkehrsversorgung, ABLEG Nr. L 134/1, 30.4.2004. Auf diese wird im Folgenden nicht weiter eingegangen.

Auch deutsche Vergaberechtler stehen der Einbeziehung politischer Zielsetzungen in die Vergabeentscheidung sehr skeptisch gegenüber. Solche werden als „Auflagen des in die alte Haltung des gnadenerweisenden Hoheitsträgers zurückfallenden Politikers“ gesehen, „an die ein Einkäufer eines Unternehmens niemals denken würde: Ausschlussregeln für Unternehmen, die einer bestimmten Sekte angehören; Vorzugsregeln für Unternehmen, die ausbilden, die Luft weniger verschmutzen als andere, Frauen besser fördern als andere u. v. m.“.[22] Es besteht die Befürchtung, das Vergaberecht werde zur Förderung sogenannter „vergabefremder“ Belange instrumentalisiert, auch wenn einer Regelung, die „einem anerkannten politischen Ziel dient, die Berechtigung nicht ohne weiteres versagt“ werden könne.[23]

Umweltkriterien und "vergabefremde Zwecke"

An dieser Stelle ist darauf hinzuweisen, dass Umweltkriterien sich nicht pauschal „vergabefremden Kriterien bzw. Zwecken“ zuordnen lassen.[24] Vergabezweck bei öffentlichen Ausschreibungen ist die Arbeitsfähigkeit der öffentlichen Verwaltung. Alle außerhalb dieses unmittelbaren Zwecks liegenden, aber in die Vergabeentscheidung einbezogenen Kriterien, beispielsweise sozial- oder auch umweltpo-

---

[22] MARX in: JAESTADT/KEMPER/JASPER/MARX/PRIEß, Das Recht der Auftragsvergabe, 1999, S. 3. Dass diese Ansicht nicht mehr aktuell ist, zeigt allerdings schon die Vielzahl der von den Unternehmen eingegangenen freiwilligen Selbstverpflichtungen im Bereich Umwelt und die große Anzahl der Umwelterklärungen und freiwilligen Selbstverpflichtungen, die sich mit diesem Thema beschäftigen. Vgl. nur BDI, Freiwillige Vereinbarungen und Selbstverpflichtungen im Umweltschutz, Berlin 2002. Diese enthalten regelmäßig auch Anforderungen an die Zulieferer der Unternehmen, vgl. z. B. Gemeinsame Umwelterklärung von Volkswagen und Volkswagen Nutzfahrzeuge für die Standorte Kassel und Emden für das Jahr 2001, S. 17, www.volkswagen-umwelt.de/_download_ue_emden_2001.pdf; Umwelterklärung Continental Treves AG und Co. OHG für die Standorte Frankfurt für 1999, S.2, www.umweltallianz.de/documents/contitev.pdf; Nachhaltigkeitsbericht Deutsche Telekom AG, 2001, S. 39, http://download-dtag.t-online.de/deutsch/konzern/9-nachhaltigkeit-umwelt/nachhalt_020226.pdf.

[23] SEIDEL, Zur Implementierung von Sekundärzielen (siehe Fußnote 13), S. 198.

[24] Ausführlich dazu DAGEFÖRDE, Umweltschutz durch öffentliche Auftragsvergabe, Diss., Berlin 2004, S. 75 - 77. Sie weist zudem darauf hin, dass der Begriff insofern verwirrend ist, als er in § 16 Nr. 2 VOB/A und VOL/A dafür verwendet wird, unzulässige Ausschreibungen zum Zweck der Ertragsberechnung und Markterkundung zu bezeichnen. Siehe zur Kritik am Begriff „vergabefremde Aspekte oder Zwecke“ auch BENEDICT, Sekundärzwecke im Vergabeverfahren, Diss., Berlin 2000, S. 21ff, dessen Vorschlag, statt „vergabefremd“ den Ausdruck „Sekundärzwecke“ zu verwenden, allerdings die Beurteilung von Umweltkriterien nicht klarer macht. Dies zeigt auch die Einordnung der Umweltkriterien von WENZEL, Der Schutz der Umwelt und das Vergaberecht, EurUP 2/2003, S. 82, 84. Er bezeichnet die in Art. 36 Abs. 1 a) Dienstleistungsrichtlinie und Art. 30 Abs. 1 b) Lieferkoordinierungsrichtlinie genannten Zuschlagskriterien (z. B. Qualität, technischer Wert etc.) als „weitere (sekundäre) Kriterien.“ Dass diese Kriterien alle zulässig sind, ergibt sich bereits unmittelbar aus der Bestimmung. Sie dienen dazu, das wirtschaftlich günstigste Angebot zu ermitteln. Daher handelt es sich nicht um „weitere“ oder zusätzliche Kriterien.

litische Ziele, könnte man daher als „vergabefremd" bewerten. Eine solche pauschale Qualifikation ist aber jedenfalls dann verfehlt, wenn Umweltbelange bereits alleiniges Ziel oder Bestandteil der zu beschaffenden Leistung oder des Produkts sind und daher schon in die Definition des Auftragsgegenstands eingehen.[25] Bei der umweltfreundlichen Beschaffung ist Zweck der Beschaffung eben nicht nur der Einkauf, sondern auch die Förderung des Umweltschutzes.[26]

Die Unterscheidung zwischen leistungsbezogenen und „vergabefremden" Umweltkriterien ist unpräzise, weil die Berücksichtigung von Umweltschutzaspekten innerhalb des Vergabeverfahrens nicht unmittelbar mit dem Vergabezweck, der Arbeitsfähigkeit der öffentlichen Verwaltung, zusammenhängen muss, aber durchaus mit ihr zusammenhängen kann. Oft geht der Einbeziehung eines Umweltbelanges ein politischer Entscheidungsprozess voran, in dessen Folge dann das Umweltkriterium im Vergabeverfahren zu berücksichtigen ist. Wird zum Beispiel entschieden, Recyclingpapier zu beschaffen, dann ist diese Umweltanforderung produktbezogen. Die Entscheidung, Recyclingpapier zu beschaffen, ist für den Primärzweck der öffentlichen Beschaffung, die Arbeitsfähigkeit der öffentlichen Verwaltung, ebenso irrelevant und daher „fremd" wie ein nicht auftragsbezogenes Kriterium in einem späteren Stadium des Vergabeverfahrens, aber nicht für den Zweck „umweltfreundliche Beschaffung."[27]

Vor allem ist aber hinsichtlich der Verwendung des Begriffs „vergabefremd" auf den Unterschied zwischen Umweltkriterien im Vergabeverfahren und sonstigen, z. B. sozialen Kriterien, hinzuweisen. Während letztere regelmäßig keinen unmittelbaren Zusammenhang mit dem Auftragsgegenstand haben, ist das bei Umweltkriterien nur dann der Fall, wenn es sich um sogenannte „externe Faktoren" handelt, also Umweltauswirkungen betrifft, die sich nicht im Auftragsgegens-

---

[25] Vgl. das Beispiel bei KROHN, (siehe Fußnote 11) S. 9: Baut eine Gemeinde eine Kläranlage, so ist der Umweltschutz das Ziel der Beschaffungsmaßnahme.

[26] PIETZCKER, Der Staatsauftrag als Instrument des Verwaltungshandelns, 1978, S. 336.

[27] Vgl. allgemein zur Einbeziehung anderer Politikziele: ARROWSMITH, Industrial, Social and Environmental Concerns in Public Procurement, in ARROWSMITH (et al.) Regulating Public Procurement, The Hague 2000; BOVIS, Policy Choices and the Regulation of Public Procurement in the Common Market in BOVIS, The liberalisation of public procurement and its effects on the Common Market, ALDERSHOT et al., 1998; KUNZLIK, Environmental Issues in International Procurement in ARROWSMITH/ ARWEL, (eds.), Public Procurement: Global Revolution, The Hague 1998; BENEDICT (siehe Fußnote 24); KLING, Zur Zulässigkeit vergabefremder Regelungen im Recht der öffentlichen Auftragsvergabe, Diss., Undenheim 2000; zum Umweltschutz in öffentlicher Vergabe: WESTPHAL, Greening Procurement: An Attempt to Reduce Uncertainty, 8 Public Procurement Law Review 1999, S.1ff.; SCHNEIDER, Vergaberecht und Umweltschutz, Baden-Baden 2001; Seidel, Implementierung von Sekundärzielen (siehe Fußnote 13); SEIDEL, Urteilsanmerkung zu EuGH Rs. C-225/98 in EuZW 2000, S.755ff; DREHER, Urteilsanmerkung zu EuGH Rs. C-225/98 in JZ 2001, S. 138ff; Rust (siehe Fußnote 17); ZIEKOW, Vergabefremde Zwecke und Europarecht, NZBau 2001, S. 72ff; NEßLER, Politische Auftragsvergabe durch den Staat, DÖV 2000, S. 145ff; HERMA, Auftragsvergaberecht als Mittel zur Durchsetzung von Umweltschutz und Umweltrecht, Natur und Recht 2002.

tand niederschlagen.[28] Wenn es sich dagegen um umweltfreundliche Eigenschaften des Produkts oder der Bau- oder Dienstleistung handelt, die sich entweder im Produktionsprozess oder im Beschaffungsgegenstand selbst niederschlagen, kann von „vergabefremd" nicht mehr die Rede sein. Besonders deutlich wird dies, wenn in den Beschaffungsprozess die Lebenszykluskosten eines Produkts einbezogen werden. Diese stellen einerseits einen Umweltaspekt dar, andererseits kann eine solche Betrachtung die Kosten der öffentlichen Hand senken, wenn nicht nur auf den Beschaffungspreis, sondern auch auf die hinsichtlich Nutzungsdauer und Entsorgung des Produkts entstehenden Kosten geachtet wird.

Der Begriff „vergabefremd" ist vor allem dann nicht hilfreich, wenn Umweltkriterien leistungsbeschreibende Merkmale bilden.[30] Dies spricht gegen die Verwendung des Begriffs „vergabefremd" im Zusammenhang mit Umweltkriterien. Mit den Worten von Burgi:

> „Es handelt sich nicht um einen Rechtsbegriff, was zwei Konsequenzen hat: Erstens können mit dem Begriff sämtliche Gestaltungsformen in der Praxis erfasst werden, von der Aufnahme in die Leistungsbeschreibung, über Einflüsse auf das Teilnehmerfeld bis zur Berücksichtigung bei der Zuschlagserteilung und nach Vertragsschluss. Zweitens beinhaltet die Bezeichnung als „vergabefremder Zweck" keine Aussage über die Statthaftigkeit eines entsprechenden Vorgehens, *entgegen dem dies suggerierenden Inhalt.*"[31]

Im Ergebnis ist der Begriff für diese Untersuchung daher nicht hilfreich. Wir ziehen es im Folgenden vor, auf die Bezeichnung „vergabefremd" oder „vergabefremder Zweck" soweit wie möglich zu verzichten[32] und verwenden stattdessen den Begriff „Umweltkriterien".

9.2 Internationale Regelung des Vergaberechts

Das Vergaberecht ist auf verschiedenen Ebenen geregelt. Neben Europarecht und nationalem Recht bestehen auch internationale Regelungen. Relevant für die Beurteilung der umweltfreundlichen Vergabe von öffentlichen Aufträgen ist vor allem das im Rahmen der GATT-Uruguay-Runde 1994 geschlossene internationale Abkommen über das öffentliche Beschaffungswesen, das General Procurement

---

[28] Dabei ist die Abgrenzung von sogenannten „externen" und internen Kosten nicht immer offensichtlich. Dies zeigt sich besonders deutlich am Beispiel von „grünem" Strom.

[29] RUST, (siehe Fußnote 17) S. 453.

[30] FRENZ, Kreislaufwirtschafts- und Abfallgesetz, § 37 Rdnr. 8.

[31] BURGI, Vergabefremde Zwecke und Verfassungsrecht, NZBau 2001, 64, 66. Hervorhebung durch d. Verf.. Siehe auch DAGEFÖRDE, Umweltschutz durch öffentliche Auftragsvergabe, (siehe Fußnote 24) S. 307.

[32] Ebenso SCHIRMA, Wettbewerbsfremde Regelungen – falsche Signale vom Europäischen Gerichtshof, NZBau 2002, S. 1, der dann allerdings den Begriff „wettbewerbsfremd" einführt, sowie DAGEFÖRDE, Umweltschutz durch öffentliche Auftragsvergabe (siehe Fußnote 24).

Agreement (GPA)[33], das das Abkommen über Regierungskäufe von 1979 ersetzte.[34] Sein Ziel ist es, öffentliche Beschaffungsmärkte dem internationalen Handel so weit wie möglich zu öffnen. Im Gegensatz zu seinem Vorläuferabkommen bezieht es die Beschaffung von Waren und Dienstleistungen durch Versorgungsbetriebe und staatliche Einrichtungen auf regionaler und lokaler Ebene ein, sofern sie im Anhang I des GPA aufgeführt sind. Das GPA findet nur auf die in Anhang I erfassten Beschaffungsstellen und Leistungen Anwendung, die für jedes Land spezifisch bestimmt worden sind. Überdies besteht die Möglichkeit, bestimmte Waren und Dienstleistungen aus der Vereinbarung auszuschließen. Schließlich ist es, ähnlich wie die Vergaberichtlinien der Gemeinschaft, erst oberhalb bestimmter Schwellenwerte anwendbar.[35] Aufgrund des Grundsatzes der Gegenseitigkeit kommt das GPA nur zwischen den Ländern zur Anwendung, die jeweils dieselbe Stelle für den Markt geöffnet haben. Im Anwendungsbereich des GPA sollen Aufträge von ca. 450 Mrd. ECU pro Jahr vergeben werden.[36]

Wesentliche Grundprinzipien des General Agreement on Tariffs and Trade (GATT) sind in das GPA übernommen worden. Hierbei handelt es sich vor allem um die Grundsätze der Inländergleichbehandlung und der Meistbegünstigung sowie das Diskriminierungsverbot (Art. III GPA).[37]

Das GPA regelt für die erfassten Beschaffungsstellen bestimmte Verfahrensregeln, die eine Diskriminierung ausländischer Anbieter verhindern sollen. Dies sind Regeln hinsichtlich der Bekanntmachungspflichten (Art. VII und IX GPA), Anforderungen an Qualifizierungssysteme (Art. VIII GPA) und technische Spezifikationen (Art. VI GPA). Das Vergabeverfahren ist im Hinblick auf die Auswahl der Bieter, die Fristen für die Angebotsabgabe, die Vergabeunterlagen, die Einrichtung, Entgegennahme und Öffnung der Angebote transparent zu gestalten. So sieht das GPA unter anderem vor, dass anzugeben ist, nach welchen Kriterien der Zuschlag erfolgen soll (Art. XIII Nr. 4 c) GPA).[38] Das GPA selbst enthält keine Aussage zum Umweltschutz, mit der Ausnahme von Art. XXIII.[39] Wie im Folgenden

---

[33] ABlEG Nr. C 256, S. 1 ff., in Kraft getreten am 1.1. 1996. Gegenwärtig hat das GPA 28 Mitgliedstaaten.

[34] Es handelt sich um ein plurilaterales Zusatzabkommen zur WTO mit 12 Mitgliedern, darunter der EU. Als „plurilateral" wird es deshalb bezeichnet, weil nicht wie bei anderen WTO-Abkommen alle WTO-Mitglieder automatisch auch dem GPA unterstehen. Vielmehr ist eine gesonderte Ratifizierung erforderlich. Sie war erforderlich, weil die öffentliche Vergabe nicht unter das GATT und das GATS fällt (Art. II Abs. 8 a) GATT und Art. XIII Abs. 1 GATS).

[35] Die genauen Schwellenwerte für alle Mitgliedstaaten finden sich unter: http://www.wto.org/english/tratop_e/gproc_e/thresh_e.htm. (13. November 2003).

[36] DRÜGEMÖLLER, Vergaberecht und Rechtsschutz, Berlin, 1999, S. 17.

[37] Vgl. zu grüner Beschaffung und dem GPA im Einzelnen: VAN ASSELT, Green government procurement and the WTO, IVM, Amsterdam 2003; BUCK/CAMERON, International Trade Law and Green Public Purchasing, Manuskript, 1999.

[38] HAASE, Internationale Harmonisierung des öffentlichen Auftragswesens, Trier, 1997, S. 173.

[39] Siehe sogleich unten. Allerdings enthält das WTO-Abkommen, das als Rahmenabkommen auf alle weiteren im Rahmen der WTO verhandelten Abkommen wie zum Beispiel das TRIPS und das GATS anwendbar ist, in seinem sechsten Erwägungsgrund dic Ver-

dargestellt wird, erlaubt es allerdings weitgehend die Einbeziehung von Umweltschutzkriterien in die öffentliche Vergabe.

9.2.1 Technische Spezifikationen

Im Hinblick auf Umweltkriterien verdient vor allem Art. VI Abs. 1 und 2 GPA Beachtung:

1. Technische Spezifikationen wie Qualität, Leistung, Sicherheit und Abmessungen, Symbole, Terminologie, Verpackung, Kennzeichnung und Beschriftung oder die Produktionsprozesse und -verfahren, die die Merkmale einer zu kaufenden Ware oder Dienstleistung festlegen, sowie die von den Beschaffungsstellen vorgeschriebenen Anforderungen hinsichtlich der Konformitätsbescheinigungen werden nicht in der Absicht ausgearbeitet, angenommen oder angewendet, unnötige Hemmnisse für den internationalen Handel zu schaffen.
2. Von den Beschaffungsstellen vorgeschriebene technische Spezifikationen werden, soweit angebracht:
   a) eher bezüglich Leistung als bezüglich Konzeption oder beschreibender Eigenschaften definiert und
   b) soweit vorhanden, auf internationale Normen, ansonsten auf nationale technische Vorschriften, anerkannte nationale Normen oder Bauvorschläge gestützt.

Ziel des Art. VI GPA ist es, zu verhindern, dass technische Spezifikationen unnötige Handelshemmnisse errichten.[40] Aus Gründen der Transparenz und Nicht-Diskriminierung sollen technische Spezifikationen soweit möglich auf internationalen Standards oder, wo solche nicht existieren, auf nationalen technischen Vorschriften beruhen[41] und soweit möglich eher bezüglich der Leistung als bezüglich Konzeption oder beschreibender Eigenschaften definiert werden.

Da sich die Merkmale einer zu kaufenden Ware oder Dienstleistung wie Spezifikationen hinsichtlich Leistung und Abmessungen notwendigerweise auf die produktbezogenen Eigenschaften beziehen, kann aus der gesonderten Nennung von Produktionsprozessen und -verfahren nur gefolgert werden, dass nicht produktbezogene Produktionsmethoden (im internationalen Sprachgebrauch: *process and production methods* – PPMs) grundsätzlich zulässig sind, solange sie keine unnö-

pflichtung der Vertragsparteien, in Übereinstimmung mit dem Prinzip der nachhaltigen Entwicklung zu handeln und die Umwelt zu schützen. Vgl. Appellate Body Report in Shrimp I WT/DS58/RW, 15 June 2001, Paragraph 129.

[40] Auch die Nutzung von technischen Spezifikationen unterliegt dem Gleichbehandlungs- und Meistbegünstigungsprinzip.

[41] Durch den Verweis auf internationale und nationale Standards und technische Vorschriften wird so das Agreement on Technical Barriers to Trade (TBA) anwendbar.

tigen Handelshemmnisse schaffen.[42] Die technischen Vorschriften, auf die in Art. VI GPA Bezug genommen wird, sind nach der Fußnote zu Art. VI Abs. 2 b):

> „[...] ein Dokument, in dem die Eigenschaften einer Ware oder Dienstleistung oder verwandter *Produktionsverfahren und -methoden* niedergelegt sind, eingeschlossen die zwingend anzuwendenden Verwaltungsvorschriften. Es kann auch Terminologie, Symbole, Verpackung, Kennzeichnungs- oder Beschriftungsvorschriften, wie sie für eine Ware, eine Dienstleistung, ein *Verfahren oder eine Produktionsmethode* gelten, einschließen oder diese ausschließlich behandeln."[43]

Daraus lässt sich folgern, dass PPMs nach dem GPA grundsätzlich zulässig sind, auch wenn sie nicht produktbezogen sind, weil sie unter die Definition der technischen Spezifikationen fallen.[44] Allerdings dürfen sie nicht in der *Absicht* gefordert werden, ausländische Anbieter auszuschließen, weil sie für diese nicht erfüllbar sind. Der Hinweis auf Terminologie, Verpackung, Kennzeichnung und Beschriftung in Art. VI Abs. 1 GPA macht deutlich, dass die Anforderung an ein zu beschaffendes Produkt, wie zum Beispiel das Vorhandensein eines Umweltlabels, zulässig sind, soweit sie keinen diskriminierenden Effekt haben. Eine Diskriminierung kann dadurch vermieden werden, dass der Nachweis zugelassen wird, dass das Produkt die geforderten umweltfreundlichen Vorgaben erfüllt, ohne das Label zu tragen.

9.2.2 Qualifikationen der Anbieter

Art. VIII GPA legt fest, dass Regelungen oder Festsetzungen hinsichtlich der Auswahl der Anbieter nicht diskriminierend sein dürfen. *Kunzlik* folgert daraus, dass Kriterien, die notwendig sind, um die kommerzielle und technische Leistungsfähigkeit der Anbieter sicherzustellen, durchaus auch die Teilnahme an Umweltmanagementsystemen einschließen kann.[45] Dies scheint zumindest zweifelhaft, solange es sich um ein europäisches System wie EMAS handelt, kann aber entsprechend dem soeben Ausgeführten zulässig sein, wenn entsprechende Nachweise ebenfalls zugelassen werden. Überdies dürfte ein internationales System wie ISO 14001 unter den gleichen Voraussetzungen auf weniger Kritik stoßen.

9.2.3 Zuschlagskriterien und Bewertung

Art. XII Abs. 2 h) GPA verlangt, dass alle Zuschlagskriterien in der Ausschreibung genannt werden müssen. Der Zuschlag hat dann auf das billigste oder das günstigste Angebot zu erfolgen, Art. XIII Abs. 4 b) GPA. Im Gegensatz zum deut-

[42] KUNZLIK, International procurement regimes and the scope for the inclusion of environmental factors in public procurement, in: The Environmental Performance of Public Procurement, OECD, 2003, S. 157 ff.

[43] Hervorhebungen durch d. verf..

[44] KUNZLIK, International procurement regimes (siehe Fußnote 42), S. 157.

[45] KUNZLIK, International procurement regimes (siehe Fußnote 42), S. 162.

schen oder europäischen Vergaberecht ist im GPA nicht vom *wirtschaftlich günstigsten* Angebot die Rede, sondern nur von dem *günstigsten*,[46] das anhand der spezifischen Bewertungskriterien in den Bekanntmachungen oder den Vergabeunterlagen zu ermitteln ist. Daraus folgt, dass auch die Einhaltung von Umweltkriterien dazu führen kann, dass ein Angebot als das günstigste beurteilt wird, vorausgesetzt, diese sind in der Ausschreibung spezifiziert worden. Es hat gleichzeitig zur Folge, dass die Vergabestelle den Zuschlag nicht aufgrund zusätzlicher, zuvor nicht festgelegter (Umwelt-)Kriterien vergeben darf.

9.2.4 Ausnahmen nach Art. XXIII GPA

Unter der Voraussetzung, dass Umweltkriterien nicht diskriminierend angewandt werden oder zu einem versteckten Hemmnis für den internationalen Handel führen, hindert das GPA einen Mitgliedstaat nicht daran, Maßnahmen vorzusehen, die unter anderem dem Schutz des Lebens und der Gesundheit von Menschen, Tieren und Pflanzen dienen, Art. XXIII Abs. 2 GPA. So besteht jedenfalls nach Art. XXIII GPA eine Rechtfertigungsmöglichkeit für Umweltkriterien.[47]

Nach der Ratifizierung des GPA ausschließlich durch die Gemeinschaft war das Abkommen auch durch diese umzusetzen. Dies ist in der EU durch die Novellierung der Vergaberichtlinien geschehen. Es wird daher die Meinung vertreten, das GPA habe neben den Vergaberichtlinien keine selbstständige Bedeutung. Diese Schlussfolgerung ist allerdings insofern verfrüht, als es bisher keinerlei „WTO-Rechtsprechung" zum Konflikt zwischen Umweltschutz und Vergaberegeln nach dem GPA gibt. Insbesondere ist bislang keine Entscheidung zur Rechtfertigung einer Umweltschutzmaßnahme nach Art. XXIII GPA ergangen. Insgesamt haben Umweltschutzaspekte in den Verhandlungen zum GPA keine Rolle gespielt.[48] Wie die Rechtsprechung der *Panels* und des *Appellate Body* zu dem Art. XXIII GPA entsprechenden Art. XX GATT zeigt, ist es nicht von vornherein ausgeschlossen, dass vor diesem Forum Handelsaspekte gegenüber Umweltschutzfragen den Vorrang genießen könnten.[49] Insbesondere kann nicht in allen Fällen davon ausgegan-

---

[46] Ebenso KUNZLIK, International procurement regimes (siehe Fußnote 42) S. 162 A. A. PRIEß/PITSCHAS, PPLR 2000, 171, 190.

[47] Art. XXIII Abs. 2 lautete: Unter dem Vorbehalt, dass die folgenden Maßnahmen nicht so angewendet werden, dass sie zu einer willkürlichen oder ungerechtfertigten Diskriminierung zwischen Ländern, in denen die gleichen Bedingungen herrschen, oder zu einer versteckten Beschränkung des internationalen Handels führen, darf keine Bestimmung dieses Übereinkommens so ausgelegt werden, dass sie eine Vertragspartei daran hindert, Maßnahmen zu beschließen oder durchzuführen zum Schutze der öffentlichen Sittlichkeit, Ordnung und Sicherheit, zum Schutze des Lebens und der Gesundheit von Menschen, Tieren und Pflanzen, zum Schutze des geistigen Eigentums oder in Bezug auf von Behinderten, Wohltätigkeitseinrichtungen oder Strafgefangenen hergestellte Waren.

[48] VON MOLTKE, After Doha. Assessing the outcomes of the WTO Fourth Ministerial Conference. www.iisd.org/pdf/2002/trade_qatar_viewpoint5.pdf (14 November 2003).

[49] Aus der umfangreichen Literatur zu Konflikten zwischen internationalem Handel und Umweltschutz unter Art. XX GATT mit eingehender Diskussion von „PPMs" siehe nur: INTERNATIONAL INSTITUTE FOR SUSTAINABLE DEVELOPMENT AND CEN-

gen werden, dass die Interpretation der Vergaberegeln durch die Gemeinschaft einer möglichen Interpretation durch ein WTO-*Panel* entspricht. Ein Beispiel für eine möglicherweise abweichende Interpretation gibt *van Asselt*. Er untersuchte u. a. die Zulässigkeit verschiedener Umweltkriterien bei der Beschaffung nach dem GPA. Während offensichtlich diskriminierende Maßnahmen, wie die Bevorzugung von Lebensmitteln aus regionalem Anbau, einen Test unter dem GPA nicht bestehen würden, ist z. B die Zulässigkeit der Beschaffung von grünem Strom zumindest fraglich. Hier kommt *van Asselt* zu dem Ergebnis, dass es sich bei der Charakterisierung von Strom nach seinem Herstellungsprozess um eine sogenannte *„non-product-related PPM*" handelt, also eine Produktionsmethode, die sich nicht in den Eigenschaften des Produktes niederschlägt. Die Zulässigkeit einer solchen nach Art. VI GPA hält er für fraglich, überdies sieht er keine Rechtfertigungsmöglichkeit nach Art. XXIII GPA.[50] Diese Auslegung ergibt sich, wie oben dargelegt, jedenfalls nicht aus dem Wortlaut des GPA. Sie würde auch von der gegenwärtigen Interpretation der Kommission hinsichtlich der Zulässigkeit der Beschaffung von „grünem" Strom abweichen.[51]

9.2.5 Ergebnis

Im Ergebnis ist daher zumindest die Zulässigkeit von nicht-produktbezogenen Produktionsmethoden gegenwärtig offen. Solange es keine bindende Rechtsprechung des *Appellate Body* zu dieser Frage gibt, kann jedoch grundsätzlich nicht gefolgert werden, dass einer Vergabe von öffentlichen Aufträgen nach Umweltkriterien nach dem GPA Hemmnisse entgegenstehen, solange diese in nicht diskriminierender Weise angewandt werden.[52] Das bedeutet für die Praxis, dass Kriterien, die von ausländischen Anbietern nicht erfüllt werden können, grundsätzlich unzulässig sind. Darüber hinaus stellt das GPA kein rechtliches Hemmnis für eine umweltfreundliche Beschaffung dar.

9.3 Das europäische Sekundärrecht

Das europäische Vergaberecht determiniert in vielfacher Weise die Spielräume der Nutzung ökologischer Kriterien für eine öffentlichen Beschaffung und ist damit ein wichtiger Ausgangspunkt für die Betrachtung des deutschen Rahmens, der im Anschluss ausführlich dargestellt wird. Die Entwicklung des europäischen Ver-

TER FOR INTERNATIONAL ENVIRONMENTAL LAW, The state of trade law and the environment: Key issues for the next decade, Working paper, Genf/Washington D.C., 2003.

[50] VAN ASSELT (siehe Fußnote 37), S. 34-35. Allerdings weisen BUCK/CAMERON darauf hin, dass sich die Auslegung des GATT nicht einfach auf das GPA übertragen lässt, BUCK/CAMERON, (siehe Fußnote 37) S. 18.

[51] Interpretierende Mitteilung, (siehe Fußnote 14) II. 1.2, S. 16.

[52] Ebenso BUCK/CAMERON, (siehe Fußnote 37) S. 2.

gaberechts in den letzten Jahren hat bedeutenden Einfluss auf die Berücksichtigung von Umweltkriterien. Auf diese Entwicklung, die sowohl die Interpretation der geltenden Richtlinien seitens der Kommission, eine Reihe von Entscheidungen des *EuGH* als auch die kontrovers diskutierte Novellierung der Vergaberichtlinien betrifft, wird im Folgenden ausführlich eingegangen. Abschließend wird die Bedeutung der neuen Vergaberichtlinien,[53] die am 30. April 2004 in Kraft traten, untersucht und ein Ausblick auf die Zukunft der umweltfreundlichen Vergabe nach europäischen Grundsätzen gegeben.

Zur Zeit sind auf Gemeinschaftsebene die folgenden Richtlinien zum Vergaberecht in Kraft:

- Lieferkoordinierungsrichtlinie, RL 93/36/EWG, ABlEG Nr. L 199 vom 9.8.1993, S. 1;
- Baukoordinierungsrichtlinie, RL 93/37/EWG, ABlEG Nr. L 199 vom 9.8.1993, S. 54;
- Dienstleistungskoordinierungsrichtlinie, RL 92/50/EWG, ABlEG Nr. L 209 vom 24.7.1992, S. 1; alle drei geändert durch RL 97/52/EG, ABlEG Nr. L 328 vom 30.10.1997, S.1;
- Sektorenrichtlinie, RL 93/38/EWG, ABlEG Nr. L 199 vom 9.8.1993, S. 84; geändert durch RL 98/4/EG, ABlEG Nr. L 101, S. 1;
- Rechtsmittelrichtlinie, RL 89/665/EWG, ABlEG Nr. L 395 vom 30.12.1989, S. 33, geändert durch RL 92/50/EWG, ABlEG Nr. L 201 vom 24.7.1992, S.1;
- Sektorenrechtsmittelrichtlinie, RL 92/13/EWG, ABlEG Nr. L 76 vom 23.3.1992, S. 14.

Die Richtlinien kommen nur oberhalb bestimmter Schwellenwerte zur Anwendung, der grundsätzlich 200.000 Euro für Liefer- oder Dienstleistungsaufträge und 5.000.000 Euro für Bauaufträge beträgt.[54] Im Sektorenbereich gelten noch höhere Schwellenwerte.[55] Oberhalb der Schwellenwerte müssen Auftraggeber öffentliche Aufträge europaweit ausschreiben und auch die sonstigen Verfahrensregeln der europäischen Vergaberichtlinien beachten. Unterhalb der Richtlinien kommt nationales Vergaberecht zur Anwendung. Dies wurde zur Wahrung eines einheitlichen Ausschreibungssystems entweder den Vorgaben des - an sich nur für Aufträge oberhalb der Schwellenwerte geltenden - europäischen Rechts angepasst oder blieb, wie im Falle Deutschlands, unverändert.

Oberhalb wie auch unterhalb der Schwellenwerte ist der EG-Vertrag und insbesondere das Prinzip der Nichtdiskriminierung zu beachten.

---

[53] Siehe oben Fußnoten 20 und 21.

[54] Unter dem WTO Government Procurement Agreement verpflichtete sich die EU, die Schwellenwerte für Regierungen i. e. S. auf 130.000 SZR (Sonderziehungsrechte, ein SZR entspricht 1.03 ECU gemäß der Umsetzung des GPA) abzusenken. Das GPA trat am 1. Januar 1996 in Kraft und wurde durch die Richtlinie 97/52/EG, mit der die Liefer-, Bau- und Dienstleistungsrichtlinie geändert wurden, umgesetzt.

[55] Art. 14 der Sektorenrichtlinie (93/38/EG), 400.000 oder 600.000 Euro je nach Auftraggeber.

Mit dem Grünbuch von 1996[56] und der Mitteilung von 1998[57] unterzog die Kommission die europäischen Vergaberichtlinien einer Prüfung und kam zu dem Schluss, dass sich das derzeitige Vergabesystem durch die Zusammenführung der bisherigen Richtlinien in zwei Richtlinien stark vereinfachen ließe. Daraufhin unterbreitete sie im Frühjahr 2000 zwei Richtlinienvorschläge, von denen eine die drei klassischen Richtlinien für Bau-, Liefer- und Dienstleistungsaufträge zusammenführte,[58] und die andere den Sektorenbereich betraf.[59]

Die Richtlinienentwürfe lagen dem Europäischen Parlament vor, das im Rahmen des Mitentscheidungsverfahrens nach Art. 251 EG-Vertrag zu beteiligen war. Verschiedene Ausschüsse haben sich im Hinblick auf die mangelnde Einbeziehung von Sozial- oder Umweltkriterien kritisch geäußert.[60] In der ersten Lesung im Januar 2002 wurden entsprechende Änderungsbeschlüsse gefasst und an den Rat weitergeleitet. Die Kommission hat daraufhin einen geänderten Vorschlag vorgelegt. Der vom Rat angenommene gemeinsame Standpunkt wurde dem Parlament vorlegt, das sich in zweiter Lesung mit den Richtlinien beschäftigt hat. Im eingeleiteten Vermittlungsverfahren waren verschiedene Punkte umstritten, zu denen auch die Einbeziehung von Umweltkriterien in das Vergabeverfahren gehörten. Eine Einigung im Dezember 2003 führte schließlich zu einer Annahme eines Kompromissvorschlags im Dezember 2003 und zur Annahme in dritter Lesung im Januar 2004.

Neben der Ankündigung über die Reform der europäischen Vergaberichtlinien machte die Kommission in ihrer Mitteilung vom März 1998 deutlich, dass sie hinsichtlich bestimmter Aspekte auf eine Änderung der Richtlinien verzichten wollte, um die mit der Reform der Richtlinien einhergehenden Rechtsunsicherheiten auf ein Mindestmaß zu reduzieren. Stattdessen wollte sie die Bedeutung bestimmter Rechtsvorschriften im Wege einer Interpretation klarstellen. Beabsichtigt war, im Wege einer Mitteilung die Möglichkeiten zur Einbeziehung von Umweltkriterien in das Vergabeverfahren darzustellen.[61] Dies führte zur Vorlage der erwähnten Interpretierenden Mitteilung. Auch wenn die Interpretierende Mitteilung teilweise durch den Gesetzgebungsprozess überholt worden ist, bleibt sie gegenwärtig eine wichtige Grundlage, um die Beurteilung der Kommission hinsichtlich möglicher Umweltkriterien bei der Vergabe öffentlicher Aufträge darzustellen.

---

[56] Grünbuch der EU-Kommission: Das öffentliche Auftragswesen in der EU, Überlegungen für die Zukunft, Mitteilung der Kommission vom 27.11.1996, KOM (96) 583 endg.

[57] Mitteilung der Kommission: Das öffentliche Auftragswesen in der Europäischen Union vom 11.3.1998, KOM (98) 143.

[58] KOM (2000) 275 endg. vom 12. 7.2000, AblEG Nr. C 29 E vom 30.01.2001, S.11.

[59] KOM (2000) 276 endg. vom 12.7.200, AblEG Nr. C 29 E vom 30.01.2001, S. 112.

[60] Stellungnahme des Wirtschafts- und Sozialausschusses (beratendes Organ der Union, in ihm sind z. B. Arbeitgeber und Arbeitnehmer organisiert), ABlEG Nr. C 193 vom 10.07.2001, S. 7; Stellungnahme des Ausschusses der Regionen (der Ausschuss der Regionen vertritt die regionalen und kommunalen Gebietskörperschaften), ABlEG Nr. C 144 vom 16.05.2001, S. 23.

[61] Mitteilung der Kommission vom 8.3.1998 (siehe Fußnote 57) unter II 1. 3.

9.3.1 Prüfungsumfang und -schritte

Die Frage, ob Umweltkriterien im Vergabeverfahren zulässig sind, ist sowohl am primären wie auch am sekundären Gemeinschaftsrecht zu messen.[62] Weiterhin ist zu ermitteln, in welchem Stadium des Vergabeverfahrens sie am besten berücksichtigt werden können. Bis zum Abschluss des Gesetzgebungsverfahrens gab die Interpretierende Mitteilung uneingeschränkt die aktuelle Rechtsauffassung der Kommission wieder.[63] Nunmehr sind durch die neuen Vergaberichtlinien entscheidende Änderungen erfolgt, die im zweiten Schritt dargestellt werden.

Folgend wird zunächst untersucht, inwieweit das europäische Sekundärrecht in Form der noch geltenden Vergaberichtlinien die Einbeziehung umweltfreundlicher Kriterien erlauben, wobei u. a. auf die Interpretierende Mitteilung der Kommission einzugehen ist.[64] Untersucht werden die Möglichkeiten der Einbeziehung von Umweltkriterien bei der Vergabe öffentlicher Aufträge anhand der Stadien des Vergabeverfahrens nach EG-Recht. Dabei wird auf die in den Vergaberichtlinien vorgesehene Trennung zwischen den verschiedenen Vergabeverfahren verzichtet; stattdessen liegt der Schwerpunkt auf den Vorschriften der Richtlinien, die für die drei Vergabearten[65] gleichermaßen gelten. Der Einfachheit halber wird weiterhin im Folgenden keine Unterscheidung zwischen dem Begriff Bieter und Bewerber (letzteres die Bezeichnung von Unternehmen in der Phase des öffentlichen Teilnahmewettbewerbs, der dem nicht offenen Verfahren vorgeschaltet ist) vorgenommen, sondern für alle Teilnehmer am Vergabeverfahren einheitlich der Begriff Bieter verwendet.

Da es dem *EuGH* zukommt, die einheitliche Auslegung und Fortbildung des Gemeinschaftsrechts zu gewährleisten, wird ein Schwerpunkt der Darstellung auf dessen Rechtsprechung liegen, denn seine Urteile in Sachen *Condordia Bus Finland*[66] und *Wienstrom*[67] indizieren weitreichende Möglichkeiten für die Einbeziehung von Kriterien, die außerhalb des unmittelbaren Vergabegegenstandes liegen.

---

[62] Auf die durch das europäische Primärrecht bestehenden Grenzen wird unter Abschn. 9.4. ausführlich eingegangen.

[63] Wenn die Interpretierende Mitteilung lediglich die Auffassung der Kommission über die Rechtslage hinsichtlich der derzeit gültigen Richtlinien darstellt, stellt sich die Frage, ob sie nach Inkrafttreten der vorgeschlagenen Richtlinien nicht an Bedeutung entscheidend verliert.

[64] Die Interpretierende Mitteilung ist kein verbindlicher Rechtsakt, sondern lediglich eine informelle Organhandlung ohne rechtliche Verbindlichkeit. Gleichwohl verdeutlicht die Interpretierende Mitteilung, welche Umweltkriterien die Kommission für zulässig hält. Anhand dieser Vorgaben ist für öffentliche Auftraggeber ersichtlich, welche Umweltkriterien sie unproblematisch im Vergabeverfahren verwenden dürfen und bei welchen Kriterien sie ein Vertragsverletzungsverfahren nach Art. 226 EG-Vertrag vor dem EuGH riskieren.

[65] Offenes Verfahren, nicht offenes Verfahren, Verhandlungsverfahren, vgl. z. B. Art. 6 Lieferkoordinierungsrichtlinie.

[66] Urteil des EuGH, Rs. C 513/99, (*Concordia Bus Finland*) (siehe Fußnote 15).

[67] Urteil des EuGH, Rs. C-448/01, (*Wienstrom*) (siehe Fußnote 16).

Abschließend wird auf die nunmehr verabschiedeten Vergaberichtlinien eingegangen.

9.3.2 Definition des Auftragsgegenstands

Nach europäischem Recht liegt im Anfangsstadium des Vergabeverfahrens, der Definition des Auftragsgegenstandes, eine entscheidende Weichenstellung für eine umweltfreundliche Beschaffung. Dieser Verfahrensabschnitt fällt nach Auffassung der Europäischen Kommission noch nicht unter die europäischen Vergaberichtlinien, so dass jede Beschaffungsstelle - jedenfalls nach EU-Recht - mit der Entscheidung, welches Produkt oder welche Leistung sie beschaffen möchte, deren Umwelteigenschaften in ihre Überlegungen mit einbeziehen kann. Bei der Definition des Auftragsgegenstandes liegt es dann am Umweltbewusstsein oder dem Kenntnisstand der Auftraggeber, inwieweit solche Überlegungen Einfluss auf die Auswahl des Auftragsgegenstands haben.[68]
Die Möglichkeiten der Einbeziehung von Umweltkriterien hängen von der Art des jeweiligen Auftrages ab.[69]

Bauaufträge

Bei Bauaufträgen beschränkt sich die Definition des Auftragsgegenstands nicht auf das fertige Gebäude, sondern schließt die Planung und Ausführung der Bauarbeiten mit ein. So kann ein Auftraggeber z. B. den Bau eines Hauses mit niedrigem Energieverbrauch vorgeben und dabei nicht nur auf einer energiesparenden Isolierung bestehen, sondern auch den Einbau von Sonnenkollektoren zur Energieerzeugung verlangen.

Da der Auftraggeber als Bauträger nicht nur für die Wahl oder die Planung des Bauwerkes zuständig ist, sondern auch für die Ausführung der Arbeiten auf der Baustelle, kann er zudem bestimmte Anforderungen an den Energie- und Wasserverbrauch oder auch die Abfallbehandlung auf der Baustelle stellen.[70]

Dienstleistungsverträge

Auch beim Dienstleistungsauftrag können Art und Weise der Vertragsdurchführung vom öffentlichen Auftraggeber vorgegeben und damit die bei der Ausführung zu beachtenden Umweltbelange vorgeschrieben werden. So können Auftraggeber für die Gebäudereinigung die Verwendung eines umweltfreundlichen Reini-

[68] Vgl. auch KLING (siehe Fußnote 27), S. 599 ff.

[69] Vgl. zu den einzelnen Beispielen die Interpretierende Mitteilung (siehe Fußnote 14) unter I, S. 14.

[70] In Fällen, in denen eine Umweltverträglichkeitsprüfung vorgeschrieben ist, wird schon diese Prüfung für die verstärkte Berücksichtigung von Umweltanforderungen bei der Ausführung des Vertrages sorgen.

gungsmittels vorschreiben oder für den öffentlichen Nahverkehr den Einsatz von Elektrobussen zur Vorschrift machen.

Lieferverträge

Mit Lieferaufträgen beschafft der öffentliche Auftraggeber üblicherweise Endprodukte, so dass weder eine Planungs- noch eine längerfristige Umsetzungsphase stattfindet. Im Rahmen der Definition des Auftragsgegenstands können daher nur die von dem Produkt zu erfüllenden Umweltanforderungen festgelegt werden.[71] Gegenstand der Vergabe kann dann z. B. Recyclingpapier sein.

Unklarheiten

Nach der ursprünglichen Auffassung der Kommission besteht somit eine weitgehende Freiheit bei der Auswahl des Beschaffungsgegenstands. Kritisch zu beurteilen ist diese Auslegung allerdings, da sie die Grenze zu den technischen Spezifikationen verwischt, die Teil der Leistungsbeschreibung sind. Umweltanforderungen spezifizieren den Auftragsgegenstand notwendigerweise, so dass nicht völlig eindeutig ist, ab welchem „Spezifikationsgrad" die Grenze zur technischen Spezifikation, die im Rahmen der Leistungsbeschreibung stattzufinden hat, bereits überschritten ist.[72] Problematisch ist dies insofern, als die Festlegung des Vertragsgegenstands, wie von der Kommission mehrfach hervorgehoben, nicht in den Anwendungsbereich der Vergaberichtlinien fällt, wohingegen technische Spezifikationen vom Regelungsbereich der Vergaberichtlinien erfasst sind.[73] Die Grenzen scheinen in diesem Bereich fließend zu sein,[74] und hätten im Hinblick auf die Abgrenzung von den technischen Spezifikationen einer Präzisierung bedurft.[75]

---

[71] Das schließt allerdings noch nicht die technischen Spezifikationen ein.

[72] Vgl. z. B. AICHER/FRUHMANN, Rechtsstudie „Erstellung eines Kriterienkatalogs zur Berücksichtigung des Umweltschutzes im Beschaffungs- und Auftragswesen" (nicht veröffentlicht), die die Vorschrift in den technischen Spezifikationen, wonach Leistung neutral beschrieben werden muss, so auslegen, als wäre die erste Stufe dieses Gebots die Frage danach, unter welchen Voraussetzungen die Vergabestelle überhaupt berechtigt ist, ein bestimmtes Erzeugnis oder Verfahren nachzufragen. S. 83f.

[73] Z. B. Art. 8 der Lieferkoordinierungsrichtlinie. Ist z. B. "ungebleichtes Recyclingpapier„ unter I. der Interpretierenden Mitteilung noch eine Auswahl des Vergabegegenstands oder bereits technische Spezifikation?

[74] Bei KLING, (siehe Fußnote 27), S. 599f. werden die von der Kommission aufgeführten Beispiele z. B. als technische Spezifikationen bezeichnet. Vgl. auch GRIEM, Umweltfreundliche Beschaffung im Bauwesen, NVwZ 1999, S. 1171ff, 1172; SCHUMACHER, Vergabefremde Umweltkriterien im Abfallrecht und Gemeinschaftsrecht, DVBl. 2000, 467ff, 470, wo die *Leistungsbeschreibung* als wichtigstes Instrument für die Berücksichtigung ökologischer Gesichtspunkte bei der öffentlichen Beschaffung genannt wird.

[75] Möglicherweise hielt die Kommission die strikte Trennung deshalb nicht für nötig, weil die denkbaren Umweltkriterien in jedem Falle auch im Rahmen der technischen Spezifikationen eingebracht werden können.

9.3.3 Technische Spezifikationen

Die zweite Stufe des Vergabeverfahrens umfasst die Erstellung der Verdingungsunterlagen. Hier ist der Anwendungsbereich der Richtlinien eröffnet. Die öffentlichen Auftraggeber legen die technischen Spezifikationen in der Leistungsbeschreibung fest.[76] Diese genauere Beschreibung soll die Brauchbarkeit des Ausschreibungsgegenstands für den vom öffentlichen Auftraggeber festgelegten Verwendungszweck sicherstellen und den Bietern im Sinne eines fairen Wettbewerbs alle zur Erfüllung des Vertragszwecks notwendigen Informationen zur Verfügung stellen.[77]

Technische Spezifikationen sind in Anhang III der Vergaberichtlinien definiert als:

> „sämtliche, insbesondere in den Verdingungsunterlagen enthaltenen technischen Anforderungen an ein Material, ein Erzeugnis oder eine Lieferung, mit deren Hilfe das Material, das Erzeugnis oder die Lieferung so bezeichnet werden können, dass sie ihren durch den Auftraggeber festgelegten Verwendungszweck erfüllen. Zu diesen technischen Anforderungen gehören Qualitätsstufen, Gebrauchstauglichkeit, Leistungsfähigkeit, Sicherheit oder Abmessungen, ebenso die Vorschriften für Materialien, Erzeugnisse oder Lieferungen hinsichtlich Qualitätssicherung, Terminologie, Bildzeichen, Prüfungen und Prüfverfahren, Verpackung, Kennzeichnung und Beschriftung.“[78]

Bestimmte Erzeugnisse oder Verfahren, Ursprungsorte oder Bezugsquellen dürfen nur dann vorgeschrieben werden, wenn dies die Art der geforderten Leistung rechtfertigt. Markennamen oder Warenverzeichnisse dürfen zur Leistungsbeschreibung nur verwendet werden, wenn die Beschreibung durch allgemeinverständliche Bezeichnungen nicht hinreichend genau möglich ist. In jedem Falle muss die Beschreibung den Zusatz „oder gleichwertiger Art“ enthalten.[79] Zweck dieser Regelung ist es, den Marktzugang für möglichst viele Bieter offen zu halten und vor Beschränkungen des Wettbewerbs durch zu enge, auf bestimmte Produkte oder Bieter zugeschnittene Leistungsbeschreibungen zu schützen.[80]

---

[76] Art. 14 Dienstleistungskoordinierungsrichtlinie; Art. 8 Lieferkoordinierungsrichtlinie, Art. 10 Baukoordinierungsrichtlinie.

[77] Interpretierende Mitteilung (siehe Fußnote 14) unter II 1, S. 15.

[78] Anhang III Nr. 1 zur Lieferkoordinierungsrichtlinie, ähnlich in Anhang II zur Baukoordinierungsrichtlinie.

[79] Vgl. z. B. Art. 8 Abs. 6 Lieferkoordinierungsrichtlinie. Dazu HERTWIG, Praxis der öffentlichen Auftragsvergabe, München 2000, Rdnr. 85.

[80] Vgl. Urteil des EuGH vom 42. 1. 1995, Rs. C-359/93, („Unix“), Slg. 1995, I-157: Eine niederländische Vergabestelle hatte für die Lieferung und Instandhaltung einer Wetterwarte das Datenverarbeitungssystem UNIX ohne die Beifügung „oder gleichwertiger Art“ vorgeschrieben. Die Rechtfertigung der niederländischen Regierung, das UNIX-System sei im Bereich der Informationstechnik als eine von den Branchenteilnehmern allgemein anerkannte technische Spezifikation anzusehen, welche die Angabe „oder gleichwertiger Art“ überflüssig mache, ließ der EuGH nicht gelten. Das UNIX-System sei nicht normiert und sei das Warenzeichen eines bestimmten Erzeugnisses. Das Weglassen des Zusatzes könne nicht nur Wirtschaftsteilnehmer, die ähnliche Systeme wie UNIX anwenden, davon abhalten, an der Ausschreibung teilzunehmen, sondern auch ent-

Den noch geltenden Richtlinien zufolge muss in einer bestimmten Reihenfolge auf Standards oder vergleichbare Instrumente Bezug genommen werden. Vorrangig sollen europäische Instrumente oder Standards für die technische Spezifikation herangezogen werden. Sofern solche fehlen, kann auf internationale oder nationale Standards oder Instrumente zurückgegriffen werden. Gegenwärtig existieren nur wenige europäische Standards, die Umweltanforderungen an Produkte und Dienstleistungen betreffen. Entgegen anderslautender Stimmen im Schrifttum hat, lehnt die Kommission die Auffassung ab, dass in den technischen Spezifikationen nur auf bereits existierende Normen Bezug genommen werden dürfe.[81] Bis Umweltkriterien in die Standards eingearbeitet sind, können öffentliche Auftraggeber daher in der Praxis für eine bestimmte Beschaffung selbst das Anforderungsniveau festlegen, sofern dies nicht zu einer Diskriminierung führt.[82] Dies ist vor allem deshalb sinnvoll, weil sich technische (nicht nur Umwelt-) Standards in einem ständigen Entwicklungsprozess befinden und eine starre Bezugnahme auf die derzeit in Normen anerkannten Standards gerade die Nutzung von Innovationen in der öffentlichen Beschaffung verhindert würde.

Produktspezifikationen

In den technischen Spezifikationen können die öffentlichen Auftraggeber bestimmte Grundstoffe oder Ausgangsmaterialien für die zu beschaffende Lieferung oder Leistung vorschreiben.[83] Es kann z. B. die Verwendung eines bestimmten wiederverwertbaren Materials festgelegt werden. Die Produktspezifikationen müssen sich an den Vorgaben des Gemeinschaftsrechts messen lassen. Daher darf potentiellen Bietern aus anderen Mitgliedstaaten weder durch offene noch durch verdeckte Diskriminierung der Zugang zum Markt erschwert bzw. verweigert werden.

Die Definitionen der technischen Spezifikationen in den verschiedenen Richtlinien nehmen auf Prozess- und Produktionsmethoden keinen Bezug. Neben technischen Anforderungen an das zu beschaffende Endprodukt oder die Leistung sind nach der Interpretierenden Mitteilung der Kommission darüber hinaus Vorgaben für Produktionsmethoden zulässig. Die Kommission unterscheidet zwischen technischen Spezifikationen für Produktionsverfahren, die sich im Produkt niederschlagen und, sichtbar oder unsichtbar, zu dessen Charakterisierung beitragen und solchen technischen Anforderungen, die zur Produktion der ausgeschriebenen Leistung oder Lieferung letztlich keinen Bezug haben. Nur technische Spezifikationen der ersten Kategorie dürfen in die Vergabeunterlagen aufgenommen werden.[84] Danach ist es zulässig, umweltgerechte Produktionsmethoden wie z. B. öko-

gegen Art. 28 des EGV die Einfuhrströme im innergemeinschaftlichen Handel behindern, indem der Markt den Lieferanten vorbehalten bleibt, die beabsichtigen, das spezielle System anzuwenden.

[81] BOCK, Das europäische Vergaberecht für Bauaufträge unter besonderer Berücksichtigung der Auswirkungen auf das schweizerische Submissionsrecht, 1993, S. 320.

[82] Interpretierende Mitteilung (siehe Fußnote 14) unter II 1, S. 15.

[83] Vgl. Anhang III der Richtlinien: „sämtliche...technischen Anforderungen...an ein Material, ein Erzeugnis oder eine Lieferung."

[84] Interpretierende Mitteilung (siehe Fußnote 14) unter II 1.2, S. 16.

logischen Landbau oder die Verwendung von Ökostrom[85] vorzuschreiben, weil dies zur – allerdings nicht sichtbaren – Charakterisierung des Produkts beiträgt.[86]

Umweltanforderungen für das Produktionsverfahren, die sich nicht auf das Produkt selbst beziehen, wie z. B. die Form, in der das Unternehmen geführt wird, dürfen hingegen nach Kommissionsauffassung nicht in den technischen Spezifikationen vorgeschrieben werden. Die Verwendung von Recyclingpapier in Büros, die Anwendung bestimmter Abfallentsorgungsmethoden oder die Beschäftigung bestimmter Gruppen von Arbeitnehmern beim Unternehmen darf daher in den Katalog der technischen Spezifikationen nicht aufgenommen werden.

Der Ansatz der Europäischen Kommission zur Einbeziehung bestimmter Produktionsmethoden in das Vergabeverfahren ist als zu vage und unklar kritisiert worden. Abgrenzungsschwierigkeiten zwischen zulässigen und nicht zulässigen Produktionsmethoden seien zu erwarten. Diese Auffassung ist einerseits nicht völlig unbegründet, wie das Beispiel des Öko-Stroms zeigt. Hier ist es in der Tat fraglich, ob es im Erzeugnis einen Unterschied macht, ob er herkömmlich erzeugt wird oder aus erneuerbaren Energien stammt. Daher kann nicht davon die Rede sein, dass grundsätzlich klar erkennbar ist, dass nur solche Produktionsmethoden,

---

85 Vgl. dazu die Anmerkung in Fußnote 22 der Interpretierenden Mitteilung (siehe Fußnote 14), S. 22: "Sie dürfen nicht vorschreiben, dass umweltfreundlicher Strom nur mit Windenergie erzeugt werden darf; in der Tat kann Ökostrom auch mit Wasser- oder Sonnenenergie gewonnen werden, und die technische Anforderung sollte in solchen Fällen daher lauten, dass grüner Strom aus erneuerbaren Energien gewonnen werden muss."

86 A. A. KLING (siehe Fußnote 27), S. 642 (folgt darin WESTPHAL (siehe Fußnote 27), S. 1 (5/10): „Grundsätzlich wird man die Berücksichtigungsfähigkeit umweltfreundlicher Herstellungsprozesse zu verneinen haben, weil sie mit dem zu beschaffenden Produkt nicht in Zusammenhang stehen. Nur dort, wo die Herstellungsweise eine direkte Auswirkung auf die Qualität und Leistungsfähigkeit des Produkts oder der Dienstleistung hat („performance related process and production methods"- PPMs), ist ihre Berücksichtigung möglich. Für das Produkt als solches ist völlig unerheblich, aus welcher Primärenergiequelle der Strom stammt, mit dem es hergestellt worden ist. Die nähere Spezifizierung des Herstellungsprozesses ist prinzipiell als unzulässige Einschränkung des Wettbewerbs zu bewerten; sie kann ferner das Ziel der Wirtschaftlichkeit der Beschaffung in Frage stellen. Sie ist darüber hinaus mit dem Risiko der Bevorzugung eines bestimmten Anbieters durch die Beschaffungsstellen behaftet. Des Weiteren liegt die Gefahr der Überforderung der Vergabestellen und der Ineffizienz der Beschaffung auf der Hand: Stünden mehrere Herstellungsverfahren zur Debatte, müsste sich die Vergabestelle u. U. in Einzelheiten gehende Kenntnisse über Umwelt- und Verfahrenstechnik verschaffen, um die differierenden Produktionsmethoden unter dem Aspekt der Umweltfreundlichkeit zutreffend bewerten zu können; für den Regelfall ist eine solche Vorgehensweise den Vergabestellen unzumutbar." Gerade das letztgenannte Argument deckt auf, dass die Argumente derer, die keine technischen Spezifikationen bez. Produktionsmethoden zulassen wollen, nicht immer stimmig sind. Die Kenntnisse, die ein Beschaffungsvorgang erfordert, sind auch mitunter für die technischen Anforderungen an die zu beschaffenden Produkte oder Leistungen immens. Nicht ganz deutlich wird daher, wieso eine Beschaffungsstelle die Voraussetzungen der Qualitätsanforderungen an das Produkt oder die Leistung besser beurteilen können sollte als ähnliche Anforderungen gegenüber den Produktionsmethoden. Auch die anderen Begründungen könnten ebenso in Bezug auf Produktspezifikationen genannt werden.

die mit dem Produkt oder der Leistung in Zusammenhang stehen, zulässigerweise in den technischen Spezifikationen der Leistungsbeschreibung festgelegt werden können. Andererseits stellt die Kommission heraus, dass Anforderungen an die Produktionsverfahren nur zulässig sind, wenn sie nicht diskriminierend sind und sich Anforderungen nicht auf die Unternehmensführung selbst beziehen.[87]

Die Definition der technischen Spezifikation in den jeweiligen Anhängen der Richtlinien nimmt auf Produktionsverfahren nicht ausdrücklich Bezug. Auch in den Vorschriften über die Ausschlussgründe, den Bestimmungen über die Auswahl der Bieter nach den Kriterien der finanziellen, technischen und wirtschaftlichen Leistungsfähigkeit oder den Zuschlagskriterien finden sich keinerlei Hinweise im Hinblick auf Verfahrens- oder Produktionsmethoden.[88] Die Kommission hätte dies unter Hinweis darauf, dass das Produktionsverfahren für den Charakter des Produkts keine Rolle spiele, als Verbot zur Festlegung von Produktionsverfahren in den technischen Spezifikationen interpretieren können, hat davon aber abgesehen.[89]

Ökolabel

Ökolabel sollen garantieren, dass das Material eines Produktes oder dessen Herstellungsweise einem bestimmten Umweltstandard entspricht. Verbraucher können ihre Entscheidung zum Kauf eines bestimmten Produktes auf die von dem Label garantierten Kriterien stützen.

Ökolabel sind nach gegenwärtiger Auffassung technische Spezifikationen im Sinne der Richtlinien über das öffentliche Auftragswesen.[90] Öffentliche Auftraggeber können deshalb in Ermangelung europäischer (internationaler, nationaler) Standards oder sonstiger Instrumente oder in Fällen, in denen sie ein höheres als das in solchen Standards oder Rechtsvorschriften normierte Schutzniveau fordern, technische Spezifikationen im Einklang mit Ökolabel-Kriterien festlegen. Wird in technischen Spezifikationen auf Ökolabel Bezug genommen, darf nicht lediglich dieses Ökolabel als Nachweis für die Erfüllung des verlangten Umweltschutzniveaus gelten. Auftraggeber müssen auch andere Beweismittel wie z. B. Testbe-

---

[87] DAGEFÖRDE, Umweltschutz durch öffentliche Auftragvergabe, S. 91 weist zudem zu Recht darauf hin, dass es sich bei der Anforderung Strom aus erneuerbaren Energien gar nicht um eine technische Spezifikation, sondern um eine – nach der Auffassung der Kommission unbedenkliche – Bedarfsdefinition handelt.

[88] WESTPHAL (siehe Fußnote 27) S. 10.

[89] Vgl. KUNZLIK (siehe Fußnote 27), S. 211:"It appears that under the Community's regime specifications may only lay down product-related requirements and not PPMs. This follows from the definition "technical specifications" given in the directives. Since the definition focuses upon a product's fitness for post-procurement use it does not seem to encompass PPM requirement."

[90] So zumindest nach dem Grünbuch der EU-Kommission (siehe Fußnote 56), Rdnr. 5.49; etwas vorsichtiger formuliert die Kommission den Zusammenhang zwischen Ökolabeln und technischen Spezifikationen in der Interpretierenden Mitteilung (siehe Fußnote 14) unter II 1.3, S. 16: „Die Auftraggeber können...umweltschutzbezogene technische Spezifikationen im Einklang mit den Umweltzeichen-Kriterien festlegen,..."

richte akzeptieren, damit gerade für den Fall, dass nationale oder private Ökolabel als Maßstab gelten, ausländische Anbieter nicht diskriminiert und nationale oder lokale Anbieter bevorzugt werden.[91]

Varianten (Nebenangebote)

Alle Vergaberichtlinien sehen die Möglichkeit vor, dass im Falle des wirtschaftlich günstigsten Zuschlagskriteriums die Auftraggeber Nebenangebote in Erwägung ziehen können, die von einem Bieter vorgelegt werden und die neben den Minimalspezifikationen zusätzliche Umweltschutzanforderungen des Auftraggebers erfüllen.[92] Diese Vorgehensweise erweist sich insbesondere dann als vorteilhaft, wenn Beschaffer nicht sicher sein können, ob die umweltfreundliche Variante eines Produkts oder einer Leistung tatsächlich technisch umsetzbar ist, oder wenn sie nicht kalkulieren können, ob diese Alternative zu einem adäquaten Preis zur Verfügung stehen wird.

Generell ist die Beschaffungsstelle frei, umweltfreundlichere Änderungsvorschläge der Bieter zuzulassen.[93] Unklar blieb aber, in welchem Preisverhältnis Ausgangsangebot und Variante zueinander stehen müssen, damit der Zuschlag auf das ökologischere Angebot gerechtfertigt ist bzw. inwiefern die Umweltfreundlichkeit dann in die Berechnung des Preis-Leistungs-Verhältnisses einbezogen werden kann. Da ökologische Produkte teurer sein können als andere Waren,[94] wäre an dieser Stelle zu konkretisieren gewesen, bis zu welcher Schwelle ein höherer Preis wegen ökologischer Unbedenklichkeit gerechtfertigt sein kann.

9.3.4 Eignungskriterien

Umweltkriterien können auch bei der Auswahl der Bieter eine Rolle spielen. Die noch geltenden Vergaberichtlinien geben drei Möglichkeiten vor, einen Nachweis darüber zu führen, warum ein Bieter vom Vergabeverfahren ausgeschlossen werden kann. Die erste betrifft Verfehlungen und Bestrafungen des Bieters in der Vergangenheit, aufgrund derer ein Ausschluss des Bieters vom Vergabeverfahren ge-

---

91 Interpretierende Mitteilung (siehe Fußnote 14) unter II 1.3, S.16.

92 Art. 24 der Dienstleistungskoordinierungsrichtlinie, Art. 16 der Lieferkoordinierungsrichtlinie, Art. 19 der Baukoordinierungsrichtlinie.

93 Interpretierende Mitteilung (siehe Fußnote 14) unter II.1.4., S. 16.

94 Interpretierende Mitteilung (siehe Fußnote 14), unter II.1.4, S. 16. Allerdings weist die Kommission selbst in ihrem „Report on the functioning of public procurement markets in the EU: benefits from the application of EU directives and challenges for the future" vom 3. Februar 2004 darauf hin, dass neue Studien belegen, dass Umweltanforderungen in Ausschreibungen nicht zu einer Erhöhung des bezahlten Preises führen. Nachteilig für die Vergabestellen ist danach insbesondere die mangelnde Transparenz in Ausschreibungen, die regelmäßig zu höheren Preisen in der öffentlichen Beschaffung führt, ebenda S. 15. Im Ergebnis sind Beschaffungen ohne Anwendung von EU-Vergaberecht 34 % teurer als wenn nach den Vergaberichtlinien ausgeschrieben wird.

rechtfertigt ist.[95] Die zweite Kategorie, die die finanzielle und wirtschaftliche Leistungsfähigkeit des Bieters betreffen, lässt keinen Raum für die Berücksichtigung von Umweltbelangen.[96] Eine dritte Kategorie von Vorschriften betrifft die technische Leistungsfähigkeit der Bieter zur ordnungsgemäßen Erfüllung der vertraglichen Pflichten.[97]

Obwohl den Richtlinien nicht eindeutig zu entnehmen, sind die Nachweismöglichkeiten von Verfehlungen wie auch die der möglichen Belege der technischen Leistungsfähigkeit der Bieter in den Richtlinien abschließend. Die Vorschrift über die möglichen Nachweise der technischen Leistungsfähigkeit regelt dabei nicht, welchen Leistungsanforderungen Bieter zu entsprechen haben, sondern nur, welche Nachweise öffentliche Auftraggeber bez. der technischen Leistungsfähigkeit verlangen können. Wie vom Europäischen Gerichtshof in den Rechtssachen *Transporoute* und *Lottomatica* entschieden, ist der Katalog der möglichen Nachweise hierfür in den Richtlinien abschließend. [98]

Ausschluss von Teilnehmern

Zunächst geben die Vergaberichtlinien Vorgaben darüber, wie der Nachweis geführt werden kann, dass Bieter vom Verfahren auszuschließen sind. Folgende zwei Vorschriften enthalten Ausschlussgründe, bei denen Umweltkriterien relevant werden können:

- Ausgeschlossen werden können Bieter, die durch ein rechtskräftiges Urteil aus Gründen bestraft worden sind, die ihre berufliche Zuverlässigkeit in Frage stellten.[99]
- Ein Ausschluss ist auch möglich aufgrund einer schweren beruflichen Verfehlung, die vom öffentlichen Auftraggeber nachweislich festgestellt wurde.[100]

Aufgrund des ersten Ausschlussgrundes können z. B. Bieter ausgeschlossen werden, in deren Ländern die Nichtbefolgung von Umweltvorschriften u. U. strafrechtlich geahndet wird und die daraufhin verurteilt wurden.[101] Strittig ist, ob neben (straf)gerichtlicher Verurteilung darunter auch Ordnungswidrigkeiten wegen Verletzungen von Umweltschutznormen zu verstehen sind. Dafür spricht nach *Aicher/Fruhmann*, dass die europäische Auslegung des Begriffs „Gericht" auch Verwaltungsbehörden umfasst.[102] Dagegen spricht eine möglicherweise daraus resultierende unterschiedliche Interpretation der Bestimmung in verschiedenen Mit-

[95] Vgl. z. B. Art. 20 der Lieferkoordinierungsrichtlinie.
[96] Art. 22 Lieferkoordinierungsrichtlinie.
[97] Vgl. z. B. Art. 23 Lieferkoordinierungsrichtlinie.
[98] Urteil des EuGH vom 10.2.1982 , Rs. 76/81 Slg. 1982, 417; Urteil des EuGH vom 26.4. 1994, Rs. C-272/91, Slg. 1994, I-1431, Rdnr. 35.
[99] Art. 20 Abs. 1 c Lieferkoordinierungsrichtlinie. Vgl. auch ZIEKOW (siehe Fußnote 27), S. 73ff; ausführlich BENEDICT (siehe Fußnote 24), S. 123.
[100] Art. 20 Abs. 1 d Lieferkoordinierungsrichtlinie.
[101] Vgl. z. B. §§ 324 – 330a StGB.
[102] So AICHER/FRUHMANN (siehe Fußnote 72), S. 54.

gliedstaaten.[103] Dies kann allerdings dahingestellt bleiben, da Ordnungswidrigkeiten unter bestimmten Voraussetzungen regelmäßig unter den zweiten Ausschlussgrund fallen.

Weniger leicht zu rechtfertigen ist der Ausschluss eines Bieters aufgrund einer schweren beruflichen Verfehlung. Eine eindeutige Definition bzw. Klarstellung dieses Begriffs steht noch aus, da weder Gesetzgebung noch Rechtsprechung diesen Begriff näher erläutern.[104] Deshalb ist es Sache der Mitgliedstaaten, den Begriff „schwere berufliche Verfehlung" inhaltlich auszufüllen.[105] In diesem Rahmen kann entschieden werden, welcher Verstoß gegen Umweltvorschriften eine schwere berufliche Verfehlung bedeutet.

Zumindest in den Fällen, in denen der Verstoß auch strafrechtlich hätte geahndet werden können, sollte das auf andere Weise festgestellte Fehlverhalten zum Ausschluss des Bieters führen können.[106] Unterhalb dieser strafrechtlich relevanten Schwelle ist ungewiss, welches Maß der Verfehlung den Ausschluss eines Kandidaten rechtfertigt. Es muss sich zumindest um eine „schwere" berufliche Verfehlung handeln, so dass nicht schon jeder geringfügige Verstoß gegen Umweltvorschriften den Ausschluss rechtfertigt. Im Rahmen einer Gesamtbeurteilung wird vorgeschlagen, folgende Faktoren bei der Berücksichtigung der Schwere der Verfehlung zu berücksichtigen: Art, Schwere und Häufigkeit des Verstoßes oder der Verstöße; die seit dem Verstoß verstrichene Zeit; ob wiederholt gegen die Umweltschutzvorschrift(en) verstoßen wurde; Höhe des durch die Verfehlung eingetretenen Schadens; ob Maßnahmen des Unternehmers, die der Abwehr nachteiliger Folgen für die Umwelt dienen, nach dem Verstoß gesetzt wurden (Wiedergutmachung); ob nach dem Verstoß der Unternehmer Maßnahmen ergriffen hat, die geeignet sind, zukünftige Verletzungen von Umweltschutzvorschriften zu verhindern bzw. eine Wiederholung der Verletzung voraussichtlich zu verhindern.[107] Angesichts des Wortlauts von Art. 20 Abs. 1 d) ist jedenfalls davon auszugehen, dass hinsichtlich der schweren Verletzung von umweltschutzrechtlichen Bestimmungen eine Beweisbarkeit genügt.[108] Überdies sollte eine solche Bewertung auch von der Umweltsensibilität des Auftrages abhängig gemacht werden.

Technische Leistungsfähigkeit der Bieter

Die dritte Kategorie von Vorschriften betrifft die Nachweise über die technische Leistungsfähigkeit der Bieter.[109] Die Vergaberichtlinien beschneiden die Mitgliedstaaten grundsätzlich nicht in ihrer Befugnis, darüber zu entscheiden, welcher Standard der technischen Leistungsfähigkeit für die Teilnahme an öffentlichen

[103] PRIEß/PITSCHAS, PPLR 2000, 171, 176.
[104] AICHER/FRUHMANN, (siehe Fußnote 72), S. 57f.
[105] Interpretierende Mitteilung (siehe Fußnote 14) unter II 2.1, S. 17.
[106] AICHER/FRUHMANN, (siehe Fußnote 72), S. 56; ähnlich KLING, (siehe Fußnote 27), S. 620.
[107] AICHER/FRUHMANN, (siehe Fußnote 72), S. 57.
[108] Im Ergebnis so auch DAGEFÖRDE, Umweltschutz durch öffentliche Auftragsvergabe, (siehe Fußnote 24) S. 95 f.
[109] Siehe z. B. Art. 23 Lieferkoordinierungsrichtlinie.

Ausschreibungen erforderlich ist. Die Vergaberichtlinien enthalten vielmehr nur eine Regelung darüber, mit welchen Nachweisen oder Beweismitteln die technische Leistungsfähigkeit des Unternehmers dargetan werden kann.[110]

Ziel der Eignungskriterien ist die Ermittlung der Bieter, die nach Auffassung des Auftraggebers am besten für den Auftrag geeignet sind.[111] Nach Ansicht der Kommission muss deshalb die Anforderung mit dem Auftragsgegenstand oder der Auftragsausführung „direkt verknüpft" sein.[112] Deshalb kämen allein die folgenden Nachweise für die Einbeziehung von Umweltkriterien in Betracht:

- „eine Erklärung, aus der hervorgeht, über welche Ausstattung, welche Geräte und welche technische Ausrüstung der Bieter für die Ausführung des Auftrages verfügt;
- eine Beschreibung der technischen Ausrüstung, der Maßnahmen zur Qualitätsgewährleistung und der Untersuchungs- und Forschungsmöglichkeiten des Bieters;
- die Angabe der technischen Leitung oder der technischen Stellen, auf die der Bieter bei der Auftragsausführung zurückgreifen kann, insbesondere die, die für die Qualitätskontrolle zuständig sind, unabhängig davon, ob sie der Firma angeschlossen sind oder nicht."[113]

Da nach Auffassung der Kommission ein direkter Zusammenhang zwischen Auftragsgegenstand bzw. -erfüllung und den zulässigen Nachweisen erforderlich ist, können Nachweise über die Umweltexpertise eines Bieters nur dort verlangt werden, wo der Vertragsgegenstand oder dessen Ausführung eine entsprechende Expertise verlangt. Demzufolge können Nachweise über spezielle Umweltkenntnisse z. B. bei Verträgen zum Bau einer Abfallbeseitigungsanlage oder beim Bau eines Niedrigenergiehauses verlangt werden. Hingegen können bei Aufträgen, die keinerlei spezifischen Zusammenhang zu Umweltschutzkriterien aufweisen, solche Nachweise nicht gefordert werden.

Die Kommission stützt ihre Argumentation, dass Nachweise über Umweltexpertisen nur dann verlangt werden könnten, wenn ein direkter Zusammenhang zum Gegenstand des Vertrags bzw. dessen Ausführung bestünde, u. a. auf den Wortlaut von Art. 32 Abs. 2 der Dienstleistungskoordinierungsrichtlinie.[114] Weder in der deutschen noch in der englischen Fassung ist Art. 32 Abs. 2 hingegen so

[110] EuGH, Urteil vom 20.9.1988 (siehe Fußnote 17) (Beentjes), Rdnr. 17.

[111] Interpretierende Mitteilung (siehe Fußnote 14) unter II 2. 2, S. 17.

[112] Interpretierende Mitteilung (siehe Fußnote 14) unter II.2.2, S. 17: „Daher muss an jede Einzelanforderung, die ein Auftraggeber an die technische Leistungsfähigkeit des Bewerbers stellt, durch die in den Richtlinien enthaltenen Listen abgedeckt sein."

[113] Interpretierende Mitteilung (siehe Fußnote 14) unter II 2. 2., S. 17; in den Richtlinien vgl. z. B. Art. 23 Abs. 1 unter b) und c) der Lieferkoordinierungsrichtlinie (93/36/EWG).

[114] Vgl. Fußnote 36, S. 23 der Interpretierenden Mitteilung (siehe Fußnote 14). Darin heißt es: „Die Dienstleistungsrichtlinie (92/50/EWG) legt ausdrücklich fest, dass sich die Definition dieser Anforderungen nach Art, Umfang und Verwendungszweck der ausgeschriebenen Dienstleistung richten muss."

eng und zwingend formuliert, wie von der Kommission betont.[115] Dieser Vorschrift lässt sich zwar entnehmen, dass ein Zusammenhang zwischen den zu fordernden Nachweisen und dem Vertrag bestehen muss, nicht jedoch, wie eng dieser Zusammenhang sein muss. Im Übrigen findet sich in der parallelen Vorschrift der Baukoordinierungsrichtlinie keinerlei Hinweis auf einen notwendigen Zusammenhang.[116] Die Auslegung der Kommission ist damit keineswegs zwingend.

EMAS als Nachweis der technischen Leistungsfähigkeit?

Umstritten ist die Frage, ob die Teilnahme an Umweltmanagementsystemen, z. B dem europäischen System EMAS[117] oder dem internationalen Standard ISO 14001, als Nachweis der technischen Leistungsfähigkeit herangezogen werden kann. Nach Auffassung der Kommission können öffentliche Auftraggeber nicht verlangen, dass sich Bieter einem Umweltmanagementsystem angeschlossen haben.[118]

Grundsätzlich sorgen Umweltmanagementsysteme dafür, dass die gesamten Aktivitäten, Produkte und Dienstleistungen eines Unternehmens umweltfreundlich gestaltet werden. Dabei wird die individuelle Umweltsituation des Unternehmens untersucht, um die Umweltverträglichkeit des Unternehmens auf Basis eines maßgeschneiderten Umweltmanagementsystems mit klaren Zielvorgaben zu verbessern.[119] Neben zwingender Umweltgesetzgebung und verwaltungsbehördlichen Kontrollmechanismen nehmen Umweltmanagementsysteme eine Sonderrolle ein, da die Teilnahme nicht zwingend, sondern freiwillig ist. Anreize für Unternehmen, an einem Umweltmanagementsystem teilzunehmen, sind u. a. niedrigere Kosten und etwaige Wettbewerbsvorteile.[120] Der Wirtschafts- und Sozialausschuss der Europäischen Union hat vor dem Hintergrund der Umweltverantwortung des Staates und der daraus folgenden Pflicht, EMAS als Instrument zu fördern, vorgeschlagen, „ EMAS als Präferenzelement bei ansonsten gleichen Bedingungen in die Vergabekriterien (...) aufzunehmen."[121]

---

[115] Art. 32 Abs. 2 der englischen Fassung der Dienstleistungskoordinierungsrichtlinie: „Evidence of the service provider's technical capability may be furnished by one or more of the following means according to the nature, quantity and purpose of the services to be provided." Art. 32 Abs. 2 der deutschen Fassung dieser Richtlinie: „Der Nachweis der Eignung kann je nach Art, Umfang und Verwendungszweck der betreffenden Dienstleistungen folgendermaßen erbracht werden: [...]."

[116] Art. 27 Abs. 1 der Baukoordinierungsrichtlinie: „Der Nachweis der technischen Leistungsfähigkeit kann wie folgt erbracht werden: [...]."

[117] Verordnung über die freiwillige Beteiligung von Organisationen an einem Gemeinschaftssystem für das Umweltmanagementsystem und die Umweltbetriebsprüfung (Eco-Management and Audit-Scheme, EMAS), VO Nr. 1836/93, ABlEG Nr. L 168 vom 10.7. 1993, S. 1, geändert durch VO 761/2001, ABlEG Nr. L 114 vom 24.4.2001, S. 1.

[118] Interpretierende Mitteilung (siehe Fußnote 14) unter II 2.2.2, S. 18.

[119] Vgl. SCHNEIDER (siehe Fußnote 27), S. 52f.

[120] LAXHUBER/KELNHOFER/SCHLEMMINGER, Maßgeschneiderte Umweltmanagementsysteme, Heidelberg 1997, Rdnr. 50ff.

[121] Stellungnahme des Wirtschafts- und Sozialausschusses zur EMAS-VO, ABlEG Nr. C 205 vom 22.7.1999, S. 43 unter 2.1.3.: „Für die Unternehmen und Organisationen ist die

Sowohl die Kommission in der Interpretierenden Mitteilung als auch die neuen Richtlinien folgen diesem Vorschlag nicht. Nach Ansicht der Kommission passt sich das Umweltmanagementsystem den spezifischen Umständen des Unternehmens an, so dass eine EMAS-Zertifizierung nicht automatisch auch die umwelttechnische Leistungsfähigkeit im Hinblick auf den konkreten Auftragsgegenstand garantiert.[122] Das folgt aus ihrer Auffassung, dass nur solche Nachweise technischer Leistungsfähigkeit verlangt werden dürften, die mit dem Vertragsgegenstand in engem („direkten") Zusammenhang stehen. So darf nach Auffassung der Kommission bei öffentlichen Auftraggebern eine EMAS-Zertifizierung allein dann als Nachweis für die technische Leistungsfähigkeit eines Bieters herangezogen werden, wenn die im Rahmen des EMAS-Systems überprüften Fähigkeiten mit dem Vertragsgegenstand in Zusammenhang stehen und deshalb der Nachweis erbracht ist, dass der Anbieter den Umweltanforderungen des Auftragsgegenstands gerecht wird.[123] Auftraggeber sollten in den Vergabeunterlagen darauf hinweisen, dass Umweltmanagementsysteme und Umweltbetriebsprüfungssysteme eines Unternehmens, sofern diese die Anforderungen im Hinblick auf die Umweltanforderungen des Vertragsgegenstandes erfüllen, als hinreichender Nachweis der technischen Leistungsfähigkeit anerkannt werden. Gleichzeitig dürfen die Auftraggeber aber nicht lediglich die EMAS-Zertifizierung als Nachweis technischer Leistungsfähigkeit anerkennen. Ebenso muss die Zertifizierung nach dem internationalen Umweltmanagementsystem (ISO 14001) oder jede andere Möglichkeit des Nachweises zugelassen werden.

Die Position der Kommission ist exemplarisch für eine unentschiedene Haltung gegenüber Umweltmanagementsystemen auf europäischer Ebene. Während diese auf der einen Seite gefördert werden sollen, werden Regelungen, die eine eindeutige Privilegierung und damit eine klare Förderung zur Folge hätten, bewusst nicht getroffen. Hinsichtlich von EMAS ist diese Haltung zumindest insofern nachvollziehbar, als eine Bevorzugung durchaus handelsrechtliche Probleme nach sich ziehen könnte.[124] Aber auch eine Beurteilung nach europäischen und deutschem

Teilnahme am EMAS-System in der Tat freiwillig; dagegen haben die öffentlichen Verwaltungen im Rahmen der Verpflichtungen, die sie gegenüber den Bürgern für einen schonenden Umgang mit der Umwelt eingegangen sind, die Pflicht, dieses Instrument zu unterstützen und seine Verbreitung dadurch zu fördern, dass sie es etwa als Präferenzelement bei ansonsten gleichen Bedingungen in die Vergabekriterien des öffentlichen Auftragswesen aufnehmen."

[122] Interpretierende Mitteilung (siehe Fußnote 14) unter II 2.2.2, S. 18.

[123] Interpretierende Mitteilung (siehe Fußnote 14) unter II 2.2.2., S. 18: „Wenn das System als Nachweis für die technische Leistungsfähigkeit herangezogen werden soll, sollte es die Qualität der Lieferung oder die Fähigkeit eines Unternehmens ...zur Ausführung eines Auftrags mit Umweltschutzanforderungen beeinflussen. Die EMAS-Eintragung könnte daher immer dann als Beleg für die technische Leistungsfähigkeit dienen, wenn Elemente des Umweltprogramms und Umweltmanagementsystems [...] als Nachweis für die Erfüllung technischer Anforderungen betrachtet werden können." Ein Beispiel aus der Kommissionsmitteilung ist ein Bauauftrag, der die Entsorgung von Abfall auf den Baustellen durch den Bauunternehmer beinhaltet.

[124] Siehe oben 9.2.

Recht[125] führt dazu, dass eine EMAS-Zertifizierung nicht allgemein als Nachweis der technischen Leistungsfähigkeit vorgesehen werden kann, weil damit der Kreis der Bieter vorab unzulässig eingeschränkt werden würde. Dies folgt für Umweltmanagementsysteme insgesamt daraus, dass sie nur im Ausnahmefall eine so spezifische Befähigung des Bieters zur Ausführung des Auftrags nachweisen, die es erlaubt, den Bieterkreis derartig zu beschränken. Generell wird man davon ausgehen müssen, dass Umweltmanagementsysteme zwar den organisatorischen Betriebsablauf des Unternehmens unter Umweltgesichtspunkten verbessern, aber sich nicht zwingend auch in den Produkten des Bieters niederschlagen.

Bewertung

Im Bereich der Nachweise über die technische Leistungsfähigkeit wird damit die auch im internationalen Handelsrecht geläufige Trennung zwischen produkt- bzw. leistungsbezogenen Kriterien und „unternehmensbezogenen" Kriterien deutlich.[126] Die Kommission fordert entsprechend eine direkte Verbindung zwischen den vorzulegenden Nachweisen und dem Auftragsgegenstand.

Sofern der Auftrag Umweltanforderungen enthält, die durch das (individuelle) EMAS-Zertifikat eines Anbieters ausgewiesen werden, kann das EMAS-Zertifikat als Nachweis für die technische Leistungsfähigkeit herangezogen werden. Gegenwärtig bedeutet dies, dass die Erfüllung der von einem EMAS-Zertifikat erfassten Umweltschutzkriterien kein Nachweis der technischen Leistungsfähigkeit ist, sofern ein Bezug zum Vertragsgegenstand fehlt.

9.3.5 Zuschlagskriterien

Nach der Eignungsprüfung der Bieter werden die Angebote in einer Zuschlagsphase bewertet. Der Zuschlag kann dabei auf das Angebot mit dem niedrigsten Preis oder auf das wirtschaftlich günstigste Angebot erfolgen.[127] Die zweite Option soll es den Auftraggebern ermöglichen, ein optimales Preis-Leistungs-Verhältnis zu erzielen.[128] Es soll jenes Angebot ermittelt werden, das bei Gesamtbetrachtung den zuvor festgelegten Kriterien am besten entspricht.[129]

Im deutschen Recht gilt vor allem das „Wirtschaftlichkeitsprinzip". Nach § 25 Nr. 3 VOL/A z. B. ist der Zuschlag auf das unter Berücksichtigung aller Umstände wirtschaftlichste Angebot zu erteilen. Der niedrigste Angebotspreis allein ist nicht entscheidend.

Beim Zuschlag auf das wirtschaftlich günstigste Angebot muss der Auftraggeber vorab angeben, welche Kriterien angewandt werden und für den Zuschlag ent-

---

[125] Siehe dazu unten unter 9.4.

[126] Vgl. oben unter 9.2. für den Bereich der technischen Spezifikationen.

[127] So jedenfalls nach den europäischen Vergaberichtlinien: vgl. Art. 26 Lieferkoordinierungsrichtlinie, Art. 37 Abs. 1 Baukoordinierungsrichtlinie und Art. 36 der Dienstleistungskoordinierungsrichtlinie.

[128] Interpretierende Mitteilung (siehe Fußnote 14), unter II 3, S. 18f.

[129] AICHER/FRUHMANN (siehe Fußnote 72), S. 123.

scheidend sind. Diese sollten entweder in der Bekanntmachung der Ausschreibung oder in den Verdingungsunterlagen und, wo es möglich ist, in absteigender Reihenfolge ihrer Gewichtung aufgeführt sein.[130]

Wirtschaftlich günstigstes Angebot

Die geltenden Richtlinien nennen beispielhaft Kriterien, die für die Beurteilung der Wirtschaftlichkeit der Angebote herangezogen werden können. Laut Art. 26 Abs. 1 b Lieferkoordinierungsrichtlinie können als Wirtschaftlichkeitskriterien[131] zum Beispiel der Preis, die Lieferfrist, der Ausführungszeitraum, die Betriebskosten, die Rentabilität, die Qualität, die Ästhetik, die Zweckmäßigkeit, der technische Wert, der Kundendienst und die technische Hilfe herangezogen werden. Diese Aufzählung macht deutlich, dass es sich nicht um eine anschließende Aufzählung handelt, sondern dass die Mitgliedstaaten die Möglichkeit haben, weitere Kriterien aufzustellen.

Entscheidet sich die Vergabestelle gegen eine Vergabe aufgrund des niedrigsten Preises und für einen Zuschlag auf das wirtschaftlich günstigste Angebot, so stellen sich eine Reihe von Fragen. Zunächst ist zu fragen, ob „wirtschaftlich günstig" auch die Lebenszykluskosten eines Beschaffungsgegenstandes einschließt. Sodann ist zu klären, ob der wirtschaftliche Vorteil „unmittelbar" sein muss, d. h. ob er sich beim Auftraggeber realisieren muss.

Lebenszykluskosten

Bei der Berücksichtigung der Lebenszykluskosten werden alle Kosten einbezogen, die bei Produktion, Verbrauch, Nutzung und Entsorgung eines Produktes oder einer Dienstleistung anfallen.[132] Während die Produktionskosten sich im Preis des Produktes niederschlagen und damit vom Auftraggeber mit Zahlung des Kaufpreises bzw. der Vergütung abgegolten werden, sind die Erhaltungskosten in dieser Summe nicht enthalten.[133] Da Produktionskosten bereits mit dem Preis abgegolten werden, dürfen sie nicht neuerlich in die Wirtschaftlichkeitsbewertung einfließen.[134] Erhaltungskosten, wie z. B. Energie- und Wasserverbrauch oder auch spätere Reparaturkosten können daher im Gegensatz zu den Produktionskosten bei Ermittlung des wirtschaftlich günstigsten Angebots berücksichtigt werden.[135]

---

[130] Interpretierende Mitteilung (siehe Fußnote 14) unter II 3, S. 19.

[131] Zu unterscheiden ist zwischen den eigentlichen Zuschlagskriterien „niedrigster Preis" und „wirtschaftlich günstigstes Angebot" einerseits und den Kriterien, die der Ermittlung des wirtschaftlich günstigsten Angebots dienen. BOESEN schlägt für letztere den Terminus „Wirtschaftlichkeitskriterien" vor; BOESEN, Vergaberechts-Kommentar zum 4. Teil des GWB, Köln 2000, § 97 Rdnr. 142.

[132] Interpretierende Mitteilung (siehe Fußnote 14), unter II 3.2., S. 19f.

[133] Vgl. dazu auch AICHER/FRUHMANN (siehe Fußnote 72), S. 131.

[134] Interpretierende Mitteilung (siehe Fußnote 14) unter II 3.2, S. 19.

[135] Interpretierende Mitteilung (siehe Fußnote 14) unter II 3.2., S. 20. Vgl. auch WESTPHAL (siehe Fußnote 27), S. 1ff, 9: "In practice, the economic evaluation might show a less clear result than in the given light bulb example. Let us say the light bulb which is

Unmittelbarer wirtschaftlicher Vorteil

Strittig zwischen EG-Kommission und EuGH ist die Frage, ob alle in die Bewertung einbezogenen Kriterien einen unmittelbaren wirtschaftlichen Vorteil für den Auftraggeber mit sich bringen müssen. Die Kommission vertritt diese Auffassung mit der Begründung, der Auftraggeber solle sich nur von wirtschaftlichen Überlegungen leiten lassen und Teilnehmer anderer Mitgliedstaaten nicht diskriminieren.[136] Daraus folgert die Kommission, dass die berücksichtigten Wirtschaftlichkeitskriterien mit dem Vertragsgegenstand in Zusammenhang stehen müssen, d. h., „dass sie die zu erbringende Leistung oder die Modalitäten ihrer Ausführung betreffen müssen.“[137] Dies deshalb, weil die „Wirtschaftlichkeitskriterien“ den Auftraggeber in die Lage versetzen müssten, die einzelnen Angebote objektiv miteinander zu vergleichen, um feststellen zu können, welches Angebot den Bedürfnissen des Auftraggebers am besten gerecht werde. Diese Sichtweise ist zumindest im Hinblick auf die Ermittlung des „wirtschaftlich günstigsten Angebots“ vertretbar. Zusammenfassend lautete die Rechtsauffassung der Kommission zur Ermittlung des wirtschaftlich günstigsten Angebots wie folgt:

> „Umweltelemente können dazu dienen, das wirtschaftlich günstigste Angebot zu ermitteln, wenn sich aus der Bezugnahme auf diese Faktoren ein wirtschaftlicher Vorteil bei dem Produkt oder bei der Leistung, die Auftragsgegenstand ist, zum wirtschaftlichen Nutzen des Auftraggebers ergibt.”[138]

Demzufolge ist es im Rahmen der Wirtschaftlichkeitsanalyse möglich, auch den sich aus der „Umweltunbedenklichkeit“ eines Produkts oder einer Leistung ergebenden ökonomischen Vorteil (z. B. niedriger Energieaufwand, Wiederverwendbarkeit, Kosten, die nach dem Kauf des Produktes anfallen) zu berücksichtigen. Jedes der einbezogenen Kriterien muss aber zu einem wirtschaftlichen Vorteil beim öffentlichen Auftraggeber führen. Der Umweltschutz findet damit bei der Ermittlung des wirtschaftlich günstigsten Angebots nicht als solcher Beachtung, sondern nur als ein dem Wirtschaftlichkeitsprinzip untergeordneter Belang. Letztlich kommt dann dem Umweltschutz – wie auch jedem anderen Belang – auf dieser Stufe des Vergabeverfahrens keine eigenständige Bedeutung zu.

---

more expensive is indeed consuming less energy but not to the the extent that the annual costs would be lower than the price to be paid for the less expensive bulb. Would the entity be able to purchase the bulb which represents higher annual costs, but consumes less energy? The answer is yes, under the condition that it has made absolutely clear that an important award criterion is the energy consumption.”

[136] Interpretierende Mitteilung (siehe Fußnote 14) unter II 3. 1, S. 19.

[137] Interpretierende Mitteilung (siehe Fußnote 14) unter II 3. 1., S. 19: „Für alle Kriterien, die bei der Bewertung von Angeboten herangezogen werden, nicht nur für die ausdrücklich in den Richtlinien genannten, gilt, dass sie die zu erbringende Leistung oder die Modalitäten ihrer Ausführung betreffen müssen.” Gestützt auf den Schlussantrag des Generalanwalts in *Beentjes* Rs. 31/87, (siehe Fußnote 17).

[138] Interpretierende Mitteilung (siehe Fußnote 14) unter II.3.1., S. 19.

Anderer Auffassung ist demgegenüber der EuGH, der in seiner Entscheidung in der Rechtssache *Concordia Bus Finland*[139] dem Votum des Generalanwalts Mischo[140] gefolgt ist.

In dem Urteil beschäftigte sich der *EuGH* mit Umweltaspekten als Zuschlagskriterium. Das die Entscheidung vorlegende Gericht wollte wissen, ob ein Auftraggeber die Verringerung der Stickoxid- und Lärmemissionen so berücksichtigen kann, dass für Fahrzeuge, deren Stickoxidausstoß oder Lärmpegel unterhalb gewisser Grenzen bleibt, Zusatzpunkte vergeben werden, die in die Gesamtbewertung der Angebote einfließen. Das Beschaffungsamt Helsinki hatte den Betrieb innerstädtischer Buslinien ausgeschrieben. Den Zuschlag erhielt schließlich eine Abteilung der städtischen Verkehrsbetriebe aufgrund der niedrigeren Werte bei Lärmemission und Stickstoffausstoß trotz des höheren Preises gegenüber dem Zweitplatzierten, der Concordia Bus Finland Oy Ab. Die Stadt Helsinki führte dazu aus, es sei in ihrem Interesse, den Schadstoffgehalt der Busse möglichst gering zu halten. Es ergäben sich unmittelbare Spareffekte, insbesondere im medizinisch-sozialen Bereich, der etwa 50 % ihres Gesamthaushalts ausmache.

Der Generalanwalt votierte entgegen der Ansicht der Kommission. Er stützte sich allerdings nicht auf eine weite Auslegung des in diesem Fall einschlägigen Art. 36 Abs. 1 Dienstleistungskoordinierungsrichtlinie, wonach der Begriff „wirtschaftlich günstigstes Angebot" auch solche wirtschaftlichen Vorteile erfassen würde, die sich nicht bei der ausschreibenden Behörde, sondern gesamtwirtschaftlich auswirkten. Vielmehr wog der Generalanwalt die Grundsätze des Gemeinschaftsrechts, insbesondere das Diskriminierungsverbot, ab.[141] Er schloss aus der Anwendung der EuGH-Rechtsprechung auf den vorliegenden Fall, dass Umweltkriterien ohne weiteres als Vergabekriterien eines Dienstleistungsauftrags zulässig sind. In seiner Rechtsprechung habe der *EuGH* anerkannt, dass Kriterien, die dem Allgemeininteresse dienen, bei der Auftragsvergabe angewandt werden dürfen.[142] Dies sei auch insofern folgerichtig, als öffentliche Auftraggeber dazu berufen seien, das Allgemeininteresse zu wahren.[143] Daraus, dass der Auftraggeber das wirtschaftlich günstigste Angebot ermitteln muss, leite sich nicht ab, dass jedes einzelne Auswahlkriterium notwendigerweise wirtschaftlicher Art oder einen wirtschaftlichen Bezug haben müsse.[144]

Der *EuGH* erschied, nicht jedes Vergabekriterium, das der Auftraggeber festgelegt habe, müsse notwendig rein wirtschaftlicher Art sein, da sich auch andere Faktoren auf den Wert eines Angebots für den Auftraggeber auswirken könnten.[145] Damit habe der Auftraggeber angesichts von Art. 6 EVG das Recht zur Ermittlung des wirtschaftlich günstigsten Angebots Umweltschutzkriterien einzubeziehen.

---

139 Urteil des EuGH, Rs. C-513/99 (siehe Fußnote 15) (*Concordia Bus Finland*).

140 Schlussantrag GA Mischo v. 13.12.2001 in Rs. C-513/99 (*Condordia Bus Finland*).

141 Hierzu unten unter 9.4.2.

142 Schlussantrag des Generalanwalts Mischo vom 13.12.2001, (siehe Fußnote 140) (*Concordia Bus Finland*), Rdnr. 91.

143 Ebenda, (siehe Fußnote 142), Rdnr. 93.

144 Ebenda, (siehe Fußnote 142), , Rdnr. 103.

145 Urteil des EuGH, Rs. C-513/99 (siehe Fußnote 15) (*Concordia Bus Finland*), Rdnr. 55.

Allerdings beantwortet der EuGH die Frage nach der Einbeziehung von Umweltkosten in die Wirtschaftlichkeitsberechnung nicht abschließend. Er stellt fest, dass für den Zuschlag umweltbezogene Faktoren berücksichtigt werden dürfen, wenn sie vier Bedingungen erfüllen: Zusammenhang mit dem Gegenstand des Auftrages, keine uneingeschränkte Entscheidungsfreiheit des Auftraggebers, ausdrückliche Nennung im Leistungsverzeichnis oder der Bekanntmachung des Auftrags sowie Berücksichtigung aller wesentlichen Grundsätze des Gemeinschaftsrechts.[146] Somit ist der Gerichtshof der Ansicht, dass nicht jedes Vergabekriterium notwendigerweise rein wirtschaftlicher Art sein muss, um zulässigerweise in die Wirtschaftlichkeitsermittlung einfließen zu können. Er betont aber, dass Zuschlagskriterien, die zur Ermittlung des wirtschaftlich günstigsten Angebotes dienen, notwendig mit dem Auftragsgegenstand zusammenhängen müssen.[147] Der *EuGH* kommt zu dem Ergebnis, dass sich die auf die Höhe der Stickoxidemissionen und den Lärmpegel der Busse beziehende Faktoren mit dem Gegenstand des Auftrags zusammenhängen. Der *EuGH* lehnt also nicht nur die Auffassung der Kommission, die Heranziehung der Umweltfaktoren müsse einen unmittelbaren Nutzen im Sinne eines wirtschaftlichen Vorteils bringen, ab. Er schließt sich auch nicht dem Votum des Generalanwaltes an, indem er deutlich darauf hinweist, dass die Zuschlagskriterien im Rahmen der Wirtschaftlichkeitsberechnung mit dem Auftragsgegenstand zusammenhängen müssen.

Die von der Kommission vertretene enge Auslegung des Wirtschaftlichkeitsbegriffs beruht somit nicht auf Vorgaben des *EuGH* und ist nicht zwingend. Den Richtlinien lässt sich kein Anhaltspunkt entnehmen, dass die Wirtschaftlichkeit eines Angebots allein unter betriebswirtschaftlichen Gesichtspunkten zu betrachten ist, mithin nur die *unmittelbar* wirtschaftlich vorteilhaften Kriterien Berücksichtigung finden können. Auch der in den Richtlinien genannte Zusatz, dass die in die Wirtschaftlichkeitsberechnung einbezogenen Kriterien auftragsbezogen[148] sein müssen, spricht nicht für eine enge Auslegung. Diese Voraussetzung verlangt lediglich, dass das in die Wirtschaftlichkeitsanalyse einbezogene Kriterium überhaupt mit dem jeweiligen Auftrag in Zusammenhang stehen muss. Damit ist jedoch keine Aussage darüber gemacht, *bei wem* sich das entsprechende Kriterium auswirken muss.[149] Irrelevant ist daher, zu welchem Zeitpunkt die öffentliche Verwaltung den wirtschaftlichen Vorteil realisiert.

---

[146] Urteil des EuGH, Rs. C-513/99 (siehe Fußnote 15) (*Concordia Bus Finland*) Rdnr. 64.

[147] Urteil des EuGH, Rs. C-513/99 (siehe Fußnote 15) (*Concordia Bus Finland*), Rdnr. 55.

[148] So zumindest Art. 30 Abs.1 a) der Baukoordinierungsrichtlinie und Art. 36 Abs. 1 a) der Dienstleistungskoordinierungsrichtlinie. Art. 26 Abs. 1 lit b der Lieferkoordinierungsrichtlinie ist weiter formuliert („verschiedene Kriterien, die je nach Auftrag wechseln").

[149] A. A. KLING (siehe Fußnote 27), S. 179 m. w. N., vgl. auch AICHER/FRUHMANN (siehe Fußnote 72) S. 131f: Externe Kosten dürfen im Rahmen der Angebotsbewertung nicht berücksichtigt werden, da sie weder mit dem Leistungsgegenstand an sich verbunden sind, noch nach einer allgemein anerkannten wissenschaftlichen Methode quantifizierbar sind. Produktbezogen und messbar wäre hingegen ein Kriterium „Abgasemissionen", sofern dieses Kriterium – wenn auch nur mittelbar (z. B. über eine unterschiedliche Steuerbelastung, die auf das Ausmaß der Schadstoffemissionen von Kraftfahrzeugen abstellt) finanzielle Auswirkungen für den Auftraggeber hätte.

Dass die derzeitigen Richtlinien in diesem Punkt nicht eindeutig sind, offenbarte auch Art. 53 Abs. 1 b) des Richtlinienvorschlages der Kommission,[150] wonach der Zuschlag nach der zweiten Variante der Zuschlagskriterien nunmehr auf „das für den Auftraggeber wirtschaftlich günstigste Angebot" erfolgen sollte. Diese Klarstellung hätte die Kommission nicht angestrebt, wenn die jetzigen Richtlinien eindeutig nur die restriktive Auslegung erlaubten.

Der oben vertretenen Ansicht zufolge kann demnach - zumindest nach der derzeitigen Rechtslage - auch ein Produkt als wirtschaftlicher bewertet werden, das zwar direkte Mehrkosten verursacht, aber langfristig hohe Folgekosten vermeidet und daher günstiger ist.[151]

Demgegenüber ist eine Einbeziehung rein externer Kosten, im Sinne von gesamtwirtschaftlichen Kosten, die beispielsweise auch die Herstellungskosten eines Produkts einbeziehen würden, bislang vom *EuGH* nicht explizit entschieden worden.

Eine Präzisierung erfuhr die Rechtsprechung des Gerichtshofs durch das Vorabentscheidungsverfahren *Wienstrom*,[152] in dem der Gerichtshof hinsichtlich der allgemeinen Zulässigkeit von Umweltkriterien auf seine Rechtsprechung in der *Concordia Bus Finland* verwies.

In dem Verfahren ging es um eine Ausschreibung der Republik Österreich für die Lieferung von Elektrizität. Auftragsgegenstand war der Abschluss eines Rahmenvertrags und darauf aufbauende Einzelverträge zur Belieferung sämtlicher im Bundesland Kärnten gelegenen Verwaltungsdienststellen des Bundes mit elektrischem Strom über einen Zeitraum von zwei Jahren. Als Zuschlagskriterium war „Umweltgerechtigkeit der Leistungen gemäß Ausschreibungsunterlagen" angegeben.[153] Der Energielieferant sollte sich verpflichten, aus erneuerbaren Energieträgern erzeugte elektrische Energie zu liefern, wobei der Auftraggeber auf einen konkreten Nachweis der Bezugsquellen verzichtete, weil – wie er erklärte – kein Lieferant garantieren könne, dass die an einen bestimmten Abnehmer gelieferte Energie tatsächlich aus erneuerbaren Energieträgern stamme. Allerdings solle der Vertrag mit einem Anbieter geschlossen werden, der zumindest über 22,5 GWh pro Jahr erneuerbare elektrische Energie verfügte. Weiterhin sollten Angebote ausscheiden, die keinen Nachweis darüber enthielten, dass der Bieter in den vergangenen oder kommenden zwei Jahren über die ausgeschriebene Menge von 22,5 GWh hinaus erneuerbare Energie produziert oder zugekauft hätte, mithin liefern könnte.

In der Entscheidung verwies der Gerichtshof auch auf seine Auffassung hinsichtlich der Nutzung erneuerbarer Energiequellen als Zuschlagskriterium. Diese diene dem Umweltschutz, da sie zur Verringerung der Emissionen von Treibhausgasen beitrage, die zu den Hauptursachen der Klimaänderungen zähle, zu deren

[150] Richtlinienvorschlag über die Koordinierung der Verfahren zur Vergabe öffentlicher Lieferaufträge, Dienstleistungsaufträge und Bauaufträge KOM (2000) 275 endg./2 ABl EG Nr. L 029 E vom 30.01.2001, S. 11.

[151] SCHULZ in BRANDT/RUCHAY/WEIDEMANN, Kommentar zum Kreislaufwirtschafts- /Abfallgesetz, München 2000, § 37, Rdnr. 48f.

[152] Urteil des EuGH, Rs. 448/01 (*Wienstrom*), (siehe Fußnote 16).

[153] Urteil des EuGH, Rs. 448/01 (*Wienstrom*), (siehe Fußnote 16). Rdnr. 15.

Bekämpfung sich die Europäische Gemeinschaft und ihre Mitgliedstaaten verpflichtet hätten.[154] Der Gerichtshof befand aufgrund dessen auch die Gewichtung des Zuschlagskriteriums mit 45 % für mit dem europäischen Recht vereinbar. Wie auch schon vom Generalanwalt vorgebracht, wies der Gerichtshof darauf hin, dass diese zwar mit dem Gegenstand des Auftrags zusammenhängen. Das gelte aber nicht für Kriterien, von denen der Auftraggeber selbst erklärt habe, sie nicht überprüfen zu wollen.[155] Das Zuschlagskriterium „aus erneuerbaren Energien" hinsichtlich der Menge Strom, die die von der Republik Österreich benötigte Menge überstieg, wurde daher als unzulässig beurteilt, da es nicht mit dem Auftrag in Zusammenhang stehe.[156] Wie bereits der Generalanwalt kritisiert hatte, wurde nicht darauf abgestellt, welche Menge *dem Auftraggeber* geliefert werden könnte, sondern nur welche Menge *überhaupt lieferbar* sei.[157]

Nach Auffassung der österreichischen Regierung handelte es sich hierbei um ein wirtschaftliches Kriterium, weil damit die Liefersicherheit nachgewiesen werden könne. Demgegenüber vertrat der Generalanwalt die Auffassung, dass ein Zuschlagskriterium, das nur die Liefermenge bewertet, die den ausgeschriebenen Verbrauch übersteigt, keinen Bezug zum Auftrag im Sinne der *Concordia*-Rechtsprechung aufweist.[158] Zusätzlich könnte das Zuschlagskriterium zu einer Diskriminierung kleinerer, weniger leistungsfähiger Bieter führen. Der *EuGH* folgte insbesondere dem letzteren Argument des Generalanwalts. Damit wurde im Ergebnis entschieden, dass die *Lieferfähigkeit* hinsichtlich erneuerbarer Energie nicht unabhängig von den Anforderungen des konkreten Auftrags beurteilt werden darf.

Im Ergebnis hat der Gerichtshof in *Wienstrom* über die generelle Entscheidung für eine Zulässigkeit von Umweltkriterien hinaus („Ob") auch Aussagen zur Gewichtung von diesen gemacht („Wie").[159] Dabei stellte der EuGH zunächst fest, eine Gewichtung des Kriteriums „Umweltgerechtigkeit der Leistung" mit 45 % sei angemessen. Dies begründet er damit, dem Zuschlagskriterium „Verringerung der Treibhausgasemissionen" komme besondere Bedeutung zu. Die Frage, ob das Umweltkriterium geeignet sei, das Ziel, nämlich die Verringerung der Treibhausgasemissionen im konkreten Fall zu erreichen, sei demgegenüber unbeachtlich. Dem Auftraggeber kommt damit nach der Rechtsprechung des EuGH eine Art „Beurteilungsspielraum" zu, um zu beurteilen, ob die gewählten Umweltkriterien tatsächlich effektiv sind.[160]

Andererseits zeigt der *EuGH* aber auch die Grenzen solcher Kriterien auf. Für unzulässig erklärt er nämlich Anforderungen, von denen der Auftraggeber von

---

[154] Urteil des EuGH vom 13. März 2001 in der Rechtssache C-379/98, PreussenElektra, Slg. 2001, I-2099, Rdnr. 73.

[155] Urteil des EuGH, Rs. 448/01 (*Wienstrom*), (siehe Fußnote 16) Rdnr. 48.

[156] Urteil des EuGH, Rs. 448/01 (*Wienstrom*), (siehe Fußnote 16) Rdnr. 68.

[157] Urteil des EuGH, Rs. 448/01 (*Wienstrom*), (siehe Fußnote 16), Rdnr. 53. Hervorhebung d. Verf.

[158] Urteil des EuGH, Rs. 448/01 (*Wienstrom*), (siehe Fußnote 16), Rdnr. 68.

[159] DAGEFÖRDE, Die Ausschreibung von Strom aus erneuerbaren Energiequellen – Umweltanforderungen als Zuschlagskriterium ohne Überprüfungsmöglichkeiten, AbfallR 1/2004, S. 36, 37.

[160] Ebenda.

vornherein erklärt, sie nicht überprüfen zu wollen.[161] Eine solche Vorgehensweise verstoße gegen den Grundsatz der Gleichbehandlung, der eine einheitliche, objektive und transparente Anwendung von Zuschlagskriterien erfordere.[162] Ebenfalls unzulässig war weiterhin das Kriterium, welche Menge Ökostrom der Bieter an Dritte liefern könne, da diese Frage nicht den erforderlichen Zusammenhang mit dem Auftragsgegenstand aufweise.

Ergebnis

Ein öffentlicher Auftraggeber eines Mitgliedsstaats kann nach geltendem EU-Recht zur Bestimmung des Zuschlagskriteriums „wirtschaftlichstes Angebot" Umweltkriterien einbeziehen. Diese Einbeziehung ist zulässig, soweit

- ein Zusammenhang zum Auftragsgegenstand besteht,
- das Kriterium keine unbeschränkte Entscheidungsfreiheit des öffentlichen Auftraggebers mit sich bringt,
- es in den Vergabeunterlagen oder der Bekanntmachung ausdrücklich genannt ist,
- der Auftraggeber alle wesentlichen Grundsätze des Gemeinschaftsrechts, insbesondere das Diskriminierungsverbot, beachtet.[163]

Mit den beiden Entscheidungen hat der *EuGH* damit die Zulässigkeit von Umweltkriterien relativ weit gefasst. Im Sinne des Diskriminierungsverbots bleibt darauf zu achten, dass Leistungsbeschreibungen nicht so eng formuliert werden, dass bestimmte Bieter bevorzugt werden. Nach der geltenden Rechtsprechung dürfen auch Umwelteigenschaften einbezogen werden, die dem Auftraggeber nicht unmittelbar einen wirtschaftlichen Vorteil bringen. Über sogenannte externe Kosten hat er aber bislang nicht entschieden. Insbesondere die Entscheidung *Wienstrom* eröffnet dem Auftraggeber darüber hinaus einen „Beurteilungsspielraum", in dem er entscheiden kann, welche Umweltkriterien er für die Erreichung eines Ziels (in diesem Fall die Förderung erneuerbarer Energien) für geeignet hält.

9.3.6 Klauseln zur Vertragsdurchführung

Umweltbelange können auch nach Abschluss des eigentlichen Vergabeverfahrens, nämlich bei der Ausführung des vergebenen Auftrags eine Rolle spielen. Dieser Abschnitt ist nicht Teil des gemeinschaftsweiten Regelungsregimes, so dass die Vergaberichtlinien keine Anwendung finden. Solche Klauseln müssen hingegen den Anforderungen des Primärrechts, insbesondere dem Diskriminierungsverbot genügen.[164]

---

[161] Urteil des EuGH, Rs. 448/01 (*Wienstrom*), (siehe Fußnote 16) Rdnr. 47.

[162] Ebenda.

[163] Urteil des EuGH, C-513/99 (siehe Fußnote 15) (*Concordia Bus Finland*) Rdnr. 69.

[164] Interpretierende Mitteilung (siehe Fußnote 14) unter II 4., S. 21.

Es gibt eine Reihe von Umweltbelangen im Ausführungsbereich, die zum Inhalt solcher Vertragsklauseln gemacht werden könnten:[165]

- Lieferung/Verpackung von Waren in größeren Partien anstatt einzeln,
- Wiedergewinnung oder Wiederverwendung von Verpackungsmaterial und gebrauchten Produkten durch den Lieferanten,
- Lieferung von Waren in wiederverwendbaren Behältnissen,
- Einsammlung, Rücknahme, Recycling oder Wiederverwendung von Abfall, der während oder nach der Nutzung oder dem Verbrauch eines Produktes anfällt, durch den Lieferanten,
- Transport und Auslieferung von Chemikalien (z. B. Reinigungsprodukten) in Konzentratform und Verdünnung am Ort der Verwendung.

Für die Umwelt günstige Bedingungen als allgemeine Vertrags- bzw. Ausführungsbedingungen scheinen ein geeignetes Instrument für die umweltfreundliche Ausführung des Vertrags zu sein. In Ländern, in denen ein gesetzlich festgelegter Katalog solcher Bedingungen existiert,[166] könnten Umweltbedingungen in die für jeden öffentlichen Auftrag geltenden Vertragsbedingungen aufgenommen werden. Wollen öffentliche Auftraggeber über diese Anforderungen hinausgehen, können sie im Einzelfall die Bedingungen verschärfen. Jedoch dürfen weder gesetzliche noch individuell festgelegte Ausführungsbedingungen gegen Vorschriften des EG-Primärrechts verstoßen, also nicht zur versteckten Diskriminierung von Bietern anderer Mitgliedstaaten instrumentalisiert werden.

Die von der Kommission erstmals im Grünbuch und in der Mitteilung zum öffentlichen Auftragswesen geäußerte Rechtsauffassung zu Ausführungsbestimmungen[167] hat Kritik erfahren. Demnach dürften dem Auftragnehmer im Nachhinein keine Bedingungen auferlegt werden, die im Vergabeverfahren ursprünglich nicht vorgesehen waren bzw. die mit den Vorgaben nicht übereingestimmt hätten.[168] Es bestehe die Gefahr, dass nachträglich Auflagen eingeführt würden, die eigentlich Eignungskriterien oder technische Spezifikationen darstellten. Solche im Nachhinein erhobenen Anforderungen könnten daher den Leistungsinhalt nachträglich ändern und so das Wettbewerbsergebnis verfälschen.[169] Die von der Kommission vollzogene Trennung sei nicht durchzuführen, denn Ausführungsmodalitäten seien zwingend Teil der Leistungsbeschreibung.[170] Was an Umweltanforderungen in der Leistungsbeschreibung oder in den Bedingungen des Leistungsvertrags unzulässig

---

165 Die Beispiele stammen aus einer OECD-Empfehlung: OECD-Papier ENV/EPOC/PPC (98) 17 REV1.

166 Vgl. VOL/B, VOB/B und VOF/B: Allgemeine Bedingungen für den jeweiligen Vertrag. Zu Ausführungsbedingungen vgl. z. B. § 4 VOL/B.

167 Grünbuch der EU-Kommission: Das öffentliche Auftragswesen (siehe Fußnote 56) Rdnr. 5.52; Mitteilung der Kommission: Das öffentliche Auftragswesen (siehe Fußnote 57) unter 0

168 AICHER/FRUHMANN (siehe Fußnote 72), S. 71.

169 Ebenda (siehe Fußnote 72), S. 74.

170 Ebenda (siehe Fußnote 72), S. 76.

sei, würde nicht dadurch zulässig, dass es dem Bieter durch eine nachträgliche Vertragsänderung (zusätzliche Ausführungsbedingung) angedient würde.[171]

Den Bedenken lässt sich entgegnen, dass es sich bei solchen Vertragsklauseln nicht um verdeckte technische Spezifikationen, Auswahlkriterien oder Zuschlagskriterien handeln darf. Alle Bewerber, sollten sie den Zuschlag erhalten, müssen in der Lage sein, diese Klauseln zu erfüllen.[172] Die Prüfung dieser Fähigkeiten hat außerhalb des Vergabeverfahrens stattzufinden.[173]

Dieser Auffassung ist zuzustimmen, denn die von der Kommission dargestellten Ausführungsbestimmungen sind keine nachträglichen Ausführungsbedingungen. Während technische Spezifikationen auf den einzelnen Vertrag zugeschnitten sind, sollen Ausführungsbestimmungen wie allgemeine Geschäftsbedingungen (AGB) für jeden Vertrag allgemeine Gültigkeit besitzen und nur im Einzelfall den besonderen Anforderungen eines Vertrags angepasst werden können. Diese Bedingungen sind den Bietern im vorhinein bekannt. Die Auswahl bzw. der Zuschlag darf nicht aufgrund dieser allgemeinen Ausführungsbestimmungen erfolgen. Kommt ihnen der Bieter nach Vertragsabschluss nicht nach, macht er sich allerdings schadensersatzpflichtig.[174]

9.3.7 Exkurs: Beentjes und Nord-Pas-de-Calais

Bevor sich der *EuGH* in den Entscheidungen *Concordia* und *Wienstrom* mit der Zulässigkeit der umweltfreundlichen Vergabe von öffentlichen Aufträgen beschäftigte, ergingen bereits zwei Urteile zur Einbeziehung von sozialen Kriterien in eine Vergabeentscheidung. Bis zu den beiden genannten noch sehr jungen Entscheidungen, die erstmals umweltspezifische Gesichtspunkte behandelten, waren *Beentjes* und *Nord-Pas-de-Calais* ein wichtiger Ausgangspunkt für die Interpretation des europäischen Vergaberechts ebenso im Hinblick auf Umweltkriterien. *Concordia* und *Wienstrom* sowie die neuen Richtlinien haben die Heranziehung der beiden Urteile über soziale Kriterien weitgehend entbehrlich gemacht. Sie haben zu einer je nach Interpretation erheblichen Präzisierung oder Abänderung der teilweise dogmatisch inkonsistenten Entscheidungsgrundsätze von *Beentjes* und *Nord-Pas-de-Calais* geführt. Dennoch sollen diese Urteile und ihre Interpretation nicht unerwähnt bleiben, da nicht vollständig auszuschließen ist, dass die dort entwickelten Grundsätze Auswirkungen auf die auch mit den neuen Richtlinien noch nicht abschließend geklärten Rechtsfragen im Zusammenhang mit umweltbezogenen Kriterien haben könnten.

Den Entscheidungen *Nord-Pas-de-Calais* und *Beentjes* lagen vergleichbare Sachverhalte zugrunde. In beiden Fällen war die Vergabe des Auftrags an ein zu-

[171] Ebenda (siehe Fußnote 72), S. 76.

[172] Interpretierende Mitteilung (siehe Fußnote 14) unter II 4., S. 20.

[173] Ebenda (siehe Fußnote 14) unter II 4., S. 20.

[174] Dieses Ergebnis wird auch durch die Regelungen in den VOL/B bzw. VOB/B und VOF/B gestützt. Diese allgemeinen „Geschäftsbedingungen" von öffentlichen Aufträgen finden Anwendung auf jeden Vertrag, werden aber ebenso wenig auch im Vergabeverfahren geprüft.

sätzliches Kriterium geknüpft, das der Bekämpfung der Arbeitslosigkeit diente. In *Beentjes* erklärte der *EuGH* ein solches zusätzliches Kriterium unter der Bedingung für zulässig, dass alle einschlägigen Vorschriften des Gemeinschaftsrechts sowie die Verfahrensvorschriften der Vergaberichtlinien beachtet werden.[175]

Trotz Kritik aus der Literatur[176] bestätigte der *EuGH* seine Rechtsprechung im Fall *Nord-Pas-de-Calais* und konkretisierte diese im Hinblick auf die Einordnung eines solchen zusätzlichen Kriteriums in den Ablauf des Vergabeverfahrens: war nach dem *Beentjes* Urteil noch unklar gewesen, ob das zusätzliche Kriterium die Eignungsprüfung oder die Zuschlagsphase betraf,[177] stellte der Gerichtshof im Urteil *Nord-Pas-de-Calais* klar, dass das zusätzliche Beschäftigungskriterium als Grund für den Ausschluss eines Bieters diene und daher nur ein Zuschlagskriterium sein könne.[178]

Der *EuGH* stützt seine Auffassung, dass solche zusätzlichen Zuschlagskriterien zulässig seien, auf die Systematik der Richtlinien. Diese würden den Sachverhalt nicht abschließend und erschöpfend gemeinschaftsrechtlich regeln, so dass es den Mitgliedstaaten unbenommen bleibe, materiellrechtliche oder verfahrensrechtliche Bestimmung auf dem Gebiet der öffentlichen Aufträge zu erlassen.[179]

Neben den in den Vergaberichtlinien genannten Zuschlagskriterien des niedrigsten Preises oder des wirtschaftlichsten Angebots bestehe daher noch Raum für weitere Zuschlagskriterien, die nicht der Ermittlung des wirtschaftlich günstigsten Angebots dienen. Ein derartiges zusätzliches Zuschlagskriterium muss nach Maßgabe aller Verfahrensvorschriften, insbesondere der Publizitätsvorschriften der betreffenden Vergaberichtlinie, aufgestellt werden. Es muss insbesondere in der Bekanntmachung oder den Verdingungsunterlagen des Auftrags ausdrücklich angegeben werden, damit die Unternehmer in der Lage sind, vom Bestehen einer solchen Bedingung Kenntnis zu nehmen.[180] Weiterhin muss das Kriterium die wesentlichen Grundsätze des Gemeinschaftsrechts, vor allem das Diskriminierungsverbot beachten.[181]

Auch das *Nord-Pas-de-Calais* Urteil hat Kritik erfahren.[182] Das Urteil sei ein „groteskes Fehlurteil“[183] und lasse „wiederum eine tragfähige Begründung vermis-

[175] *EuGH*, Urteil Rs. 31/87 (siehe Fußnote 17) *(Beentjes)*.

[176] So z. B. SEIDEL, Zur Implementierung von Sekundärzielen, ZVgR 2000 (siehe Fußnote 27), S. 197: Das Urteil beachtet den gesetzgeberischen Willen nicht, der den Vergaberichtlinien zugrunde liegt; GÖTZ, Öffentliche Beschaffungsmärkte und Europarecht, Diss. Univ. Konstanz 1999, S. 174; Ders. Die Zulässigkeit beschaffungsfremder Vergabekriterien nach Europarecht, EuR 1999, S. 621ff., RITTNER (siehe Fußnote 13), S. 679, vgl. auch KLING (siehe Fußnote 27), S. 150.

[177] Die Kommission meinte, die zusätzliche Bedingung könne als Ausführungskriterium des Vertrages angesehen werden, *EuGH* Urteil Rs. 225/98 (siehe Fußnote 17) *(Nord-Pas-de-Calais)* Rdnr. 52.

[178] *EuGH* Urteil Rs. 225/98 (siehe Fußnote 17) *(Nord-Pas-de-Calais)* Rdnr. 50.

[179] *EuGH*, Urteil Rs. 31/87 (siehe Fußnote 17) *(Beentjes)* Rdnr. 28 und 37.

[180] *EuGH*, Urteil, Rs 225/98 (siehe Fußnote 17) *(Nord-Pas-de-Calais)* Rdnr. 51.

[181] *EuGH*, Urteil, Rs 225/98 (siehe Fußnote 17) *(Nord-Pas-de-Calais)* Rdnr. 50.

[182] SCHNEIDER (siehe Fußnote 27), S. 61; SEIDEL (siehe Fußnote 27); DREHER (siehe Fußnote 27).

sen."[184] Der *EuGH* beschränke sich im Wesentlichen darauf, seine im *Beentjes*-Urteil aufgestellte These der grundsätzlichen Zulässigkeit eines beschäftigungspolitischen Kriteriums zu wiederholen.[185] In keinem der beiden Urteile stütze der *EuGH* sein Ergebnis auf die historische, teleologische oder systematische Gesetzesauslegung,[186] so dass die getroffene Schlussfolgerung im offenen Widerspruch zu dem Wortlaut sowie dem Sinn und Zweck der einschlägigen EG-Vergaberichtlinien stehe.[187]

Dieser Kritik war bereits mit Hinblick auf das *Beentjes*-Urteil und früherer Rechtsprechung[188] entgegnet worden.[189] Die Hauptargumente waren, dass der *EuGH* stets den Charakter der Richtlinien als „Koordinierungsrichtlinien" betont und damit klargestellt habe, dass die Angleichung des Vergaberechts durch die Richtlinien nicht abschließend sei.[190] Zu dieser Schlussfolgerung war der *EuGH* bereits in den Fällen *CEI* und *Bellini* gelangt, in denen die Zulässigkeit mitgliedstaatlicher Eignungskriterien (über die finanzielle und wirtschaftliche Leistungsfähigkeit) in Frage stand.[191] Die dort zur Zulässigkeit von mitgliedstaatlichen Regelungen in Bezug auf die finanzielle und wirtschaftliche Leistungsfähigkeit von Bietern entwickelte Begründung hat der *EuGH* auch auf den Fall *Beentjes*, in dem es um die Einbeziehung sozialer Kriterien in die Zuschlagsentscheidung ging,[192] angewendet. Zentrales Argument des *EuGH* für die Zulassung eigener mitgliedstaatlicher Eignungsstandards bzw. Eignungsnachweise (*CEI, Bellini*) bzw. für die Zulassung von sozialen Zwecken (*Beentjes, Nord-Pas-de-Calais*) war das Koordinierungselement der Richtlinien:

---

[183] DREHER (siehe Fußnote 27), S. 140f.

[184] SEIDEL (siehe Fußnote 27), S. 762.

[185] Ebenda (siehe Fußnote 27), S. 762.

[186] Ebenda (siehe Fußnote 27), S. 763.

[187] DREHER (siehe Fußnote 27), S. 140f.

[188] EuGH, Urteil vom 15.01.1986, in den verbundenen Rs. 27 bis 29/86, Slg. 1987, 3347 ff. - CEI ./. Association intercommunale pour les autoroutes des Ardennes.

[189] BENEDICT (siehe Fußnote 24), S. 161 ff.

[190] Ebenda (siehe Fußnote 24), S. 161.

[191] Vgl. BENEDICT (siehe Fußnote 24), S. 164: Der *EuGH* stellte in beiden Urteilen fest, dass zwischen dem materiellen Standard der wirtschaftlichen und finanziellen Leistungsfähigkeit einerseits und den formellen Nachweisen dieses Standards andererseits zu unterscheiden sei. Die Richtlinien regelten jeweils nur die Nachweise, die Festsetzung der Standards verbliebe in der Regelungskompetenz der Richtlinie. Auch hinsichtlich der vom Bieter beizubringenden Nachweise für seine wirtschaftliche und finanzielle Leistungsfähigkeit seien die Richtlinien nicht abschließend. Abschließend sind allerdings die Nachweismöglichkeiten für die technische Leistungsfähigkeit, hierzu ZIEKOW (siehe Fußnote 27), S. 74.

[192] Der *EuGH* hat das zusätzliche Kriterium in der Beentjes-Entscheidung nicht als Eignungs- oder Zuschlagskriterium bezeichnet, sondern eine dritte Kategorie gebildet. Gerade das kritisieren Seidel (siehe Fußnote 27) und DREHER: In der Beentjes-Entscheidung habe der *EuGH* die zusätzliche Bedingung expressis verbis gerade nicht als Zuschlagskriterium gesehen, DREHER (siehe Fußnote 27), S. 138. Der Verweis im Urteil Nord-Pas-de-Calais, wonach die zusätzliche Bedingung im Beentjes-Urteil eindeutig ein Zuschlagskriterium sei, diskreditiere den *EuGH* als Rechtsprechungsorgan.

„Ziel der (in dem damaligen Fall relevanten) Baukoordinierungsrichtlinie 1971 ist es, sicherzustellen, dass zur tatsächlichen Verwirklichung der Niederlassungsfreiheit und des freien Dienstleistungsverkehrs auf dem Gebiet der öffentlichen Bauaufträge innerhalb der Gemeinschaft mit der Aufhebung der Beschränkungen eine *Koordinierung* der einzelstaatlichen Verfahren zur Vergabe öffentlicher Bauaufträge einhergeht. "[193]

Aus der zweiten Begründungserwägung der Baukoordinierungsrichtlinie ergebe sich, dass dabei die in den Mitgliedstaaten geltenden Verfahren und Verwaltungspraktiken soweit wie möglich zu berücksichtigen seien. Art. 2 der Baukoordinierungsrichtlinie 1971 sehe zudem ausdrücklich vor, dass die öffentlichen Auftraggeber ihre an die Richtlinien angepassten einzelstaatlichen Verfahren anwendeten. Die Richtlinien beabsichtigten nach ihrem Sinn und Zweck keine abschließende Angleichung mitgliedstaatlicher Regelungen und stellten daher kein einheitliches und erschöpfendes Gemeinschaftsrecht dar.[194] Demnach sind nationale Regelungen in solchen Bereichen zulässig, die von der Richtlinie nicht abschließend erfasst sind und die sowohl mit dem Gesamtsystem der Richtlinie vereinbar sind[195] als auch alle einschlägigen Vorschriften des Gemeinschaftsrechts beachten.[196]

Mit seinem Verweis auf das Urteil in der Sache *CEI* stellt der Gerichtshof im *Beentjes*-Urteil klar, dass er die Zulässigkeit der Bedingung, Langzeitarbeitslose zu beschäftigen, für einen von der Richtlinie nicht geregelten Gesichtspunkt hält, mithin eine Regelungslücke annimmt, die von den Mitgliedstaaten aus den in den Urteilen *CEI* und *Bellini* aufgeführten Gründen und unter den dort erwähnten Voraussetzungen ausgefüllt werden dürfen.[197]

Die Kommission hatte demgegenüber vor dem *Beentjes*-Urteil und auch in ihrer Stellungnahme zum damaligen Gerichtsverfahren die Auffassung vertreten, die Richtlinien ließen neben den Eignungs- und Zuschlagskriterien keine weiteren Kriterien zu.[198] Nachdem diese Ansicht durch die Entscheidung des Gerichtshofs nicht mehr aufrechterhalten werden konnte, versuchte die Kommission die Unschärfe des Urteils im Hinblick auf die Einordnung der zusätzlichen Bedingung als Eignungs- oder Zuschlagskriterium für ihre Zwecke zu nutzen.

In ihrem Papier „Öffentliches Auftragswesen - Regionale und soziale Aspekte" wandelte die Kommission die vom Gerichtshof zugelassene soziale Bedingung in eine nachträgliche Auftragsbedingung um, die weder für die Auswahl der Bieter noch für den Zuschlag, sondern erst bei der nachgeschalteten Vertragsabwicklung

[193] EuGH, Urteil vom 15.01.1986 in den verb. Rs. 27-29/86 Slg. 1987, 3347 (3373) - CEI ./. Association intercommunale pour les autoroutes des Ardennes (Hervorhebung durch d. Verf.).

[194] EuGH, Urteil verb. Rs. 27-29/86 (siehe Fußnote 193).

[195] EuGH, Urteil verb. Rs. 27-29/86 (siehe Fußnote 193).

[196] EuGH, Urteil verb. Rs. 27-29/86 (siehe Fußnote 193), 3347 (3373).

[197] BENEDICT (siehe Fußnote 24), S. 174.

[198] Das Beentjes-Urteil fiel zeitlich mit den Beratungen zur Baukoordinierungsrichtlinie 89 zusammen, in der das Parlament, auch unter Bezugnahme auf das Beentjes-Urteil, vergabefremde Zwecke berücksichtigt wissen wollte. Gegen den Widerstand von Rat und Kommission konnte sich das Parlament allerdings nicht durchsetzen. Vgl. zur Geschichte BENEDICT (siehe Fußnote 24), S. 181ff und KLING (siehe Fußnote 27), S. 215 ff.

relevant würde.[199] Nach Auffassung der Kommission sollte der öffentliche Auftraggeber also nunmehr in der Lage sein, ein zusätzliches Kriterium in die Ausschreibung einzubringen, jedoch nicht das Recht dazu haben, einen Teilnehmer auszuwählen, der diese Bedingungen auch erfüllt, da das Kriterium erst im Rahmen der Vertragsausführung zum Tragen kommen sollte. Diese Vorgehensweise wurde als Versuch interpretiert, die Bedingungen unschädlich zu machen, indem diese vom Auswahlverfahren ferngehalten und als „ungefährliche" ex post-Auflagen ausgelegt würden.[200]

In der Interpretierenden Mitteilung stellte die Kommission die Rechtsprechung des Gerichtshofs nunmehr systematisch im Rahmen der Zuschlagskriterien dar. Sie legte die Rechtsprechung des Gerichtshofs aber dahingehend aus, die Erfüllung vergabefremder Bedingungen könne jeweils nur in einem Stichentscheid zwischen zwei gleich wirtschaftlichen Angeboten ausschlaggebend sein.[201]

> „In der Rechtssache C-225/98 stellte der Gerichtshof fest, dass die Vergabestellen eine mit dem Kampf gegen die Arbeitslosigkeit zusammenhängende Bedingung als Kriterium verwenden können, wenn diese Bedingung die wesentlichen Grundsätze des Gemeinschaftsrechts beachtet und den Vergabestellen zwei oder mehr wirtschaftlich gleichwertige Angebote vorliegen. Die Bedingung gilt dann als ein ausschlaggebendes Zuschlagskriterium, nachdem die Angebote in rein wirtschaftlicher Hinsicht miteinander verglichen worden sind."[202]

Diese Interpretation lässt nicht zu, dass die Erfüllung eines zusätzlichen Kriteriums auch dann zur Bevorzugung eines Angebots führt, wenn dieses weniger wirtschaftlich ist als andere Angebote.[203] Allerdings hat der Gerichtshof in den Urteilen *Beentjes* und *Nord-Pas-de-Calais* eine solche Unterscheidung nicht vorgenom-

---

[199] Mitteilung der Kommission „Öffentliches Auftragswesen – Regionale und soziale Aspekte" vom 22.9.1989, KOM (89), 400 endg., ABlEG Nr. C 311 12.12. 1989, S. 7 (12): „Der Gerichtshof machte einen Unterschied zwischen der Auftragsbedingung „Beschäftigung von Langzeitarbeitslosen" einerseits und den Kriterien für die Auswahl der Unternehmen sowie den Zuschlagskriterien andererseits. Die erwähnte Auftragsbedingung habe nichts mit der Beurteilung der wirtschaftlichen, finanziellen oder technischen Leistungsfähigkeit der Bieter im Hinblick auf die Ausführung des Bauvorhabens zu tun. Ebenso wenig gehöre sie zu den Zuschlagskriterien des öffentlichen Auftraggebers. Es handele sich lediglich um eine Verpflichtung, die das Unternehmen, dem der Zuschlag erteilt wird, zu akzeptieren hätte. Siehe zur Entwicklung des Kommissionsstandpunktes wie zur berechtigten Kritik an diesem Standpunkt BENEDICT (siehe Fußnote 26), S. 185 ff.

[200] BENEDICT (siehe Fußnote 24), S. 188.

[201] Interpretierende Mitteilung (siehe Fußnote 14) unter II 3.4., S. 20.

[202] Ebenda (siehe Fußnote 14) unter II 3.4, S. 20.

[203] Vgl. zur Unterscheidung BENEDICT (siehe Fußnote 24), S. 56: Wird ein vergabefremder Zweck zu einem Kriterium bei der Vergabeentscheidung, lassen sich im Grundsatz zwei Gruppen unterscheiden: Der vergabefremde Zweck kann zum einen in einer restriktiveren Berücksichtigung solcher Zwecke lediglich den Ausschlag in einem Stichentscheid zwischen zwei gleichwertigen Angeboten geben. Das vergabefremde Kriterium kann indes auch so hoch bewertet werden, dass es zur Bevorzugung eines Angebots führen kann, das weniger wirtschaftlich ist als ein Angebot, das den vergabefremden Zweck nicht erfüllt.

men und somit auch keine Entscheidung zugunsten der restriktiveren Variante getroffen. Zwar war das Zusatzkriterium im Fall *Nord-Pas-de-Calais* auf eine nationale Bestimmung gestützt, in der die Bedingung zur Arbeitsförderung als subsidiäres Zuschlagskriterium bezeichnet war. Das Zusatzkriterium sollte demnach nur den Ausschlag geben, wenn es zwischen zwei wirtschaftlich gleichwertigen Angeboten auszuwählen galt. Auch im Fall *Beentjes* war das streitige Angebot als das (wirtschaftlich) günstigere Angebot ausgewählt worden, so dass die zugleich erfüllte Bedingung der Beschäftigung Langzeitarbeitsloser letztlich nicht den Ausschlag gegeben hätte. Damit lag dem *EuGH* bisher kein Sachverhalt vor, in dem ein zusätzliches Kriterium letztlich auch zur Bevorzugung eines weniger wirtschaftlichen Angebots geführt hätte.

In beiden Urteilen findet sich keine Abgrenzung der beiden Formen zusätzlicher Zuschlagskriterien. Daher kann gefolgert werden, dass der *EuGH* auch solche Zuschlagskriterien für zulässig hält, die wirtschaftlichere Angebote „ausstechen" können. Insbesondere kann auch dem Wortlaut der Entscheidung, die nicht etwa von „subsidiären" oder „lediglich zusätzlichen" Kriterien ausgeht, sondern von „Kriterien" spricht, der von der Kommission vertretenen restriktive Ansatz nicht entnommen werden. Allein in dem abschließenden Antwortsatz, in dem der Gerichtshof den Klagevorwurf zurückweist, verwendet er den Begriff „Zusatzkriterium", wobei die Verwendung dieser Vorsilbe noch kein Rangverhältnis zu den in der Richtlinie genannten Zuschlagskriterien enthält.[204] Dies gilt um so mehr, als dieser Abschlusssatz sich ebenso gut auf die spezielle Fallkonstellation bzw. die Ausgangsfragestellung beziehen könnte, in der das streitige Zuschlagskriterium in der Tat nur subsidiär zum Zuge kommen sollte. Ebenso wenig lässt die den Urteilen zugrunde liegende Argumentation den Schluss zu, nur hinsichtlich der restriktiveren Variante bestünde eine Regelungslücke. Vielmehr hält der Gerichtshof den Aspekt der zusätzlichen Kriterien insgesamt für ungeregelt, so dass auch die konkrete Ausgestaltung solcher Kriterien den Mitgliedstaaten überlassen bleibt.

Die Rechtsprechung des Gerichtshofs gibt nach alledem keinen Ansatzpunkt für die von der Kommission in der Mitteilung vom Juli 2001 vertretene restriktive Auffassung, ein Angebot, das das geforderte Zusatzkriterium erfülle, müsse immer zugleich das wirtschaftlichste oder ebenso wirtschaftlich sein wie ein weiteres Angebot.

Unklar ist allerdings, ob die Rechtsprechung des Gerichtshofs in *Beetjes* und *Nord-Pas-de-Calais* im Hinblick auf Umweltkriterien weiterhin relevant ist. Zum einen hatte der Gerichtshof in diesen Entscheidungen die Zulässigkeit von zusätzlichen Bedingungen zwar grundsätzlich anerkannt, deren Voraussetzungen im Fall von Umweltkriterien aber erst in *Concordia* und *Wienstrom* so präzisiert, dass sie in der Praxis sicher anwendbar sind. Zum anderen bezogen sich die beiden Entscheidungen auf soziale Kriterien, so dass man die Auffassung vertreten kann, sie seien nach *Concordia* und *Wienstrom* nicht mehr einschlägig.

[204] Das Wort „zusätzlich" beinhaltet keine Wertung, ob dieses Zusatzkriterium gleichwertig oder etwa nur subsidiär gelten soll. Ebenso gut kann „zusätzlich" bedeuten, dass neben ein Kriterium ein weiteres gleichwertiges Kriterium tritt.

9.3.8 Ergebnis zu den geltenden Vergaberichtlinien

Nach Auffassung der Kommission können öffentliche Auftraggeber umweltfreundliche Produktionsmethoden in die technischen Spezifikationen der Leistungsbeschreibung aufnehmen. Enthielten technische Spezifikationen regelmäßig derartige Anforderungen, könnte man aufgrund des großen Nachfragepotentials der öffentlichen Hand die Umstellung vieler Wirtschaftszweige auf umweltfreundliche Produktionsmethoden bewirken. Allerdings sieht die Kommission weitreichende Möglichkeiten zur Berücksichtigung von Umweltaspekten in erster Linie außerhalb des von den Vergaberichtlinien erfassten Bereichs, nämlich bei der Festlegung des Auftragsgegenstands. Das lässt sich dahingehend interpretieren, dass sie die Vergaberichtlinien von Umweltkriterien weitestgehend freihalten möchte.

Die Auffassung, dass sich technische Spezifikationen nicht allein auf Produktstandards oder ähnliche produktbezogene Instrumente beziehen müssen, sondern auch umweltfreundliche Produktionsmethoden festlegen können, bedeutet einen erheblichen Fortschritt.[205] Öffentliche Auftraggeber können sich in diesem Punkt nach wie vor auf die Auslegung durch die Kommission berufen und müssen angesichts der Klärung dieser Frage nicht mehr eine mögliche Verletzung europäischen Sekundärrechts befürchten.

Die Rechtsprechung des EuGH stellt nunmehr klare Grundsätze für eine umweltfreundliche Vergabe öffentlicher Aufträge auf. Im Rahmen der Wirtschaftlichkeit ist erforderlich, dass ein Zusammenhang zum Auftragsgegenstand besteht, dass das Kriterium keine unbeschränkte Entscheidungsfreiheit des öffentlichen Auftraggebers mit sich bringt, es in den Vergabeunterlagen oder der Bekanntmachung ausdrücklich genannt ist, und der Auftraggeber alle wesentlichen Grundsätze des Gemeinschaftsrechts, insbesondere das Diskriminierungsverbot, beachtet. Werden diese Vorgaben beachtet, kann den Umweltkriterien erhebliches Gewicht beigemessen werden, wie die Entscheidung *Wienstrom* zeigt.

9.3.9 Die neuen Vergaberichtlinien

Im Februar 2004 wurden die neuen Vergaberichtlinien vom Europäischen Parlament in dritter Lesung angenommen und sind bis zum 31. Januar 2006 in nationales, also auch deutsches, Recht umzusetzen. Die neuen Vergaberichtlinien waren schon seit langer Zeit in der Diskussion: bereits im Mai 2000 legte die Kommission Veränderungsvorschläge für zwei neue Richtlinien zum öffentlichen Auftragswesen vor. Die erste Richtlinie führt die drei Richtlinien über Bauaufträge, Lieferaufträge und Dienstleistungsaufträge zusammen.[206] Die zweite betrifft die Sektoren.[207] Die mit dem Gesetzgebungsvorhaben verfolgte Absicht der Vereinfachung,

[205] Siehe oben.
[206] Siehe Fußnote 20.
[207] Siehe Fußnote 21.

Modernisierung sowie größerer Flexibilität wurde vom Parlament, den Ausschüssen und dem Europäischen Rat begrüßt.

Die Richtlinien wurden im Wege des Mitentscheidungsverfahrens gemäß 251 EG-Vertrag verabschiedet. Das Verfahren nach Art. 251 EG-Vertrag gibt dem Europäischen Parlament ein echtes Mitwirkungsrecht an der Legislative: Parlament und Rat müssen den Vorschlag annehmen, andernfalls gilt der Vorschlag als nicht erlassen. Diese Einigung erwies nicht zuletzt aufgrund der strittigen Fragen hinsichtlich der umweltfreundlichen Vergabe als schwierig.

Die Kommission hatte in dem Vorschlag erstmals Ziele des Umweltschutzes ausdrücklich genannt: Art. 53 des Änderungsvorschlags zu den klassischen Richtlinien enthielt die Neuerung, dass Umweltschutzkriterien explizit als beispielhaftes Kriterium für die Auftragsvergabe aufgeführt sind. Im Übrigen verzichteten die Vorschläge im Bereich des Umweltschutzes auf Neuerungen, da die Kommission hier die Interpretierende Mitteilung für ausreichend hielt. Die Vorschläge für die Richtlinien sollten die vorgenommene Interpretation lediglich klarstellen.

Die befassten Ausschüsse forderten in ihren Stellungnahmen eine stärkere Berücksichtigung von Umweltkriterien.[208] Auch das Parlament, das den Richtlinienvorschlag am 17. Januar 2003 behandelte, legte zahlreiche Änderungsvorschläge im Umweltschutzbereich vor.[209] Darauf hin legte die Kommission einen neuen Vorschlag vor, der Grundlage der ersten Lesung im Rat wurde. In dem am 20. März 2003 angenommenen gemeinsamen Standpunkt des Rates wurden viele der ursprünglich vom Parlament eingebrachten Vorschläge aufgenommen, während zwei wesentliche Anträge im umstrittenen Bereich der Zuschlagskriterien nicht berücksichtigt wurden.[210]

Der gemeinsame Standpunkt wurde dem Parlament im März in zweiter Lesung vorgelegt. Nachdem der Rat und das Europäische Parlament sich zunächst in wichtigen Punkten nicht einigen konnten, wurden die Richtlinienvorschläge im Vermittlungsverfahren behandelt. Am 2. Dezember 2003 konnte dann im Vermittlungsausschuss eine Einigung über wichtige Fragen, einschließlich offener Fragen betreffend der umweltfreundlichen Vergabe erzielt werden.[211] Im Folgenden sollen die wichtigsten Änderungen dargestellt werden, die sich aus der Novelle der Vergaberichtlinien ergeben werden.

---

[208] Stellungnahme des Wirtschafts- und Sozialausschusses, ABlEG Nr. C 193 vom 10.10.2001, S. 7, Stellungnahme des Ausschusses der Regionen ABlEG Nr. C 144 vom 16.5.2001, S. 23.

[209] Legislativvorschlag des Parlaments zu KOM 2000 (275), siehe Bericht ZAPPALA, A5-0378/2001.

[210] Gemeinsamer Standpunkt des Rates im Hinblick auf den Erlass der Richtlinie des Europäischen Parlaments und des Rates über die Koordinierung des Verfahrens zur Vergabe öffentlicher Lieferaufträge, Dienstleistungsaufträge und Bauaufträge, interinstitutionelles Dossier 2000/0115 (COD) vom 07.03.2003.

[211] Vgl. Bericht über den vom Vermittlungsausschuss gebilligten gemeinsamen Entwurf einer Richtlinie des Europäischen Parlaments und des Rates zur Koordinierung der Verfahren zur Vergabe öffentlicher Bauaufträge, Lieferaufträge und Dienstleistungsaufträge (PE-CONS 3696/2003 – C5-0607/2003 – 2000/0115(COD)).

Änderungen im Hinblick auf technische Spezifikationen

Zwei in die Richtlinie aufgenommene Änderungen sind hervorzuheben:

Bezug zu technischen Normen. Art. 24 des Änderungsvorschlags zu den klassischen Richtlinien der Kommission befasste sich mit den technischen Spezifikationen, die in der Bekanntmachung oder den Verdingungsunterlagen enthalten sein sollen. Die Kommission schlug als neuen Wortlaut vor: „Die technischen Spezifikationen sind *mit Bezugnahmen* auf nationale Normen, mit denen europäische Normen umgesetzt werden, europäische technische Zulassungen, gemeinsame technische Spezifikationen und internationale Normen zu *formulieren*" anstelle der bisherigen Fassung: „... *unter Bezugnahme* auf ... *festzusetzen*".

In der Begründung für den Richtlinienvorschlag erklärte die Kommission: Normen (Standards) würden häufig als „de facto verbindliche Instrumente" angesehen werden. Die bisherige Fassung könnte so verstanden werden, dass der Auftraggeber nur normgerechte Waren und Leistungen kaufen dürfe, was dazu führe, dass bereits existierenden technischen Lösungen der Vorzug vor innovativen Lösungen gegeben werde.[212] Da Normierungen den technischen Innovationen immer erst später folgten, könnte sich eine Festlegung auf bestehende Normen für Innovationen nachteilig auswirken. Die Kommission wollte mit dieser Veränderung verhindern, dass Angebote mit neueren oder besseren Standards ausgeschlossen werden. Dieser Vorschlag verstärke den Wettbewerb und gebe mehr Raum für technische Innovationen, weil Bieter sich darauf verlassen können, dass sie auch über die in der Ausschreibung vorgegebenen Normen bzw. Standards hinausgehen und z. B. umweltfreundliche Produkte anbieten können, die die gültigen technischen Standards überbieten.

Das Parlament schlug hierzu außerdem vor, die Bezugnahme auf die technischen Spezifikationen durch Verweis auf europäische Umweltzeichen zu erweitern. Es hielt diese Änderung für „extrem wichtig"[213], da die Vergabe europäischer Umweltzeichen dazu diene, in Übereinstimmung mit dem EG-Vertrag nachhaltige Entwicklung zu fördern.

Dieser Änderungsvorschlag wurde nur insoweit in den gemeinsamen Standpunkt des Rates aufgenommen, als er europäische Umweltzeichen in Form von Leistungs- und Funktionsanforderungen zuließ. Der vom Parlament gewählte Wortlaut lasse hingegen darauf schließen, eine Bezugnahme auf europäische Umweltzeichen in der Ausschreibung sei ***zwingend***.[214] Dagegen schlug der gemeinsame Standpunkt des Rates vor, dass technische Spezifikationen in Form von Leistungs- oder Funktionsanforderungen Umwelteigenschaften umfassen „kön-

[212] KOM (2000) 275/2 endg.: Richtlinienvorschlag über die Koordinierung der Vergabe öffentlicher Lieferaufträge, Dienstleistungsaufträge und Bauaufträge. ABlEG Nr. C 29 E vom 30.01.2001, S. 1, Begründung unter 5.1.

[213] Legislativvorschlag des Parlaments zu KOM 2000 (275), (siehe Fußnote 209) Begründung zu Änderungsantrag 45.

[214] Geänderter Vorschlag für eine Richtlinie des Europäischen Parlaments und des Rates über die Koordinierung der Verfahren zur Vergabe öffentlicher Lieferaufträge, Dienstleistungsaufträge und Bauaufträge, KOM (2002) 236 endg., ABlEG Nr. C 203 E vom 27.8.2002, S. 210, 215.

nen“,[215] ein Ergebnis, das allerdings keine Änderungen der gegenwärtigen Rechtslage bedeutet hätte.

Der Art. 23 der verabschiedeten Richtlinie nennt Umwelteigenschaften in Abs. 3 b) und sagt aus, dass technische Spezifikationen in Form von Leistungs- oder Funktionsanforderungen formuliert werden können. Diese können Umwelteigenschaften umfassen. Hinsichtlich dieser wird in Art. 23 Abs. 6 nunmehr präzisiert:

> „(6) Schreiben die öffentlichen Auftraggeber Umwelteigenschaften in Form von Leistungs- oder Funktionsanforderungen gemäß Absatz 3 Buchstabe b vor, so können sie die detaillierten Spezifikationen oder gegebenenfalls Teile davon verwenden, die in europäischen, (pluri-)nationalen Umweltgütezeichen oder anderen Umweltgütezeichen definiert sind, wenn
> - sie sich zur Definition der Merkmale der Waren oder Dienstleistungen eignen, die Gegenstand des Auftrags sind,
> - die Anforderungen an das Gütezeichen auf der Grundlage von wissenschaftlich abgesicherten Informationen ausgearbeitet werden;
> - die Umweltgütezeichen im Rahmen eines Verfahrens erlassen werden, an dem interessierte Kreise - wie z. B. staatliche Stellen, Verbraucher, Hersteller, Händler und Umweltorganisationen teilnehmen können,
> - und wenn das Gütezeichen für alle Betroffenen zugänglich und verfügbar ist.
>
> Die öffentlichen Auftraggeber können angeben, dass bei Waren oder Dienstleistungen, die mit einem Umweltgütezeichen ausgestattet sind, vermutet wird, dass sie den in den Verdingungsunterlagen festlegten technischen Spezifikationen genügen; sie müssen jedes andere geeignete Beweismittel, wie technische Unterlagen des Herstellers oder Prüfberichte anerkannter Stellen, akzeptieren.“

Diese Regelung soll auf der einen Seite sicherstellen, dass Umweltzeichen verwendet werden können, auf der anderen Seite, dass eine Diskriminierung und damit ein Verstoß sowohl gegen europäisches Primärrecht als auch gegen das GPA vermieden wird. Der letzte Absatz bedeutet gleichzeitig eine erhebliche Verbesserung für die ausschreibende Stelle, weil sie sich hinsichtlich technischer Spezifikationen weitgehend darauf beschränken kann, von den Anbietern ein Umweltzeichen zu verlangen, solange ein individueller Nachweis von Bietern nicht ausgeschlossen wird. Dieser Nachweis, dass der Bieter trotz Nicht-Vorliegens des Umweltzeichens die gleichen Voraussetzungen erfüllt, obliegt dem Bieter. Die Regelung bedeutet daher eine Art „Beweislastumkehr“ zugunsten der Beschaffer. Der Nachweis ist von den Bietern zu leisten, die kein Umweltzeichen verwenden.

Produktionsprozesse und –methoden. Schon in der Interpretierenden Mitteilung hatte die Kommission eingeräumt, dass Auftraggeber in den technischen Spezifikationen nachhaltige Produktionsmethoden verlangen können, sofern die zur – sichtbaren oder unsichtbaren – Charakterisierung des Produkts oder der Leistung beitragen.[216] Kommission und Rat schlossen sich dem Vorschlag des Parlaments an, die Produktionsprozesse und -methoden auch ausdrücklich in die Richtlinie aufzunehmen, nämlich innerhalb der im Anhang VI unter 1 a) genannten Definitionen der technischen Spezifikationen. Diese waren in den klassischen Richtlinien-

---

[215] Gemeinsamer Standpunkt des Rates (siehe Fußnote 210), Art. 23.

[216] Vgl. oben unter 9.3.3.

vorschlägen noch nicht enthalten. Auch diese Neuerung hat ausschließlich klarstellenden Charakter und weicht nicht von der Auslegung in der Interpretierenden Mitteilung ab, sie bedeutet jedoch trotzdem eine Klarstellung an einem wichtigen Punkt.

Einbeziehung von EMAS in die Eignungskriterien der Bieter

Im ursprünglichen Vorschlag der Kommission nicht enthalten, sah Art. 50 des gemeinsamen Standpunktes vor, beim Nachweis für die Eignung des Bieters auf das Umweltmanagement EMAS Bezug zu nehmen. Diese Änderung hatte das Parlament vorgeschlagen, damit öffentliche Auftraggeber die Möglichkeit haben, Bescheinigungen über Umweltmanagement-Normen einschließlich EMAS einzufordern.[217]

Verlangt der öffentliche Auftraggeber im Rahmen der Eignungskriterien Qualitätsnachweise für das Umweltmanagement, so sollte er nach der Änderung auf EMAS oder andere europäische oder internationale Umweltzertifikate Bezug nehmen. Diese Änderung sollte in noch stärkerem Maße potentiellen Bietern Anreize schaffen, an dem Gemeinschaftssystem für Umweltmanagement teilzunehmen.

Art. 48 regelt jetzt die technische und berufliche Leistungsfähigkeit der Bieter. Art. 48 Abs. 2 f) lautet:

> Der Nachweis der technischen Leistungsfähigkeit des Wirtschaftteilnehmers kann [...] wie folgt erbracht werden:
>
> f) bei öffentlichen Bau- und Dienstleistungsaufträgen, und zwar nur in entsprechenden Fällen durch Angabe der Umweltmanagementmaßnahmen, die der Wirtschaftsteilnehmer bei der Ausführung des Auftrags gegebenenfalls anwenden will.

Damit wird die Einbeziehung der EMAS-Zertifizierung zwar als Nachweis der technischen Leistungsfähigkeit für zulässig erklärt, allerdings nur in stark eingeschränktem Umfang. Die Bestimmung begrenzt die Heranziehung der Zertifizierung zum einen auf Bau- und Dienstleistungsaufträge. Die Regelung schließt also Lieferaufträge und damit einen bedeutenden Teil der öffentlichen Beschaffung aus. Zum anderen ist sie nur zulässig, wenn die Umweltmanagementmaßnahme auch bei der Ausführung des Auftrags angewandt werden soll. Umweltmanagementsysteme haben danach keine Bedeutung für den Nachweis der technischen Leistungsfähigkeit bei Lieferaufträgen. Dies bedeutet, dass die Auswahl der Bieter nur in wenigen Fällen von vornherein auf solche eingeschränkt werden darf, die ein Umweltmanagementsystem anwenden.

Art. 50 präzisiert, wie der Nachweis eines Umweltmanagementsystems erbracht werden kann. Er bestimmt, dass entweder auf EMAS Bezug zu nehmen ist oder auf Normen, die

- auf einschlägigen europäischen oder internationalen Zertifizierungsnormen beruhen

[217] Legislativvorschlag des Parlaments zu KOM 2000 (275) (siehe Fußnote 209), Begründung zu Abänderungsvorschlag 97.

- und von entsprechenden Stellen zertifiziert sind, die dem Gemeinschaftsrecht oder einschlägigen europäischen und internationalen Zertifizierungsnormen entsprechen.

Hier soll wiederum eine Diskriminierung außereuropäischer bzw. innereuropäischer Anbieter, die ein anderes Umweltmanagementsystem als EMAS verwenden, vermieden werden.

Fraglich ist, ob aus der Nennung der Umweltmanagementsysteme in Art. 48 folgt, dass sie mit den erläuterten Einschränkungen ausschließlich als Nachweis der technischen Leistungsfähigkeit erlaubt sein sollen, und sie nicht in geeigneten Fällen auch als Zuschlagskriterium zulässig sein können. Nach einer restriktiven Auslegung könnte man daraus, dass EMAS ausdrücklich in Bezug auf die technische Leistungsfähigkeit, nicht aber in Bezug auf die Zuschlagskriterien genannt wird, folgern, dass hier jegliche Bezugnahme auf EMAS oder andere Umweltmanagementsysteme unzulässig ist. Mit einer weiten Auslegung könnte man dagegen argumentieren, dass die Richtlinie keine Regelung über die Verwendung von Umweltmanagementsystemen als Zuschlagskriterium enthält und diese daher uneingeschränkt zulässig ist.

Vorzugswürdig erscheint aber eine vermittelnde Auslegung. Art. 53 stellt bestimmte Voraussetzungen für Zuschlagskriterien auf (siehe sogleich). Diese sollten auch für die Einbeziehung von Umweltmanagementsystemen als Zuschlagskriterien gelten. Danach ist es möglich, EMAS als Zuschlagskriterium vorzusehen, wenn ein Zusammenhang mit dem Auftragsgegenstand besteht. Dieser kann besonders dann gegeben sein, wenn das Umweltmanagementsystemen selbst sicherstellt, dass bei Ausführung des Auftrags bestimmte Umwelteigenschaften gewährleistet werden oder es zur Qualität des Produkt, der Bau- oder Dienstleistung beiträgt.

Zuschlagskriterien, Art. 53

Die Kommission wollte ihren in der Interpretierenden Mitteilung geäußerten Standpunkt zu den Zuschlagskriterien im neuen Regelwerk rechtlich verbindlich festlegen. Sie brachte daher in Art. 53 des Änderungsvorschlags zwei wesentliche Neuerungen ein, die entgegen der Rechtsprechung zu *Concordia Bus Finnland* die Erwägungen zu Umweltkriterien in der Zuschlagsphase der Vergabe eingeschränkt hätte, nämlich erstens auf mit dem Auftragsgegenstand *eng verbundene* und zweitens nur *für den Auftraggeber* wirtschaftlich günstige Kriterien.

Zusammenhang mit dem Auftragsgegenstand. Die Kommission schlug für Art. 53 Abs. 1 b) des Änderungsvorschlags die Formulierung vor, die Einbeziehung von nur solchen Kriterien zuzulassen, die „*im direkten Zusammenhang* mit dem Auftragsgegenstand" stehen.

Dieser Einschub schien eine Reaktion der Kommission auf die Rechtsprechung des *EuGH* zu sozialen Kriterien sein.[218] Diese erklärte soziale Kriterien für zuläs-

---

[218] Das Nord-Pas-de-Calais-Urteil vom 26.9.2000 war zum Zeitpunkt der Veröffentlichung der Richtlinienvorschläge noch nicht ergangen.

sig, die nicht mit dem Auftragsgegenstand in Zusammenhang standen. Das Parlament lehnte die vorgeschlagene Voraussetzung des direkten Zusammenhangs mit dem Auftragsgegenstand ab, indem es in Aufnahme der Rechtsprechung des *EuGH* auch Ziele der Sozial- und Beschäftigungspolitik im Bereich der Auftragsvergabe zulassen wollte. Unter dem Druck des Parlaments fand ein Kompromiss Eingang in den gemeinsamen Standpunkt. Zuschlagskriterien sollten hiernach „durch *den Auftragsgegenstand gerechtfertigt*" sein (Art. 53 Abs. 1 a) des gemeinsamen Standpunkts), um zulässigerweise in die Zuschlagsentscheidung der beschaffenden Stelle einfließen zu dürfen. In den Erwägungsgründen führte der gemeinsame Standpunkt dazu aus, dass Zuschlagskriterien insofern vom Auftragsgegenstand abhingen, als sie es ermöglichen müssten, das Leistungsniveau jedes einzelnen Angebots im Verhältnis zum Auftragsgegenstand zu bewerten.[219]

Die Formulierung „durch den Auftragsgegenstand gerechtfertigt" war weniger streng als die Kommissionsformulierung „in direktem Zusammenhang mit dem Auftragsgegenstand" und lässt mehr Beurteilungsspielraum für die Einbeziehung von Umweltkriterien zu. Im Ergebnis findet sich nunmehr die Formulierung „verschiedene *mit dem Auftragsgegenstand zusammenhängende* Kriterien" im Text des Art. 53 der Richtlinie. Diese Formulierung wurde seitens der Umweltverbände als unzureichend beurteilt. Er lässt jedoch einen weiten Spielraum bei der Auslegung und spiegelt im Wesentlichen die gegenwärtige Auffassung des *EuGH* wieder.

Der *EuGH* ging bislang davon aus, dass es zusätzliche Zuschlagskriterien gibt, die von den Richtlinien nicht erfasst sind. Öffentliche Vergabestellen können hiernach, außerhalb der Wirtschaftlichkeitsberechnung der Richtlinien, zusätzliche Kriterien wie soziale oder arbeitsmarktpolitische Ziele beim Zuschlag berücksichtigen. Soweit sie das Transparenzgebot und das Diskriminierungsverbot beachten, bleibt es ihnen überlassen, den Zuschlag von eigenen Zielen abhängig zu machen. In Bezug auf Umweltkriterien hat der Gerichtshof wie dargestellt die Anforderungen weitgehend konkretisiert.

Der Bericht des Europäischen Parlaments fasst die erreichte Einigung wie folgt zusammen:

> „Auf der Grundlage der Rechtssprechung des Gerichtshofs erkennt die in der Vermittlung erzielte Einigung an, dass der öffentliche Auftraggeber Zuschlagskriterien auswählen kann, um zwar das wirtschaftlich günstigste Angebot zu ermitteln, aber auch mit dem Ziel, den Erfordernissen der betroffenen Öffentlichkeit gerecht zu werden, so unter anderem im Umwelt- oder Sozialbereich. Die Kriterien müssen mit dem Auftragsgegenstand zusammenhängen. Sie dürfen dem genannten Auftraggeber keine uneingeschränkte Entscheidungsfreiheit einräumen, sie müssen ausdrücklich in den Verdingungsunterlagen oder in der Vergabebekanntmachung aufgeführt sein und müssen die grundlegenden Prinzipien des Gemeinschaftsrechts beachten, insbesondere das Prinzip der Nichtdiskriminierung. Auch die Produktionsmethode wird ausdrücklich bei den zugelassenen technischen Spezifikationen erwähnt."[220]

---

[219] Erwähnungsgrund 44.

[220] Bericht über den vom Vermittlungsausschuss gebilligten gemeinsamen Entwurf, (siehe Fußnote 211) Seite 7/9.

Wie diese Zusammenfassung erkennen lässt, eröffnet die neue Richtlinie weitgehende Möglichkeiten der Einbeziehung von Umweltkriterien und ist damit als positiv für Umweltschutzziele bei der öffentlichen Auftragsvergabe zu bewerten.

Externe Kosten. Die Kommission hatte in ihrem Vorschlag an ihrer Auffassung zur Einbeziehung externer Kosten in die Wirtschaftlichkeitsberechnung festgehalten, indem im Gegensatz zu den gültigen Richtlinien nunmehr der Zuschlag auf das *„für den Auftraggeber"* wirtschaftlich günstigste Angebot erfolgen sollte (Art. 53 Abs.1 b) des Änderungsvorschlags der Kommission). Diese Formulierung hatte in den gemeinsamen Standpunkt Eingang gefunden, entgegen der Auffassung des Parlaments, das objektiv soziale Ziele, die nicht unbedingt für die Beschaffungsstelle wirtschaftlich günstig sein müssen, im Vergabeverfahren berücksichtigt wissen wollte und die vorgeschlagene Formulierung daher ablehnte.[221]

Nunmehr einigten sich Kommission, Rat und Parlament auf die Fassung, dass Umwelteigenschaften als Zuschlagskriterien zur Bestimmung des *„aus Sicht des öffentlichen Auftraggebers"* wirtschaftlich günstigsten Angebots einbezogen werden können.

Noch ist nicht ausgemacht, ob die gewählte Neuformulierung die Möglichkeiten, Umweltkriterien in die Auftragsvergabe einzubeziehen, einschränkt. Die Rechtsprechung zu *Concordia Bus Finland* ließ es ausreichen, wenn das Kriterium einen Bezug zum Auftragsgegenstand hat, verlangte indes nicht einen wirtschaftlichen Vorteil für den Auftraggeber. Diese Rechtsprechung ließe sich auch nach der geänderten Rechtslage aufrechterhalten. Nach wie vor wäre auch im Bereich der Umweltkriterien ein Rückgriff auf die *Beentjes*- und *Nord-Pas-de-Calais*-Rechtsprechung möglich, wie das Votum des Generalanwalts Mischo im Fall *Concordia Bus Finland* gezeigt hat. Er hatte die Einbeziehung von Umweltkriterien in die Vergabeentscheidung für zulässig erachtet und hierbei die umstrittene Rechtsprechung des *EuGH* zu den sogenannten zusätzlichen Zuschlagskriterien herangezogen.

Denn die beklagte Stadt Helsinki hatte dargelegt, dass sich für sie ein wirtschaftlicher Nutzen im Bereich der Umweltkosten ergibt, die sie als Stadt zu tragen hat. Zwar greift der *EuGH* in seinem Urteil dieses Argument nicht auf, er hat aber seine grundsätzliche Haltung, die der Allgemeinheit dienenden Faktoren im Vergabeverfahren zulassen zu wollen, nicht aufgegeben. So könnte sich, von Fall zu Fall, eine Unterscheidung danach ergeben, inwieweit Umweltkosten aus Sicht des Auftragsgebers günstig sind. Auch diese Einigung ist damit als weitgehend positiv zu bewerten, weil sie eine strikte Beschränkung auf unmittelbare oder direkte wirtschaftliche Vorteile vermeidet und Auslegungsspielraum offen lässt.

Auftragsausführungsbedingungen

Neu eingefügt in die Vergaberichtlinie wurde in Art. 26 eine Regelung über die Ausführung des Auftrags. Art 26 bestimmt:

[221] Legislativvorschlag des Parlaments zu KOM (2000) 275 (siehe Fußnote 209), Begründung zu Abänderungsvorschlag 98.

Die öffentlichen Auftraggeber können zusätzliche Bedingungen für die Ausführung des Auftrags vorschreiben, sofern diese mit dem Gemeinschaftsrecht vereinbar sind und in der Bekanntmachung oder in den Verdingungsunterlagen angegeben werden. Die Bedingungen für die Ausführung eines Auftrags können insbesondere soziale und umweltbezogene Aspekte betreffen.

Diese Bestimmung scheint eine Reaktion auf die Beentjes-Rechtsprechung des *EuGH* zu sein. Diese von der Kommission vorgeschlagene Regelung weicht allerdings von der Auffassung des Gerichtshofs ab, der zusätzliche Kriterien als Zuschlagskriterien bezeichnet hatte.[222]

Ergebnis

Die neuen Vergaberichtlinien sind im Ergebnis im Hinblick auf die Möglichkeiten, Umweltkriterien in die öffentliche Auftragsvergabe einzubeziehen, weitgehend als positiv zu bewerten. Die Berücksichtigung von Umweltkriterien im Vergabeverfahren hat nunmehr ausdrücklich Eingang in die Richtlinien gefunden, was an der konkreten Rechtsanwendung zwar nichts ändert, aber im Hinblick auf Art. 6 EG-Vertrag ein wichtiges Zeichen zur Aufwertung des nachhaltig ökologischen Beschaffungswesens setzt. Dies spiegelt sich auch darin wider, dass eine vom Parlament vorgeschlagene Erwähnung von Umweltschutzzielen in die Erwägungsgründe Eingang gefunden hat.[223]

Soweit die öffentlichen Auftraggeber grundlegende Prinzipien der Nichtdiskriminierung und des Funktionierens des Binnenmarktes berücksichtigen, liegt es in erster Linie am Umweltbewusstsein der ausschreibenden Stelle, wie weitgehend sie nachhaltig ökologische Produktionen und Leistungen fördern will. Ein weiter Spielraum bleibt ihr nach wie vor bei der Festlegung des Vertragsgegenstands.

Die Kommission und der Rat haben die Richtlinien insoweit konkretisiert, dass ökologische Faktoren berücksichtigt werden können. Wichtigstes Ziel blieb für sie aber, ein Hineinwirken von politischen Erwägungen sowie nationalen und regionalen Interessen in den Bereich der Vergabe öffentlicher Aufträge abzuwehren. Die Priorität liegt im Rahmen einer europarechtlichen Perspektive immer darauf, eine Verzerrung des Wettbewerbs im europäischen Binnenmarkt zu verhindern. Die restriktive Behandlung von externen sozialen oder ökologischen Erwägungen soll das Ziel eines einheitlichen europäischen Binnenmarkt unterstützen. Die Möglichkeiten der Berücksichtigung von Umweltkriterien bleiben dementsprechend begrenzt. Im bedeutsamen Bereich der Zuschlagskriterien auf das wirtschaftlich günstigste Angebot bedeutet die neue Lösung nur begrenzt, dass alle Unklarheiten der geltenden Richtlinien beseitigt sind. Ob diese Bestimmung zum Nachteil für die Einbeziehung von Umweltkriterien ausgelegt werden wird, bleibt abzuwarten. Der vorgeschlagene Wortlaut erlaubt keine Einbeziehung externer Kosten in die Wirtschaftlichkeitsanalyse.

Es bleibt daher abzuwarten, inwieweit die beabsichtigten Neuerungen den Anforderungen des Art. 6 EG-Vertrag und der Rechtsprechung des *EuGH* zum pri-

---

[222] Siehe oben 9.3.7.

[223] Richtlinie 2004/18/EG (siehe Fußnote 20), Erwägungsgrund 5.

mären EU-Recht standhalten kann. Die Einbeziehung externer Kosten kann sich als substantielles Instrument zur Durchsetzung wichtiger politischer Ziele der EU erweisen. Die EU ist, beispielsweise im Kyoto-Protokoll, internationale Verpflichtungen eingegangen, die nur mit nachhaltig ökologischer Politik zu erreichen sind. Sollten sich die Befürworter der Einbeziehung von externen Kosten durchsetzen, wäre jedoch auch eine Reihe von ernsthaften praktischen Problemen zu meistern, z. B. wie ein Auftraggeber bei konkurrierenden Angeboten verschiedene externe Kosten z. B. im Hinblick auf unterschiedliche Umweltmedien praktikabel und rechtssicher vergleichen kann.

Aber auch wenn diese wichtigen Aspekte in den neuen Richtlinien restriktiver behandelt wurden, als dies der *EuGH* in seiner Rechtsprechung zu den heutigen Richtlinien vorsieht, so ist auf Basis der bisherigen Beschaffungspraxis zu vermuten, dass wohl von dieser Kontroverse nur ein geringer Teil der auch nach ökologischen Kriterien ausgerichteten Beschaffungsvorgänge umfasst sein wird. In den meisten Fällen in der Praxis wird die Vermeidung externer Kosten entweder schon bei der Definition des Auftragsgegenstands Berücksichtigung finden und/oder auch zu direkten wirtschaftlichen Vorteilen für den Auftraggeber führen.

Im Ergebnis hat die EU daher weitgehende Voraussetzungen dafür geschaffen, die Einbeziehung von Umweltkriterien ins öffentliche Vergabewesen zu ermöglichen. Ob diesem ersten Schritt auch ein nächster folgt, die öffentlichen Auftraggeber zu umweltbewusster Beschaffung von Leistungen und Produkten zu *verpflichten*, bleibt indes abzuwarten.

9.4 Das europäische Primärrecht

Die Verwendung eines Umweltschutzkriteriums und der darauf basierende Ausschluss von Bietern ist neben den europäischen Vergaberichtlinien zusätzlich an den Vorschriften des Primärrechts, d. h. den Prinzipien des EG-Vertrags zu messen. Das Primärrecht gilt für sämtliche in das Vergabeverfahren einbezogene Umweltkriterien. Deshalb müssen nicht nur solche Umweltbelange, die von den Richtlinien zugelassen werden, einer weiteren Prüfung durch das Primärrecht standhalten können. Auch Kriterien innerhalb solcher Verfahrensschritte, die von

[224] Die Richtlinien wurden aufgrund der Art. 95, 47 Abs. 2, 55 und 133 EGV erlassen.

[225] Ein Kriterium, das, am Maßstab der Vergaberichtlinien gemessen, bereits erlaubtermaßen im Vergabeverfahren verwendet werden darf, erneut auf seine Vereinbarkeit mit dem Europäischen Primärrecht zu prüfen, erscheint widersinnig: Die Richtlinien müssen als auf dem EG-Vertrag basierendes Recht schließlich mit diesem übereinstimmen. Sofern Richtlinien einen Sachverhalt daher abschließend erfassen/regeln und im Übrigen nicht als EG-vertragswidrig gelten, dürfte eine solche Prüfung an sich nicht mehr stattfinden. Dieser Konflikt wird indes vom EuGH nicht problematisiert, der gleichgültig, ob eine Richtlinie einen Sachverhalt abschließend regelt, stets eine Prüfung am Maßstab des Primärrechts vornimmt. Diese Vorgehensweise kann man mit einer Umkehr der vorherigen Argumentation rechtfertigen: Gerade weil der EG-Vertrag Grundlage der Richtlinien und

den Vergaberichtlinien nicht erfasst werden, können zum Ausschluss von Bietern anderer Mitgliedsstaaten führen und damit einen Verstoß gegen die vom EG-Vertrag garantierten Grundfreiheiten beinhalten. Daher müssen auch Bedingungen, die nicht in einen von den Vergaberichtlinien erfassten Verfahrensabschnitt fallen, mit den Prinzipien des EG-Vertrags übereinstimmen. Darüber hinaus gelten die Grenzen des Primärrechts für Verfahren oberhalb wie auch unterhalb der Schwellenwerte.[226] Aussagen über einen Verstoß gegen EG-Primärrecht lassen sich in der Regel nur anhand der konkreten Ausgestaltung eines Vergabeverfahrens treffen. Daher soll – mit der Ausnahme des Beihilferechts – hier nicht vertieft auf das Primärrecht eingegangen werden.[227]

Generell lässt sich festhalten, dass ein Zuschlagskriterium gegen den EG-Vertrag verstößt, wenn Bedingungen nur von einheimischen Bietern oder dass sie von Bietern aus anderen Mitgliedstaaten nur mit größeren Schwierigkeiten erfüllt werden könnte.[228]

Mögliche Vorschriften des EG-Vertrags, die durch die Einbeziehung dieser Umweltkriterien verletzt werden könnten, sind insbesondere die Warenverkehrsfreiheit, Art. 28 EGV, und die Dienstleistungsfreiheit, Art. 49 EGV. Art. 28 EGV ist dabei in erster Linie für Lieferaufträge bedeutsam, während bei Umweltbelangen, die in Bau- oder Dienstleistungsaufträge einbezogen werden, eher Art. 49 EGV eingreifen könnte.[229] Art. 28 EGV und Art. 49 EGV sind *lex spezialis* gegenüber dem allgemeinen Diskriminierungsverbot aus Art. 12 EGV, das damit nur zur Anwendung kommt, wenn der Anwendungsbereich von Art. 28 bzw. Art. 49 EGV nicht eröffnet ist.[230]

Vorab ist die Rolle der Umweltintegrationsklausel des Art. 6 EGV zu klären. Sie fordert die Berücksichtigung des Umweltschutzes in allen anderen Gemeinschaftspolitiken, so dass sich die Frage stellt, welchen Einfluss eine solche Vorschrift für die Berücksichtigung von Umweltbelangen im Vergabeverfahren hat.

9.4.1 Art. 6 EG-Vertrag

Dem Wortlaut des Art. 6 EGV zufolge müssen bei der Festlegung und Durchführung der in Art. 3 EGV genannten Gemeinschaftspolitiken und -maßnahmen die

damit höherrangig ist, müssen mit den Richtlinien übereinstimmende Regelungen oder Maßnahmen auf ihre Vereinbarkeit mit dem EG-Vertrag geprüft werden.

226 Vgl. zur Einführung in die Thematik ARROWSMITH, The Application of the E.C. Treaty Rules to Public and Utilities Procurment, Public Procurement Law Review 1995, S. 255 ff.

227 Siehe dazu ausführlich KROHN (siehe Fußnote 11).

228 Urteil des EuGH, Rs. 31/87 (*Beentjes*) (siehe Fußnote 17) Rdnr. 30.

229 BENEDICT (siehe Fußnote 24), S. 243. Eine Beschränkung der zu verwendenden Baumaterialien (z. B. PVC oder Asbest) ist aber nach den Art. 28 ff. EGV zu beurteilen, vgl. Urteil des EuGH vom 22.9.1988, Rs. 45/87, Slg. 1988, 4929 (4958) (*Dundalk III*), Rdnr. 16 f.

230 Der EuGH greift allerdings häufiger auf Art. 12 EGV als Prüfungsmaßstab zurück.

Erfordernisse des Umweltschutzes insbesondere zur Förderung einer nachhaltigen Entwicklung einbezogen werden.[231]

Strittig ist, ob die Aufnahme der Querschnittsklausel in die Grundsätze des Vertrages und deren inhaltliche Ausgestaltung („müssen berücksichtigt werden") zur Konsequenz haben, dass der Umweltschutz Vorrang vor anderen Gemeinschaftspolitiken hat. Diese Auffassung war bereits zu Art. 130r Abs. 2 S. 2 EGV vertreten worden.[235] Ein Großteil des Schrifttums lehnt jedoch einen solchen relativen Vorrang des Umweltschutzes vor anderen Gemeinschaftspolitiken ab.[236] Hier soll nicht im Einzelnen auf diese Diskussion eingegangen werden. Festzuhalten ist, dass der Auffassung die einen generellen Vorrang des Art. 6 EGV ablehnt Zustimmung verdient. Daraus folgt, dass die Diskussion parallel zu der Frage verläuft, welche diskriminierenden Maßnahmen von Mitgliedstaaten unter Umständen gerechtfertigt sind, vgl. Art. 30 EGV bzw. die *Cassis-Rechtsprechung* des *EuGH*.[245]

Art. 6 EGV spricht mithin generell dafür, Umweltschutzkriterien in die Auftragsvergabe einfließen zu lassen. Art. 6 EGV kann jedoch nicht zu einem generellen Vorrang vor dem Fundament des EG-Vertrages, dem Diskriminierungsverbot,

---

[231]Zu Art. 6 EGV siehe WASMEYER, (Fußnote 18); CALLIES (siehe Fußnote 18); EPINAY, Umweltrechtliche Querschnittsklausel und Freier Warenverkehr: die Einbeziehung umweltpolitischer Belange über die Beschränkung der Grundfreiheit, Natur und Recht 1995, S. 497 ff.

[232] GEIGER, Kommentar zum EUV, EGV – Vertrag über die EU und Vertrag zur Gründung der EG, 3. Auflage, München 2000, Art. 6, Rdnr. 1: Art. 6 enthält dabei nur die Querschnittsbestimmung. Der Umweltschutz als Gemeinschaftsaufgabe wird allgemein in Art. 2, Art. 3 Abs. 1 lit. 1 genannt; seine besondere Ausgestaltung, insbesondere durch Kompetenzvorschriften, ist in Art. 174-176 enthalten.

[233] SCHUMACHER (siehe Fußnote 74), S. 467 (470).

[234] Zur Darstellung des Streits siehe KLING (siehe Fußnote 27), S. 589 ff.

[235] GRABITZ in GRABITZ/HILF (siehe Fußnote 2), Art. 130r, Rdnr. 59.

[236] EPINAY, Umweltrecht in der Europäischen Union, Köln 1997, S. 107 f.; dies. (siehe Fußnote 231), S. 499 (jeweils zum alten Art. 130r Abs. 2 S. 3): KLING (siehe Fußnote 27), S. 593 ff.; SCHNEIDER (siehe Fußnote 27), S. 18 f., SCHUMACHER (siehe Fußnote 74), S. 470.

[237] KLING (siehe Fußnote 27), S. 593 f, EPINEY, (siehe Fußnote 231) S. 499.

[238] MÜLLER-GRAFF in RENGELING (Hrsg.), Handbuch zum europäischen und deutschen Umweltrecht, Band 1, § 10, Rdnr. 13.

[239] EPINAY (siehe Fußnote 231), S. 499.

[240] MÜLLER-GRAFF (siehe Fußnote 238), § 10 Rdnr. 24.

[241] Ebenda (siehe Fußnote 238), § 10 Rdnr. 94; ihm folgend KLING (siehe Fußnote 27), S. 594.

[242] KLING (siehe Fußnote 27), S. 596.

[243] So NESSLER, Politische Auftragsvergabe durch den Staat, DÖV 2000, S. 145, 151 ff.; ihm folgend HERMA (siehe Fußnote 27), S. 10 ff.

[244] NESSLER (siehe Fußnote 243), S. 151; OPPERMANN, Europarecht, 2. Auflage, München 1999, S. 182.

[245] Vgl. auch das PreussenElektra-Urteil des EuGH vom 13.3.2001, Rs. C-379/98, Slg. 2001, I -2159, (2185) (*PreussenElektra*), Rdnr. 76: hier hat der EuGH Art. 6 EGV als Erweiterung der Rechtfertigungsgründe in Art. 30 EGV herangezogen.

führen. Art. 6 dient aber als Argumentationshilfe dafür, dass Umweltklauseln im europäischen Vergabewesen grundsätzlich Eingang finden können.

9.4.2 Freier Warenverkehr, Art. 28 ff. EGV

Ein Verstoß gegen Art. 28 EGV kommt vor allem im Anwendungsbereich der Lieferkoordinierungsrichtlinie in Betracht, d. h. bei der Beschaffung von Produkten.

Nach dem *EuGH* ist Art. 28 EGV sowohl auf generelle Vergaberichtlinien als auch auf einzelne Vergabeentscheidungen bzw. Vergabebedingungen anwendbar. In *Dundalk III* war von der irischen Vergabestelle für die zu verwendenden Wasserröhren eines Bauauftrags eine bestimmte irische Norm vorgegeben worden. Der *EuGH* beurteilte diese Einfügung einer Klausel in die Verdingungsunterlagen als Verstoß gegen Art. 28 EGV.[263] Auch in den Entscheidungen *Storebaelt*[264] und

---

[246] Vgl. dazu BENEDICT (siehe Fußnote 24), S. 204 f.

[247] Weißbuch der Kommission an den Europäischen Rat „Vollendung des Binnenmarktes" vom 14.6.1985, KOM (85) endg., zweiter Teil, Rdnr. 85.

[248] Urteil des EuGH, Rs. 45/87 (siehe Fußnote 229) (*Dundalk III*), Rdnr. 18; Urteil des EuGH vom 20.3.1999, Rs. 21/8, Slg. 1990, I-889 (*du Pont de Nemours*), Rdnr. 10; Urteil des EuGH vom 22.6.1993, Rs. C-243/89, Slg. 1993, I-3353 (*Storebaelt*), Rdnr. 23.

[249] BENEDICT (siehe Fußnote 24), S. 205 m. w. N.

[250] Urteil des EuGH vom 14.12.1979, Rs. 34/79, Slg. 1979, 3795 (3812) (*Henn und Darby*), Rdnr. 12.

[251] Urteil des EuGH vom 12.7.1973, Rs. 2/73, Slg. 1973, 865 (879) (*Geddo*), Rdnr. 7.

[252] Die Abgrenzung der beiden Begriffe ist seit Ablauf der Übergangszeit, vgl. Art. 33 Abs. 7 EGV a. F, praktisch bedeutungslos, vgl. STREINZ, Europarecht, 5. Auflage, Heidelberg 2001, Rdnr. 730.

[253] LEIBLE in GRABITZ/HILF (siehe Fußnote 2), Art. 28 Rdnr. 2.

[254] Urteil des EuGH vom 11.7.1974, Rs. 8/74, Slg. 1974, 837 (852) (*Dassonville*), Rdnr. 5.

[255] Str., siehe BENEDICT (siehe Fußnote 24), S. 205 m. w. N. Im Hinblick auf Art. 30 EGV a. F. hat der EuGH festgestellt, dass diese Regelung die nationalen Maßnahmen der Mitgliedstaaten beseitigen solle.

[256] Vgl. BENEDICT (siehe Fußnote 24), S. 205.

[257] Urteil des EuGH vom 24.11.1982, Rs. 249/81, Slg. 1982, 4005 (4012) (*Buy Irish*), Rdnr. 25 ff.: Eine solche Praxis könne nicht dem Verbot des Art. 30 (nunmehr Art. 28) entgehen, nur weil sie sich nicht auf Entscheidungen gründet, die für Unternehmen verbindlich sind.

[258] Urteil des EuGH vom 9.5.1985, Rs. 21/84, Slg. 1985, 1345 (1364) (*Frankiermaschinen*).

[259] Urteil des EuGH Rs. 21/84, (siehe Fußnote 258) (*Frankiermaschinen*), Rdnr. 11.

[260] Urteil des EuGH Rs. 21/84, (siehe Fußnote 258) (*Frankiermaschinen*), Rdnr. 12 f.

[261] Urteil des EuGH vom 11.12.1985, Rs. 192/84, Slg. 1985, 3973 (3978) (*Griechische Landwirtschaftsbank*), Rdnr. 17.

[262] So BENEDICT (siehe Fußnote 24), S. 209, dabei folgt er STOLZ, Das öffentliche Auftragwesen in der EG - Möglichkeiten und Grenzen einer Liberalisierung, Baden-Baden 1991, S. 35.

[263] Urteil des EuGH, Rs. 45/87 (siehe Fußnote 229) (*Dundalk III*), Rdnr. 10 f.

UNIX[265] maß der Gerichtshof die Zulässigkeit einzelner Klauseln in Verdingungsunterlagen an Art. 28 EGV.

Gegen Art. 28 EGV können offene wie auch versteckte Diskriminierungen verstoßen. Im Fall *Storebaelt* war der Aufforderung zur Abgabe von Angeboten eine Bedingung beigefügt worden, der zufolge der Ausführende u. a. möglichst Baustoffe und Verbrauchsgüter dänischer Herkunft verwenden sollte.[270] Ähnlich verhielt sich der Sachverhalt in der Rechtssache *du Pont de Nemours*: Die italienische Regierung erließ ein Gesetz, wonach staatliche oder staatlich kontrollierte Stellen 30 % ihres Bedarfs von Betrieben aus dem strukturschwachen Süditalien beziehen mussten.[271]

In der Rechtssache *Dundalk III* bescheinigte der Gerichtshof der Bedingung einer irischen Vergabestelle, dass die Röhren zur Erfüllung eines Bauauftrags einer bestimmten (irischen) Norm zu entsprechen hätten, versteckte Diskriminierung ausländischer Anbieter.[273] Obwohl das vom Auftraggeber vorgegebene Kriterium zunächst unterschiedslos anwendbar war, mussten sich sowohl irische als auch ausländische Bieter an die Norm halten, die aber tatsächlich nur von einem einzigen irischen Bieter erfüllt wurde.

Überdies enthält Art. 28 ein Beschränkungsverbot. Danach ist jede Form einer Regelung untersagt, mit der der Zugang zum inländischen Markt behindert

---

264 Urteil des EuGH vom 22.6.1993, Rs. C-243/89, Slg. 1993, I-3353 (*Storebaelt*), Rdnr. 23.

265 Urteil des EuGH vom 24.1.1995, Rs. C-359/93, Slg. 1995, I-168 (*UNIX*), Rdnr. 27.

266 Vgl. BENEDICT (siehe Fußnote 24), S. 211: er verweist auf die Begründung durch Generalanwalt Darmon in seinem Schlussantrag vom 21.6.1989 zu Rs. 45/87, (siehe Fußnote 229) (*Dundalk III*), Rdnr. 67: "It is not an everyday occurrence for sizeable contracts to be put out to tender, and each such contract has major commercial consequences in two respects. Each contract represents in itself a commercial project for manufacturers and, depending on the size of the contract, a barrier to imports erected with respect to a given contract may have significant consequences immediately. But it must be borne in mind that a barrier set up with respect to a particular contract may have implications for later contracts, and hence future commercial projects, in so far as in the light of their first experience public works contractors will tend not to provide for the use of imported material in their tenders."

267 LEIBLE in GRABITZ/HILF (siehe Fußnote 2), Art. 28, Rdnr. 8.

268 LEIBLE in GRABITZ/HILF (siehe Fußnote 2), Art. 28, Rdnr. 8; vgl. zur abschließenden Harmonisierung auch BENEDICT (siehe Fußnote 24), S. 199 sowie MÜLLER-GRAFF in GROEBEN/THIESING/EHLERMANN, Kommentar zum EU-/EG-Vertrag, 5. Auflage, Baden-Baden 1997, Art. 30, Rdnr. 198 und Art. 36, Rdnr. 14ff: Wäre es nach Erlass einer Harmonisierungsmaßnahme einem Mitgliedstaat noch erlaubt, unter Berufung auf den Vertrag einseitige Maßnahmen zu ergreifen, die über das Schutzniveau der Harmonisierung hinausgehen, so bestünde die Gefahr der Aushöhlung des Harmonisierungslevels.

269 LEIBLE in GRABITZ/HILF (siehe Fußnote 2), Art. 28, Rdnr. 8.

270 Urteil des EuGH, Rs. C-243/89 (siehe Fußnote 264) (*Storebaelt*), Rdnr. 4.

271 Urteil des EuGH, Rs. C-21/88 (siehe Fußnote 248) (*du Pont de Nemours*), Rdnr. 3.

272 BENEDICT (siehe Fußnote 24), S. 213.

273 Urteil des EuGH, Rs. 45/87 (siehe Fußnote 229) (*Dundalk III*), Rdnr. 20.

wird.[274] Auf die Vergabe öffentlicher Aufträge angewandt verbietet diese Auslegung in bestimmten Fällen auch unterschiedslos anwendbare, nicht-diskriminierende Maßnahmen der Vergabestelle.

Ein Beispiel für das in Art. 28 EGV enthaltene Beschränkungsverbot bietet der Fall *UNIX*, in dem eine niederländische Behörde die Lieferung eines EDV-Systems ausgeschrieben hatte, das das US-amerikanische Betriebssystem UNIX verwenden sollte.[275] Diese Vorgabe war für niederländische und ausländische Bieter unterschiedslos anwendbar. Da UNIX von niederländischen Computerherstellern weder einfacher noch häufiger angewandt wird, lag aber keine faktische Diskriminierung vor. Der *EuGH* beanstandete die Vorgabe trotzdem als Verstoß gegen Art. 28 EGV (30 EGV a. F.), weil die Festlegung auf diesen Standard solche Importeure ausschloss, die einen vergleichbaren, ebenso guten Standard anboten. Nach Ansicht des Gerichtshofs hätte der Auftraggeber den Verstoß gegen Art. 28 EGV vermeiden können, wenn er ausdrücklich gleichwertige Standards zugelassen hätte.[276]

Sofern eine Vergabebedingung unter den Tatbestand des Art. 28 EGV fällt und damit eine „Maßnahme gleicher Wirkung“ darstellt, muss dies nicht notwendigerweise ihre Unzulässigkeit nach sich ziehen. So können aus den in Art. 30 genannten Gründen Ausnahmen von dem weitgehenden Verbot in Art. 28 zugelassen werden. Zudem erkennt der *EuGH* in ständiger Rechtsprechung zwingende Erfordernisse des Gemeinschaftsrechts an, die Handelsbeschränkungen oder Maßnamen gleicher Wirkung ausnahmsweise rechtfertigen (*Cassis*-Rechtsprechung des *EuGH*).[278]

---

[274] Die Abgrenzung zwischen faktischer Diskriminierung und allgemeiner Beschränkung ist nicht ganz leicht. Ihre Unterscheidung ist aber insofern von Bedeutung, als die durch die Cassis-Rechtsprechung eingeführten Rechtfertigungsgründe nur für unterschiedslos geltende Regeln herangezogen werden können. Allerdings scheint die Rechtsprechung des EuGH die Differenzierung zwischen diskriminierenden und nicht diskriminierenden Regeln in jüngerer Zeit aufzuweichen. Dies scheint auf den engen Rechtfertigungskatalog des Art. 30 zurückzuführen zu sein, der z. B. keinen Rechtfertigungsgrund „Umweltschutz“ enthält.

[275] Urteil des EuGH, Rs. C-359/93 (siehe Fußnote 265) (*UNIX*), Rdnr. 7.

[276] Vgl. Interpretation des Falles bei BENEDICT (siehe Fußnote 24), S. 214. Der EuGH hätte eigentlich auf die entsprechende Vorschrift der Richtlinie zurückgreifen können, vgl. heute Art. 8 Abs. 6 Lieferkoordinierungsrichtlinie.

[277] LEIBLE in GRABITZ/HILF (siehe Fußnote 2), Art. 28, Rdnr.8.

[278] Seit Urteil des EuGH vom 20.2.1979, Rs. 120/78, Slg.1979, 649 (*Cassis de Dijon*): Wobei streitig ist, ob die zwingenden Erfordernisse des Gemeinschaftsrechts eine immanente Schranke des Art. 28 EGV und damit ein negatives Tatbestandsmerkmal darstellen oder ob es sich um Rechtfertigungsgründe handelt. Die erste Ansicht argumentiert, dass die Rechtfertigungsgründe des Art. 30 abschließend und eng auszulegen sind, so dass eine Erweiterung auf andere Merkmale nicht in Betracht kommt. Ein Teil der Literatur sieht dagegen die „zwingenden Erfordernisse“ als eine Erweiterung der Rechtfertigungsgründe nach Art. 30 EGV an („öffentliche Sicherheit und Ordnung“), was dem Regel-Ausnahmeverhältnis der Art. 28 und Art. 30 EGV wohl auch eher entspräche. Siehe z. B. SCHWEITZER/HUMMER, Europarecht, 5. Auflage, Neuwied 1996, Rdnr. 1134 ff.

[279] Urteil des EuGH vom 24.11.1993, Verb. Rs. C-267, 268/91, Slg. 1993, I-6097 (*Keck und Mithouard*).

Art. 30 EGV erlaubt aus den dort aufgeführten Gründen Ausnahmen vom Verbot des Art. 28 EGV.[284] Die Berufung auf Art. 30 EGV setzt voraus, dass die entsprechende Materie noch nicht Gegenstand einer abschließenden Gemeinschaftsregelung ist. Denn soweit dies der Fall ist, gilt die EG-Regelung kraft Vorrang des Gemeinschaftsrechts. Im Bereich abschließend harmonisierter Materien sind Ausnahmen nur unter den Voraussetzungen in Art. 95 Abs. 4 und 5 möglich.

Da Art. 30 „Ausnahmen" vom Grundsatz des freien Warenverkehrs betrifft, ist die Vorschrift nach ständiger Rechtsprechung des *EuGH* eng auszulegen.[285] Die dort aufgeführten nicht wirtschaftlichen Ziele sind abschließend.[286] Der Umweltschutz ist als Rechtfertigungsgrund nicht im Katalog aufgeführt. Mit seiner *Cassis de Dijon*-Rechtsprechung erkennt der *EuGH* allerdings auch andere Rechtfertigungsgründe an. Danach sind Handelshemmnisse für den Binnenmarkt hinzuneh-

---

[280] Urteil des EuGH, Verb. Rs. C-267 (siehe Fußnote 279) (*Keck und Mithouard*), Rdnr. 16. Zur Vorgeschichte dieser Rechtsprechung siehe LEIBLE in GRABITZ/HILF (siehe Fußnote 2), Art. 28, Rdnr. 27: Die vorangegangenen Urteile seien zum Teil widersprüchlich bzw. methodisch ungenau gewesen. Diesen Urteilen habe das Bestreben des EuGH zugrunde gelegen, den Begriff der Maßnahme gleicher Wirkung nicht grenzenlos auszudehnen, sondern in einem vernünftigen Rahmen zu halten. In der Tat hätten Vorschriften über die Öffnungszeiten von Läden und die Sonntagsruhe oder Regelungen für den Absatz von Waren nach dem Kreis der Verkaufsberechtigten, des Ortes und der Art und Weise des Absatzes im allgemeinen keinen erkennbaren Bezug zum innergemeinschaftlichen Warenverkehr. Der Kritik an der vorangegangenen Rechtsprechung begegnete der EuGH mit dem Keck-Urteil, wonach „entgegen der bisherigen Rechtsprechung" die Anwendung nationaler Bestimmungen, die „bestimmte Verkaufsmodalitäten" beschränken oder verbieten, auf Erzeugnisse aus anderen Mitgliedstaaten „nicht geeignet sind, den Handel zwischen den Mitgliedstaaten i. S. d. Urteils Dassonville unmittelbar oder mittelbar, tatsächlich oder potentiell zu behindern, sofern diese Bestimmungen für alle betroffenen Wirtschaftsteilnehmer gelten, die ihre Tätigkeit im Inland ausüben, und sofern sie den Absatz der inländischen Erzeugnisse und der Erzeugnisse aus anderen Mitgliedstaaten rechtlich wie tatsächlich in der gleichen Weise berühren."

[281] So zur Umschreibung im Schlussantrag von Generalanwalt Tesauro zu Rs. C-292/92 – Slg. 1993, 6787 (Hünermund), Rdnr. 11.

[282] Siehe oben unter 9.1.1.

[283] Vgl. zur Begründung BENEDICT (siehe Fußnote 24), S. 216: „Diese Bestimmungen mindern den Absatz nicht. Existierten sie nicht, würden keineswegs mehr Aufträge vergeben, sondern lediglich an andere und potentiell eben auch ausländische Unternehmen."

[284] Art. 30 EGV lautet: „Die Bestimmungen der Art. 28 und 29 stehen Einfuhr-, Ausfuhr- und Durchfuhrverboten oder - beschränkungen nicht entgegen, die aus Gründen der öffentlichen Sittlichkeit, Ordnung und Sicherheit, zum Schutze der Gesundheit und des Lebens von Menschen, Tieren oder Pflanzen, des nationalen Kulturguts von künstlerischem, geschichtlichem oder archäologischem Wert oder des gewerblichen und kommerziellen Eigentums gerechtfertigt sind. Diese Verbote oder Beschränkungen dürfen jedoch weder ein Mittel zur willkürlichen Diskriminierung noch eine verschleierte Beschränkung des Handels zwischen den Mitgliedstaaten darstellen."

[285] Z. B. Urteil des EuGH vom 25.1.1977, Rs. 46/76, Slg. 1977, 5 (15) (*Bauhuis*), Rdnr. 12-15.

[286] Urteil des EuGH vom 17.6.1981, Rs. 113/80, Slg. 1981, 1625 (1637) (*Irische Souvenirs*), Rdnr. 7.

men, soweit sie notwendig sind, um *zwingenden Erfordernissen* gerecht zu werden.[287] Dies gilt nur für unterschiedslos anwendbare nationale Handelsregelungen, für die keine abschließende Gemeinschaftsregelung besteht.[288] Weitere Bedingung ist, dass die Regelung zur Erreichung eines solchen Ziels notwendig und verhältnismäßig ist,[289] d. h. dasjenige Mittel darstellt, das den Warenverkehr am wenigsten behindert.[290] Als zwingendes Erfordernis hat der *EuGH* auch den Umweltschutz anerkannt.[291] Nach der jüngeren Rechtsprechung des *EuGH* sind die *Cassis*-Kriterien allerdings auch bei nicht unterschiedslos anwendbaren, d. h. bei diskriminierenden Maßnahmen heranzuziehen. Sowohl im Hinblick auf die Warenverkehrsfreiheit als auch in der Rechtsprechung zu den übrigen Grundfreiheiten scheint sich abzuzeichnen, dass der *EuGH* von der Differenzierung zwischen unterschiedlich und unterschiedslos anwendbaren Maßnahmen Abstand nimmt und alle Maßnahmen gleicher Wirkung daraufhin überprüft, ob sie aus Gründen des Allgemeininteresses gerechtfertigt sind.[301]

So hat der *EuGH* die Cassis-Rechtsprechung auf ein belgisches Importverbot für Müll angewandt und auch auf eine deutsche Vorschrift, wonach die inländische Erstzulassung von zuvor in anderen Mitgliedstaaten zugelassenen Flugzeugen von der Einhaltung bestimmter Grenzwerte abhängig war. Beide Regelungen diskriminierten offen (auch nicht nur faktisch) zwischen einheimischen und aus-

---

287 Urteil des EuGH, Rs. 120/78 (siehe Fußnote 278) (*Cassis de Dijon*), Rdnr. 8.

288 Im harmonisierten Bereich kann auch Art. 30 nicht greifen. Vgl. MÜLLER-GRAFF in GROEBEN/THIESING/EHLERMANN (siehe Fußnote 268), Art. 30, Rdnr. 186. Den Mitgliedstaaten ist eine Regelungsmöglichkeit dann versperrt, wenn der europäische Gesetzgeber ein Gemeinschaftsgut durch eine *abschließende* Gemeinschaftsregelung unter Schutz stellt. Für weitergehende mitgliedstaatliche Bestimmungen ist in diesem Fall kein Raum mehr.

289 LEIBLE in GRABITZ/HILF (siehe Fußnote 2), Art. 28, Rdnr. 19.

290 Stdg. Rechtsprechung des EuGH, siehe nur Urteil vom 20. 5. 1976, Rs. 104/75, Slg. 1976, 613 (*de Peijper*).

291 So z. B. Urteil des EuGH vom 20.10.1988, Rs. 302/86, Slg. 1988, 4607 (*Dänische Pfandflaschen*), Rdnr. 8; Urteil des EuGH vom 14. 7.1998, Rs. C-284/95, Slg. 1998, I-4301 (*Safety Hi-Tech*), Rdnr. 64.

292 MÜLLER-GRAFF in GROEBEN/THIESING/EHLERMANN (siehe Fußnote 268), Art. 30, Rdnr.195.

293 BENEDICT (siehe Fußnote 24), S. 219.

294 Ebenda.

295 OLIVER, Free Movement of Goods in the European Community under Articles 30 to 36 of the Rome Treaty, 3. Auflage, London 1996, 112, unter 6.76.

296 Vgl. Beispiel bei BENEDICT (siehe Fußnote 24), S. 220.

297 Ebenda, S. 220.

298 Ebenda, S. 220.

299 BENEDICT (siehe Fußnote 24), S. 220, stützt sich dabei auf MÜLLER-GRAFF in GROEBEN/THIESING/EHLERMANN (siehe Fußnote 268) Art. 30, Rdnr. 196.

300 BENEDICT (siehe Fußnote 24), S. 220.

301 Vgl. dazu LEIBLE in GRABITZ/HILF (siehe Fußnote 2), Art. 28, Rdnr. 20.

ländischen Waren.[302] Gleichwohl hielt der *EuGH* es für grundsätzlich möglich, dass die durch diese Regelungen verursachten Warenverkehrsbehinderungen aus Gründen des Umweltschutzes zulässig sein könnten.[303]

Diese Entwicklung wird vor allem durch das *PreussenElektra*-Urteil des *EuGH* bestätigt.[304] Der Gerichtshof befand, dass die aus dem deutschen Stromeinspeisungsgesetz resultierende Verpflichtung privater Elektrizitätsunternehmen zur Abnahme einer bestimmten Menge Strom aus erneuerbaren Energien eine Maßnahme gleicher Wirkung im Sinne des Art. 28 EGV darstellte, weil diese Verpflichtung nur für in Deutschland erzeugten Strom gegolten habe.[305] Damit seien deutsche Energieversorgungsunternehmen in der Höhe der Abnahmeverpflichtung daran gehindert gewesen, ihren Bedarf bei in anderen Mitgliedstaaten ansässigen Lieferanten zu decken.[306] Eine Maßnahme gleicher Wirkung ist im Übrigen auch darin zu sehen, dass nur Strom aus erneuerbaren Energiequellen von Erzeugern im Inland gefördert wurde.[307]

Nach der vom *EuGH* selbst entwickelten Dogmatik hätten für diese diskriminierende Regelung des Stromeinspeisungsgesetzes allein die Rechtfertigungsgründe des Art. 30 EGV herangezogen werden dürfen, die allerdings den Umweltschutz als Rechtfertigungsgrund nicht beinhalten. Gleichwohl hielt der Gerichtshof die deutsche Regelung für vereinbar mit Art. 28, 30 EGV, weil sie der Förderung erneuerbarer Energien und damit Zielen des Umweltschutzes diente.

---

302 Urteil des EuGH vom 9.7.1992, Rs. C-2/90, Slg. 1992, I-4431 (4480) (*Müllimport*), Rdnr. 34; Urteil des EuGH vom 14.7.1998, Rs. C-389/96, Slg. 1998, I-4473 (4489) (*Aher -Waggon*), Rdnr. 19.

303 LEIBLE in GRABITZ/HILF (siehe Fußnote 2), Art. 28, Rdnr. 20. Zur Entwicklung der Rechtsprechung des EuGH zusammenfassend Schlussantrag des Generalanwaltes Jacobs zu Rs. C-379/98 (*PreussenElektra*) vom 26.10.2000, Slg. 2001, I-2099, Rdnr. 220.

304 Urteil des EuGH vom 13.3. 2001, Rs. C-379/98, Slg. 2001, I-2159 (*PreussenElektra*).

305 Urteil des EuGH, Rs. C-379/98 (siehe Fußnote 304) (*PreussenElektra*), Rdnr. 70, 71: „Aus der Rechtsprechung des Gerichtshofes folgt außerdem, dass die den Wirtschaftsteilnehmern eines Mitgliedstaates auferlegte Verpflichtung, einen gewissen Prozentsatz ihres Bedarfs an einem bestimmten Erzeugnis bei einem inländischen Lieferanten zu decken, die Möglichkeiten der Einfuhr dieses Erzeugnisses insoweit beschränkt, als sie diese Wirtschaftsteilnehmer daran hindert, einen Teil ihres Bedarfs bei in anderen Mitgliedstaaten ansässigen Lieferanten zu decken ... §§ 1und 2 des ... Stromeinspeisungsgesetzes bestimmen ausdrücklich, dass die Abnahmepflicht der Elektrizitätsversorgungsunternehmen nur für Strom aus erneuerbaren Energiequellen gilt, der im Geltungsbereich dieses Gesetzes und im Versorgungsgebiet des betreffenden Unternehmens erzeugt wurde; damit kann sie den innergemeinschaftlichen Handel zumindest potentiell behindern.“ Der EuGH verweist auf seine Urteile vom 10.7.1984, Rs. 72/83, Slg. 1984, 2727 (2746) (*Campus Oil*), Rdnr. 16 und Urteil Rs. C-21/88 (siehe Fußnote 248) (*du Pont de Nemours*), Rdnr. 11.

306 Urteil des EuGH, Rs. C-379/98 (siehe Fußnote 304) (*PreussenElektra*), Rdnr. 70.

307 Vgl. RUGE, Urteilsanmerkung zu Rs. C-379/98 (*PreussenElektra*) in EuZW 2001, S. 242 (248).

Die neuere Tendenz zur einheitlichen Anwendung der Rechtfertigungsgründe richtet das Augenmerk weg von der Qualität des Eingriffs (diskriminierend oder nicht diskriminierend) hin auf die Bedeutung des von der nationalen Maßnahme erfassten Schutzgutes. Dies ist nur folgerichtig, denn der EG-Vertrag hat mehrere gleichrangige Zielsetzungen, unter denen u. a. auch dem Umweltschutz ein besonderer Stellenwert zukommt. Die sich durch das *PreussenElektra*-Urteil abzeichnende Entwicklung hin zu einer Vereinheitlichung der Rechtfertigungsgründe begünstigt auch die Einbeziehung von Umweltkriterien in das Vergabeverfahren. Selbst wenn es sich um eine (faktisch) diskriminierende Bedingung handeln sollte, ließe sich diese aus Umweltschutzerwägungen im Rahmen einer Abwägung aufrechterhalten, sofern sich aus dem Gemeinschaftsrecht Anhaltspunkte für eine Schutzwürdigkeit des von der Bedingung anvisierten Zieles ergäben. Maßgeblich

---

[308] Vgl. z. B. HESELHAUS, Rechtfertigung unmittelbar diskriminierender Eingriffe in die Warenverkehrsfreiheit, EuZW 2001, S. 645 (646): „In der Begründung bietet der EuGH einen argumentativen Gemischtwarenhandel an...“.

[309] Urteil des EuGH, Rs. C-379/98 (siehe Fußnote 304) (*PreussenElektra*), Rdnr. 73 – 80.

[310] KÜHNE, Urteilsanmerkung zu Rs. C-379/98 (*PreussenElektra*) in JZ 2001, S. 757 (759 ff.); STREINZ, Urteilsanmerkung zu Rs. C-379/98 (*PreussenElektra*) in JuS 2001, S. 596 f.; KOENIG/KÜHLING, Das PreussenElektra-Urteil des EuGH: Freibrief für Abnahme- und Vergütungspflichten in der Energiewirtschaft, NVwZ 2001, S. 768 ff.; RUGE (siehe Fußnote 297); GÜNDISCH, Preisgarantie für Strom aus Windkraftanlagen, NJW 2001, S. 3686 ff.; PÜNDER, EuGH billigt die Förderung von „Öko-Strom“, JURA 2001, S. 591 ff.; HESELHAUS (siehe Fußnote 308).

[311] Vgl. z. B. GÜNDISCH (siehe Fußnote 310), S. 3687 f.; wohl auch STREINZ (siehe Fußnote 310), S. 597; PÜNDER (siehe Fußnote 310), S. 595, der allerdings dem EuGH im Ergebnis zustimmt, nur eine andere dogmatische Konstruktion für wünschenswert hält: Maßnahmen, die unter Berücksichtigung der Besonderheiten des Umweltschutzes aufgestellt würden, seien wie vom EuGH im Urteil zur wallonischen Abfallregelung als nicht diskriminierend anzusehen. Dieser Argumentation kann man nicht zustimmen, siehe Generalanwalt Jacobs im Schlussantrag zu Rs. C-379/98 (*PreussenElektra*) vom 26.10.2000, Slg. 2001, I-2099, Rdnr. 225: die Frage, ob eine Maßnahme unterschiedslos auf einheimische und eingeführte Erzeugnisse anwendbar ist, ist in logischer Hinsicht eine neutrale Vorfrage.

[312] So z. B. der Generalanwalt Jacobs in seinem Schlussantrag zu Rs. C-379/98 (*PreussenElektra*) (siehe Fußnote 311), Rdnr. 226 – 233. Vgl. dazu auch KÜHNE (siehe Fußnote 310), S. 760; KOENIG/KÜHLING (siehe Fußnote 310), S.770; siehe auch HESELHAUS (siehe Fußnote 308), S. 645 ff.

[313] Urteil des EuGH, Rs. C-379/98 (siehe Fußnote 304) (*PreussenElektra*), Rdnr. 75.

[314] Eine solche Verbindung bestünde immer, wenn man eine Maßnahme aus Umweltschutzerwägungen rechtfertigte. Dieses Argument ist daher wenig hilfreich.

[315] Vgl. auch Schlussantrag Generalanwalt Jacobs zu Rs. C-379/98 (siehe Fußnote 303) (*PreussenElektra*), Rdnr. 226.

[316] HESELHAUS (siehe Fußnote 308), S. 648.

[317] Vgl. auch KÜHNE (siehe Fußnote 310), S. 760; Heselhaus (siehe Fußnote 308), S. 647 ff. Siehe auch oben die Diskussion zu Art. 6 unter 3.1: Keiner der Zielsetzungen des EG-Vertrages kann von vornherein Vorrang eingeräumt werden.

[318] HESELHAUS (siehe Fußnote 308), S. 649.

[319] Urteil des EuGH, Rs. C-397/98 (siehe Fußnote 304) (*PreussenElektra*), Rdnr. 74.

wäre dann nicht die Frage, ob Bieter anderer Mitgliedstaaten (faktisch) diskriminiert würden, sondern vielmehr, ob Erwägungen des Umweltschutzes diese Beschränkung der Warenverkehrsfreiheit rechtfertigten. Besondere Bedeutung erlangten dann auch Umweltkriterien auf der Ebene des Zuschlags. Hier hat der *EuGH* hervorgehoben, dass diese keine Diskriminierung der Bieter anderer Mitgliedstaaten beinhalten dürfte.[320] Eine Abwägung der betroffenen Rechtsgüter (Warenverkehrsfreiheit/Schutz der Umwelt) im Rahmen einer strengen Verhältnismäßigkeitsprüfung würde auch hier dem Gesamtzusammenhang des EG-Vertrags, der keinem der Rechtsgüter Vorrang einräumt, besser gerecht werden. Im Rahmen einer solchen Prüfung ließen sich protektionistische Bestrebungen von Vergabestellen deutlich entlarven. Besteht hingegen ein legitimes Interesse an dem von der Vergabebehörde verfolgten Ziel und ist die Bedingung auch geeignet, erforderlich und angemessen zur Erreichung dieses Zieles, würde die Ablehnung einer solchen Bedingung schon auf Eingriffsebene (d. h. bei der Frage diskriminierende oder nicht diskriminierende Bedingung) die Grundsätze des EG-Vertrages zugunsten der Grundfreiheiten, aber zulasten sonstiger anerkannter gemeinschaftsrechtlicher Zielsetzungen in Schieflage versetzen. Im Ergebnis steht das Gebot der Warenverkehrsfreiheit einer Verwendung von Umweltkriterien im Vergabeverfahren nicht entgegen. Unterschiedslos geltende Bedingungen müssen zur Erreichung des Ziels geeignet, notwendig und auch angemessen, d. h. insgesamt verhältnismäßig sein.

Umweltkriterien, die möglicherweise faktisch oder gar offen diskriminierend sind, müssen Umweltbelangen dient, die sich die EU selbst zum Ziel gesetzt hat. Hinsichtlich solcher Bedingungen sollte sich daher den internationalen Verpflichtungen der EU bzw. den Ansätzen des Sekundärrechts entnehmen lassen, dass das mit der Umweltbedingung verfolgte Ziel in irgendeiner Form Eingang in die Umweltpolitik der EU gefunden hat.

Die oben dargestellte Rechtsprechung ist nicht gefestigt. Auf dem Gebiet der Umweltkriterien im Vergabeverfahren hat sich der *EuGH* zu den Anforderungen des Primärrechts bisher nicht geäußert. Der Gerichtshof postuliert zwar in der Entscheidung *Concordia Bus Finland* die Einhaltung des Primärrechts, hat dies aber in keinem der genannten Fälle auch tatsächlich geprüft. Bevor sich die im *PreussenElektra*-Urteil eingeschlagene Richtung durchgesetzt hat, sind öffentliche Auftraggeber gut beraten, von solchen offen oder faktisch diskriminierenden Bedingungen abzusehen.

---

[320] Urteil des EuGH, Rs. 31/87 (siehe Fußnote 17) (*Beentjes*), Rdnr. 30.

[321] Interpretierende Mitteilung (siehe Fußnote 14) unter II. 1.

[322] So die h. M., siehe JANS-BÖHM in SCHWARZE, EU-Kommentar, 1. Auflage, Baden-Baden 2000, Art. 176, Rdnr. 2.

[323] Dies gilt z. B. für zahlreiche Richtlinien zur Festlegung von Abgasgrenzwerten oder Geräuschgrenzwerten von Kraftfahrzeugen oder Lastkraftwagen, vgl. JANS-BÖHM in SCHWARZE (siehe Fußnote 322), Art. 175, Rdnr. 10.

[324] Siehe GUNDEL, Urteilsanmerkung zu EuGH, Rs. C-3/00, EuZW 2003, S. 334 (343).

9.4.3 Dienstleistungsfreiheit, Art. 49 ff. EG

Anwendungsbereich der Art. 49 ff. EGV

Die Dienstleistungsfreiheit garantiert die Möglichkeit, in einem anderen Mitgliedstaat eine selbstständige Tätigkeit vorübergehend auszuüben. Unmittelbare oder auch nur faktische Diskriminierungen von Dienstleistungen mit grenzüberschreitendem Charakter sind nach Art. 49 ff. EGV verboten.[325]

Die Vorschriften über die Dienstleistungsfreiheit finden Anwendung auf alle Staatsangehörigen eines Mitgliedstaates und auf alle Gemeinschaftsunternehmen, d. h. alle Unternehmen, die nach dem Recht eines Mitgliedstaates gegründet sind und „eine tatsächliche und dauerhafte Verbindung mit der Wirtschaft eines Mitgliedstaates aufweisen", also typischerweise ihren satzungsmäßigen Sitz, ihre Hauptverwaltung oder Hauptniederlassung innerhalb der Gemeinschaft haben.[326] Für die Anwendbarkeit des Art. 49 EGV auf Vergabepraktiken und –bestimmungen bedeutet dies, dass diese nur den Beschränkungen dieser Vorschrift unterliegen, soweit sie tatsächlich oder potentiell zu einer Benachteiligung von Gemeinschaftsunternehmen führen.

Art. 49 EGV findet, ebenso wie Art. 28 EGV, Anwendung nur gegenüber Handlungen von staatlichen Stellen. Die Vergabepraxis von privaten Sektorenauftraggebern kann deshalb nicht unmittelbar am Maßstab des Art. 49 EGV gemessen werden, es sei denn, es handelt sich um ein öffentliches Unternehmen im Sinne von Art. 86 EGV.

Die Dienstleistungsfreiheit ist vor allem für Bauaufträge und natürlich auch für Dienstleistungsaufträge von Bedeutung. Art. 49 EGV verbietet jegliche *Beschränkung* der Dienstleistungsfreiheit.

---

[325] Grenzüberschreitenden Charakter haben die folgenden Fallkonstellationen: Die sog. positive Dienstleistungsfreiheit erfasst den Fall, dass ein Unternehmer die Grenze überschreitet, um die Dienstleistung beim Kunden zu erbringen (z. B. Erbringung einer Bauleistung, Montagearbeiten, Ausübung einer anwaltlichen Tätigkeit). Ebenso ist die sog. personenunabhängige Dienstleistungsfreiheit geschützt, bei der der Dienstleister im Ursprungsland verbleibt und nur die Dienstleistung selbst die Grenze überschreitet (z. B. Versicherungs- und Bankendienste, Rundfunk und Fernsehen). Gleichermaßen erfasst ist die umgekehrte Konstellation, dass der Dienstleistungsempfänger die Grenze überschreitet, um die Dienstleistung vom Unternehmer zu empfangen (z. B. Arztbesuch, Kuraufenthalt, Tourismus). Vgl. dazu SCHWEITZER/HUMMER, Europarecht, 5. Auflage, Neuwied (u. a.) 1996, Rdnr. 1189 oder HAILBRONNER/KLEIN/MAGIERA/MÜLLER-GRAFF, Handkommentar zum Vertrag über die Europäische Union (EUV/EGV), Kommentar-Loseblatt, Stand 7. Lieferung Juni 1997, Köln u. a., Art. 30, Rdnr. 6.

[326] Art. 48 Abs.1 EGV i. V. m. Art. 55 EGV, Hakenberg in Lenz, EG-Vertrag : Kommentar zu dem Vertrag zur Gründung der Europäischen Gemeinschaften, in der durch den Amsterdamer Vertrag geänderten Fassung, 2. Auflage, Köln (u. a.) 1999, Art. 60, Rdnr. 2.

[327] KLING (siehe Fußnote 27), S. 23.

[328] EuGH, Urteil, Rs. 45/87 (Fußnote 229) (Dundalk III), Rdnr. 17, 18: „Dass ein öffentlicher Bauauftrag die Erbringung von Dienstleistungen betrifft, kann daher nicht zur Folge haben, dass eine Einschränkung der zu verwendenden Materialien durch eine Klausel in

Art. 49 EGV verbietet zunächst Maßnahmen, die Personen und Unternehmen aus anderen Mitgliedstaaten bei der Erbringung von Dienstleistungen offen diskriminieren.[330]

Offen diskriminierend war zum Beispiel eine Regelung des italienischen Vergaberechts, wonach ein gewisser Prozentsatz der auszuführenden Arbeiten ortsansässigen Subunternehmen vorzubehalten war. Da die Regelung offen diskriminierend war, zog der Gerichtshof keine Rechtfertigungsgründe in Erwägung, obwohl sich der italienische Staat zur Rechtfertigung auf die Förderung eines strukturschwachen Gebietes berufen hatte.[331]

Neben der offenen Diskriminierung verbieten Art. 49 ff. EGV auch die versteckte Diskriminierung. Versteckt diskriminierend war laut Rechtsprechung des *EuGH* eine Regelung, der zufolge der Ausführende eines Bauauftrages möglichst weitgehend Baustoffe, Verbrauchsgüter, Arbeitskräfte und Ausrüstungen dänischer Herkunft verwenden sollte.[332] Zwar knüpfte die Klausel nicht direkt an die Nationalität des Unternehmers an. Es liegt aber auf der Hand, dass es einem dänischen Unternehmer leichter fallen wird, die Klausel zu erfüllen.

Schließlich enthält Art. 49 EGV auch ein allgemeines Beschränkungsverbot. Die Dienstleistungsfreiheit ist demnach auch dann verletzt, wenn der Leistungserbringung Beschränkungen entgegenstehen, die geeignet sind, die Tätigkeiten des Leistungserbringers bzw. des Leistungsempfängers zu unterbinden, zu behindern oder weniger attraktiv zu machen.[333] Auf dem Gebiet des öffentlichen Auftragswesens hat es bisher kein Urteil des *EuGH* zum allgemeinen Beschränkungsverbot in Art. 49 EGV gegeben.

Liegt eine direkte oder indirekte Diskriminierung vor, könnte der Verstoß gegen Art. 49 ausnahmsweise *gerechtfertigt* sein. Für diskriminierende Bedingungen gelten nur die ausdrücklich in Art. 55 i. V. m. Art. 45 und Art. 46 EGV zugelassenen Ausnahmen. Art. 46 EGV, der Ausnahmen vom Diskriminierungsverbot des Art. 49 EGV aus Gründen der öffentlichen Sicherheit, Ordnung und Gesundheit

---

der Bekanntgabe einer Ausschreibung den Verboten des Art. 30 (Art. 28 n. F.) EGV entzogen wäre."

[329] Vgl. BENEDICT (siehe Fußnote 24), S. 231.

[330] Siehe BENEDICT (siehe Fußnote 24), S. 231.

[331] Urteil des EuGH vom 3.7.1992, Rs. C-360/89, Slg. 1992, I-3401 (*Mezzogiorno*), Rdnr. 8.

[332] Urteil des EuGH, Rs. C-243/89 (siehe Fußnote 264) (*Storebaelt*), Rdnr. 4.

[333] Stdg. Rspr. des EuGH seit Urteil vom 3.12.1974, Rs. 33/74, Slg. 1974, 1299 (1309) (*Van Binsbergen*), Rdnr. 10-13.

[334] Vgl. dazu Urteil des EuGH, Rs. 31/87 (siehe Fußnote 17) (*Beentjes*), Rdnr. 30: „Das Erfordernis (der Einstellung von Langzeitarbeitslosen) könnte insbesondere gegen das in Art. 7 Abs. 2 EGV (Art. 12 n. F.) ausgesprochene Verbot der Diskriminierung aus Gründen der Staatsangehörigkeit verstoßen, wenn sich herausstellen sollte, dass eine solche Bedingung nur von einheimischen Bietern oder dass sie von Bietern aus anderen Mitgliedstaaten nur mit größeren Schwierigkeiten erfüllt werden könnte. Es ist Sache des vorlegenden Gerichts, unter Berücksichtigung aller Umstände des Sachverhalts zu prüfen, ob die Aufstellung einer solchen Bedingung unmittelbar oder mittelbar zu einer Diskriminierung führt."

zulässt, wurde vom Gerichtshof stets eng ausgelegt.[335] Parallel zu den Rechtfertigungsgründen der für die Warenverkehrsfreiheit vom *EuGH* entwickelten *Cassis*-Doktrin können Beschränkungen des freien Dienstleistungsverkehrs, die *unterschiedslos* anwendbar sind, grundsätzlich aus Erwägungen des Allgemeinwohls gerechtfertigt werden.[336] Der Gerichtshof hat festgestellt, dass von den Mitgliedstaaten Anforderungen gestellt werden dürfen, „die sich aus der Anwendung durch das Allgemeinwohl rechtfertigender Berufsregelungen – namentlich der Vorschriften über Organisation, Befähigung, Berufspflichten, Kontrolle, Verantwortlichkeit und Haftung ergeben."[337]

Maßnahmen der Mitgliedstaaten können nach diesen Überlegungen gerechtfertigt sein, wenn sie einem Erfordernis des Allgemeininteresses dienen, zur Erreichung ihres Zwecks geeignet, notwendig und verhältnismäßig sind.[338] In Einzelfällen hat der Gerichtshof eine Rechtfertigung wegen zwingender Allgemeininteressen auch bei diskriminierenden Regelungen oder Maßnahmen geprüft. Es stellt sich daher die Frage, ob die für die Warenverkehrsfreiheit geltende zunehmende Konvergenz der Rechtfertigungsgründe, wie sie sich u. a. im *PreussenElektra*-Urteil abzeichnet, in gleicher Weise für die Dienstleistungsfreiheit gilt mit der Folge, dass auch hier diskriminierende Vergabebedingungen aus Gründen des Umweltschutzes gerechtfertigt sein könnten.

Vor einer Übertragung der zu Art. 28, 30 EGV gewonnenen Erkenntnisse ist zum jetzigen Zeitpunkt indes zu warnen. So hat der *EuGH* z. B. für jede Grundfreiheit separat entschieden, ob diese neben dem Diskriminierungsverbot ein allgemeines Beschränkungsverbot enthält, anstatt jeweils auf Parallelen zu verweisen. Zudem werden von der Literatur gegen eine Aufweichung der bisherigen Systematik auch Bedenken erhoben.[339] Die zukünftige Entwicklung der Rechtfertigungssystematik zu Art. 49 ff. EGV bleibt abzuwarten. Auch hinsichtlich der Warenverkehrsfreiheit hat der *EuGH* seine vorherige Dogmatik nicht ausdrücklich widerrufen. Es bleibt aber zu hoffen, dass die zunehmende Bedeutung des Um-

---

[335] Vgl. Urteil des EuGH vom 27.10.1977, Rs. 30/77, Slg. 1977, 1999 (*Bouchereau*), dritter Leitsatz: „Die Berufung einer nationalen Behörde auf den Begriff der öffentlichen Ordnung setzt, wenn er gewisse Beschränkungen der Freizügigkeit von dem Gemeinschaftsrecht unterliegenden Personen rechtfertigen soll, jedenfalls voraus, dass außer der Störung der öffentlichen Ordnung, die jede Gesetzesverletzung darstellt, eine tatsächliche und hinreichend schwere Gefährdung vorliegt, die ein Grundinteresse der Gemeinschaft berührt."

[336] Selbstverständlich käme für eine unterschiedslos geltende Bedingung, die gegen das allgemeine Beschränkungsverbot in Art. 49 EGV verstößt, auch eine Rechtfertigung aufgrund der Art. 55 EGV i. V. m. Art. 45 bzw. 46 EGV in Betracht.

[337] Urteil des EuGH, Rs. 33/74 (siehe Fußnote 333) (*Van Binsbergen*), Rdnr. 12.

[338] BENEDICT (siehe Fußnote 24), S. 235.

[339] HAILBRONNER/KLEIN/MAGIERA/MÜLLER-GRAFF (siehe Fußnote 325), Art. 60, Rdnr. 27.

[340] Urteil des EuGH vom 10.1.1979, Rs. 110 u. 111/78, Slg. 1979, 35 (52) (*van Wesemael*), Rdnr. 27, 28; Urteil des EuGH vom 17.12.1981, Rs. 279/81, Slg. 1981, 3305 (3324) (*Webb*), Rdnr. 14; Urteil des EuGH vom 3.2.1982, Rs. 62 u. 63/81, Slg. 1982, 223 (235) (*Seco*), Rdnr. 8.

[341] KLING (siehe Fußnote 27), S. 22 f.

weltschutzes auf Gemeinschaftsebene eine Schwerpunktänderung in der Prüfung nach sich zieht, weg von der Eingriffsebene hin zu einer Güterabwägung im Rahmen einer strengen Verhältnismäßigkeitsprüfung.

9.4.4 Allgemeines Diskriminierungsverbot, Art. 12 EGV

Das allgemeine Diskriminierungsverbot gilt „unbeschadet besonderer Vorschriften dieses Vertrages". Die übrigen Grundfreiheiten sind lex spezialis gegenüber dem allgemeinen Diskriminierungsverbot aus Art. 12 EGV.[342] Daher verdrängen die Diskriminierungsverbote der Art. 28 und 49 EGV in ihrem Anwendungsbereich den Art. 12 Abs. 1 EGV vollständig.[343]

9.4.5 Verbot staatlicher Beihilfen, Art. 87 f. EGV

Bei der staatlichen Auftragsvergabe sind die Beihilfevorschriften nach Art. 87 f. EGV zu beachten. Die Vergabe eines öffentlichen Auftrags unter Einbeziehung von Umweltkriterien könnte eine staatliche Beihilfe darstellen und wegen Art. 87 f. EGV verboten sein. Art. 87 EGV erklärt aus staatlichen Mitteln gewährte Beihilfen gleich welcher Art für unvereinbar mit dem Gemeinsamen Markt, wenn diese Beihilfen durch die Begünstigung bestimmter Unternehmen oder Wirtschaftszweige den Wettbewerb verfälschen bzw. zu verfälschen drohen und den Handel zwischen den Mitgliedstaaten beeinträchtigen. Von diesem Verbot, das im Übrigen nicht unmittelbar gilt, sondern vielmehr erst nach Konkretisierung in Durchführungsverordnungen bzw. nach einer Kommissionsentscheidung Wirksamkeit erlangt,[345] lassen Art. 87 Abs. 2 und Abs. 3 Ausnahmen zu. Ferner ist das Verhältnis zu den Grundfreiheiten, insbesondere zu Art. 28 EGV, zu klären.

Einbeziehung von Umweltkriterien als Beihilfe?

Der Begriff der Beihilfe wird im EGV nicht näher definiert, Wortlaut und Zweck der Beihilfevorschriften sprechen aber für eine weite Auslegung.[346] Der *EuGH* definiert Beihilfen als *„Maßnahmen, die in verschiedener Form die Belastungen*

[342] ZULEEG in GROEBEN/THIESING/EHLERMANN (siehe Fußnote 268), Art. 6, Rdnr. 19.

[343] Urteil des EuGH vom 10.12.1991, Rs. C-179/90, Slg. 1991, I-5889 (5927) (*Merci convenzionali*), Rdnr. 11.

[344] BENEDICT (siehe Fußnote 24), S. 243.

[345] Art. 87f EGV ist nicht so absolut und unbedingt, dass er unmittelbare Wirkung erlangte bzw. individuelle Rechte begründete, vgl. OPPERMANN, Europarecht (siehe Fußnote 244), Rdnr. 1109. So auch die stdg. Rechtsprechung des EuGH, Urteil vom 19.6.1973, Rs. 77/72, Slg. 1973, 611, 622 (*Capolongo*), Rdnr. 6.

[346] SCHWEITZER/HUMMER (siehe Fußnote 244), Rdnr. 1304.

vermindern, welche ein Unternehmen normalerweise zu tragen hat."[347] Beihilfen sind demnach nicht nur zweckgebundene finanzielle Zuwendungen des Staates wie Subventionen im engeren Sinn, sondern alle Arten unmittelbarer oder mittelbarer wirtschaftlicher Förderung (z. B. Zuschüsse, Kreditbegünstigungen, Steuererleichterungen, Befreiung von Abgaben, Übernahme von Bürgschaften). Im Zusammenhang mit der öffentlichen Auftragsvergabe ist vor allem das – ungeschriebene – Tatbestandsmerkmal „unentgeltlich" problematisch.

Um die Frage zu beantworten, ob eine Beihilfe vorliegt, wird auf den „doppelt hypothetischen" „*market economy investor test*" zurückgegriffen.[348] Dabei wird gefragt, ob ein wirtschaftlich handelnder Unternehmer die Vergünstigung gewährleisten würde, was er nur dann tun würde, wenn ihm eine entsprechende Gegenleistung zufließen würde. Es wird also gefragt, ob der Vergünstigung ein entsprechendes Äquivalent gegenüber steht. Aufgrund dieses Modells wird vertreten, dass die Einbeziehung „vergabefremder" Aspekte in die Vergabeentscheidung notwendig begünstigende Wirkung entfalten würde, weil diese Mehrkosten verursachen, denen kein Äquivalent gegenübersteht. Die Höhe der Beihilfe entspräche damit dem Angebot, das „abzüglich" der Mehrkosten für die „vergabefremden" Aspekte das wirtschaftlichste ist.[349]

Diese Argumentation greift in mehrfacher Hinsicht zu kurz. Zunächst zeigt sich erneut die Unschärfe des Begriffs „vergabefremde Aspekte", insbesondere im Hinblick auf Umweltkriterien. Hinsichtlich positiver Umwelteigenschaften, die dem Beschaffungsgegenstand unmittelbar anhaften, also produktbezogenen Kriterien, bekommt der Auftraggeber ja tatsächlich ein „Mehr", also ein Äquivalent für die Mehrkosten (falls solche überhaupt entstehen). Beschafft die öffentliche Hand z. B. Energiesparglühbirnen statt konventioneller Glühbirnen, so werden die Mehrkosten u. U. durch den geringeren Energieverbrauch und die längere Lebensdauer der Glühbirnen kompensiert. Das Merkmal der Begünstigung liegt damit nicht vor.

Nach einer Auffassung ist auch bei nicht produktbezogenen Umweltkriterien keine Begünstigung gegeben. Nach *Jennert* entstehen auch bei diesen keine Mehrkosten, ohne dass dem eine Leistung gegenüber stünde. Vielmehr stellten sie einen

---

[347] Urteil des EuGH vom 23.2.1961, Rs. 30/59, Slg. 1961, 5 (*Steenkolenmijnen*), Leitsatz 3 und S. 42 (hier in Abgrenzung zu Subventionen). Vgl. auch FLACH, Rechtsbindung einer industriepolitischen Instrumentalisierung öffentlicher Aufträge, Diss. Univ. Hamburg 1995, S. 149: „Der von Art. 87 Abs. 1 EGV gebrauchte Begriff der Beihilfe ist im Vergleich zu Subventionen ein Oberbegriff. Während als Subventionen staatliche Zuwendungen in Form von Geld- und Sachleistungen bezeichnet werden, sind Beihilfen darüber hinausgehend jede staatliche Maßnahme, die bei dem begünstigten Unternehmen Belastungen vermindern, welche es sonst getragen hätte."

[348] DIPPEL/ZEISS, Vergabefremde Aspekte – Rechtsschutz im Vergabenachprüfungsverfahren wegen Verstoßes gegen das EG-Beihilfenrecht, NZBau 2002 S. 376, 377.

[349] DIPPEL/ZEISS (siehe Fußnote 348). Im Ergebnis ebenso BARTOSCH, Vergabefremde Kriterien und Art. 87 Abs. 1 EG: Sitzt das öffentliche Beschaffungswesen in Europa auf einem beihilferechtlichen Pulverfass?, EuZW 2001, S. 229 ff.; DREHER/HAAS/V. RINTELEN, Vergabefremde Regelungen und Beihilferecht, Schriftenreihe des Forums Vergabe e. V., Heft 16, Berlin 2002.

Ausgleich für die gemeinwirtschaftlichen Verpflichtungen dar, die der Auftraggeber dem Auftragnehmer durch die „vergabefremden" Aspekte in der Ausschreibung auferlegt.[350] *Jennert* verweist auf die Rechtsprechung des *EuGH* zu den Ausgleichszahlungen, die der Staat an Unternehmen zahlt, denen er gemeinwirtschaftliche Verpflichtungen auferlegt.[351] Nach der Definition der Kommission in Bezug auf Dienstleistungen im allgemeinen wirtschaftlichen Interesse i. S. d. Art. 86 Abs. 2 EG-Vertrag handelt es sich bei gemeinwirtschaftlichen Verpflichtungen um besondere Gemeinwohlverpflichtungen im Interesse der Allgemeinheit im Zusammenhang mit der Erbringung marktbezogener Tätigkeiten.[352] Entsprechend steht auch den u. U. entstehenden Mehrkosten bei einer Vergabe für ein umweltfreundliches Produkt oder eine umweltfreundliche Dienstleistung eine Gegenleistung in Form der Erfüllung der Umweltkriterien gegenüber. Mit anderen Worten: eine Vergünstigung läge vor, wenn der Auftragnehmer von der Vergabe profitieren würde, indem er keine Gegenleistung erbringen müsste. Das ist aber nicht der Fall, weil auch ihm durch die Erfüllung der Umweltkriterien – seien es produktbezogene oder andere – höhere Kosten entstehen.[353]

Dieser Auffassung wird entgegengehalten, dem Staat eine Sonderrolle zukommen zu lassen und ihn damit bei der Vergabe den gemeinschaftsrechtlichen Beihilfevorschriften zu entziehen, sei unzeitgemäß.[354] Überdies könnten Umweltkriterien nicht einfach undifferenziert als gemeinwirtschaftliche Verpflichtungen betrachtet werden.[355]

Wesentlich erscheint jedoch die Frage der Marktunangemessenheit. Die angebliche *Marktunangemessenheit* der Auftragsvergütung für zusätzliche Vergabekriterien ist das entscheidende Argument, um das Vorliegen einer Beihilfe zu bejahen.[356] Zuzugeben ist, dass die Ermittlung eines Marktpreises für zusätzliche Vergabekriterien im Einzelfall schwierig erscheinen mag (obwohl auch dieser Aspekt bei der Vergabe nach Umweltkriterien weniger problematisch erscheint als bei z. B. sozialen Kriterien, da die Umwelteigenschaften eines Produktes in der Regel einfacher zu monetarisieren sind).[357] Nach Auffassung der Kommission ist bei der Beurteilung der Begünstigungswirkung auf formale Kriterien zurückzugreifen. Ist die Höhe der Gegenleistung in einem transparenten, allgemeinen Bieterverfahren ermittelt worden, so ist die Begünstigungswirkung ausgeschlossen, weil die Gegenleistung in einem objektiven Verfahren bestimmt worden ist.[358] Das ist aber re-

---

350 JENNERT, Vergabefremde Kriterien – keine Beihilfen, sondern gemeinwirtschaftliche Pflichten, NZBau 2003, 417, 418. Siehe auch KROHN, (siehe Fußnote 11) S. 173-175.

351 Urteil des EuGH vom 7.2.1985, Rs. 240/83, Slg.1985, 531 (*ADBHU*).

352 Vgl. im Einzelnen dazu JENNERT (siehe Fußnote 350) S. 418.

353 Z. B. durch die umweltfreundliche Gestaltung aller oder einzelner Betriebsabläufe oder Jobtickets für Arbeitnehmer.

354 DAGEFÖRDE, Umweltschutz durch öffentliche Auftragsvergabe, S 155.

355 Ebenda.

356 DIPPEL/ZEISS (siehe Fußnote 348), S. 377.

357 So ist es z. B. durchaus möglich festzustellen, welche proportionalen Mehrkosten durch die Einführung eines Umweltmanagementsystems entstehen oder durch die Überlassung von Jobtickets an Arbeitnehmer.

358 KOENIG/KÜHLING, Grundfragen des EG-Beihilfenrecht, NJW 2000, S. 1065, 1066.

gelmäßig der Fall, wenn eine zu erbringende Leistung unter Einschluss von Umweltkriterien ausgeschrieben wird. Ist das wirtschaftlichste Angebot für die Leistung einschließlich der zusätzlichen Kriterien in diesem Weg ermittelt, so ist davon auszugehen, dass es sich um eine marktangemessene Vergütung für die Leistung handelt.

Schließlich wird noch auf folgendes Argument hingewiesen: Der Beschaffungsmarkt der öffentlichen Hand und von Privaten ist hinsichtlich der Marktangemessenheit der Gegenleistung nicht vergleichbar. Zur Beurteilung einer Wettbewerbsverfälschung nach Art. 87 EG-Vertrag ist der *relevante* Markt in sachlicher, räumlicher und zeitlicher Hinsicht zu bestimmen. Dabei wird der sachliche Markt aus Sicht der Nachfrager beurteilt. Gerade in dieser Hinsicht aber unterscheiden sich öffentlicher und privater Nachfragermarkt. Die öffentliche Hand ist anderen rechtlichen Bedingungen unterworfen – so auch rechtlichen Verpflichtungen zu umweltfreundlicher Beschaffung (vgl. Exkurs 9.5.3). Sie beschafft andere Produkte unter anderen Bedingungen. Eine Beurteilung ihrer Vergabe nach dem „*market economy investor test*" würde diesen Aspekt übersehen. Gerade auch deshalb greift die Kommission auf das Kriterium des objektiven Verfahrens zurück.[359]

Unterstützt wird diese Auffassung auch durch die Ansicht der Kommission hinsichtlich von PPMs. In der Interpretierenden Mitteilung erklärte die Kommission die Einbeziehung von PPMs in die technischen Spezifikationen bei der Leistungsbeschreibung für zulässig. Nach der Argumentation von *Dippel/Zeiss* würde die Art und Weise der Herstellung keine Qualitätssteigerung mit sich bringen und damit möglicherweise einen überhöhten Auftragspreis nach sich ziehen. Danach läge auch in einer solchen Konstellation eine Beihilfe i. S. v. Art. 87 f. EGV vor. Nach der von der Kommission in der Interpretierenden Mitteilung vertretenen Ansicht sind aber auch solche Herstellungsverfahren qualitätssteigernd, die zur Charakterisierung des Produktes beitragen, ohne in dem Endprodukt sichtbar zu werden.[360] Somit würde z. B. eine Qualitätssteigerung z. B. auch bei grünem Strom vorliegen und eine Beihilfe läge schon deshalb nicht vor, weil die höhere Vergütung für eine höhere „Qualität" gegenüber konventionellem Strom bezahlt würde.

Problematisch sind daher allenfalls unternehmensbezogene Umweltschutzanforderungen.[361] Sie reduzieren den Bieterkreis und können damit zu höheren als marktüblichen Preisen führen, was allerdings nicht transparent wird, weil der Vergleich mit konventionellen Anbietern fehlt. *Krohn* ist hier der Auffassung, das selbst in solchen Fällen allenfalls dann eine Beihilfe anzunehmen sei, wenn der Mehrpreis, der sich infolge der Einbeziehung des Umweltkriteriums ergibt, die Mehrkosten übersteigt, die dem erfolgreichen Bieter aus der Erfüllung der Umweltschutzanforderungen erwachsen.[362] *Dreher/Haas/von Rintelen* schlagen in solchen Fällen eine Begünstigungsvermutung mit Beweislastumkehr vor. Wenn die Vergabestelle von einem offenen transparenten Verfahren ohne „vergabefremde

---

[359] JENNERT (siehe Fußnote 350) S. 419-420.

[360] Interpretierende Mitteilung (siehe Fußnote 14) II 1.2.

[361] KROHN, (siehe Fußnote 11) S. 172 ff.

[362] KROHN, (siehe Fußnote 11), S. 175. Offen bleibt allerdings die Frage, wie dieser Mehrpreis zu ermitteln wäre.

Kriterien“ abweiche, liege eine Beihilfe vor, außer der Auftraggeber könne nachweisen, dass eine wirtschaftliche Vergabe ohne diese Kriterien nicht möglich gewesen wäre.[363] Dies würde allerdings die Vergabestellen in der Praxis regelmäßig vor eine schwierige Situation stellen, da die „Notwendigkeit“ einer Vergabe unter Einbeziehung von Umweltkriterien schwierig zu führen scheint.

Im Ergebnis ist der Auffassung der Kommission zuzustimmen. Nach dem Sinn und Zweck der Beihilferegelungen sollen damit zwar Wettbewerbsverzerrungen verhindert werden, nicht aber die europarechtlich zulässige Förderung des Umweltschutzes durch die öffentliche Vergabe verhindert werden. Eine Wettbewerbsverzerrung kann aber bereits dann verhindert werden, wenn ein transparentes und formal richtiges Verfahren angewendet worden ist. Damit wird auch verhindert, dass das Beihilferecht gleichsam als Nebeneffekt die Funktion zugewiesen bekommt, über Umweltaspekte in einem anderen Rechtsgebiet, nämlich dem Vergaberecht, zu entscheiden.

Ausnahmen nach Art. 87 Abs. 2 und Abs. 3

Die Ausnahmen des Art. 87 Abs. 2 und Abs. 3 EG-Vertrag umfassen nicht die Förderung des Umweltschutzes. Einzig nach Abs. 3 b) scheint in bestimmten Fällen eine Ausnahme auch für die Förderung des Umweltschutzes denkbar. Nach Art. 87 Abs. 3 b) können Beihilfen zur Förderung wichtiger Vorhaben von gemeinsamem europäischem Interesse mit dem Gemeinsamen Markt vereinbar sein. Je nach aktuellem Engagement der Gemeinschaft für ein bestimmtes Umweltziel scheint hier eine Ausnahme vom Beihilfeverbot möglich. Ebenso kann eine Beihilfe – wenn eine solche denn vorliegt – nach Art. 87 Abs. 3 c) zur Förderung der Entwicklung gewisser Wirtschaftszweige oder Wirtschaftsgebiete zulässig sein. Hier kommt eine Förderung von Umweltinnovationen (siehe das Beispiel grüner Strom) ebenfalls in Frage.

Konkurrenz zu den Grundfreiheiten, insbesondere Art. 28 EGV

Nicht abschließend durch den *EuGH* geklärt ist die Frage, ob die Ausnahme in Art. 87 Abs. 3 b) oder c) EG-Vertrag als speziellere Regel den Diskriminierungs- und Beschränkungsverboten der Grundfreiheiten vorgeht. In der Rechtssache *Auslandsdruck* stellte er fest, dass die Beihilfevorschriften keinesfalls dazu dienen könnten, die Vorschriften des EG-Vertrages über den Freien Warenverkehr außer

---

[363] DREHER/HAAS/VON RINTELEN, Vergabefremde Regelungen und Beihilferecht, Schriftenreihe des forum vergabe, Heft 16, S. 20.

[364] Vgl. BENEDICT (siehe Fußnote. 24), S. 250 ff..

[365] Urteil des EuGH vom 22.3.1977, Rs. 74/76, Slg.1977, 557 (575) (*Iannelli*), Rdnr. 9/10.

[366] Urteil des EuGH, Rs. 74/76 (siehe Fußnote 365) (*Iannelli*), Rdnr. 9/10.

[367] Urteil des EuGH, Rs. 74/76, (siehe Fußnote 365) (*Iannelli*), Rdnr. 14.

[368] Das Konzept der sog. „abtrennbaren Modalität“ liegt, wenn auch nicht ausdrücklich, den Urteilsgründen in der Sache *„Buy Irish“* (EuGH, Rs. 249/81 (siehe Fußnote 257) zugrunde.

Kraft zu setzen.[369] In der Literatur wird trotzdem angenommen, der *EuGH* gehe vom Grundsatz der Spezialität der Beihilfevorschriften aus. Auch wenn die Beihilfevorschriften spezieller sein sollten, scheint die praktische Bedeutung dieser Vorschriften für Umweltkriterien in der Vergabe gering.[375] Trotz des prinzipiellen Vorrangs der Beihilfevorschriften prüft der europäische Gerichtshof – jedenfalls in der jüngeren Rechtsprechung – immer auch Art. 28 EGV.

Eine Rechtfertigung von Umweltzwecken im beihilfeaufsichtlichen Verfahren setzt zunächst voraus, dass der betreffende Mitgliedstaat bzw. die auftragvergebende Behörde die fragliche Bedingung korrekt notifiziert und die Genehmigung abwartet. Des Weiteren könnte die Bedingung immer noch als abtrennbare Modalität gewertet werden und damit an Art. 28 EGV zu messen sein. Die Kumulation dieser Voraussetzungen lässt es äußerst unwahrscheinlich erscheinen, dass die Zulässigkeit eines Umweltkriteriums in erster Linie an den Beihilfevorschriften und nicht etwa an den Vorschriften der jeweiligen Grundfreiheit gemessen würde. Die Bedeutung der Beihilfevorschriften für Umweltkriterien ist daher entgegen vereinzelter Literaturstimmen[376] eher gering.[377]

9.4.6 Ergebnis zum Europäischen Primärrecht

Für die Zulässigkeit von Umweltkriterien im Vergabeverfahren sind in erster Linie die Vorschriften zu den Grundfreiheiten relevant. Für Umweltkriterien, die bereits im Rahmen der Vergaberichtlinien für zulässig erklärt wurden, ist regelmäßig zu vermuten, dass sie auch mit den primärrechtlichen Vorgaben übereinstimmen.

Besonderes Augenmerk gilt daher denjenigen Umweltkriterien, die außerhalb des von den Vergaberichtlinien geregelten Bereichs aufgestellt werden, sowie den zusätzlichen Zuschlagskriterien, für die die primärrechtliche Zulässigkeit jeweils

---

[369] Urteil des EuGH vom 7.5.1985, Rs. 18/84, Slg. 1985, 1339 (1347) (*Auslandsdruck*), Rdnr. 13.

[370] Urteil des EuGH, Rs. 18/84 (siehe Fußnote 369) (*Auslandsdruck*), Rdnr. 13; Urteil des EuGH vom 5.6.1986, Rs. 103/86, Slg. 1986, 1759 (1774), (*Elektrofahrzeuge*), Rdnr. 19.

[371] Urteil des EuGH vom 5.6.1986, Rs. 103/86, Slg. 1986, 1759 (1774) (*Elektrofahrzeuge*), Rdnr. 19. Ebenso entschied der Gerichtshof in *du Pont de Nemours*, in dem es um ein vergabefremdes Kriterium zur Regionalförderung ging: Urteil des EuGH, Rs. C-21/88 (siehe Fußnote 248) (*du Pont de Nemours*), Rdnr. 20.

[372] WHITE, In Search of the Limits to Article 30 of the EEC Treaty, Common Market Law Review 1989, S. 235 (274).

[373] FLYNN, State aids – Recent case law of the European Court, European Law. Review 1987, S. 124 (135); OLIVER (siehe Fußnote 295), S. 86.

[374] MÜLLER-GRAFF in GROEBEN/THIESING/EHLERMANN (siehe Fußnote 268), Art. 30, Rdnr. 344.

[375] So BENEDICT (siehe Fußnote 24), S. 263. A. A. BARTOSCH (siehe Fußnote 349), 231f.

[376] BARTOSCH (siehe Fußnote 349), S. 331 f.

[377] So auch DAGEFÖRDE (siehe Fußnote 24),Umweltschutz durch öffentliche Auftragsvergabe, S. 156 f., 242.

gesondert geprüft werden sollte. Dabei sind für beide Arten von Kriterien in erster Linie die Grundfreiheiten relevant.

Von den Gegnern zusätzlicher Kriterien im öffentlichen Auftragswesen wird neuerdings häufig die beihilferechtliche Unzulässigkeit solcher Vergabebedingungen ins Feld geführt. Dies scheint eine Reaktion auf die umweltfreundliche Rechtsprechung des *EuGH* zu sein.

9.5 Das deutsche Vergaberecht

9.5.1 Einleitung

Neben den Vorgaben des europäischen Rechts ist auch „rein" deutsches Vergaberecht zu prüfen. Das deutsche Vergaberecht ist zwar in den letzten Jahrzehnten stark vom europäischen Recht beeinflusst worden. So musste seit Erlass der ersten Vergaberichtlinien das deutsche Regelungswerk mehrfach den Vorgaben aus Brüssel angepasst werden. Eine erneute Novelle steht bevor, da die neuen Richtlinien eine Umsetzung bis Anfang 2006 vorsehen.[378] Die Harmonisierung verlief nicht immer ohne Schwierigkeiten. Diese resultierten aus der Tatsache, dass das deutsche Vergaberecht traditionell spezieller Gegenstand des Haushaltsrechts ist. Als solches regelt es das „Ausgabeverhalten des Staates beim Erwerb der für sein Funktionieren erforderlichen Gegenstände"[379] und stellt objektive Ordnungsregeln auf, die keine unmittelbaren Rechtspositionen der Vertragspartner entfalten. Diese Systematik sollte bei der Umsetzung erhalten werden und führte 1993/94 zu der sogenannten „haushaltsrechtlichen Lösung", einer Umsetzung der europäischen Vergaberichtlinien im Haushaltsgrundsätzegesetz, die den betroffenen Unternehmen keine Möglichkeit einer klageweisen Durchsetzung auf Einhaltung der Vergaberichtlinien gewährte. Eine solche war allerdings gerade von den Richtlinien intendiert. Als Reaktion unterlag die Bundesrepublik mehrfach vor dem Europäischen Gerichtshof mangels einer richtlinienkonformen Umsetzung in das deutsche Vergaberecht.[380] Diese Verfahren führten u. a. zu der Feststellung, dass

> „die in den Richtlinien über die Koordinierung der Verfahren zur Vergabe öffentlicher Aufträge enthaltenen Vorschriften über die Teilnahme und die Publizität den Bieter vor der Willkür des öffentlichen Auftragsgebers schützen sollen. Ein solcher Schutz kann nicht wirksam werden, wenn der Bieter sich nicht gegenüber dem Auftraggeber auf diese Vorschriften berufen kann [...]."[381]

---

[378] S. o. 3.7.

[379] MARX in JESTAEDT/KEMPER/MARX/PRIEß, Das Recht der Auftragsvergabe, 1999, S. 3.

[380] Urteil des EuGH vom 11.8.1995, Rs. C-433/93, Slg. 1995, I-2189 (*Kommission gegen Deutschland*); Urteil des EuGH 17.9.1997, Rs. C-54/96, Slg. 1997, I-4961 (*Kommission gegen Deutschland*).

[381] Urteil des EuGH, Rs. C-433/93 (siehe Fußnote 380) (*Kommission gegen Deutschland*), Rdnr.19.

Seither wurde das Gesetz gegen Wettbewerbsbeschränkungen (GWB) durch das Gesetz zur Änderung der Rechtsgrundlagen für die Vergabe öffentlicher Aufträge (Vergaberechtsänderungsgesetz)[382] um einen neuen, vierten Teil erweitert. Allerdings entschied man sich für eine Neuregelung lediglich hinsichtlich der Vergabe öffentlicher Aufträge, die die sogenannten EG-Schwellenwerte erreichen.[383] Die Novelle führte deshalb zu einer Zweiteilung des deutschen Vergaberechts: Während oberhalb der Schwellenwerte der 4. Teil des GWB und die Vergabeverordnung, die außenwirksames Recht darstellen, anwendbar sind, gelten unterhalb der Schwellenwerte vor allem Haushaltsrecht sowie die ersten Abschnitte der Verdingungsordnungen.

Oberhalb der Schwellenwerte ergibt sich im deutschen Recht daher die folgende Normhierarchie: Zunächst gelten die §§ 97-129 GWB. Diese verweisen auf die Vergabeverordnung (VgV).[384] Die Vergabeordnung verweist starr auf einzelne Abschnitte der drei Verdingungsverordnungen[385], nämlich die Verdingungsordnung für Leistungen, ausgenommen Bauleistungen (VOL), die Vergabe- und Vertragsordnung[386]; und die Verdingungsordnung für freiberufliche Leistungen (VOF)[387] – das sogenannte Kaskadenprinzip.[388] Zum Vergaberecht zählt man in der Regel nur die A-Teile (VOL/A und VOB/A, jedoch die ganze VOF).[389]

Unterhalb der Schwellenwerte schreiben die §§ 55 BHO bzw. LHO und die entsprechenden Gemeindehaushaltsverordnungen der Länder die öffentliche Ausschreibung vor. Die Anwendung der Verdingungsordnungen wird regelmäßig durch Verwaltungsvorschrift vorgegeben.

[382] BGBl. 1998 I, 2568.

[383] Schwellenwerte siehe oben 2.1.

[384] Verordnung über die Vergabe öffentlicher Aufträge (VgV) vom 9.1.2001, BGBl. I 2001, S. 110, zuletzt geändert durch die Zweite VO zur Änderung der VergabeO vom 11.2.2003, BGBl 2003 I S. 168.

[385] Die Verdingungsordnungen sind ihrer Rechtsnatur nach weder Gesetze noch Verordnungen, sondern Verwaltungsvorschriften. Sie werden von den Verdingungsausschüssen unter Federführung der zuständigen Ministerien erarbeitet.

[386] Vergabe- und Vertragsordnung für Bauleistungen (VOB) Teile A und B, Ausgabe 2002, in der Fassung der Bekanntmachung vom 12.9.2002, BAnz. Nr. 202 a v. . 29.10.2002.

[387] Die VOF kommt nur im Rahmen für Vergaben über 200 000 Euro zur Anwendung. Die Abgrenzung zur VOL stellt die eindeutig und umfassend beschreibbare „freiberufliche Tätigkeit“ dar. Soweit diese eindeutig und abschließend beschreibbar ist, findet die VOL Anwendung (§ 2 Abs. 2 Satz 2 VOF). Damit ist die „Ausschreibbarkeit“ gemeint.

[388] Zum Kaskadenprinzip: PIETZCKER, Vergabeverordnungen und Kaskadenprinzip aus verfassungsrechtlicher und europarechtlicher Sicht, NZBau 2000, 65 ff.

[389] VOB, Vergabe und Vertragsordnung für Bauleistungen i.D. Bek. V. 12.9.2002, BAnz. Nr. 202 a v. 29.10.2002; VOL, Verdingungsordnung für Leistungen i.d. F. v. 17.9.2002, BAnz Nr. 216 a v. 20.11.2002; VOF, Verdingungsordnung für freiberufliche Leistungen i.d. F. der Bek. V. 26.8.2002, BAnz. Nr. 203 a v. 30.10.2002.

9.5.2 Relevante Normen

Im deutschen Recht gibt es eine Reihe von relevanten Normen, die die Einbeziehung von Umweltkriterien in den Vergabeprozess regeln. Grenzen für eine solche umweltfreundliche öffentliche Vergabe können sich unmittelbar aus dem Vergaberecht, aber auch aus dem Kartellrecht, dem Haushaltsrecht sowie den Grundrechten ergeben. Zunächst werden die Vorgaben des Vergaberechts im engeren Sinne anhand der Schritte des Vergabeverfahrens dargestellt. Im Anschluss sollen Besonderheiten, die sich aus anderen Rechtsgebieten ergeben, beleuchtet werden.

In einem Exkurs wird aber zunächst auf eine mögliche *Verpflichtung* der öffentlichen Hand, nach Umweltkriterien zu beschaffen, eingegangen. Neben der grundrechtlichen Staatszielbestimmung des Art. 20 a GG sowie der bundesrechtlichen Bestimmung des § 37 Kreislaufwirtschafts- und Abfallgesetz (KrW/AbfG) ist hier auch in knapper Form auf die Bedeutung der Vielzahl länderrechtlicher Bestimmungen einzugehen.

9.5.3 Exkurs: Verpflichtung zur Einbeziehung von Umweltkriterien in die Beschaffung

Getrennt von der *Zulässigkeit* der Einbeziehung von Umweltkriterien in den Beschaffungsprozess ist die Frage zu behandeln, ob unter Umständen in Deutschland eine *Verpflichtung* der öffentlichen Auftraggeber besteht, bei der Vergabe öffentlicher Aufträge mögliche Umweltauswirkungen einzubeziehen.

20a Grundgesetz

Eine solche Verpflichtung, Umweltbelange in die öffentliche Beschaffung einzubeziehen, könnte sich zunächst aus Art. 20a Grundgesetz (GG) ergeben. Seit der Verfassungsnovelle von 1994 ist der Umweltschutz als Staatszielbestimmung im Grundgesetz verankert. Seine Ausformung als objektiv-rechtliches Staatsziel bedeutet, dass Art. 20a GG keine subjektiven Schutzansprüche konstituiert, sondern allein objektives Verfassungsrecht darstellt.[390] Der Einzelne kann also keine einklagbaren Rechtsansprüche aus Art. 20a GG ableiten. Das bedeutet aber nicht, dass es sich bei Art. 20a GG um einen bloßen Programmsatz handeln würde.[391] Vielmehr handelt es sich bei der Staatszielbestimmung um unmittelbar geltendes Recht, an das neben der Legislative und Judikative auch die Exekutive gebunden ist.[392] Er bedeutet also: „Alle Staatsorgane sind verpflichtet, die natürlichen Le-

---

[390] SCHOLZ in: MAUNZ-DÜRIG, Komm. Z. GG, Art. 20a Rdnr. 32.

[391] Ebenda, Rdnr. 35.

[392] Ebenda, Rdnr. 53. Vgl. dazu auch die von der Bundesregierung eingesetzte Sachverständigenkommission von 1983: Staatszielbestimmungen sind „Verfassungsnormen mit rechtlich bindender Wirkung, die der Staatstätigkeit die fortdauernde Beachtung oder Erfüllung bestimmter Aufgaben vorschreiben. Sie umreißen ein bestimmtes Programm der Staatstätigkeit und sind dadurch eine Richtlinie oder Direktive für das staatliche Handeln, auch für die Auslegung von Gesetzen und sonstigen Rechtsvorschriften.“

bensgrundlagen zu schützen."[393] Insbesondere sind auch die Gemeinden Adressaten der Staatszielbestimmung.[394] Betroffen sind die mittelbare Staatsverwaltung und Selbstverwaltung sowie alle privatrechtlichen Formen des Verwaltungshandelns.[395] Gerade der Exekutive kommt eine besonders wichtige Funktion für die Verwirklichung des Staatsziels zu, weil sie ständig umweltrelevante Entscheidungen zu treffen hat.[396]

Gegen diese Interpretation des Art. 20a GG spricht sich allerdings *Scholz* aus. Es handele sich bei der Staatszielbestimmung nur um einen Gestaltungsauftrag. Die Bestimmung sei keine unmittelbar d. h. aus sich selbst heraus operationalisierbare Norm, vielmehr müsse sie immer erst durch die aktualisierende Gesetzgebung an Inhalt gewinnen.[397] Durch Art. 20a GG sei die vollziehende Gewalt an Vorrang und Vorbehalt des Gesetzes gebunden und habe kein Mandat zu „verfassungsunmittelbarer" Umweltschutzpolitik."[398]

Dagegen lässt sich jedoch bereits der Wortlaut der Norm halten. Er geht nicht über den allgemeinen Gesetzesvorbehalt hinaus und kann insbesondere nicht dazu genutzt werden, die Verwaltung von einer Verpflichtung aus Art. 20a GG auszunehmen. Aus dem in Art. 20a GG formulierten Primat der Gesetzgebung folgt nicht, dass Judikative und Exekutive freigestellt werden sollen. Dies ist auch die überwiegende Auffassung der Literatur und der Gerichte.[399] Vielmehr sind Organisation und Verfahren der Verwaltung mit Blick auf den Umweltschutz auszugestalten.[400] Demgegenüber wird in Bezug auf die Beschaffungstätigkeit der Verwaltung z. T. eine Bindung an die Grundrechte und damit auch an Art. 20a GG abgelehnt.[401] Der Staat handele bei der Beschaffung wie jeder andere private Unternehmer auch, der in den Rechtsformen des Privatrechts tätig würde. Diese Auffassung verkennt, dass für die staatliche Beschaffung immer besondere Konditionen gelten, die es rechtfertigen, auch im Rahmen privatrechtlichen Rechtsverkehrs eine Grundrechtsbindung zu verlangen.

Der Schutzumfang von Art. 20a GG schließt ein Gebot zur Ressourcenschonung und zur Vermeidung von Schäden an Umweltgütern ein. Richtschnur für seine Auslegung sind das Nachhaltigkeitsprinzip, das für nachwachsende Rohstoffe gilt, und das Sparsamkeitsprinzip für die nichterneuerbaren Ressourcen.[402]

---

393 MURSWIEK, Staatsziel Umweltschutz, NVwZ 1996, S. 222, 223.

394 BVerwG, Beschl. V. 15.10.2002 – 4 BN 51/02, NVwZ-RR 2003, S. 171. PETERS, Praktische Auswirkungen eines im Grundgesetz verankerten Staatsziels Umweltschutz, NuR 1987, S. 293, 294.

395 KLOEPFER in: Bonner Kommentar zum GG, Art. 20a Rdnr. 40. Art. 20a ist daher auch im Rahmen der „gesetzesfreien" Verwaltung zu beachten. SCHULZE-FIELITZ in: DREIER, Grundgesetz Kommentar, Art. 20a, Rdnr. 66.

396 KLOEPFER, Umweltschutz als Verfassungsschutz, DVBl. 1996, S. 73, 75.

397 SCHOLZ (siehe Fußnote 390) Rdnr. 47.

398 SCHOLZ (siehe Fußnote 390) Rdnr. 46.

399 JARASS in: JARASS/PIEROTH, GG Kommentar, 6. Auflage, München 2002, Art. 20a, Rdnr. 13, 14 m. w. N.

400 JARASS in: JARASS/PIEROTH, (siehe Fußnote 399), Art. 20a, Rdnr. 8.

401 Siehe dazu auch unten 9.5.7 Art. 3 Grundgesetz.

402 MURSWIEK, (siehe Fußnote 393), S. 225.

Für die öffentliche Verwaltung folgt daher aus Art. 20a GG eine Verpflichtung zur *Betrachtung der langfristigen Umweltauswirkungen* ihrer Entscheidungen. Auch wenn sich diese Verpflichtung nicht klageweise durchsetzen lässt, sollte sie zumindest die Vorbehalte der Verwaltungen gegenüber einer Einbeziehung von Umweltkriterien in den Beschaffungsprozess relativieren.[403]

Dieser Befund scheint zunächst für die Frage der umweltfreundlichen Beschaffung wenig ertragreich, zumal Art. 20a GG keinen Vorrang des Umweltschutzes gegenüber anderen Zielen staatlichen Handelns aufstellt.[404] Diese Betrachtung würde jedoch zu kurz greifen, denn der „rechtliche Inhalt" des Art. 20a GG lässt sich durchaus in relevanter Weise konkretisieren. Er fordert unter anderem, dass bei der rechtlichen Bewertung von Umweltbelastungen nicht nur auf *aktuelle Auswirkungen* abgestellt wird, sondern dass bei der Bewertung von Risiken *Langzeitwirkungen* zu beachten sind.[405] Er verlangt primär ein aktives Handeln des Staates zum Schutz der Umwelt, sowohl auf planender als auch auf vollziehender Ebene.[406] Daraus resultiert die Pflicht des Staates, tatsächliche Umweltauswirkungen durch hoheitliches Handeln zu minimieren.[407]

Daraus folgt, dass ein Eingriff in die Integrität dieser Schutzgüter rechtfertigungsbedürftig ist und vermeidbare Umweltbeeinträchtigung gegen Art. 20a GG verstoßen.

> „Zumindest dann, wenn zur Verwirklichung eines öffentlichen oder privaten Zwecks verschiedene gleichwertige Alternativen zur Verfügung stehen, von denen eine die Umwelt weniger belastet, muss die umweltfreundlichere Alternative gewählt werden. Dies setzt voraus, dass solche Alternativen zunächst ermittelt werden. – Ist eine Alternative zur Verwirklichung des Zwecks gleich gut geeignet, aber teurer als die weniger umweltfreundliche, so ist sie nicht im obigen Sinne gleichwertig – vorausgesetzt allerdings, dass der Kostenvergleich auch die externen Kosten der Alternativen einbezieht."[408]

Konkretisieren lässt sich die aus Art. 20a GG folgende Verpflichtung anhand der dargestellten Schritte des Vergabeprozesses. Sie bedeutet zunächst, dass die öffentliche Hand verpflichtet ist, bei der Vergabeentscheidung Alternativen zu prüfen. Dies gilt bereits bei der Entscheidung für ein Produkt, eine Dienstleistung oder eine Bauleistung, bei der die zu erwartenden Umweltauswirkungen einbezogen werden müssen. Sie verbietet auch im weiteren Beschaffungsprozess eine lediglich auf kurzfristige Geldersparnis gerichtete Betrachtungsweise. Vielmehr ist die Verwaltung verpflichtet, soweit dies nicht schon aus dem Grundsatz der Wirtschaftlichkeit und Sparsamkeit gemäß § 97 Abs. 5 GWB folgt, umweltbedingte Folgekosten, wie z. B. Energie-, Wasser und Ressourcenverbrauch, in ihre Erwägungen einzubeziehen. Dies folgt auch aus der Erwägung, dass der Begriff der

---

[403] Siehe dazu GÜNTHER in: ERDMENGER (ed.), Buying into the Environment, S. 42.

[404] SOMMERMANN in: VON MÜNCH/KUNIG, GG Kommentar, 5. Auflage München 2001, Art. 20a, Rdnr. 24.

[405] „...wenn Umweltschäden plausibel zu befürchten sind, nicht erst wenn Umweltschäden bereits eingetreten sind", BverwG, NVwZ 1998, 952, 953.

[406] KLOEPFER, (siehe Fußnote 396), S. 76.

[407] Ebenda, S. 77.

[408] Ebenda, S. 227.

„Wirtschaftlichkeit" als unbestimmter Rechtsbegriff grundrechtskonform auszulegen ist. Darüber hinaus kann man darin auch eine Verpflichtung der Verwaltung sehen, bei der Entscheidung zwischen mehreren, gleich wirtschaftlichen Angebote das umweltfreundlichere vorzuziehen.

Zu widersprechen ist deshalb der Auffassung, die ein grundsätzliches Spannungsverhältnis zwischen dem Prinzip der Wirtschaftlichkeit und dem Prinzip des Umweltschutzes aufstellt.[409] Dagegen lässt sich aus Art. 20a GG kein Vorrang des Umweltschutzes gegenüber anderen verfassungsrechtlich geschützten Gütern ableiten.[410] Daraus folgt, dass wirtschaftliche Überlegungen nicht aufgrund von Art. 20a GG hinter denen des Umweltschutzes zurückstehen müssen. Für die Verwaltungspraxis bedeutet dies weiterhin, dass sich eine Vergabeentscheidung zugunsten eines teureren, aber umweltfreundlicheren Produkts oder Services jedenfalls nicht ausschließlich durch Art. 20a GG rechtfertigen lässt.[411]

§ 37 Kreislaufwirtschafts- und Abfallgesetz

Eine einfachgesetzliche Verpflichtung zur Einbeziehung von Umweltschutzaspekten in die öffentliche Vergabe könnte sich weiterhin aus § 37 Kreislaufwirtschafts- und Abfallgesetz (KrW/AbfG)[412] ergeben.

Nach § 37 Abs. 1 S.1 KrW/AbfG sind Bundesbehörden verpflichtet, durch ihr Verhalten zur Erfüllung des § 1 KrW/AbfG beizutragen:

> „(1) Die Behörden des Bundes sowie die der Aufsicht des Bundes unterstehenden juristischen Personen des öffentlichen Rechts, Sondervermögen und sonstigen Stellen sind verpflichtet, durch ihr Verhalten zur Erfüllung des Zweckes des § 1 beizutragen. Insbesondere haben sie unter Berücksichtigung der §§ 4 und 5 bei der Gestaltung von Arbeitsabläufen, der Beschaffung oder Verwendung von Material und Gebrauchsgütern, bei Bauvorhaben und sonstigen Aufträgen zu prüfen, ob und in welchem Umfang Erzeugnisse eingesetzt werden können, die sich durch Langlebigkeit, Reparaturfreundlichkeit und Wiederverwendbarkeit oder Verwertbarkeit auszeichnen, im Vergleich zu anderen Erzeugnissen zu weniger oder zu schadstoffärmeren Abfällen führen oder aus Abfällen zur Verwertung hergestellt worden sind."

§ 1 KrW/AbfG legt die Ziele des Gesetzes fest:

> „Zweck des Gesetzes ist die Förderung der Kreislaufwirtschaft zur Schonung der natürlichen Ressourcen und die Sicherung der umweltverträglichen Beseitigung von Abfällen."

Fraglich ist, ob sich aus § 37 KrW/AbfG eine konkrete Verpflichtung der Verwaltung zu umweltfreundlicher Beschaffung ableiten lässt. Unstreitig hat die Bestimmung zunächst nicht nur appellierende Funktion, sondern konstituiert eine unmittelbar wirkende Rechtspflicht.[413] Diese könnte die Bundesbehörden an ver-

---

[409] BRENNER, (siehe Fußnote 82) S. 151.
[410] Siehe Fußnote 404.
[411] Siehe dazu noch im Folgenden.
[412] BGBl. I 1994, 2705.
[413] SCHULZ in BRANDT/RUCHAY/WEIDEMANN, KrW/AbfG, § 37 Rdnr. 22; HOFFMANN in FLUCK KrW/AbfG, § 37 Rdnr. 40; VERSTYL in KUNIG/PAETOW/VERSTYL, KrW/AbfG, § 37 Rdnr. Rdnr. 19.

schiedenen Punkten des Vergabeverfahrens zur Beachtung von Umweltkriterien zwingen. *Griem* unterteilt die aus § 37 KrW/AbfG folgenden Pflichten in eine Prüfpflicht sowie in eine Pflicht zur Umsetzung des Prüfungsergebnisses, also eine Handlungspflicht.[414]

Unstreitig enthält § 37 Abs. 1 S. 2 KrW/AbfG eine Prüfpflicht der Bundesbehörden hinsichtlich der Produktauswahl bei der öffentlichen Beschaffung. Die Behörde muss den Einsatz abfallwirtschaftlich sinnvoller Alternativerzeugnisse prüfen, um so einen Beitrag zur Verringerung des Stoffverbrauchs und zur umweltverträglichen Beseitigung von Abfällen zu leisten.[415] Diese Prüfpflicht lässt sich nach § 37 Abs. 1 S. 2 KrW/AbfG weiter differenzieren. So wird die Gestaltung von Arbeitsabläufen, die Beschaffung und Verwendung von Material und Gebrauchsgütern, Bauvorhaben und sonstigen Aufträgen genannt, ohne dass diese allerdings abschließend sind. Im Rahmen (nicht nur dieser) Aufgaben der öffentlichen Hand ist nach § 37 KrW/AbfG insbesondere auf Langlebigkeit und Reparaturfreundlichkeit, Wiederverwendbarkeit oder Verwertbarkeit zu achten. Außerdem ist zu prüfen, ob im Vergleich zu anderen Erzeugnissen weniger oder schadstoffärmere Abfälle anfallen oder das Produkt aus Abfällen zur Verwertung hergestellt worden ist.[416] Diese Aufzählung ist exemplarisch und konkretisiert die „3-V-Philosophie" von Vermeidung, Verminderung und Verwertung.[417]

Streitig ist demgegenüber, ob aus § 37 KrW/AbfG auch eine Handlungspflicht folgt, d. h. ob die Behörde sich gezwungenermaßen nach dem Ergebnis ihrer Prüfung entscheiden muss.[418] Dagegen spricht zunächst der Wortlaut des § 37 Abs. 1 S. 2 KrW/AbfG, der nur von „prüfen" spricht. Auch die Entstehungsgeschichte weist darauf hin, dass eine weitergehende Verpflichtung nicht vorgesehen war.[419] Andererseits postuliert § 37 Abs. 1 S.1 KrW/AbfG die Verpflichtung der Behörden, zur Erfüllung des Zwecks des § 1 KrW/AbfG beizutragen, mithin die natürlichen Ressourcen zu schonen. Auch die Bezugnahme auf die konkreten Verpflichtungen der §§ 4, 5 KrW/AbfG deutet auf ein Gebot zur Umsetzung.[420]

Für dieses Ergebnis spricht darüber hinaus, dass eine bloße Prüfpflicht, die keinerlei weitere Konsequenzen für die Behörden nach sich zieht, drohen würde, ins Leere zu laufen. Vor allem die Bezugnahme auf die §§ 1, 4, und 5 KrW/AbfG

---

[414] GRIEM, Umsetzung des § 37 KrW-/AbfG durch die Bundesbehörden, UBA Forschungsbericht, Bremen 2000.

[415] GRIEM, Umsetzung des § 37 KrW-/AbfG, (siehe Fußnote 414), S. 36.

[416] Vgl. dazu im Einzelnen, GRIEM, Umsetzung des § KrW-/AbfG, (siehe Fußnote 414), S. 43-52, sowie VERSTEYL in: KUNIG/PAETOW/VERSTEYL, KrW-/AbfG, Kommentar, 2. Auflage 2003, § 37 Rdnr. 20-34.

[417] VERSTEYL (siehe Fußnote 416), Rdnr. 18.

[418] Dafür: SCHULZ in: JARASS/RUCHAY/WEIDEMANN (Hrsg.) Kommentar zum KrW-/AbfG, München 2002; FRENZ, KrW-/AbfG, Kommentar, 3. Auflage, München 2002; GRIEM, Umsetzung des § 37 KrW-/AbfG (siehe Fußnote 415). Unentschieden: VERSTEYL (siehe Fußnote 416).

[419] Dazu VERSTEYL (siehe Fußnote 416) § 37 Rdnr. 5.

[420] Vgl. nur § 4 Abs. 1: „Abfälle sind 1. in erster Linie zu vermeiden, insbesondere durch die Verminderung ihrer Menge und Schädlichkeit, 2. in zweiter Linie a) stofflich zu verwerten oder b) zur Gewinnung von Energie zu nutzen (energetische Verwertung)."

weist darauf hin, dass die Verwaltung verpflichtet ist, auch im Rahmen ihrer durch die Prüfung gewonnen Erkenntnisse zu handeln. Diese Auffassung übersieht nicht, dass der Gesetzgeber durchaus unentschlossen schien, ob er eine rechtliche Bindung zum Ausdruck bringen wollte. Jedenfalls sind einer solchen Handlungspflicht durch die vergabe- und haushaltsrechtlichen Bestimmungen Grenzen gesetzt. Vor allem kann aus § 37 KrW/AbfG nicht gefolgert werden, dass in jedem Fall ein umweltfreundlicheres Produkt oder eine ebensolche Dienstleistung bevorzugt werden muss.[421]

Im Ergebnis kann aber aus dem KrW/AbfG in jedem Fall eine grundsätzliche Entscheidung über die *Zulässigkeit* der Einbeziehung der dort genannten Aspekte in die Vergabeentscheidung gefolgert werden, womit einer verbreiteten Auffassung von Vergabestellen entgegengewirkt werden kann.

Ländervorschriften

Die Verfassungen der Bundesländer enthalten in unterschiedlicher Ausprägung Umweltschutzstaatszielbestimmungen.[422] Besonders weit gestaltet ist der Schutz der natürlichen Lebensgrundlagen in der brandenburgischen Verfassung. Neben seiner Erwähnung in der Präambel und bei den "Grundsätzen der Verfassung" findet er eine ausführliche Regelung in Art. 38 bis 40. Nach dem Wortlaut des Art. 39 Abs. 2 BdbgVerf ist der Schutz der Unversehrtheit (des Menschen) "vor Verletzungen und unzumutbaren Gefährdungen, die aus Veränderungen der natürlichen Lebensgrundlagen entstehen" als subjektiv-öffentliches (Abwehr-)Recht, möglicherweise als Grundrecht ausgestaltet. Hinsichtlich der aus den Länderverfassungen folgenden Verpflichtungen der öffentlichen Verwaltung gilt dasselbe wie für Art. 20a GG.

Die Abfallgesetze der Länder enthalten weiterhin dem § 37 KrW/AbfG entsprechende oder vergleichbare Regelungen. Insbesondere wird in den meisten Bundesländern eine grundsätzliche Verpflichtung, bei der öffentlichen Beschaffung umweltfreundlichere bzw. abfallärmere Produkte zu bevorzugen, aufgestellt.[423] Oft ist dabei bestimmt, dass dadurch keine unzumutbaren Mehrkosten entstehen[424] und keine Rechte Dritter begründet werden sollen.[425] Daraus wurde gefolgert, dass es

[421] Dazu im Einzelnen GRIEM, Umsetzung des § 37 KrW-/AbfG (siehe Fußnote 415), S. 60 ff.

[422] BWVerf Art 86; BayVerf Art 2 Abs 2 und 141; BremVerf Art 11a; HambVerf Präambel; HessVerf Art 26a; NdsVerf Art 1 II; NWVerf Art 29a; RhPfVerf Art 69; SaarlVerf Art 59a; SchlHVerf Art 7, BerlVerf Art 21a; BdbgVerf Art 39, 40; MVVerf Art 12; SächsVerf Art 10; SachsAnhVerf Art 35; ThürVerf Art 31.

[423] Vgl. § 5 Abs. 2 LabfG BW, Art. 2 Abs. 2 BayAbfG, § 23 Abs. 2 KrW-/AbfG Bln, § 27 BbgAbfG, § 3 HmbAbfG, § 2 Abs. 1 HAKA, § 2 Abs. 1, 2 AbfAlG MV, § 3 Abs. 2 NabfG, § 2 Abs. 1 LabfG NRW, § 2 LAbfWAG RP, § 3 Abs. 1, 2 SAWG, § 1 Abs. 3 SächsABG, § 2 AbfG LSA, § 2 Abs. 2 Nr. 1 LabfWG-SH.

[424] Art. 2 Abs. 1 BayAfG bestimmt allerdings ausdrücklich, dass finanzielle Mehrbelastungen und Minderungen der Gebrauchstauglichkeit in angemessenem Umfang hinzunehmen sind.

[425] So z. B. § 2 Abs. 1 LabfG NRW.

sich bei diesen Bestimmungen um reine Soll-Verpflichtungen handelt.[426] Dies lässt sich allerdings nur für die ausdrücklich so gestalteten Vorschriften, wie z. B. § 2 Abs. 2 Nr. 1 LabfWG-SH („sollen möglichst Erzeugnisse berücksichtigen") begründen. Aus dem Verweis auf unzumutbare Mehrkosten allein lässt sich dagegen eine solche Auslegung nicht ableiten. Im Sinn der oben erfolgten Auslegung von § 37 KrW/AbfG, dem eine Bindungswirkung zuzusprechen ist, folgt Gleiches auch für die entsprechenden Ländergesetze.[427] Daher ist davon auszugehen, dass ein großer Teil der Landesabfallgesetze Verpflichtungen der öffentlichen Hand zu einer ressourcenschonenden und abfallarmen Beschaffung aufstellt.

Ergebnis

Im Ergebnis bestehen vielfältige Verpflichtungen der öffentlichen Hand, Umweltaspekte in die Vergabe von Aufträgen einzubeziehen. Bestimmungen finden sich im Verfassungsrecht, im Bundesrecht sowie in den Landesverfassungen und Landesabfallgesetzen. Diese Pflichten sind für die Verwaltung bindend, allerdings in der Regel, u. U. mit der Ausnahme des § 37 KrW/AbfG,[428] nicht im Klagewege durchsetzbar. Das bedeutet, dass zwar eine Verpflichtung der öffentlichen Hand zu umweltfreundlicher Beschaffung besteht, ein Anbieter von umweltfreundlicheren Produkten aber regelmäßig keine Möglichkeit hat, eine Vergabeentscheidung daraufhin überprüfen zu lassen.

Auch wenn diese Verpflichtungen keinen Vorrang gegenüber vergaberechtlichen Bestimmungen genießen, erlauben sie doch einige wichtige Schlussfolgerungen. Erstens ist eine Vergabe nach Umweltkriterien nach deutschem Recht im Rahmen der weiter zu untersuchenden vergaberechtlichen Rahmenbedingungen allgemein nicht nur erlaubt, sondern grundsätzlich sogar *geboten*. Zweitens wird damit der bereits erlangte Befund bestätigt, dass die Postulierung sogenannter „vergabefremder Zwecke" jedenfalls im Hinblick auf den Umweltschutz irreführend ist, ist dieser doch in § 37 KrW/AbfG und den entsprechenden Länderbestimmungen ausdrücklich als Zweck auch der Vergabeentscheidung vorgesehen.

9.5.4 Vergaberechtliche Möglichkeiten zur Einbeziehung von Umweltkriterien

Im Folgenden sollen die Grenzen, die das deutsche Vergaberecht der Einbeziehung von Umweltkriterien bei der öffentlichen Beschaffung zieht, dargestellt wer-

---

[426] VERSTEYL (siehe Fußnote 416) § 37, Rdnr. 4.

[427] Dabei ist allerdings zwischen den einzelnen Bestimmungen zu differenzieren. So spricht § 5 LabfG BW davon, dass bei der Beschaffung umweltfreundlichen Produkten der Vorzug gegeben werden „soll". Nach § 23 Abs. 2 KrW-/AbfG Bln dagegen haben die Behörden solchen Erzeugnissen den Vorzug zu geben.

[428] Die Untersuchung der Klagbarkeit des § 37 KrW-/AbfG würde den Rahmen dieser Untersuchung sprengen. Siehe dazu BARTH/DROSS, Legal Opportunities for Green Purchasing through Joint Procurement and Company Complaints, Relief Project, Darmstadt 2003, S. 36 ff..

den. Dabei soll wie bei der Prüfung des Europarechts anhand der Schritte des Vergabeverfahrens vorgegangen werden. Zunächst ist allerdings auf die allgemeinen Bestimmungen des § 97 GWB hinzuweisen, die in jedem Verfahrensstadium von Bedeutung sind.

§ 97 GWB enthält die allgemeinen Grundsätze für das Vergabeverfahren oberhalb der Schwellenwerte. Nach § 97 Abs. 1 und Abs. 2 GWB gelten für das Vergabeverfahren die Maximen der Gleichbehandlung, Transparenz sowie der Wettbewerbsgrundsatz. Diese sind u. a. ein Ausfluss des europäischen Primärrechts.[429] Daher sind sie grundsätzlich auch unterhalb der Schwellenwerte zu beachten. Sie werden für Vergaben oberhalb der Schwellenwerte in den untergesetzlichen Normen der Verdingungsordnungen konkretisiert.[430] § 97 Abs. 4 GWB wird insbesondere im Hinblick auf die Auswahlkriterien relevant. § 97 Abs. 5 sieht vor, dass der Zuschlag auf das Angebot mit dem niedrigsten Preis oder das wirtschaftlich günstigste Angebot zu erteilen ist.[431]

Die Vergabeverordnung (VgV) enthält keine Regelungen, die für die Einbeziehung von Umweltkriterien in die öffentliche Auftragvergabe relevant sind, sondern stellt lediglich das Bindeglied zu den Verdingungsordnungen dar.

Im Wesentlichen wird im Folgenden auf die Verdingungsordnungen eingegangen werden, die in der Praxis zusammen mit § 97 GWB angewandt werden.[432]

Definition des Auftragsgegenstands

Bereits bei der Definition des Auftragsgegenstandes kann eine Prüfung der Umwelterheblichkeit der Beschaffung erfolgen. Diese bezieht sich auf die Erkundung des Marktes[433] und auf die Entscheidung für einen Auftragsgegenstand. Während dieser Verfahrensabschnitt noch nicht unter die europäischen Vergaberichtlinien fällt und über das Diskriminierungsverbot hinaus keine Anforderungen bestehen, können solche auf der Ebene des nationalen Rechts bereits relevant werden. Dies gilt insbesondere im Hinblick auf die Wirtschaftlichkeit der Produktauswahl. Grundsätzlich ist Wirtschaftlichkeit als günstigste Relation von verfolgtem Zweck

---

[429] DREHER, Vergaberechtsschutz unterhalb der Schwellenwerte, NZBau 2002, S. 419, 422, 423.

[430] Diese sind ebenfalls durch Verweise in den Haushaltsordnungen bei Vergaben unterhalb der Schwellenwerte anzuwenden.

[431] Wirtschaftlichkeitskriterien, die in den EU-Vergaberichtlinien und den Verdingungsordnungen genannt sind, schließen Qualität, Ausführungsfrist, Ästhetik und Zweckmäßigkeit ein, sind aber nach h. M. nicht abschließend. Vgl. BOESEN, (siehe Fußnote 131) § 97 Rdnr. 149.

[432] BECHTHOLD, Kartellgesetz, Kommentar, 2. Auflage München, 1999, § 97, Rdnr 1.

[433] Vgl. Einführende Hinweise zur VOL/A „die Vorschriften über die Markterkundung [soll] den Auftraggeber veranlassen, im Vorfeld einer wettbewerblichen Vergabe die Marktverhältnisse auch unter innovatorischen und umweltfreundlichen Gesichtspunkten zu durchleuchten.“

und eingesetzten Mitteln zu verstehen.[434] Ausnahmen können sich bei der öffentlichen Beschaffung vor allem aus dem Primat anderer Regelungen ergeben.[435]

Auch bei der öffentlichen Beschaffung ist die Qualität der Aufgabenerfüllung zu berücksichtigen.[436] Das bedeutet, dass bei einem Produkt, dessen Umweltfreundlichkeit eine Qualität hinsichtlich des verfolgten Zwecks darstellt, die Festlegung eines entsprechenden Beschaffungsziels den Grundsatz der Wirtschaftlichkeit nicht beeinflusst.[437] Unproblematisch stellt sich auch die Festlegung auf einen umweltfreundlichen Beschaffungsgegenstand dar, wenn dieser wirtschaftlicher ist, wie es z. B. oft bei Recyclingpapier der Fall sein wird, oder zumindest keine Mehrkosten verursacht, wie z. B. schadstoffarme Lacke.[438]

Eine weitere Fallgruppe betrifft Produkte, deren Anschaffung teurer ist, deren Mehrkosten jedoch über einen langfristigen Spareffekt ausgeglichen werden. So wird die – zunächst teurere – Beschaffung von Energiesparglühbirnen einen langfristigen Einspareffekt haben, über den der höhere Einkaufspreis ausgeglichen wird. Ähnliches gilt für einen wirtschaftlichen Ressourcenverbrauch von Wasser. Auch die Lebensdauer eines Produkts kann in diese Überlegungen einbezogen werden.

Schwieriger erscheint die Entscheidung, wenn die Festlegung auf ein umweltfreundliches Produkt deutliche Mehrkosten verursacht, die sich nicht nach einer Life-Cycle-Betrachtung amortisieren, wie dies zum Beispiel bei der Entscheidung für die Beschaffung von Ökostrom der Fall sein wird. Dabei greift es zu kurz, lediglich darauf abzustellen, ob das Produkt am Markt verfügbar ist,[439] weil es anderenfalls natürlich nicht nachgefragt werden kann. Eine Rechtfertigung aus haushaltsrechtlicher Sicht kann sich nach einer Auffassung bereits aus der Förderung des Umweltschutzes ergeben.[440] Es ist darauf hinzuweisen, dass die Beschaffungsstelle bei der Festlegung ihres Bedarfs einen weiten Ermessensspielraum besitzt. Angesichts dessen und des prinzipiell bestehenden Gebots - auch der Verwaltung - umweltfreundlich zu handeln, sowie der zahlreichen Erwägungen, die in eine solche Entscheidungen einfließen, ist es nicht möglich, die Beschaffungsstelle bereits bei der Bedarfsfestlegung auf eine rein wirtschaftliche Betrachtungsweise festzulegen.

Wie bereits oben ausgeführt[441] erscheint die Abgrenzung zwischen den Verfahrensschritten „Definition des Auftragsgegenstands" und „Leistungsbeschreibung" nicht immer einfach. So ist es zum Beispiel sowohl nach europäischem wie nach deutschem Vergaberecht möglich, „grünen" Strom auszuschreiben,[442] wogegen ein

---

434 Siehe dazu auch unten 9.5.5.

435 Vgl. oben 9.5.3.

436 GRIEM, Umweltaspekte bei der Vergabe öffentlicher Aufträge, Bremen, 2002, S. 14.

437 Ebenda, S. 15.

438 Ebenda.

439 ORTLIEB, S. 19.

440 So aber ORTLIEB S. 19.

441 Siehe oben unter Unklarheiten.

442 Wie kürzlich durch das Bundesumweltministerium geschehen, vgl. Pressemitteilung des BMU Nr. 146/03. Zur Sicht der Kommission vgl. Interpretierende Mitteilung, (siehe Fußnote 14).

Zuschlagskriterium, das Strom aus Windenergie verlangen würde, unzulässig wäre. Es lässt sich aber feststellen, dass die Möglichkeit der umweltfreundlichen Beschaffung in diesem Verfahrensstadium am größten sind, vor allem, wenn zusätzlich Varianten zugelassen werden.[443]

Leistungsbeschreibung

Vorgaben für die Leistungsbeschreibung und die Vergabeunterlagen enthalten die §§ 8, 8a, 9, 9a VOL/A sowie die §§ 9, 9a, 10, 10a VOB/A. Dabei gelten die „a-Paragraphen" nur für Vergaben oberhalb der EG-Schwellenwerte.

Die Leistungsbeschreibung umfasst sämtliche Anforderungen an das Produkt oder die Dienstleistung. Diese muss so eindeutig und erschöpfend sein, dass die abgegebenen Angebote vergleichbar sind, § 8 Nr. 1 Abs. 1 VOL/A, § 9 Nr. 1 VOB/A. Sie müssen soweit bezeichnet sein, dass der einzelne Bewerber entscheiden kann, ob sein Betrieb für die Erbringung der ausgeschriebenen Leistung über die notwendigen Kapazitäten verfügt.[444] Produkte oder Dienstleistungen, die die in der Ausschreibung genannten Erfordernisse nicht erfüllen, müssen von der Wertung ausgeschlossen werden. Die die Preisermittlung beeinflussenden Umstände sind in den Verdingungsunterlagen anzugeben, § 8 Nr. 1 Abs. 2 VOL/A, § 9 Nr. 3 Abs. 1 VOB/A.

VOL/A. § 8 Nr. 3 VOL/A präzisiert, welche speziellen Anforderungen an die Beschaffenheit der Leistung gestellt werden dürfen. Danach sind ungewöhnliche Anforderungen nur zu stellen, soweit es unbedingt notwendig ist, § 8 Nr. 3 Abs. 1 VOL/A. Fraglich ist, ob spezifische Umweltanforderungen die in der Leistungsbeschreibung enthalten sind, „ungewöhnliche Anforderungen" darstellen können. Nach überwiegender Auffassung sind Anforderungen des Umweltschutzes nichts Ungewöhnliches, sondern beginnen vielmehr sich durchzusetzen.[445] Schon 1984 wurde vom DVAL-Hauptausschuss festgestellt, dass auch dann, wenn nur solche Anforderungen zu stellen seien, die unbedingt notwendig seien, in diesem Rahmen Gesichtspunkte des Umweltschutzes berücksichtigt werden könnten. In der Neukommentierung von 1997 wurde ohne Einschränkungen festgehalten, dass auch Gesichtspunkte des Umweltschutzes zu berücksichtigen sind.[446] *Daub/Eberstein* weisen darauf hin, dass die Berücksichtigung von Umweltschutzanforderungen im Hinblick auf Art. 20a GG und die Vorbildfunktion der öffentlichen Hand geboten ist. Auch daraus folgt, dass es sich bei diesen nicht um ungewöhnliche Anforderungen handeln kann.

Nach § 8 Nr. 3 Abs. 2 VOL/A sind die verkehrsüblichen Bezeichnungen zu verwenden, allerdings kann auf einschlägige Normen Bezug genommen werden. Nach § 8 Nr. 3 Abs. 3 VOL/A dürfen bestimmte Erzeugnisse oder Verfahren sowie bestimmte Ursprungsorte und Bezugsquellen nur vorgeschrieben werden,

---

[443] Siehe oben Varianten.

[444] MOTZKE/PIETZCKER/PRIEß, Beckscher VOB-Kommentar, Teil A, München 2001, § 17, Rdnr. 17.

[445] DAUB/EBERSTEIN, VOL/A, § 8 Rdnr. 59.

[446] DAUB/EBERSTEIN, (siehe Fußnote 445) Rdnr. 60.

wenn dies durch die Art der zu vergebenden Leistung gerechtfertigt ist. Diese Vorschrift könnte dahingehend auszulegen sein, dass insbesondere Umweltzeichen eine unzulässige Spezifizierung darstellen. Dafür spricht, dass es Sache der Bieter ist, aufgrund ihrer Sachkunde die für die Ausführung der Leistung notwendigen Erzeugnisse oder Verfahren auszuwählen.[447] Dabei wird der Bieter allerdings durch die Vorgabe, ein umweltfreundliches Produkt zu wählen, grundsätzlich nicht eingeschränkt, solange vergleichbare Nachweise ebenfalls zugelassen sind. Die Vorschrift könnte auch einer Vorgabe hinsichtlich eines Umweltmanagementsystems in die Leistungsbeschreibung entgegenstehen, weil sie verbietet, „bestimmte Verfahren" vorzuschreiben. Allerdings wird durch ein Umweltmanagementsystem nicht ein Produktionsverfahren vorgesehen, wie mit dieser Regelung gemeint. Andererseits steht einer in der Leistungsbeschreibung niedergelegten Anforderung an die Bieter, z. B. EMAS-zertifiziert zu sein, der Wettbewerbsgrundsatz entgegen, weil die Anzahl der Bieter damit stark eingeschränkt wird.[448]

Auch die Beschreibung technischer Merkmale in der Leistungsbeschreibung darf nur erfolgen, wenn damit nicht bestimmte Unternehmen oder Erzeugnisse bevorzugt oder ausgeschlossen werden, § 8 Nr. 3 Abs. 4 VOL/A. Eine Ausnahme gilt, wenn eine solche Beschreibung durch die zu vergebende Leistung gerechtfertigt ist. Bezeichnungen für bestimmte Erzeugnisse oder Verfahren (z. B. Markennamen) dürfen ausnahmsweise, aber nur mit dem Zusatz „oder gleichwertiger Art" verwendet werden und nur dann, wenn eine Beschreibung allgemeiner Art nicht ausreichend ist (§ 8 Nr. 3 Abs. 5 VOL/A).[449]

Ebenso wie im europäischen Recht soll vermieden werden, dass der Auftrag genau auf bestimmte Produkte oder Bieter zugeschnitten ist und so der Wettbewerb behindert wird.[450] Mit dieser Regelung sind in der Regel Markennamen, Warenzeichen, Patente oder Typen gemeint.[451] Die Bestimmung ist dagegen nicht auf die Verwendung von Umweltkriterien zugeschnitten. Mit „Ursprungsort" ist daher eher z. B. nicht der Ursprung von Strom aus erneuerbaren Energien gemeint, sondern vielmehr von Strom, der – räumlich – an einem bestimmten Ort produziert wird. § 8 VOL/A spricht deshalb in der Regel nicht gegen die Verwendung von Umweltanforderungen im Ausschreibungsverfahren, solange nicht die Ausschreibung auf ein bestimmtes Erzeugnis eingeschränkt wird und damit der Wettbewerb behindert wird.

VOB/A. Nach § 9 VOB/A ist die Aufnahme von umweltschutzbezogenen Anforderungen an die Materialen ausdrücklich zulässig.[452] Der § 9 Nr. 3 i. V. m. ATV DIN 18299 sieht solche Anforderungen vor.[453] Sollen diese Anforderungen für die

---

447 HEIERMANN/RIEDL/RUSAM, Handkommentar zur VOB/A, § 9.5 Rdnr. 16.

448 DAGEFÖRDE, Umweltschutz (siehe Fußnote 24) S. 255.

449 Zum Gebot möglichst keine Markennamen zu erwähnen siehe auch VÜA Bayern, WuW/E Verg 67, WuW 1998, S. 640 ff.

450 DAUB/EBERSTEIN, (siehe Fußnote 445) Rdnr. 73.

451 Ebenda, Rdnr. 74.

452 GRIEM, Umweltfreundliche Beschaffung im Bauwesen, (siehe Fußnote 74), S. 1172.

453 Vgl. z. B. Allgemeine Regelungen für Bauarbeiten jeder Art, DIN 18299: 0.2 Angaben zur Ausführung; 0.2.9 Verwendung oder Mitverwendung von wieder aufbereiteten (Re-

Bieter zwingend sein, muss das in der Leistungsbeschreibung erkennbar herausgestellt sein, um hinterher den Anforderungen nicht entsprechende Angebote ausschließen zu können.[454]

§ 9 Nr. 5 Abs. 1 VOB/A legt fest, dass bestimmte Erzeugnisse, Verfahren, Ursprungsorte und Bezugsquellen nur vorgeschrieben werden dürfen, wenn dies durch die Art der geforderten Leistung gerechtfertigt ist. Bestimmte Erzeugnisse sind im Allgemeinen Baustoffe oder Bauteile, die bei der Bauausführung zur Verwendung gelangen sollen.[455] Bestimmte Verfahren sind die Art und Weise der Herstellung der Bauleistung, also ein bestimmter technischer Vorgang, der der Herstellung der Bauleistung im Einzelnen dient.[456] Die (Umweltschutz-) Festlegungen müssen daher eine Auswirkung auf die spätere Nutzung durch den Auftraggeber haben, also z. B. dem Gesundheitsschutz dienen. Fraglich ist, ob hierdurch die Festlegung der Bieter auf bestimmte Materialien, wie z. B. der Ausschluss der Verwendung von Tropenholz unzulässig ist. Grundsätzlich kann die VOB ein legitimes Interesse des Auftraggebers, ein bestimmtes Produkt zu verwenden oder eine bestimmte Art der Ausführung zu erhalten, nicht einschränken.[457] Die Gründe, ein bestimmtes Produkt zu verwenden, können u. a. in technischen Zwängen liegen, gestalterischen Gründen folgen oder der Zweckmäßigkeit der einheitlichen Wartung dienen.[458] Entsprechend muss der Wunsch des Auftraggebers, aus Umweltgesichtspunkten ein bestimmtes Produkt wie Tropenholz nicht zu verwenden, ebenso zulässig sein. Dies gilt um so mehr, als hierdurch der Wettbewerb nicht entscheidend behindert wird.[459]

§ 9 Nr. 5 Abs. 2 VOB/A regelt entsprechend § 8 Nr. 3 Abs. 5 VOL/A die Verwendung von konkreten Bezeichnungen für bestimmte Produkte. Diese sind nur erlaubt, wenn allgemeine Bezeichnungen nicht ausreichend sind. Außerdem muss stets der Zusatz „oder gleichwertiger Art" hinzugefügt werden. Das bedeutet aber nicht, dass darauf verzichtet werden muss, in der Leistungsbeschreibung vorzusehen, dass Produkte mit Umweltzeichen verwendet werden sollen, solange Produkte „gleicher Art" ebenfalls ausdrücklich zugelassen werden. Ein Beispiel ist die Verwendung von schadstoffarmen Lacken, die in der Weise vorgesehen werden kann, dass auf bestehende Umweltzeichen wie RAL-Umweltzeichen Bezug genommen wird, wenn gleichzeitig entsprechende Produkte erlaubt werden. Die Be-

cycling-)Stoffen; 0.2.10 Anforderungen an wiederaufbereitete (Recycling-)Stoffe und an nicht genormte Stoffe und Bauteile; 0.2.11 Besondere Anforderungen an Art, Güte und Umweltverträglichkeit der Stoffe und Bauteile, auch z. B. an die schnelle biologische Abbaubarkeit von Hilfsstoffen.

454 GRIEM empfiehlt daher eine Aufnahme in die Vorbemerkung zur Leistungsbeschreibung, soweit die Anforderungen nicht nur für bestimmte Teile, sondern für die gesamte Bauleistung gelten soll. Weiterhin sollten die Anforderungen nach der Spruchpraxis der Vergabeüberwachungsausschüsse fettgedruckt sein, Umweltfreundliche Beschaffung, (siehe Fußnote 74), S. 1172.

455 INGENSTAU/KORBION, VOB Kommentar, 14. Auflage, § 9, Rdnr. 82.

456 Ebenda.

457 HEIERMANN/RIEDL/RUSAN, VOB (siehe Fußnote 447), § 9 Rdnr. 117.

458 Ebenda.

459 Ebenso GRIEM, Umweltfreundliche Beschaffung, (siehe Fußnote 74), S. 1173.

stimmung soll vor allem verhindern, dass der Auftraggeber bestimmte Hersteller bevorzugt.[460] Bei dem Hinweis auf Umwelteigenschaften wird jedoch kein Hersteller bevorzugt, solange gleichwertige Produkte zugelassen sind.

Nach § 9 Nr. 4 Abs. 2 VOB/A sind technische Anforderungen unter Bezugnahme auf gemeinschaftsrechtliche technische Spezifikationen festzulegen. Diese sind in Anhang TS zur VOB/A definiert und umfassen u. a. in innerstaatliche Normen übernommene europäische Normen, europäische technische Zulassungen und gemeinsame technische Spezifikationen (Anhang TS 1.3-1.5). Technische Spezifikation sind in Anhang TS 1.1 definiert als „sämtliche, insbesondere in den Verdingungsunterlagen enthaltenen, technischen Anforderungen an eine Bauleistung, ein Material, ein Erzeugnis oder eine Lieferung [...]. Zu diesen technischen Anforderungen gehören Qualitätsstufen, Gebrauchstauglichkeit, Sicherheit und Abmessungen ebenso wie die Vorschriften für Materialien, Erzeugnisse oder Lieferungen hinsichtlich Qualitätssicherung, Terminologie, Bildzeichen, Prüfungen und Prüfverfahren, Verpackung, Kennzeichnung und Beschriftung. [...]" Diese weite Definition umfasst somit auch umweltschutzbezogene Anforderungen. Bei der Aufstellung von technischen Spezifikationen ist auf europäische Normen zurückzugreifen. Eine Ausnahme besteht nach § 8 Nr. 4 Abs. 3 VOB/A, wenn die letzteren keine relevanten Regelungen enthalten oder das betreffende Vorhaben innovativer Art ist und die Anwendung gemeinschaftsrechtlicher Spezifikationen nicht angemessen wäre.

Im Ergebnis steht die VOB/A einer Einbeziehung von Umweltkriterien in die Leistungsbeschreibung nicht entgegen, solange sie nicht zu einer Diskriminierung der Bieter führt, bei der Angabe von Umweltzeichen eine Verwendung von Produkten „gleichwertiger Art" zugelassen wird und soweit möglich auf bestehende gemeinschaftsrechtliche Normen Bezug genommen wird.

Auswahlkriterien

Nach § 97 Abs. 4 GWB werden Aufträge an fachkundige, leistungsfähige und zuverlässige Unternehmen vergeben. Fachkundig ist der Bieter, wenn er Kenntnisse, Erfahrungen und Fertigkeiten besitzt, die für die Ausführung der zu vergebenden Leistung erforderlich sind.[461] Diese allgemeine Bestimmung wird durch die Verdingungsordnungen ausgeführt. Nach § 25 Nr. 2 Abs. 1 VOB/A ist zunächst die Eignung der Bieter zu prüfen. Auszuwählen sind dabei die Bieter, die die erforderliche Fachkunde, Leistungsfähigkeit und Zuverlässigkeit besitzen und über ausreichende technische und wirtschaftliche Mittel verfügen. § 25 Nr. 2 Abs. 1 VOL/A ist fast wortgleich. Das Gebot der Wirtschaftlichkeit bedeutet auch, dass ergänzende Erwägungen den Bieter nicht überraschen dürfen und nicht willkürlich erscheinen dürfen. Dies wird in der Regel bei Umweltanforderungen, zumal wenn sie bereits Bestandteil der in der Ausschreibung genannten Zuschlagskriterien sind, nicht der Fall sein.

---

[460] HEIERMANN/RIEDEL/RUSAN, (siehe Fußnote 447) VOB, § 9 Rdnr. 118.

[461] BECHTOLD, Kartellgesetz, Rdnr. 18 (siehe Fußnote 432).

Besondere Ausschlussgründe sehen § 8 Nr. 5 VOB/A und § 7 Nr. 5 VOL/A vor. Neben einigen anderen besonderen Ausschlussvoraussetzungen können auch Unternehmen vom Wettbewerb ausgenommen werden, die nachweislich eine schwere Verfehlung begangen haben, die ihre Zuverlässigkeit als Bewerber in Frage stellt. Dazu gehören auch Umweltstraftaten und schwere Verstöße gegen umweltrechtliche Bestimmungen, wobei eine strafrechtliche Verurteilung nicht erforderlich ist.

§ 97 Abs. 4 sieht vor, dass weitergehende als die genannten Anforderungen nur dann an Auftragnehmer gestellt werden dürfen, wenn dies durch Bundes- oder Landesgesetz vorgesehen ist. Diese Regelung bedeutet somit einerseits, dass die Anwendung der zahlreichen Länderverordnungen oder Erlasse zu zusätzlichen Anforderungen an die Auftragnehmer, vor allem hinsichtlich Tariftreue, Frauen- Behinderten- und Aussiedlerförderung sowie anderen sozialen Kriterien, aber auch von Umweltschutzkriterien nach Ablauf der Übergangsregelung des Art 3 Nr. 5 des Vergaberechtsänderungsgesetzes (VgRÄG)[462] am 30.6.2000 nicht mehr anzuwenden sind.[463] Andererseits werden zusätzliche Anforderungen, wenn sie in Form von Bundes- oder Landesgesetzen ergehen, damit ausdrücklich für zulässig erklärt[464]. Das bedeutet, dass auch Anforderungen an die Umweltkompetenz in entsprechender Regelungsform zulässig sind.

Zuschlagskriterien

Bei der Wertung der Angebote soll der Zuschlag auf das unter Berücksichtigung aller Umstände wirtschaftlichste Angebot erfolgen, § 97 Abs. 5 GWB, § 25 Nr. 3 VOL/A, § 25 Nr. 3 Abs. 3 VOB/A. Der niedrigste Angebotspreis ist nicht entscheidend.[465] Die VOB/A führt für die Wirtschaftlichkeit die folgenden Kriterien auf: z. B. Preis, Ausführungsfrist, Betriebs- und Folgekosten, Gestaltung, Rentabilität oder technischer Wert. Diese Aufzählung ist nicht abschließend und kann als auftragsbezogenen Gegenstand auch die Umweltfreundlichkeit umfassen, soweit diese sich nicht bereits in den Kriterien Folgekosten oder technischer Wert wiederfindet. Bei der Bestimmung des wirtschaftlichsten Angebots sind technische Innovationen grundsätzlich zu begrüßen und vom Auftraggeber besonders sorgfältig zu prüfen.[466] Mithin ist das wirtschaftlichste das Angebot, das unter Berück-

---

[462] Gesetz zur Änderung der Rechtsgrundlagen für die Vergabe öffentlicher Aufträge vom 26. August 1998, BGBl 1998 I 2512.

[463] Vgl. zum Beispiel die Richtlinien der Bayrischen Staatsregierung über die Berücksichtigung von Umweltgesichtspunkten bei der Vergabe öffentlicher Aufträge in der Bekanntmachung vom 06.11.2001, Nr. B III 2-1-5152-8 (BayStAnz Nr. 46/2001) und den Erlass des hessischen Ministeriums für Umwelt für umweltfreundliche Handlungsweisen (Hess StAnz Nr. 45/1994, S. 3283 ff.) der bis zum Jahr 2001 für alle Behörden und Dienststellen des Landes Hessen galt.

[464] Anderer Auffassung MARTIN-EHLERS, Die Unzulässigkeit vergabefremde Kriterien, WuW 1999, S. 685, 694, der meint § 97 Abs. 4 GWB dürfte grundsätzlich nicht „aktiviert“ werden.

[465] HEIERMANN/RIEDEL/RUSAN, (siehe Fußnote 447) VOB, § 97, Rdnr. 60.

[466] BUNDESKARTELLAMT, 26.8.1999 – VK 2 – 20/99.

sichtigung aller im konkreten Fall wesentlichen und zuvor angegebenen Aspekten das beste Preis-Leistungs-Verhältnis biete.

Entscheidend ist, dass die zu wertenden Aspekte des Umweltschutzes in die Vergabeunterlagen aufgenommen wurden.[467] Dies ergibt sich bei Bauaufträgen oberhalb der Schwellenwerte bereits aus §§ 10, 25a VOB/A, § 9a VOL/A. Danach müssen in den Verdingungsunterlagen alle Zuschlagskriterien angegeben werden, deren Verwendung vorgesehen ist. Dies soll zudem nach Möglichkeit in der Reihenfolge der ihnen zuerkannten Bedeutung geschehen. Entsprechend muss der Zuschlag sich an den zuvor aufgestellten Kriterien orientieren. Soweit in den Verdingungsunterlagen Gewichtungen vorgenommen wurden, müssen sich diese in der Zuschlagsentscheidung wiederfinden. In den Vergabeunterlagen sollte dabei nicht lediglich „Umweltfreundlichkeit" als Kriterium genannt werden, sondern präzisiert werden, welche Produkteigenschaften der Vergabestelle besonders wichtig sind.[468] Der Vergabestelle ist es bei der Vergabeentscheidung daher verwehrt, auf weitere Kriterien zurückzugreifen, die zuvor nicht in den Unterlagen erwähnt worden sind.[469] Dies ist unproblematisch, wenn das umweltfreundliche Angebot zugleich zu Kostenersparnissen führt. Es kann aber den Zuschlag auf ein Angebot ausschließen, wenn das Umweltkriterium zuvor nicht in der Ausschreibung aufgeführt worden ist, z. B. weil der Vergabestelle eine umweltfreundliche Variante ihrer Ausschreibung nicht bekannt war, sie aber jetzt das umweltfreundlichere Angebot vorziehen möchte. In diesem Fall kann die vorherige Zulassung von Varianten der Vergabestelle erlauben, auch diesem Angebot den Zuschlag zu erteilen.

Auch bei einer Vergabe unterhalb der Schwellenwerte sollten Umweltaspekte als Bestandteil einer Wirtschaftlichkeitsbetrachtung genannt werden, damit eine transparente Zuschlagsentscheidung nachgewiesen werden kann. Transparenz bedeutet nämlich, dass die Entscheidungskriterien des Vergabeverfahrens vorhersehbar und seine Ergebnisse nachvollziehbar sind.[470]

Grenzen bei der Gewichtung der Umweltaspekte setzt der Grundsatz der Wirtschaftlichkeit. Soweit die Umweltaspekte zu einer entsprechenden Kostenersparnis führen (auch im Hinblick auf Lebensdauer und Folgekosten) und somit keine höheren Kosten entstehen, bleiben diese Grundsätze unberührt. Dann entsteht nämlich ein unmittelbarer wirtschaftlicher Nutzen für den Auftraggeber. Auch wenn höhere Kosten entstehen, gibt es keine absoluten Kappungsgrenzen hinsichtlich des umweltbezogenen Kostenvorteils (sogenanntes „Mehrpreisproblem").[471]

---

[467] HEIERMANN/RIEDEL/RUSAN, (siehe Fußnote 447) VOB, § 97, Rdnr. 62. PÜTTNER ist der Auffassung, dass der „Wirtschaftlichkeit" in § 97 Abs. 5 GWB neben der reinen Kostengünstigkeit keine zusätzliche Bedeutung zukommt, weil alle anderen Aspekte, wie die Qualität, der Zeithorizont etc. bereits in die Leistungsbeschreibung und Preiskalkulation einfließen. PÜTTNER, Das Wirtschaftlichkeitsprinzip bei der öffentlichen Auftragsvergabe, S. 382/383.

[468] GRIEM, Umweltfreundliche Beschaffung, (siehe Fußnote 74), S. 1174.

[469] FRANKE/KEMPER/ZANNER/GRÜNHAGEN, VOB Kommentar, § 25 VOB/A Rdnr. 572.

[470] LANGEN/BUNTE, Kommentar zum deutschen und europäischen Kartellrecht, 9. Auflage, Neuwied 2001, § 97 Rdnr. 4.

[471] UBA, Handbuch Umweltfreundliche Beschaffung, 4. Auflage, 1999, S. 29.

Zwar wird regelmäßig vertreten, Mehrkosten von 5 bis zu 10% seien vertretbar,[472] diese Grenze stützt sich jedoch nicht auf rechtliche Regelungen und kann daher keine absolute Geltung beanspruchen.

Problematisch erscheint demgegenüber eine Einbeziehung externer, also nicht unmittelbar dem Auftraggeber, sondern der Volkswirtschaft als ganzer entstehenden Kosten. Aus gemeinschaftsrechtlicher Sicht ist über die Möglichkeit, externe Kosten einzubeziehen, noch nicht abschließend entschieden; sie erscheint gegenwärtig nach der Rechtsprechung des *EuGH* in der *Finnland Bus Concordia* Entscheidung zumindest nicht ausgeschlossen. Für die Einbeziehung solcher Kosten spricht Art. 20a GG.[473] Die Einbeziehung externer Kosten, also der volkswirtschaftlichen Kostenersparnis im Gegensatz zu einer Kostenersparnis des Auftraggebers, wird außerdem der Bedeutung des Umweltschutzes besser gerecht, weil es erhebliche Umweltauswirkungen gibt, die zwar die Volkswirtschaft als Ganzes, nicht jedoch den Auftraggeber entlasten.[474]

Gegen die Einbeziehung externer Kosten werden Einwände vorgebracht. Der Haupteinwand gegen die Einbeziehung externer Umweltkosten ist dabei, dass diese keinen Bezug mehr zum Kriterium der Wirtschaftlichkeit aufweisen, weil dieses im Sinne von „Wirtschaftlichkeit für den Auftraggeber" verstanden werden müsse.

Ist in den Verdingungsunterlagen ein Hinweis auf die Zulassung von Nebenangeboten bzw. Varianten enthalten, so können diese sich auch auf Umweltschutzaspekte beziehen. Die Zulassung von Varianten hat für den Auftraggeber dann den Vorteil, dass er nicht von vornherein festlegen muss, dass er mehr für eine umweltfreundlichere Variante ausgeben will, sondern zunächst die Preisunterschiede feststellen kann. Änderungsvorschläge können sich auch auf neue Technologien und ähnliches beziehen und dem Auftraggeber damit ermöglichen, gezielt neue Entwicklungen zu fördern.

Klauseln zur Vertragsdurchführung

Wie dargestellt, hält die Europäische Kommission umweltbezogene Anforderungen in Klauseln zur Vertragsausführung weitgehend für unproblematisch, soweit nicht nachträglich technische Spezifikationen eingeführt oder Anforderungen, die in anderen Schritten des Vergabeverfahrens nicht zulässig wären, vorgesehen werden sollen. Hier ist in der Tat Vorsicht geboten. So ist *Griem* nicht zuzustimmen, wenn er die Einführung eines umweltbezogenen Managementsystems im Unter-

[472] Ebenda S. 31.

[473] Siehe Fußnote 408.

[474] Als Beispiel nennt das Handbuch Umweltfreundliche Beschaffung (siehe Fußnote 471) z. B. die Steigerung der Arbeitsproduktivität und Senkung des Krankenstandes als zu erwartende Auswirkungen schadstoffverringerter und lärmarmer Produkte oder die Verringerung der in Milliardengröße kalkulierten volkswirtschaftlichen Folgekosten der Umweltverschmutzung, z. B. durch Materialschäden oder Boden- und Gewässerbelastungen, S. 29. Siehe dort auch zu dem kostenmäßig nicht darstellbaren Mehrpreisproblem, S. 29-32.

nehmen als Ausführungsbestimmung darstellt.[475] Wie gezeigt, handelt es sich dabei um eine Anforderung bei der Leistungsprüfung der Anbieter, die unter bestimmten Umständen zulässig sein kann, jedoch schwerlich als nachträgliche Anforderung zur Vertragsdurchführung eingeführt werden könnte.

Das deutsche Vergaberecht enthält über die nach Europarecht vorgesehenen hinaus keine Anforderungen im Hinblick auf Klauseln zur Vertragsdurchführung. Unproblematisch erscheint insbesondere, Anforderungen vorzusehen, die von den Unternehmen ohne zusätzliche Kosten durchgeführt werden können.

Umweltmanagementsysteme (UMS)

Eine Sonderfrage ist, ob Anbieter danach ausgewählt werden dürfen, dass sie nach dem freiwilligen Umweltmanagementsystem EMAS zertifiziert sind. Hier ist zwischen den verschiedenen Stadien des Vergabeverfahrens zu differenzieren.

Die Einengung auf Bieter durch eine Verringerung des Teilnehmerkreises durch Wahl einer weniger wettbewerblichen Verfahrensart zum Vorteil von umweltfreundlichen Bietern die über ein Umweltmanagementsystem verfügen, sowohl vergaberechtlich als auch beihilferechtlich[476] problematisch. Vergaberechtlich steht einer solchen Vorauswahl der Vorrang der öffentlichen Ausschreibung entgegen.[477]

Fraglich ist weiter, ob die Teilnahme an einem Umweltmanagementsystem in der Leistungsbeschreibung nach § 9 VOB/A und § 8 VOL/A zulässig ist. Dabei könnte ein Umweltmanagementsystem ein nach diesen Vorschriften unzulässiges „bestimmtes Verfahren" darstellen. Dieser Ausdruck bezeichnet allerdings die Verfahrenstechnik, mithin nicht ein Umweltmanagementsystem.

Unproblematisch kann dagegen die EMAS-Registrierung als Kriterium der Fachkunde und der technischen Leistungsfähigkeit, also als Eignungsnachweis, angesehen werden, wo der zu vergebende Auftrag einen spezifischen Umweltbezug hat, d. h. besondere Kenntnisse voraussetzt, die durch eine EMAS-Registrierung nachgewiesen werden können. Dies wird insbesondere dort der Fall sein, wo Umweltmanagementkenntnisse vonnöten sind.

Fraglich erscheint demgegenüber zunächst die Sichtweise, dass die Umweltentlastungseffekte, die ein Betrieb erreicht, indem er EMAS-zertifiziert ist, sich „anteilig" im Produkt des Betriebes wiederfinden und diese damit als umweltfreundlicher bevorzugt werden dürfen.

Dageförde untersucht die Zulässigkeit der Einbeziehung eines Umweltmanagementsystems umfassend und kommt zu dem Ergebnis, dass die Einbeziehung nach deutschem Recht bei der Angebotswertung als Wirtschaftlichkeitskriterium Ein-

---

[475] GRIEM, Umweltaspekte bei der Vergabe öffentlicher Aufträge, S. 22 (siehe Fußnote 436).

[476] Siehe dazu unter 9.4.5.

[477] DAGEFÖRDE, Umweltschutz durch öffentliche Auftragsvergabe(siehe Fußnote 24) S. 247. Dort werden auch mögliche Ausnahmen dargestellt: eine beschränkte Ausschreibung kommt in Betracht, wenn der zu vergebende Auftrag aufgrund seiner besonderen Anforderungen im Umweltbereich nur von einem kleinen Kreis von Unternehmen ausgeführt werden kann, § 3 Nr. 3 Abs. 2 a) VOB/A und § 3 Nr. 3 a) VOL/A.

gang finden kann.[478] Dies wird damit begründet, dass ein Umweltmanagementsystem Einfluss auf die Qualität des Produkts, der Bau- oder Dienstleistung haben kann. Das Umweltmanagementsystem ist zwar prozessorientiert und bietet somit keine Garantie für eine bestimmte Umwelteigenschaft, führt aber dazu, dass der Produktionsprozess umweltfreundlich gestaltet wird. Wenn man gemäß dem bislang Ausgeführten die Einbeziehung von umweltfreundlichen Produktionsmethoden für zulässig hält, muss daher konsequenterweise auch ein Umweltmanagementsystem als Kriterium für einen solchen herangezogen werden können. Nach dieser Auffassung könnte ein Umweltmanagementsystem daher als Zuschlagskriterium verwendet werden.

Ergebnis

Im Ergebnis bestehen auch nach dem deutschen Vergaberecht weitgehende Möglichkeiten, Umweltkriterien bei der Vergabe öffentlicher Aufträge vorzusehen. Dies wird insbesondere dadurch erleichtert, dass diese Kriterien entweder in die Ausschreibungsunterlagen aufgenommen oder in der Form von Varianten oder Nebenangeboten vorgesehen werden. Nicht zulässig ist es demgegenüber, nachträglich einen Zuschlag aufgrund der größeren Umweltfreundlichkeit eines Produktes, einer Dienst- oder Bauleistung zu erteilen, ohne dass diese zuvor als Kriterium aufgeführt worden ist.

Anforderungen an das Herstellungsverfahren von Produkten sind im Ergebnis nicht ausgeschlossen.[479] Auf bestehende europäische Normen sollte dabei Bezug genommen werden. Hinsichtlich bieterbezogener Kriterien ist die Einbeziehung von Umweltkriterien zurückhaltender zu beurteilen. Hier muss vor allem sichergestellt werden, dass Kriterien nicht diskriminierend wirken können.

9.5.5 Haushaltsrecht

§§ 6 Abs. 1 S. 1 Haushaltsgrundsätzegesetz (HGrG),[480] 7 Abs. 1 S. 1 Bundeshaushaltsordnung (BHO)[481] sowie die §§ 7 Abs. 1 S. 1 Landeshaushaltsordnung (LHO)[482] der Länder enthalten die wortgleiche Bestimmung, dass bei Aufstellung und Ausführung des Haushaltsplans die Grundsätze der Wirtschaftlichkeit und Sparsamkeit zu beachten sind. Abs. 2 S. 1 der genannten Normen bestimmt, dass

---

478 DAGEFÖRDE, Umweltschutz durch öffentliche Auftragsvergabe S. 254 - 294 (siehe Fußnote 24).

479 So im Ergebnis auch KROHN (siehe Fußnote 11), S. 358/359.

480 Gesetz über die Grundsätze des Haushaltsrechts des Bundes und der Länder – Haushaltsgrundsätzegesetz (HGrG) vom 19.8.1969, BGBl. I S.1273.

481 Bundeshaushaltsordnung (BHO) vom 19.8.1969, BGBl. I S.1284.

482 Vgl. nur Hessische Landeshaushaltsordnung (LHO) in der Fassung vom 15. März 1999 zuletzt geändert durch Gesetz über die Feststellung des Haushaltsplans des Landes Hessen für das Haushaltsjahr 2000 (Haushaltsgesetz 2000) und zur Änderung anderer Rechtsvorschriften vom 23. Dezember 1999 (GVBl. I S. 13).

für alle finanzwirksamen Maßnahmen angemessene Wirtschaftlichkeitsuntersuchungen durchzuführen sind.

Diese Vorschriften verpflichten Bund und Länder zu Wirtschaftlichkeit und Sparsamkeit auch bei der Durchführung der Pläne, also auch im Rahmen der öffentlichen Beschaffung. Sparsamkeit ist dabei als „Teilmenge" der Wirtschaftlichkeit zu verstehen[483] und bedeutet, ein bestimmtes Ergebnis mit möglichst geringem Mitteleinsatz (Minimalprinzip) zu erreichen.[484] Demgegenüber ist Wirtschaftlichkeit als günstige Zweck-Mittel-Relation zu verstehen.[485] Wirtschaftlichkeit ist als unbestimmter Rechtsbegriff von der Verwaltung grundrechtskonform auszulegen.[486]

Der haushaltsrechtliche Grundsatz der Wirtschaftlichkeit und Sparsamkeit wirkt nur auf den ökonomischen Umgang mit Haushaltsmitteln hin, anders als der vergaberechtliche Wirtschaftlichkeitsgrundsatz, der eine wettbewerbliche Zielsetzung hat.[487] Beim Wirtschaftlichkeitsbegriff handelt es sich um einen rechtlichen und nicht um einen ökonomischen Begriff.[488] Es wird wie folgt argumentiert: Gesetzmäßigkeit und Wirtschaftlichkeit stehen sich bei der Erfüllung der Aufgaben der Verwaltung nicht gegenüber, so dass sie etwa gegeneinander abgewogen werden müssten. Vielmehr ist die Gesetzmäßigkeit der Verwaltung nicht disponibel. Der Wirtschaftlichkeitsbegriff hat daher im Zusammenhang mit dem Handeln der öffentlichen Verwaltung einen anderen Inhalt als in der marktbezogenen Betriebswirtschaftslehre. Die Verwaltung verfolgt mit der Erfüllung öffentlicher Aufgaben immer auch öffentliche Interessen. Welche Interessen das sind, bestimmt die Politik, nicht aber die Verwaltung selbst oder die Rechtsprechung. Nicht kostendeckendes Handeln, wie z. B. der Betrieb von Kultureinrichtungen, bedeutet daher nicht Unwirtschaftlichkeit.[489] Dieser Auffassung ist zuzustimmen. Wie bereits dargelegt, stellt die umweltfreundliche öffentliche Beschaffung eine Umsetzung des Gebots des Art. 20a GG durch die Verwaltung dar. Bereits daraus ergibt sich, dass auch eine Vergabeentscheidung, die ein umweltfreundliches Produkt zu einem möglichst günstigen Preis beschafft, wirtschaftlich ist.

---

[483] PIDUCH, Bundeshaushaltsrecht, Kommentar, § 7, Rdnr. 2.

[484] KÖCKRITZ/ERMISCH/MAATZ, Bundeshaushaltsordnung Kommentar, Stand 1. Januar 2002, § 7, 2.1

[485] Ebenda.

[486] KÖCKRITZ, ERMISCH, MAATZ (siehe Fußnote 484), § 7, 6. Siehe dazu auch oben unter 20a Grundgesetz).

[487] OPITZ, NZBau 2001, 12,13.

[488] Vgl. ARNIM, Wirtschaftlichkeit als Rechtsprinzip, 1988; PETERS, A., Die Ausfüllung von Spielräumen der Verwaltung durch Wirtschaftlichkeitserwägungen, DÖV 2001, , S. 749ff.; GAENTZSCH, Gesetzmäßigkeit und Wirtschaftlichkeit der Verwaltung, DÖV 1998, S. 952 ff.

[489] GAENTZSCH, (siehe Fußnote 488), S. 954.

9.5.6 Kartell- und Wettbewerbsrecht

Wie auch im europäischen Recht ist zur Beurteilung der Zulässigkeit einer umweltfreundlichen öffentlichen Vergabe nicht ausschließlich Vergaberecht heranzuziehen. Auch hier spielt das Wettbewerbsrecht eine Rolle, das verhindern soll, dass der Wettbewerbs beschränkt oder verfälscht wird. Dies könnte zum Beispiel dann der Fall sein, wenn aufgrund von Umweltkriterien von vornherein nur wenige Unternehmen eine Chance haben, einen öffentlichen Auftrag zu erhalten. Die Vergabe öffentlicher Aufträge unter Umweltschutzgesichtspunkten könnte daher auch unter kartell- oder wettbewerbsrechtlichen Gesichtspunkten angreifbar sein. In Betracht kommt hier ein Verstoß gegen das Behinderungs- und Diskriminierungsverbot des § 20 des Gesetzes gegen Wettbewerbsbeschränkungen (GWB) oder gegen das Verbot des Missbrauchs einer marktbeherrschenden Stellung nach § 19 GWB. Betroffen sein kann auch das Kartellverbot nach § 1 GWB und die Generalklausel des § 1 UWG.

§ 20 Abs. 1, 2 Gesetz gegen Wettbewerbsbeschränkungen

§ 20 Abs. 1, 2 Gesetz gegen Wettbewerbsbeschränkungen (GWB) enthält ein Diskriminierungs- und Behinderungsverbot. Er verbietet marktbeherrschenden Unternehmen, andere gleichartige Unternehmen im Geschäftsverkehr unbillig zu behindern oder ungerechtfertigt unterschiedlich zu behandeln. Die Anwendbarkeit auf einen Vergabetatbestand setzt zunächst voraus, dass die öffentliche Hand als marktbeherrschendes Unternehmen auftritt. Nach dem im Wettbewerbsrecht anzuwendenden funktionalen Unternehmensbegriff[490] kann auch der Staat im weitesten Sinne dieser Vorschrift unterfallen.[491] Die Beschaffungstätigkeit der öffentlichen Hand unterliegt grundsätzlich den Bestimmungen des GWB.[492] Aus der Bedeutung der Einkaufsmacht der öffentlichen Hand ergibt sich allerdings nicht zwingend, dass diese grundsätzlich marktbeherrschend ist. Gerade die starke Dezentralisierung der Nachfragemacht der deutschen öffentlichen Hand, die aus dem Prinzip der dezentralen Beschaffung folgt, erfordert eine Prüfung der Marktbeherrschung im Einzelfall. Grundsätzlich kann dabei eine Marktbeherrschung auf der Nachfrageseite ebenso vorliegen wie auf der Anbieterseite,[493] muss aber immer auf einem sachlich, räumlich und zeitlich abgegrenzten Markt bestehen.

Nach diesen Kriterien kann von einer marktbeherrschenden Stellung öffentlicher Auftraggeber zum Beispiel hinsichtlich des Tiefbaus ausgegangen werden,[494] zumindest hinsichtlich von Bund und Ländern. Eine solche Stellung lässt sich jedoch nur im Einzelfall aufgrund einer Marktprüfung begründen.[495] Die Erweite-

[490] ZIMMER in: IMMENGA/MESTMÄCKER, GWB Kommentar, 3. Auflage, München 2001, § 1, Rdnr. 24.

[491] ZIMMER, (siehe Fußnote 490), Rdnr. 28.

[492] SCHULTZ in: LANGEN/BUNTE, (siehe Fußnote 470), § 20 Rdnr. 22.

[493] BECHTHOLD, GWB, (siehe Fußnote 432), § 20 Rdnr. 18.

[494] BKartA, WuW/E 1987, 643, WuW/E 1984, 2150, 2152.

[495] KARENFORT/KOPPENFELS/SIEBERT, „Tariftreueregelungen" bei der Vergabe öffentlicher Aufträge, BB 1999, 1825, 1827.

rung des Adressatenkreises wird durch § 20 Abs. 2 GWB im Hinblick auf kleine und mittlere Unternehmen auf marktstarke Unternehmen erreicht. § 20 GWB untersagt jedoch nicht die Marktstellung als solche, sondern lediglich deren Ausnutzung zur unbilligen Behinderung, bzw. ungerechtfertigten unterschiedlichen Behandlung von anderen Unternehmen. Der Tatbestand der unbilligen Behinderung betrifft in erster Linie das Verhältnis zum Wettbewerber, in der Regel also nicht den Nachfrager. Demgegenüber betrifft die Ungleichbehandlung Unternehmen der vor- und nachgelagerten Unternehmensstufe.[496]

Die Ausschreibung von Aufträgen nach Umweltgesichtspunkten bzw. das Erteilen eines Zuschlags nach solchen kann durchaus Anbieter behindern, wenn diese z. B. nicht in der Lage sind, die Umweltkriterien zu erfüllen.

Erforderlich ist allerdings, dass die Behinderung *unbillig* ist bzw. die Diskriminierung *ohne sachlich gerechtfertigten Grund* erfolgt. Ob eine Maßnahme unbillig ist, wird unter Abwägung der Interessen der Beteiligten unter Berücksichtigung der auf die Freiheit des Wettbewerbs gerichteten Zielsetzung des Gesetzes entschieden.[497] Während eine mit der Zielsetzung des GWB nicht vereinbare Zielsetzung nicht berücksichtigt werden kann,[498] wie dies z. B. das Kammergericht für arbeitsmarktpolitische Ziele entschieden hat,[499] kann die Interessenabwägung durch gesetzliche Wertungen in anderen Bereichen beeinflusst werden.[500]

Während bei einer Abwägung der Interessen Privater auf Individualinteressen, nicht aber auf öffentliche Interessen abzustellen ist, kann eine solche Betrachtung nicht greifen, wenn der Staat als Vertreter öffentlicher Interessen betroffen ist. Insbesondere wenn die öffentlichen Interessen Eingang in eine gesetzgeberische Entscheidung gefunden haben, sind diese auch im Rahmen des Abwägungsprozesses zu berücksichtigen.[501] Eine Wertung des Umweltschutzes als billigenswertes Interesse ergibt sich schon aus der Staatszielbestimmung des Art. 20a GG. Bei der Nachfragediskriminierung durch die öffentliche Hand wird im Übrigen darauf abgestellt, dass eine Ausschreibung nach den Grundsätzen des Vergaberechts durchgeführt wird und das Auswahlverfahren transparent und an sachlichen Kriterien orientiert ist.

---

[496] BECHTHOLD, (siehe Fußnote 432), § 20 Rdnr. 34.

[497] SCHULTZ in LANGEN/BUNTE (siehe Fußnote 470), § 20 Rdnr. 122.

[498] BECHTHOLD (siehe Fußnote 432), § 20, Rdnr. 36.

[499] KG NJW E WettbR 1998, S. 284, 286.

[500] Entschieden z. B. für das energiepolitische Interesse an der Stromeinspeisung, BGH WuW/E 2805 ff. oder das frühere System der geschlossenen Energieversorgungsgebiete, BGH WuW/E 2953. Zu kurz scheint demgegenüber die Argumentation des KG im Fall der Berliner Tariftreueerklärung zu greifen, in der das KG entschied, die Tariftreueerklärung wäre deshalb unbillig, weil sie mit den Vorschriften der VOB/A kollidiert. Geht es gerade darum, andere, neben dem Vergaberecht geltende Interessen zur Anwendung zu bringen, so scheint es ein Zirkelschluss zu sein, diese deshalb für unbillig zu erklären, weil sie im Vergaberecht nicht vorgesehen sind. Vgl. KG WuW/E Verg 111, 117 ff. – Tariftreueerklärung. Vgl. dazu MARTIN-EHLERS, (siehe Fußnote 464), S. 693 und HOPP, Das Verhältnis des Vergaberechts zum Wettbewerbs- und Kartellrecht am Beispiel des Berliner Vergabegesetzes, DB 2000, S. 29ff.

[501] SCHULTZ in LANGEN/BUNTE (siehe Fußnote 470), § 20 Rdnr. 126.

Im Hinblick auf das Verhältnis von § 20 GWB zu § 97 Abs. 4 GWB wird vertreten, dass § 20 als speziellere Regelung Vorrang genießt.[502] Das würde im Ergebnis bedeuten, dass, auch wenn der Bundes- oder Landesgesetzgeber über die in § 97 Abs. 4 GWB genannten Anforderungen (Fachkunde, Leistungsfähigkeit und Zuverlässigkeit) an den Bieter weitere Erfordernisse festlegt, diese jedenfalls dann nicht anwendbar sein sollen, wenn die Vergabestelle eine marktbeherrschende Stellung genießt und aus der Anwendung der zusätzlichen Kriterien eine Diskriminierung resultiert.[503] Diese Auslegung ignoriert, dass die Novelle des Vergaberechts an diesem Punkt gerade dazu führen sollte, dass - auf gesetzlicher Grundlage - zusätzliche Anforderungen an die Bieter gestellt werden können. Über die Berücksichtigung der „Freiheit des Wettbewerbs“ im Rahmen der Interessenabwägung in § 20 GWB sind deshalb entgegen dieser Auffassung auch „spezialgesetzlich geschaffene vergabefremde Kriterien“ zu berücksichtigen,[504] da anderenfalls die Regelung des § 97 Abs. 4 GWB in diesen Fällen ins Leere laufen würde.

Es ist allerdings darauf hinzuweisen, dass diese Frage bei der Berücksichtigung von Umweltkriterien unerheblich sein wird. Diese knüpfen in der Regel an Produkteigenschaften, nicht aber an der Person des Bieters an und basieren damit nicht auf § 97 Abs. 4 GWB.[505]

Im Ergebnis ergibt sich aus § 20 GWB kein über die Anforderungen des Vergaberechts hinausgehendes Verbot der Einbeziehung von Umweltschutzkriterien in die Vergabe öffentlicher Aufträge.

§ 19 Abs. 1, 4 Gesetz gegen Wettbewerbsbeschränkungen

Etwas anderes ergibt sich auch nicht aus dem Verbot des Missbrauchs einer marktbeherrschenden Stellung nach § 19 Abs. 1, 4 GWB. Unabhängig von der Abgrenzung zu § 20 GWB enthält § 19 GWB jedenfalls kein generelles Koppelungsverbot. § 19 erfasst zwar neben der Anbietermarktbeherrschung auch die Nachfragemarktbeherrschung, diese stand jedoch in der Praxis bislang nicht im Vordergrund, weshalb Verwaltungspraxis und Rechtsprechung dazu noch keine besonderen Maßstäbe entwickelt haben.[506] Über den Behinderungsmissbrauch des § 19 Abs. 4 Nr. 1 GWB hinaus, der weitgehend § 20 GWB entspricht, sind die Fallgruppen des § 19 Abs. 4 GWB für das Aufstellen von Umweltkriterien im Vergabeverfahren nicht einschlägig. Daher ist nicht ersichtlich, dass diskriminierungsfrei und transparent angewandte Umweltkriterien im Vergabeverfahren zu einer Verletzung des § 19 GWB durch die öffentlichen Auftraggeber führen können.

---

502 KARENFORT/KOPPENFELS/SIEBERT (sieh Fußnote 495) S. 1828 ff.

503 Ebenda.

504 Ebenda.

505 Etwas anderes könnte für die Berücksichtigung der EMAS-Zertifizierung des Bieters gelten.

506 BECHTHOLD, (siehe Fußnote 432), § 19 Rdnr. 60.

§ 1 Gesetz gegen Wettbewerbsbeschränkungen

§ 1 GWB lautet:

Vereinbarungen zwischen miteinander im Wettbewerb stehenden Unternehmen. Beschlüsse von Unternehmensvereinigungen und aufeinander abgestimmte Verhaltensweisen, die eine Verhinderung, Einschränkung oder Verfälschung des Wettbewerbs bezwecken oder bewirken, sind verboten.

§ 1 findet auch Anwendung auf die gesamte Nachfragetätigkeit von Staat und Kommunen.[507] Hinsichtlich der Beschaffung der öffentlichen Hand gilt das auf jeden Fall, wenn sie sich nach den für jedermann geltenden Bestimmungen, also auf privatrechtlicher Ebene versorgt.[508] Anzuwenden ist also der funktionale Unternehmensbegriff. Miteinander im Wettbewerb stehen können Unternehmen auf der Anbieter wie auf der Nachfragerseite.[509]

Im Hinblick auf die kartellrechtlichen Konsequenzen des KrW/AbfG und der VerpackungsVO, insbesondere des Aufbaus eines Entsorgungssystems, wird davon ausgegangen, dass diesen kein Vorrang gegenüber den kartellrechtlichen Bestimmungen zukommt. Auch aus Art. 6 und 174 Abs. 2 EG-Vertrag wird nur geschlussfolgert, dass die Belange des Umweltschutzes bei der Wettbewerbspolitik zu berücksichtigen sind, nicht aber, dass sie Vorrang genießen.[510] Generell gibt es kein „ökologisches Kartellprivileg“[511] und keine „*rule of reason*“ in Bezug auf den Umweltschutz.[512] Die Frage der Anwendbarkeit von § 1 GWB auf eine Vereinbarung, die den Verzicht auf umweltbelastende Substanzen zum Gegenstand hatte, musste das Bundeskartellamt wegen Tolerierung nicht beantworten.

Hier ist allerdings darauf hinzuweisen, dass diese Erwägungen zum Umweltschutz in der Regel private Unternehmen betreffen. Auch wenn das Kartellverbot des § 1 GWB grundsätzlich auf die öffentliche Hand anwendbar ist, so ist nicht zu übersehen, dass es faktisch selten zu einer Situation kommen wird, in der Umweltbedingungen in öffentlichen Ausschreibungen eine Einschränkung des Wettbewerbs verursachen werden. Dies folgt bereits aus der zersplitterten Auftragsmacht der öffentlichen Hand.

§ 1 Gesetz gegen den unlauteren Wettbewerb

„Wer im geschäftlichen Verkehr zu Zwecken des Wettbewerbs Handlungen vornimmt, die gegen die guten Sitten verstoßen, kann auf Unterlassung und Schadensersatz in Anspruch genommen werden.“

---

[507] BUNTE in: LANGEN/BUNTE (siehe Fußnote 470), § 1 Rdnr. 22.

[508] Ebenda.

[509] BUNTE in: LANGEN/BUNTE (siehe Fußnote 470), § 1 Rdnr. 96.

[510] BUNTE in: LANGEN/BUNTE (siehe Fußnote 470), § 1 Rdnr. 207 unter Hinweis auf die Regierungsbegründung zum Krw/AbfG, BTDrucks. 13/9720, S. 33.

[511] PERNICE, Rechtlicher Rahmen der europäischen Unternehmenskooperation im Umweltbereich unter besonderer Berücksichtigung von Art. 85 EWGV, EuZW 1992, S. 139, 141.

[512] Ebenda, Rdnr. 215.

Beteiligt sich die öffentliche Hand am Wirtschaftsleben, gelten die Normen des allgemeinen Wettbewerbsrechts grundsätzlich auch für sie.[513] Dies gilt ebenso für die Anwendbarkeit des Gesetzes gegen den unlauteren Wettbewerb (UWG) wie für das GWB.

§ 1 UWG erfordert ein Handeln „*zu Zwecken des Wettbewerbs*". Dabei ist hinsichtlich einer Nachfragetätigkeit zu differenzieren. Rein erwerbswirtschaftlich wird die öffentliche Hand lediglich dann tätig, wenn die nachgefragten Güter für einen weiteren Umsatz bestimmt sind,[514] was in der Regel bei der Beschaffung nicht der Fall sein wird. Handelt die öffentliche Hand zur Erfüllung einer öffentlichen Aufgabe und somit hoheitlich, so ist davon auszugehen, dass sie lediglich ihre Aufgaben erfüllen will.[515] Es ist jeweils zu prüfen, ob eine Wettbewerbsabsicht vorliegt. Das ist nur der Fall, wenn das Ziel verfolgt wird, in den Wettbewerb einzugreifen.[516] Ist eine Wettbewerbswirkung nur notwendige Begleiterscheinung der Erfüllung öffentlicher Aufgaben, reicht dies für eine Wettbewerbsabsicht nicht aus.[517] Insbesondere wenn es der öffentlichen Hand nur darum geht, für den Eigenbedarf einzukaufen, ist eine Wettbewerbsabsicht in der Regel zu verneinen.[518] Etwas anderes kann der Fall sein, wenn es der öffentlichen Hand darum geht, einen bestimmten Wettbewerber zu begünstigen oder zu benachteiligen.[519] Während es hier auf die Umstände des Einzelfalls ankommt, können jedenfalls grundsätzlich sachliche Gründe auch zu einer Zulässigkeit einer solchen Bevorzugung führen. Im Ergebnis lassen sich aus § 1 UWG keine weitergehenden Grenzen für eine Einbeziehung von Umweltkriterien in die öffentliche Beschaffung ableiten, als sie bereits aus anderen Vorschriften folgen. Ein Umweltkriterium darf nicht dazu führen, dass ein einzelner Anbieter bewusst begünstigt wird, und es darf nicht in verzerrender Weise in den Wettbewerb eingegriffen werden.

9.5.7 Art. 3 Grundgesetz

Fraglich ist, ob Grundrechte in die Untersuchung einzubeziehen sind. Dies deshalb, weil die Grundrechtsbindung der öffentlichen Verwaltung bei der Fiskalverwaltung umstritten ist. Überwiegend wird allerdings inzwischen von einer Fiskalgeltung der Grundrechte ausgegangen.[520] Die Gegenauffassung geht von einer nur mittelbaren Geltung der Grundrechte, vor allem durch die Auslegung von Generalklauseln im Privatrecht aus. [521] Dieser Streit ist von geringer praktischer Bedeu-

---

[513] KÖHLER/PIPER, UWG, Kommentar, 2. Auflage, München 2001, § 1 Rdnr. 435.
[514] Ebenda, Rdnr. 443.
[515] Ebenda, Rdnr. 450.
[516] Ebenda.
[517] OLG Stuttgart, NJWE-WettbR 99, 3.
[518] BGH GRUR 68, 95, 97.
[519] KÖHLER/PIPER, UWG, (siehe Fußnote 513), § 1 Rdnr. 454.
[520] Vgl. DÖRR, Das deutsche Vergaberecht unter dem Einfluss von Art. 19 Abs. 4 GG, DÖV 2001, S. 1014, 1015 m. w. N. Dort auch zur sachlichen Reichweite der Grundrechtsbindung, S. 1017.
[521] So DÜRIG in: MAUNZ/DÜRIG, GG, Art. 3 Rdnr. 496.

tung. Die Diskriminierungsverbote, die auf europäischer und nationaler Ebene bestehen, entsprechen inhaltlich Art. 3 GG. Darüber hinaus ist auch bei der Auftragsvergabe unterhalb der Schwellenwerte bei der Auslegung z. B. von § 1 UWG Art. 3 GG zu beachten.[522] Relevanz entwickelt Art. 3 GG somit ausschließlich hinsichtlich prozeduraler Rechte unterhalb der EG-Schwellenwerte. Hier existieren keine Klagerechte des Bieters. Solche können aber aus Art. 3 GG folgen.[523]

Folgt man der überwiegenden Auffassung in der Literatur und erkennt Art. 3 GG Bindungswirkung auch dann zu, wenn der Staat als „Privatmann" tätig wird, verbietet dieser auch eine Ungleichbehandlung von Teilnehmern an einem Vergabeverfahren. Eine unzulässige Ungleichbehandlung liegt noch nicht in der Entscheidung für einen günstigeren Bieter, denn die Kostenersparnis rechtfertigt die Entscheidung. Etwas anderes könnte aber gelten, wenn die Zuschlagsentscheidung aufgrund der Erfüllung von Umweltkriterien erfolgt. Eine Ungleichbehandlung kann nach der Rechtsprechung des Bundesverfassungsgerichts (BVerfG) durch einen hinreichend gewichtigen Grund gerechtfertigt sein,[524] je nach „Regelungsgegenstand und Differenzierungsmerkmalen vom bloßen Willkürverbot bis zu einer strengen Bindung an Verhältnismäßigkeitserfordernisse."[525]

Eine strenge Prüfung erfolgt grundsätzlich nur, wenn die Differenzierung aufgrund von Eigenschaften der betroffenen Personen und nicht nur des Sachverhalts geschieht. Daher ist davon auszugehen, dass bei einer Vergabeentscheidung, die in der Regel aus den Spezifika des Auftragsgegenstands resultiert, eine bloße Willkürprüfung vorgenommen wird. Selbst wenn eine Prüfung nach der „neuen Formel" durchgeführt wird, ist nicht davon auszugehen, dass eine Vergabe nach Umweltkriterien gegen Art. 3 GG verstößt. Nach dem BVerfG ist der Gleichheitssatz verletzt, wenn eine Gruppe von Normadressaten im Vergleich zu anderen Normadressaten anders behandelt wird, obwohl zwischen beiden Gruppen keine Unterschiede von solcher Art und solchem Gewicht bestehen, dass sie die ungleiche Behandlung rechtfertigen können.[526] Oder positiv formuliert: Eine vom Gesetz vorgenommene unterschiedliche Behandlung muss sich sachbereichsbezogen auf einen vernünftigen oder sonst wie einleuchtenden Grund zurückführen lassen.[527]

Zwischen umweltfreundlichen Waren, Bau- oder Dienstleistungen und „konventionellen" bestehen Unterschiede von erheblichem Gewicht. Das folgt schon aus dem im Grundgesetz verankerten Schutz der natürlichen Lebensgrundlagen. Dieser kann auch als vernünftiger Grund im Sinne der Positivformel gelten.

Allerdings muss eine Ungleichbehandlung auch erforderlich sein. Das bedeutet, dass kein milderes, also gleich geeignetes, aber weniger belastendes Mittel zur Verfügung steht, um den gewünschten Zweck zu erreichen. Das könnte im Fall einer Vergabeentscheidung deshalb fraglich sein, weil sich Umweltschutz grundsätzlich auch durch Umweltschutzgesetzgebung erreichen lassen kann. Allerdings

---

[522] Ebenda, Rdnr. 504.

[523] DREHER, Vergaberechtsschutz (siehe 429), S. 425.

[524] JARASS in: JARASS/PIEROTH, GG, 5.Auflage 2000, Art. 3 Rdnr. 20 m. w. N.

[525] BVerfGE 99, 367, 288.

[526] BVerfGE 55, 72, 88.

[527] BVerfGE 75, 108, 157.

erscheint fraglich, ob eine solche Einengung zulässig wäre. Dem Staat stehen unterschiedliche Mittel zur Verfügung, um die Umwelt zu schützen. Die verschiedenen Instrumente (z. B. Ordnungsrecht, ökonomische Instrumente mit Lenkungswirkung, Vereinbarungen zwischen Unternehmen und dem Staat und eben auch die öffentliche Auftragsvergabe) haben im Einzelnen eine unterschiedliche Wirkung und verschiedene Ansätze, an denen sie wirksam werden. Die folgen aber alle der Prämisse des Art. 20a GG, der den Umweltschutz zum Staatsziel erklärt.

Grundsätzlich soll die Wahl des Instruments daran ausgerichtet sein, dass sich das Ziel – also der Umweltschutz – wirksam erreichen lässt. Da aber nicht grundsätzlich davon auszugehen ist, dass das Ordnungsrecht in allen Fällen das wirksamere Instrument darstellt, kann es auch nicht generell zum gleich geeigneten Mittel erklärt werden. Zudem ist auch nicht ersichtlich, dass eine Regelung des Ordnungsrechts in jedem Fall ein milderes Mittel darstellen muss. Es erscheint durchaus milder, umweltfreundliche Produkte, Verfahren usw. dadurch zu fördern, dass Umweltkriterien in eine Leistungsbeschreibung einbezogen werden, als bestimmte Verfahren schlichtweg zu verbieten.

Im Ergebnis ist daher in der Regel bei einer Vergabe nach Umweltkriterien nicht davon auszugehen, dass die Verwaltung Art. 3 GG verletzen könnte. Selbst wenn man mit der Literatur die Anwendbarkeit von Art. 3 GG auf Fiskalgeschäfte bejaht, ist die Differenzierung jedenfalls gerechtfertigt.[528]

9.5.8 Ergebnis zum deutschen Recht

Im Ergebnis lässt das deutsche Recht den Vergabestellen einen weiten Spielraum bezüglich der Einbeziehung von Umweltkriterien bei der öffentlichen Auftragsvergabe, zieht aber in einzelnen Fällen engere Grenzen als das europäische Primär- und Sekundärrecht.

Hinsichtlich der Entscheidung für ein umweltfreundliches Produkt haben Vergabestellen einen weiten Ermessensspielraum: Die Auftraggeber sind bei der Auswahl der Produkte, die sie anschaffen wollen, grundsätzlich frei.

Umweltschutzanforderungen in der Leistungsbeschreibung sind zulässig, soweit sie nicht zu einer Diskriminierung der Bieter führen, insbesondere durch eine Bezugnahme auf inländische Normen oder besondere Marken. Der Grundsatz der Wirtschaftlichkeit verbietet eine solche Einbeziehung nicht, solange die entstehenden Mehrkosten nicht unverhältnismäßig sind. Auch die Umweltauswirkungen des Herstellungsprozesses des zu beschaffenden Produkts können einbezogen werden. Die Bezugnahme auf Umweltzeichen ist zulässig, soweit gleichwertige Nachweise zugelassen werden.

In die Zuschlagskriterien können Umweltaspekte einfließen, solange ein Zusammenhang mit dem Auftragsgegenstand gegeben ist. Diese Aspekte müssen in

[528] BURGI (siehe Fußnote 31), S. 71, will demgegenüber zwischen produktbezogenen und produktionsbezogenen Umweltkriterien differenzieren und kommt zu dem Ergebnis, dass die letzteren einen Verstoß gegen Art. 3 GG darstellen, weil ihnen der erforderliche Zusammenhang mit der Ungleichbehandlung fehlt.

den Verdingungsunterlagen genannt und wenn möglich in der Reihenfolge ihrer Bedeutung genannt werden. Nebenangebote können einen Zuschlag erhalten, wenn sie umweltfreundlicher sind als die anderen Angebote, sofern sie den in den Verdingungsunterlagen genannten Mindestanforderungen entsprechen und die Umweltfreundlichkeit zuvor als Kriterium in den Verdingungsunterlagen aufgeführt worden ist.

Soweit die Umweltfreundlichkeit eines Unternehmens die Fähigkeit des Bieters, spezielle Anforderungen des Auftrags zu erfüllen, gewährleistet, stellt dieses ein Merkmal seiner Fachkunde und Leistungsfähigkeit dar und kann in die Zuschlagsentscheidung einbezogen werden. Schwerwiegende Verletzungen von Umweltgesetzen können dazu führen, dass der Bieter nicht als zuverlässig eingestuft wird, und können dann einen Ausschluss aus dem Verfahren zur Folge haben. Die allgemeine Einhaltung von Umweltvorschriften kann dagegen nicht als Kriterium herangezogen werden. Weitergehende Anforderungen an die Bieter dürfen nur vorgesehen werden, soweit sie in einem Bundes- oder Landesgesetz geregelt sind. Das allgemeine Umweltschutzverhalten der Bieter kann auch nicht im Rahmen der Zuschlagserteilung ausschlaggebend sein, § 97 Abs. 5 GWB.

9.6 Gesamtergebnis

Die Untersuchung des internationalen, europäischen und deutschen Rechts zeigt, dass der „grünen" Vergabe nur wenig rechtliche Vorgaben entgegenstehen. Die – gerade bei den Vergabestellen – verbreitete Auffassung, die Einbeziehung von Umweltkriterien in die Vergabe sei rechtlich unzulässig, ist damit unbegründet. Unterschiede zwischen den europäischen und den deutschen Regelungen bestehen in erster Linie hinsichtlich der Berücksichtigung unternehmensbezogener Umweltschutzkriterien. Hier erweist sich das europäische Recht als weiter.

Wesentliche Hemmnisse für die umweltfreundliche öffentliche Auftragsvergabe ergeben sich daher nicht aus den rechtlichen Rahmenbedingungen, sondern in erster Linie aus der mangelnden Erfahrung der Auftraggeber mit dem Instrument. Empfehlenswert ist grundsätzlich die Einbeziehung von Umweltkriterien bereits in der Leistungsbeschreibung, um mögliche rechtliche Einwände gegen die Vergabeentscheidung auszuräumen.

Aufgrund des im deutschen Recht verankerten Wettbewerbsgrundsatz sowie haushaltsrechtlicher Vorgaben und auch im Interesse der Vergabestelle ist allerdings davor zu warnen, die Leistung von vornherein zu stark einzuschränken. Als Lösung bietet sich zum einen an, in der Ausschreibung die Abgabe von Nebenangeboten vorzusehen, die umweltfreundlichere Varianten enthalten. Dies dient der Transparenz bei der Preisgestaltung, erlaubt eine begründete Abwägung hinsichtlich einer umweltfreundlicheren Vergabe und trägt zur Flexibilität der Vergabestelle bei. Zum anderen sollte zunehmend von einer Vergabe nach gewichteten Kriterien Gebrauch gemacht werden. Die Vorteile entsprechen denen von Nebenangeboten. Die Vergabestelle kann dann vorab entscheiden, für wie wichtig sie die

Umweltfreundlichkeit im gegebenen Verfahren hält. Auch hier ist eine gewisse Flexibilität möglich.

Festzuhalten ist, dass die Vergabe von öffentlichen Aufträgen unter Einbeziehung von Umweltaspekten nicht nur wünschenswert, sondern sowohl verfassungsrechtlich als auch einfachgesetzlich geboten ist.

In Bezug auf die Wirksamkeit des Instruments fehlen umfassende Untersuchungen. Erfahrungen mit umweltfreundlicher Beschaffung in den OECD-Staaten zeigen allerdings, dass Programme und Politiken zur Unterstützung umweltfreundlicher Beschaffung neben unmittelbaren Entlastungseffekten für die Umwelt insbesondere die Einführung umweltfreundlicher Technologien unterstützen können und helfen, Innovationen im Umweltbereich zu fördern.

Um die bestehenden Vorbehalte auszuräumen und Vergabeentscheidungen nach Umweltkriterien auch demokratisch zu legitimieren,[529] könnte es allerdings wünschenswert sein, auch in Deutschland entsprechende gesetzliche Regelungen zu treffen. Allerdings ist darauf hinzuweisen, dass bereits jetzt Praktiker der Auffassung sind, dass das Vergabeverfahren zu kompliziert geregelt ist. Das Aufstellen weiterer, von den Beschaffungsstellen zu erfüllender, Anforderungen ist u. U. nicht das wirksamste Instrument, um eine umweltfreundliche Beschaffung zu fördern. Erforderlich wäre aber die gezielte Schulung und allgemeine Akzeptanz dieses Instruments sowie weitere Untersuchungen über seine Wirksamkeit.

Literatur

AICHER, J. /FRUHMANN, M., Rechtsstudie, „Erstellung eines Kriterienkatalogs zur Berücksichtigung des Umweltschutzes im Beschaffungswesen“ (unveröffentlicht)

ARNIM, H., Wirtschaftlichkeit als Rechtsprinzip, Berlin, 1988.

ARROWSMITH, S., Industrial, Social and Environmental Concerns in Public Procurement in: Arrowsmith (et al.) Regulating Public Procurement, The Hague 2000.

ARROWSMITH, S., The Application of the E.C. Treaty Rules to Public and Utilities Procurement, Public Procurement Law Review 1995, S. 255.

ARROWSMITH, S., The community's legal framework on a public procurement: „The way forward“ at last?, Common Market Law Review 1999, S. 13.

ASSELT, H. VAN, Green government procurement and the WTO, Relief Project, Institute for Environmental Studies, Amsterdam 2003.

BARTH, R./DROSS, M., Legal Opportunities for Green Purchasing through Joint Procurement and Company Complaints, Relief Project, Öko-Institut, Darmstadt, 2003.

BARTOSCH, A., Vergabefremde Kriterien und Art. 87 I EG: Sitzt das öffentliche Beschaffungswesen in Europa auf einem beihilferechtlichen Pulverfass, EuZW 2001, S. 229.

BDI, Freiwillige Vereinbarungen und Selbstverpflichtungen im Umweltschutz, Stand: 8.12.2003, Berlin, abrufbar unter: www.bdi-online.de

BECHTHOLD, R., Kartellgesetz, Gesetz gegen Wettbewerbsbeschränkungen, 2. Auflage, München, 1999.

BENEDICT, C., „Vergabefremde“ Zwecke nach Beentjes und Nord-Pas-de-Calais, NJW 2001, S. 947.

[529] Siehe dazu Krohn (siehe Fußnote 11), S. 405/406.

BENEDICT, C., Sekundärzwecke im Vergabeverfahren, Dissertation, Berlin 2000.

BOCK, C., Das europäische Vergaberecht für Bauaufträge unter besonderer Berücksichtigung der Auswirkungen auf das schweizerische Submissionsrecht, Basel, Frankfurt am Main, 1993.

BOESEN, A., Vergaberecht, Kommentar zum 4. Teil des GWB, Köln 2000.

BOHAN, N./REDONNET, D., EU Procurement Legislation: Does the Emperor have clothes? An Examination of the New Empirical Evidence, Public Procurement Law Review 1997, S. 141.

BOVIS, C., The European Public Procurement Rules and the Interplay with international Trade, 31 Journal of World Trade: law, economics, public policy 1997, S. 63.

BOVIS, C., The liberalisation of public procurement and its effects on the common market, Aldershot et al 1998.

BRANDT, E./RUCHAY, D. /WEIDEMANN, K. (Hrsg.), Kommentar zum Kreislaufwirtschafts-/Abfallgesetz, München 2000.

BRENNER, M., Umweltschutz als Zuschlagskriterium im Verfahren der öffentlichen Auftragsvergabe, Jahrbuch des Umwelt- und Technikrechts, 1997, S. 141.

BUCK, M./CAMERON, J., International Trade Law and Green Public Purchasing, London, 1999.

BURGI, M., Vergabefremde Zwecke und Verfassungsrecht, NZBau 2001, S. 64.

BYOK, J., Das neue Vergaberecht, NJW 1998, S. 2774.

CALLIES, C., Die neue Querschnittsklausel des Art. 6 ex 3c EGV als Instrument zur Umsetzung des Grundsatzes der nachhaltigen Entwicklung, DVBl. 1998, S. 559.

DAGEFÖRDE, A., Die Ausschreibung von Strom aus erneuerbaren Energiequellen – Umweltanforderungen als Zuschlagskriterium ohne Überprüfungsmöglichkeit, AbfallR 1/2004, S. 36.

DAGEFÖRDE, A., Möglichkeiten der Berücksichtigung von Umweltbelangen bei der Vergabe öffentlicher Aufträge, NZBau 2002, S. 597.

DAGEFÖRDE-REUTER, A., Umweltschutz durch öffentliche Auftragsvergabe - Die rechtliche Zulässigkeit der Einbeziehung von Umweltschutzkriterien in das Vergabeverfahren, insbesondere der Bevorzugung von Unternehmen mit zertifiziertem Umweltmanagementsystem, Berlin 2004 (zit.: Dageförde).

DAUB, W./EBERSTEIN, H. (Hrsg.) Kommentar zur VOL/A, Vergaberecht – Rechtschutz, 5. Auflage, Düsseldorf 2000.

DIPPEL, N./ZEISS, C., Vergabefremde Aspekte – Rechtsschutz im Vergabenachprüfungsverfahren wegen Verstoßes gegen das EG-Beihilfenrecht, NZBau 2002 S. 376.

DOLZER, R./VOGEL, K. (Hrsg.), Kommentar zum Bonner Grundgesetz (Bonner Kommentar), Loseblatt, Heidelberg 1997.

DÖRR, O., Das deutsche Vergaberecht unter dem Einfluß von Art. 19 Abs. 4 GG, DÖV 2001, S. 1014.

DREHER, M., Vergaberechtsschutz unterhalb der Schwellenwerte, NZBau 2002, S. 419.

DREHER, M./HAAS, G./V. RINTELEN, G., Vergabefremde Regelungen und Beihilferecht, Schriftenreihe des Forums Vergabe e. V., Heft 16, Berlin 2002.

DREHER, M., Urteilsanmerkung zu EuGH Rs. C-225/98, JZ 2001, S. 138.

DREIER, H. (Hrsg.), Grundgesetz: Kommentar, Tübingen, 1998.

DRÜGEMÖLLER, A., Vergaberecht und Rechtsschutz, Berlin, 1999.

EBEL, T., Das Recht der öffentlichen Aufträge auf dem Prüfstand des europäischen Rechts, DÖV 1999, S. 235.

EGGER, A., Nicht alles ist vergabefremd, NZBau 2002, S. 601.

EPINEY, A., Umweltrechtliche Querschnittsklausel und freier Warenverkehr, NuR 1995, S. 497.

ERDMENGER, C. (Hrsg.), Buying into the Environment, Sheffield, 2003.

FLACH, S., Rechtsbindung einer industriepolitischen Instrumentalisierung öffentlicher Aufträge, Diss. Univ. Hamburg 1995, S. 149.
FLUCK, J. (Hrsg.), Kreislaufwirtschafts-, Abfall- und Bodenschutzrecht, Kommentar, Loseblatt, Heidelberg, Stand: April 2002.
FLYNN, L., State aids – Recent case law of the European Court, European Law Review 1987, S. 124.
FRANKE, H./KEMPER, R./ZANNER, C./GRÜNHAGEN, M., VOB Kommentar, 1. Auflage, Düsseldorf 2002.
FRENZ, W., Kreislaufwirtschafts- und Abfallgesetz, 3. Auflage, München, 2002.
GAENTZSCH, G., Gesetzmäßigkeit und Wirtschaftlichkeit der Verwaltung: Beißt oder verträgt sich das? DÖV 1998, S.952 .
GÖTZ, W., Die Zulässigkeit beschaffungsfremder Vergabekriterien nach Europarecht, EuR 1999, S. 621.
GRABITZ, E./HILF, M., Das Recht der Europäischen Union, Kommentar Loseblatt, Stand 2002.
GRIEM, N., Umsetzung des § 37 KrW-/AbfG durch die Bundesbehörden, UBA Forschungsbericht, Bremen 2000.
GRIEM, N., Umweltaspekte bei der Vergabe öffentlicher Aufträge, Bremen, 2002.
GRIEM, N., Umweltfreundliche Beschaffung im Bauwesen, NVwZ 1999, S. 1171.
GROEBEN, H. VON/THIESING, J./EHLERMANN, C.-D., Kommentar zum EU-/EG-Vertrag, 5. Auflage, Baden-Baden 1997.
GUNDEL, J., Urteilsanmerkung zu EuGH, Rs. C-3/00, EuZW 2003, S. 334.
GÜNDISCH, J., Preisgarantie für Strom aus Windkraftanlagen, NJW 2001, S. 3686.
HAASE, C., Internationale Harmonisierung des öffentlichen Auftragswesens, Trier, 1997.
HAILBRONNER, K./KLEIN, E./MAGIERA, S./MÜLLER-GRAFF, P.-C., Handkommentar zum Vertrag über die Europäische Union (EUV/EGV), Kommentar-Loseblatt, Stand 7. Lieferung Juni 1997, Köln u. a., Art. 30, Rdnr. 6.
HEIERMANN, W./AX, T., Neues deutsches Vergaberecht, Starnberg 1999.
HEIERMANN, W./RIEDL, R./ RUSAM, M., Handkommentar zur VOB, 10. Auflage, Wiesbaden 2003.
HERMA, M., Auftragsvergaberecht als Mittel zur Durchsetzung von Umweltschutz und Umweltrecht, Natur und Recht 2002, S. 8ff.
HERTWIG, S., Praxis der öffentlichen Auftragsvergabe, München 2000.
HESELHAUS, S., Rechtfertigung unmittelbar diskriminierender Eingriffe in die Warenverkehrsfreiheit, EuZW 2001, S. 645 (646).
HOPP, T., Das Verhältnis des Vergaberechts zum Wettbewerbs- und Kartellrecht am Beispiel des Berliner Vergabegesetz, DB 2000, S. 29ff.
IMMENGA, U./MESTMÄCKER, E.-J., GWB Kommentar, 3. Auflage, München 2001.
INGENSTAU, H./KORBION, H., VOB Verdingungsordnung für Bauleistungen Teile A und B, Kommentar, 14. Auflage, Düsseldorf.
INTERNATIONAL INSTITUTE FOR SUSTAINABLE DEVELOPMENT/CENTER FOR INTERNATIONAL ENVIRONMENTAL LAW: The state of trade law and the environment: Key issues for the next decade, Working paper, Genf/Washington D.C., 2003.
JANS-BÖHM, J., in SCHWARZE, EU-Kommentar, 1. Auflage, Baden-Baden 2000, Art. 176, Rdnr. 2.
JARASS, H./PIEROTH, B., Grundgesetz, Kommentar, 6. Auflage, München 2002.
JARASS, H./RUCHAY, D./WEIDEMANN K., (Hrsg.), Kommentar zum KrW-/AbfG, München, 2002.
JENNERT, C., Vergabefremde Kriterien – keine Beihilfen, sondern gemeinwirtschaftliche Pflichten, NZBau 2003, S. 417.

JESTAEDT, T./KEMPER, K./MARX, F./ PRIEß, H.-J., Das Recht der Auftragsvergabe, Neuwied, 1999.

KARENFORT, J./KOPPENFELS, U. VON/SIEBERT, S., „Tariftreueregelungen“ bei der Vergabe öffentlicher Aufträge, BB 1999, 1825ff.

KLING, M., Zur Zulässigkeit vergabefremder Regelungen im Rechts der öffentlichen Auftragsvergabe, Dissertation, 2. durchgesehene Auflage, 2003.

KLOEPFER, M., Umweltschutz als Verfassungsschutz, DVBl. 1996, S. 73.

KÖCKRITZ, S. VON/ERMISCH, G./MAATZ, W., Bundeshaushaltsordnung Kommentar, München, Stand: 1. Januar 2002.

KOENIG, C./ KÜHLING, J., Das PreussenElektra-Urteil des EuGH: Freibrief für Abnahme- und Vergütungspflichten in der Energiewirtschaft, NVwZ 2001, S. 768 ff.

KOENIG, C./ KÜHLING, J., Grundfragen des EG-Beihilfenrecht, NJW 2000, S. 1065ff.

KÖHLER, H./ PIPER, H., UWG Kommentar, 2. Auflage, München 2001.

KROHN, W., Öffentliche Auftragsvergabe und Umweltschutz, Köln 2003.

KUNZLIK, P., Environmental Issues in International Procurement in: ARROWSMITH/ARWEL (Hrsg.) Public Procurement: Global Protection, The Hague 1998.

KUNZLIK, P., in: The Environmental Performance of Public Procurement, Issues of Policy of Coherence, OECD, Paris 2003.

LANGEN, E./BUNTE, H.-J., Kommentar zum deutschen und europäischen Kartellrecht, 9. Auflage, Neuwied 2001.

LAXHUBER, D./KELNHOFER, E./SCHLEMMINGER, H., Maßgeschneiderte Umweltmanagementsysteme, Heidelberg 1997.

MARTIN-EHLERS, A., Die Unzulässigkeit vergabefremder Kriterien, WuW 1999, 685ff.

MAUNZ, T./ DÜRIG, G., Kommentar zum Grundgesetz, Loseblattsammlung, Stand: Juni 2002.

MOLTKE, K. VON, After Doha. Assessing the outcomes of the WTO Fourth Ministerial Conference, www.iisd.org/pdf/2002/trade_qatar_viewpoint5.pdf (14 November 2003).

MOTZKE, G./PIETZCKER, J./PRIEß, H.-J., Beckscher VOB-Kommentar, Teil A, München 2001.

MÜNCH, I. VON/KUNIG, P., GG Kommentar, Band 2, 5. Auflage, München 2001.

MURSWIEK, D., Staatsziel Umweltschutz (Art. 20a GG), NVwZ 1996, S. 222 ff.

NEßLER, V., Politische Auftragsvergabe durch den Staat, DÖV 2000, S. 145ff.

OECD, Greener Public Purchasing: Issues and Practical Solutions, Paris 2000.

OECD, The Environmental Performance of Public Procurement, Paris 2003.

OLIVER, P., Free Movement of Goods in the European Community under Articles 30 to 36 of the Rome Treaty, 3. Auflage, London 1996.

ORTLIEB, B., Vergaberechtliche Aspekte bei der Beschaffung von Ökostrom, Berlin, 2002.

PERNICE, I., Rechtlicher Rahmen der europäischen Unternehmenskooperation im Umweltbereich unter besonderer Berücksichtigung von Art. 85 EWGV, EuZW 1992, S. 139.

PETERS, A., Die Ausfüllung von Spielräumen der Verwaltung durch Wirtschaftlichkeitserwägungen, DÖV 2001, S. 749.

PETERS, H.-J., Praktische Auswirkungen eines im Grundgesetz verankerten Staatsziels Umweltschutz, NuR 1987, S. 293.

PIDUCH, E., Bundeshaushaltsrecht, Loseblattsammlung, Stand Juli 1998, Stuttgart.

PIETZCKER, J., Der Staatsauftrag als Instrument des Verwaltungshandelns, Tübingen 1978.

PIETZCKER, J., Vergabeverordnungen und Kaskadenprinzip aus verfassungsrechtlicher und europarechtlicher Sicht, NZBau 2000, S. 65.

PRIEß, H.-J./PITSCHAS, C., Secondary Policy Criteria and their Compatibility with E.C. and WTO Procurement Law, Public Procurement Law Review, 2000, S. 171.

PÜNDER, H., EuGH billigt die Förderung von „Öko-Strom", JURA 2001, S. 591.

PÜTTNER, G., Das Wirtschaftlichkeitsprinzip bei der öffentlichen Auftragsvergabe in: Festschrift für Eichhorn, 1999, S. 380.

RITTNER, F., Die „sozialen Belange" i. S. der EG-Kommission und das inländische Vergaberecht, EuZW 1999, S. 677.

RUGE, R., Urteilsanmerkung zu Rs. C-379/98 (*PreussenElektra*) in EuZW 2001, S. 242.

RUST, U., GWB-Vergaberecht und soziale Standards, EuZW 1999, S. 453.

SCHIRMA, B., Wettbewerbsfremde Regelungen – falsche Signale vom Europäischen Gerichtshof, NZBau 2002, S. 1.

SCHNEEVOGEL, K./HORN, L., Das Vergaberechtsänderungsgesetz, NVwZ 1998, S. 1241.

SCHNEIDER, J.-P., EG-Vergaberecht zwischen Ökonomisierung und umweltpolitischer Instrumentalisierung, DVBl 2003, S. 1186.

SCHNEIDER, T., Vergaberecht und Umweltschutz, Baden-Baden 2001.

SCHUMACHER, K., Vergabefremde Umweltkriterien im Abfallrecht und Gemeinschaftsrecht, DVBl. 2000, 467.

SCHWEITZER, M./HUMMER, W., Europarecht, 5. Auflage, Neuwied 1996.

SEIDEL, I., Urteilsanmerkung zu EuGH Rs C-225/98, EuZW 2000, S. 755ff.

SEIDEL, I., Zur Implementierung von Sekundärzielen im europäischen Vergaberecht, ZVgR 2000, S. 195ff.

SPIESSHOFER/LANG, The New German Public Procurement Law: Commentary and English Translation of the Text, Public Procurement Law Review 1999, CS 103ff.

STEHMANN, O., in GRABITZ/HILF, Das Recht der Europäischen Union, Kommentar Loseblatt, Stand August 2002, Bd. IV.

STOLZ, K., Das öffentliche Auftragwesen in der EG-Möglichkeiten und Grenzen einer Liberalisierung, Baden-Baden 1991, S. 35.

STREINZ, R., Europarecht, 5. Auflage, Heidelberg 2001.

STREINZ, R., Urteilsanmerkung zu Rs. C-379/98 (*PreussenElektra*) in JuS 2001, S. 596 f.

THIEME, H./CORELL, C., Deutsches Vergaberecht zwischen nationaler Tradition und europäischer Integration, DVBl. 1999, 884ff.

UMWELTBUNDESAMT (UBA) (Hrsg.), Handbuch Umweltfreundliche Beschaffung, 4. Auflage, München 1999.

WASMEIER, M., The integration of environmental protection as a general rule for interpreting community law, Common Market Review 2001, S. 159ff.

WENZEL, F., Der Schutz der Umwelt und das Vergaberecht, EurUP 2/2003, S. 82.

WESTPHAL, T., Greening Procurement: An Attempt to reduce Uncertainty, 8 Public Procurement Law Review 1999, S.1ff.

WHITE, In Search of the Limits to Article 30 of the EEC Treaty, Common Market Law Review 1989, S. 235 .

ZIEKOW, J., Vergabefremde Zwecke und Europarecht, NZBau 2001, S. 72.

OHNE VERFASSER, monatlicher Informationsbrief des Forums Vergabe zu aktuellen Entwicklungen im Vergabewesen, Forum Vergabe Monatsinfo 7-8, 2001.

Verzeichnis der zitierten Entscheidungen des *EuGH*

Steenkolenmijnen, Rs. 30/59 vom 23.2.1961, Slg. 1961, 5

Capolongo, Rs. 77/72 vom 19.6.1973, Slg. 1973, 611, 622

Geddo, Rs. 2/73 vom 12.7.1973, Slg. 1973, 865
Dassonville, Rs. 8/74 vom 11.7.1974, Slg. 1974, 837
Van Binsbergen, Rs. 33/74 vom 3.12.1974, Slg. 1974, 1299
de Peijper, Rs. 104/75 vom 20. 5. 1976, Slg. 1976, 613
Bauhuis, Rs. 46/76 vom 25.1.1977, Slg. 1977, 5
Iannelli, Rs. 74/76 vom 22.3.1977, Slg.1977, 557
Bouchereau, Rs. 30/77 vom 27.10.1977, Slg. 1977, 1999
van Wesemael, Rs. 110 u. 111/78 vom 10.1.1979, Slg. 1979, 35
Cassis de Dijon, Rs 120/78, vom 20.2.1979, Slg. 1979, 649
Henn und Darby, Rs. 34/79 vom 14.12.1979, Slg. 1979, 3795
Irische Souvenirs, Rs. 113/80 vom 17.6.1981, Slg. 1981, 1625
Webb, Rs. 279/81 vom 17.12.1981, Slg. 1981, 3305
Seco, Rs. 62 u. 63/81 vom 3.2.1982, Slg. 1982, 223
Transporoute, Rs. 76/81, vom 10.02.1982, Slg. 1982, 417
Buy Irish, Rs. 249/81 vom 24.11.1982, Slg. 1982, 4005
Campus Oil, Rs. 72/83 vom 10.7.1984, Slg. 1984, 2727
ADBHU, Rs. 240/83 vom 7.2.1985, Slg.1985, 531
Auslandsdruck, Rs. 18/84 vom 7.5.1985, Slg. 1985, 1339
Frankiermaschinen, Rs. 21/84 vom 9.5.1985, Slg. 1985, 1345
Griechische Landwirtschaftsbank, Rs. 192/84 vom 11.12.1985, Slg. 1985, 3973
Elektrofahrzeuge, Rs. 103/86 vom 5.6.1986, Slg. 1986, 1759
CEI/Bellini, verb. Rs. 27 bis 29/86, vom 09.07.1987, Slg. 1987, 3347
Dänische Pfandflaschen, Rs. 302/86, vom 20.10.1988, Slg. 1988, 4607
Beentjes, Rs. 31/87, vom 20.9.1988, Slg. 1988, 4635
Dundalk III, Rs. 45/87 vom 22.9.1988, Slg. 1988, 4929
Merci convenzionali, Rs. C-179/90 vom 10.12.1991, Slg. 1991, I-5889
Mezzogiorno, Rs. C-360/89 vom 3.7.1992, Slg. 1992, I-3401
Müllimport, Rs. C-2/90 vom 9.7.1992 , Slg. 1992, I-4431
Storebaelt, Rs. C-243/89 vom 22.6.1993, Slg. 1993, I-3353
Lottomatica, Rs. 272/91, vom 26.4.1994, Slg. 1994 I-1431
UNIX, Rs. C-359/93, vom 24.1.1995, Slg. 1995, I-186
Kommission gegen Deutschland, Rs. C-433/93 vom 11.8.1995, Slg. 1995, I-2189
Wallonische Busse, Rs. C-87/94, vom 25.4.1996, Slg.1996, I-2303
Kommission gegen Deutschland, Rs. C-54/96 vom 17.9.1997, Slg. 1997, I-4961
Aher-Waggon, Rs. C-389/96 vom 14.7.1998, Slg. 1998, I-4473
Safety Hi-Tech, Rs. C-284/95 vom 14. 7.1998, Slg. 1998, I-4301
du Pont de Nemours, Rs. 21/8 vom 20.3.1999, Slg. 1990, I-889
Nord-Pas-de-Calais, Rs. 225/98, vom 26.9.2000, Slg 2000, I-7445
Preussen Elektra, Rs. C-379/98 vom 13.3.2001, Slg. 2001, I -2159
Concordia Bus Finland, Rs. C-513/99, vom 17.10.2002, Slg. 2002, I-7213
Wienstrom, Rs. C-448/01, vom 4.12.2003, Slg. 2003, I- 1.

10 Das Umweltpotenzial öffentlicher Beschaffung

Christoph Erdmenger, Michaela Winter

10.1 Einleitung

Obwohl die hohe potenzielle Bedeutung der öffentlichen Beschaffung an verschiedensten Stellen immer wieder betont wird,[1] sind diesbezügliche Daten kaum erhältlich. Zum Beispiel führt kein Land Europas eine Statistik darüber, für welche Produkte und auf welche Weise öffentliche Verwaltungen ihre Beschaffungsetats ausgeben. Gleiches gilt für den Umweltbereich.[2] Ein zentraler Punkt des FORSCHUNGSPROJEKTES NABESI war es daher, Daten über die potenzielle Umweltentlastung zu ermitteln, die eine Umstellung der öffentlichen Beschaffung zur Folge haben könnte.

10.2 Methode zur Bestimmung des Umweltpotenzials

Eine Betrachtung der Umweltauswirkungen der Beschaffung muss sich zwangsläufig auf die Ebene der einzelnen Produktgruppe begeben. Denn die möglichen Umweltentlastungen bei Umstieg von einem „normalen" auf ein umweltfreundliches Produkt unterscheiden sich nach Art und Menge je nach Produktgruppe erheblich. Darüber hinaus liegen, wie erwähnt, keine Daten über die generelle Umweltbelastung durch die öffentliche Hand - bzw. spezifischer durch den Einkauf der öffentlichen Hand - vor.

Die Datenbank GEMIS[3] bündelt produkt- und prozessbezogene Umweltinformationen zwar in hilfreicher Weise, doch können die Daten darin nicht unmittel-

---

[1] Bspw. in UBA (1993), S. 22, COUNCIL OF THE EUROPEAN UNION (2002), S. 10, COMMISSION OF THE EUROPEAN COMMUNITIES (CEC) (2000), S. 9.

[2] Umweltstatistiken etwa des Statistischen Bundesamtes führen Emissions- und Immissionsdaten, jedoch nur in Ausnahmefällen wie Elektrizität oder Verkehrsdienstleistungen produktbezogene Umweltdaten. Sie enthalten keine Hinweise darauf, ob die Produkte von der öffentlichen Hand verbraucht werden – und damit die verbundene Umweltbelastung.

[3] Vgl. GEMIS (2002).

bar für die angestrebten Berechnungen herangezogen werden. Vielmehr muss eine Überprüfung anhand der hinter den Daten liegenden Ökobilanzen vorgenommen werden. Zu vielen Produkten sind Ökobilanzen verfügbar, die ihrerseits wiederum eine Vielzahl von Einzeldaten enthalten. Trotz der ISO-Normen 14040 ff. sind diese Ökobilanzen jedoch nicht unbedingt miteinander vergleichbar und kommen folglich auch zu unterschiedlichen Ergebnissen. Ein Grund dafür liegt darin, dass in unterschiedlichen Untersuchungen die Systemgrenzen und die Zielstellungen unterschiedlich gewählt wurden, aber auch dass unterschiedliche Produkte in unterschiedlichen nationalen Kontexten untersucht werden.

SCHMIDT und FRYDENDAL (2003) haben auf europäischer Ebene Ökobilanzen für mehrere Produkte auf ihre Tauglichkeit für eine Berechnung zur öffentlichen Beschaffung untersucht.[4] Am Beispiel der Beschaffung energieeffizienter Personalcomputer beschreiben sie eine Vielzahl von Erwägungen, die in die Auswahl der Umweltdaten eingeflossen sind. Zudem vereinfachen sie die Umwelteigenschaften der Produkte auf die Kerneigenschaften, die laut Ökobilanz die Hauptumweltwirkungen, bzw. bei Veränderung Umweltentlastungen zur Folge haben. Dieser Ansatz wurde für die hier vorgestellte Untersuchung übernommen und die Methodik zusätzlich für den Produktbereich Gebäude angewandt[5], der ein hohes Einsparungspotenzial verspricht.

Darüber hinaus wurde auf den von SCHMIDT u.a. (2003) bereitgestellten Daten für fünf weitere Produkte aufgebaut. In der Tabelle 10.1. ist dargestellt, für welche Produkte auf welcher Datenbasis Berechnungen durchgeführt wurden:

Die Berechnung der Umweltauswirkung wird bei allen Produkten auf eine funktionale Einheit normiert, also eine definierte Anzahl oder Menge einer Dienstleistung, die den gleichen funktionellen Nutzen stiftet. Dies ist bei Massenprodukten wie Computern oft einfacherweise ein Computer bestimmter Leistungsfähigkeit, bei anderen Produkten und vor allem Dienstleistungen doch oftmals schwieriger. So wurde bei Sanitäreinrichtungen nicht der Spülkasten, sondern seine Benutzung als funktionale Einheit genommen, da letztere sich aus der Zahl der Benutzer ableiten lässt. Hierzu sind Statistiken vorhanden.[6]

Um das Potenzial der Beschaffung zu berechnen, muss herausgefunden werden, wie viele dieser funktionellen Einheiten durch die öffentliche Hand beschafft, also potenziell durch diese umweltfreundlich ersetzt werden können.[7]

---

[4] Vgl. SCHMIDT, A.; FRYDENDAL, J. (2003), S. 134ff.

[5] Nähere Informationen zur Anwendung der Methodik im Gebäudebereich in: QUACK, D. (2002).

[6] Vgl. EUROBAROMETER (2002).

[7] Ausführlich im Projekt diskutiert wurde die Möglichkeit, die Verbrauchsdaten einzelner Kommunen auf die Makroebene (Deutschland) zu extrapolieren. Diesem Versuch stellen sich allerdings zwei Hindernisse in den Weg, die NaBesI nicht überwinden konnte: Erstens erfordert eine Hochrechnung eine Datenbasis die sowohl für die Kommune als auch auf nationaler Ebene verfügbar ist, beispielsweise Personal oder Budgetvolumen. Doch keine geeignete Basis konnte identifiziert werden. Zweitens und wichtiger ist es schwierig, eine statistisch einigermaßen repräsentative Auswahl von Verwaltungen zu treffen, deren Beschaffung sich auf anderen Träger der öffentlichen Hand übertragen ließe.

Tabelle 10.1. Umwelteigenschaften von Produkten und Datengrundlage zur Bestimmung des Umweltpotenzials

Produktgruppe	Produkteigenschaft	Datenquelle	Bemerkung
Gebäude	Energiebedarf während der Nutzungsphase	GEMIS 4.1 2002	
Elektrizität	Erstellung aus regenerativen Quellen („grüner Strom")	SCHMIDT U.A., GEMIS 4.1 2002	Anpassung des Strommixes für „Normalstrom" an bundesdeutschen Strommix
Computer	Energiebedarf während der Nutzungsphase	SCHMIDT U.A.	
Lebensmittel (Fleisch, Milch, Getreide)	Regionale Herkunft/Transport Biologisch-organische Landwirtschaft	JUNGBLUTH U.A.	Vergleich mit Arbeiten von CEDERBERG U.A.
Holzschreibtische	Lösemittelarme Oberflächenbehandlung	SCHMIDT U.A.	Anpassung an Praxis deutscher Möbelhersteller
Busse	Einhaltung von EURO-Abgasstandards	SCHMIDT U.A.	
Sanitäreinrichtungen	Wasserspareinrichtung	ICLEI auf der Basis STADT HAMBURG	Nur Wasserersparnis, keine strenge Berechnung nach LCA-Wirkungskategorien

Die Untersuchung hat zu dieser Frage auf Arbeiten von PIERRARD (2003) aufgebaut.[8] Basierend auf den von SCHMIDT u.a. (2003) abgedeckten Produktgruppen,[9] stellt er Daten zusammen, wie viele funktionale Einheiten der untersuchten Produkte in Europa von der öffentlichen Hand gekauft werden und entwickelt eine Methodik, wie die Umweltdaten mit den Marktdaten zu verknüpfen sind. Seine Erfahrungen bestätigen das Bild, das sich für die deutsche Datensituation ergeben hat, wobei auf der europäischen Ebene eher noch weniger verlässliche und vergleichbare Daten verfügbar sind. Grundsätzlich sind die folgenden Datenquellen für diese Angaben verfügbar:

1. **Produktionsstatistiken der statistischen Bundes- und Landesämter:** Sie erfassen für eine Vielzahl von Produktgruppen sowohl die Menge als auch den Wert der gefertigten Produkte. In Kombination mit der Außenhandelsstatistik können daraus Daten für den gesamten inländischen Verbrauch abgeleitet werden. Obwohl vergleichsweise detailliert, verzeichnen diese Statistiken dennoch häufig nicht den Detailgrad, der für die Berechnungen notwendig ist, beispielsweise werden im Möbelbereich keine Holzschreibtische erfasst.

[8] Vgl. PIERRARD, R. (2003), S.164 ff.

[9] Vgl. SCHMIDT, A.; FRYDENDAL, J. (2003), S. 134ff.

2. **Staatliche Verbrauchsstatistiken:** Der Verbleib bzw. Verbrauch von Gütern und Dienstleistungen wird nur im Ausnahmefall statistisch erfasst. Von den untersuchten Produktgruppen waren Statistiken nur für die Produktgruppe Elektrizität verfügbar. Für alle anderen Produktgruppen kann der Verbrauch des öffentlichen Sektors nicht direkt aus Statistiken abgelesen werden.
3. **Marktanalysen:** Private und mitunter auch öffentliche Institutionen erstellen für viele Produkte regelmäßig detaillierte Marktanalysen, die sich oft auf Primärerhebungen bei Herstellern und Vertrieb stützen. Da die Abnehmer dieser Analysen in erster Linie die Hersteller der Produkte sind, wird hierbei großes Augenmerk auf die Zukunftsprojektion gelegt. Die öffentliche Hand als Abnehmer wird in keiner der untersuchten Marktanalysen separat ausgewiesen.
4. **Input-Output (I/O) Tabellen:** Deutschland veröffentlicht regelmäßig Input-Output-Tabellen für 58 Wirtschaftsektoren. Darunter findet sich auch der öffentliche Sektor. PIERRARD (2003) zitiert eine Untersuchung[10], die zu dem Schluss kommt, dass I/O-Tabellen lediglich für Lebensmittel eine vertretbare Näherung an den wirklichen Verbrauch der öffentlichen Hand annehmen lassen. Alle anderen Produkte seien in so vielen weiteren Kategorien enthalten, dass die Werte nicht aussagekräftig seien.
5. **Primärerhebungen:** Wenn aus keiner anderen Quelle Daten verfügbar sind, bleibt der Weg, selbst Primärerhebungen bei den Herstellern vorzunehmen. Dies ist vor allem dann sinnvoll, wenn nur eine kleine Anzahl Hersteller im Markt agiert und sich der Erhebungsaufwand damit in Grenzen hält.
6. **Weitere Statistiken und Studien:** Mitunter kann der Verbrauch des öffentlichen Sektors aus anderen staatlichen Statistiken abgeleitet werden, so etwa aus der Anzahl der Bürobeschäftigten im öffentlichen Dienst. Darüber hinaus gibt es vereinzelt Studien, die entsprechende Daten zusammengetragen haben, beispielsweise für die öffentlichen Gebäude in Deutschland.

Nach der detaillierten Auswertung der verfügbaren Daten für die genannten Produktgruppen muss festgestellt werden, dass in jedem Einzelfall die beste Quelle oder Herleitung ermittelt werden muss. Die Tabelle 10.2. gibt einen Überblick, auf welcher Basis die Zahl der funktionellen Einheiten bei den im Projekt behandelten Produktgruppen ermittelt wurde:

Auf der Basis der so ermittelten Daten besteht die eigentliche Berechnung dann in einer vergleichsweise einfachen Multiplikation der Stückzahlen öffentlicher Beschaffung mit den Umweltauswirkungen je funktionaler Einheit. Die Ergebnisse sind im folgenden Kapitel dargestellt. Schließlich muss für eine korrekte Berechnung des Umweltentlastungspotenzials ermittelt werden, welchen Anteil „grüne" Produkte am Markt der öffentlichen Beschaffung bereits haben. Da auch hier entsprechende Daten größtenteils nicht existieren, wurde im Projekt ein Standard (Durchschnittsprodukt) ermittelt, der dann als Vergleich zum grünen Produkt herangezogen wurde.

---

[10] Vgl. PIERRARD, R. (2003a), S. 167 f., PIERRARD, R. (2003b).

Tabelle 10.2. Verwendete Datengrundlagen für Ermittlung der Anzahl funktioneller Einheiten in Deutschland

Produktgruppe	Funktionelle Einheit	Datenbasis
Gebäude	Quadratmeter Fläche	Studie des Fraunhofer Institut für Systemtechnik und Innovationsforschung (ISI) (1998)
Elektrizität	Kilowattstunden	Verbrauchsstatistik der International Energy Agency (IEA)
Computer	Anzahl der Computer	Beschäftigte im öffentlichen Dienst (Eurostat), Computerausstattung pro Arbeitsplatz (Marktstudie)
Lebensmittel (Fleisch, Milch, Getreide)	1000 kg Milch, Fleisch, Getreide	Produktions-, Export- und Importstatistik, Anteil öffentlicher Hand gemäß I/O-Tabelle der Food and Agriculture Organisation (FAO)
Holzschreibtische	Quadratmeter Schreibtischoberfläche	Beschäftige im öffentlichen Dienst (Eurostat), Anteil Holzschreibtische an öffentlicher Beschaffung, Verbrauch lösemittelhaltiger Lacke
Busse	Buskilometer	Verkaufszahlen für Busse aus Verbandsstatistik, Anteil der Omnibusse und öffentlichen Hand aus Herstellerbefragung
Sanitäreinrichtungen	Anzahl der Toilettenbesuche im öffentlichen Bereich	Beschäftigte im öffentlichen Dienst, Schüler, Studenten (Eurostat), Mittelwert Toilettenbesuche pro Tag.

10.3 Umrechnung in Personenäquivalente

Zur besseren wissenschaftlichen Vergleichbarkeit wurden alle Berechnungen auf der Basis der Wirkungskategorien von Ökobilanzen gemäß ISO 14040f. durchgeführt. Dadurch werden die Wirkungen unterschiedlicher Schadstoffe, die einen vergleichbaren Effekt auf die Umwelt haben, aggregiert. Zum Beispiel gehen in die Berechnung der Wirkungskategorie Treibhauspotenzial alle Emissionen von Kohlendioxid, Methan, Lachgas, Kohlenmonoxid und Halogenkohlenwasserstoffen ein und werden je nach ihrer Treibhauswirkung pro Tonne in sogenannte CO_2-Äquivalente übertragen. Das Ergebnis wird folglich in Tonnen CO_2-Äquivalenten (t CO_2-Äq) ausgedrückt. In der Praxis konnten für die meisten Produkte für folgende Wirkungskategorien Ergebnisse ermittelt werden: Treibhauseffekt, Versauerung, Eutrophierung (Überdüngung) und bodennahes Ozon. Für andere Wirkungskategorien waren entweder keine Daten verfügbar oder es besteht kein einheitlich anerkanntes Verfahren zur Gewichtung der Stoffe innerhalb der Wirkungskategorie.

Die Ergebnisse der Berechnungen in Tonnen von Äquivalenten eines Stoffes sind zwar naturwissenschaftlich exakt, denjenigen, die nicht täglich mit entsprechenden Zahlen umgehen oder sich die Mühe machen, Vergleichswerte nachzuschlagen, sagen sie aber zunächst nichts. Um aussagekräftige Werte zu erhalten, wurden die Umweltwirkungen daher auf der Grundlage einer von SCHMIDT vorgeschlagenen Methodik in Personenäquivalente [Person equivalents (PE)]. Umgerechnet.[11] Ein solches Personenäquivalent entspricht den Emissionen einer durchschnittlichen Person in der betreffenden Umweltwirkungskategorie.[12] Die Tabelle 10.3. gibt die verwendeten Umrechnungswerte für Personenäquivalente wieder.

Tabelle 10.3. Umrechnungsfaktoren, um von Wirkungskategorien auf Personenäquivalente umzurechnen nach SCHMIDT, A. U.A. (2003).

Wirkungskategorie	Einheit pro Einwohner pro Jahr	Umrechnungseinheit	
		Global	EU-15
Treibhauseffekt	t CO_2-Aquivalente	8,2	--
Bodennahe Ozonbildung	kg C_2H_4-Äquivalente	22	25
Versauerung	kg SO_2-Äquivalente	59	74
Eutrophierung (NO_3^-)	kg NO_3-Äquivalente	95	119
Eutrophierung (PO_4^{3-})	kg PO_4^{3-} -Äquivalente	--	11,3

Aufgrund des globalen Charakters des Treibhauseffektes wurden für diese Wirkungskategorie die globalen Durchschnittszahlen als Vergleichswert herangezogen, während für alle anderen Wirkungskategorien der Wert für die EU-15 verwendet wurde. Für Eutrophierung existieren zwei relativ weit verbreitete Einheiten um die Umweltwirkungen zu vereinheitlichen, nämlich auf der Basis der Nitrat-Äquivalente oder auf der Basis der Phosphat-Äquivalente. Beide lassen sich jedoch mittels eines festen Faktors ineinander umrechnen.

10.4 Zusammenfassung der Methodik

Zusammenfassend lässt sich die entwickelte Methodik folgendermaßen beschreiben: Im *Schritt 1* müssen zunächst für das Produkt jeweils eine Standardvariante (bzw. ein Durchschnitt) und die umweltfreundliche Alternative definiert werden. Dabei werden nicht alle denkbaren Umwelteigenschaften des Produktes variiert, sondern auf der Basis von Ökobilanzen die Signifikanteste ausgewählt. *Schritt 2*

[11] Vgl. SCHMIDT, A. U.A. (2003), S.143 f.

[12] Angaben über Personenäquivalenten beziehen sich dabei für die grenzüberschreitenden Umweltwirkungen Sommersmog, Überdüngung und Versauerung auf den Verbrauch eines durchschnittlichen EU-Bürgers, während sie sich für Treibhausgase aufgrund ihres globalen Charakters auf den globalen Durchschnitt bezieht.

sieht dann die Berechnung des Umweltunterschiedes zwischen diesen Varianten vor, soweit möglich in den Umweltwirkungskategorien nach ISO 14.042. Diese gehen sowohl als physische Einheiten als auch in Form von Personenäquivalenten in die Berechnung ein. *Schritt 3* kümmert sich um die Marktseite des Produktes: Hier ist zu ermitteln, wie viele Einheiten des Produktes denn auf dem nationalen Markt verkauft werden. Hierfür sind in manchen Fällen staatliche Produktions- und Handelsstatistiken ausreichend, häufig jedoch Branchenstudien erforderlich. *Schritt 4* ergänzt diese Angaben um den Anteil der öffentlichen Hand am Gesamtverbrauch – der schwierigste Schritt, da nur im Ausnahmefall aussagekräftige Verbrauchsstatistiken existieren. *Schritt 5* stellt die eigentliche Kalkulation dar, als Multiplikation der Zahl der funktionellen Einheiten mit der Umweltentlastung pro funktionelle Einheit ist dies vergleichsweise unaufwändig. Die Schritte sind in der Abbildung 10.1. noch einmal zusammengefasst Obwohl der Ablauf der Kalkulation immer die beschriebenen fünf Schritte durchläuft, stellt sich die Arbeit an jedem Produkt sehr unterschiedlich dar. Die Ergebnisse werden im nächsten Abschnitt vorgestellt.

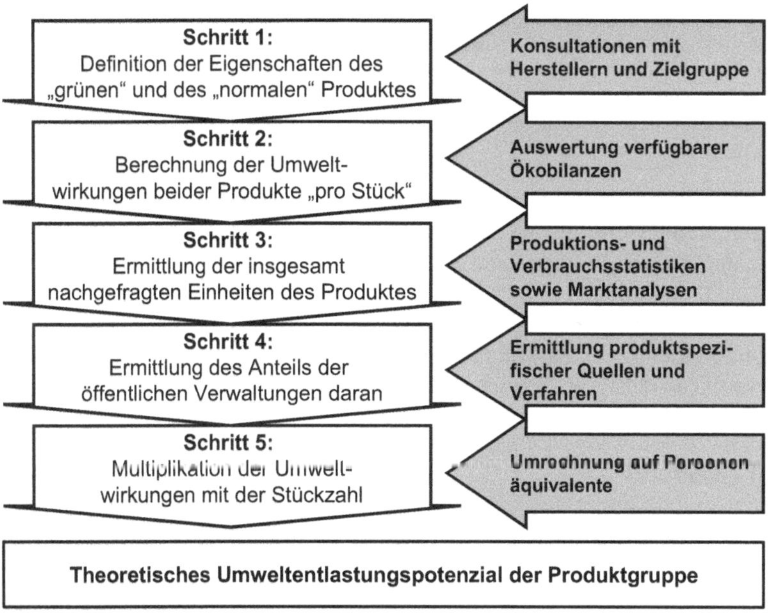

Abb. 10.1. Verfahren zur Ermittlung des Umweltentlastungspotenzials

10.5 Berechnung – Anwendung der Methode

In der Fallstudie über die Stadt Stuttgart[13] wurden die Beschaffungsvolumina für verschiedene Produkte untersucht. Die Analyse erbrachte wichtige Hinweise, bei welchen Produktgruppen die umweltfreundliche Beschaffung am meisten zur Entlastung der Umwelt beitragen könnte. Dies wurde von Berichten aus anderen Städten[14] bestätigt und war die Grundlage zur Identifikation der Produktgruppen und -spezifikationen, für die Berechnungen durchgeführt werden sollten. Diese Auswahl erfolgte auf Basis der in Tabelle 10.4. dargestellten Kriterien.

Tabelle 10.4. Kriterien bei der Auswahl der Produkte und Dienstleistungen bzw. der Spezifikation für die Berechnung und verwendeter Indikator

Kriterium für Wahl der Produktgruppe bzw. Dienstleistung und der Spezifikation	Verwendeter Indikator
Umweltrelevanz der Produktgruppe und potenzielle Umweltentlastung der Spezifikation	Qualitative Informationen aus vorhandenen Produktleitlinien (Beschaffungsleitlinien, Umweltzeichenkriterien, etc.) und Ökobilanzen
Marktrelevanz der öffentlichen Beschaffung	Finanzvolumen der Beschaffung dieses Produktes
Beeinflussbarkeit der Spezifikation durch Beschaffung	Praxis der Beschaffungsabläufe

Da jedoch vor allem der erste Indikator nur auf qualitativen Kriterien beruhte (die Berechnung erfolgte erst anschließend), war letztlich eine subjektive Entscheidung über die Produktauswahl notwendig. Diese wurde im Konsens von allen Projektbeteiligten getroffen.[15] Demnach wurden Berechnungen für die folgenden Produktgruppen vorgenommen: Gebäude, Strom, Computer, Busse, Lebensmittel und Sanitär. Die Anwendung der Berechnungsmethodik wird in detaillierter Ausführung an der Produktgruppe Gebäude demonstriert.

10.5.1 Gebäude

Das Umweltentlastungspotenzial im Gebäudebereich ist einer der wichtigsten Bereiche. Dabei spielt der Energieverbrauch in der Nutzungsphase des Gebäudes die größte Rolle – und hier vor allem der Heizenergieverbrauch, der die so genannte Kerneigenschaft des Produkts darstellt. So entspricht der Energieaufwand für die Beheizung von Gebäuden 30% des gesamten Energieverbrauchs in Deutschland.[16]

[13] Vgl. Kapitel 4.

[14] Vgl. ERDMENGER, C. (2003), S. 118.

[15] Neben den unten dargestellten Produktgruppen, waren auch einige weitere als hochrelevant identifiziert worden, aber aufgrund von methodischen Problemen nicht in die Berechnung aufgenommen worden: Reinigungsmittel und -dienstleistungen, PKW, Beleuchtungsmittel (vgl. Darstellung des Projektstandes).

[16] Vgl. NEITZEL U.A. (1994).

Ein ähnlicher Prozentsatz kann für den Anteil von Raumheizung am gesamten CO_2- und SO_2- Ausstoß in Deutschland angenommen werden.[17]

Da der Gebäudebestand in Deutschland mit einem durchschnittlichen Energieverbrauch von 220 kWh/m²a[18] einen eher schlechten Energiestandard aufweist, versprechen Verbesserungsmaßnahmen ein hohes Reduzierungspotenzial.

Zur Bestimmung des Umweltentlastungspotenzials muss zunächst eine Standardvariante bestimmt werden (Schritt 1), die in diesem Fall der durchschnittliche Energieverbrauch von öffentlichen Gebäuden ist. Der Gebäudebestand der öffentlichen Hand besteht allerdings aus einer Vielzahl von verschiedenen Gebäudekategorien, für die keine vollständigen Durchschnittswerte für den Energieverbrauch vorliegen. Jedoch kann für die Berechnung der vorhandene Wert für Verwaltungsgebäude zu Grunde gelegt werden, da dieser den größten Anteil am Gebäudebestand darstellt. Dem ISI (1998) zufolge liegt dieser in Verwaltungsgebäuden in Deutschland bei 164,4 kWh/m²a.

Dem vorhandenen durchschnittlichen Energieverbrauch muss nun ein Wert gegenübergestellt werden (Schritt 2), der das so genannte ‚grüne' Produkt darstellt. Zum einen wurde der ‚Good Practice' – Energieverbrauchskennwert aus der VDI-Richtlinie 3807[19] als Optimierungswert zugrunde gelegt, der den Durchschnittswert der 25% energieeffizientesten Gebäude darstellt. Gleichzeitig entspricht dieser Wert dem Niedrigenergiestandard und den Anforderungen der neuen Energiesparverordnung. Es wurde jedoch noch ein weiterer Optimierungswert aufgestellt, der ein sehr ambitioniertes Ziel in der Energieeinsparung setzt. Dabei handelt es sich um den sogenannten Passivhausstandard, der von einem Energieverbrauch von 15 kWh/m²a ausgeht[20].

Tabelle 10.5. Zu Grunde liegende Werte der drei Szenarien zur Berechnung des Energieverbrauchs von Heizung

Szenarien	Fläche [Mio. m²]	Endverbrauch an Heizenergie [kWh/m²a]	Gesamter Endverbrauch an Heizenergie [PJ/a]
Status quo	305	164,4	180,5
Optimierung 1: Niedrigenergie-standard	305	65	71,4
Optimierung 2: Passivhausstandard	305	16	16,5

[17] Vgl. BUCHERT, M. (1996), LOSKE, ; BLEISCHWITZ, (1996).

[18] Gemäß Angaben auf www.passivhaus-institut.de/, Stand September 2003.

[19] Verein Deutscher Ingenieure (VDI) (1994), (1998).

[20] Gemäß Angaben auf www.passivhaus-institut.de/, Stand September 2003, Angegebener Wert gilt nur für Wohnungsbau – für andere Gebäudekategorien wurde bisher kein Wert festgelegt.

Ein kritischer Punkt bei der Berechnung eines realistischen Einsparungspotenzials ist die Bestimmung der funktionalen Einheit – in diesem Fall die Gebäudefläche (Schritt 3). Eine Studie des ISI[21] bildet die Datenbasis. Da nur Energieverbrauchswerte für Verwaltungsgebäude vorlagen, wurden Schulen und Krankenhäuser bei der Berechnung der Gebäudefläche ausgeschlossen und es ergab sich daraus eine Fläche von 305 Mio. m^2 (Schritt 4). Eine Kontrollberechnung wurde durchgeführt, um die Genauigkeit der zugrunde liegenden Daten zu bestätigen. Zur endgültigen Bestimmung der Umweltbelastungen der verschiedenen Szenarien wurde die Kalkulation auf Basis von Zentralheizungssystemen durchgeführt, die laut STATISTISCHEM BUNDESAMT (2000) am häufigsten in Gebäuden angetroffen werden. Die vorgenommenen Berechnungen wurden mittels einer Ökobilanzsoftware[22] und eines Evaluierungsprogramms, welches eigens vom Öko-Institut e.V. entwickelt wurde, durchgeführt.

Wenn man nun den durchschnittlichen Energieverbrauch öffentlicher Gebäude von 164,4 kWh/m^2a dem Passivhausstandard von 15 kWh/m^2a gegenüberstellt, ergibt sich so ein direktes Energiesparpotenzial von 164 PJ/a (Schritt 5). Hieraus wurde ein Primärenergieeinsparpotenzial von 222 PJ/a auf der Basis der zurzeit verwendeten Heiztechnik für den aktuellen Kraftstoffmix[23] mit Hilfe der Ökobilanzsoftware berechnet. Dies entspricht einem theoretischen Umweltentlastungspotenzial von 15 Mio. t CO_2-Äquivalenten, oder etwa 1,9 Mio. Personenäquivalenten [Person equivalents (PE)]. Zwar wesentlich geringer, aber immer noch erheblich fallen hier die Effekte für Versauerung (360.000 PE) und für Sommersmog (45.000 PE) aus. Im einzelnen sind die Werte in Tabelle 10.6. dargestellt.

Tabelle 10.6. Umweltentlastung bei Verbesserung der Energieeffizienz von Gebäuden der öffentlichen Hand in Deutschland

Umweltwirkungen			
Treibhausgase	t CO_2-Äq/a	10.587.231	15.489.217
Versauerung	t SO_2-Äq/a	17.865	26.668
Trop. Ozon	t ETHÄq/a	773	1.142
Eutrophierung	t PO_4-Äq/a	1.002	1.475
	t NO_3-Äq/a	10.470	15.413
Abfallaufkommen	t	8.439	12.684
Personenäquivalente			
Treibhausgase	PE (global)	1.291.126	1.888.929
Versauerung	PE (Europa)	241.419	360.378
Trop. Ozon	PE (Europa)	30.920	45.680
Eutrophierung	PE (Europa)	87.987	129.521

[21] Vgl. Fraunhofer Institut für Systemtechnik und Innovationsforschung (ISI) (1998).
[22] Umberto (2002).
[23] Vgl. ISI (1998).

10.5.2 Strom

Noch größer sind die Umwelteffekte, die sich durch die umweltfreundliche Beschaffung der im Jahr 1999 etwa 38.000 GWh öffentlich verbrauchten Stroms[24] erreichen lassen. Bei der Kalkulation wurde dabei der durchschnittliche bundesdeutsche Strommix aus dem Jahr 1999[25] zur Grundlage genommen. Er wurde mit einem „grünen Strom“ verglichen, der sich gemäß den Anteilen an Windkraft, Biomasse, Wasserkraft, Geothermie und anderen weniger bedeutenden erneuerbaren Quellen an der EU-Stromerzeugung im Jahr 2000[26] zusammensetzt.

Das theoretische Umweltentlastungspotenzial beträgt hier 23,8 Mio. t CO_2-Äquivalente, das sind 2,9 Mio. PE. Die Umweltentlastung bei Versauerung beträgt lediglich 285.000 PE und bei Eutrophierung gut 100.000 PE. Dieser im Vergleich zu Zahlen für die Europäische Union[27] niedrige Wert erklärt sich wahrscheinlich aufgrund der in Deutschland hohen Standards der Kraftwerksfilter. Der Wert für Sommersmogeffekte ist aufgrund von Sondereffekten bei der heute durchschnittlichen Biomasseverbrennung mit -10.000 PE sogar leicht negativ.

Die Tabelle 10.7. zeigt die errechneten Zahlen im Überblick. Zusätzlich erhält sie die Werte, die sich unter der Annahme ergeben würden, der grüne Strom würde ausschließlich Strom aus Braunkohle ersetzen. Da sich dies jedoch in Ausschreibungen nicht spezifizieren lässt, handelt es sich dabei um einen theoretischen Fall.

Tabelle 10.7. Umweltentlastung bei Umstellung des Strombezugs der öffentlichen Hand auf grünen Strom

		Bei Umstellung von deutschem Strommix	Bei Ersatz von Strom aus Braunkohlenkraftwerken
Umweltwirkungen			
Treibhausgase	t CO_2-Äq/a	23.797.130	33.035.329
Versauerung	t SO_2-Äq/a	21.106	524.850
Trop. Ozon	t ETHÄq/a	-259	-1.063
Eutrophierung	t NO_3-Äq/a	20.235	25.764
Abfallaufkommen	t	2.152.436	2.135.974
Personenäquivalente			
Treibhausgase	PE (global)	2.902.089	4.028.699
Versauerung	PE (Europa)	285.217	20.993.998
Trop. Ozon	PE (Europa)	-10.359	-14.369
Eutrophierung	PE (Europa)	170.046	216.506

[24] Vgl. VDEW (2002).
[25] Vgl. GEMIS (2002).
[26] Vgl. EUROSTAT (2002).
[27] Vgl. PIERRARD (2003b).

10.5.3 Computer

Geringer, aber dennoch erheblich sind die Umweltentlastungseffekte auch im IT-Bereich. Selbst wenn nur die etwa 520.000 PCs und Monitore betrachtet werden, die im Bereich der öffentlichen Hand Jahr für Jahr gekauft werden, ergibt sich hier ein Energiesparpotenzial von 944 GWh pro Jahr. Verglichen wurde dabei der Effekt, wenn statt der heute „normalen" Computer mit EnergyStar Energiesparfunktion solche gekauft werden, deren Zentraleinheit höchstens 27 W Stromaufnahme im Aktivmodus haben und deren TFT-Monitor weniger als 35 W verbraucht.[28] Dies entspricht im bundesdeutschen Strommix von 1999[29] Umweltentlastungseffekten von über 150.000 t CO_2-Äquivalenten und 805 t SO_2-Äquivalenten. Dies entspricht 18.000 PE bei Treibhausgasen und 10.000 PE bei der Versauerung (vgl. Tabelle 10.8.).

Tabelle 10.8. Umweltentlastung bei Minderung der Leistungsaufnahme von Computern auf durchschnittlich 27 W (Zentraleinheit) und 35W (Monitor)

		Öffentliche Hand	Gesamter bundesdeutscher Computerabsatz
Umweltwirkungen			
Treibhausgase	t CO_2-Äq/a	-153.395	-2.533.462
Versauerung	t SO_2-Äq/a	-15	-241
Trop. Ozon	t ETHÄq/a	-805	-13.297
Eutrophierung	t NO_3-Äq/a	-474	-7.836
Abfallaufkommen	t	-15.604	-257.721
Personenäquivalente			
Treibhausgase	PE (global)	-18.707	-308.959
Versauerung	PE (Europa)	-584	-9.650
Trop. Ozon	PE (Europa)	-10.880	-179.689
Eutrophierung	PE (Europa)	-3.987	-65.847

10.5.4 Busse

Eine ähnliche Größenordnung ließe sich auch durch die frühzeitige Durchsetzung des EURO-IV-Standards bei Bussen erreichen. In Deutschland werden pro Jahr etwa 6.200 Omnibusse und Überlandbusse verkauft.[30] Dies entspricht bei einer angenommenen Betriebsstrecke von 1 Mio. Buskilometern etwa 6,2 Mrd. Buskilo-

[28] Vgl. SCHMIDT, A. U.A. (2003), 153ff.
[29] Vgl. GEMIS (2002).
[30] Vgl. ASSOCIATION DES CONSTRUCTEURS EUROPEENS D'AUTOMOBILES (ACEA) (2002).

metern. Einer Herstellerbefragung folgend[31] sind davon etwa 25% Omnibusse im öffentlichen Verkehr eingesetzt.

Für die Berechnung wurde angenommen, dass der durchschnittliche Stadtbus heute EURO-II-Standards erfüllt. Würden direkt EURO-IV-Busse beschafft, lägen die Hauptumwelteffekte im Bereich der eutrophierenden Luftschadstoffe, bei denen sich 32.000 t NO_x-Äq. also 270.000 PE sparen lassen.

Die Tabelle 10.9. fasst die errechneten Werte zusammen. Sie enthält zudem Berechnungen zur Humantoxizität auf der Basis von Werten, die SCHMIDT u.a. (2003)[32] veröffentlicht hat. Zudem wurden die Zahlen ergänzt, die sich bei Umstellung von EURO III auf EURO IV-Bussen ergäben. Obwohl der durchschnittliche deutsche Stadtbus kaum dem EURO III-Standard entspricht, sind diese Zahlen deshalb von Interesse, da seit 2002 neue Busse diesem Standard entsprechen müssen.

Tabelle 10.9. Umweltentlastung bei Anwendung von EURO IV-Standards auf Stadtbusse des ÖPNV in Deutschland

		Umstellung EURO II auf EURO IV	Umstellung EURO III auf EURO IV
Umweltwirkungen			
Treibhausgase	t CO_2-Äq/a	223.393	103.091
Versauerung	t SO_2-Äq/a	-16.955	-8.867
Trop. Ozon	t ETHÄq/a	-3.370	-2.790
Eutrophierung	t NO_3-Äq/a	-32.298	-16.691
Humantoxizität	km^3/t	-322.325	-180.540
Personenäquivalente			
Treibhausgase	PE (global)	27.243	12.572
Versauerung	PE (Europa)	-229.123	-119.827
Trop. Ozon	PE (Europa)	-134.807	-111.588
Eutrophierung	PE (Europa)	-271.411	-140.264
Humantoxizität	PE (Europa)	105.335	-59.000

10.5.5 Lebensmittel

Für Lebensmittel stehen detaillierte Produktions-, Handels- und Verbrauchsdaten zur Verfügung.[33] Schwieriger ist die Ermittlung des Anteils der öffentlichen Hand. Nach der deutschen I/O-Tabelle, mit der im Projekt gearbeitet wurde, ergibt sich ein Anteil von 2,6% für alle Lebensmittel und Getränke.[34] Würde die Beschaffung von Fleisch, Getreideprodukten und Milch auf ökologischen Landbau umgestellt,

[31] Vgl. PIERRARD, R. (2003), S 179ff.
[32] Vgl. SCHMIDT, A. U.A. (2003), 153ff.
[33] Vgl. FOOD AND AGRICULTURE ORGANISATION (FAO) (2002).
[34] Vgl. HORBACH, J. (2002).

würde sich so eine Umweltentlastung von 54.000 PE bei Treibhausgasen und 58.000 PE bei Versauerung ergeben. Der größte Effekt würde sich hingegen bei der Überdüngung ergeben, die um 340.000 Personenäquivalente reduziert würde. Die Tabelle 10.10. gibt den kompletten Überblick über die errechneten Umweltentlastungen.

Tabelle 10.10. Theoretische Umweltentlastungen bei Umstellung der öffentlichen Beschaffung in Deutschland auf biologisch-organische Lebensmittel

		Weizen-produktion	Geflügel	Rind	Schwein	Milch
Umweltwirkungen						
Treibhausgase	t CO_2-Äq/a	129.397	16.785	73.580	100.833	121.975
Versauerung	t SO_2-Äq/a	863	116	942	593	1.830
Trop. Ozon	t ETHÄq/a	56	15	32	94	49
Eutrophierung	t PO_4-Äq/a	1.035	150	709	902	1.098
Personenäquivalente						
Treibhausgase	PE (global)	15.780	2.047	8.973	12.297	14.875
Versauerung	PE (Europa)	11.657	1.564	12.727	8.015	24.725
Trop. Ozon	PE (Europa)	2.243	614	1.295	3.749	1.952
Eutrophierung	PE (Europa)	91.576	13.313	62.749	79.756	97.114

Die Abbildung 10.2. illustriert die Zusammensetzung dieser Werte und zeigt, dass im Bereich Lebensmittel bei der Eutrophierung die größte Entlastung erwartet werden kann. Im Einzelnen stellt die Abbildung die Personenäquivalente in vier verschiedenen Wirkungskategorien dar. Dabei wird nach fünf Lebensmitteln unterschieden.[35]

10.5.6 Sanitär

Ein augenfälliger Bereich mit großem Einsparpotenzial im öffentlichen Sektor ist der Bereich Sanitär. Durch Wasserspartechnik können hier leicht 50% oder mehr des Wasserverbrauchs vermieden werden. Die Berechnung des konkreten Umweltentlastungspotenzials weist allerdings zwei Besonderheiten auf. Zum einen existieren nach Kenntnis der Autoren keine Ökobilanzen zu Wasserspartechnologien. Dies kann darauf zurückzuführen sein, dass allgemein angenommen wird, die Armaturen hätten an sich eine geringe Umweltauswirkung und in erster Linie fiele der Wasserverbrauch in der Gebrauchsphase ins Gewicht. Aufgrund dieser Einschätzung wurde die vorliegende Kalkulation allein auf diesen Aspekt des Lebenszyklus beschränkt. Darüber hinaus wurde angenommen, dass neben dem Verbrauch erneuerbarer Rohstoffe (hier: Wasser) die Umweltwirkungen in den anderen Umweltwirkungskategorien zu vernachlässigen sind.

[35] Die Personenäquivalente dürfen nicht aufaddiert werden, da sie gänzlich verschiedene Wirkungskategorien repräsentieren.

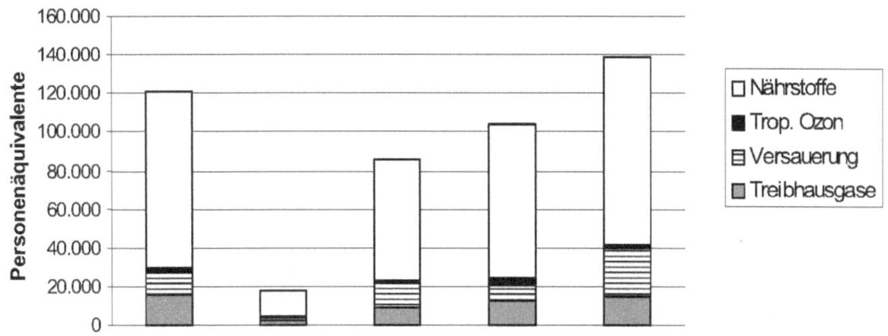

Abb. 10.2. Umweltentlastung durch Umstellung deutscher öffentlicher Beschaffung auf biologisch-organischen Landbau.

Zum anderen lässt sich dieser Wasserverbrauch schwerlich aus den Verkaufszahlen von Sanitäreinrichtungen ableiten, da Zahlen über die durchschnittliche Nutzungsfrequenz von Sanitäreinrichtungen nicht vorliegen und nicht abzuschätzen sind. Hingegen lässt sich der Verbrauch wesentlich schlüssiger und verlässlicher aus der Zahl der die Anlagen benutzenden Personen ableiten. Ein Beispiel: Ob eine Schule mit tausend Schülern 50 oder 100 Toiletten aufweist dürfte den Verbrauch weniger beeinflussen, als die Zahl der Schüler und ihre Verweildauer in der Schule. Folglich besteht die funktionelle Einheit für die vorliegenden Berechnungen nicht in gekauftem Gegenstand oder Leistung, sondern in der Zahl an Nutzungen dieser Anlage pro Jahr.

Für wassersparende Toilettenspülungen und Wasserhähne wurde ein Sparpotenzial von rund 48 Mio. m^3 Wasser errechnet. Diese ergeben sich, wenn durchschnittliche Nutzungshäufigkeiten für die 2,2 Mio. Kindergartenkinder, 12,4 Mio. Schüler, 2 Mio. Studenten und 4,8 Mio. öffentlich Bediensteten in Deutschland[36] angenommen werden, wie sie die Stadt Hamburg ermittelt hat.[37] Wird die Methodik der Personenäquivalente analog auf diesen Umwelteffekt angewandt, entspricht die Ziffer knapp 800.000 mal dem durchschnittlichen Haushaltswasserverbrauch. Allerdings ist zu beachten, dass ein Teil dieses Potenzials sicher bereits ausgeschöpft ist – und zudem in den meisten Gegenden Deutschlands keine Trinkwasserknappheit herrscht. Immerhin betragen die gesparten Wasserkosten bei dem 1999 durchschnittlichen Wasserpreis fast 90 Mio. €. Die Tabelle 10.11. fasst die Ergebnisse zusammen.

[36] Vgl. EUROSTAT (2002b).
[37] Vgl. HAMBURG (2001).

Tabelle 10.11. Theoretische Umweltentlastungen bei der flächendeckenden Installation von wassersparenden Sanitäreinrichtungen in öffentlichen Gebäuden Deutschlands

	Eingesparte m^3 pro Jahr	Personenäquivalente	Eingesparte Kosten in €
Toilettenspülung	37.432.763	604.387	67.391.131
Wasserhahn	10.721.022	173.101	19.301.321
Gesamt	48.153.784	777.488	86.692.452

Es muss betont werden, dass in die dargestellten Zahlen zwei Aspekte nicht eingegangen sind, die zu ihrer Einschätzung wichtig sind. Erstens konnte nicht abgeschätzt werden, welcher Anteil deutscher Verwaltungen bereits über wassersparende Toiletteneinrichtungen verfügt. Eine mündliche Umfrage unter deutschen Kommunen ergab, dass sie dies bei Renovierungen und Gebäudeneubauten als Standard erachten. Ein Teil des Potenzials dürfte daher bereits genutzt sein. (Andererseits enthält die obige Berechnung nicht die Sparpotenziale bei Urinalen und Duschen). Zweitens – und dies ist für die umweltpolitische Einschätzung nach Meinung der Autoren wichtiger – kann in vielen Gegenden Deutschlands hinterfragt werden, ob Wassersparen ökologisch zu begründen ist. Dort, wo ausreichend Trinkwasserquellen verfügbar sind, und somit nicht z. B eine Absenkung des Grundwasserspiegels zu erwarten ist, dürfte der Schutz der Grundwasserqualität eine höhere Bedeutung haben. In diesen Fällen mag als Begründung für Wasserspareinrichtungen nur die ökonomische Argumentation verbleiben, dass gleichzeitig auch Geld gespart wird.

10.6 Zusammenfassung

Zusammenfassend lässt sich feststellen, dass bei den Produktgruppen Strom und Gebäude die höchsten Umweltentlastungen möglich sind, und zwar in der Wirkungskategorie Treibhausgase. Zudem sind hohe Entlastungen bei der Beschaffung von Lebensmitteln, vor allem in der Wirkungskategorie Eutrophierung möglich. Die vergleichsweise geringeren Entlastungen in anderen Produktgruppen sind für sich genommen jedoch auch eindrucksvoll.

Zusammenfassend ist festzustellen, dass das Umweltentlastungspotenzial eine Größenordnung erreicht, die den Vergleich mit anderen umweltpolitischen Instrumenten nicht zu scheuen braucht.[38]

[38] Beispielsweise hebt die Klimaschutzstrategie der Bundesregierung die Öko-Steuer, das Erneuerbare Energiengesetz und die Gebäudesanierung hervor. Vgl. BMU (2000).

Literatur

BUNDESMINISTERIUM FÜR UMWELT, NATURSCHUTZ UND REAKTORSICHERHEIT (BMU) (2000), Nationales Klimaschutzprogramm, Beschluss der Bundesregierung vom 18. Oktober 2000 (Fünfter Bericht der Interministeriellen Arbeitsgruppe „CO2-Reduktion“), Berlin 2000.

BUCHERT, M. (1996): Stoffstromanalyse des Baubereichs. In: EBERLE, U.; GRIESSHAMMER, R. (1996): Ökobilanzen und Produktlinienanalyse. Freiburg 1996, S. 44-56.

BUNDESMINISTERIUM FÜR UMWELT, NATURSCHUTZ UND REAKTORSICHERHEIT (BMU) (2000), Nationales Klimaschutzprogramm, Beschluss der Bundesregierung vom 18. Oktober 2000 (Fünfter Bericht der Interministeriellen Arbeitsgruppe „CO2-Reduktion“), Berlin 2000.

COMMISSION OF THE EUROPEAN COMMUNITIES (CEC) (2000): Economic Reform: Report on the functioning of Community product and capital markets, COM (2000) 881 final, Report From The Commission, Brussels, 27.12.2000.

CEDERBERG, C.; MATTSON, B. (2000): 'Life Cycle Assessment of Milk Production: A Comparison of Conventional and Organic Farming ', Journal of Cleaner Production: S. 49-60.

COUNCIL OF THE EUROPEAN UNION (2002): Integrating environmental protection and sustainable development into internal market aspects of competitiveness policy – Report on the follow-up to the European Council in Göteborg and to the summit in Johannesburg, 13978/02 MI 239 ENV 645, Brussels, 8 November 2002.

EBERLE, U.; GRIESSHAMMER, R. (1996): Ökobilanzen und Produktlinienanalyse. Freiburg 1996, S. 44–56.

EITO (European Information Technology Observatory)(2001): Yearbook for the Information and Communications Technology (ICT) Industry in Europe (Frankfurt am Main: (EITO)–EEIG [European Economic Interest Grouping]). 2001.

ERDMENGER, C. (2003): The financial power and environmental benefits of green purchasing, in: ERDMENGER, C. (Hrsg.) (2003): Buying into the environment. Experiences, Opportunities and Potentials for Eco-Procurement in Europe. Sheffield 2003, p. 116–133.

ERDMENGER, C. (Hrsg.) (2003): Buying into the environment. Experiences, Opportunities and Potentials for Eco-Procurement in Europe. Sheffield 2003.

ERDMENGER, C. (2003): Linux oder Microsoft? Beschaffung von Betriebssystemen – Softwareentscheidungen mit Umwelteffekt, ICLEI, Freiburg 2003.

EUROBAROMETER 41.0 (1994): Daten freundlicher Weise zur Verfügung gestellt von Meinhard Moschner, Zentralarchiv für Empirische Sozialforschung an der Universität zu Köln, Februar 2002.

ASSOCIATION DES CONSTRUCTEURS EURPÉENS D'AUTOMOBILES (ACEA) (2002): Data on newly registered buses and trucks in Europe by producer and by country, kindly provided by Nuria Comelles, April 2002.

EUROSTAT (2002a): NewCronos Database, theme 8, domain sirene, group es_10, table es_105a, product 6000, Extraction by Eurostat Data Shop Bruxelles on Aug 01 2002.

EUROSTAT (2002b): NewCronos Database, Extraction from web site www.datashop.org/en/bases/newcronos.html, accessed on April 09, 2002.

FOOD AND AGRICULTURE ORGANISATION (FAO) (2002): Food Balance Sheets, www.fao.org, May–July 2002.

FRAUNHOFER INSTITUT FÜR SYSTEMTECHNIK UND INNOVATIONSFORSCHUNG (ISI) (1998): Energieverbrauch und Energieeinsparung in Handel, Gewerbe und Dienstleistung, Schlussbericht ‚Strukturierung des Energieverbrauchs im Sektor Kleinverbraucher als Grundlage für die Aktivierung von Energieeinsparpotenzialen' für die Deutsche Bundesstiftung Umwelt. Karlsruhe. 1998.

GEMIS (2002): 'Global Emission Model for Integrated Systems': GEMIS 4.0', www.oeko.de/service/gemis.

HAMBURG (2001): Wasserpraxis – ein praktischer Leitfaden zum Wassersparen, Freie und Hansestadt Hamburg Umweltbehörde 2001.

HORBACH, J. (2002): 'Auswertung von Input – Output-Statistiken in Bezug auf den öffentlichen Sektor für verschiedene Produktgruppen', unveröffentlicht, zitiert nach: PIERRARD (2003).

INTERNATIONAL ENERGY AGENCY (IEA) (2001): 'Data Services, Electricity Information 2001: Consumption/Trade (Electricity and Heat Supply and Consumption)', data.iea.org/ieastore, February –April 2002.

INTERNATIONAL ORGANISATION FOR STANDARDISATION (ISO) (1998): ISO 14041: Environmental Management. Life Cycle Assessment: Goal and Scope definition and Inventory Analysis (E). Geneva 1998.

INTERNATIONAL ORGANISATION FOR STANDARDISATION (ISO) (1997): ISO 14040: Environmental Management. Life Cycle Assessment: Principles and Framework (E). Geneva 1997.

INTERNATIONAL ORGANISATION FOR STANDARDISATION (ISO) (2000): ISO 14042: Environmental Management. Life Cycle Assessment: Life Cycle Impact Assessment (E). Geneva 2000.

JUNGBLUTH, N. (2000): Umweltfolgen des Nahrungsmittelkonsums: Beurteilung von Produktmerkmalen auf der Grundlage einer modularen Ökobilanz (Dissertation ETH, 13499; Zürich: Umweltnatur- und Umweltsozialwissenschaften). Zürich 2000.

JUNGBLUTH, N., O. THIETJE, R. SCHOLZ (2000): 'Food Purchases: Impacts from the Consumers' Point of View Investigated with a Modular LCA ', International Journal of LCA 5.3: 134–142.

NEITZEL, H.; LANDMANN, U.; u.a. (1994): Das Umweltverhalten der Verbraucher – Daten und Tendenzen, Berlin, Umweltbundesamt 1994 NEITZEL, H.; LANDMANN, U.; u.a. (1994): Das Umweltverhalten der Verbraucher – Daten und Tendenzen, Berlin, Umweltbundesamt 1994.

PIERRARD, R. (2003a): Results of the European Calculation, in: ERDMENGER, C. (Hrsg.) (2003): Buying into the environment. Experiences, Opportunities and Potentials for Eco-Procurement in Europe. Sheffield 2003.

PIERRAND, R. (2003b): Relief Potentials for Green Products, Endbericht des 9. Arbeitspakets im Rahmen des EU-Forschungsprojekt RELIEF, Wien 2003.

QUACK, D. (2002): Environmental calculation for space heating – Calculation for Germany, unpublished project working paper, Öko-Institut e.V. 2002.

SCHMIDT A.; FRYDENDAL, J. (2003): Methods for calculating the environment benefits of „green" products, in: Buying into the environment, ERDMENGER, C. (Hrsg). Greenleaf publishing, Sheffield 2003.

SCHMIDT, A., (2001): Calculation of the RELIEF potential for person transport, ICLEI, unpublished project working paper, (www.dk-teknik.dk/cms/site.asp?p=502, accessed on 2.6.03), 2001.

THOMAS, S.; NANNING, S.; IRREK, W.; KIRCHNER, L. (2002): Public Procurement of Energy Saving Technologies in Europe (PROST), Report on the Country Study for Germany: Task 2a – Current Public Sector Purchasing, Building, and Replacement Practices, Stefan Thomas, 5 February 2002, unpublished.

UMBERTO 4.0 (2002): Modulbibliothek zur Ökobilanzsoftware Umberto, V4.0, Stand 2002.

VERBAND DER ELEKTRIZITÄTSWIRTSCHAFT E.V. (VDEW) (2002): Stromverbrauch nach Kundengruppen, Verband der Elektrizitätswirtschaft (VDEW), www.hea.de/40000_statistik/40302_content.htm, Zugriff am 16.4.03.
VEREIN DEUTSCHER INGENIEURE (VDI) (1994) (1998): Richtlinie 3807, Blatt 1: Energieverbrauchskennwerte für Gebäude; Grundlagen (1994), Blatt 2: Energieverbrauchskennwerte für Gebäude – Heizenergie- und Stromverbrauchskennwerte (1998).

11 Selbstevaluation der Hemmnisse zur Strategiefindung

Edeltraud Günther, Lilly Scheibe

11.1 Die Entwicklung des Selbstevaluations-Tools

Nachdem in Kapitel 8 die Methodik der Hemmnisanalyse vorgestellt wurde, soll im Folgenden deren praktische Entwicklung von ihrer ersten Anwendung bis zum Selbstevaluations-Tool nachgezeichnet werden. Das Kapitel befasst sich mit den Entwicklungsstufen der Hemmnisanalyse und verknüpft dabei die bisher erreichten Anwendungen und Weiterentwicklungen mit der vorgestellten Methodik. Das Kapitel gliedert sich in drei Teile:

1. die Entwicklung der Methode innerhalb des FORSCHUNGSPROJEKTES RELIEF (Entwicklung des Hemmniskatalogs und des ersten Fragebogens, sowie Durchführen der Analyse in den teilnehmenden Kommune)
2. die Fallstudie in NABESI (Weiterentwicklung der Methode durch die fallstudienhafte Anwendung in einer deutschen Stadt)
3. weitere Entwicklungen (Anwendung der Methode in Kooperationen, sowie Entwicklung der Selbstevaluation)

11.1.1 Die Hemmnisanalyse im FORSCHUNGSPROJEKT RELIEF

Die Entwicklung der Methode (theoretisch) in RELIEF

Auf der Grundlage theoretischer Analysen[1] im Zusammenhang mit Hemmnissen als *Störgrößen* und unter der Annahme, dass solche *Störgrößen* in jedem Element

---

[1] Diese Analysen beinhalten sowohl Untersuchungen existierender Studien zum Thema Beschaffung, vgl. GETZINGER, G. U.A. (1990); GETZINGER, G. U.A. (1991); SCHAFFER, M.; WOLLMANN, H.(1989); WALDMANN, A.; SEIFRIED, D. (2000); ZIMMERMANN, M.; WELTE, C. (1992a); ZIMMERMANN, M.; WELTE, C. (1992b), als auch Untersuchungen zu Entscheidungstheorien, die Einarbeitung der Promotorentheorie, vgl. HAUSCHILDT, J.; GEMÜNDEN, H. G. (1999) sowie der Theorie der Machtbasen, vgl. FRENCH, J. P. R. JR.; RAVEN, B. H. (1959).

des Entscheidungsprozesses entstehen sowie durch jeden Akteur innerhalb dieses Prozesses verursacht werden können, wurde im FORSCHUNGSPROJEKT RELIEF ein erster Hemmniskatalog entwickelt. Dieser erste Hemmniskatalog enthielt die folgenden Aussagen:

- Bemühungen umweltfreundliche Beschaffung einzuführen, sind nicht sinnvoll.
- Die Beschaffung von umweltfreundlichen Produkten und Dienstleistungen ist nicht Ziel der Organisation.
- In der Organisation haben verschiedene Verwaltungsebenen unterschiedliche Sichtweisen in Bezug auf umweltfreundliche Beschaffung.
- Mitarbeiter sind nicht hinreichend über die Ziele umweltfreundlicher Beschaffung informiert.
- Die Mitarbeiter sind über die Möglichkeiten umweltfreundlicher Beschaffung nicht ausreichend informiert.
- In der Organisation fehlen ausreichend Möglichkeiten für umweltfreundliche Beschaffung.
- Bestehende Beschaffungsrichtlinien unterstützen umweltfreundliche Beschaffung nicht.
- Vorhandene Möglichkeiten zur umweltfreundlichen Beschaffung werden nicht ausgeschöpft.
- Es gibt Unsicherheiten bezüglich der rechtlichen Bestimmungen zur umweltfreundlichen Beschaffung.
- Die rechtlichen Bestimmungen zur Durchführung umweltfreundlicher Beschaffung sind sehr komplex.
- Die momentane Gesetzeslage verhindert umweltfreundliche Beschaffung.
- Die Mitarbeiter sind über die Umweltrelevanz beschaffter Produkte und Dienstleistungen nicht ausreichend informiert.
- Die Mitarbeiter sind über umweltfreundliche Produkt- und Dienstleistungsalternativen nicht ausreichend informiert.
- Es ist schwierig, umweltfreundliche Produkte und Dienstleistungen auf dem Beschaffungsmarkt zu identifizieren.
- Im Beschaffungsmarkt gibt es kein ausreichendes Angebot an umweltfreundlichen Produkt- und Dienstleistungsalternativen.
- Umweltfreundliche Produkte und Dienstleistungen sind zu teuer.
- Umweltfreundliche Produkte haben gegenüber herkömmlichen Produkten eine eingeschränkte Funktionalität.
- Viele Nutzer haben Vorurteile gegenüber umweltfreundlichen Produkten und Dienstleistungsalternativen.
- Umweltfreundliche Beschaffung wird durch Verwaltungsprozesse behindert (z. B. durch dezentrale Zuständigkeiten).
- Die umweltfreundliche Beschaffung bedeutet zusätzliche Arbeit.
- Folgekosten (z. B. für Energie oder die Entsorgung) werden bei Beschaffungsentscheidungen nicht berücksichtigt.

- Eine geringe Nachfrage nach umweltfreundlichen Produkt- und Dienstleistungsalternativen durch die Nutzer innerhalb der Verwaltungsbehörden verlangsamt/verhindert eine stärkere Ökologieorientierung bei der Beschaffung.

Die Ergebnisse wurden als Entwicklungsbasis für den ersten Fragebogen[2] zur Hemmnisanalyse herangezogen. Dieser wurde im Verlauf mit den am Projekt teilnehmenden Städten getestet und im Anschluss daran ausgehend von den gewonnenen Erfahrungen und Ergebnissen modifiziert. Nachdem im zweiten Schritt Interviews in den jeweiligen Kommunen durchgeführt wurden, waren erste Schlüsse auf wahrgenommene Hemmnisse möglich und eine erste Hemmnismatrix (vgl. Abb. 11.1.) konnte ausgefüllt sowie das Konzept (der Hemmniskatalog) dahinter verfeinert werden.

	Markt	**Staat**	**Politiker / Leiter**	**Nahtstelle Politiker / Leiter und Spezialisten**	**Beschaffungsbereich**	**Umweltbereich**	**Finanzbereich**	**Nutzer**	**Informationsfluss**
Individualziele			• Bemühungen nicht sinnvoll		• Bemühungen nicht sinnvoll	• Bemühungen nicht sinnvoll	• Bemühungen nicht sinnvoll	• Bemühungen nicht sinnvoll • Vorurteil	
Ziel der Kommune			• Fehlendes Ziel	• Unterschiedliche Sichtweisen	• Fehlende Unterstützung durch Richtlinien				• Information über Ziel • Information über Möglichkeiten
Optionen	• Identifikation der Produkte • Verfügbarkeit der Produkte			• Fehlende Möglichkeiten					• Information über Alternativen • Identifizierung
Entscheidungskriterien	• Preis der Produkte • Funktionalität der Produkte				• Zusätzliche Arbeit		• Preis der Produkte • Rechenmethode	• Funktionalität der Produkte	• Information über Relevanz
Szenarien	• Nachfragevolumen	• Unsicherheit der Rechtslage • Komplexität • Behinderung						• Nachfragevolumen	• Unsicherheit der Rechtslage
Entscheidung				• Verwaltungsprozess	• Möglichkeiten nicht genutzt	• Möglichkeiten nicht genutzt	• Möglichkeiten nicht genutzt	• Möglichkeiten nicht genutzt	

Abb. 11.1. Hemmnismatrix Prototyp I

Erste Ergebnisse der Hemmnisanalyse (Fallstudie in RELIEF)

Im Folgenden sollen die Ergebnisse einer am FORSCHUNGSPROJEKT RELIEF teilnehmenden Stadt dargestellt werden, um die Anwendung der Methodik, sowie erste Interpretationsmöglichkeiten zu demonstrieren. Hierbei wird zuerst der Status Quo der Kommune, quasi der aktuelle Stand umweltfreundlicher Beschaffung, aufgezeigt. Im zweiten Schritt werden die Auswertungen der Fragebögen vorgestellt und interpretiert, um abschließend die Ergebnisse der Interviews zu umreißen.

---

[2] Der Fragebogen findet sich im Anhang von Kapitel 8.

Diese Fallstudie sowie auch die sich anschließende Fallstudie aus dem FORSCHUNGSPROJEKT NABESI folgen den in Kapitel 8 erläuterten theoretischen Grundlagen. Der inhaltliche Aufbau entspricht somit der Methodik, allerdings gefüllt mit den entsprechenden Befragungsinhalten beider Kommunen. Identische Strukturen und Textbestandteile weisen dabei einerseits auf die wiederholte Anwendung der Analysemethodik und andererseits auf identische Hemmnisse bei den Kommunen und daraus resultierende gleichen Schlussfolgerungen hin.[3]

Ausgangssituation. Bereits in den 90er Jahren des vergangenen Jahrhunderts entstanden Bemühungen zu umweltfreundlicher Beschaffung innerhalb der untersuchten Kommune. Als Ziel wurde die Integration von Umweltaspekten in alle Ausschreibungen bis zum Jahr 2002 gesetzt. Da dieser Prozess bereits zu Beginn des Projektes initiiert war, stellt sich unparteiischen Beobachtern eventuell die Frage, warum die Kommune innerhalb des FORSCHUNGSPROJEKTES RELIEF intensive Bemühungen in Richtung noch größerer umweltfreundlicher Beschaffung startete. Akteure innerhalb des Beschaffungsprozesses, zu diesem Thema befragt, haben folgende drei Hauptgründe für dieses Engagement angegeben:

- Die rechtliche Situation, insbesondere auf der EU-Ebene, ist nach wie vor unsicher, komplex und zum Teil einschränkend. Daraus resultierten Fragen, wie: *Ist es erlaubt, Umweltstandards von Unternehmen als Kriterium zu verwenden?*, *Ist es möglich, Auswirkungen von Transporten in die Betrachtung einzubeziehen?*, *In welchem Ausmaß können Öko-Labels in Ausschreibungen Eingang finden?*. Die befragten Akteure kamen zu der Erkenntnis, dass ein größerer Einblick in rechtliche Rahmenbedingungen notwendig ist.
- Zu Beginn der Implementierung umweltfreundlicher Beschaffung waren fehlendes Wissen sowie fehlende Informationen über Kriterien zur Auswahl von Produkten und Dienstleistungen das entscheidende Hemmnis. Zum jetzigen Zeitpunkt ist dieses Hemmnis bereits überwunden. Es wurde jedoch durch die Unsicherheit bezüglich des *Wie* die Ergebnisse im Bereich umweltfreundlicher Beschaffung zu messen und zu bewerten sind, ersetzt.
- Viele Politiker fragen *Ist umweltfreundliche Beschaffung mit höheren Kosten verbunden?*. Bisher existiert keine umfassende Antwort.

Auf der einen Seite ist die betrachtete Kommune somit bereits weiter als viele andere Kommunen, aber auf der anderen Seite sind, wie die genannten Punkte zeigen, noch weitere Schritte und Entwicklungen notwendig sowie Fragen zu beantworten.

Um die im Folgenden beschriebenen Ergebnisse mittels der Hemmnisanalyse zu erhalten, wurden ein Politiker sowie drei Angestellte der Kommune befragt.[4]

[3] Dies dient der Verallgemeinerung der Anwendung der Methodik und soll bei weiteren Anwendungen den Wiedererkennungseffekt steigern.

[4] Die Verfasser sind sich der geringen Zahl der Befragten und der daraus resultierenden Nicht-Repräsentativität der Ergebnisse bewusst. Allerdings ist es bei kleineren Kommunen durchaus der Regelfall, dass nur wenige Akteure in Beschaffungsentscheidungen einbezogen werden. Durch eine größer angelegte Befragung innerhalb der Kommune können diese Ergebnisse bei Interesse jederzeit kontrolliert und abgesichert werden.

Auswertung des Fragebogens. Die Ergebnisse mit den in Kapitel 8 vorgeschlagenen Bewertungsverfahren ergaben für die ausgewählte Kommune das in den Abbildungen 11.2. bis 11.4. dargestellte Bild.

In Kapitel 8 wurde die für die Bewertung der Hemmnisse herangezogene Fragensystematik vorgestellt, die die folgenden Fragen enthielt:

- Welche Hemmnisse konnten bereits überwunden werden?
- Waren die Antworten aller Beteiligten relativ homogen?
- Handelt es sich um ein reales Hemmnis oder wird es nur als solches vom Akteur?
- Kann das identifizierte Hemmnis durch die Kommune überwunden werden?

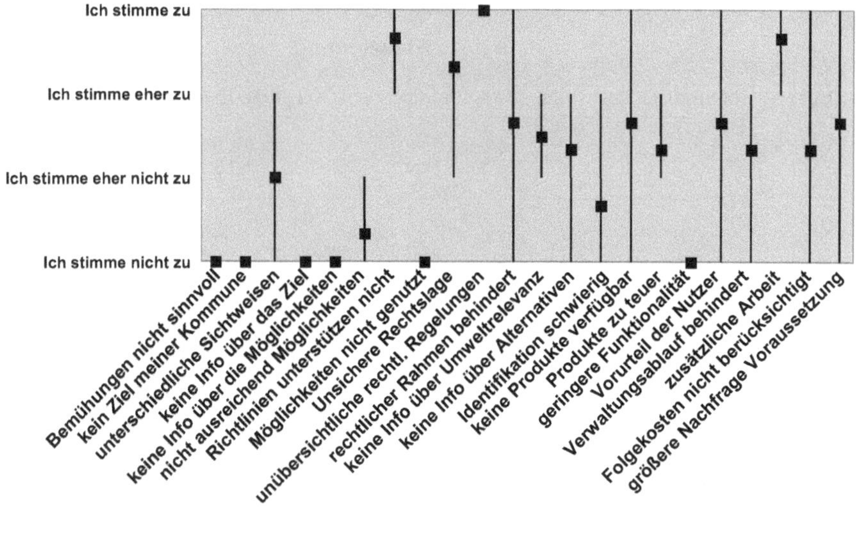

Abb. 11.2. Hemmnisprofil einer Stadt im FORSCHUNGSPROJEKT RELIEF (Bewertungsmethode 1)

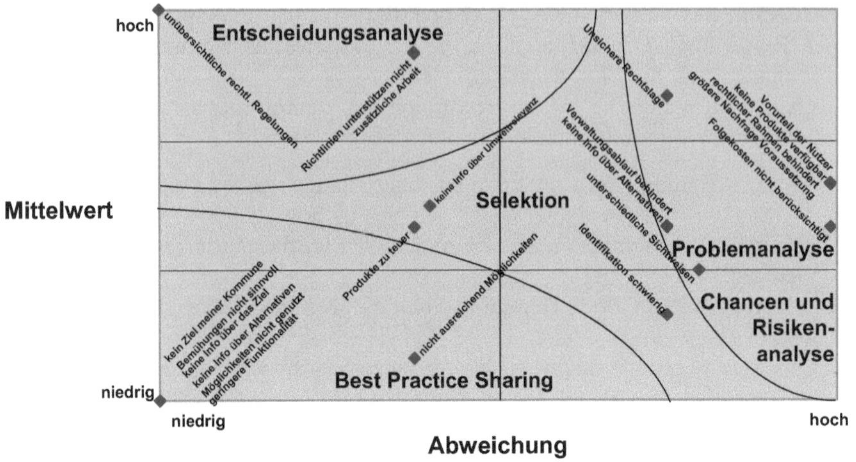

Abb. 11.3. Hemmnisportfolio einer Stadt im FORSCHUNGSPROJEKT RELIEF (Bewertungsmethode 2)

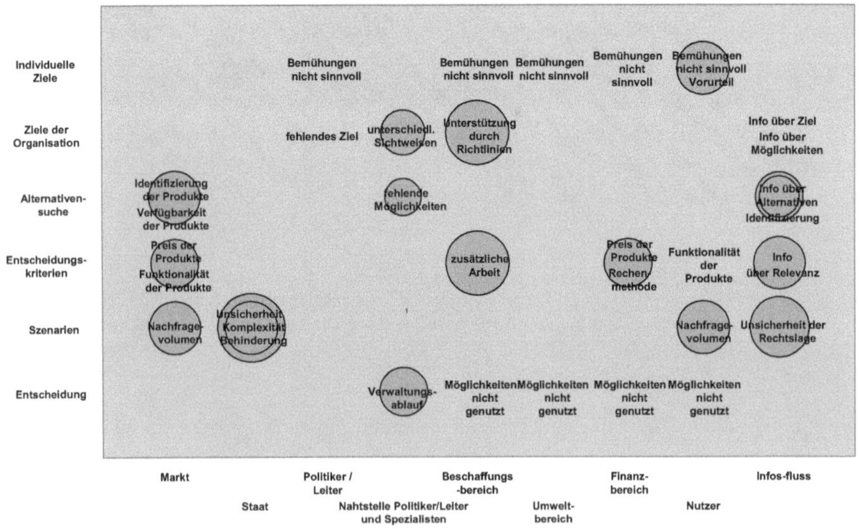

Abb. 11.4. Hemmnismatrix einer Stadt im FORSCHUNGSPROJEKT RELIEF (Bewertungsmethode 3)

Die Ergebnisse konnten danach wie folgt für die ausgewählte Kommune zusammengefasst werden:

Welche Hemmnisse konnten bereits überwunden werden?

Das Hemmnisprofil (Bewertungsmethode 1) sowie das Hemmnisportfolio (Bewertungsmethode 2) identifizieren folgende Hemmnisse, die in der Kommune als *nicht -existent* (Antwort *Ich stimme nicht zu*) wahrgenommen werden:

1. Bemühungen umweltfreundlicher Beschaffung nicht sinnvoll.
2. Umweltfreundliche Beschaffung kein Ziel der Kommune.
3. Fehlende Informationen über das Ziel.
4. Fehlende Informationen über existierende umweltfreundliche Produkte und Dienstleistungen.
5. Fehlende Möglichkeiten für umweltfreundliche Beschaffung.
6. Nicht-Nutzung von Möglichkeiten umweltfreundlicher Beschaffung.
7. Geringere Funktionalität umweltfreundliche Produkte und Dienstleistungen.

Zusammenfassend lässt sich daher sagen, dass kein Fehlen von Zielen[5] sowie zumindest im Bezug auf die Bewertung des Vorhandenseins von Möglichkeiten kein Fehlen von Information vorliegt und bestehende (identifizierte) Möglichkeiten umweltfreundlicher Beschaffung weitestgehend genutzt werden.[6]

Ob die Nicht-Existenz dieser Hemmnisse aus der Überwindung derselben resultiert oder der Tatsache geschuldet ist, dass sie in dieser Kommune wirklich nie vorhanden waren, ist einer genaueren Analyse zu unterziehen. Besteht das Ergebnis in der Erkenntnis, dass diese Hemmnisse aus eigener Kraft überwunden wurden, können sie erstens als Motivation für zukünftige Anstrengungen und zweitens als Beispiel für ein Best Practice Sharing dienen.

Waren die Antworten aller Beteiligten relativ homogen?

Mittels des Hemmnisprofils konnten folgende Antworten, die *vollständig homogen* sind, ermittelt werden:

1. Bemühungen umweltfreundlicher Beschaffung nicht sinnvoll.
2. Umweltfreundliche Beschaffung kein Ziel der Kommune.
3. Fehlende Informationen über das Ziel.
4. Fehlende Informationen über existierende umweltfreundliche Produkte und Dienstleistungen.
5. Nicht-Nutzung von Möglichkeiten umweltfreundlicher Beschaffung.
6. Geringere Funktionalität umweltfreundliche Produkte und Dienstleistungen.
7. Unübersichtlichkeit rechtlicher Regelungen (Antwort *Ich stimme zu*).

---

[5] Vgl. hierzu Kapitel 8.3.2 zu den Hemmnisgruppen.

[6] Die Validität dieser Aussage ist eventuell in einer größer angelegten Befragung innerhalb der Kommune noch einmal zu prüfen. Sie stellt jedoch einen ersten Indikator der Verhältnisse innerhalb der Kommune dar.

Diese können somit eindeutig als (nicht) existente Hemmnisse identifiziert werden, so dass im 2. Schritt die empfohlenen Strategien des Hemmnisportfolios Anwendung finden können.

Weiterhin können folgende Hemmnisse identifiziert werden, die *vollständig inhomogen* sind (d. h. die Streuung reicht über das gesamte Spektrum der Antwortmöglichkeiten):

1. Behinderung durch den rechtlichen Rahmen
2. Nicht Verfügbarkeit von umweltfreundlichen Produkten
3. Vorliegen von Nutzervorurteilen
4. Nichtberücksichtigung von Folgekosten
5. Fördervoraussetzung größere Nachfrage

Für die in dieser Analyse identifizierten Hemmnisse ist zu fragen, was diese große Streuung verursacht. Wird das Hemmnisportfolio betrachtet, fällt auf, dass sich die genannten Hemmnisse alle im Bereich der Problemanalyse/Chancen- und Risikoanalyse wiederfinden. Dies impliziert, dass diese Hemmnisse einer genaueren Analyse innerhalb der Kommune unterzogen werden sollten, um die Ursachen der unterschiedlichen Antworten zu ergründen.[7] Beispielsweise könnten Informationsdefizite vorliegen, die anhand von Detailanalysen in den entsprechenden Bereichen zu beheben sind. Erste Hinweise auf Ansatzpunkte bietet hierbei die Hemmnismatrix, die beispielsweise Vorliegen von Nutzervorteilen dem Nutzer im Bereich Individuelle Ziele zuordnet. So kann gezielt untersucht werden, ob diese wirklich vorliegen bzw. warum dieses konträre Bild entsteht.

Die dritte Betrachtungsmöglichkeit besteht in der Analyse der als *inhomogen* wahrgenommenen Hemmnisse (Streuung zwischen zwei und drei Antwortkategorien).

Umfasst die Streuung drei Antwortkategorien (wie z. B. Schwierigkeiten bei der Identifikation umweltfreundlicher Produkte oder Unsicherheit der Rechtslage), so ist in diesem Fall eine Tendenz zur Problemanalyse zu erkennen.[8] Daher ist auch hier zu versuchen, die Ursachen der Streuung zu ergründen.

Bei einer Streuung zwischen zwei Antwortkategorien hingegen, ist in Abhängigkeit vom Mittelwert im Allgemeinen eine Tendenz zur Entscheidungsanalyse

---

[7] Auch hier sei noch einmal auf die geringe Zahl der Befragten verwiesen. Hinsichtlich der Streuung führt dies zwar zu keiner Änderung, jedoch bietet sich bei einer größeren Zahl von Befragten die Möglichkeit der Bildung von Quantilen, wie z. B. des 10%-Quantil, um eine Verzerrung durch Ausreißer zu minimieren. Die hier dargestellten Ergebnisse stellen damit, wie bereits ausgeführt, einen Trend dar. Sie sollen die Anwendung der Methode demonstrieren, sowie mögliche Interpretationen aufzeigen.

[8] Daraus lässt sich schlussfolgern, dass die Antworten durchgängig inhomogen waren, d. h. die Antwortkategorien jeweils in etwa zu gleichen Teilen gewählt wurden. Eine weitere Möglichkeit besteht nämlich darin, dass der Spread nur von Ausreißern verursacht wird und sich daher die Hemmnisse Bereich *Streuung über drei Antwortkategorien* tendenziell zu der Strategie des Hemmnisportfolios zuordnen lassen, zu der der Mittelwert tendiert (folglich eher Entscheidungsanalyse bzw. Best Practice Sharing). Auch diese Unsicherheit in der Auswertung lässt sich mit Hilfe der bereits erwähnten Methode der Quantilbildung relativieren.

bzw. zum Best Practice Sharing ablesbar (zu hoher Preis, fehlende Möglichkeiten umweltfreundlicher Beschaffung). Ist dies nicht der Fall, ist eine Entscheidung (Selektion[9]) über den Umgang mit diesen Hemmnissen zu treffen.

Handelt es sich um ein reales Hemmnis oder wird es nur als solches vom Akteur wahrgenommen?

Hierbei werden zunächst diejenigen Hemmnisse betrachtet, die im Hemmnisprofil durch einen hohen Mittelwert auffallen. Dies sind in diesem Fall:

1. Richtlinien unterstützen nicht.
2. Unsicherheit der Rechtslage.
3. Unübersichtlichkeit der rechtlichen Regelungen.
4. Verursachen zusätzlicher Arbeit.

Für diese Hemmnisse ist zu fragen, ob sie real existieren oder nur innerhalb der Kommune bzw. von einzelnen Akteuren als solche wahrgenommen werden. Die Beantwortung dieser Frage hat zwei Richtungen bzw. Teilfragen.

Die erste Teilfrage ist die nach der *Wahrnehmung* einzelner Akteure. Diese kann mittels des Hemmnisportfolios beantwortet werden. Die Hemmnisse, die sich im Feld der Entscheidungsanalyse wiederfinden, können für die Kommune als relevant wahrgenommene Hemmnisse identifiziert werden. Dies sind hier die Hemmnisse 1. 3. und 4. Das 2. Hemmnis *Unsicherheit der Rechtslage* jedoch ist einer Problemanalyse zu unterziehen, da hier die Streuung innerhalb der Befragung auf unterschiedliche Sichtweisen bzw. Wissensstände der Befragten deutet.

Die zweite Teilfrage nach der *Realität* der wahrgenommenen Hemmnisse ist anschließend zu prüfen, wenn ein Hemmnis als im Entscheidungsanalysefeld liegend definiert wurde. Hierbei ist eine Zusammenarbeit aller Beteiligten basierend auf ihrem individuellen Wissen notwendig, um Erfahrungen und Wissen zu sammeln und auszuwerten und daraus abzuleiten, ob ein Hemmnis real vorhanden ist.

Für Hemmnisse, die in diesem Prozess als nur innerhalb der Kommune wahrgenommen identifiziert werden, sind Lösungsansätze zu generieren, die von der Verbesserung der Informationslage, über die Schulung der Mitarbeiter bis hin zum Aufbau eines Anreiz- und Sanktionssystems reichen können. Für real existierende Hemmnisse ist zu prüfen, ob sie durch die Kommune selbst zu beheben sind oder ob andere Lösungswege zu suchen sind.[10] Im Fall der Beispielkommune ist folgende Interpretation der Ergebnisse denkbar:

Dass Richtlinien umweltfreundliche Beschaffung nicht unterstützen, kann durchaus ein in der Kommune real existierendes Hemmnis sein. Dieses kann jedoch auch innerhalb der Kommune durch die Verbesserung der existierenden Richtlinien sowie deren ausreichende Bekanntmachung behoben werden.

[9] Das Portfoliofeld der Selektion beinhaltet die Hemmnisse, die nicht konkret zu einer Strategie zugeordnet werden können. Hier muss eine Entscheidung getroffen werden, welche Strategie für diese Hemmnisse auszuwählen ist, wobei Tendenzen in Richtung einer der expliziten Strategien als Empfehlung bzw. Wegweiser genutzt werden können.

[10] Hierbei kann die Hemmnismatrix, die eine Zuordnung zu den Akteuren vornimmt, erste Hinweise vermitteln.

Die unsichere Rechtslage bzw. die als komplex angesehenen rechtlichen Regelungen können real existierende Hemmnisse sein.[11] Jedoch lässt die Beantwortung der Frage nach der Behinderung durch den Rechtsrahmen (diese streut über das gesamte Antwortenspektrum) auch den Schluss zu, dass es sich eventuell *nur* um ein aus Informations- bzw. Wissensmangel resultierendes Hemmnis handelt. Hier sind genauere Analysen notwendig, um gegebenenfalls die Mitarbeiter entsprechend zu schulen (wahrgenommenes Hemmnis) oder aber die Möglichkeiten, die sich bieten, weitestgehend zu nutzen (reales Hemmnis).

Das letzte identifizierte Hemmnis *Umweltfreundliche Beschaffung verursacht zusätzliche Arbeit* kann als wahrgenommen angenommen werden, da bedingt durch individuelle Ziele, eventuell getrieben von Vorurteilen oder Unwissenheit, Neuerungen (Innovationen), abgelehnt werden bzw. daraus resultierender Aufwand, die bisher vorhandenen Suchroutinen zur Alternativenwahl einer Anpassung zu unterziehen, als Belastung empfunden wird.

Kann das identifizierte Hemmnis durch die Kommune überwunden werden?

Wie bereits im vorherigen Abschnitt angedeutet, können Hemmnisse identifiziert werden, auf die die Kommune keinen bzw. nur geringen Einfluss nehmen kann. Hierbei kann die Hemmnismatrix einen Beitrag leisten, erste Ansätze zu erkennen und mögliche Strategien für die verschiedenen Bereiche abzuleiten.

Beispielsweise wird der Preis umweltfreundlicher Produkte und Dienstleistungen als ein (relativ) relevantes Hemmnis gesehen. Diesen kann eine einzelne Kommune (natürlich abhängig vom Produkt, der Bezugsmenge sowie ihrer Verhandlungsmacht) höchstwahrscheinlich allein nicht beeinflussen. Werden jedoch Einkaufsgemeinschaften gegründet, kann eventuell auf den Preis Einfluss genommen werden. Weitere Ergebnisse aus den Fragen zum Entscheidungsprozess waren:

- Jeder Befragte wusste, dass es Beschaffungsrichtlinien gibt. Ob allerdings alle Angestellten deren Inhalt kennen, bleibt zu untersuchen.
- Der existierende Spielraum für umweltfreundliche Beschaffung sollte ausgebaut werden. Der bestehende wird als zu gering angesehen.
- Der Vergleich zwischen dem möglichen Einfluss und den tatsächlichen Bemühungen der Akteure im Bereich umweltfreundlicher Beschaffung führt zu dem Ergebnis, dass die Einflussmöglichkeiten der EU als sehr hoch eingeschätzt werden, während ihre Bemühungen als relativ niedrig bewertet werden.
- Durch umweltfreundliche Beschaffung werden keine finanziellen Konsequenzen (Kostensteigerung bzw. Kostensenkung) erwartet.

Um die Befragungsergebnisse zu untermauern und zu erweitern, wurden Interviews in der Kommune geführt. Die Ergebnisse dieser Interviews werden im fol-

[11] Untersuchungen im Hinblick auf die rechtlichen Rahmenbedingungen finden sich im Teil der Rechtsanalyse, die versucht, die Frage nach der Realität des Hemmnisses Rechtsrahmen im Hinblick auf umweltfreundliche Beschaffung eine Antwort zu finden, vgl. Kapitel 9.

genden Abschnitt dargestellt. Sie unterstreichen das Zusammenspiel der Akteure im öffentlichen Beschaffungsprozess.

Auswertung der Interviews. Folgende Informationen aus den Interviews konnten das Bild über die Hemmnissituation der Kommune abrunden.

- Trotz der zur Zeit starken politischen Unterstützung umweltfreundlicher Beschaffung wird davon ausgegangen, dass ein Wechsel auf der politischen Ebene (z. B. nach einer Wahl oder aufgrund gestiegener Kosten für umweltfreundliche Produkte) zu negativen Beeinflussungen der derzeit sehr positiven Situation führen können. Daher ist es für die Promotoren umweltfreundlicher Beschaffung in der Kommune eine besondere Herausforderung, Mehrkosten zu vermeiden. Diese Aussage führt zu dem Schluss, dass umweltfreundliche erfolgreiche Beschaffung eng mit entsprechend motivierten Personen verbunden ist. Die Idee der Verantwortung für umweltfreundliche Beschaffung muss dauerhaft auf einer hohen organisationalen Ebene (Hierarchieebene) akzeptiert sein.[12] Weiterhin ist eine Verbesserung der immer noch nicht effizienten organisationalen Regelung hinsichtlich umweltfreundlicher Beschaffung anzustreben.
- Auch in den Interviews wird auf das (innerhalb der Befragung bereits als relevant identifizierte) Hemmnis des Rechtsrahmens hingewiesen. Insbesondere von Seiten der EU wird eine Klärung und Ordnung der Rechtslage im Bezug auf umweltfreundliche Beschaffung erwartet, um Grenzen festzulegen und damit Rechtssicherheit zu schaffen. Weitere Einflussmöglichkeiten in dem Bereich der rechtlichen Situation sind zu suchen. Jedoch ist zu klären, wie bereits im Zusammenhang mit der Auswertung der Fragebögen ausgeführt, ob es sich bei diesem Hemmnis wirklich um ein real existierendes handelt.
- Jede Innovation verursacht zusätzliche Arbeit. Dieses Hemmnis, das sich auch in den Befragungsergebnissen widerspiegelt, ist der klassische Grund für Implementierungslücken.[13] Auf nationaler Ebene kann dieser Unsicherheit beispielsweise durch die Harmonisierung von Umweltkriterien entgegengewirkt werden. Weiterhin entsprach die Anzahl vorhandener umweltfreundlicher Alternativen nicht den Erwartungen. Daher verursacht die Suche nach selbigen Mehraufwand. Eine gute Zusammenarbeit zwischen Beschaffungs- und Umweltbereich kann Ineffizienzen abbauen und Mehraufwand durch die Nutzung fachspezifischen Wissens minimieren. So kann z. B. der Umweltbereich die Kriterien zuarbeiten.
- Darauf aufbauend kann die Beschaffungsabteilung diese Kriterien gewichten und in die Beschaffungsentscheidung einfließen lassen. Hierfür ist eine stärkere Verknüpfung der Erstellung solcher Kriterien und deren Anwendung anzustreben. Dies ist ein Ziel des Umweltbereichs, da die Gewichtung der Faktoren ausschlaggebend für den Einfluss auf die Entscheidung ist.
- Die Bewertung der durch umweltfreundliche Beschaffung erreichten Veränderungen stellt eine Herausforderung für die Zukunft dar. Damit verbunden ist eine Vergrößerung des Wissens hinsichtlich der Umweltauswirkungen unter-

[12] Vgl. hierzu auch Kapitel 8.3.1, Persönliches Engagement.
[13] Vgl. HAUSCHILDT, J; GEMÜNDEN, H. G. (Hrsg.) (1999), S. 13f.

schiedlicher Produkte und Dienstleistungen, um Erreichtes bewerten zu können. Dies konnte bisher nicht erreicht werden.

- Weiterhin ist nach Möglichkeiten zu suchen, Vorurteile gegen umweltfreundliche Produkte und Dienstleistungen bei den Nutzern abzubauen. Veränderungen verursachen oft Abwehrreaktionen.[14] Experimente, die, wenn sie negativ verlaufen, eine zukünftige Einführung von umweltfreundlichen Produkten erschweren, können somit Spielräume verringern. Auch wenn Nutzer aus unterschiedlichen Produkten, die durch eine zentrale Beschaffung vorausgewählt wurden (z. B. anhand von Kriterien), auswählen können, dürfen Vorurteile nicht unterschätzt werden. So begannen sich Mitarbeiter über umweltfreundliche Beschaffung zu beschweren, weil sie Änderungen nicht akzeptieren wollten.
- Eine höhere Nachfrage umweltfreundlicher Alternativen durch Nutzer innerhalb der Kommune wird als Voraussetzung für die Entwicklung eines angemessenen Marktes gesehen. Die Befragten der Kommune schätzen ihren Einfluss auf den Markt und damit ihren Einfluss auch auf Entwicklungen umweltfreundlicher Alternativen als relativ hoch ein. Sie sehen es als notwendig an, Beispiele für die Einwohner und die Industrie zu setzen. Entsprechende Analysen wurden für alle am FORSCHUNGSPROJEKT RELIEF teilnehmenden Städte mit unterschiedlichsten Ergebnissen durchgeführt.

Erkenntnisse aus dieser ersten Anwendung

Bereits die ersten Analysen und Ergebnisse zeigten auf, dass innerhalb der Kommunen ganz unterschiedliche Hemmnisse existieren bzw. Hemmnisse unterschiedlich wahrgenommen werden. Dies kann auf unterschiedliche Entwicklungsphasen umweltfreundlicher Beschaffung, auf unterschiedliche Strukturen und Größen, unterschiedliche rechtliche Rahmenbedingungen bzw. unterschiedliche wirtschaftliche Bedingungen zurückgeführt werden. Als Konsequenz folgt daraus jedoch die Erkenntnis, dass es unwahrscheinlich ist, eine allgemeingültige Strategie zur Überwindung von Hemmnissen in umweltfreundlicher Beschaffung zu entwickeln. Vielmehr wird durch die Ergebnisse der Schluss nahegelegt, dass individuelle Strategien in und mit den Kommunen entwickelt werden müssen. Eine Möglichkeit für alle Kommunen, voneinander zu lernen besteht dennoch bereits, z. B. durch Best Practice Sharing. Hierfür teilen Kommunen für Hemmnisse, die sie bereits überwunden haben, ihre Erfahrungen und Vorgehensweisen mit Kommunen, die mit diesem Hemmnis noch konfrontiert sind. Hierzu ist allerdings ein Austausch der Ergebnisse notwendig.

[14] Vgl. HAUSCHILDT, J; GEMÜNDEN, H. G. (Hrsg.) (1999), S. 14.

11.1.2 Die Fallstudie im Projekt NaBesI

Weiterentwicklung der Methode (theoretisch)

Im Verlauf des hier vorgestellten FORSCHUNGSPROJEKTES NABESI wurde basierend auf dem im FORSCHUNGSPROJEKT RELIEF erarbeiteten Fragebogen sowie aufbauend auf den Ergebnissen eine weitere fallstudienartige Hemmnisanalyse durchgeführt. Die Ergebnisse dieser Analyse führten zur Sammlung weiterer Erfahrungen im Umgang mit der Hemmnisanalyse und in der Anwendung der Bewertungsmethoden.[15] Im Folgenden sollen die Ergebnisse dieser fallstudienartigen Anwendung zusammengefasst werden.

Ergebnisse der Hemmnisanalyse (Fallstudie für eine deutsche Stadt)[16]

Ausgangsituation. Die untersuchte Kommune bezieht Umweltaspekte bereits seit 1985 in den Beschaffungsprozess ein. Entscheidungsträger im Beschaffungsbereich geben umweltfreundlichen Alternativen den Vorzug. Motivierte Angestellte unterstützen diesen Prozess. Werden weniger umweltfreundliche Produkte oder Dienstleistungen zur Beschaffung ausgewählt, ist eine Erklärung anzufügen. Sogar bei höherem Preis (im Vergleich zum konventionellen Produkt) darf die umweltfreundliche Alternative ausgewählt werden. Dies führte zur Entwicklung einer umweltfreundlich gesinnten Beschaffungskultur und vermittelt den Angestellten die Sicherheit, dass das Einbeziehen von Umweltaspekten in Beschaffungsentscheidungen die Standardvorgehensweise darstellt. Dies ist ein perfekter Ausgangspunkt, der durch verschiedenste Beispiele belegt ist. Daher stellt sich auch hier für Außenstehende die Frage, aus welchen Gründen diese Stadt weitere Bemühungen im Bereich umweltfreundlicher Beschaffung innerhalb des Projekts als sinnvoll erachtet hat. Akteure nannten folgende Beweggründe:

- Durch die langjährigen Erfahrungen im Bereich umweltfreundlicher Beschaffung bildet die Kommune ein gutes Beispiel innerhalb von Deutschland. Dennoch herrschen Unsicherheiten bezüglich des Status Quo umweltfreundlicher Beschaffung, obwohl im Allgemeinen das Level als hoch bewertet wird. Daher wird eine Feststellung des Status Quo innerhalb der Kommune angestrebt, um darauf aufbauend die Bemühungen auf diesem Gebiet auszubauen.
- Darüber hinaus wird ein einheitlicher Wissensstand angestrebt.

An der anschließenden Hemmnisanalyse beteiligten sich acht Angestellte der Kommune.

Auswertung des Fragebogens. Die aus der Auswertung der Fragebögen resultierenden Ergebnisse sind in den Abbildungen 11.5.–11.7. dargestellt.

---

[15] Vgl. Kapitel 8.4.4.

[16] Basierend auf einer Datenerhebung aus dem Jahr 2001.

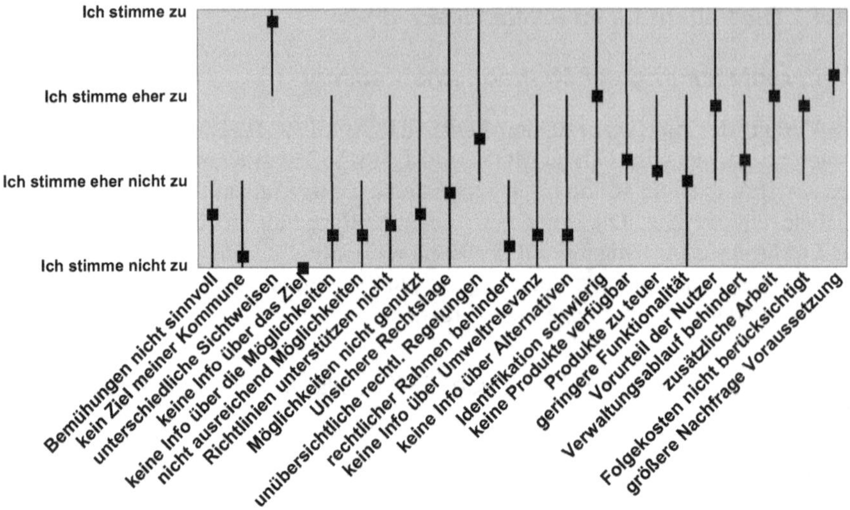

Abb. 11.5. Hemmnisprofil einer deutschen Stadt (Bewertungsmethode 1)

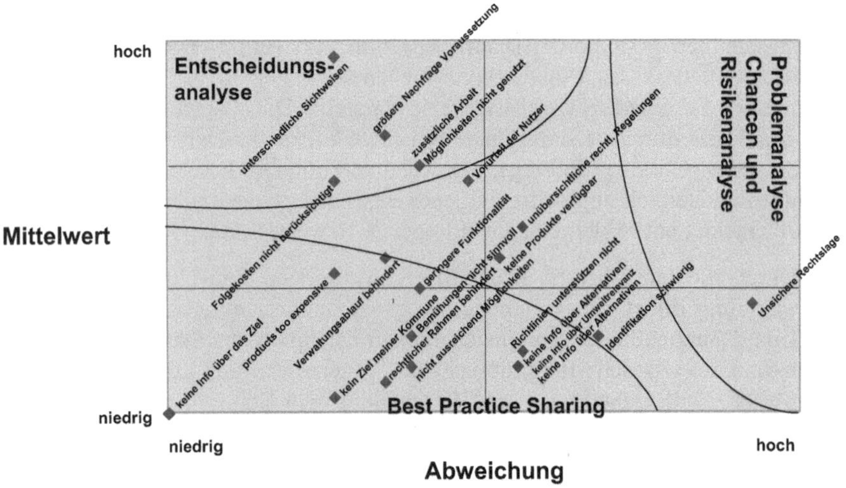

Abb. 11.6. Hemmnisportfolio einer deutschen Stadt (Bewertungsmethode 2)

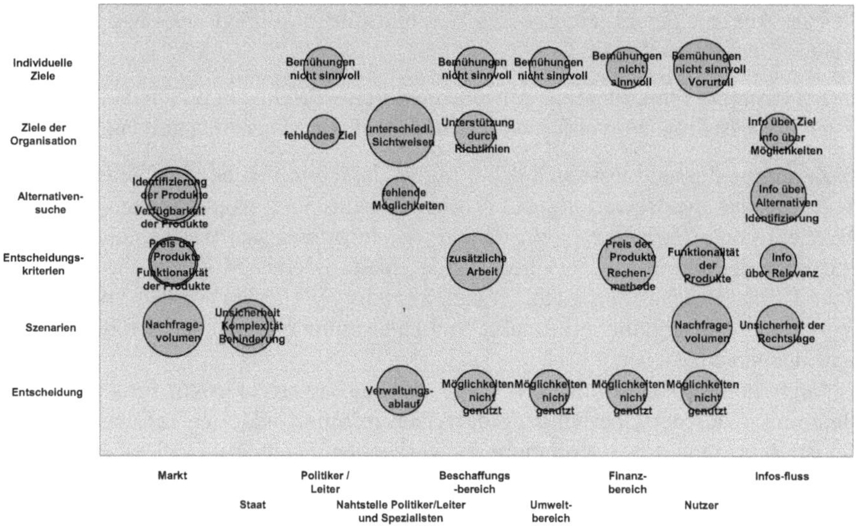

Abb. 11.7. Hemmnismatrix einer deutschen Stadt (Bewertungsmethode 3)

Die *Ergebnisse* der Bewertungsmethoden (dargestellt entlang der in Kapitel 8.4.4 vorgestellten Fragensystematik) können wie folgt zusammengefasst werden:

Welche Hemmnisse konnten bereits überwunden werden?

Das Hemmnisprofil identifizierte folgende Hemmnisse, die in der Kommune als *nicht-existent* (Antwort *Ich stimme eher nicht zu*) wahrgenommen werden:

1. Bemühungen umweltfreundlicher Beschaffung nicht sinnvoll.
2. Umweltfreundliche Beschaffung kein Ziel der Kommune.
3. Fehlende Informationen über das Ziel.
4. Fehlende Informationen über existierende umweltfreundliche Produkte und Dienstleistungen.
5. Fehlende Möglichkeiten für umweltfreundliche Beschaffung.
6. Nicht-Unterstützung durch existierende Richtlinien.
7. Nicht-Nutzung von Möglichkeiten umweltfreundlicher Beschaffung.
8. Behinderung durch rechtlichen Rahmen.
9. Fehlende Informationen über die Umweltrelevanz von Alternativen.
10. Fehlende Informationen über Alternativen.

Eine Analyse der Ergebnisse des Hemmnisportfolios fügt der Liste noch zwei weitere Hemmnisse hinzu:

1. Geringere Funktionalität umweltfreundlicher Produkte und Dienstleistungen.
2. Höherer Preis umweltfreundlicher Produkte und Dienstleistungen.

Zusammenfassend lässt sich daher sagen, dass kein Fehlen von Zielen vorliegt, in Bezug auf die Bewertung des Vorhandenseins von Möglichkeiten sowie die Auswahl von Alternativen kein Fehlen von Informationen wahrgenommen wird und dass daraus resultierend bestehende (identifizierte) Möglichkeiten umweltfreundlicher Beschaffung auch genutzt werden.[17] Weiterhin werden von den Befragten umweltfreundliche Produkte und Dienstleitungen als gleichwertig zu konventionellen angesehen.

Auch in diesem Fall ist die Frage, ob die (relative) Nicht-Existenz dieser Hemmnisse aus der Überwindung derselben resultiert oder der Tatsache geschuldet ist, dass sie in dieser Kommune nie vorhanden waren, mit Hilfe einer genaueren Analyse zu klären. Besteht das Ergebnis in der Erkenntnis, dass diese Hemmnisse aus eigener Kraft überwunden wurden, können auch sie erstens als Motivation für weitere Anstrengungen und zweitens als Beispiel für ein Best Practice Sharing dienen.

Waren die Antworten aller Beteiligten relativ homogen?

Mittels des Hemmnisprofils konnten folgende Antworten, die *vollständig homogen* sind, ermittelt werden:

1. Fehlende Information über das Ziel

Dieses kann damit eindeutig als nicht-existentes Hemmnis identifiziert werden, sodass im 2. Schritt die empfohlene Strategie (in diesem Fall das Best Practice Sharing) des Hemmnisportfolios Anwendung finden kann.

Weiterhin kann folgendes Hemmnis identifiziert werden, das *vollständig inhomogen* (d. h. die Streuung reicht über das gesamte Spektrum der Antwortmöglichkeiten):

2. Unsicherheit der Rechtslage

Für dieses Hemmnis ist zu analysieren, was die große Streuung verursacht haben könnte. Wird das Hemmnisportfolio betrachtet, wird deutlich, dass das Hemmnis als einziges im Bereich der Problemanalyse/Chancen- und Risikoanalyse wiederzufinden ist. Dies impliziert, dass das Ergebnis nicht durch Ausreißer verursacht wird und es daher einer genaueren Analyse innerhalb der Kommune unterzogen werden sollte, um die Ursachen der unterschiedlichen Antworten zu ergründen. Beispielsweise können noch Informationsdefizite vorliegen, die anhand von Detailanalysen oder Workshops zu beheben sind. Erste Hinweise auf Ansatzpunkte bietet hierbei die Hemmnismatrix, die *Unsicherheit der Rechtslage*

[17] Die Validität dieser Aussage ist auch in diesem Fall eventuell in einer größer angelegten Befragung innerhalb der Kommune noch einmal zu prüfen. Sie stellt jedoch auch für diese Stadt einen ersten Indikator der Verhältnisse innerhalb der Kommune dar.

zum Informationsfluss innerhalb des Prozesses zuordnet und somit eine Betrachtung und eventuelle Optimierung des Prozesses empfiehlt.

Die dritte Betrachtungsmöglichkeit besteht in der Analyse der als *inhomogen* wahrgenommenen Hemmnisse (Streuung zwischen zwei und drei Antwortkategorien).

Umfasst die Streuung drei Antwortkategorien (wie z. B. Umweltfreundliche Beschaffung verursacht zusätzliche Arbeit oder Nicht-Unterstützung durch existierende Richtlinien), ist in diesem Fall eher eine Tendenz zur Entscheidungsanalyse bzw. zum Best Practice Sharing zu erkennen,[18] die der Kommune bereits einen ersten Hinweis auf mögliche Strategien liefert.

Bei einer Streuung zwischen zwei Antwortkategorien hingegen, ordnen sich in dieser Fallstudie mit einer Ausnahme alle Hemmnisse entweder in das Feld Entscheidungsanalyse oder Best Practice Sharing ein. Die Ausnahme ist das Ergebnis zur Unübersichtlichkeit des Rechtsrahmens, das sich im Mittelfeld des Selektionsbereichs wiederfindet. Für dieses wurde daher eine genauere Analyse empfohlen, um daraus resultierend eine Entscheidung abzuleiten.

Handelt es sich um ein reales Hemmnis oder wird es nur als solches vom Akteur wahrgenommen?

Hierbei werden zunächst diejenigen Hemmnisse betrachtet, die im Hemmnisprofil durch einen hohen Mittelwert auffallen. Eindeutig ist mit dieser Methode nur:

1. die Existenz unterschiedlicher Sichtweisen

einzuordnen. Für dieses Hemmnis ist zu fragen, ob es real existiert oder nur innerhalb der Kommune bzw. von einzelnen Akteuren als solches wahrgenommen wird. Die Beantwortung dieser Frage hat zwei Richtungen bzw. Teilfragen.

Die erste Teilfrage ist die nach der *Wahrnehmung* einzelner Akteure. Diese kann mittels des Hemmnisportfolios beantwortet werden. Die Hemmnisse, die sich im Feld der Entscheidungsanalyse wiederfinden, können für die Kommune als relevante wahrgenommene Hemmnisse identifiziert werden.

Der Einbezug des Hemmnisportfolios deckt die folgenden weiterer als relevant wahrgenommenen Hemmnisse auf:

2. Nicht-Berücksichtigung von Folgekosten.
3. Fördervoraussetzung größere Nachfrage.
4. Schwierigkeiten umweltfreundliche Alternativen zu identifizieren.
5. Verursachen zusätzlicher Arbeit.

Dies impliziert, dass für die Kommune die Hemmnisse 1 bis 5 als kritisch zu betrachten sind. Auch die Vorurteile der Nutzer sind in die Überlegungen einzube-

[18] Daraus lässt sich schlussfolgern, dass in diesem Fall die Streuung nur von Ausreißern verursacht wird und sich daher die Hemmnisse in dieser Kategorie tendenziell zu einer der beiden Bereiche (Entscheidungsanalyse, Best Practice Sharing) zuordnen lassen. Auch diese Unsicherheit in der Auswertung lässt sich mit Hilfe der bereits ausgeführten Methode der Quantilbildung relativieren.

ziehen, da diese tendenziell der Entscheidungsanalyse zugerechnet werden können.

Die zweite Teilfrage nach der *Realität* der wahrgenommenen Hemmnisse ist nun anschließend zu prüfen. Hierbei ist eine Zusammenarbeit aller Beteiligten mit ihrem individuellen Wissen notwendig, um Erfahrungen und Wissen zu sammeln und auszuwerten und daraus abzuleiten, ob ein Hemmnis real vorhanden ist.

Für Hemmnisse, die in diesem Prozess als nur innerhalb der Kommune wahrgenommen identifiziert werden, sind Lösungsansätze zu generieren, die von der Verbesserung der Informationslage, über die Schulung der Mitarbeiter bis hin zum Aufbau eines Anreiz- und Sanktionssystems reichen können. Für real existierende Hemmnisse ist zu prüfen, ob sie durch die Kommune selbst zu beheben sind oder ob andere Lösungswege zu suchen sind.[19]

Im Fall der Beispielkommune ist folgende Interpretation der Ergebnisse denkbar: Die Hemmnisse 1, 4 und 5 des Feldes Entscheidungsanalyse können als wahrgenommene Hemmnisse angenommen werden. Ausnahmen bilden 2. (Nicht-Berücksichtigung von Folgekosten) und 3. (Fördervoraussetzung größere Nachfrage). Im ersten Fall ist zu prüfen, ob Folgekosten wirklich nicht einbezogen werden (real existierendes Hemmnis innerhalb der Kommune), um sie fortan besser einzubetten. Im zweiten Fall ist zu prüfen, ob die Kommune über eine genügend große Marktmacht und damit eine gute Verhandlungsposition verfügt (wovon im Allgemeinen jedoch nicht ausgegangen werden kann). Ist dies nicht der Fall ist es zwar ein real existierendes Hemmnis, das die Kommune jedoch nicht oder nur in Zusammenarbeit mit anderen Kommunen lösen kann. Alle weiteren Hemmnisse (einschließlich des 2. Hemmnisses) können durch Veränderungen, die durch die Kommune zu spezifizieren sind, innerhalb der Kommune selbst abgebaut werden.

Kann das identifizierte Hemmnis durch die Kommune überwunden werden?

Wie bereits vorstehend erläutert sind bis auf die Nachfragesteigerung alle Hemmnisse durch die Kommune selbst überwindbar. Eine Auswertung der Hemmnismatrix bestätigt dies auch noch einmal. Lediglich das Nachfragevolumen findet sich außerhalb des von der Kommune beeinflussbaren Bereichs des Entscheidungsprozesses (und auch das nur teilweise, da es auch beim Nutzer verankert ist). Alle anderen Hemmnisse sind entweder dem Nutzer oder einem anderen Bereich innerhalb des Beschaffungsprozesses[20] zugeordnet (vgl. Abb. 11.7.). Weitere Ergebnisse aus den Fragen zum Entscheidungsprozess sind:

- Jeder Befragte kannte die Beschaffungsrichtlinien. Ob allerdings alle Angestellten die Richtlinien kennen, bleibt zu untersuchen.
- Der vorhandene Spielraum für öffentliche Beschaffung wird als zufriedenstellend angesehen. Es ist daher nicht unbedingt notwendig, ihn auszuweiten. Vielmehr ist eine bessere Ausnutzung des Spielraums anzustreben.
- Der Vergleich zwischen dem möglichen Einfluss und den tatsächlichen Bemühungen der Akteure im Bereich umweltfreundlicher Beschaffung führt zu zwei

[19] Hierbei kann die Hemmnismatrix, die eine Zuordnung zu den Akteuren vornimmt, erste Hinweise vermitteln.

[20] Vgl. zum Beschaffungsprozess und seine Stufen Kapitel 5.

interessanten Ergebnissen: Der Einfluss politischer Entscheidungsträger wird als sehr hoch eingeschätzt, während deren Bemühungen als niedrig bewertet werden. Der mögliche Einfluss und die tatsächlichen Bemühungen sowohl des Umwelt- als auch des Finanzbereichs werden als in etwa gleichwertig wahrgenommen.

Auswertung des Interviews. Auch in dieser Kommune wurden Interviews zur Vertiefung der Analyse durchgeführt. Folgendes Bild ergab sich zusammenfassend:

- Unterschiedliche Sichtweisen innerhalb der Kommune werden als ein relevantes Hemmnis angesehen. Um dieses Hemmnis zu überwinden, sind alle Entscheidungsträger innerhalb des Beschaffungsprozesses einzubeziehen, was eine Herausforderung darstellt.
- Wie bereits ausgeführt haben Entscheidungsträger auf politischer wie auch auf administrativer Ebene hohe Einflusspotenziale auf umweltfreundliche Beschaffung. So werden z. B. die vorhandenen Alternativen regelmäßig geprüft. Solch persönlicher Einsatz ist notwendig, da die existierenden Programme an sich nicht als ausreichend empfunden werden. Insbesondere im Fall höherer Kosten (vor allem im Baubereich), sind politische Signale essenziell. Politisches Engagement sowie die Rolle der Beschaffer innerhalb umweltfreundlicher Beschaffung sollte nicht unterschätzt werden.
- Wie bereits angedeutet sind die Sachbearbeiter im Beschaffungsbereich von großer Bedeutung. Sie verfügen über spezielles Fachwissen über Produkte und Dienstleistungen sowie über deren Umweltaspekte, um darauf aufbauend umweltfreundlich zu beschaffen. Fast vollständig zentralisierte Beschaffungsprozesse unterstützen diesen Fakt. In der Kommune resultiert die Wahrnehmung des hohen Grades umweltfreundlicher Beschaffung aus vielen erfolgreichen Einzelbeispielen. Eine etablierte *Buy it green*-Kultur ist allein noch nicht für den Erfolg ausreichend. Umweltfreundliche Beschaffung hängt zu einem großen Teil von individueller Motivation der Mitarbeiter ab, da keine persönlichen Vorteile damit verbunden sind.
- Insbesondere der Umweltbereich der Kommune drängt darauf, die Unsicherheiten, die bezüglich des Status Quo umweltfreundlicher Beschaffung bestehen, abzubauen. Allerdings sind viele verschiedene Bereiche verantwortlich für die Beschaffung. Ein adäquates Informationssystem kann sowohl zur Verbesserung der internen Kommunikationsflüsse zwischen den Gruppen von am Beschaffungsprozess Beteiligten als auch zwischen diesen und anderen Bereichen, wie z. B. dem Umweltbereich, führen und damit Informationen zu *common knowledge* werden lassen, die für umweltfreundliche Beschaffung notwendig sind. Um dieses Ziel zu erreichen, wäre ein stärkeres Engagement des Umweltbereichs denkbar, um Informationen generieren, bewerten und koordinieren zu können und somit kontinuierlich den Status Quo innerhalb der Kommune abzubilden. Obwohl ein solcher Schritt eine stärkere institutionelle Gründung erfordern würde, sind sich nicht alle Befragten einig, ob sie wirklich notwendig ist.

- Information muss intern wie extern zusammengeführt werden. Dafür sind Wissensnetzwerke zu bilden. Intern kann E-procurement einen Beitrag zur Zielerreichung leisten. Obwohl dies auf der einen Seite Dezentralisierung fördert, stärkt es auf der anderen Seite die Nutzung von Produktkatalogen. Extern kann ein Netzwerk zwischen Kommunen kontinuierlich aktuelle Informationen liefern. Weiterhin kann es Informationsasymmetrien zwischen Feedbacks der Kommunen an die EU reduzieren. Für die verbleibende Lücke zwischen Vorschriften und Beschaffungsrealität werden klarere Regelungen, die Unsicherheiten abbauen helfen, als mögliche Lösung gesehen.
- Umweltfreundliche Produkte zu identifizieren kann sich zum Teil sehr schwierig gestalten. Fehlende Informationen über Umweltaspekte von Produkten und Dienstleistungen erschweren die Entscheidungsfindung der Beschaffer. Kommunen müssen hierfür auf die Arbeiten externer Experten zurückgreifen, um Kriterien definieren zu können. Die Möglichkeit, über solch externe Experten Kriterienkataloge erstellen zu können, kann zusätzlich auch zum Abbau des Hemmnisses *Verursachung zusätzlicher Arbeit* führen. Dieses Hemmnis stellt einen klassischen Grund für Implementierungslücken dar.
- Ein großes Hemmnis, das in enger Verbindung mit dem Beschaffungsprozess steht, ist das Argument, dass umweltfreundliche Alternativen zu teuer sind, was oft ungeprüft bleibt. Angemessene Maßnahmen und ganzheitliche Methoden sind daher notwendig, um Folgekosten besser in die Bewertung und damit in Entscheidungen einfließen lassen zu können. Ausgehend von der als relativ hoch eingeschätzten Marktmacht der Kommune, sollten hier unter Verwendung vorhandener Instrumente zur Produktidentifikation die Potenziale ausgeschöpft werden. Ist dieses Stadium erreicht, kann eine Ausweitung des Marktes/der Nachfrage angestrebt werden.
- Ein höheres Nachfragevolumen nach umweltfreundlichen Produkten und Dienstleistungen durch die Nutzer wird als Voraussetzung zur Entwicklung der entsprechenden Märkte gesehen. Die Kommune ist wirtschaftlich stark und kann daher in diesem Bereich als *gutes Beispiel* vorangehen. Hier sei ein Beispiel angeführt: die Kommune fügte einer Anforderung nach umweltfreundlicheren KFZ an Daimler Chrysler die Information bei, dass neben diesen auch Volvos beschafft werden, die auf Biogasbasis fahren. Dies führte zu einer Zwischenlösung mit Biodiesel-Antrieben, die dann durch Biogasanlagen ersetzt werden sollten. Dies zeigt die Verhandlungsmacht und deren mögliche Nutzung. Dennoch sind Spielräume, verschiedene umweltfreundliche Produkte und Dienstleistungen zu testen, um solche Märkte gegebenenfalls zu befördern, innerhalb der Kommune stark begrenzt. Verhandlungsmacht von Kommunen kann daher dort effektiver zur Anwendung kommen, wo bereits Alternativen existieren, deren Funktionalität im Vergleich zu konventionellen Produkten nachgewiesen ist.
- Diese Erkenntnis innerhalb der Kommune resultiert daraus, dass anders als durch Beweise, Nutzer oft nicht von den Vorteilen umweltfreundlicherer Beschaffung überzeugt werden können. Es ist sogar zum Teil so, dass umweltfreundliche Produkte eher ein negatives Image haben. Um solche Schwierigkei-

ten zu minimieren, sind Beschaffer oft geneigt, nicht mit neuen Alternativen zu experimentieren, wenn sie eine gut implementiert haben. Andererseits, wenn die Beschaffer von der Qualität der Produkte überzeugt sind, dann ist ihre Strategie häufig die, nicht zu viel Aufmerksamkeit auf die Modifizierungen zu lenken. Auf diesem Wege versuchen sie, für umweltfreundliche Beschaffung existierende Spielräume auf effektive Art und Weise zu nutzen. Daher ist aus ihrer Perspektive eine Ausweitung des Spielraumes nicht von so hoher Relevanz, sondern eher die Ausnutzung der vorhandenen. Nichtsdestotrotz müssen weiterhin Wege gesucht werden, die Vorurteile der Nutzer abzubauen, denn auch wenn der Nutzer nur zwischen umweltfreundlichen Alternativen wählen kann, sind seine Vorurteile nicht zu unterschätzen.

11.1.3 Weitere Entwicklungen

Im Jahr 2002 wurde in Kooperation mit Global to Local Ltd.[21] eine Hemmnisanalyse mit drei englischen Kommunen durchgeführt. Hierfür wurden die Fragebögen, die Kommunen im Rahmen von Schulungen zum Thema Nachhaltigkeit beantwortet hatten, ausgewertet. Resultierend aus dieser weiteren Anwendung konnten sowohl der Fragebogen, als auch die Hemmnismatrix ergänzt und weiterentwickelt werden (Prototyp II, vgl. Abb. 11.8.).

	Markt	**Staat**	**Politiker / Leiter**	**Nahtstelle Politiker / Leiter und Spezialisten**	**Beschaffungsbereich**	**Umweltbereich**	**Finanzbereich**	**Nutzer**	**Informationsfluss**
Individualziele			• Bemühungen nicht sinnvoll		• Bemühungen nicht sinnvoll	• Bemühungen nicht sinnvoll	• Bemühungen nicht sinnvoll	• Bemühungen nicht sinnvoll • Vorurteil	
Ziel der Kommune			• Fehlendes Ziel	• Unterschiedliche Sichtweisen	• Fehlende Unterstützung durch Richtlinien	• Mangelnder Einfluss	• Kein Primärziel	• Kein Primärziel	• Information über Ziel • Information über Möglichkeiten
Optionen	• Identifikation der Produkte • Verfügbarkeit der Produkte		• Fehlende Zustimmung	• Fehlende Möglichkeiten	• Fehlende Zustimmung	• Fehlende Zustimmung	• Fehlende Zustimmung	• Fehlende Zustimmung	• Information über Alternativen • Identifizierung
Entscheidungskriterien	• Preis der Produkte • Funktionalität der Produkte	• Keine Subventionen • Keine Steuersenkung	• Fehlende Zustimmung		• Zusätzliche Arbeit • Mangelnder Einfluss	• Mangelnder Einfluss	• Preis der Produkte • Rechenmethode	• Funktionalität der Produkte	• Information über Relevanz
Szenarien	• Nachfragevolumen	• Unsicherheit der Rechtslage • Komplexität • Behinderung						• Nachfragevolumen	• Unsicherheit der Rechtslage
Entscheidung			• Fehlende Zustimmung	• Verwaltungsprozess	• Möglichkeiten nicht genutzt	• Möglichkeiten nicht genutzt	• Möglichkeiten nicht genutzt	• Möglichkeiten nicht genutzt	

Abb. 11.8. Hemmnismatrix Prototyp II

[21] Nähere Informationen unter unter http://www.globaltolocal.com/html/1.3.htm.

11.1.4 These zur Bewertung und Überwindung von Hemmnissen

Basierend auf den bisher gewonnenen Erkenntnissen im Umgang mit der Hemmnisanalyse konnte eine These bezüglich der Bewertung und Überwindung von Hemmnissen im öffentlichen Beschaffungsprozess abgeleitet werden:

> Aufgrund stark differierender Wahrnehmungen relevanter Hemmnisse in den einzelnen Kommunen ist die Entwicklung einer allgemeingültigen Strategie zur Überwindung von Hemmnissen nicht möglich. Vielmehr sind individuelle Strategien für die einzelne Kommune zu entwickeln, die vor allen Dingen bei erster Anwendung durch entsprechende (externe) Beratung unterstützt werden sollte.

Als Resultat aus den bisherigen Erfahrungen bei der Anwendung der Hemmnisanalyse verknüpft mit der daraus abgeleiteten These sowie um den Kommunen und anderen öffentlichen Auftraggebern ein praktikables Instrument für die Analyse ihrer relevanten Hemmnisse an die Hand zu geben, entstand die Idee eines Selbstevaluations-Tools. Um zu garantieren, dass alle bisherigen Ergebnisse dort einfließen, bildet die derzeitige Variante der Hemmnisanalyse mit ihren Bewertungsmethoden (inklusive der aktuellen Hemmnismatrix, vgl. Kapitel 8) die wissenschaftliche Basis für das Tool.

Dieses Tool stellt ein Instrument dar, um Hemmnisse aufzudecken und daran anschließend Potenziale und Strategien zu deren Handling abzuleiten. Die Vorgehensweise, die technische Umsetzungen sowie allgemeine Informationen werden im Folgenden vorgestellt.

11.2 Das Selbstevaluations-Tool

Das Selbstevaluations-Tool basiert, wie bereits ausgeführt, auf der Methode der Hemmnisanalyse. Es stellt einen Ansatz dar, der Kommunen und anderen öffentlichen Beschaffern zur Identifikation wahrgenommener Hemmnisse, dazu gehöriger Schlüsselpersonen und Entscheidungselemente sowie zur Festlegung von Verantwortlichkeiten und zur Generierung von ersten Strategien dienen soll.

11.2.1 Konzeption

Die Methode der Selbstevaluation der Hemmnisse besteht aus den im Folgenden kurz dargestellten Schritten.

Schritt 1: Festlegen der Personen innerhalb der Organisation, die an der Selbstevaluation teilnehmen sollen.

Die Anzahl der teilnehmenden Personen ist zu wählen. Sie hängt von der Zielstellung, die die Organisation mit der Selbstevaluation verfolgt, ab. So können dies beispielsweise nur die Akteure der operativen Ebene sein, es können aber auch alle Akteure der Organisation befragt werden.

Schritt 2: Bestimmen der Besonderheiten in der Beschaffung der Organisation.
Der Fragebogen kann in diesem Schritt an besondere rechtliche Regelungen oder innovative organisatorische Strukturen der Stadtverwaltung angepasst werden.

Nach Schritt 2 ist die Vorbereitung zur Selbstevaluation (Anzahl der Teilnehmer, Anpassung des Fragebogens) abgeschlossen.

Schritt 3: Ausfüllen der Fragebögen.
Die für die Selbstevaluation verantwortliche Person stellt sicher, dass die Teilnehmer den Fragebogen korrekt ausfüllen.

Schritt 4: Zuordnen der Befragungsergebnisse zu den fünf Hemmnisgruppen.[22]
Hier erfolgt die Analyse der Fragebögen und die Zuordnung der Fragen zu den fünf Effekten. (Das Tool bietet hierfür einen Vorschlag an.)

Nach Schritt 4 kann die Bedeutung der einzelnen Effekte für die jeweilige Organisation abgeschätzt werden.

Schritt 5: Feststellen, wer auf den Beschaffungsprozess Einfluss nehmen kann (Wahrnehmung).
Die Akteure, die Einfluss auf den Prozess nehmen können (z. B. der Finanzbereich, der Beschaffungsbereich, der Umweltbereich, die Nutzer, etc.) sind zu identifizieren.[23]

Schritt 6: Bestimmen der Entscheidungspunkte.
In der jeweiligen Organisation ist zu klären, welchen Schritten eine Beschaffungsentscheidung folgt.[24]

Schritt 7: Feststellen, wer wo Hemmnisse abbauen kann.
Die Akteure und Prozessschritte, die Einfluss auf eine Beschaffungsentscheidung haben, sind auszuwählen und abzugleichen.

Nach Schritt 7 sind die Verantwortlichkeiten/Einflussgrößen zur Überwindung der Hemmnisse aufgedeckt.

Schritt 8: Erfassen der unterschiedlichen Wahrnehmungen innerhalb der Organisation.
Für verschiedene Hemmnisse des Fragebogens können unterschiedliche Wahrnehmungen auftreten. Für die zu entwickelnden Strategien ist es daher wichtig, wie groß die Divergenzen unter den Befragten sind.[25]

---

[22] Diese Gruppen von Hemmnissen entsprechen den von FRENCH; RAVEN entwickelten Machtbasen, vgl. FRENCH, J. P. R., JR.; RAVEN, B. H. (1959), S. 150–167. Die Gruppen sind fehlende Ziele, fehlende Regelungen, Informationsmangel, fehlendes Wissen, fehlendes Anreiz- und Sanktionssystem; vgl. auch Kapitel 8.

[23] Vgl. Kapitel 8.

[24] Vgl. Kapitel 8.

Schritt 9: Klassifizieren der Hemmnisse und Ableitung erster Strategien.
Die Hemmnisse werden in Abhängigkeit von deren Bewertung den Überwindungsstrategien (Best Practice Sharing, Entscheidungsanalyse, Problemanalyse, Chancen- und Risikoanalyse) zugeordnet.[26]

Schritt 10: Feststellen, wer wo die Hemmnisse abbauen sollte.
Die Hemmnisse werden dem Beschaffungsprozess und den darin agierenden Akteuren zugeordnet.[27]

Nach Schritt 10 liegt eine erste Analyse der bestehenden Hemmnisse sowie erste Strategien zu deren Überwindung vor.

Schritt 11: Festlegen, welches Hemmnis zuerst abgebaut werden soll.
Wesentliche Hemmnisse werden festgelegt, um diese beispielsweise durch Best Practice Sharing mit anderen Organisationen zu überwinden.

Schritt 12: Identifizieren eines kritischen (Beschaffungs-)Vorgangs für ein wesentliches Hemmnis.
Hierfür sind Interviews mit allen in Schritt 5 identifizierten Akteuren zu führen. Jede befragte Person soll eine außergewöhnliche Situation bzw. ein Problem (kritischer Vorgang) nennen, der in der betreffenden Periode auftrat.

Schritt 13: Identifizieren der Normalsituation des (Beschaffungs)Vorgangs für das wesentliche Hemmnis.
Alle in Schritt 5 identifizierten Akteuren werden interviewt. Jede befragte Person soll einen normalen Beschaffungsvorgang beschreiben.

Schritt 14: Entwickeln eines detaillierten Plans mit Strategien.
Für die Implementierung der Strategien werden Workshops mit den in Schritt 7 identifizierten Akteuren vorgeschlagen.

Ergebnis nach Schritt 14 soll ein detaillierter Plan mit Strategien zur Überwindung der identifizierten Hemmnisse sein.

11.2.2 Der Online-Fragebogen

Das Selbstevaluationstool soll möglichst vielen Kommunen sowie anderen öffentlichen Einrichtungen zur Verfügung gestellt werden, um ihnen damit die Chance zu geben, eine solche Hemmnisanalyse selbst durchzuführen. Hierfür wurde ein internetbasierter Fragebogen entwickelt, der die Möglichkeit eines gleichzeitigen Zugriffs sowie einer einfacheren und sicheren Datensammlung und -aufbereitung bietet. Hierfür wurde die nachfolgend beschriebene Vorgehensweise (vgl. Abb. 11.9.) angewendet. Diese folgt im Groben den bereits vorgestellten Schritten.

---

[25] Das Auswertungsinstrument hierfür ist das Hemmnisprofil, vgl. Kapitel 8.

[26] Hierfür kann das Hemmnisportfolio Anwendung finden, vgl. Kapitel 8.

[27] Hierfür kann die dritte Auswertungsform, die Hemmnismatrix, zum Einsatz kommen, die neben dieser Zuordnung weiterhin eine Aussage über die Relevanz des Hemmnisses zulässt. Vgl. Kapitel 8.

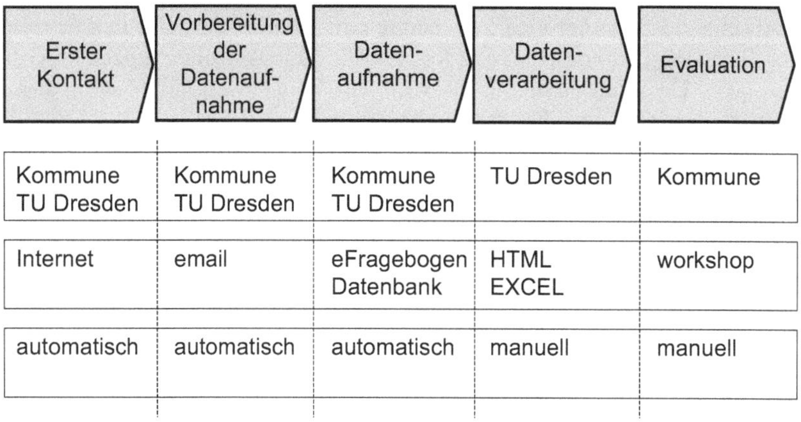

Abb. 11.9. Vorgehensweise der Selbstevaluation unter Nutzung des online Fragebogens

Der *erste Schritt* hin zur Selbstevaluation der Hemmnisse besteht in der Entscheidung des öffentlichen Auftraggebers (z. B. Kommune), eine solche überhaupt für sich durchführen zu wollen. Die TU Dresden stellt hierfür den Zugang zum internetbasierten Tool über die Seiten der Professur für Betriebliche Umweltökonomie zur Verfügung. Weiterhin wird es einen Zugang über die Beteiligung an der von ICLEI ins Leben gerufenen Kampagne zu umweltfreundlicherer Beschaffung in Europa *Procura+* geben (vgl. auch Kapitel 14). Der Link *http://www. wwil.wiwi.tu-dresden.de/hurdles/* führt zum Kontaktformular.

Im nächsten Schritt erhalten die potenziellen Teilnehmer Informationen zur Hemmnisanalyse und zur Selbstevaluation, anhand der sie dann entscheiden, ob sie teilnehmen wollen oder nicht.

Schritt 3, die Vorbereitung der Datenaufnahme, setzt sich aus zwei Teilen zusammen:

1. Die Organisation gibt ihre Bereitschaft zur Teilnahme bekannt. Sie legt die Kontaktperson, die Anzahl der Teilnehmer sowie die geplante Dauer der Befragung fest und übermittelt diese Daten.
2. Die TU Dresden ermöglicht einen Zugang zum online-Fragebogen, indem sie der Organisation ein Login zuteilt, sie über das Login informiert, sowie den Fragebogen bereitstellt.

In der Phase der Datenaufnahme füllen die Teilnehmer den Fragebogen aus. Zwei Wochen bevor der von der Organisation festgelegte Zeitraum zum Ausfüllen zu Ende geht, wird von Seiten der TU Dresden ein geprüft, wie viele Prozent der geplanten Beteiligung bereits erreicht wurde. Gegebenenfalls wird der Verantwortliche kontaktiert, um eventuell eine Nachhakaktion zu initiieren.

Im *Schritt 4* - Datenverarbeitung - werden die in einer Datenbank gespeicherten Daten der Befragung zusammengefasst und für die anschließende Analyse vorbereitet. Anschließend erfolgt die Auswertung der Daten mittels der vorgestellten Bewertungsmethoden (Hemmnisprofile, Hemmnisportfolio sowie Hemmnismatrix). Abschließend erfolgt eine Zuordnung der Hemmnisse und ihrer Ergebnisse zu den fünf Gruppen von Hemmnissen, um die Relevanz einer einzelnen Gruppe aufzuzeigen. Das Verfahren hierfür wird ein Spinnendiagramm sein, dass die Hemmnisse einer Gruppe abbildet und bewertet.[28]

Im *letzten Schritt,* der Evaluation, setzt sich die Organisation (beispielsweise in Workshops) mit den identifizierten Hemmnissen auseinander und legt Strategien zu deren Überwindung fest. Hierzu werden noch einmal detaillierte Informationen zu den als relevant wahrgenommenen Hemmnissen abgefragt: Erstens werden die Entscheidungsträger nach kritischen Ereignissen und zweitens nach der Normalsituation befragt Aus den Antworten lassen sich Rückschlüsse auf Häufigkeiten, Schweregrad sowie Richtung des Hemmnisses ziehen. Daran anschließend und unter Verwendung der gesamten gewonnenen Erkenntnisse werden dann detaillierte Pläne für Strategien, wo und wie Hemmnisse abgebaut werden können entwickelt.

11.3 Reflexion und Ausblick

Ziel der Hemmnisanalyse ist, Hemmnisse umweltfreundlicher Beschaffung im öffentlichen Beschaffungsprozess herauszuarbeiten und daraus Strategien zum Abbau zu entwickeln. Das Resultat ist eine Methode bestehend aus einem Fragebogen sowie drei (später vier) Bewertungsmethoden, die dieses Ziel im Fokus hat, denn:

- anhand des Hemmnisprofils können Unterschiede in der Wahrnehmung von Hemmnissen festgestellt und anhand der Mittelwerte erste Aussagen zur Relevanz eines Hemmnisses getroffen werden.
- das Hemmnisportfolio baut auf dem μ/δ-Modell ökonomischer Analysen auf. In Abhängigkeit von der Position der Hemmnisse innerhalb des Portfolios können Strategien zum Umgang mit ihnen vorgeschlagen werden.
- die Hemmnismatrix, die die Hemmnisse zum Entscheidungsprozess und den dazu gehörigen Akteuren zuordnet, unterstützt die Identifikation möglicher Ansatzpunkte (entweder im Prozess oder bei den Akteuren), an denen Maßnahmen zum proaktiven Umgang mit den relevanten Hemmnissen ansetzen können. Damit können Verantwortlichkeiten festgelegt werden bzw. der Hemmnissequenz folgend bereits überwundene Hemmnisse zugeordnet und als motivierendes Beispiel aufgezeigt werden.

[28] Die Methode der Aggregation der Antworten befindet sich noch in der Entwicklung. Angedacht ist die Nutzung einer Cluster-Analyse zur Bestimmung des Durchschnittswertes für die einzelnen Effekte.

Somit kann die Methode helfen, eine erste Analyse der Hemmnisse durchzuführen sowie erste Strategien zu entwickeln und umzusetzen bzw. im Folgenden bei wiederholter Anwendung Erfolge abzubilden.

Das online Selbstevaluations-Tool soll es einer größeren Zahl von Kommunen und anderen öffentlichen Auftraggebern ermöglichen, eine solche Analyse durchzuführen, erste Ratschläge in dieser Richtung zu erhalten und in einem zweiten Schritt möglicherweise tiefere Untersuchungen anzustreben und Maßnahmen zu ergreifen.

Ein zukünftiges Ziel ist die Anwendung des Tools in möglichst vielen Kommunen, um einerseits anhand deren Feedback das Tool weiter zu entwickeln und um ihnen andererseits sowohl das Konzept der Hemmnisanalyse nahe zu bringen und es als Hilfsmittel zu etablieren. Auf dieses Ziel kann (neben der Verankerung des Tools auf den Seiten der Professur für Betriebliche Umweltökonomie) durch die Anwendung des Tools im Rahmen der *Procura+* Kampagne[29] von ICLEI hingewirkt werden, indem es somit über ganz Europa bekannt gemacht wird.

Eine breitere Anwendung soll, wie bereits erwähnt, zu Feedback seitens der Anwender und damit zur weiteren Verfeinerung des Tools führen. Unter anderem ist hierbei dessen Umsetzung ins Deutsche angedacht, sowie die Anwendung einer weiteren Bewertungsmethode, die die aggregierten Hemmnisgruppen untersucht und bewertet. Diese Methode wird sich auf das sogenannte cobweb-Diagramm (vgl. Abb.11.10.) stützen, um die Relevanz einer bestimmten Hemmnisgruppe abzubilden.

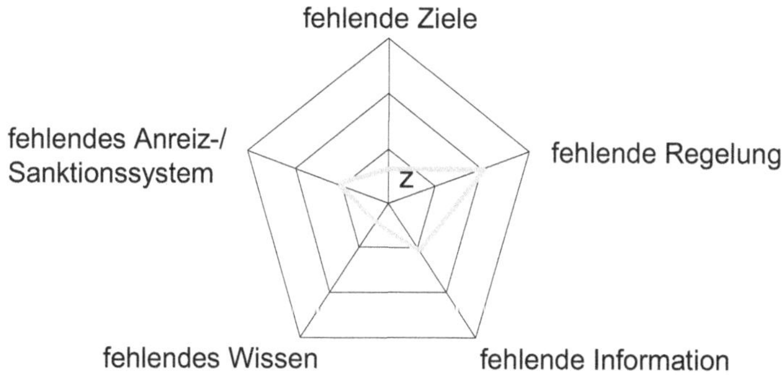

Abb. 11.10. Hemmnis Web

Ein weiteres Zukunftsziel liegt in der Anwendung der Hemmnisanalyse im Bereich unternehmerischer Beschaffung. Hierbei ist das Forschungsprojekt *Green eBusiness - Beurteilung der Marktdurchdringung ökologischer Produkte auf Basis einer Hemmnisanalyse (GeB)*, das durch die Dresdner Bank finanziert wird, zu nennen. Ziel des Projektes ist, Hemmnisse für umweltfreundliche Beschaffung in

[29] Die Kampagne wurde innerhalb des RELIEF Projektes initiiert und wird nun von ICLEI weitergeführt.

den größten 500 deutschen Unternehmen unter Verwendung der Hemmnisanalyse aufzudecken und in einem zweiten Schritt die Frage zu beantworten, ob bzw. wie identifizierte Hemmnisse eventuell mittels eBusiness Konzeptionen abgebaut bzw. gelindert werden können.[30]

Literatur

BORTZ, J.; DÖRING, N. (2002): Forschungsmethoden und Evaluation für Human- und Sozialwissenschaftler. 3., überarbeitete Auflage. Berlin / Heidelberg / New York 2002.

CARTWRIGHT, D. (1959): Studies in Social Power. Michigan 1959.

FORSCHUNGSPROJEKT „RELIEF – Environmental relief potential of urban action on avoidance and detoxification of waste streams through green public procurement – Umweltentlastungspotential städtischer Aktivitäten im Bereich umweltfreundlicher Beschaffung mit Blick auf die Detoxifikation und Reduzierung von Abfallströmen“ Auftraggeber: Europäische Kommission, Projektleitung: International Council for Local Environmental Initiatives (ICLEI), Europasekretariat, Bereich Umweltfreundliche Beschaffung. Freiburg, Deutschland. Laufzeit 01/2001–10/2003.

FRENCH, J. R. P, JR.; RAVEN, B. (1959): The Bases of Social Power. In: CARTWRIGHT, D. (1959): Studies in Social Power. Michigan 1959.

GETZINGER, G.; ASCHEMANN, R. (1990): Umweltfreundliche Beschaffung und kommunale Infrastrukturinnovationen 1. Teil. Interuniversitäres Forschungszentrum für Technik, Arbeit und Kultur, Graz 1990.

GETZINGER, G.; ASCHEMANN, R. (1991): Umweltfreundliche Beschaffung und kommunale Infrastrukturinnovationen 2. Teil. Schriftenreihe des Interuniversitären Forschungszentrums für Technik, Arbeit und Kultur (IFZ), Issue 13, Graz, 1991.

GÜNTHER, E.; SCHEIBE, L. (2004): The Hurdles Analysis. A method to identify and analyse hurdles for green procurement in municipalities. Dresdner Beiträge zur Betriebswirtschaftslehre 80/04, Dresden 2004. Parallel veröffentlicht als elektronisches Dokument veröffentlicht auf dem Hochschulschriftenserver der Sächsischen Landesbibliothek - Staats- und Universitätsbibliothek Dresden (SLUB) unter: http://hsss.slub-dresden.de/hsss/servlet/hsss.urlmapping.MappingServlet?id=1074594203546–4130.

HAUSCHILDT, J.; GEMÜNDEN, H. G. (Hrsg.) (1999): Promotoren. Champions der Innovation. Wiesbaden 1999

SCHAFFER, M.; WOLLMANN, H.(1989): Reichweite, Chancen und Hindernisse einer umweltdienlichen Beschaffungspolitik der öffentlichen Verwaltung in Berlin. Teil A, Berlin-Forschung der FU Berlin. Berlin 1989.

WALDMANN, A.; SEIFRIED, D. (2000): Buy Efficient – Public Procurement and Energy Efficiency. Results of the European Expert Workshop. Strasbourg, France, September 2000.

ZIMMERMANN, M.; WELTE, C. (1992a): Forschungsprojekt "Umweltfreundliche Beschaffung in Kommunen" im Auftrag des Umweltbundesamtes, Teil I. Berlin 1992.

ZIMMERMANN, M.; WELTE, C. (1992b): Forschungsprojekt "Umweltfreundliche Beschaffung in Kommunen" im Auftrag des Umweltbundesamtes, Teil II. Berlin 1992.

[30] Nähere Informationen zum Projekt unter http://www.tu-dresden.de/wwbwlbu/forschung/laufende_projekte/green_ebusiness/.

12 Szenarien zur zukünftigen Entwicklung

Christoph Erdmenger, Michaela Winter

12.1 Einleitung

Um geeignete Strategien für eine umweltfreundliche öffentliche Beschaffung anfertigen zu können, muss man sich über die möglichen zukünftigen Entwicklungen in diesem Bereich im Klaren sein. Dabei stellen sich die folgenden Fragen: Wie wird wohl die Zukunft für umweltfreundliche Beschaffung in Kommunen aussehen? Werden sich umweltfreundliche Erwägungen ändern und wird sich ein Wandel im Verständnis von umweltfreundlicher Beschaffung vollziehen?

Um Antworten auf diese Fragen zu finden, wurde die Szenario-Methodik angewandt. Szenarien sind plausible Darstellungen mehrerer verschiedener möglicher Zukunftsentwicklungen. Sie beschreiben angenommene Abfolgen künftiger Ereignisse. Dies basiert auf der Zusammenführung verschiedener externer Einflussfaktoren und Trends, über deren künftige Entwicklung eine hohe Unsicherheit herrscht. Szenarien stellen verschiedene mögliche Ausprägungen der Zukunft dar. Damit bergen sie immer auch das Risiko, dass sich keines der entwickelten Szenarien als wahr herausstellt. Wie jeder Plan sollten daher auch Szenarien in regelmäßigen Abständen anhand der tatsächlichen Entwicklung überprüft und überarbeitet werden. Der Vorteil von Szenarien gegenüber relativ bestimmten Prognosen liegt jedoch darin, dass sie das Risiko mindern, von den Ereignissen völlig überrascht zu werden.

Szenarien erfassen neben Fakten über den Ist-Zustand auch Erwartungen zentraler Akteure an die Zukunft und versuchen, diese in wenigen plakativ von einander abgegrenzten logischen Strängen zu bündeln. Vereinfacht könnte man sagen, dass schlüssige Geschichten über zukünftige Trends entwickelt werden. Die Szenarien sollen dabei die Auswirkungen dieser zugrunde liegenden Trends beleuchten und anregen über strategischen Optionen und Alternativen nachzudenken. Beteiligte am ‚grünen' öffentlichen Beschaffungsprozess sollen somit sensibilisiert werden, zukünftige Beschaffungsprobleme besser zu identifizieren, um darauf basierend bessere Langzeitstrategien entwickeln zu können.[1]

---

[1] Vgl. BRANDER, L. U.A. (2002), S.19.

Nach WEINBRENNER (2004) besteht die Erstellung eines Szenarios aus fünf Phasen:[2]

1. Aufgaben und Problemanalyse
2. Einflussanalyse und Deskriptorenbeschreibung
3. Trendprojektionen und Faktorenbündelung
4. Szenarioentwicklung und Szenariointerpretation
5. Maßnahmen und Handlungsmöglichkeiten

Dieses Kapitel konzentriert sich dabei auf die Schritte 2 bis 4. Schritt 1 und 5 waren hingegen Anliegen des gesamten, diesem Buch zugrunde liegenden Forschungsprojektes und werden in dieser Publikation an anderer Stelle ausführlich behandelt. Während Phase 2 im folgenden beschrieben wird, sind die Schritte drei und vier in der anschließenden Beschreibung der Szenarien zusammengefasst wurden. Abweichend von WEINBRENNER (2004) wurde dabei jedoch auf die Beschreibung eines Negativszenarios verzichtet. Es wurden statt dessen im Interesse der Entwicklung strategischer Optionen zwei optimistische Szenarien einem Status Quo Szenario beiseite gestellt.

12.2 Einflussfaktoren auf eine umweltfreundliche Beschaffung

Um realistische Zukunftsszenarien anfertigen zu können, bedarf es gewisser grundlegender Kenntnisse. Diese werden in der Einflussanalyse und Deskriptorenbeschreibung ermittelt. So müssen zunächst Einflussfaktoren und Trends bestimmt werden, die sich auf die zukünftige Entwicklung von öffentlicher Beschaffung in positiver oder negativer Weise auswirken können. Des Weiteren muss der momentane Stand der öffentlichen Beschaffung bestimmt werden, um davon ausgehend die Szenarien entwickeln zu können. Zu guter Letzt können die Meinungen von Beschaffern Aufschluss über mögliche Entwicklungen geben.

Es kann zwischen einer Vielzahl von Trends unterschieden werden, die in irgendeiner Weise die Entwicklung von umweltfreundlicher öffentlicher Beschaffung beeinflussen werden. Dabei gibt es verschiedene Faktoren, welche die Verbreitung von ‚grüner' Beschaffung durch die öffentliche Hand beeinflussen können. So sind z. B. Entwicklungen in der Größenordnung des öffentlichen Beschaffungsvolumens zu erwarten – der reine Anstieg an Ausgaben wird auch den Stellenwert von umweltfreundlicher Beschaffung begünstigen. Zu den weiteren Einflussfaktoren zählen die Verfügbarkeit von ‚grünen' Alternativprodukten und geeigneten Produktinformationen, Entwicklungen in der Privatisierung von öffentlichen Dienstleistungen und die Art und Weise, wie Behörden geleitet werden. Aus diesen Faktoren können sich auch erschwerende Bedingungen für die Entwicklungen von umweltfreundlicher öffentlicher Beschaffung ergeben. Einschränkungen können z. B. durch den rechtlichen Rahmen in der öffentlichen Beschaffung ent-

[2] Vgl. WEINBRENNER, P. (2004), S. 1.

stehen. Der Stellenwert von öffentlicher Beschaffung auf der politischen Agenda beeinflusst zudem dessen rechtliche Situation. Das Fehlen von geeigneten ‚grünen' Alternativen für Produkte und Dienstleistungen, die von der öffentlichen Hand bezogen werden, kann eine zusätzliche Benachteiligung darstellen. Jedoch bieten technische Innovationen hierfür einen Ausgleich.

Ein weiterer wichtiger Gesichtspunkt könnte der sich vollziehende Wandel im Verständnis der Zielsetzung umweltfreundlicher Beschaffung sein, so dass nicht mehr alleine auf eine Entlastung der Umwelt abgezielt wird, sondern dass in Zukunft auch soziale und wirtschaftliche Aspekte einbezogen werden. In Tabelle 12.1 sind die für die Untersuchung herangezogenen Faktoren dargestellt.

Eine Umfrage, welche im Jahr 2003 durch das Generaldirektorat der europäischen Kommission über den ‚Aktuellen Stand von umweltfreundlicher öffentlicher Beschaffung in der Europäischen Union'[3] in Auftrag gegeben wurde, bildete den Ausgangspunkt für die Entwicklung der Szenarien. Bisher war es nicht möglich, Maßnahmen und vorhandene Potenziale der umweltfreundlichen Beschaffung zu untersuchen, da kein akkurates Datenmaterial vorlag.

Tabelle 12.1. Faktoren, die das Entlastungspotenzial von umweltfreundlicher öffentlicher Beschaffung bestimmen

Faktoren	Beschreibung und mögliche Entwicklungen
Gesamtes Beschaffungsvolumen	Falls eine proportionale Entwicklung zum BIP angenommen wird, werden die Ausgaben der öffentlichen Beschaffung von 2005–2025 um das Doppelte steigen.
Verfügbarkeit von Alternativprodukten	Wird steigender Bedarf an ‚grünen' Produkten neue Produkte fördern? Wie werden Umweltprobleme in der Zukunft aussehen?
Verfügbarkeit von Informationen	Wie einfach wird es für einen öffentlichen Beschaffer sein, ‚grüne' Alternativprodukte zu identifizieren? Ist eine Zentralisierung der Beschaffung realisierbar, z. B. mittels von Informations- und Kommunikationstechnologie?
Behördenmanagement	Werden Veränderungen bei der Organisation von öffentlichen Verwaltungen umweltfreundliche Beschaffung erleichtern oder erschweren?
Transparenz der rechtlichen Rahmenbedingungen	Beschaffer werden sich aufgrund von erwarteten rechtlichen Komplikationen, die mit umweltfreundlicher Beschaffung verbunden werden, davon fern halten.
Öffentliches Bewusstsein	Ein großes öffentliches Umweltbewusstsein unterstützt die Initiativen von Beschaffern ‚grün' zu kaufen
Politischer Stellenwert der Umwelt	Beschaffungsentscheidungen, die einer politische Zustimmung bedürfen, werden umso umweltfreundlicher ausfallen, je höher der Stellenwert der Umwelt auf der politischen Agenda ist.
Ziele der Beschaffung	Wird das Zielspektrum von Beschaffungsentscheidungen von der Sicherstellung der Bedürfnisse der jeweiligen Verwaltung auf strategische Ziele wie z. B. Innovationsförderung und Umweltentlastung ergänzt?

In Anlehnung an BRANDER, L. U.A. (2002), S.3

[3] Nähere Informationen in Kapitel 3.

Die Studie bietet nun zum ersten Mal einen Überblick über die momentane Situation von umweltfreundlicher öffentlicher Beschaffung in Europa, welches auch einige Rückschlüsse auf die deutsche Situation zulässt. Dies ermöglicht uns, die entwickelten Szenarien mit aussagekräftigen quantitativen Resultaten aus den Untersuchungen zu untermauern.

Auffallend an den generellen Ergebnissen ist, dass vor allem weniger erfahrene Kommunen das Fehlen von Informationen über Umweltbelange im Allgemeinen und die Entwicklung von Umweltkriterien im Speziellen als größtes Hindernis für umweltfreundliche Beschaffung ansehen. Unterstützt wird diese Aussage zudem von der Auswertung der Frage nach Optionen, die bei der Einführung von umweltfreundlicher Beschaffung als hilfreich angesehen würden. Nahezu 60% der Befragten sehen den Zugang zu schriftlichen Informationen und den Zugriff auf eine Online-Datenbank für Produktkriterien als wichtigste Hilfestellung an. Hierbei sind sich die erfahrenen und nicht erfahrenen Kommunen einig. Als positiv kann das Resultat angesehen werden, dass nur etwa 20% der Befragten einen Mangel an Interesse oder rechtliche Bedenken als Hürde für umweltfreundliche Beschaffung identifizieren.

Die im folgenden Abschnitt vorgestellten Szenarien konnten zudem durch Expertenbefragungen in ausgewählten Städten über die Zukunft der nachhaltigen Beschaffung fundiert werden. Dabei erfragte ICLEI bei den Städten, die am BIG-Net Netzwerk europäischer umweltfreundlicher Beschaffer teilnehmen, Erwartungen an die Zukunft. An dieser Umfrage nahmen 26 der 51 befragten Kommunen teil, darunter vier deutsche. Zwei Drittel der Antwortenden aus 10 verschiedenen Ländern waren in Umweltabteilungen beschäftigt und ein weiteres Viertel arbeitete in Beschaffungsabteilungen, je eine Person war Agenda 21- Koordinator, externer Berater und Politiker. Die Ergebnisse konnten mit den Antworten aus einer Serie von Detailinterviews mit europäischen Entscheidungsträgern durch BRANDER u.a., die zur gleichen Zeit stattfanden, abgeglichen werden.[4]

Ein wesentliches Ergebnis dieser Umfragen war, dass sich fast alle Akteure einig waren, dass ein langsamer aber kontinuierlicher Anstieg des Anteils umweltfreundlicher Produkte bei der Beschaffung auch bei unveränderten Rahmenbedingungen zu erwarten ist. Demnach wird angenommen, dass umweltfreundliche Beschaffung sowohl professioneller und verbreiteter wird, als auch unabhängiger vom persönlichen Interesse individueller Beschaffer. Dementsprechend wurde die Wirkung des Instruments von 68% als hoch, sowie von 32% als moderat eingeschätzt, während kein Befragter davon ausging, dass die Beschaffung keinen Einfluss auf die Verbreitung umweltfreundlicher Produkte hätte.

Die angenommene stärkere Verbreitung von umweltfreundlicher Beschaffung wird laut BRANDER u.a. (2002) vor allem der erwarteten steigenden Verlagerung der Entscheidungsprozesse auf die lokale Ebene zugeschrieben. Als Ergebnis kann auch festgehalten werden, dass im europäischen Vergleich die Verbreitung von

---

[4] Vgl. BRANDER, L. U.A. (2002), BRANDER, L. U.A. (2003), S. 232ff., Aufbauend auf den vorgenommenen Umfragen wurden von BRANDER U.A. drei Szenarien entwickelt: (1) Business as usual, (2) Enthusiasmus für umweltfreundliche Beschaffung, (3) Nachhaltige öffentliche Beschaffung.

umweltfreundlicher Beschaffung in Deutschland schon verhältnismäßig weit fortgeschritten ist. Aus den Antworten der Befragten ergab sich außerdem die Erwartung, dass Informationen über Produktkriterien einfacher zugänglich werden und Umweltkriterien im Allgemeinen zum Standard im Beschaffungsprozess werden. Überdies sollen striktere Umweltvorgaben zu einem erweiterten Angebot an ‚grünen' Produkten führen.

Als wichtigste Einflussfaktoren gingen aus dieser Umfrage an erster und zweiter Stelle der politische Stellenwert der Umwelt und das öffentliche Umweltbewusstsein hervor. Dahinter folgten die Verfügbarkeit von Informationen über Produktalternativen und deren Lieferanten. Weniger Bedeutung wurde hingegen dem Einfluss von Privatisierungen und Marktöffnungsprozessen beigemessen. Bei der Frage nach weiteren Faktoren wurden bemerkenswert häufig ökonomische Faktoren und spezielle politische Rahmenbedingungen genannt, darunter die europapolitischen Rahmenbedingungen.

Die maßgebende Rolle bei der Entscheidung für umweltfreundliche Produkte wurde in der Regel dem Beschaffer, häufig aber auch der Politik zugeschrieben. Die Rolle der Lieferanten wurde als eher gering wahrgenommen. Darüber hinaus wurde deutlich, dass die Produkte mit den höchsten Umweltentlastungspotenzialen mitnichten in der Aufmerksamkeit der Befragten am höchsten rangieren. Hier wurde von mehr als 80% vor allem Büroausstattung und Papier an erster Stelle angegeben, gefolgt von Büromöbeln und Reinigungsprodukten.

Auf der Basis der erarbeiteten Grundlagen werden nun im folgenden Abschnitt drei Szenarien vorgestellt, die mögliche Entwicklungen bis zum Jahr 2025 umreißen sollen. Sie gehen alle davon aus, dass öffentliche Beschaffung auch in Zukunft einen ähnlichen Anteil am Marktgeschehen haben wird, wie dies heute der Fall ist. Bei „Business as usual" wird ein kontinuierlicher, aber langsamer Anstieg der Bedeutung umweltfreundlicher Beschaffung erwartet. Im Szenario „Ökologischer Aufbruch" wird diese Sichtweise mit der Erwartung kontrastiert, dass umweltfreundliche Beschaffung eine steigende Bedeutung in der politischen Meinung gewinnt. Zu guter Letzt wird das Szenario „Nachhaltiger Binnenmarkt" in den Blick genommen, bei welchem eine systematische Verknüpfung des Einflusses von Nachhaltigkeitskriterien in der Beschaffung auf dem Binnenmarkt mit den durch Marktöffnung ermöglichten Effizienzgewinnen diskutiert wird.

12.3 Szenario 1: Business as usual

Dieses Szenario geht davon aus, dass sich weder an den Rahmenbedingungen noch an den Einstellungen der Entscheidungsträger bei der Beschaffung Wesentliches ändern wird. Dies schließt ein, dass die politische Einstellung zum Instrument Beschaffung in der Umweltpolitik zwar positiv, der Stellenwert aber relativ gering bleibt.

So geht das Szenario davon aus, dass durch die Bundespolitik auch weiterhin Mittel unterhalb der Schwelle von einer Million € pro Jahr für die Förderung des Instruments verfügbar gemacht werden. Auch die Landesregierungen werden ihre

Unterstützung nicht erhöhen. Entsprechend werden Bundes- und Landesverwaltungen eher schwerfällig von dem Instrument Gebrauch machen und die Pilotfunktion einigen Kommunalverwaltungen überlassen.

Da vor allem ein Informationsdefizit als Haupthürde von den öffentlichen Beschaffern identifiziert wurde, werden sich zukünftige Anstrengungen vor allem darauf konzentrieren, dieses Defizit zu beseitigen. Beschaffer, die die Initiative ergreifen, werden wahrscheinlich somit einem verbesserten Informationsangebot gegenüber stehen, das durch Förderungen auf EU- oder Bundesebene ermöglicht wird. So hat das Umweltbundesamt in den Jahren 2001–2003 die Entstehung eines Informationspools im Internet gefördert.[5] Auf europäischer Ebene werden derzeit schriftliches Informationsmaterial und eine Online-Datenbank für Produktkriterien durch das Generaldirektorat für Umwelt der Europäischen Kommission entwickelt. Allerdings ist gleichwohl zu befürchten, dass im Laufe der Jahre verschiedene Informationsangebote aufgrund ausbleibender Folgefinanzierung auch wieder geschlossen werden, bzw. veralten. Insgesamt wird der Fortschritt in der IT-Technologie die Verbreitung von Informationen leichter machen. Das dadurch entstehende Informationsüberangebot und die Verwirrung aufgrund verschiedener Umweltkriterien werden zum Teil durch die erwähnten Informationsangebote aufgefangen.

Auch der gesetzliche Rahmen wird in den Grundzügen erhalten bleiben und umweltfreundliche Beschaffung zwar erlauben, jedoch weiter so konstruiert sein, dass sich Umweltkriterien im Beschafferalltag neben der Verantwortung für die Wirtschaftlichkeit, die formale Korrektheit der Ausschreibungsverfahren und die Funktionalität des Produktes als zusätzliche Bürde darstellen. So bleibt zu erwarten, dass nur besonders engagierte Beschaffer den Weg zum umweltfreundlichen Produkt finden werden.

Dennoch erscheint es nicht unrealistisch, dass sich „grüne Produkte" allmählich weiter verbreiten. Ein Teil dessen wird aufgrund fortschreitender Umweltgesetzgebung jedoch im Laufe der Zeit dem gesetzlichen Standard entsprechen. Ein Beispiel dafür ist die Produktgruppe der Busse, aber auch anderer Fahrzeuge. Hier wird die heute „grüne" Alternative der EURO-IV-Busse ab 2006 für Neukäufe gesetzlich vorgeschrieben sein und ab 2016 dürften sich wenig Busse finden, die nicht diesem Standard entsprechen. Entsprechendes gilt für die EURO-V-Standards, die ab 2008 Gültigkeit finden.

Grüne Produkte werden sich wahrscheinlich vor allem dort durchsetzen, wo sie gleichzeitig zu Einsparungen führen können, am besten durch geringere Produktpreise, in einigen Fällen auch durch geringere Folgekosten. So bietet sich vor allem im Bereich der IT-Ausstattung ein nicht unerhebliches Einsparpotenzial. Laut EU-Umfrage sind in deutschen Behörden schon 50% der Computer mit einem Ruhemodus versehen, jedoch bietet die Einschränkung des Energieverbrauchs im Ruhemodus – bisher nur von etwa 12% der Befragten angewendet – und der Einsatz von Flachbildschirmen – bisher nur von etwa 22% der Befragten benutzt – ein erhebliches Potenzial sowohl für finanzielle Einsparungen, als auch für die Reduktion von Umweltbelastungen. Aufgrund mangelnder Standards finden Energiever-

[5] Nähere Informationen hierzu unter www.beschaffung-info.de.

brauchsbeschränkungen im Aktivmodus, die besonders bei Computern einen großen Einfluss haben könnten, noch gar keine Beachtung. Neben möglichen Einsparungen werden auch einmalige und begrenzte politische Konjunkturen für das eine oder andere ‚Modeprodukt' punktuell zu einem Anstieg der öffentlichen Nachfrage führen.

Angenommen wird, dass in diesem Szenario der Anteil umweltfreundlicher Beschaffung bei kostengünstigen Produktalternativen auf etwa 10–20% der gesamten öffentlichen Beschaffung wächst, bei kostenintensiven eher bei 1–3% der Beschaffung verharrt. So lassen sich bei den untersuchten Produktgruppen kumulierte Umweltentlastungen z. B. bei den Treibhausgasen von 55.000–150.000 Personenäquivalenten vorhersagen.[6] Keine unerhebliche, aber auch keine wirklich entscheidende Menge. In Bezug auf Innovationen im nachhaltigen Wirtschaften würde sich – von einzelnen und sehr speziellen Ausnahmen abgesehen – keine bedeutende Wirkung auf die Einführung von Innovationen einstellen. Die Verbreitung würde jedoch aufgrund sowohl der nachfragebedingten Preissenkungen bei den Produkten als auch des Bewusstseinsanstiegs bei den betroffenen öffentlich Beschäftigten gestützt werden.

12.4 Szenario 2: Ökologischer Aufbruch

Das Szenario beschreibt die Voraussetzungen und Folgen einer Entwicklung, die eintreten könnte, wenn umweltfreundliche Beschaffung konsequent als Instrument der Umweltpolitik genutzt würde. Im Gegensatz zum nächsten Szenario beschränkt es sich dabei auf die Beschaffung im engeren Sinne und die Integration von Umweltaspekten.

Voraussetzung für dieses Szenario wäre, dass sich der Stellenwert umweltfreundlicher Beschaffung in der politischen Wahrnehmung erheblich ändert. Von europäischer, Bundes- und Landesebene würde das Signal gegeben werden, dass dem Instrument bei der Verwirklichung von Umweltzielen eine zentrale Rolle zugedacht wird. Beispielsweise könnten auf Bundes- oder Landesebene die Bildung von Netzwerken so finanziert werden, dass eine aktive Rekrutierung einer Vielzahl von teilnehmenden Verwaltungen möglich ist, wie dies in Japan geschieht. Die Bedeutung, die einer gezielten Kooperation zwischen ‚aktiven' Kommunen zugewiesen wird, zeichnet sich unter anderem bei einer Umfrage unter europäischen Kommunen ab, die den Erfahrungsaustausch mit Pionierstädten, neben der Zugänglichkeit von Informationen, als Hauptfaktor zur Förderung von unweltfreundlicher Beschaffung ansehen.[7]

Oder es würde nach dänischem Vorbild eine Verpflichtung für Verwaltungen eingeführt werden, Aktionspläne für umweltfreundliche Beschaffung aufzustellen und über ihre Umsetzung zentral zu berichten. Parteien und nationale Medien wür-

[6] Auf der Basis der Berechnungen in Kapitel 10.
[7] Vgl. OCHOA, A. (2003), S.16.

den das Thema aufgreifen und in einen politischen Wettstreit eintreten, wer das effektivste Konzept zur Förderung der umweltfreundlichen Beschaffung vorlegt.

In dieser Situation würde es bald zur Alltagsanforderung an Beschaffer gehören, dass sie dort wo möglich Umweltkriterien umsetzen. Der entstehende Fortbildungsbedarf für Beschaffer würde von Berufsverbänden, Verwaltungsbildungseinrichtungen und Arbeitsamt in die bestehenden Angebote integriert. Abteilungen, die keinerlei Umweltkriterien anwenden, würden über verwaltungsinterne Monitoringsysteme (ggf. integriert in bestehende Umweltmanagementsysteme) erkennbar werden und müssten ihr Verhalten rechtfertigen.

In einer solchen Atmosphäre kann damit gerechnet werden, dass 50–80% der Beschaffung quer durch die Produktgruppen mit Umweltkriterien ausgestattet würde. Dass 100% nur im Ausnahmefall realisiert werden kann, liegt zum einen daran, dass viele Verwaltungseinheiten sehr dezentral organisiert sind und beschaffen. Beispielsweise ist nicht zu erwarten, dass alle z. B. von Kindergärten im Supermarkt gekauften Lebensmittel Umweltkriterien genügen. Zum anderen gibt es immer begründete Ausnahmefälle, bei denen starre Umweltkriterien nicht zur Anwendung kommen können. Beispielsweise spielen im Gebäudebereich häufig Denkmalschutzgründe eine wichtigere Rolle als die konsequente Einhaltung der Beschaffung. Selbst wenn nur 50% der Verwaltungen teilnehmen, kann aber erwartet werden, dass dies alle größeren Verwaltungen umfasst und somit 90% des Beschaffungsvolumens widerspiegelt.

Im Ergebnis wären bei den Produktgruppen Strom und Gebäude die höchsten Entlastungen zu erwarten.[8] Wie signifikant der Beitrag wäre, zeigt die folgende Überlegung für den Bereich Klimaschutz: Die Bundesrepublik Deutschland hat hier den Treibhausgasausstoß zwischen 1990 und 1999 zwar bereits auf etwa 190 Mio. t CO_2-Äquivalente reduziert.[9] Dies geschah jedoch zu einem erheblichen Teil unter dem Einfluss des Zusammenbruchs der ostdeutschen Industrie nach dem Fall der Mauer. Weitere Fortschritte sind schwierig und die Instrumente dazu politisch umstritten.

Von den verbleibenden 66,4 Mio. t CO_2-Äquivalenten[10] an Reduktionsverpflichtungen könnte die umweltfreundliche Beschaffung von Strom mit einem Reduktionspotenzial von 23,8 Mio. t CO_2-Äquivalenten bis zu 36% und die Dämmung öffentlicher Gebäude mit einem Reduktionspotenzial von 15 Mio. t CO_2-Äquivalente bis zu 23% übernehmen. Sie erreicht damit Größenordnungen, die das Erheben zu einem Hauptfeld nationaler Umweltpolitik rechtfertigt.

[8] Vgl. Ergebnisse der Berechnung des Umweltentlastungspotenzials in Kapitel 10.

[9] Vgl. BMU 2000, S. 18f.

[10] Wert eigene Berechnung. Die Bundesregierung spricht von einer verbleibenden Verpflichtung von 50–70 Mio. t CO_2-Äq.

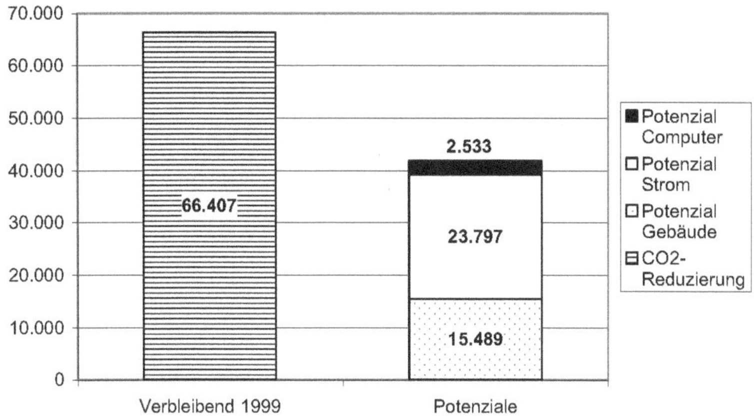

Abb. 12.1. Vergleich zwischen den Potenzialen der umweltfreundlichen Beschaffung bei einzelnen Produkten und den zwischen 1999 und 2008–2012 zu erreichenden Verpflichtungen Deutschlands gemäß dem Kyoto-Protokoll, in 1000 t CO_2-Äquivalenten

12.5 Szenario 3: Nachhaltiger Binnenmarkt

Im dritten Szenario wird die Perspektive noch einmal erweitert. Angenommen wird nicht „nur" eine hohe Unterstützung für umweltfreundliche Beschaffung, sondern dass diese auch systematisch mit dem Leitbild der Nachhaltigkeit verknüpft wird. In diesem Fall werden dazu vor allem ökonomische Erwägungen mit in die Betrachtung integriert: Effizienz der Leistungserbringung, Schubwirkung für Innovationen und Preiseffekte. Darüber hinaus wird der Nutzen des erweiterten Marktvolumens auf dem europäischen Binnenmarkt in die Betrachtung einbezogen.

Ein Hintergrund dieser Betrachtung ist die Erkenntnis aus den Potenzialberechnungen, dass bei allen Produkten die größte Umweltentlastung möglich war, wenn nur ein oder wenige Produktkriterien verändert werden, dies aber durch flächendeckende Nachfrage gestützt wird. Es ist realistisch zu erwarten, dass sich diese Umweltentlastungen am einfachsten realisieren lassen, je besseren und leichteren Zugriff die Beschaffer auf den gesamten europäischen Markt haben.

Die einzige Ausnahme bei den verwandten Umweltkriterien war die Annahme, dass bei Lebensmitteln die Transportentfernung des Produktes zum Endverbraucher einen wesentlichen Umwelteinfluss hat. Dies konnte durch die Berechnung zwar bestätigt werden, doch selbst hier ergab sich, dass der Einfluss einer Umstellung auf ökologisch-produzierte Lebensmittel einen größeren Effekt haben würde. Daher wird im vorliegenden Szenario davon ausgegangen, dass es für die Preise umweltfreundlicher Produkte und ihre Durchsetzung am Markt förderlich ist, wenn sie möglichst gleichzeitig auf dem gesamten Europäischen Binnenmarkt nachgefragt werden.

Voraussetzung für dieses Szenario ist, dass sich bei den wirtschaftspolitischen Entscheidungsträgern die Erkenntnis durchsetzt, dass umweltfreundliche Beschaffung nicht im Konflikt mit wirtschaftlichen Zielen steht. Vielmehr würde umweltfreundliche Beschaffung als geeignetes Instrument gesehen, die Entwicklung des Europäischen Binnenmarktes voranzutreiben. Illustrativ gesagt könnte der Einkauf von preisgünstigem Recyclingpapier aus Dänemark, das es in Südeuropa zu dem Preis nicht gibt, das Einfallstor dafür sein, dass italienische Beschaffer sich in Zukunft stärker europäisch orientieren. Umgekehrt könnte die Erkenntnis, dass sich Fahrzeuge mit Dieselfilter billiger von französischen Herstellern beziehen lassen, die Einstellung deutscher Beschaffer zur europaweiten Ausschreibung fördern. Damit Potenziale dieser Art voll ausgenutzt werden, würden die Regierungen die Erstellung von europaweit anwendbaren Beschaffungskriterien unterstützen. Darüber hinaus würden sie die Bildung von Einkaufsgemeinschaften auf dem Europäischen Binnenmarkt begrüßen und fördern. Damit alle Chancen öffentlicher Beschaffung genutzt werden, technologische oder organisatorische Innovationen frühzeitig auf dem Markt zu stützen, würden sie eine laufende Markt- und Technologiebeobachtung fördern. Gerade nationale Ministerien würden erkennen, dass sich hier viel zur Förderung der einheimischen Wirtschaft beitragen ließe.

Aus der Expertenbefragung zur Vorbereitung der Szenarios hatte sich ein weiterer Aspekt ergeben. In allen Ländern Europas sind Privatisierungs- und/oder Marktöffnungsprozesse für öffentliche Infrastruktur und Dienstleistungen im Gange. Dies wird von der EU-Kommission im Rahmen ihrer Binnenmarktstrategie auch gefördert.[11] Beispiele aus Skandinavien zeigen für den Bereich des ÖPNV, dass gerade die Marktöffnung auf der Basis eines Ausschreibungswettbewerbs zu erheblichen Effizienzgewinnen bei der Verwendung öffentlicher Subventionen führen kann. Vorausgesetzt, dass freiwerdende Mittel in zusätzliche Kapazitäten investiert werden, kann dies zur Ausweitung des Nahverkehrangebotes führen. Mit dem Instrument der Ausschreibung lassen sich auch Umweltkriterien leichter durchsetzen: Sie werden einfach zur Voraussetzung für den Vertrag gemacht und müssen nicht im Einzelfall jedes Mal verhandelt werden, wie dies beispielsweise heutzutage häufig in deutschen Stadtwerken der Fall ist.[12] Ein wichtiger Baustein zur Förderung einer solchen Strategie wäre die Anpassung des rechtlichen Rahmens der Beschaffung. Heute erlaubt er zwar die Anwendung der allermeisten Umweltkriterien, jedoch in einer Weise, dass nur Produkte, die schon gut dem Markt etabliert sind, verlangt werden können. Das Setzen von Anreizen, über den erreichten Standard hinauszugehen, wird beispielsweise für die Zuschlagsphase des Vertrages eher erschwert.

Welche Effekte eine solche binnenmarktorientierte Strategie haben kann, illustriert für die Produktgruppe Computer eine Erfahrung aus den 90er Jahren. Damals hatte der US-Präsident Bill Clinton die gesamte US-Bundesverwaltung angewiesen, nur noch energiesparende Computer zu kaufen – dies waren damals etwa

[11] Vgl. COMMISSION OF THE EUROPEAN COMMUNITIES (CEC) (2000).
[12] Vgl. HIDSON, M. U.A. (2003).

1.000.000 Stück pro Jahr. Die Computerindustrie reagierte darauf zunächst mit Angeboten, bei denen die Sparfunktion ca. 5 US$ zusätzlich kosten sollten – angesichts des zu sparenden Stroms ein Schnäppchen. Später entschied sich die Industrie jedoch, dass es zu teuer wäre, eine zweite Produktlinie aufrechtzuerhalten – und räumte Computer ohne Energiesparfunktion vom Markt.[13] Es erscheint vor diesem Hintergrund nicht unrealistisch, etwas Ähnliches von der zweiten Generation energie-effizienter Computer zu erwarten, zumindest wenn die Nachfrage im Europäischen Binnenmarkt entsprechend steigt. Würden alle jährlich in Deutschland verkauften 8 Mio. PCs und Monitore entsprechend effizienter sein, ließen sich 2,5 Mio. t CO_2-Äquivalente sparen.

Verbesserungen im Energieverbrauch sind aber nicht nur die einzigen Maßnahmen, die von öffentlichen Beschaffern verfolgt werden können. So haben Untersuchungen gezeigt, dass in Deutschland pro Jahr etwa 500.000 Computer und Monitore von öffentlichen Verwaltungen neu beschafft werden. Diese werden in den etwa 5 Jahren ihrer Betriebszeit etwa 500 Mio. kwh an Elektrizität verbrauchen und damit für Emissionen von etwa 220.000 Tonnen Treibhausgasen (CO_2-Äquivalenten) sorgen. Würden die vorhandenen Modelle in Betrieb bleiben (und die Monitore durch TFT-Monitore ersetzt), könnten 2/3 davon gespart werden. Auch ohne die Produktion und den erzeugten Elektronikschrott keine kleine Summe: Global gesehen entspricht dies dem Umweltverbrauch von etwa 25.000 Menschen. Allerdings verlangen heutzutage die fortschreitenden Softwareanforderungen eine regelmäßige Hardwareerneuerung. Wenn jedoch von vornherein umfassend und integriert gedacht wird, können innovative Lösungen gefunden werden, die den heutigen Anforderungen gerecht werden. Eine Antwort bieten hier sowohl Linux als auch Microsoft mit der richtigen Softwarekonzeption, die schon in der dänischen Stadt Kolding Anwendung findet. [14] So wird beim so genannten „Lean Clients" – Konzept die Rechenarbeit von 40 Computern (die Clients) von einem modernen Computer übernommen (der Server). Im Gegensatz zum heute weit verbreiteten Konzept, dass jeder Computer alles selbst erledigen kann (so genannter Full Client), kann fast jeder Rechner egal welchen Alters ein „Lean Client" sein. Auf diese Weise könnten Kommunen nicht nur Lizenzgebühren sparen, sondern auch Kosten für neue Rechner – und eine Menge für die Umwelt tun.

12.6 Zusammenfassung

Um einen Ausblick auf mögliche Zukunftsentwicklungen zu ermöglichen, werden im vorliegenden Kapitel drei Szenarien für einen 20-Jahreszeitraum entwickelt. Als Grundlage werden dazu die Ergebnisse einer Umfrage zum Status Quo der umweltfreundlichen Beschaffung und eine Umfrage über Zukunftserwartungen von Beschaffungsverantwortlichen verwendet. Neben dem „Business as Usual"-Szenario werden dabei zwei optimistische Szenarien dargestellt. Im „Ökologi-

[13] Vgl. ERDMENGER, C. (2001), S. 57ff.
[14] Vgl. ERDMENGER, C. (2003)

schen Aufbruch“ wird davon ausgegangen, dass durch systematische Informationspolitik und starke politische Unterstützung die Hälfte der von der öffentlichen Hand gekauften Güter der umweltfreundlichen Alternative zuzurechnen sind. Im Szenario „Nachhaltiger Binnenmarkt“ wird dies um die Wahrnehmung einer ökonomischen Diskussion zur Intervention auf dem Europäischen Binnenmarkt ergänzt.

Literatur

BRANDER, L., OLSTHOORN, X. (2002): Three Scenarios for Green Public Procurement, IVM paper W 02/16, Amsterdam 2002 .

BRANDER, L.; FÜHR, V.; OLSTHOORN, X. (2003): Views from the green public procurement community, in: ERDMENGER, C. (Hrsg.) (2003): Buying into the environment. Experiences, Opportunities and Potentials for Eco-Procurement in Europe. Sheffield 2003.

BUNDESMINISTERIUM FÜR UMWELT, NATURSCHUTZ UND REAKTORSICHERHEIT (BMU) (2000): Nationales Klimaschutzprogramm, Beschluss der Bundesregierung vom 18. Oktober 2000 (Fünfter Bericht der Interministeriellen Arbeitsgruppe „CO_2-Reduktion“), Berlin 2000.

BUNDESVERBAND FÜR MATERIALWIRTSCHAFT, EINKAUF UND LOGISTIK (BME)/ BOOZ-ALLEN & HAMILTON (2000): Chancen und Entwicklungen im Public Procurement. Eine Studie des Bundesverbandes für Materialwirtschaft, Einkauf und Logistik e.V. in Zusammenarbeit mit Booz-Allen & Hamilton, Berlin 2000.

COMMISSION OF THE EUROPEAN COMMUNITIES (CEC) (2000): Economic Reform: Report on the functioning of Community product and capital markets, COM (2000) 881 final, Report From The Commission, Brussels, 27.12.2000.

COUNCIL OF THE EUROPEAN UNION (2002): Integrating environmental protection and sustainable development into internal market aspects of competitiveness policy – Report on the follow-up to the European Council in Göteborg and to the summit in Johannesburg, 13978/02 MI 239 ENV 645, Brussels, 8 November 2002.

ERDMENGER, C. (Hrsg.) (2003): Buying into the environment. Experiences, Opportunities and Potentials for Eco-Procurement in Europe. Sheffield 2003.

ERDMENGER, C. (2003): Linux oder Microsoft? Beschaffung von Betriebssystemen – Softwareentscheidungen mit Umwelteffekt, ICLEI, Freiburg 2003.

HIDSON, M. , MÜLLER, M. (2003): Sustainable Urban Transport - Good Practice Guide, ICLEI European Secretariat, 2003.

KOMMISSION DER EUROPÄISCHEN GEMEINSCHAFTEN (2004): Stimulation von Technologien für nachhaltige Entwicklung: Ein Aktionsplan für Umwelttechnologie in der Europäischen Union, KOM(2004) 38 endgültig.

WEINBRENNER, P. (2004): Die Wiedergewinnung der Zukunftsfähigkeit durch Szenario-Technik, auf http://www.wiwi.uni-bielefeld.de/~weinbren/szenario.htm, Letzter Zugriff der Autoren am 23.3.2004.

13 Schlüsselkriterien für Beschaffungsleitlinien

Christoph Erdmenger, Michaela Winter

13.1 Grundlagen für die Beschaffungsleitlinien

In den vorausgehenden Kapiteln wurde eine ausführliche Übersicht über die derzeitige Situation umweltfreundlicher Beschaffung in deutschen Kommunen geliefert. Ferner wurde aufgezeigt, welches Potenzial umweltfreundliche Beschaffung für Kommunen bietet. Die nächste Frage ist nun: Wo fangen wir an? Das ultimative Ziel derjenigen, die sich den Prinzipien einer verantwortungsvollen Beschaffung verschrieben haben, sollte es sein, Umwelterwägungen in alle Beschaffungsvorgänge mit einzubeziehen. Dies kann natürlich nicht ad hoc geschehen. CLEMENT/ ERDMENGER (2004) raten deshalb zur schrittweisen Einführung von umweltfreundlicher Beschaffung, um somit Angestellte in den öffentlichen Ämtern von den Vorteilen derartiger Anstrengungen zu überzeugen und die Vorstellungen zu beseitigen, dass höhere Kosten und erheblicher Arbeitsaufwand damit verbunden sind. Des Weiteren wird empfohlen, dass man sich bei einem derartigen schrittweisen Ansatz auf die Produktgruppen konzentriert, die ein größtmögliches Umweltentlastungspotenzial versprechen und schon vorhandene, kostengünstige Alternativen bieten.

Die unzähligen Umweltauswirkungen im Lebenszyklus eines Produkts stellen ein weiteres Hindernis dar. Wie soll man die einzelnen identifizieren? Wie soll man Produktkriterien entwickeln, um diese zu minimieren? Und wie soll man die Einhaltung der Kriterien durch Anbieter sicherstellen? Die Komplexität der Materie hält viele öffentliche Beschaffer davon ab, sich überhaupt mit der Einführung von Umweltkriterien auseinander zu setzen. Die Anwendung von umweltfreundlichen Beschaffungskriterien muss demzufolge so rationalisiert werden, dass sich die ‚grüne' Beschaffung so einfach wie möglich gestaltet.

Das Projekt hat daher die Entwicklung von Beschaffungsleitlinien vorgesehen, die auf den in Kapitel 2.2 und 4.3 gewonnenen Erkenntnissen über die Umweltauswirkungen der Produkte aufbauen. Neben den Umweltauswirkungen sind für die Wirksamkeit solcher Leitlinien natürlich auch die Praktikabilität in Entscheidungsprozessen und die Marktsituation ausschlaggebend. Im Rahmen des EU-Projektes RELIEF wurde ein solcher Dialog mit Beschaffern, Herstellern und Wissenschaftlern geführt.[1] Da ein ähnliches Verfahren im NaBesI-Projekt nicht möglich war, bauen die folgenden Ausführungen auf den Ergebnissen dieser ‚Runden Tische' auf und ergänzen sie mit Informationen aus dem deutschsprachigen Raum.

Basierend auf Untersuchungen und Fallstudien einer Anzahl von Kommunen wurden sechs Produktgruppen identifiziert, bei denen das Potenzial an Umweltentlastungen als sehr hoch eingeschätzt wird. Eine Vielzahl von Faktoren wurde bei der Auswahl der Produktgruppen berücksichtigt. Besondere Beachtung wurde dabei den folgenden Faktoren gegeben:

1. dem Grad der Umweltauswirkungen bezogen auf den gesamten Lebenszyklus des Produkts und das inhärente Potenzial, diese durch Produktkriterien zu reduzieren,
2. am Markt vorhandenen Alternativprodukten zu einem fairen Preis und
3. der Gestaltung der Einführung von umweltfreundlichen Beschaffungskriterien.

Bei den sechs ausgewählten Produktgruppen handelt es sich um Gebäude, Strom, IT-Ausstattung, Busse, Reinigungsmittel und Lebensmittel. Die ausgewählten Produktgruppen wurden auf ihre Umweltwirkungen im Laufe des gesamten Lebenszyklus untersucht. Es wurde festgestellt, dass bei den meisten Produkten mit ein bis drei Kriterien wesentliche Umweltwirkungen vermindert werden können. Dies bedeutet nicht, dass andere Auswirkungen unerheblich wären, aber es ermöglicht denjenigen Akteuren, die nicht mit erheblichem Zeitaufwand viele Umweltkriterien einbeziehen wollen, ihre Anstrengungen zu priorisieren.

Davon ausgehend wurde ein Set an Schlüsselkriterien für jede ausgewählte Produktgruppe bestimmt, welches die wesentlichen Umweltauswirkungen wiedergeben soll. Diese Kriterien wurden aufbauend auf den Ergebnissen der ‚Runden Tische' entwickelt und mit Interessenvertretern eines breiten Spektrums diskutiert. Darunter befanden sich Vertreter der öffentlichen Beschaffung, der Industrie, der Verbände für Umweltzeichen, der Europäischen Kommission, sowie Rechtsexperten, internationale Experten und Forscher. Eine wichtige Erwägung in der Festlegung dieser Schlüsselkriterien war vor allem die einfache Anwendung und die einfache Überprüfung der Einhaltung durch die öffentlichen Beschaffer. Eine weitere Anforderung war zudem, dass die Anwendung dieser Kriterien nicht mit einem „mehr" an Kosten verbunden sein sollte.

Als bedeutendste Leistung ist aber vor allem der nächste Schritt anzusehen - der Schritt hin zur Konkretisierung. Abhängig von den Produkteigenschaften wurden die Schlüsselkriterien für zwei Phasen – Ausschreibung und Zuschlag - des Beschaffungsprozesses konkret definiert. Dementsprechend wurden zum einen die ‚Produktspezifikationen' für jedes Schlüsselkriterium festgelegt, die direkt vom Anwender in die Ausschreibung integriert werden können. Für die Produktgruppe ‚Gebäude' ist es z. B. ratsam, schon frühzeitig Umwelterwägungen einfließen zu lassen, da schon während der Entwurfphase grundlegende Entscheidungen bezüglich der Umweltleistung des Gebäudes getroffen werden. Zum anderen wurden Produktmerkmale erarbeitet, die neben anderen Merkmalen wie z. B. niedrigem

[1] Vgl. CLEMENT, S. U.A (2004).

Preis, guter Qualität oder guter Umweltleistung dem Beschaffer in der Zuschlagsphase helfen sollen, sich zwischen den vorliegenden Angeboten zu entscheiden. Wichtig war bei der Entwicklung der so genannten ‚Zuschlagskriterien' vor allem deren Eigenschaft, höhere Preise von ‚grünen' Produkten zu beschränken.

Die im folgenden Abschnitt vorgestellten Schlüsselkriterien gelten nicht als Ersatz für detaillierte Kriterienkataloge, die schon in Kommunen vorhanden sind. Sie sollen dazu beitragen, den Neueinstieg in die umweltfreundliche Beschaffung zu erleichtern und erfahrenen Kommunen bei der Priorisierung ihrer Anstrengungen helfen. Darüber hinaus sollen sie durch einen Erfahrungsaustausch mit den Kommunen schrittweise weiterentwickelt werden.

13.2 Gebäude

Für die meisten Kommunen stellen Neubauten und Renovierungen von bestehenden Gebäuden einen Großteil ihrer jährlichen Ausgaben dar. Die Stadt Hamburg hat z. B. im Jahr 2001 165 Mio. € für diesen Sektor ausgegeben. Dies entspricht etwa 14,6% ihres gesamten Beschaffungsbudgets.[2] Andere Kommunen weisen ähnliche Zahlenwerte auf. Zusätzlich stellen Unterhaltskosten von kommuneneigenen Gebäuden, wie Heizung/Kühlung, Strom, Abfall, Warm- und Kaltwasserversorgung eine beträchtliche Belastung für die Haushaltskassen dar.

Der Beschaffungsprozess dieses Sektors zählt wohl zu den komplexesten. Dies trifft sowohl auf das Verfahren zu, da es meistens Architektenwettbewerbe für den Entwurf und Ausschreibungen für Bauleistungen gibt, als auch auf die Vielzahl von bezogenen Baumaterialien und Bauleistungen. In den meisten Kommunen wurden spezielle Abteilungen eingerichtet, die für diese Art von Beschaffungen zuständig sind. Zudem erweist sich die Untersuchung der Umweltauswirkungen von Gebäuden während ihrer gesamten Lebensdauer auch als sehr komplexer Prozess. Eine umfassende Bewertung sollte z. B. die Auswirkung aller bei der Ausführung verwendeten Baustoffe einbeziehen. Es sollten dabei Umweltauswirkungen während der Gewinnung, der Verarbeitung, der Nutzung, sowie der Entsorgung, berücksichtigt werden. Zudem sollten Umweltauswirkungen während der Errichtung des Gebäudes, wie Lärm- und Müllerzeugung, sowie die Vorbereitung des Baugrundstücks, einschließlich Auswirkungen auf das lokale Ökosystem, in Erwägung gezogen werden.

Untersuchungen zeigen jedoch, dass in den meisten Fällen die Hauptumweltauswirkungen von Gebäuden während der Nutzungsphase auf den Energieverbrauch für Raumheizung, Klimatisierung und Haushaltsstrom zurückzuführen sind. Im Bereich des energieeffizienten Bauens haben sich in den vergangenen Jahren erhebliche Fortschritte ergeben. Jedoch weist der öffentliche Gebäudebestand immer noch einen durchschnittlichen Energieverbrauch von etwa 165 kWh/m^2 [3] auf, wobei seit Februar 2002 der in der Energieeinsparverordnung[4]

[2] Vgl. CLEMENT U.A (2003).
[3] Vgl. ISI (1998).

rechtlich fixierte Niedrigenergiestandard[5] den spezifischen Jahresheizwärmebedarf von Gebäuden auf 55-70 kWh/m² festlegt und beim Passivhausstandard sogar auf einen Wert von 15 kWh/m²[6] reduziert werden konnte. Anhand dieser Zahlen wird deutlich, welches Potenzial an Energie- und Kosteneinsparung sich in diesem Bereich bietet. Ausgehend von den erfolgten Untersuchungen haben sich für die Produktgruppe ‚Gebäude' die nachfolgenden Schlüsselkriterien ergeben.

- Energieeffizienz

Spezifikation für Neubauten:

Das Gebäude darf nicht die für die Bereiche Raumheizung, Warmwasserbereitung, Lüftung und Klimatisierung (Sonderzonen wie den Serverraum ausgenommen) festgelegten Grenzwerte für den maximalen Energiebedarf pro m² Gesamtfläche, die in nachfolgender Tabelle speziell für jede *neu errichtete* Gebäudekategorie bestimmt wurden, überschreiten.

Das Gebäude darf nicht die für den Bereich Beleuchtung (Sonderzonen wie den Serverraum ausgenommen) festgelegten Grenzwerte für den maximalen Energiebedarf pro m² Gesamtfläche, die in Tabelle 13.1. speziell für jede *neu errichtete* Gebäudekategorie bestimmt wurden, überschreiten.

Spezifikationen für Sanierung:

Das Gebäude darf nicht die für die Bereiche Raumheizung, Warmwasserbereitung, Lüftung und Klimatisierung (Sonderzonen wie den Serverraum ausgenommen) festgelegten Grenzwerte für den maximalen Energiebedarf pro m² Gesamtfläche, die in Tabelle 13.1. speziell für jede *renovierten* Gebäudekategorie bestimmt wurden, überschreiten.

Das Gebäude darf nicht die für den Bereich Beleuchtung (Sonderzonen wie den Serverraum ausgenommen) festgelegten Grenzwerte für den maximalen Energiebedarf pro m² Gesamtfläche, die in Tabelle 13.1. speziell für jede *renovierte* Gebäudekategorie bestimmt wurden, überschreiten.

[4] Für nähere Informationen siehe www.bmvbw.de/Bauwesen-.346.htm /Stand September 2003.

[5] Gemäß Angaben auf www.iwu.de/datei/infowirtschaftlichkeitneh.pdf /Stand September 2003 sind angegebene Werte abhängig von Gebäudetyp.

[6] Gemäß Angaben auf www.passiv-institute.de/, Stand August 2003.

Tabelle 13.1. Maximale Grenzwerte für den Energiebedarf von neu errichteten und renovierten Gebäuden entsprechend der Gebäudeart[7]

Gebäudetyp	Energieleistung	Neubauten		Renovierungen	
		Grenzwerte[a] kWh/m^2_{brutto}	Zielwerte pro Jahr[b]	Grenzwerte kWh/m^2_{brutto}	Zielwerte pro Jahr
Bürogebäude	Heizung, Warmwasser, Lüftung, Raumkühlung	60	40	80	40
	Beleuchtung	10	4	10	4
Wohngebäude	Heizung, Warmwasser, Lüftung, Raumkühlung	63	42	84	42
Schulen Kindergarten	Heizung, Warmwasser, Lüftung, Raumkühlung	60	40	80	40
	Beleuchtung	7,5	4	10	4
Krankenhäuser	Heizung, Warmwasser, Lüftung, Raumkühlung	110	75	150	75
	Beleuchtung	10	4	10	4
Sporteinrichtungen	Heizung, Lüftung Warmwasser	37 Mind. 15% erneuerb. Energien	25 Mind. 20% erneuerb. Energien	50 Mind. 15% erneuerb. Energien	25 Mind. 20% erneuerb. Energien

(Berechnungsmethode für angegebenen Werte siehe im Anhang.
[a] Grenzwerte sind in Deutschland schon gesetzlich vorgeschrieben
[b] "Brutto" bezieht sich auf die effektiv nutzbare Fläche

Während der Energieverbrauch eines Gebäudes in der Nutzungsphase den signifikantesten Anteil der Umweltauswirkungen für diese Produktgruppe darstellt, hat auch die Auswahl des Baumaterials unverkennbar einen beträchtlichen Einfluss darauf. Es gibt maßgebliche Unterschiede bei der Herstellung von Baumaterialien, von der Gewinnung bis zur Verarbeitung und dem Transport. Umweltwirkungen von Baumaterialien können insbesondere anhand der Wirkungskategorien, die in Ökobilanzen verwendet werden, dargestellt werden, wie zum Beispiel Primärenergiegehalt, Treibhauseffekt, Eutrophierung, Ozonabbaupotenzial, Versauerung etc. Im Rahmen des RELIEF-Projektes wurde vorgeschlagen, sich zunächst auf den Primärenergiegehalt, als eine sehr aussagekräftige Größe, zu beschränken. Leider gibt es jedoch zur Zeit kein europaweit einheitliches Verfahren bzw. keine einheitliche Datengrundlage, um den Energieverbrauch eindeutig zu ermitteln. Die Setzung von sinnvollen Zielwerten ist außerdem noch stark in der wissenschaftlichen Diskussion. Der Markt bietet aber eine Reihe von Software und Daten für Berechnungen an. Um die Nutzung dieser Programme zur Optimierung der Bauteilauswahl zu fördern, wird zunächst nur das nachfolgende Kriterium empfohlen.

[7] Diese Werte basieren auf dem Minergiestandard 2002, gemäß Angaben auf www.minergie.ch; Zielwerte für Neubauten und renovierte Gebäude entsprechen dem Minergiestandard 2002; Grenzwerte für Neubauten ergeben sich aus den Minergiewerten multipliziert mit dem Faktor 1,5; Grenzwerte für renovierte Gebäude ergeben sich aus den Minergiewerten multipliziert mit dem Faktor 2.

Dieses Kriterium wird dadurch ergänzt, dass bestimmte Baumaterialien vom Bau ausgeschlossen werden.

- Primärer Energiegehalt von Baumaterialien

> Vertragsbestimmung:
>
> Der ausführende Architekt oder die ausführende Baufirma ist dazu verpflichtet, während der Entwurfphase ein Softwareprogramm oder andere geeignete Instrumente zur Errechnung des Primärenergiegehalts der Baumaterialen zu verwenden, welche auf Ökobilanzdaten basieren.

- Umweltschädliche Substanzen

> Spezifikation:
>
> Die folgenden Baustoffe dürfen bei der Errichtung von Neubauten und Renovierungen von bestehender Bausubstanz nicht verwendet werden:
>
> - Produkte, die teilfluorierte Kohlenwasserstoffe (H-FKW) enthalten,
> - Produkte, die Schwefelhexafluorid (SF6) enthalten,
> - Farben und Lacke mit einem Lösungsmittelanteil höher als 30g/l (ohne Wasser) für alle Wandfarben (entsprechend der EN 13300) und 250g/l (ohne Wasser) für sonstige Farben mit einer Mindestergiebigkeit von 15m²/l und einer Deckkraft von 98%,
> - für alle anderen Produkte: 180g/l (ohne Wasser),
> - Hölzer, die nicht aus einer nachhaltigen Waldwirtschaft stammen.

13.3 IT-Ausstattung

IT-Ausstattung, wie sie hier behandelt wird, umfasst eine Spannweite von verschiedenen Gerätegruppen: Desktop PCs und Laptops, Monitore, Drucker, Photokopierer, Multifunktions-Geräte (MFPs).[8] Erhebliche Summen werden jedes Jahr von Kommunen für den IT-Bereich ausgegeben – Tendenz steigend. Hamburg hatte z. B. im Jahr 2001 Ausgaben in Höhe von 15,4 Mio. € und in Stuttgart waren es im Jahr 2000 8 Mio €.[9]

Diese Summen könnten einen beträchtlichen Einfluss darauf haben, umweltfreundlichere Produkte auf den Markt zu bringen. Zudem sind IT-Ausstattungen für einen beachtlichen Teil des kommunalen Energieverbrauchs verantwortlich, was ein großes finanzielles Einsparungspotenzial verspricht. Auch wenn Umwelt-

[8] Multifuntions-Geräte (MFPs) bieten mehrere Funktionen an, wie drucken, faxen, scannen und kopieren.

[9] Vgl. CLEMENT U.A (2003).

auswirkungen von Produkt zu Produkt variieren, zeigt die Analyse des gesamten Lebenszyklus deutlich, dass für alle IT-Produkte der Energieverbrauch in der Nutzungsphase und die damit verbundenen Umweltauswirkungen bei Weitem alle anderen Aspekte übertreffen.[10] Untersuchungen einer EU-Studie ergaben jedoch, dass bisher nur in 50% der Kommunen mit umweltfreundlicher Beschaffung Computer mit Standby-Modus nachgefragt werden und der Anteil an Flachbildschirmen verschwindend gering ist.[11] Die Zahlen aus Kapitel 10 legen nahe, zu empfehlen, die Anstrengungen, den Markt für umweltfreundliche IT-Ausstattung attraktiver zu gestalten, auf den Energieverbrauch zu fokussieren. Bürogeräte sind in den letzten Jahren – auch aufgrund von Informationswünschen aus der Beschaffung – zu einem Schwerpunkt von Umweltzeichen geworden. Im Rahmen des Umweltzeichens ‚Blauer Engel'[12] liegen Vergabegrundlagen für ein umfangreiches Sortiment an Gerätegruppen vor. Seit Anfang 1998 wird in Deutschland auch an die sparsamsten 25% der Bürogeräte das Energiesparzeichen der GED (Gemeinschaft Energielabel Deutschland) vergeben.[13] Die Berliner Energieagentur bietet zudem einen Internetservice an, der den Energieverbrauch verschiedener Geräte während der Nutzung vergleicht und in gesparte Stromkosten umrechnet.[14]

Aufbauend auf den dargestellten Untersuchungsergebnissen wurden deshalb folgende Schlüsselkriterien entwickelt:

- Energieverbrauch in energiesparendem Modus

> Spezifikation:
>
> Beschaffte Produkte müssen allen Kriterien der letzen aktualisierten Version des Europäischen EnergyStar-Labels entsprechen, die unter http://energyefficiency.jrc.cec.eu.int/energystar/index.htm zu finden sind. Das EnergyStar-Label wird als Nachweis für die Einhaltung oben genannter Kriterien akzeptiert. Die Einhaltung der Kriterien kann auch durch eine glaubwürdige und unabhängige dritten Partei verifiziert werden, wenn der Anbieter dies veranlasst.

In den letzten Jahren wurden erhebliche Verbesserungen beim Energieverbrauch von PCs und anderer IT-Ausstattung im Ruhemodus erzielt, d.h. dass die Geräte zwar angeschaltet, aber nicht im aktiven Zustand sind. Im Bezug auf PCs war diese Entwicklung vor allem auf eine US-Regelung zurückzuführen, die forderte, dass von Bundesbehörden beschaffte PCs den Standards des EnergyStar-Labels entsprechen müssen. Oben genanntes Kriterium zielt deshalb darauf ab, die EnergyStar-Standards als Norm für den gesamten IT Sektor festzulegen, indem man diese als Grundanforderungen in den Produktspezifikationen einschließt.

---

[10] Vgl. SCHMIDT, A., FRYENDAL, J. (2003).

[11] Vgl. OCHOA, A. (2003).

[12] Nähere Informationen unter www.blauer-engel.de.

[13] Nähere Informationen unter www.energielabel.de.

[14] Nähre Informationen unter www.energiesparende-geraete.de.

- Energieverbrauch im aktiven Modus – nur für PCs

> Zuschlagsphase:
>
> Der Vertrag wird an denjenigen Anbieter vergeben, der die höchste Punktzahl erreicht. Das Punktesystem basiert auf den folgenden Kriterien[15]:
>
> 95 Punkte: Preis – 95 Punkte für den preiswertesten Anbieter und jeweils einen Punkt Abzug für jede Preissteigerung von 1%.
>
> 5 Punkte: Energieleistung während der Nutzungsphase - 5 Punkte für das Angebot mit dem niedrigsten durchschnittlichen Energiebedarf errechnet durch den Anbieter.
>
> 0 Punkte für jedes Angebot, dass einen doppelt so hohen Energiebedarf wie das beste Angebot aufweist – Punkte für dazwischenliegende Angebot werden gestaffelt vergeben.

Während bezüglich des Energieverbrauchs von PCs im Ruhezustand in den letzten Jahren beträchtliche Verbesserungen erreicht wurden, trifft dies jedoch nicht auf den Bedarf im ‚Aktiv-Modus' zu. Enorme Unterschiede zeigen sich im Energiebedarf des aktiven Modus für die verschiedenen Modelle, die sich auf dem Markt befinden (manche Geräte verbrauchen doppelt so viel Energie wie andere). Im Falle von PCs ist, im Unterschied zu den anderen IT-Geräten, der Aktiv-Modus jedoch für den Hauptanteil des gesamten Energiebedarfs verantwortlich. Deshalb bieten sich gerade in diesem Bereich die größeren umweltbedingten Verbesserungen an als bei dem Versuch, den Stand-By-Verbrauch noch weiter zu minimieren.

13.4 Strom

Öffentliche Gebietskörperschaften stellen mit einem Verbrauch von 38.099 GWh und damit mit einem Anteil von 7,8% einen der größten Stromverbraucher in Deutschland dar. Ein derartig bedeutender Marktanteil stellt ein erhebliches Potenzial dar, um einen grundlegenden Wandel hin zu Energie aus erneuerbaren Ressourcen zu erreichen. Die Energieerzeugung aus fossilen Brennstoffen trägt weltweit zum Treibhauseffekt bei und stellt demzufolge in den Augen vieler die größte Bedrohung der globalen Umwelt dar. In den letzten Jahren fanden technologische Fortschritte im Bereich der Energieerzeugung aus erneuerbaren Quellen, wie z. B.

[15] Die Anzahl der vergebenen Punkte für die verschiedenen Kriterien muss von der ausschreibenden Behörde entschieden werden. Jedoch müssen mindestens 5% der Punkte basierend auf der Energieleistung im oben angegebenen Nutzungsmodus vergeben werden.

Wind- und Solarkraft, statt. Und dieser Sektor hat aufgrund staatlicher Förderung ein bemerkenswertes Wachstum erfahren. Jedoch wird einer EU-Umfrage zufolge in Deutschland bisher nur von 20% der Verwaltungen mit umweltfreundlicher Beschaffung Strom aus erneuerbaren Ressourcen bezogen.[16] Die Umweltvorteile, die sich aus einer Steigerung dieses Anteils an erneuerbaren Energiequellen ergeben würden, sind in Kapitel 10 dokumentiert.

Voraussetzung für die Umweltentlastung ist allerdings, dass der Kauf grünen Stroms zur Schaffung zusätzlicher Stromerzeugungskapazitäten aus erneuerbaren Energien führt. Dieser Standard wird leider nicht von allen in Deutschland bekannten Labels für grünen Strom zum Kriterium gemacht. Ein Beispiel ist jedoch das ‚ok-power'-Label, mit dem erstmals ein deutschlandweites einheitliches Gütesiegel für Ökostrom entwickelt wurde. Verantwortlich dafür ist der EnergieVision e.V., der im Jahr 2000 von drei Umwelt- und Verbraucherorganisationen gemeinsam gegründet wurde, um Nachhaltigkeit und Markttransparenz im liberalen Energiemarkt zu fördern.[17] Der EnergieVision e.V. ist zusammen mit dem ‚ok-power'-Label auch Gründungsmitglied des European Green Electricity Networks (EU GENE).[18] Dieses europäische Netzwerk arbeitet an der Standardisierung der Zertifizierung von Ökostrom und strebt ein einheitliches europäisches Gütesiegel für Ökostrom an.

Aus europäischer Sicht kann eine Auszeichnung mit einem „EUGENE"-zertifizierten Label noch nicht zur Voraussetzung des Stromkaufs gemacht werden, da nicht in allen Ländern solche Labels existieren. Für Deutschland ist dies jedoch möglich. Daraus ergibt sich folgendes Schlüsselkriterium für die Produktgruppe ‚Strom':

- Strom aus erneuerbaren Energiequellen

Spezifikationen:
X%[19] der Stromversorgung müssen aus erneuerbaren Energien stammen. Die Energiequellen werden so definiert, dass sie die Kriterien des ‚ok-labels' oder eines anderen EUGENE zertifizierten Labels erfüllen.

Alternativ kann das folgende Schema benutzt werden, mit dem erreicht werden kann, einen möglichst hohen Anteil von Strom aus erneuerbaren Energien für einen maximalen Aufpreis (hier: 10%) zu erhalten:

[16] Vgl. OCHOA, A. (2003).

[17] Gemäß Angaben unter www.ok-power.de / Stand August 2003.

[18] Nähere Informationen unter www.greenelectricity.org / Stand August 2003.

[19] Werte werden von dem Beschaffer eingegeben - entsprechend den durch die Entscheidungsträger festgesetzten Zielen.

Zuschlagsphase:

Der Vertrag wird an denjenigen Anbieter vergeben, der die höchste Punktzahl erreicht. Das Punktesystem basiert auf den folgenden Kriterien[20]:

90 Punkte: Preis – 90 Punkte für den preiswertesten Anbieter und jeweils einen Punkt Abzug für jede Preissteigerung von 1%

10 Punkte: Energieleistung – 10 Punkte für das Angebot, bei dem der vorgegebenen Anteil an Strom aus erneuerbaren Energiequellen den Kriterien von EUGENE entspricht, verfügbar unter: http://www.greenelectricitynet work.org/EUGENE_standard.pdf und jeweils einen zusätzlichen Punkt für alle 20% der gesamten Strommixversorgung, die aus EUGENE konformen erneuerbaren Energiequellen stammen

13.5 Busse

Der öffentliche Personennahverkehr stellt eine finanziell sehr wichtige und vor allem sichtbare Dienstleistung dar. Jedoch ist die dafür zuständige Dienststelle bzw. die Rechtsform des Nahverkehrsunternehmens von Stadt zu Stadt unterschiedlich. Außerdem ist es wichtig, darauf hinzuweisen, dass ein immer größerer Anteil am öffentlichen Personennahverkehr von privaten Unternehmen geleistet wird, basierend auf Dienstleistungsverträgen, die über einen Ausschreibungsprozess vergeben werden. Die erarbeiteten Schlüsselkriterien berücksichtigen diesen Umstand nicht, sondern sind so formuliert, als wenn die ausschreibende Behörde direkt Fahrzeuge anschafft.

Zur Zeit sind verschiedene Arten von Bussen auf dem Markt erhältlich. Die ökologische Leistung der Busse und die Möglichkeiten für Verbesserungen hängen von der jeweiligen Art des Busses ab (z. B. ob es sich um gas- oder dieselbetriebene Fahrzeuge handelt, die Größe des Busses oder das Design). Hier spielen jedoch auch noch andere Aspekte, wie gefahrene Route, Rollwiderstand, Fahrstil oder Auslastung eine wichtige Rolle.[21] Omnibusse können zudem zu den lautesten Fahrzeugen im Straßenverkehr gehören und haben damit einen hohen Anteil an den Lärmimmissionen durch den Straßenverkehr. Die wichtige Bedeutung des öffentlichen Nahverkehrs unterstreicht auch der Verkehrsclub Deutschland (VCD). Daher hat der VCD eine Reihe Publikationen erstellt, die sich mit dem Einsparungspotenzial im öffentlichen Nahverkehr auseinander setzten. So werden z. B.

[20] Die Anzahl der vergebenen Punkte für die verschiedenen Kriterien (einschließlich der Kriterien, die hier nicht angesprochen wurden) muss von der ausschreibenden Behörde entschieden werden.

[21] Nähere Information über den Einfluß dieser Faktoren auf die ökologische Leistung von Bussen in: SCHMIDT, A. (2001).

Maßnahmen aufgezeigt, wie der ÖPNV sein umweltfreundliches Potenzial sichern und ausbauen kann oder wie Umweltstandards im ÖPNV festgesetzt werden können. Zudem wurden die Ergebnisse aus dem ersten ÖPNV-Umweltranking veröffentlicht.[22]

Daraus ergibt sich folgendes Schlüsselkriterium für die Produktgruppe ‚Busse':

- EEV Standard für Motoren

Spezifikationen:
Fahrzeugmotoren müssen den EEV Standard einhalten - entsprechend der EC-Verordnung 1999/96/EEC.

- Kontrolle des Treibstoffverbrauchs

Spezifikationen:
Fahrzeuge sind mit einem Messgerät für das Fahrverhalten ausgestattet, um den Treibstoffverbrauch zu kontrollieren

- Lärmemissionen

Spezifikationen:
Lärmemissionen von Fahrzeugen dürfen nicht höher sein als (a) 75dB für Fahrzeuge mit einer Motorleistung zwischen 75-150kW (b) 77dB für Fahrzeuge mit einer Motorleistung größer als 150kW

13.6 Reinigungsmittel und –dienstleistungen

Regelmäßige Reinigung von öffentlichen Gebäuden ist grundlegend für hygienische und gesunde Raumbedingungen und die Instandhaltung von Innenräumen. Damit trägt Reinigung zur Verlängerung der Lebensdauer von Innenausstattungen und Bodenbelägen bei, sowie zur Gesundheitsvorsorge. Auf der anderen Seite können Reinigungsmittel aber auch Stoffe enthalten, die nachteilige Wirkungen sowohl für die Umwelt als auch für die Gesundheit haben können. Die eingesetzten Wasch-, Reinigungs- und Pflegemittel umfassen eine große Bandbreite von Produkten, die von Allzweckreinigern über Fußbodenreiniger und Sanitärreiniger bis hin zu Geschirrspülmitteln und Waschpulver reichen.

Ein beträchtlicher Anteil des Beschaffungsbudgets wird für Reinigungsdienstleistungen ausgegeben. So hat Hamburg im Jahr 2000 z. B. 33 Mio. € dafür veran-

[22] Vgl. VERKEHRSCLUB DEUTSCHLAND (VCD) (2001) und (2002).

schlagt. Das entspricht 2,9% der gesamten Beschaffungskosten der Stadt.[23] Die genauen Ausgaben sind mitunter schwer zu bestimmen, da diese Dienstleistung in vielen Kommunen oft dezentral organisiert ist. Wie in anderen Bereichen werden auch hier häufiger Reinigungsleistungen an private Unternehmen in Auftrag gegeben. Dies eröffnet zusätzliche Möglichkeiten bessere Umweltleistungen sicher zu stellen.

Gemäß einer EU-Umfrage wird vor allem in Deutschland die Auszeichnung von Reinigungsmitteln mit Umweltzeichen als sehr wichtig angesehen.[24] Das Umweltzeichen ‚Blauer Engel'[25] kann z. B. für Waschmittel vergeben werden, wenn bestimmte Anforderungen bezüglich der Inhaltsstoffe, der Verpackung und der Dosierung eingehalten werden. Leider gibt es derzeit keine Zeichenträger für diese Produktgruppe. Für andere Produktgruppen (z. B. Allzweckreiniger, Sanitärreiniger, Geschirrspülmittel) gibt es Richtlinien des Europäischen Umweltzeichens. Auch alternative Rohrreiniger ohne Chemikalien, wie z. B. Saugglocken und Spiralen können den Blauen-Engel erhalten. Bei Ausschreibungen wird von Kommunen häufig der „Anbieterfragebogen zur Umweltverträglichkeitsprüfung für Wasch-, Reinigungs- und Pflegmittel", der vom UVP-Arbeitskreis des Niedersächsischen Städtetages herausgegeben wurde, eingesetzt.

Die Spezifikationen, welche bis zum jetzigen Zeitpunkt in Kommunen in Europa verwendet werden, um Umwelt- und Gesundheitseinflüsse von Reinigungsmitteln zu bestimmen, unterscheiden sich erheblich, besonders im Detailgrad. Zudem herrschen auch unterschiedliche Meinungen über den Ausschluss von bestimmten Produkten und Inhaltsstoffen. Deshalb wurde hier versucht, universelle Minimalkriterien für umweltfreundliche Beschaffung von Reinigungsmitteln zu bestimmen, um somit eine gewisse Einheitlichkeit zu schaffen, die ihrerseits ein entsprechendes Signal an den Markt geben sollen.

Daraus ergibt sich folgendes Schlüsselkriterium für diese Produktgruppe:

- Ausschluss schädlicher und gefährlicher Produkte/Inhaltsstoffe

Spezifikationen

Beschaffte Produkte oder Produkte, welche von Vertragsreinigungsfirmen verwendet werden, müssen in Übereinstimmung mit den Kriterien sein, die im angehängten Dokument aufgelistet sind.[26]

---

[23] Vgl. CLEMENT, S. U.A (2003).

[24] Vgl. OCHOA, A. (2003).

[25] Nähere Informationen zum Umweltzeichen ‚Blauer Engel' unter www.blauer-engel.de.

[26] Eine Liste mit Produkten und ausgeschlossenen Inhaltsstoffen ist im Anhang zu finden und kann an das Ausschreibungsdokument angehängt werden.

13.7 Lebensmittel

Lebensmittel stellen in den meisten europäischen Ländern einen wichtigen Teil in kommunalen Budgets dar, in Deutschland hingegen beschaffen Krankenhäuser, Mensen und andere Einrichtungen ihre Verpflegung außerhalb des kommunalen Budgets. In Stuttgart wurden z. B. im Jahr 2001 307.000 € für Lebensmittel ausgegeben, Schulen und Kindergärten ausgeschlossen.[27] Insgesamt beschafft die öffentliche Hand im Gegenwert von etwa 3% des Lebensmittelmarktes und repräsentiert demnach einen Teilmarkt für Anbieter.

Die Berechnungen im Rahmen der Untersuchungen haben ergeben, dass die potenziellen Umweltentlastungen aus dem Wechsel zu organischer Lebensmittelproduktion groß wären. Wenn alle deutschen Behörden ihren Fleisch-, Weizen- und Milchproduktebedarf aus ökologischem Landbau beziehen würden, würde dies den Eutrophierungseffekt auf deutsche Böden und Gewässer von 340.000 Einwohnern kompensieren. Jedoch wurden bisher Marktteilnehmer mit einer Vielzahl an vorhandenen Biozeichen auf Lebensmitteln verwirrt. Seit der Einführung eines einheitlichen Zeichens im Jahr 2001 schafft das ‚Bio-Siegel'[28] Transparenz und Sicherheit in Hinblick auf eingehaltene Produktkriterien. Die Auswirkungen durch eine regionale Beschaffung zeichnen sich dem gegenüber geringer ab: Die Einsparung bei Treibhausgasen durch Vermeidung Europäischer LKW-Transporte liegt in etwa in der gleichen Größenordnung wie die Entlastungen durch biologischen Landbau, die Entlastungen beim Nährstoffeintrag liegen demgegenüber wesentlich niedriger. Zudem ist bei einer Berechnung des deutschlandweiten Potenzials einer Strategie der Umstellung auf regionale Produkte zu beachten, dass bereits heute ein erheblicher Anteil der Produkte aus regionaler oder zumindest nationaler Produktion stammt. Dies führt zum Schluss, dass die Kombination von ökologischen Produkten aus regionalem Anbau die ideale Lösung darstellt. Wenn jedoch zwischen den beiden Kriterien entschieden werden muss, überwiegen die Vorteile einer ökologischen Beschaffung gegenüber verringerten Transportanforderungen. Deshalb befasst sich das erste Schlüsselkriterium mit ökologischen Produkten. Das zweite Kriterium konzentriert sich auf einen anderen Aspekt der Nachhaltigkeit – dem Konzept des ‚Fairen Handels'. Daraus ergeben sich folgende Schlüsselkriterien für die Produktgruppe ‚Lebensmittel':

- Ökologische Produkte

Zuschlagsphase:
Der Vertrag wird an denjenigen Anbieter vergeben, der die höchste Punktzahl erreicht. Das Punktesystem basiert auf den folgenden Kriterien:
95 Punkte: Preis – 95 Punkte and den preiswertesten Anbieter und einen Punkt Abzug für jede Preissteigerung von 1%.

[27] Vgl. CLEMENT, S. U.A (2003).

[28] Näherer Informationen unter www.bio-siegel.de.

5 Punkte: Anteil an Bioprodukten - 5 Punkte für das Angebot mit dem größten Anteil and Bioprodukten bezogen auf das Gewicht. 0 Punkte für jedes Angebot, das keine Bioprodukte enthält – Punkte für dazwischenliegende Angebote werden gestaffelt vergeben. Alle betroffenen Lebensmittel gelten als ‚biologisch', wenn sie der EEC Regelung 2092/91 vom 24. Juni 1991 für Bioherstellung von landwirtschaftlichen Produkten entsprechen.

- 'Fair Trade' Produkte

Spezifikationen Eingereichte Angebote für Kaffee, Tee, Kakao und Schokolade müssen mit den Kriterien übereinstimmen, die durch die Fairtrade Labelling Organisations International (FLO) bestimmt wurden, welche erhältlich sind unter: http://www.fairtrade.net/pdf/hl/english/generic.pdf. Das Fairtrade Label wird als Nachweis für die Einhaltung oben genannter Kriterien akzeptiert. Die Einhaltung der Kriterien kann auch durch eine glaubwürdige und unabhängige dritte Partei zertifiziert werden, wofür der Anbieter selbst verantwortlich ist.

13.8 Zusammenfassung

Für insgesamt sechs Produktgruppen wurden in diesem Kapitel Schlüsselkriterien für die Beschaffung entwickelt. Diese orientieren sich dabei an dem Prinzip, ein möglichst einfaches Instrumentarium zur Verfügung zu stellen, das auch ohne umweltwissenschaftliche Ausbildung angewandt werden kann. So werden die Kriterien auf 1-3 pro Produktgruppe reduziert.

Anhang

Berechnungsmethode der maximalen Grenzwerte / Zielwerte

- Beheizung: Heizbedarf und Effizienz von Heizsystemen mit EN 832 oder gleichwertig (siehe Standardwerte, Tabelle 13.2.)
- Warmwasser: Warmwasserverbrauch abhängig von Standardwerten, Effizienz von Heizsystemen mit EN 832 oder gleichwertig abzüglich der aktiven Solarenergiezufuhr (siehe Standardwerte, Tabelle 13.2.)
- Lüftung: Berechnung des Stromverbrauchs durch Multiplikation des verbrauchten Stroms von Ventilatoren mit der Betriebszeit (siehe Standardwerte, Tabelle 13.2.)
- Raumkühlung: Berechnung nur für charakteristische Bauteile (Standardgeschoss), nur empfindliche Teile der Kühllast ohne Räume mit besonderen Kühlanforderungen, wie Server-Räume, etc. Zur Zeit liegt kein europäischer Standard zur Berechnung von Kühlleistungen oder dem Energieverbrauch für Raumkühlung vor. Die folgenden Ansätze können verwendet werden: a) dynamische Simulation b) Berechnung der Kühllast basierend auf nationalem Standard c) Berechnung des Stromverbrauchs anhand des COP von Kühlsystemen (siehe Standardwerte, Tabelle 13.2)

Ausschluss schädlicher und gefährlicher Produkte/ Inhaltsstoffe[29]

Beschaffte Produkte oder Produkte, welche von Vertragsreinigungsfirmen verwendet werden, dürfen <u>nicht</u>:

- nach der Richtlinie 1999/45/EG zur Angleichung der Rechts- und Verwaltungsvorschriften der Mitgliedstaaten für die Einstufung, Verpackung und Kennzeichnung gefährlicher Zubereitungen als sehr toxisch (T+), toxisch (T), ätzend (C), gesundheitsschädlich (Xn), reizend (Xi, mit R41, R42 und/oder R43) oder umweltgefährlich (N) eingestuft sein.
  - Ausnahme 1: diejenigen Produkte, die als irritierend (Xi) mit R36, 37 oder 38 eingestuft sind
  - Ausnahme 2: Einstufung als ätzend (C) mit R34 im Fall von Grundreinigern, Geschirrspülmittel für institutionelle Maschinen, separate Bestandteile von Waschmittelbaukästen, wie Wasserenthärter und Bleichsalz.
- flüchtige organische Verbindungen enthalten, die 10% des Produktgewichts überschreiten (oder 20% im Fall von Bodenreinigungsmittel). Die folgenden Lösungsmittel sind bis zu 30% erlaubt: Ethanol, Isopranol, n-Propanol, Acetone

[29] werden an das Ausschreibungsformular angehängt.

- die folgenden Inhaltsstoffe enthalten:

  1. Stoffe, die nach der Richtlinie 67/548/EWG zur Angleichung der Rechts- und Verwaltungsvorschriften für die Einstufung, Verpackung und Kennzeichnung gefährlicher Stoffe als sehr toxisch, toxisch, krebserzeugend, erbgutverändernd oder fortpflanzungsgefährdend eingestuft sind (R23, R24, R25, R26, R27, R28, R39, R45, R46, R48, R49, R60, R61)
  2. Aromatische und halogenierte Kohlenwasserstoffe
  3. Ethylendiamintetraacetat (EDTA)
  4. Alkyl- und Arylphenolethoxylate (APEO)
  5. Formaldehyd und Formaldehydabspaltende Verbindungen
  6. Bleichmittel auf Chlorbasis (aktive Chlorbestandteile)
  7. Halogenhaltige organische Verbindungen
  8. Nitro-Moschus- und polycyclische Moschusverbindungen
  9. Tenside / Waschaktive Substanzen:
  10. die enthaltenen Tenside müssen leicht biologisch abbaubar sein (OECD 301A-F)
  11. Konservierungsmittel:
  12. Bestandteile, die zur Konservierung von Produkten hinzugefügt werden, dürfen nicht bioakkumulierbar sein. In diesem Zusammenhang gilt ein Biozid als möglicherweise bioakkumulierbar, wenn log P_{ow} (Partitionskoeffizient Oktanol/Wasser) ≥ 3 außer, wenn der experimentell bestimmte Biokonzentrationsfaktor BKF ≤ 100)

Tabelle 13.2. Standardwerte zur Berechnung des Energiebedarfs von Gebäuden

	Bürogebäude	Wohnungen	Schulen und Kindergärten
Interne Wärmegewinne [kWh/m^2a]	25	15	15
Luftwechselrate (gesamtes Gebäude) [1/h]	0,7	0,4	0,7
Warmwasserverbrauch [kWh/m^2year]	7	20	7
Heizeffizienz mit Öl, Gas, Holz (inkl. Warmwasser)	0,85 (0,75-0,97)	0,85 (0,75-0,97)	0,85 (0,75-0,97)
COP[a] Wärmepumpe (Erd-, Wasserwärme)	3,5	3,5	3,5
Betriebszeit der mechanischen Lüftung	3000 (1500-8760)	4000 (2400-8760)	1500 (1200-4800)
Mechanische Lüftung:			
Mit Wärmerückgewinnung:			
Stromverbrauch [W/(m^3/h)];	0,6 (0,4-1,5)	0,6 (0,4-1,5)	0,6 (0,4-1,5)
Energieverbrauch (kWh/m^2a)	3,8	2,9	1,9
ohne Wärmerückgewinnung (Abluftsystem)			
Stromverbrauch [W/(m^3/h)];	0,3 (0,1-0,5)	0,3 (0,1-0,5)	0,3 (0,1-0,5)
Energieverbrauch (kWh/m^2a)	1,9	1,4	0,9
Interne Lasten für Berechnung des Kühlbedarfs (W/m^2)	25 (7-40)	-	-
COP Kühlung	3	3	3
Betriebszeit von Klimageräten [kh]			
Zentraleuropa	0,500	-	0,250
Südeuropa	0,800	-	0,400
Nordeuropa	0,300	-	0,150
Faktor für den Primärenergieaufwand zur Gewinnung von Elektrizität	3	3	3

[a] Das Wärmeverhältnis wird mit der (amerikanischen) Bezeichnung COP (Coefficient of performance) angegeben.

Literatur

CLEMENT, S., ERDMENGER, C. (2003): Potenzialanalyse – Perspektiven umweltfreundlicher Beschaffung in Hamburg, EU-Forschungsprojekt RELIEF, ICLEI. Freiburg 2003.

CLEMENT, S., ERDMENGER, C. (Hrsg.) (2004): The Procura+ Manual: A Guide to Cost-Effective Sustainable Procurement. München 2004.

ERDMENGER, C. (Hrsg.) (2003): Buying into the environment. Experiences, Opportunities and Potentials for Eco-Procurement in Europe. Sheffield 2003.

HIDSON, M. , MÜLLER, M., Sustainable Urban Transport - Good Practice Guide, ICLEI European Secretariat, in Veröffentlichung.

OCHOA, A.; ERDMENGER, C. (2003): Study contract to survey the state of play of green public procurement in the European Union – Final Report. Freiburg 2003.

OEHME, I. u.a.: Check It – Kriterienkatalog zur umweltfreundlichen Beschaffung, Bundesministerium für Land- und Forstwirtschaft, Umwelt und Wasserwirtschaft; Bundesministerium für Bildung, Wissenschaft und Kultur; Bundesministerium für Verkehr, Innovation und Technologie; Bundesministerium für Wirtschaft und Arbeit; Land Steiermark; Magistrat Wien; Land Niederösterreich; Land Salzburg, Land Burgenland (Hrsg.). Wien, 2001.

SCHMIDT A.;J. FRYDENDAL (2003), Methods for calculating the environment benefits of „green" products. In: ERDMENGER, C. (Hrsg.) (2003): Buying into the environment. Experiences, Opportunities and Potentials for Eco-Procurement in Europe. Sheffield 2003.

UMWELTBUNDESAMT (UBA) (Hrsg.) (1999):Handbuch Umweltfreundliche Beschaffung: Empfehlungen zur Berücksichtigung des Umweltschutzes in der öffentlichen Verwaltung und im Einkauf. 4. völlig neubearb. Auflage. München 1999.

VERKEHRSCLUB DEUTSCHLAND (VCD) (2001) und (2002), : Broschüren – ÖPNV und Umwelt. Bonn, 2001, 2002, unter www.vcd.org.

14 Procura⁺ Kampagne für nachhaltige Beschaffung

Christoph Erdmenger

14.1 Einleitung

Nach der Analyse der bestehenden Beschaffungsstrukturen, der Identifikation der nicht ausgeschöpften Potenziale und der Auseinandersetzung mit den bestehenden Hemmnissen, stellt sich die Frage, wie umweltfreundliche Beschaffung zur guten fachlichen Praxis in öffentlichen Verwaltungen gemacht werden kann. Neben der Intensivierung der Information, Aufklärung und Fortbildung bieten sich hier vor allem zwei Wege an: die rechtlich-verbindliche Verpflichtung zur Berücksichtigung von Umweltaspekten durch den Gesetzgeber (Top-Down Ansatz) oder die Werbung für politische Selbstverpflichtung der verschiedenen Entscheidungsträger in den Verwaltungen. Das Städtenetzwerk ICLEI hat sich entschieden, den Versuch zu unternehmen, die politische Selbstverpflichtung zu erreichen. Dazu wurde das Konzept für die Procura$^+$ Kampagne für nachhaltiges Beschaffungswesen entwickelt, das im folgenden vorgestellt werden soll. [1]

14.2 Ziele der Kampagne

Die Procura$^+$ Kampagne dient allgemein der Ausschöpfung der Umwelt- und Innovationspotenziale, die die umweltfreundliche Beschaffung bietet. Speziell hat sie sich zum Ziel gesetzt, das politische Bewusstsein für umweltfreundliche Beschaffung zu steigern sowie die große Zahl der „normalen" Verwaltungen in solche Aktivitäten einzubeziehen. Als Ergebnis erhofft sich die Kampagne bis zum Jahr 2010, dass

- die Hälfte des öffentlichen Beschaffungsvolumens in Europa unter Berücksichtigung von Umweltaspekten ausgegeben wird,

---

[1] Mehr Details sind im „Campaign Manual" niedergelegt: CLEMENT, S.; ERDMENGER, C. (2004).

- die Kosten für umweltfreundliche Produkte um mindestens 5% gesenkt werden und zu Einsparungen bei Strom, Wasser und Heizenergie von jährlich 500 Millionen € beitragen,
- eine Umweltentlastung von 20 Millionen Tonnen CO_2-Äquivalenten erbringen wird.

14.3 Strategische Herausforderungen

Für die Konzeption waren die folgenden zentralen Erkenntnisse ausschlaggebend, die im Rahmen von Diskussionen innerhalb des „Buy It Green"-Netzwerkes umweltfreundlicher Beschaffer (BIG-Net) im Laufe des Jahres 2003 entwickelt wurden:

1. Es besteht ein großes Umweltentlastungspotenzial, wenn öffentliche Verwaltungen systematisch auf umweltfreundliche Beschaffung umstellen würden. Dieses Potenzial ist allerdings zur Zeit vor allem politischen Entscheidungsträgern noch zu wenig bekannt.
2. Viele Hindernisse für umweltfreundliche Beschaffung bestehen eher in der Wahrnehmung der Akteure als in unbeeinflussbaren Rahmenbedingungen. Dies gilt vor allem mit Bezug auf den Europäischen Rechtsrahmen, dessen Vorgaben für umweltfreundliche Beschaffung jedoch bereits geklärt wurden.[2]
3. Bei Pionieren der umweltfreundlichen Beschaffung liegen umfangreiche Erfahrungen vor, die im Prinzip zum Abruf durch Nachahmer bereitstehen. Dennoch lässt die Verbreitung des Instrumentes noch Wünsche offen. Strategien, dies zu ändern, müssen sich an „die ganz normale" Verwaltung wenden.
4. Die wesentlichen Herausforderungen bestehen dabei zum einen darin, politische Entscheidungsträger für das Instrument zu gewinnen und ihre Unterstützung in Verwaltungshandeln umzusetzen. Zum anderen soll die verwaltungsseitige Umsetzung der umweltfreundlichen Beschaffung möglichst einfach gestaltet sein.

14.4 Konzept der Kampagne

Um auf diese Herausforderungen zu reagieren, sieht die Kampagne eine Kombination aus Öffentlichkeitsarbeit und der Bereitstellung von Hintergrundinformationen vor. Konkret sollen die (politischen) Entscheidungsgremien von öffentlichen Verwaltungen für eine Selbstverpflichtung gewonnen werden, indem sie sich im Rahmen des Kampagnenbeitrittes Ziele zur Umstellung ihrer Beschaffung setzen. Diese politische Willensbildung wird auf der fachlichen Ebene durch ein Schritt-

[2] Vgl. Kapitel 9.

für-Schritt Konzept zur Umsetzung („Kampagnenmeilensteine“) und durch die Bereitstellung geeigneter Produktkriterien untermauert.

14.5 Produktkriterien

Die Idee, europaweit anwendbare Schlüsselkriterien[3] für Produkte zu definieren, dient in erster Linie als Hilfestellung für Verwaltungen ohne eigene umweltwissenschaftliche Kapazitäten, die nicht die Zeit haben, selbst Kriterien zu entwickeln. Darüber hinaus sind sie als Signal gedacht: Einerseits appellieren diese entwickelten Kriterien an Verwaltungen, sich auf die wichtigsten Umwelteigenschaften von Produkten zu konzentrieren. Andererseits zeigen sie Herstellern und Lieferanten, welche Aspekte wichtig sind und europaweit Erfolge bei Ausschreibungen versprechen. Die Kriterien werden von den Kampagnenteilnehmern auf ihrer Jahresversammlung festgelegt. Im Laufe des Jahres kann das Steering Committee der Kampagne, das von den Teilnehmern nominiert und als ICLEIs Exekutivkommittee gewählt wird, Änderungen und Aktualisierungen vorschlagen. Procura+ ist im Jahr 2004 mit Kriterien für folgende Produktgruppen gestartet:

- Strom aus erneuerbaren Energiequellen,
- Energieeffiziente Computer und IT-Geräte für Büros,
- Biologische Lebensmittel für Kantinen, Krankenhäuser und Verpflegung,
- Gebäude, die höchste Effizienzstandards für Raumheizung und Klimatisierung aufweisen,
- Gesundheitsorientierte Reinigungsdienstleistungen,
- Qualitätsorientierter öffentlicher Personennahverkehr mit emissionsarmen Bussen.

Die Kriterien entsprechen in ihrer genauen Definition den in diesem Buch veröffentlichten Schlüsselkriterien.[4]

14.6 Schritt-für-Schritt Umsetzung: Procura+ Meilensteine

Procura+ orientiert sich an fünf Meilensteinen. Diese folgen dem Aufbau vieler Managementsysteme (Plan, Do, Check, Act) und den Erfahrungen anderer ICLEI-Kampagnen. Das Modell gewährleistet eine schrittweise Umsetzung:

- Meilenstein 1: Erstellen eines Beschaffungsinventars mit Angaben zu Mengen der beschafften Produkte, Ausgaben und evtl. schon verwendeten Nachhaltigkeitskriterien. Die Ergebnisse werden auf einer „Procurement Scorecard“ dokumentiert.

---

[3] Vgl. ICLEI (fortlaufend).

[4] Vgl. Kapitel 13.

- Meilenstein 2: Festlegen von produktspezifischen Zielen abhängig vom Leistungsvermögen und der Tatkraft der Verwaltung, z. B. Bezug von 20% an grünem Strom bis 2010.
- Meilenstein 3: Entwicklung eines Umsetzungsplans, der die notwendige Arbeit, die Verfügbarkeit von Mitarbeitern und die Dauer von bestehenden Verträgen berücksichtigt.
- Meilenstein 4: Schrittweise Umsetzung in den verschiedenen betroffenen Verwaltungseinheiten.
- Meilenstein 5: Monitoring mit Hilfe der Procurement Scorecard und Berichterstattung über die Ergebnisse sowohl an die lokale Öffentlichkeit und politische Repräsentanten als auch an die internationale Öffentlichkeit mittels ICLEI.

Die Struktur des Meilensteinprozesses (vgl. Abb. 14.1.) erlaubt eine einfache Integration von nachhaltiger Beschaffung in schon vorhandene Umweltmanagementsysteme oder Lokale Agenda 21 Prozesse.

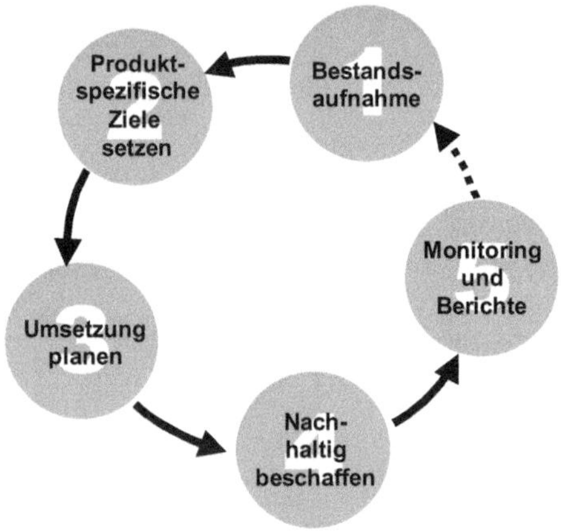

Abb. 14.1. Übersicht über die Procura⁺ Meilensteine

14.7 Finanzielle Auswirkungen für die Teilnehmer

Ein weit verbreitetes Missverständnis über nachhaltige Beschaffung ist, dass diese teurer sei, als herkömmliche Beschaffung. In der Realität sind zwar einige Öko-Produkte im Einkauf teurer, viele andere Öko-Produkte sind jedoch in Qualität und Preis gleichauf. Darüber hinaus werden zusätzliche Einsparungen durch die Vermeidung von Ausgaben und die Reduzierung von Strom-, Wasser-, und Abfallentsorgungskosten erreicht. In der Praxis halten sich Kostenaufwand und Einsparungen in der Regel die Waage. Procura⁺ unterstützt dies dadurch, dass die Kriterien jeder einzelnen Produktgruppe eine Obergrenze von maximal 10% beinhalten.

Dies wird durch Sparhinweise, gemeinschaftliche Beschaffungsmaßnahmen und Kontrolle der Ausgaben mittels Procurement Scorecard flankiert.

14.8 Die „Procura$^+$ Verwaltung"

Kampagnenteilnehmer können ihre Kommune mit dem Slogan „XX Behörde nimmt an Procura$^+$ teil" als Procura$^+$-Behörde bezeichnen. Behörden, welche den Meilensteinprozess vollständig abgeschlossen haben und Informationen über ihre Ergebnisse für ICLEI's Webseite bereitstellen, sind für die Verwendung des fortgeschrittenen Logos mit dem Slogan „Procura$^+$ zertifiziert" qualifiziert. Während das linke Label in Abbildung 14.2. (im original graue Spirale mit gelbem Punkt) direkt nach Beitritt verwendet werden kann, ist das rechte Label (gelb mit grünen Punkt) den Verwaltungen vorbehalten, die alle Meilensteine abgeschlossen und ihre Ergebnisse berichtet haben.

Abb. 14.2. Labels, die von Teilnehmern der Kampagne verwendet werden können

14.9 Schritte zur Kampagne

Die Teilnahme an Procura$^+$ setzt eine politische Entscheidung voraus. In manchen Verwaltungen wird dieser politische Beschluss am Anfang der Arbeit stehen, während andere Kommunen zunächst ihre momentane Situation bewerten und sich damit auf den politischen Entscheidungsprozess vorbereiten wollen. Diese würden zunächst Meilenstein 1 ausführen und dann den Beschluss im Rahmen von Meilenstein 2 fassen.

Literatur

CLEMENT, S., ERDMENGER, C. (Hrsg.) (2004): The Procura+ Manual – A Guide to Cost-Effective Sustainable Procurement, München 2004.

ICLEI – LOCAL GOVERNMENTS FOR SUSTAINABILITY (fortlaufend): Procura+ Kriterien, jeweils aktuell abrufbar unter www.procuraplus.org.

15 Schlussfolgerungen und weiterer Forschungsbedarf

Regine Barth, Miriam Dross, Christoph Erdmenger, Edeltraud Günther, Ines Klauke, Lilly Scheibe

15.1 Schlussfolgerungen aus der Untersuchung

Nachfolgend sind die wichtigsten Erkenntnisse der dem vorliegenden Buch zugrunde liegenden Forschungsarbeiten thesenartig zusammengefasst.

Internationales Recht und EU-Recht ermöglichen eine umweltfreundliche Beschaffung

Entgegen einer weit verbreiteten Ansicht stehen weder internationales noch europäisches Recht der Berücksichtigung von Umweltkriterien im Vergabeverfahren entgegen. Auf internationaler Ebene kann allerdings die Bedeutung des General Procurement Agreement für die Beurteilung der Zulässigkeit gegenwärtig nicht abschließend beurteilt werden. Das GPA eröffnet jedoch bislang einen sehr weiten Spielraum. Dies gilt, solange keine gegenteiligen Entscheidungen eines WTO-Rechtsprechungsorgans ergangen sind.

Die europäischen Vergaberichtlinien dienen einem anderen Zweck als das herkömmliche deutsche Vergaberecht, nämlich der Schaffung und Verwirklichung eines europäischen Binnenmarkts. Nach zwei Grundsatzurteilen aus den Jahren 2002 und 2003 des EuGH bestehen gegenwärtig große, vielfach nicht ausgeschöpfte Spielräume der Beschaffer zur umweltfreundlichen Vergabe von öffentlichen Aufträgen. Bei der Ausgestaltung von Anforderungen sollte darauf geachtet werden, dass diese keine Mitbieter aus anderen Mitgliedsstaaten diskriminieren, weil sonst ein Verstoß gegen die Grundfreiheiten des EG-Vertrags vorliegen könnte. Europäisches und nationales Wettbewerbsrecht stehen einer Berücksichtigung von Umweltaspekten im Vergabeverfahren nur in seltenen speziellen Fallkonstellationen entgegen. Problematisch könnten nach EU-Wettbewerbsrecht allenfalls unternehmensbezogene Bieteranforderungen sein.

Die Kommission hat ihre vormals stark restriktive Position zur umweltfreundlichen Vergabe aufgegeben und erkennt die meisten Umweltkriterien im Vergabeverfahren als zulässig an. Dies war bereits in der Interpretierenden Mitteilung der

Kommission zu Umweltkriterien im Vergabeverfahren von Juli 2001 erkenntlich und findet jetzt auch Niederschlag in den neuen Vergaberichtlinien der EU aus dem Jahre 2004. Sie sind ganz überwiegend positiv zu bewerten, eine Reihe bislang offener Fragen wurden klargestellt. So ist die Bezugnahme auf Umweltzeichen in den Beschreibungen des Auftragsgegenstands der Ausschreibung in der Richtlinie geregelt, wenn gleichwertige Nachweise möglich sind. Ausdrücklich geregelt ist nunmehr, dass Umwelteigenschaften auch als Zuschlagskriterien zulässig sind. Seitens von Umweltverbänden u.a. wurde vor allem das „wording" zur Einbeziehung externer Kosten kritisiert. Hier bleibt aber anzumerken, dass die Einbeziehung externer Kosten in Wirtschaftlichkeitserwägungen vor allem ein praktisches Problem darstellt und auch die jetzt gewählte Formulierung die Einbeziehung nach bestimmten Kriterien zulässt. Eine abschließende Interpretation der neuen Richtlinien durch den EuGH in den Jahren nach der Umsetzung auf nationaler Ebene wird überdies zeigen, ob die getroffenen Bestimmungen auch weiterhin weit ausgelegt werden. Die neuen Instrumente, die durch die Richtlinien eingeführt werden, wie z. B Beschaffungsgemeinschaften sollten darauf hin überprüft werden, ob sie die umweltfreundliche Beschaffung fördern können.

Der rechtliche Rahmen für die öffentliche Beschaffung in Deutschland ist weit

Auch in Deutschland ist die Vergabe öffentlicher Aufträge nach Umweltkriterien regelmäßig nicht unvereinbar mit rechtlichen Vorgaben. Die Umsetzung der europäischen Vergaberichtlinien ist in Deutschland nur oberhalb bestimmter Schwellenwerte erfolgt, so dass das Rechtssystem zweigeteilt ist, d.h. unterhalb der Schwellenwerte gelten grundsätzlich andere Anforderungen als oberhalb der Schwellenwerte. Die Fülle der einzuhaltenden Rechtsnormen, das zweigeteilte Rechtssystem und die juristische Diskussion um die "vergabefremden Kriterien" führen in Deutschland zu Unsicherheiten in der Praxis, ob und wie Umweltaspekte in das Auftragswesen einfließen können. Bei der Untersuchung des deutschen Rechts ergibt sich allerdings, dass auch hier die rechtlichen Vorgaben nicht als entscheidendes Hemmnis für eine umweltfreundliche Beschaffung hervorstechen.

Insbesondere verstößt die umweltfreundliche Beschaffung in der Regel nicht gegen den haushaltsrechtlichen Wirtschaftlichkeitsgrundsatz. Werden – wie gesetzlich vorgesehen - Umweltkriterien bereits in den Ausschreibungsunterlagen genannt oder die Kosten durch Nebenangebote transparent gemacht wird vielmehr der Wirtschaftlichkeitsgrundsatz gewahrt. Überdies ist eine Betrachtung der langfristigen Kosten gesetzlich geboten und führt dazu, dass umweltfreundliche Produkte oftmals wirtschaftlicher sind. Aber auch dann, wenn sich höhere Investitionskosten nicht über geringere Betriebskosten ausgleichen, können öffentliche Stellen Umweltkriterien einbeziehen wenn dies der Einhaltung staatlicher Zielsetzungen wie z. B dem Gesundheits- und Umweltschutz, internationaler Vereinbarungen oder gesetzlicher Grenzwerte dient.

In Deutschland wie in anderen Ländern scheitert die Berücksichtigung von Umweltschutzaspekten bei der Vergabe daher eher an der Wahrnehmung rechtlicher Hemmnisse bzw. der Sorge, bei komplexen Ausschreibungen könnte die Berücksichtigung von Umweltaspekten bei der Definition des Auftragsgegenstands und/oder bei den Bewertungskriterien von Angeboten zu weiteren Unsicherheiten führen als an wirklichen Verboten.

Bei der Umsetzung der neuen Vergaberichtlinien in deutsches Recht sollte außerdem von der möglichen Flexibilisierung hinsichtlich gemeinschaftlicher Ausschreibungen oder neuer Vergabeformen Gebrauch gemacht werden, da sie die umweltfreundliche Beschaffung erleichtern. Insgesamt ist festzuhalten, dass eine weitere Etablierung der nachhaltigen Beschaffung in jedem Fall erfordern wird, den Beschaffungsstellen nicht nur gut aufbereitete Informationen über sinnvolle Umweltkriterien zur Verfügung zu stellen, sondern auch dass die Wissensbasis über besonders günstige und risikolose Vorgehensweisen bei der Berücksichtigung von Umweltkriterien im Vergabeprozess (v.a. Ausschreibung und Evaluation von Angeboten) viel breiter werden muss.

Das Instrument der öffentlichen Beschaffung wird bisher unterschätzt

Es gibt kaum ein politisches Dokument zur nachhaltigen Entwicklung, in der nicht die Rolle der öffentlichen Beschaffung oder doch zumindest des „nachhaltigen Konsums“ Erwähnung finden würde. In der Praxis steht umweltfreundliche Beschaffung im Deutschland des Jahres 2004 jedoch nicht im Zentrum von Umweltpolitik oder Nachhaltigkeitsstrategie. Um dieser Entwicklung entgegenzuwirken, sollte ein Blick auf die Umweltentlastungspotenziale, die das Instrument bietet, geworfen werden.

Die in diesem Buch vorgestellten Forschungsergebnisse zeigen große Umweltentlastungspotenziale. Einige Beispiele seien anhand des Indikators Treibhausgasemissionen aufgezeigt: Die Beschaffung grünen Stroms anstelle des „Durchschnittsstroms“ würde in deutschen Verwaltungen Umweltentlastungen in Höhe von mehr als 23 Millionen Tonnen CO_2-Äquivalenten mit sich bringen, die Umstellung der Bauweise öffentlicher Gebäude auf Passivhausstandard weitere 15 Millionen Tonnen. In Personenäquivalenten ausgedrückt entsprechen diese Werte den durchschnittlichen Emissionen von 2,9 bzw. 1,9 Millionen Menschen. Dies allein entspricht 15% der deutschen Kyoto-Verpflichtungen und ist mehr als der Betrag, der der Bundesrepublik Deutschland im Jahr 2001 zur Erreichung der Ziele bis zum Jahr 2008 fehlte.

Diese Zahlen schließen jedoch noch keine Ausstrahlungseffekte auf das Angebot (etwa auf Verfügbarkeit und Preise der Produkte) ein. Sie berücksichtigen auch nicht die Vorbildwirkung auf einen nachhaltigen Konsum durch Unternehmen und private Haushalte.

Nicht alle untersuchten Produkte können allerdings ein Umweltentlastungspotenzial in dieser Größenordnung vorweisen. Dass die öffentliche Beschaffung dennoch bei diesen Produkten eine wichtige Umweltentlastung auslösen kann, zeigen zwei Beispiele: So wurden für die Emissionsverbesserung an städtischen Bussen ein Umweltentlastungspotenzial bei der Bildung bodennahen Ozons von „nur“ 140.000 Personenäquivalenten berechnet. Diese Busse verkehren allerdings definitionsgemäß in städtischen Ballungsräumen und entfalten ihre Umweltentlastung dort, wo sie am meisten gebraucht wird. Im anderen Beispiel wurde für Personalcomputer in öffentlichen Verwaltungen ein Entlastungspotenzial bei Treibhausgasen von „nur“ 18.000 Personenäquivalenten berechnet. Doch wäre es in diesem Beispiel schwer vorstellbar, dass die Umstellung der Produktion der etwa 500.000 jährlich in Deutschland von der öffentlichen Hand gekauften Computer nicht auf den Rest des Marktes ausstrahlen würde.

Bei anderen Produkten hingegen sollten nicht zu hohe Erwartungen an die direkten Umweltwirkungen gesetzt werden. Bereits die Analyse der Ausgaben der Stadt Stuttgart zeigt, dass z. B für Papier und Büroartikel insgesamt vergleichsweise kleine Summen ausgegeben werden. Daraus zu schließen, dass sich für diese Produkte eine umweltfreundliche Beschaffung nicht lohne, wäre allerdings falsch. Bedacht werden muss hier die hohe symbolische Bedeutung dieser Produkte allein dadurch, dass sie täglich von Millionen von Beschäftigten der öffentlichen Hand benutzt werden. Die wahrscheinlich wichtigste Erkenntnis aus den angestellten Berechnungen zur Umweltentlastung ist aber folgende: Sie wirken nur, wenn viele mitmachen. So sinnvoll es ist, Pioniere zu fördern, die die „gute fachliche Praxis“ für die Nachzügler neu definieren können, hat die deutsche Umweltpolitik hier doch schon viel erreicht. Statt dessen sollte sich die Aufmerksamkeit darauf richten, all die Nachzügler zu der gewünschten Nachahmung anzuregen. Vieles spricht dafür, hier den Optimismus der auf freiwillige Selbstverpflichtungen zielenden Procura$^+$ Kampagne zu unterstützen, wie er von den meisten Europäischen Nachbarn geteilt wird. Erst wenn sich dies nicht durchsetzt, sollten gesetzliche Verpflichtungen erwogen werden.

Öffentliche Beschaffung hat allein im Umweltbereich ein sehr großes Potenzial. Für nachhaltige Entwicklung ist sie unverzichtbar und sollte hinter anderen umweltpolitischen Instrumente nicht zurückstehen.

Potenziale aus marktorientierter Sicht sind bei den Kommunen als Nachfrager, bei den Anbietern am Markt und in der Kommunikation zwischen beiden zu suchen

Um Potenziale einer umweltfreundlichen kommunalen Beschaffung aufzudecken, müssen die beiden wichtigsten Marktakteure, die Kommunen als Nachfrager am Markt und die Anbieter umweltfreundlicher Produkte untersucht werden. Darüber hinaus ist aber noch ein dritter Schwerpunkt, nämlich die Kommunikation zwischen den beiden Marktakteuren von Bedeutung.

Auf der Anbieterseite wurde zur Einschätzung der Wirkungen einer umweltfreundlichen kommunalen Beschaffung auf den Markt für umweltfreundliche Produkte oder Dienstleistungen die (erwartete) Marktsituation, das Innovationspotenzial und das Vorhandensein umweltfreundlicher Produkt- oder Dienstleistungsinnovationen für ausgewählte Märkte analysiert. Die (erwartete) Marktsituation stellte sich bei allen Produkten aufgrund der derzeitigen schlechten konjunkturellen Lage in Deutschland als eher negativ dar. Das Innovationspotenzial für die untersuchten Produktgruppen wurde durch die Faktoren Innovationstätigkeit der Branche, rechtliche Impulse und vorhandene Produkt- und Systeminnovationen in der Branche bestimmt. Hier konnte für fast alle Produkte ein mittleres bis hohes Innovationspotenzial ausgemacht werden, das durch eine verstärkte kommunale Beschaffung befördert werden kann. Auch konnten Beispiele für umweltfreundliche Innovationen an den untersuchten Märkten identifiziert werden.

Potenziale in der Kommunikation liegen zum einen intern im kommunalen Beschaffungsprozess und zum anderen in der Kommunikation zwischen Kommunen als Nachfrager und den Anbietern umweltfreundlicher Produkte und Dienstleistungen. Hier konnten Potenziale durch die Analyse von Hemmnissen und durch die Analyse einzelner Stufen des Beschaffungsprozesses, insbesondere der Beschaffungsmarktforschung (Nutzung der Auftragsberatungsstelle, Nutzung von Informationsquellen) und der Beschaffungsvergabe (Methoden zur Bewertung des Angebotes) offengelegt werden. Potenziale in der Kommunikation zwischen Anbietern und Nachfragern sind geprägt durch Informationsasymmetrie, insbesondere auf der Nachfragerseite. Hier konnten Vorschläge für die Verbesserung der Informationsmöglichkeiten (z. B die Schaffung von Informationsplattformen, Best Practice Sharing) gegeben werden. Auf der Anbieterseite besteht dagegen oft Unsicherheit über die Anforderungen, die die Kommunen an die Anbieter der nachgefragten Leistungen stellen. Durch bessere Information können diese Unsicherheiten abgebaut werden (z. B durch Kommunikation mit Branchenverbänden).

Das Innovationspotenzial der öffentlichen Beschaffung liegt nicht nur im Einsatz von Produkt- und Dienstleistungsinnovationen, sondern auch in institutionellen Innovationen

Es besteht heute kein Zweifel, dass sich Innovationen und Umweltverbesserungen gegenseitig bedingen. Einerseits sind Innovationen oftmals die Voraussetzung für Verbesserungen des Zustandes der Umwelt. Andererseits ist es gerade die zielgerichtete Suche nach Lösungen für Umweltprobleme, die kreatives und innovatives Verhalten auslöst.

In der vorliegenden Publikation wurde ein umfassender Innovationsbegriff als Grundlage gewählt. So war der Ausgangspunkt hier die Überlegung, dass im Bereich der öffentlichen Beschaffung nicht nur wissenschaftliche oder technische Innovationen von Interesse sind, sondern vor allem organisatorische und soziale Aspekte eine große Rolle spielen können, ein innovationsfreundlicheres Umfeld zu schaffen. Daher stellte sich hier neben der Frage nach dem Einsatz von Produkt- oder Dienstleistungsinnovationen, auch die Frage, welche institutionellen Voraussetzungen dem Gelingen von Innovationen förderlich sind oder entgegenstehen.

Die öffentliche Hand kann eine entscheidende Rolle bei der Verbreitung und Anwendung von Innovationen spielen. Insbesondere kann die öffentliche Beschaffung zu technisch-ökonomischen Innovationen beitragen, indem sie bestimmten Produktentwicklungen zum Marktdurchbruch verhilft.

Der Schwerpunkt von institutionellen Innovationen, also Innovationen im Prozess der öffentlichen Beschaffung, wird bei den Kommunen gesetzt. Erstens können solche „institutionellen“ Innovationen in der öffentlichen Beschaffung im Zusammenspiel der Kommunen, also als Innovationen in kooperativem bzw. gleichgerichtetem Handeln von Marktakteuren, liegen. Zweitens können intermediäre Akteure zur Vernetzung der Marktakteure beitragen und drittens sind institutionelle Innovationen auch in den Verwaltungen selbst notwendig. Außerdem müssen auch in Kommunen bürokratische Hindernisse überwunden werden, die Initiativen zur Innovationsförderung behindern könnten.

Die größten Potenziale zur Innovationsförderung durch die öffentliche Beschaffung dürften bei Produkten und Dienstleistungen bestehen, die die öffentliche Hand in großer Menge nachfragt. Eine wichtige Voraussetzung dafür, dass, wie oben bereits erwähnt, dieser Beitrag möglichst früh im Innovationsprozess ansetzt, ist allerdings koordiniertes Handeln, entweder mit anderen Marktakteuren oder durch Vernetzung verschiedener Beschaffungsstellen.

Eine Schlüsselfunktion hat die öffentliche Hand besonders auf den Märkten für Elektrizität, Beleuchtungsmittel, Informationstechnologie und im Baubereich, die in den folgenden Absätzen dargestellt werden soll:

Bei der Förderung der Abnahme von Strom aus regenerativen Energiequellen hat die öffentliche Hand, neben ihrer unmittelbaren Verantwortung für die Produktion der von ihr verbrauchten Elektrizität, eine wichtige Vorbildfunktion für private Unternehmen und Endverbraucher. Denn vielerorts mangelt es noch an Bewusstsein für die Möglichkeit, angesichts des liberalisierten Marktes den Stromanbieter selbst zu wählen. Zudem könnte die öffentliche Hand die entscheidende Nachfrage schaffen, um Zertifizierungsstandards bei Anbietern „grünen

Stroms“ durchzusetzen und damit die Glaubwürdigkeit der gesamten Branche zu erhöhen.

Im Beleuchtungsbereich steht ein recht hohes Innovationstempo der produzierenden Unternehmen einer schleppenden Nachfrage nach effizienteren Produkten gegenüber. So können sich Produkte, die über ihren Lebenszyklus betrachtet preisgünstiger sind, oft am Markt nicht durchsetzen. Die öffentliche Hand kann hier die notwendige Nachfrage schaffen, um verbesserte Produkte und innovative Installationslösungen breiter am Markt zu verankern.

Ein zentraler Bereich, der von einer innovationsorientierten öffentlichen Nachfrage profitieren würde ist die Informationstechnologie. Erstens sind hier die Produktzyklen besonders kurz und Veränderungen finden sich schnell auf dem Markt wieder. Zweitens hält die öffentliche Hand besonders hier einen hohen Anteil an der Nachfrage. Drittens sind in diesem Bereich potenzielle Massenmärkte besonders wichtig, um Produktinnovationen durchsetzen zu können. Ergänzend ließe sich hinzufügen, dass die öffentliche Hand auch durch ihre Softwareentscheidungen Umweltinnovationen befördern kann, bspw. die Entwicklung hin zu Lean Clients, bei denen der Computer am Arbeitsplatz wesentlich weniger Komponenten und solche mit geringerer Leistungskraft benötigt.

Ein großer Teil der Mittel in der öffentlichen Beschaffung wird in Gebäude investiert. Somit könnte der Bausektor besonders von einer innovationsorientierten öffentlichen Nachfrage profitieren. Hier geht es in erster Linie um die Durchsetzung von ambitionierten Energiestandards auch in großen Gebäuden, (z. B Passivhaustechnik). Darüber hinaus gewinnt die Optimierung der Baumaterialien auch unter energetischen Gesichtspunkten durch die Verwendung von Ökobilanzsoftware umso mehr an Bedeutung, je stärker der Energiebedarf von Gebäuden während ihrer Nutzungsphase gesenkt wird.

Ein einfaches Selbstevaluationstool zur Identifikation und Analyse von Hemmnissen im öffentlichen Beschaffungsprozess kann helfen, die Position im Hinblick auf umweltfreundliche Beschaffung zu bestimmen

Vor dem Hintergrund, dass öffentliche Beschaffung zwar bereits seit mehr als 20 Jahren ein Instrument der Umweltpolitik ist, wurde zunächst nach Gründen gesucht, warum sie dennoch in den meisten Verwaltungen nicht zum Alltag gehört. Hier ist zwischen tatsächlichen Hemmnissen und solchen, die vom Entscheidungsträger wahrgenommen werden – unabhängig davon, ob sie real existieren oder nicht – zu unterscheiden.

Die Hemmnisanalyse und darauf basierend das Selbstevaluationstool fokussieren auf die Untersuchung wahrgenommener Hemmnisse, da diese letztlich Beschaffungsentscheidungen beeinflussen.

Durch die Einbindung aller für den Beschaffungsprozess relevanten Stakeholder in die Analyse gibt sie einen Überblick über den aktuellen Stand umweltfreundlicher Beschaffung aus Sicht der Betroffenen und offeriert Ansatzpunkte sowie identifiziert Schlüsselpersonen zur Verbesserung des Beschaffungsprozesses aus Umweltsicht. Sie trägt somit zur Organisationsentwicklung bei.

Die Hemmnisanalyse bietet eine Bewertung potenzieller Hemmnisse für öffentliche Einrichtungen, mit deren Hilfe diese hinsichtlich ihrer Relevanz geordnet und das primäre Handlungspotenzial für die jeweilige Organisation abgeleitet werden kann. Zu diesem Zweck stehen verschiedene Bewertungsverfahren zur Verfügung, die eine Visualisierung und Interpretation der Analyseergebnisse zulassen. Weiterhin werden die Hemmnisse in fünf Gruppen zusammengefasst und bewertet, um die Wichtigkeit bestimmter Hemmnisgruppen für die einzelne Organisation zu bestimmen und daraus eventuelle Abhängigkeiten umweltfreundlicher Beschaffung von bestimmten Rahmenbedingungen zu identifizieren. Die Ergebnisse der Hemmnisanalyse bilden die Grundlage zur Initiierung eines Diskussions- und Strategiefindungsprozesses zum Umgang mit und Abbau von Hemmnissen und damit zur Nutzung der Potenziale umweltfreundlicher Beschaffung zur Beförderung von Innovationen.

Um möglichst vielen öffentlichen Einrichtungen die Möglichkeit zu geben, einen solchen Selbstevaluationsprozess in ihrer Organisation durchführen zu können, wurde von der TU Dresden ein online Selbstevaluationstool entwickelt, mit dessen Hilfe Organisationen ihre Hemmnisse umweltfreundlicher Beschaffung bewerten und analysieren können. Dieses Tool ist für alle öffentlichen Einrichtungen kostenlos verfügbar unter: **www.wwil.wiwi.tu-dresden.de/hurdles/**.

15.2 Weiterer Forschungsbedarf

Um vertiefende Erkenntnisse zu gewinnen, schlagen die Autoren folgende Schwerpunkte für Forschungsarbeiten vor:

Rechtlichen Rahmen in Deutschland innovationsfreundlicher gestalten

Hinsichtlich der rechtlichen Situation ist vor allem die Begleitung des Umsetzungsprozesses der neuen Europäischen Beschaffungsrichtlinien von Bedeutung. Hier ergeben sich auf deutscher Ebene Möglichkeiten, die umweltfreundliche Beschaffung stärker gesetzlich zu verankern. Neben den von den Beschaffungsrichtlinien vorgegebenen – zwingend umzusetzenden - Regelungen sollte untersucht werden, ob eine weitergehende Verankerung umweltfreundlicher Beschaffung im deutschen Vergaberecht möglich ist. Ein interessanter Ansatz wäre hier, in anderen Ländern bestehende Regelungen auf ihre Übertragbarkeit zu untersuchen.

Ebenfalls von Interesse ist, ob die neuen, durch die Richtlinien eingeführten Instrumente, wie zentrale Beschaffungsstellen und Rahmenverträge, Ansatzpunkte für die Förderung einer umweltfreundlichen öffentlichen Beschaffung bieten.

In diesen Zusammenhang gehören auch Möglichkeiten, die sich aus Haushalts- und Verwaltungsreformen für eine umweltfreundliche Vergabe öffentlicher Aufträge ergeben. Bieten solche Reformen eine Chance zur besseren Verankerung von Konzepten umweltfreundlicher Beschaffung und wie müssen sie gestaltet werden?

Eine interessante Forschungsfrage verbindet sich mit der Einbeziehung von Lebenszykluskosten in die Kostenberechnung von Bau- und Dienstleistungen sowie Lieferverträgen. Neben der praktischen Umsetzung ergibt sich zudem die Frage, ob eine Einbeziehung dieser Kosten auch gesetzlich geregelt werden kann und sollte.

Die im Projekt gewonnenen rechtlichen Erkenntnisse sollten in Beschaffungsleitläden für öffentliche Beschaffer einfließen und so operationalisierbar gemacht werden. Aufgrund der zersplitterten öffentlichen Beschaffung in Deutschland sollten neue Wege gesucht werden, auch kleine und mittlere Vergabestellen an die umweltfreundliche öffentliche Beschaffung heranzuführen.

Erkenntnisse über innovative Produkte und Dienstleistungen erweitern

Ein Dreh- und Angelpunkt für eine effektive Strategie der umweltfreundlichen Beschaffung, ist die Verfügbarkeit von Informationen über bestehende Produkte und Dienstleistungen. In den in diesem Buch zugrunde liegenden Forschungsarbeiten konnten für vielfältige Produkte weder die Umweltentlastungspotenziale berechnet, noch konnten Erkenntnisse zu ihrem spezifischen Innovationspotenzial erarbeitet werden. Dies gilt beispielsweise für Personenkraftwagen, Fahrzeugtreibstoffe, Beleuchtung, Baumaterialien (z. B Holz), Reinigungsdienstleistungen sowie Ver- und Entsorgungsdienstleistungen. Hier ergibt sich weiterer Forschungsbedarf bzw. bedarf es der zielgruppengerechten Aufarbeitung von Forschungsergebnissen.

Notwendig ist zunächst eine Stärkung der verfügbaren Datenbasis aus Ökobilanzen von Produkten und Dienstleistungen. Dies bezieht sich auf die Zahl der verfügbaren Ökobilanzen sowie ihrer Qualität und Aktualität. Es bezieht sich jedoch auch auf die in den Ökobilanzen untersuchten Umweltaspekte der Produkte und Dienstleistungen. Diese sind nicht auf Beschaffungsentscheidungen zugeschnitten. Die gewünschten Informationen können in der Regel aus bereits vorliegenden Daten zusammengestellt werden. Obwohl dies ein aufwendiger Prozess ist, kann der Aufwand nicht mit einer Neuerstellung einer Ökobilanz verglichen werden. Entsprechende öffentliche Forschungsprojekte sollten die Belange der öffentlichen Beschaffung in ihre Betrachtung einbeziehen.

Ein zweiter wesentlicher Schwachpunkt der produktspezifisch verfügbaren Informationen sind Erhebungen zu den Beschaffungsvolumina für verschiedene Produkte. In der Tat werden zur Zeit weder auf der Ebene der einzelnen öffentlichen Haushaltsführung noch auf statistischer Ebene passende Daten erhoben. Auch wenn eine weitere statistische Berichtspflicht etwa von Produzenten oder eine Darlegungspflicht im öffentlichen Haushaltsrecht nicht verlangt werden kann, wäre es sinnvoll, über statistische Stichproben Daten von Haushalten und Produzenten zu sammeln, um das Instrument der öffentlichen Beschaffung besser nutzen zu können. Hier wäre zu untersuchen, inwieweit durch die Einführung einer Kosten- und Leistungsrechnung in der öffentlichen Verwaltung Daten des öffentlichen Einkaufs verfügbar gemacht werden.

Zur Bestimmung des Innovationspotenzials ist nicht nur die Kenntnis über die möglichen Verbesserungen, sondern auch über Marktstrukturen notwendig. Daher sollte die vorgestellte Methode zur Marktanalyse weiter genutzt werden, um den Markt für umweltfreundliche Produktinnovationen zu untersuchen. Inwieweit die Methode für Produkte oder Dienstleistungen angepasst und erweitert werden muss, ergibt sich aus der Anwendung.

Einbeziehung der sozialen Säule der Nachhaltigkeit prüfen

Der größte Anteil aller auf Nachhaltigkeit ausgerichteten Beschaffungsaktivitäten befasst sich mit ökologischen Fragestellungen. Dies war auch der Fokus der hier vorgestellten Forschungsarbeiten. In der Tat ist die Einbeziehung sozialer Aspekte in Beschaffungsaktivitäten nicht unmittelbar vergleichbar. So beziehen sich ökologische Verbesserungen oft auf Eigenschaften des Produktes selbst, während soziale Fragen oft in der Entstehung des Produktes angelegt sind. Andererseits haben soziale Fragen gerade bei Dienstleistungen eine hohe Bedeutung – und Dienstleistungen wiederum haben eine hohe Bedeutung innerhalb der öffentlichen Haushalte. Daher sollten Themenfelder wie Fairer Handel, Förderung benachteiligter Gruppen, Förderung von Beschäftigung und Erhalt und Ausbau sozialer Standards auch in der weiteren Forschung zum Politikinstrument „nachhaltige Beschaffung" stärker Berücksichtigung finden.

Gerade die aktuelle Diskussion der Corporate Responsibility[1] liefert gute Ansatzpunkte für eine integrierte Betrachtung der ökologischen und sozialen Nachhaltigkeit.

Innovationen im Beschaffungsprozess durch Förderung von Vernetzung verbreiten

Die vorliegenden Untersuchungen haben den Wert organisatorischer Innovationen noch einmal unterstrichen. Verbesserungen bei der Planung und Durchführung des Beschaffungsprozesses gehen mit Verbesserungen der technologischen Basis Hand in Hand. Es sollte daher Anliegen einer innovationsorientierten Politik sein, bestehende gute Ansätze weiter zu verbreiten.

Voraussetzung hierfür ist, dass verwaltungsinterne Hemmnisse, seien sie nur wahrgenommene oder tatsächliche Hemmnisse, weiterhin untersucht werden, um sie abzubauen. Dazu bietet die entwickelte Selbstevaluationsmethode zur Hemmnisanalyse einen wichtigen Ansatzpunkt. Durch eine breite Anwendung des Tools in den Verwaltungen können weitere Untersuchungen durchgeführt werden, die Rückschlüsse auf in diesen Verwaltungen als vorhanden wahrgenommene Hemmnisse zulassen, so dass der entwickelte Hemmniskatalog weiter angepasst werden

[1] European Multi Stakeholder Forum on Corporate Social Responsibility (CSR) (2004): Final Results and Recommendations. 29. June 2004. Final Report. Im Internet unter: http://europa.eu.int/comm/enterprise/csr/documents/29062004/EMSF_final_report.pdf. Abfrage am 13. September 2004.

kann. Außerdem können so für eine Vertiefung und Erweiterung der Selbstevaluationsmethode neue Auswertungsverfahren entwickelt werden.

Besonders effektiv für eine Verbreitung von Innovationen ist der Erfahrungsaustausch unter Beschaffern und Entscheidungsträgern mit Beschaffungsverantwortlichkeit. So wird nicht nur vermieden, dass „das Rad zweimal erfunden" werden muss, sondern es wird auch Motivation geschaffen. Zu untersuchen ist hier, ob die Netzwerkbildung auch in Deutschland ein geeignetes Instrument zur Förderung der umweltfreundlichen Beschaffung darstellen könnte.

Entscheidend ist, entsprechende Entwicklungen in der Verwaltung auf ihre Nutzbarkeit für eine umweltfreundliche Beschaffung hin zu untersuchen. So entwickelt sich derzeit die Nutzung des E-Procurements in der öffentlichen Beschaffung beispielsweise durch Schaffung von Vergabeplattformen weiter. Zu untersuchen ist, sowohl aus rechtlicher als auch aus betriebswirtschaftlicher Sicht, die hier mögliche Kostenersparnis durch die Bündelung v.a. kommunaler Nachfrage durch die Bildung von Einkaufsgemeinschaften.

Abkürzungsverzeichnis

AbfAlG MV	Abfallwirtschafts- und Altlastengesetz für Mecklenburg-Vorpommern
AbfallR	Abfallrecht
AbfG LSA	Abfallgesetz des Landes Sachsen-Anhalt
ABlEG	Amtsblatt der Europäischen Gemeinschaften
ACEA	Association des Constructeurs Européens d'Automobiles
AMEV	Arbeitskreis Maschinen- und Elektrotechnik staatlicher und kommunaler Verwaltungen
ATV	Abwassertechnische Vereinigung
B.A.U.M. e.V.	Bundesdeutschen Arbeitskreis für umweltbewusstes Management e.V.
BAG	Bundesarbeitsgemeinschaft der Mittel- und Großbetriebe des Einzelhandels e.V.
BAnz	Bundesanzeiger
BayAbfG	Bayerisches Abfallwirtschaftsgesetz
BayVerf	Bayerische Verfassung
BbgAbfG	Brandenburgisches Abfallgesetz
BdbgVerf	Verfassung des Landes Brandenburg
BDI	Bundesverband der Deutschen Industrie e.V.
BerlVerf	Berliner Verfassung
bfub	Bundesverband für Umweltberatung e.V.
BGBl	Bundesgesetzblatt
BGH	Bundesgerichtshof
BHO	Bundeshaushaltsordnung
BIG-Net	Buy it Green Netzwerk
BINE	Bürger-Information Energietechniken Nachwachsende Rohstoffe Umwelt
BIP	Bruttoinlandsprodukt
BITKOM	Bundesverband Informationswirtschaft, Telekommunikation und Neue Medien e.V.
BkartA	Bundeskartellamt
BMBF	Bundesministerium für Bildung und Forschung
BMBWK	Bundesministerium für Bildung, Wissenschaft und Kultur, Österreich
BME	Bundesverband für Materialwirtschaft, Einkauf und Logistik e.V.
BMLFUW	Bundesministerium für Land- und Forstwirtschaft, Umwelt und Wasserwirtschaft, Österreich
BMU	Bundesministerium für Umwelt, Naturschutz und Reaktorsicherheit
BMWI	Bundesministerium für Wirtschaft und Arbeit

BremVerf	Bremische Verfassung
BSO	Verband Büro-, Sitz- und Objektmöbel e.V.
BSP	Bruttosozialprodukt
BT	Bundestag
BUWAL	Bundesamt für Umwelt, Wald und Landschaft, Schweiz
BVerfGE	Entscheidungen des Bundesverfassungsgerichts
BverwG	Bundesverwaltungsgericht
BWVerf	Verfassung des Landes Baden-Württemberg
C_2H_4	Ethylen
CEC	Commission of the European Communities
CO_2	Kohlendioxid
CRT	Cathode-ray Tube
DALI	Digital Addressable Lighting Interface
DIN	Deutsches Institut für Normung e.V.
DÖV	Die öffentliche Verwaltung - Zeitschrift für öffentliches Recht und Verwaltungswissenschaft
DStGB	Deutscher Städte- und Gemeindebund e.V.
DST	Deutscher Städtetag e.V.
DVBl	Deutsches Verwaltungsblatt
eBusiness	Electronic Business
EC	European Commission
EDV	Elektronische Datenverarbeitung
EEC	European Economic Community
EEG	Erneuerbare-Energien-Gesetz
EEIG	European Economic Interest Group
EG	Europäische Gemeinschaft
EGV	Vertrag der Europäischen Gemeinschaften
EITO	European Information Technology Observatory
EMAS	Eco-Management and Audit Scheme
EnEV	Energieeinsparverordnung
EPA	Environmental Protection Agency
E-Procurement	Electronic Procurement
EU	Europäische Union
EuGH	Europäischer Gerichtshof
Eurostat	Informationsdienst des Statistischen Amtes der Europäischen Gemeinschaften
EurUP	Zeitschrift für Umwelt- und Planungsrecht
EUV	Vertrag der Europäischen Union (=EGV)
EuZ	Zeitschrift für Europarecht
EuZW	Europäische Zeitschrift für Wirtschaftsrecht
EVG	Elektronische Vorschaltgeräte
EWG	Europäische Wirtschaftsgemeinschaft
FAO	Food and Agriculture Organisation of the United Nations
FSC	Forest Stewardship
GATS	General Agreement on Trade Services
GATT	General Agreement on Tariffs and Trade

GeB	Green eBusiness – Beurteilung der Marktdurchdringung ökologischer Produkte auf Basis der Hemmnisanalyse
GED	Gemeinschaft Energielabel Deutschland
GEEA	Group for Energy-Efficient Appliances
GEMIS	Global Emission Model for Integrated Systems
GG	Grundgesetz
GPA	Government Procurement Act (WTO)
GVBl	Gesetz- und Verordnungsblatt für Berlin
GWB	Gesetz gegen Wettbewerbsbeschränkung
HambVerf	Hamburgische Verfassung
HCl	Chlorwasserstoff
HessVerf	Hessische Verfassung
HGrG	Haushaltsgrundsätzegesetz
HmbAbfG	Hamburgisches Abfallwirtschaftsgesetz
ICLEI	International Council for Local Environmental Initiatives
ICT	Information and Communications Technologies
IEA	International Energy Agency
IFEU	Institut für Energie- und Umweltforschung Heidelberg
IGÖB	Interessensgemeinschaft Ökologische Beschaffung, Schweiz
IRC	Infra-Red-Coating
ISI	Fraunhofer Institut für Systemtechnik und Innovationsforschung
ISO	International Organisation for Standardisation
IT	Informationstechnologie
IVM	Instituut voor Milieuvraagstukken (Institute for Environmental Studies, Vrije Universiteit Amsterdam)
KFZ	Kraftfahrzeug
KG	Kammergericht
KGST	Kommunale Gemeinschaftsstelle für Verwaltungsvereinfachungen
KMU	Kleine und Mittelständische Unternehmen
KOM	Kommission der Europäischen Gemeinschaften
Krw/AbfG	Kreislaufwirtschafts- und Abfallgesetz
Krw-/AbfG Bln	Kreislaufwirtschafts- und Abfallgesetz Berlin
LabfG BW	Landesabfallgesetz Baden-Württemberg
LabfG NRW	Abfallgesetz für das Land Nordrhein-Westfalen
LabfWAG RP	Landesabfallwirtschafts- und Altlastengesetz Rheinland-Pfalz
LabfWG-SH	Landesabfallwirtschaftsgesetz Schleswig-Holstein
LCA	Life Cycle Analysis
LCD	Liquide-crystal Display
LED	Light Emitting Diode
LHO	Landeshaushaltsordnung
LKW	Lastkraftwagen
MVVerf	Verfassung des Landes Mecklenburg-Vorpommern

NaBesI	Potentiale Nachhaltiger Beschaffung und Instrumente zur Umsetzung
NabfG	Niedersächsisches Abfallgesetz
NACE	Nomenclature générale des activités économiques dans les Communautés
NAGUS	Normungsausschuss Grundlagen des Umweltschutzes
NdsVerf	Niedersächsische Verfassung
NJW	Neue juristische Wochenschrift
NJWE-WettbR	NJW-Entscheidungsdienst Wettbewerbsrecht
NO_3^-	Nitrat
NO_x	Stickstoffoxide
NRW	Nordrhein-Westfalen
NuR	Natur und Recht
NVwZ	Neue Zeitschrift für Verwaltungsrecht
NVwZ-RR	NVwZ-Rechtsprechungs-Report Verwaltungsrecht
NWVerf	Verfassung für das Land Nordrhein-Westfalen
NZBau	Neue Zeitschrift für Baurecht und Vergaberecht
OECD	Organisation for Economic Co-operation and Development
OLED	Organic Light-Emitting Diode
ÖPNV	Öffentlicher Personennahverkehr
PC	Personal Computer
PCB	polychlorierte Biphenyle
PE	Person Equivalents (Personenäquivalente)
PKW	Personenkraftwagen
PO_4^{3-}	Phosphat
PPLR	Public Procurement Law Review
PPM	Process and Production Methods
PVC	Polivenylchlorid
RAL	Reichs-Ausschuss für Lieferbedingungen
RELIEF	Environmental relief potential of urban action on avoidance and detoxification of waste streams through green public procurement
RhPfVerf	Verfassung für Rheinland-Pfalz
RIW	Rahmenbedingungen für Innovationen zum nachhaltigen Wirtschaften
SaarlVerf	Verfassung des Saarlandes
SächsABG	Sächsisches Abfallwirtschafts- und Bodenschutzgesetz
SachsAnhVerf	Verfassung des Landes Sachsen-Anhalt
SächsVerf	Verfassung des Freistaates Sachsen
SAWG	Saarländisches Abfallwirtschaftsgesetz
SchlHVerf	Verfassung von Schleswig-Holstein
SMWA	Sächsisches Staatsministerium für Wirtschaft und Arbeit
SO_2	Schwefeldioxid
SSG	Sächsischer Städte- und Gemeindetag e.V.
StGB	Strafgesetzbuch

SZR	Sonderziehungsrechte
TBA	Agreement on Technical Barriers to Trade
TCO	Tjänstemännens Centralorganisation
ThürVerf	Verfassung des Freistaates Thüringen
TRIPS	Trade-related Aspects of Intellectual Property Rights
TS	Technische Spezifikation
TU Dresden	Technische Universität Dresden
UBA	Umweltbundesamt
UMS	Umweltmanagementsysteme
UN	United Nations
UNCSD	UN Commission on Sustainable Development
UNDESA	UN Department of Economic and Social Affairs
UNDP	UN Development Programme
UNEP	United Environmental Programme
UNO	United Nations Organisation
UNOPS	United Nations Operations, Project Services
UWG	Gesetz gegen den unlauteren Wettbewerb
VCD	Verkehrsclub Deutschland
VDEW	Verbandes der Elektrizitätswirtschaft e.V.
VDI	Verein Deutscher Ingenieure e.V.
VdTÜV	Verband der Technischen Überwachungs–Vereine e.V.
VergabeO	Vergabeordnung
VgRÄG	Vergaberechtsänderungsgesetz
VgV	Verordnung über die Vergabe öffentlicher Aufträge
VO	Verordnung
VOB	Vergabe- und Vertragsordnung für Bauleistungen
VOC	Volatile Organic Compound
VOF	Verdingungsordnung für freiberufliche Leistungen
VOL	Verdingungsordnung für Leistungen
WEEE	Waste electrical and electronic equipment (WEEE-Directive)
WettbR	Wettbewerbsrecht
WuW	Wirtschaft und Wettbewerb Zeitschrift für Kartellrecht, Wettbewerbsrecht und Marktorganisation
ZVEI	Zentralverband Elektrotechnik und Elektronikindustrie e.V.
ZVgR	Zeitschrift für deutsches und internationales Vergaberecht
KFZ	Kraftfahrzeug
TFT	Thin-Film Transistor
WTO	World Trade Organisation

Autorenverzeichnis

Barth, Regine, Ass. jur.
Bereich Umweltrecht, Öko-Institut e.V., Büro Darmstadt,
Rheinstraße 95, 64295 Darmstadt

Dross, Mriam, Ass. jur., LL.M.
Bereich Umweltrecht, Öko-Institut e.V., Büro Berlin,
Novalisstraße 10, 10115 Berlin

Erdmenger, Christoph., Dipl-Geoök.
European Secretariat, ICLEI Local Governments for Sustainability
Leopoldring 3, 79098 Freiburg

Fischer, Almut, Ass. jur.
Sentastr. 6, 12159 Berlin

Günther, Dirk, Dipl. Soz. Wiss.
Institut für Umweltsystemforschung, Lehrstuhl Stoffstrommanagement,
Universität Osnabrück
Albrechtstr. 28, 49069 Osnabrück

Günther, Edeltraud, Prof. Dr.
Professur für Betriebswirtschaftslehre insbesondere Betriebliche
Umweltökonomie, Fakultät Wirtschaftswissenschaften,
Technische Universität Dresden
01062 Dresden

Klauke, Ines, Dipl-Kffr.
Professur für Betriebswirtschaftslehre insbesondere Betriebliche
Umweltökonomie, Fakultät Wirtschaftswissenschaften,
Technische Universität Dresden
01062 Dresden

Ochoa, Amalia, B.Ec.
ICLEI - Local Governments for Sustainability
Leopoldring 3, 79098 Freiburg

Scheibe, Lilly, Dipl.-Kffr.
Professur für Betriebswirtschaftslehre insbesondere Betriebliche
Umweltökonomie, Fakultät Wirtschaftswissenschaften,
Technische Universität Dresden
01062 Dresden

Winter, Michaela, Dipl. Ing. / MSc.
Gensler - Architecture and Planning Worldwide
Roman House Wood Street, EC2Y5BA, UK

Sachwortverzeichnis

Druck und Bindung: Strauss GmbH, Mörlenbach

FSC
www.fsc.org
MIX
Papier | Fördert gute Waldnutzung
FSC® C083411

Kolibri 360 GmbH
Ferdinand-Jühlke-Straße 7
99095 Erfurt, Deutschland
produktsicherheit@kolibri360.de